Fr. J. BERTHIER, O.P.

L'ÉGLISE
DE
SAINTE-SABINE
A ROME

M. BRETSCHNEIDER
VIA DEL TRITONE 60
— ROMA —

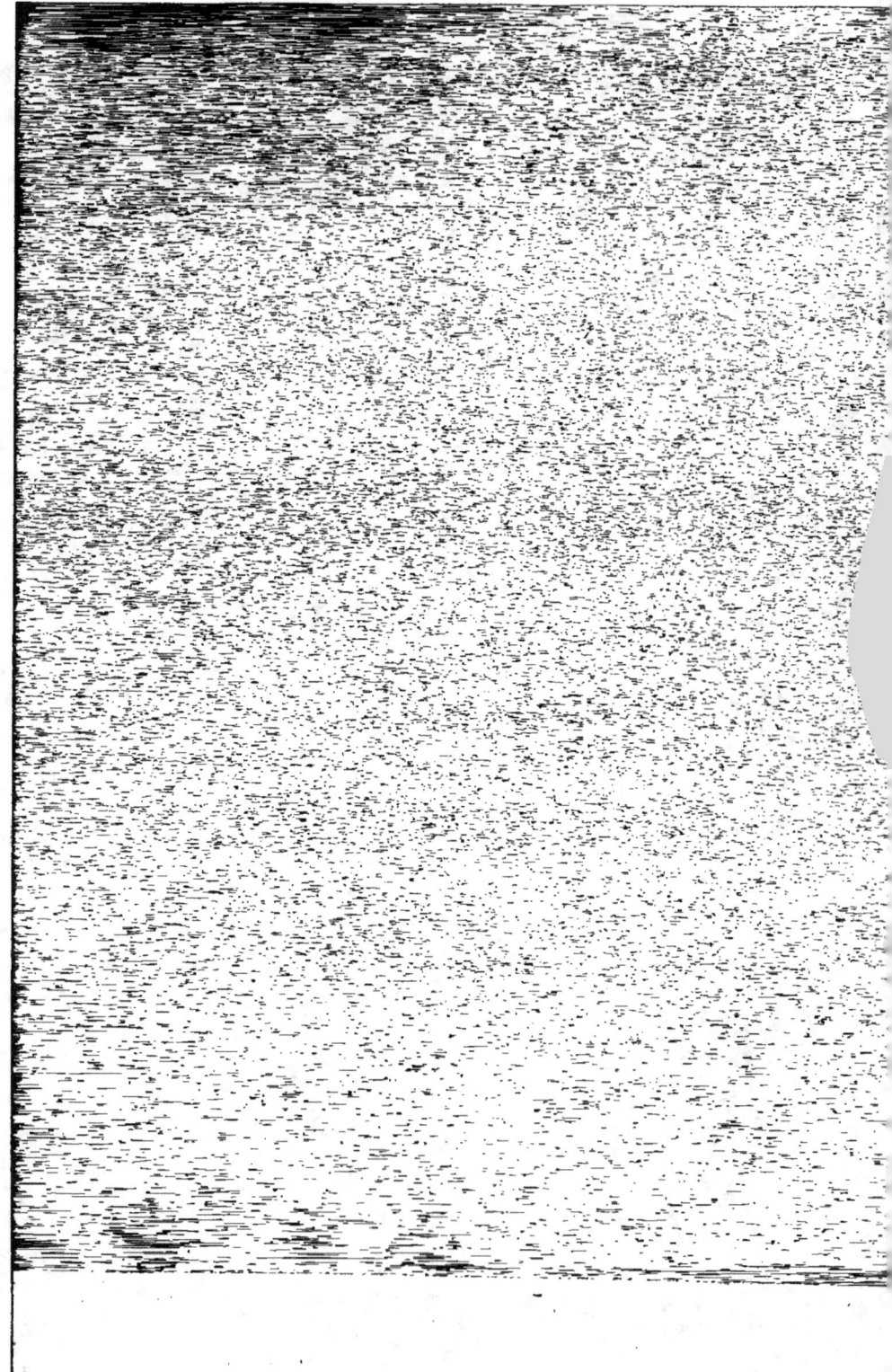

Sainte Sabine et sainte Seraphia.
Vitrail de Mr J. Mehoffer, à Fribourg, Suisse.

Fr. J. J. BERTHIER, O. P.

L'ÉGLISE
DE
SAINTE-SABINE
À
ROME

ROMA
Tipografia "ROMA", Via del Babuino, 173
—
1910

NIHIL OBSTAT:

FR. LEONARDUS LEHU, O. P.
FR. PAULUS GIRARDIN, O. P.
—

ITA:

FR. HYACINTHUS CORMIER, M. G. O. P.
—

IMPRIMATUR:

FR. ALBERTUS LEPIDI, O. P.
S. P. AP. MAG.
—

A LA CHÈRE ET VÉNÉRÉE MÉMOIRE
DES R R. P P. VINCENT LIGIER
ET FRANÇOIS BALME
DES FRÈRES-PRÊCHEURS.

L'ÉGLISE DE SAINTE-SABINE

APPLIED ETHICS OF ECOLOGY

PRÉFACE

Pline disait: «Il n'est pas facile de donner la jeunesse à ce qui a vieilli, le crédit à ce qui est nouveau, le brillant à ce qui est usé, l'éclat à ce qui est obscur, l'attrait à ce qui fatigue, la certitude à ce qui est douteux.» [1]

L'église de Sainte-Sabine n'a jamais eu son histoire, et les documents en ont péri en grande partie. Pour la reconstruire et l'écrire il a fallu interroger beaucoup de feuilles éparses, faire parler surtout chaque pierre du monument: nous avons rencontré toutes les difficultés qu'énumère l'ecrivain romain. Nous ne prétendons pas les avoir surmontées comme il faudrait: nous aurons en tout cas offert une contribution à l'histoire de la basilique, et nous nous serons donné à nous la satisfaction d'avoir parlé comme nous pouvions d'un monument et de souvenirs qui nous tiennent au cœur.

Nous avons écrit cette étude il y a vingt cinq ans, et sur place, ce qui nous a permis de voir de plus près beaucoup de problèmes et de détails qui échappent à d'autres.

Au moment de publier notre travail, nous devons accomplir un devoir de reconnaistance en offrant nos remercîments au T. R. Père Bernard Zeno, Prieur actuel de Sainte-Sabine, dont la bienveillance efficace nous a rendu matériellement possible cette publication.   Fr. J. J. B.

---

[1] Res ardua est vetustis novitatem dare, novis auctoritatem, obsoletis nitorem, obscuris lucem, fastiditis gratiam, dubiis fidem. *Hist. nat.*, lib. II.

L'ÉGLISE DE SAINTE-SABINE

CHAPITRE I.
L'Aventin.

§ 1. La colline.

'Aventin s'élève au sud-ouest de Rome, sur la rive gauche du Tibre. Il est la moins élevée des sept collines fameuses et ne mesure guère que 45 mètres au-dessus du fleuve: il nous offre pourtant l'une des plus belles vues de la Ville, la plus belle peut-être.

A nos pieds coule le Tibre aux «flots toujours blonds», qui fut surnommé tantôt le «Vorace» ou la «Scie», parce que sans relâche il ronge ses rives; tantôt la «Couleuvre», à raison de ses sinuosités.

En face, de l'autre côté du Tibre, s'élève doucement le Janicule, composé de ces sables jaunes qui lui ont fait donner le nom plus poétique de «Mons aureus», Montorio, Mont d'or.

Là, disent quelques-uns, fut crucifié saint Pierre la tête en bas.

Plus loin, sur la droite, toujours sur l'autre rive du fleuve, surgit sans violence, devant le rideau lointain des montagnes Albines, la colline du Vatican, prédestinée à la gloire de tant d'oracles. Aujourd'hui, sous nos yeux, s'y dresse dans sa majesté unique la coupole de Saint-Pierre, l'incomparable chef-d'œuvre de Michel-Ange.

Franchissant le fleuve, nous rencontrons vers le nord le Pincio, de nos jours si gai et si riant, jadis si exécrable par les forfaits qui s'y commirent.

Plus rapprochés de nous s'élèvent, vers l'est, comme un amphithéatre, le Quirinal, le Viminal, l'Esquilin et le Célius. La scène est fermée par l'Aventin lui-même. Au centre se dressent le Capitole et le Palatin, le trône et le berceau de l'antique Rome.

Nous avons donc dans ce panorama les plus grandes réalités historiques du monde, représentées et résumées par le Capitole et le Vatican.

L'Aventin lui-même forme une sorte de cône pentagonal, auquel Denys d'Halicarnasse donnait en son temps 18 stades de pourtour.[1]

Il a deux sommets inégaux: le plus élevé est aussi le plus rapproché du Tibre, et le point culminant en est indiqué pae les églises de Sainte-Sabine et de Saint-Alexis: c'est le Grand-Aventin; le moins élevé, ou Petit-Aventin, s'élève vers l'est, dans la direction du Célius, et le plus haut point en est marqué par l'église de San Saba.

Au point de vue géologique, l'Aventin, comme toutes les collines de Rome, est formé de ce tuf d'origine volcanique qu'on appelle «peperino» à l'état compact, et «puzzolana» à l'état friable.

On y trouve aussi une couche de «travertino», de cette pierre admirable de fermeté et de gravité qui a construit le Colisée, la Basilique de saint Pierre et tous les grands monuments de Rome.

L'Aventin, comme toutes les autres collines, fut jadis couvert de forêts, puis peuplé de monuments illustres, et enfin abandonné comme un désert. Les chemins sont bordés de hautes murailles, derrière lesquelles s'abritent des églises ou des couvents silencieux; et la colline fameuse, qui jadis avait été proclamée «un séjour propice pour les nids d'oiseaux de proie»[2] est «devenue aussi solitaire que la voie Appienne, et le oiseaux mêmes, ses premiers hôtes, ne l'habitent plus.»[3]

---

[1] Sur l'authenticité et le sens de ce texte, voir A. Merlin, *l'Aventin dans l'antiquité*, pp. 10-11.
[2] *Eneid.*, VIII. 235.
[3] Lacordaire, *Vie de S. Dominique*, Ch. IV.

Il y a pourtant une reprise de la vie.

Quelques couvents viennent de s'y réinstaller, des établissements de charité y surgissent ou s'y organisent, quelques maisons particulières s'acheminent timidement sur les pentes qui y conduisent; les talus eux-mêmes refleurissent peu à peu et offrent un abri aux oiseaux du printemps.

Nous croyons à une résurrection de l'Aventin dans un avenir plus au moins éloigné ou mieux rapproché.

§ 2. Les habitants du vieil Aventin.

Nous devons maintenant dire un mot rapide de l'Aventin païen qui prépare l'Aventin chrétien, sans que d'ailleurs nous ayons la prétention de refaire à ce point de vue ce qui a été fait excellemment par d'autres.[2]

L'Aventin ne fut jamais qu'un faubourg de Rome. Il fut compris dans le rempart de Servius Tullius, mais ne se trouva englobé dans le pomerium que sous le règne de Claude, le Temple de Diane appartenant à tous les Latins. Dès le début, il vit de sa vie propre. Si Romulus voit douze vautours favorables à la construction de Rome sur le Palatin, Rémus en compte six pour la fondation sur l'Aventin.

Cette situation fut amenée par les conditions topographiques. L'Aventin est un peu excentrique par rapport au groupement des autres collines. Il est, et surtout il était fortifié naturellement par les pentes abruptes qui y conduisent, à ce point que jusqu'au IIIme siècle avant J. C. il n'y eut pas de route carrossable allant jusqu'au faîte de la colline.[3]

---

[1] Nous avons cité Virgile à propos de l'Aventin. Qu'il nous soit permis d'inviter le lecteur à se donner le plaisir que nous nous sommes donné à nous-même: celui de lire dans *l'Enéide* l'épisode de Cacus, au sommet de l'Aventin, tout près de la caverne que l'on indique comme l'antre du brigand célèbre. Puis, quand on aura lu la correction que lui infligea Hercule, telle que la raconte le Cygne de Mantoue, qu'on termine par les vers de Dante nous apprenant qu'Hercule donna cent coups à Cacus, mais que celui-ci n'en sentit pas dix: on aura ainsi un chef-d'oeuvre de caricature épique créé par le contraste entre le récit des poètes et la réalité.

[2] Nous signalons très spécialement le livre de M. Ampère, *Histoire romaine à Rome*, et celui de M. A. Merlin, *L'Aventin dans l'antiquité*. Ce dernier ouvrage indiquera la littérature du sujet.

[3] Cf. Virg. Aen. VIII, 233-235.

Longtemps il resta une région agricole. On y vénérait Jupiter, Liber et Cérès, personnifications de la fécondité de la terre: il se distinguait à ce point de vue du reste de la ville.

Enfin et surtout il se trouvait dans le voisinage immédiat du Tibre; à ses pieds arrivaient les bateaux et navires de l'Orient et de Marseille, apportant à Rome des denrées et des dieux.

La population de l'Aventin sera donc, au début, une population de travailleurs et de marchands, intermédiaire entre le Romain et l'étranger. L'Aventin domine et anime le «Forum Boarium» et le port du «Testaccio» et la «Marmorata». Aussi est-ce là qu'on verra fleurir le «collegium mercatorum» ou «mercurialium».

De même, et pour le même motif, l'Aventin sera la colline plébéienne ou prolétaire, durant des siècles, et on y rencontrera toutes les antipathies, les jalousies, les haines que comporte cette situation vis-à-vis des riches, des aristocrates et des puissants. C'est une cité ouvrière en face de la cité bourgeoise ou aristocratique: c'est la rancune et la révolution fatales, sinon justifiées, même quand une loi Icilia aura donné à chacun son champ. Aussi l'Aventin est-il le quartier des grèves et de soulèvements.

C'est là que l'an 493 av. J. C. le peuple se retire et se fortifie, et que Ménénius Agrippa doit réciter son fameux apologue des Membres et de l'estomac; là encore, l'an 449, le peuple et les soldats forment un camp pour mettre un terme à la tyrannie des Décemvirs; là se réfugie C. Gracchus, le libérateur malheureux, l'an 121. Et cette tendance devait être entretenue par la présence constante des milices, qui, ne pouvant habiter dans Rome proprement dite, vivaient sur la colline plébéienne et étaient en rapports quotidiens avec la foule.

La Rome aristocratique rendait naturellement défiance pour défiance. Il est plus que probable que lorsqu'après la plus ou moins légendaire invasion de Porsenna, il fut décidé que le Pont Sublicius, ou pont de bois, construit sur pilotis au bas de l'Aventin d'une rive à l'autre du Tibre, serait à l'avenir construit sans clous ni chevilles, afin de pouvoir être démoli plus facilement et plus vite, en cas de nécessité, on redoutait moins les Porsenna éventuels que les prolétaires de l'Aventin.

§ 3. Les cultes païens sur le sommet du Grand-Aventin.

Cette même situation amena des diversités au point de vue religieux.

L'Aventin, à raison de sa position excentrique par rapport à Rome, offrit l'hospitalité aux Dieux, aux rites étrangers «sacra peregrina», dont les marchands introduisaient et les images et le culte, selon leur dévotion. Aussi fut-il peu à peu, le long de ses routes et sentiers, rempli de temples, d'oratoires et d'autels. Ce sont d'abord ceux de la Bonne Déesse, de Taunus et Picus, de Jupiter Liber, de Jupiter Elicius[1], de Cérès, de Diane, de Mercure, de Consus, de Junon Regina, de Minerve, de Flora, de la Lune, de Vortumne, de Jupiter Dolichenus, etc. La plupart de ces divinités, sous leurs attributions spéciales, sont d'origine étrangère, introduites à la suite des guerres, comme Junon et Vortumne; ou à la suite de relations politiques ou commerciales, tels que Cérès, Mercure, Minerve et Diane.

Nous devons dire un mot des temples de Diane, de Junon et de Minerve, à raison de ce fait qu'ils furent remplacés et supplantés plus ou moins par l'église de Sainte-Sabine.

Nous commençons par le temple de Diane, d'abord parce qu'il fut le plus important, en second lieu parce qu'une fois déterminé autant que possible l'emplacement qu'il occupait, il sera facile d'indiquer celui des autres.

Laissant de côté pour le moment les théories plus ou moins nouvelles émises par les savants, nous présentons notre opinion avec ses preuves.

Notre opinion, c'est la plus ancienne.

C'est celle qui «d'après les catalogues du IVme siècle», par conséquent contemporains, le place «dans la XIIIme Région, c'est-à-dire

---

[1] Jupiter Elicius présidait à l'art fulgural, soit à l'art d'attirer et de diriger la foudre, fort cultivé sur l'Aventin. A ce propos, Manilius avait écrit ce vers à la louange de Numa, l'introducteur de ce culte à Rome: "Eripuit Jovi fulmen viresque tonandi„. On sait le mauvais pastiche qu'en fit Turgot à la gloire de Franklin. Le Jupiter Elicius était le Ζεὺς καταβάτης des Grecs. Cf. Ovide, *Fast.* III. Voir une note intéressante de M. Lioy, dans son livre *La vita nell'universo*, pp. 530-533.

sur la colline qui borde le fleuve, et cette première mention nous permet d'exclure tout de suite l'opinion de Piale qui le plaçait à San-

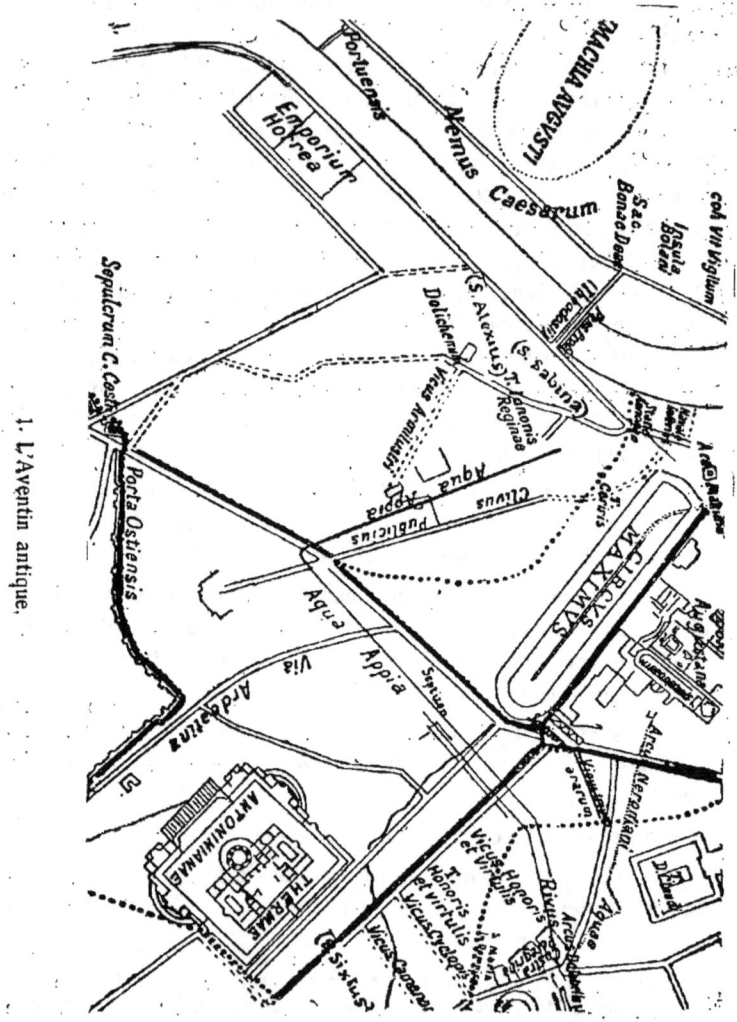

1. L'Aventin antique.

Saba». Ainsi s'exprime M. Merlin.[1] Elle nous permet presque d'exclure celle de M. Merlin lui-même, qui le place «à peuprès là ou

[1] *L'Aventin*, p. 99.

bifurquent les deux « vie » ou routes de Santa-Prisca et de Sainte-Sabine »[1] : ce qui ne peut assurément pas s'entendre facilement de « la colline qui borde le fleuve ».

Cette opinion des témoins oculaires du IVme siècle s'est perpétuée par une tradition constante, contrôlée ensuite et confirmée scientifiquement par les archéologues que furent Fabricius, Maggi, Mauro, Boissard, Fauno, De Rossi, Gamucci, Marliani, Ficoroni, Marangoni, Urlichs, Rossini, Ziegler,[2] auxquels il serait facile d'en ajouter bien d'autres, tels que Mamachi, Fulvio, Bianchini, Ugonio, Nibby, etc.

Ainsi s'explique le fait qu'on a trouvé entre Sant'Alessio et Sainte-Sabine des dédicaces parmi les ruines du temple de Diane, « in ruinis templi Dianae »[3], et qu'il y a quelque vingt-cinq ans à peine, dans l'intérieur du cloître de Sainte-Sabine, avant qu'on l'eût, hélas! dévasté, puis couvert d'asphalte, on trouvait de grands fragments d'inscriptions avec des allusions à Diane, que nous copiâmes alors, spécialement celle-ci en grands caractères[4]

2. Fragment d'inscription en l'honneur de Diane.

On comprend de la sorte comment le prêtre de Diane conseillant aux paysans Sabins qui voulaient offrir un sacrifice, de se rendre au Tibre pour faire préalablement un peu de toilette, peut dire « qu'au fond de la vallée coule le Tibre »,[5] ce qui ne peut guère s'entendre que du fleuve coulant juste au-bas du sanctuaire de la déesse.

---

[1] *L'Aventin*, p. 101-102.

[2] Cette énumération est de M. Merlin, *L'Aventin*, p. 100, note 3.

[3] Nerini, *De templo S. Bonafacii*, etc. Cf. Merlin, *L'Aventin*, p. 104.

[4] Nous ajoutons une observation. D'après la *Forma Urbis*, le rang intérieur des colonnes qui flanquait le temple touchait les murailles, mais sans y entrer : or nous constatons précisément que les deux colonnes du bas de l'église de Sainte-Sabine ne sont cannelées qu'au 3/4 du pourtour : ce qui les suppose adossées à un mur.

[5] Infima valle praefluit Tiberis. Liv., I, 45. Cfr. Merlin, p. 100, note 4.

De la sorte encore nous nous justifions plus facilement la dénomination de «Collis Dianae», colline de Diane, par laquelle les poètes désignent l'Aventin,[1] dénomination qui suppose pour le temple de Diane une situation saillante et en vedette, ce qui ne saurait se réaliser qu'au sommet le plus apparent de l'Aventin.

Et lorsque Silius Italicus nous montrera «la fille de Latone (Diane) sur l'Aventin, dont la haute masse se dresse en face des autres collines»,[2] il ne peut qu'avoir un semblable spectacle sous les yeux: le temple de Diane dominant la colline.

Pour ce même motif encore les Romains eurent l'idée de placer sur le temple de Diane Aventine l'un de leurs plus anciens cadrans solaires, dont parle Censorinus.[3] Tous devaient le voir le plus possible.

Et c'est précisément enfin à raison de cette position dominante et naturellement fortifiée, surtout du côté du Tibre, que C. Gracchus et M. Flaccus se retranchèrent dans le Dianium, sans péril d'être tournés par leurs ennemis, péril immanquable partout ailleurs sur l'Aventin, et qu'ils purent effectivement s'échapper dans les temples du voisinage.

Mais il nous reste deux autres preuves, plus péremptoires encore, pour confirmer l'opinion traditionnelle, qui est la nôtre: nous voulons dire la découverte d'une statue de Diane Ephésine, en 1722, devant l'église de Sainte-Sabine, et celle que l'on fit un peu plus tôt, vers 1710, des mosaïques qui décoraient l'«area subdivalis» du temple de Diane lui-même.

La statue découverte en 1722 nous représente non pas la «Diana succincta» l'élégante Chasseresse retroussée, ni la «Diana Trivia» aux trois têtes, mais bien la «Diana Ephesia», debout, les bras étendus, coiffée de la «corona turrita», la poitrine couverte de nombreuses mamelles, le corps ceint quatre fois et surchargé de symboles variés, qui tous rappellent l'idée de la vie et de la nature. On la nommait également, d'après ces attributs, «Diana Genitrix, Diana Polymammia, Diana Nutrix».

[1] Dans *L'Aventin*, p. 203, M. Merlin cite Martial, Etace et Horace.
[2] *Punica*, XII, 712, sq.:
      At qua vicinis tollit se collibus altae
      Molis Aventinus, viden' ut Latonia virgo...
[3] *De die natali*, 23.

3. Statue de Diane trouvée à Sainte-Sabine, d'après Ficoroni.

C'est une statue de style oriental, une reproduction de la fameuse Diane d'Ephèse.

Elle est en albâtre oriental transparent.

On la transporta alors au Musée du Vatican.

Beaucoup de musées en Europe possèdent des statues analogues, en particulier ceux de Rome et de Naples.

Or cette statue fut trouvée dans le sol, en face de l'église de Sainte-Sabine. M. Lanciani raconte que la statue a été trouvée «plus exactement» dans les Thermes de Caracalla[1]: mais il y a une grande distance entre les Thermes de Caracalla et Sainte-Sabine, et transporter là bas la découverte de cette statue, c'est bien plus qu'une exactitude meilleure. Il faudra donc que M. Lanciani nous apporte des preuves péremptoires de son affirmation, opposée à celle des témoins oculaires.

En attendant ces preuves, nous nous en tiendrons aux constatations sérieuses et contemporaines de l'évènement, spécialement à celles de Ficoroni.

Cet écrivain est un spécialiste, et son autorité s'impose. Il imprime son livre en 1744, vingt-deux ans après la découverte; mais il y avait travaillé longtemps, puis qu'il nous parle des choses qui avaient existé en son temps: « a tempo mio erano », et il avait surveillé et étudié de près tout ce qui pouvait rentrer ou prendre place dans son inventaire des *Vestiges de la Rome antique*. Il est témoin contemporain, sérieux, attentif de la trouvaille. Or voici ce qu'il écrit: «Une statue de Diane Ephésine en albâtre oriental transparent fut trouvée en 1722 dans le jardin, en face de l'église (de Sainte-Sabine). J'en donne ici le dessin [2] ».

Et, de fait, il nous en donne une gravure, soignée dans les moindres détails, et au dessous la reproduction d'une médaille antique montrant la Diane d'Ephèse.

Ceux qui souhaiteraient connaître sérieusement la signification de tous ces symboles et attributs, devront consulter les archéologues spécialistes, en se rappelant qu'on peut étudier beaucoup de questions plus futiles que celle-là [3].

---

[1] A. Merlin, *L'Aventin*, p. 449, note 1.

[2] " (Diana Efesina) di cui simulacro d'alabastro orientale trasparente, trovato l'anno 1722, nell'orto di rimpetto alla chiesa suddetta (di Santa-Sabina), ne espongo in questo luogo il disegno „. *Vestigi di Roma antica*, pp. 76-77 Cf. Fea, *Miscell.* p. CXXXII, n. 29. Ficoroni dit «Santa Sabina» et non pas «Santa Balbina». Il faut s'en tenir à cela, jusqu'à preuve du contraire.

[3] Voir en particulier Gronov., *Thes. graec. antiq.*, vol. VII, pp. 359 sqq.

4. Statue fragmentaire de Diane trouvée près de Sainte-Sabine.

Ce que nous tenons à bien noter ici, c'est que la statue de Diane Ephésine fut trouvée en face de l'église de Sainte-Sabine. Il est bien clair d'ailleurs que cette statue ne fut point transportée là pour un motif d'ornementation quelconque, après la suppression du culte de la déesse lors de l'arrivée des Barbares, comme fut transporté ailleurs le bas-relief d'Endymion trouvé dans les parages du temple de Diane. Le temple de Diane a été démoli, et la statue de la déesse fut abandonnée dans les décombres, comme y fut laissé encore le torse d'une autre statue de Diane, découvert, au dire de Nerini, dans le cloître de Saint-Alexis [1]. La statue était là parce que le temple y avait été.

Une autre découverte, plus importante et plus concluante encore, vint confirmer cette donnée historique.

Pour en comprendre toute la valeur, il convient de rappeler préalablement ce qu'écrit avec beaucoup de savoir M. Merlin: « Diane est associée à la célébration des Jeux Séculaires sous Auguste, en 17 av. J.-C.... Les hommages décernés à Apollon furent naturellement étendus à Diane qu'on vénérait en même temps que lui dans le sanctuaire, et c'est à ces deux divinités que, le troisième jour, on fit un sacrifice sur le Palatin. Mais les Quindecimvirs n'oublièrent pas la « Diana Aventinensis », et, autant qu'ils le purent, ils lui donnèrent accès dans les cérémonies. Son temple est un de ceux où s'accomplit la distribution des objets de purification, torches, soufre, poix; où l'empereur reçoit les prémices de la récolte, froment, orge, fèves, qui seront offertes aux Dieux.

Et Horace supplie la Déesse d'accepter les prières des Quindecimvirs, et les voeux des jeunes gens et des jeunes filles: « Que celle qui règne sur l'Aventin et sur les monts du Latium, que Diane exauce les prières des Quinze Prêtres, et incline une oreille favorable aux prières de la jeunesse! »[2].

Vingt-sept jeunes gens et vingt-sept jeunes filles, tous de famille noble, ayant leurs parents vivants, chantaient alternativement ou ensemble la *Carmen saeculare*, et chaque groupe offrait à la

---

[1] On le trouva en 1750, et Nerini pense qu'il s'agissait d'une statue de Diane et prouve bien sa conjecture. *De templo S. Bonifacii*, pp. 5-6. pl. 1. La gravure est excellente.

[2]   Quaeque Aventinum tenet Algidumque
   Quindecim Diana preces Virorum
   Curat, et votis puerorum amicas
    Adplicat aures. — *Carmen Saec.*, 69, 199.

Déesse des gâteaux de trois espèces différentes, neuf de chaque espèce [1].

« Cette place que Diane Aventine avait eue dans les Jeux Séculaires sous Auguste, elle devait la garder pendant tout l'empire [2] ».

C'est que Diane était sœur jumelle d'Apollon: elle la Lune, lui le Soleil, tous deux fils de Jupiter et de Latone. On disait même qu'elle était née avant son frère, parce que souvent, chez les anciens, la journée commençait par la nuit qu'éclaire la lune.

Nous n'aurons donc plus à nous étonner si le portique de la « Diana Aventinensis » est mentionné dans les Actes des Jeux Séculaires d'Auguste.

Voici maintenant ce que nous écrit Crescimbeni, invoquant une autorité hors pair, celle de Mons. Bianchini : « Dans l'enclos du couvent de Sainte-Sabine uni à cette église (celle de Sainte-Sabine) on a trouvé et extrait ces années dernières beaucoup de fragments appartenant aux anciens édifices païens, et en particulier on reconnut une aire découverte, que les anciens auraient appelée « area subdivalis »... Mons. Bianchini, très expert dans les choses de l'antiquité, jugea qu'on avait là la place qui précédait le temple de Diane, où les païens célébraient diverses fonctions en plein air, à l'occasion principalement des Jeux Séculaires, pour lesquelles on faisait des veilles nocturnes sur l'Aventin, dans l'atrium ouvert devant ce temple. Et que cet emplacement fût bien celui où l'on célébrait ces Jeux, on en trouva la preuve en divers fragments de mosaïque de bon style que le souverain Pontife Clément XI, actuellement régnant, fit transporter dans le palais du Vatican et placer dans la salle du Belvédère, qu'il venait de restaurer et d'embellir.

« Ces mosaïques représentaient les chasses faites durant les Jeux Séculaires par l'empereur Philippe, l'an mil de Rome. C'est ce que démontra avec la plus grande clarté Mons. Bianchini, au moyen des médailles où on a représenté les mêmes figures des animaux tués en l'honneur de Diane dans les chasses des Jeux Séculaires,

---

[1] Ces détails sont contenus dans les Livres Sibyllins et dans le procès verbal des Jeux Séculaires, découvert en 1890, sur le bord du Tibre.
[2] A. Merlin, *L'Aventin*, p. 366.

c'est-à-dire l'hippopotame, l'éléphant, le lion et d'autres bêtes féroces. » [1]

Ces mosaïques furent transportées un peu plus tard, paraît-il, au musée chrétien du Latran, d'où elles sont revenues au Vatican, du moins en bonne partie. C'est l'an 1001 de Rome, et l'an 248 de J. C., que l'empereur Jules Philippe l'Ancien, consul

---

[1] " Nel recinto del convento (di S. Sabina) unito a questa chiesa (di S. Sabina) furono gli anni passati riconosciute e cavate molte riguardevole vestigia di antichi edifici de' Gentili, e segnatamente vi si riconobbe un'aia scoperta, cui direbbero gli Antichi •area subdivalis•. Monsignor Bianchini peritissimo delle cose antiche, giudicòla piazza avanti il tempio di Diana per celebrarvisi da' Gentili varie funzioni allo scoperto, in occasione principalmente de Giuochi Secolari, de' quali le notturne vigilie si facevano nell'Aventino, in atrio scoperto, avanti il mentovato tempio. E che questi siti avessero relazione à suddetti Giuochi fù allora riconosciuto da diversi frammenti di musaico di buona maniera, che il regnante Sommo Pontefice Clemente XI fece di quindi trasportare nel palazzo Vaticano, collocandoli nell'appartamento di Belvedere, da lui nuovamente ristorato e abbellito: i quali musaici rappresentano le venazioni fatte nei Giuochi Secolari di Filippo Imperatore l'anno millesimo di Roma, come il medesimo Monsignor Bianchini fece allora chiaramente vedere, col mezzo delle medaglie, ove sono espresse le stesse figure d'animali uccisi in onore di Diana nelle venazioni de' Giuochi Secolari, cioè l'ippopotamo, l'elefante, il lione ed altre fiere. „ Crescimbeni, l'*Historia della Basilica di S. Maria in Cosmedin*, p. 372, sq.

Ficoroni confirme le fait de la trouvaille, sans en donner l'interprétation : " Nell'orticello (le jardin situé devant l'église de Sainte-Sabine), tempo fà, un pavimento di mosaico, istoriato di figure egizie, le quali al presente si vedono sopra le porte delle camere del Belvedere, in Vaticano, fattovi affigere da Clemente XI „. *Vestigia di Roma Antica*, p. 76. Cf. du même auteur, *Singolarità di Roma*, p. 15.

Furietti nous donne la description détaillée de ces mosaïques : " Alia quoque vermiculata opera, quae paucis abhinc annis reperta sunt in horto Patrum Sanctae Sabinae, in Monte Aventino, quae nunc illam Vaticani Palatii partem, quam Pulchri Prospectus vocant, exornant, et haec super diaetarum januas sunt posita. In uno ex eis Aegyptii tam mares quam feminae choreas agunt, nonnullis tibia sonantibus, ibique rotunda mensa existit, prope quam stat pumilio vas dextra gestans.

" Alterum binos ursos inter se facie stantes exhibet, quos duo viri lancea aggrediuntur.

" In alio vir equo insidens taurum fugientem persequitur.

" Aliud hominem camelo vectum continet, qui fune vinctum leonem ducit in sinistra musivi operis parte, in dextra autem virum qui elephantem ascendit cum tauro pugnantem.

" Postremum vermiculatum alium taurum cum lupo rixantem ostendit.

" Reliquae tres tabulae vitium folliis varie contextis constant „. *De musivis*, pag. 46.

pour la IIIme fois, célébra le millénaire de la fondation de Rome. Des médailles portent cette inscription : *Philippus Cos. III. Millenarium saeculum.*

5. Mosaïque trouvée devant l'église de Sainte-Sabine.

6. Mosaïque trouvée devant l'église de Sainte-Sabine.

Elles ne furent pas d'ailleurs le seul fragment d'art inspiré par les mêmes idées et souvenirs, sur le sommet de l'Aventin. Jadis on voyait, dans le mur de l'escalier qui conduit de l'église à la sacristie, à droite et en haut, un fragment de marbre où était sculpté un hippopotame avec des cabannes : c'était un travail égyptien.[1]

Chacun devine dès maintenant quelle conclusion s'impose : le temple de Diane se trouvait là où l'on a découvert son vestibule ou atrium.

M. Merlin, s'autorisant de Vitruve, nous dit que les temples de Diane étaient d'ordre ionique, et conclut que le « Dianium de l'Aventin devait être de style ionique »[2] : et que dès lors les colonnes corinthiennes de Sainte-Sabine ne sauraient en provenir.

Mais M. Merlin lui-même nous donne la solution de sa difficulté. Il croit aussi, toujours d'après Vitruve, que « les temples de Junon devaient être de style ionique », et en même temps il nous apprend que le temple de Junon sur l'Aventin était de style corinthien, puisqu'il affirme que « les colonnes corinthiennes du temple de Junon se retrouvent encore aujourd'hui dans l'église de Sainte-Sabine »[3].

C'est que les données esthétiques des architectes, même de Vitruve, n'ont rien d'absolu et d'immuable, et ce que ces artistes proposent comme des convenances à leur goût ne sont pas des lois imprescriptibles.

Notre conclusion est que le temple de Diane se trouvait, du moins en partie, sur l'emplacement de Sainte-Sabine. L'origine des colonnes de la basilique chrétienne sera discutée ailleurs, et notre conclusion sera, pensons-nous, une dernière confirmation de ce que nous venons de prouver.

C'est là qu'au siècle d'Auguste, tout radieux de ses colonnades, architraves et frontons en marbre blanc de Paros, brillait au loin le temple de Diane, reconstruit ou du moins largement embelli par Lucius Cornificius, sur les conseils de l'empereur Auguste. La transformation fut si considérable et si remarquée, qu'on n'appela plus le nouvel édifice que du nom de « Diana Cornificia », comme on le voit gravé en très-grands caractères dans la *Forma Urbis*[4]

---

[1] Cf. Ficoroni, *Vestigia di Roma antica*, p. 76.
[2] *L'Aventin*, p. 305, texte et note 7.
[3] *L'Aventin*, p. 364, texte et note 1.
[4] On sait que la *Forma Urbis* est un plan de Rome monumentale exécuté par ordre de Septime Sévère.

de Septime Sévère, et la colonnade qui l'entourait se désigna sous le nom de « Porticus Cornificius ».

Le temple était de forme oblongue et de style corinthien, sans doute, comme on peut le conclure de ce qui vient d'être dit, et de ce que nous nous dirons encore à propos de la construction de Sainte-Sabine. Il imitait d'aussi près que possible le temple de Diane Éphésine.

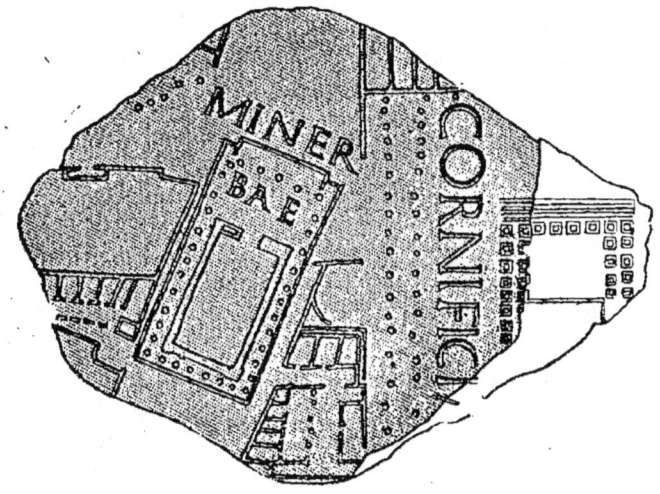

7. Fragment de la Forma Urbis, avec le temple de Diane.

L' « area » ou l'aire sacrée en était surélevée, et on y arrivait par cinq marches d'escalier en marbre blanc, qui s'étendaient sur toute la largeur de la façade. Elle était entourée complètement d'une colonnade splendide, et pour ce motif on disait que le temple était périptère; le fronton était supporté par huit colonnes simples, et à ce titre le temple était octastyle; le reste du portique était entouré de deux rangs de colonnes, et dès lors était de forme diptère; mais parce que l'un des deux rangs de colonnes touchait les murs de la « cella » ou le sanctuaire proprement dit, il se nommait pseudo-diptère.

L'area était divisée en deux parties, le « pronaos » et la « cella ».

Le pronaos était un portique couvert en avant du sanctuaire ou de la cella. Là se trouvait l'autel où l'on offrait les sacrifices.

La cella était entourée de murailles, et renfermait la statue de la divinité soutenue des deux côtés par deux tringles de fer. On y accédait sans doute par cette splendide porte qui est maintenant l'entrée principale de l'église de Sainte-Sabine.

Mais d'où venait le culte de Diane sur l'Aventin ? Diane ne fut jamais considérée à Rome comme une divinité indigène, malgré l'antiquité de son culte.

Suivant les anciens historiens, en particulier Denys d'Halicarnasse et Tite-Live, le roi Servius Tullius serait allé directement chercher à Ephèse l'idée d'un temple fédéral érigé à Diane sur l'Aventin.

Suivant les érudits modernes, les choses se seraient passées d'une autre manière [1]. C'est d'Aricie, sur les bords du lac de Némi, que le culte de Diane aurait été importé dans Rome.

Hippolyte, fils de Thésée, ou, selon d'autres, Oreste emportant dans sa fuite la statue de Diane, aurait établi ce culte à Aricie, qui bientôt, sous le nom d'Albe-la-Longue, devint le chef-lieu d'une confédération des cités latines, et mit par le fait la fédération sous le patronnage de sa déesse. Ce culte venait déjà de l'Orient.

Diane était la protectrice des fugitifs et des esclaves, et sa fête, célébrée le 13 août, s'appelait « dies servorum », le jour des esclaves [2].

Le « roi » ou président de la confédération était souvent un esclave. Tel fut le « roi » Servius, le « rex servus » Tullius, esclave lui-même, et fils d'esclave, qui, agrandissant la confédération dont Aricie était le centre jusques alors, y fit entrer Rome, qu'il déclara capitale de la confédération nouvelle, et dont il assura de la sorte la prédominance sur tout le Latium.

Servius édifia un temple à Diane sur l'Aventin, la colline des étrangers, des travailleurs et des prolétaires. Au milieu du temple

---

[1] M. Merlin, *L'Aventin*, p. 203, sqq. discute longuement et savamment cette question. Le livre VII, 760, 199 de l'*Enéide* dit beaucoup de choses réelles sous le voile de ses fictions poétiques.

[2] Cf. Stoll, *Handbuch der Religion und Mythologie*, S. 296. Diane était spécialement la protectrice des femmes, qui lui faisaient de belles processions et se couronnaient de fleurs en son honneur. Elles lui offrirent souvent des figurines couronnées pareillement de fleurs, en guise d'ex-voto. De cette façon elles se considéraient comme les aides du prêtre ou de la prêtresse, comme les «camillae» qui, couronnées de fleurs, apparaissaient dans les cérémonies. Dans le passage

fut érigée une stèle en bronze, décrite par Denys d'Halicarnasse [1], où se lisait en caractères archaïques grecs le traité d'alliance des cités latines; et parce que ce temple avait été construit aux frais et avec le concours de tous, on l'appela « Commune Latinorum templum » [2].

Cette idée et ce fait furent incarnés dans une légende célèbre chez les vieux historiens de Rome. Un paysan Sabin, qui avait une génisse remarquablement belle fut averti par un oracle qu'il obtiendrait pour sa cité la domination sur les autres, s'il immolait la génisse merveilleuse à Diane Aventine. Il arrive à Rome avec la victime, mais est invité par le prêtre, ou par Servius, disent d'autres, à faire un peu de toilette au Tibre voisin, avant l'offrande du sacrifice. Il s'éloigne, et pendant son absence le prêtre immole le bel animal, conquérant à Rome la domination promise.

Les belles cornes de la génisse furent conservées avec une dévotion spéciale sous le vestibule du temple, et on en fit des imitations comme porte-bonheur. S'il fallait faire remonter à cette légende la dévotion des Romains même modernes pour la corne, il n'y aurait là rien d'étonnant. Des monnaies rappellent de nos jours encore le prodige.

Pour expliquer comment les anciens historiens de Rome nous racontent unaniment que Servius Tullius avait cherché à reproduire à Rome ce qui se voyait à Ephèse, où le culte de Diane était en même temps un centre politique et un centre religieux, il convient de se rappeler que non seulement le Dianium d'Aricie était d'origine orientale: Diane avec Oreste et Hippolyte, et ses deux nymphes Aricie et Egérie, viennent de la Grèce; Oreste, s'enfuit de la Chersonèse Taurique, après le meurtre de Thoas, emmènant sa sœur et emportant avec lui la statue de la Déesse; mais que, de plus, au

---

d'Euripide que nous citerons plus loin on trouvera le symbolisme de ces fleurs et de ces couronnes.

[1] *Antiq.*, IV, 26.

[2] M. Ihne, cité par M. Merlin, *L'Aventin*, p. 209, résumant une certaine critique, surtout allemande, déclare que le récit de Denys d'Halicarnasse, témoin contemporain et oculaire, est néanmoins une „Flunkerei", une blague. Mais ce qui n'est pas du tout une „Flunkerei" c'est la „Flunkerei" de M. Ihne. Il se scandalise de ce que Denys nous parle de caractères grecs archaïques dans Rome; on vient précisément d'y en découvrir en plein Forum.

témoignage de Strabon,[1] la statue si strictement éphésienne, coiffée d'une tour, serrée dans une gaine, chargée de mamelles nombreuses, avait été apportée à Rome par les navigateurs et négociants marseillais, restés, à raison de leur origine phocéenne,[2] dévots à Diane et ardents propagateurs de son culte. Ils l'établissaient partout où ils créaient une colonie: ils le propagèrent aussi à Rome, où ils avaient un centre commercial assez considérable.

Telles sont, plus ou moins démontrées, les origines du culte de Diane à Rome. Diane d'ailleurs était aussi la protectrice des ports et des routes[3], et on conçoit que des navigateurs de profession lui aient gardé une dévotion à part et l'aient considérée aussi comme la protectrice du port de Rome, situé aux pieds de l'Aventin.

Les légendes chrétiennes elles-mêmes sont parfois imprégnées de ce souvenir.

Les actes de saint Urbain mentionnent, semble-t-il, le temple de Diane Aventine. Saint Hippolyte est martyrisé le 13 août, jour de la fête de Diane, disent les vieux récits, et il est écartelé par quatre chevaux, de même qu'Hippolyte, fils de Thésée, qui, rendu à la vie, avait épousé Aricie, la nymphe de Diane; et ajoutons que de même que l'histoire de l'Hippolyte païen était reproduite en une série de fresques dans le temple de Diane Aventine, de même, selon le récit de Prudence, l'histoire de l'Hippolyte chrétien avait été peinte sur sa tombe [4].

Il y avait là, il va sans dire, une quantité d'ex-voto rappelant les faveurs obtenues: inscriptions, images de membres de toute sorte, guéris merveilleusement, disait-on, et dont la consommation était si considérable, que des ateliers en créaient des stocks d'avance

---

[1] Cf. Merlin, *L'Aventin*, p. 213, sq.

[2] *Geogr.*, IV, 1, 4.

[3] Pour avoir une idée de la dévotion enthousiaste des Grecs pour la Diane d'Ephèse, il faut lire attentivement les *Actes des Apôtres*, Ch. XIX, 23-40.

[4] Cf. Callimaque, *Hymn. in Dianam*. Les documents ne manquent point, qui démontrent la popularité du temple de Diane Aventine, même dans le monde Romain. Dans l'inscription votive d'un autel érigé à Auguste chez les Narbonnais, on lit: « Caeterae leges huic arae titulisque eaedem sunto quae sunt arae Dianae in Aventino ». Gruter, Inscr. CCXXIX. De même à Salone en Dalmatie, dans une inscription dédicatoire d'autel à Jupiter, inscription transportée plus tard à Padoue, on lisait: « Leges huic arae eaedem sunto quae arae Dianae sunt in Aventino monte dictae ». Gruter, *Inscript.* XXIII, 12.

pour l'usage des amateurs;[1] des magasins spéciaux en étaient encombrés.

Il y avait deux sortes d'ex-voto dans les temples. C'étaient d'abord de grossières peintures ou encore des tablettes, « tabellae », qui racontaient la faveur obtenue, ou indiquaient le membre guéri; c'étaient ensuite les présents, offrandes, « donaria » qui étaient des représentations plus ou moins précieuses du membre soulagé. On en trouvait en or, en argent, en cuivre, en terre cuite. On figurait ainsi des yeux déviés, des mains avec une plaie, des membres tordus ou atteints d'un mal quelconque [2].

---

[1] Le culte de Diane ou Artemis offrait un caractère particulièrement moral. Elle était fille de Jupiter et de Latone, et avait obtenu de son père de ne jamais se marier. Pour comprendre comment les païens eux-mêmes appréciaient ce privilège, il suffit de lire la prière par laquelle Euripide commence sa tragédie de Phèdre. Qu'on nous permette d'en donner la traduction, vieux souvenir de colège, d'autant plus qu'on y trouvera la signification des couronnes offertes à la déesse :

" *Hippolyte, accompagné de ses amis et portant à la main une couronne de fleurs :* Suivez-moi, suivez-moi ! Chantons la céleste Diane notre protectrice.

— *Les suivants d'Hippolyte :* "Auguste et vénérée fille de Jupiter, salut à toi ! Salut à toi, la plus belle de toutes les vierges, toi qui habites les cieux immenses, la sublime cour de ton père et son palais d'or !

— *Hippolyte :* Salut, ô Diane, la plus belle des vierges qui habitent l'Olympe. Je t'offre, ô ma souveraine, cette couronne que j'ai tressée de mes mains dans une prairie intacte, où le berger n'a pas conduit son troupeau, que la faux n'a point violée : où l'abeille seule voltige au printemps, et que la Pudeur baigne d'une pure rosée. Ceux à qui la nature inspire la sagesse en toutes choses ont seuls le droit de cueillir ces fleurs : aux méchants, elles sont interdites. O Patronne bien-aimée, reçois de ta main sans tache cette couronne pour ta chevelure d'or. Seul parmi les mortels je jouis de ce privilége : je suis dans ta familiarité, je converse avec toi, sans voir ton visage. Ah ! puissent mes derniers jours ressembler aux premiers.

— *Un serviteur :* Pourquoi ne point rendre hommage à une véritable déesse ?

— *Hippolyte :* A quelle déesse ?

— *Le serviteur :* A Vénus !

— *Hippolyte :* C'est de loin que je l'adore, car je suis pur ; je n'aime pas une divinité qui redoute la lumière. Qu'elle cherche un autre adorateur „.

Il est très doux et consolant de rencontrer cet idéal même dans le monde païen. Mr J. Lemaître trouve même que ces ‹prières rappellent de très près les cantiques, qu'on chante dans les catéchismes de persévérance.›

Voir, sur toutes ces données, les recueils d'inscriptions publiés par Wood et Braeckl.

[2] Ces faits, qui remplissent des pages d'histoire et d'archéologie et dont les monuments ne se comptent plus, ne doivent pas être considérés comme de sim-

Le culte de Junon Regina n'était guère moins fameux que celui de Diane sur l'Aventin.

Il fut introduit à Rome par Camille, après le siège de Véies. Le général Romain, durant le siège, avait promis à Junon, principale protectrice de la ville, un temple dans Rome, si la victoire lui était accordée. Il fut vainqueur et tint parole. Il fit transporter la statue de la déesse par une troupe de jeunes gens vêtus de blanc, lui fit ériger sur l'Aventin un temple qui fut solennellement dédié le 1er septembre l'an 392 av. J. C. Le temple dominait le Tibre et se trouvait à peu près où a été construite plus tard la chapelle de Sainte Catherine de Sienne, sur le flanc gauche de Sainte-Sabine. On crut en trouver les vertiges lors de la construction de la chapelle, comme nous le dirons plus loin.

Les dames romaines surtout professèrent une grande dévotion pour Junon Régina et lui firent des fêtes splendides chaque année. Souvent, surtout aux époques de calamités, on lui offrait des statues votives, qui étaient toujours en bois.

Auguste fit reconstruire ce temple en même temps que ceux de Minerve et de Jupiter Liber, tandis que, sur son conseil, Livie sa femme reconstruisit celui de la Bonne Déesse, et Lucius Cornificius, son ami, celui de Diane Aventine.

Le temple de Minerve n'était pas loin de celui de Diane. Il était de dimensions assez considérables, puis qu'il comportait six colonnes de front et treize de côté.

Il fut dédié primitivement le 19 mars; plus tard, après la restauration qu'en fit Auguste, la dédicace se célébrait le 19 juin.

Ce temple existait depuis la seconde guerre punique. Lorsqu'il n'était pas utilisé pour le culte, on permettait aux poètes dramatiques et autres d'y faire leurs répétitions. C'est là en particulier que le poète Livius Andronicus déclama le cantique que chantèrent les vestales lors de la défaite de Carthage [1].

---

ples fictions, dans un très grand nombre de cas. Ils étaient réels souvent, mais dûs à un état subjectif des suppliants. Notons encore en passant ce détail, que dans le fragment de calendrier, publié par Gruter, *Inscript.* CXXXIV, le jour de Diane est indiqué de la sorte: « A. Eidus Dianae in Aventino », qu'il faut lire, croyons-nous: « Primo idus: Dianae in Aventino ».

[1] Pour tous ces renseignements et autres détails, nous renvoyons spécialement à Roisecco, vol. I. p. 251, seqq.; Nibby *Roma Ant.* vol. II, p. 672, seqq.;

§ 4. Le culte chrétien sur le sommet du Grand-Aventin.

Il semble qu'avec ces indications le lecteur se peut imaginer ce que fut alors l'emplacement futur de Sainte-Sabine. L'église fameuse s'élèvera sur les ruines non pas d'un seul temple, mais de plusieurs temples.

Malgré beaucoup d'efforts et d'études, on est bien loin au surplus d'avoir établi une topographie certaine de la colline si souvent bouleversée et si fréquemment fouillée jusque dans ses entrailles, dans un but d'exploitation plutôt que d'investigations instructives.

Sous la république, l'Aventin fut surtout le quartier populaire des commerçants, des banquiers, et des ouvriers: sous l'empire, il devint peu à peu le quartier aristocratique de Rome.

Dès le premier siècle chrétien, une partie de la population marchande émigre à Ostie, qui vient de prendre un grand développement, ou dans le Trastévère, sur le côté droit du Tibre, qui, par le fait même de la création du port d'Ostie, était devenu un centre d'affaires.

La plèbe émigre peu à peu de la vieille colline. Il y reste ceux dont les aïeux s'y étaient enrichis, et qui ne trouvaient pas de séjour plus agréable dans Rome; l'aristocratie quitte lentement le cœur de la capitale et se fixe, pour en avoir le splendide spectacle sous les yeux sans en subir les misères, sur les sommets et la périphérie de ce quartier jadis démocratique, en particulier sur l'arête qui domine le Tibre et qu'embellissent des temples fameux. Dès le IVme siècle, l'Aventin est à la fois le quartier riche et le quartier aristocratique. C'est à peine si à ses pieds subsistent encore des boutiques et des maisons de banque, comme on le voit par l'histoire du futur pape Calixte, qui, à l'époque où il n'était encore que l'esclave de l'affranchi Carpophorus, faisait le métier de changeur sur la voie d'Ostie, entre les deux sommets de l'Aventin. On peut dès lors opposer la tranquillité de la « Collis dominae Dianae » aux agitations de la « clamosa Suburra »[1].

De nombreux et splendides palais surgissaient de toute part. Asinius Pollion n'habitait pas loin de l'emplacement de Sainte-Bal-

---

Ampère, *Hist. rom. à Rome*, vol. III, p. 113 et passim; Merlin, L'*Aventin*, passim, et aux auteurs cités par lui.

[1] Martial, XII, 18.

bine ; les Servilii avaient, un peu plus au sud, leur habitation, célèbre par ses collections artistiques et par les mosaiques d'Héraclitos, qui figurent aujourd'hui un plancher non balayé au musée du Latran ; C. Cassius, L. Vitellius, L. Sura, L. Cornificius, Asinius Rufus, Sex. Cornelius Repentinus, L. Aemilius Carus, Cosmus Vérus, C. Sabucius Major Caecilianus, Fabrius Cilo, Cecina, Decius Maximus Basilius, P. Suetrius Sabinus, et cent autres personnages illustres par le faste, la noblesse, les services, s'y installèrent à l'envi et rivalisèrent de luxe et de splendeur [1].

Les dames, elles aussi, aiment ce séjour plus aéré, plus lumineux et plus tranquille, d'autant plus que le quartier était à la mode.

La Phyllis de Properce demeure près du temple de Diane Aventine ; Galeria, la femme de Vitellius, Cornificia, Pactumeia Lucilia, Publia Valeria Comasia, Aquilia Bassilla, Sabinia Tranquillina habitaient dans les mêmes parages.

Mais, à notre point de vue, il nous importe surtout de faire connaissance avec le groupe de nobles, savantes et pieuses femmes qui se réunissent dès le IVme siècle dans la vaste maison d'Albina, sur ce même sol qui sera plus tard l'emplacement du jardin et du couvent de Sainte-Sabine [2], à l'endroit même où la route consulaire, venant en amont du Tibre, après avoir longé quelque temps le faîte de l'Aventin, fléchissait sur sa droite pour passer devant les temples de Junon et de Diane, laissant entre elle et le Tibre l'espace pour une installation merveilleuse.

Dès l'an 340, on y trouve la noble Albina, d'illustre famille, qui avait compté parmi ses ancêtres de nombreux consuls et préfets du prétoire. [3] Déjà elle est entourée de personnes qui, ayant connu les misères du monde dans sa grandeur même, en vivaient éloignées assez pour ne pas le subir, pas trop pour cesser de l'édifier.

Chez elle, Athanase, évêque d'Alexandrie, chassé par la persécution arienne vers l'an 340, trouve, avec Ammonius et Isidore, ses

[1] Voir Merlin, l'*Aventin*, IVme partie, ch. III, où se lit une savante monographie sur l'Aventin quartier aristocratique.

[2] Lanciani, *The Destruct of ancient Rome*, pag. 58. Sur le séjour d'Albina et de Marcella sa fille dans leur maison de l'Aventin, cf. S. Jérôme, *Epist.* XLVII et CXXVII.

[3] S. Jérôme, *Epist.* XXII, CXXVII.

deux compagnons d'exil et cénobites égyptiens, une hospitalité généreuse et enthousiaste.

Les exilés parlent de la Thébaïde et des couvents de femmes institués en Orient, puis, à leur départ, ils laissent à leurs hôtesses un exemplaire de la vie d'Antoine l'Ermite. C'est un idéal nouveau qui s'offre au regard des saintes et grandes âmes. Marcella surtout, fille unique d'Albina, esprit ouvert à toutes nobles choses, y trouve une lumière qui finit par décider de son existence. Par condescendance pour sa mère, elle consentit à un premier mariage: mais, devenue veuve au bout de six mois, elle en refusa obstinément un second.

Elle ne tarda pas à se créer une cellule dans son propre palais, où elle vécut modestement, et d'où elle ne sortait que rarement et en compagnie de sa mère, partageant son temps entre les prières fréquentes et l'ardente étude de l'Ecriture Sainte.

Son exemple fut saintement contagieux. Près de Marcella nous trouvons Principia, sa fille et son amie inséparable; Mélanie, qui dès 380, se retirera dans une communauté sur le mont des Oliviers; Paula, la patricienne illustre et opulente, descendant par sa mère d'une sœur de Paul Emile, et par son père, d'Agamemnon, qu'Homère avait chanté, et avec elle ses deux filles Blésilla et Eustochium; Lea, la « mère des vierges », comme on la nommait, qui, après avoir été puissante dans le monde, passait sa vie sous le cilice et dans la prière; Asella, déjà avancée en âge, qui avait donné ses biens aux pauvres, et gagnait son pain par son travail; Furia, de la famille de Camille, qui refuse un second et brillant mariage; l'ardente Fabiola, descendante de Fabius Cunctator; Marcellina, sœur de Saint Ambroise, Félicité, d'autres encore. Tel fut le premier couvent de Rome, fondé par Marcella, la première patricienne qui, en Occident, ait professé la vie monastique.

La règle, ou plutôt l'habitude, comportait des réunions pieuses chaque jour; on chantait ensemble des psaumes et des prières; on lisait en commun l'Ecriture Sainte; mais en même temps on laissait une large liberté pour les goûts particuliers de chacune: les unes s'occupaient de quelques œuvres de charité, d'autres préféraient le silence et la prière, plusieurs se livraient à l'étude approfondie des Ecritures et connaissaient à fond le latin, le grec et l'hébreu.

La noble communauté était donc florissante lorsqu'en 382 arriva, et peut-être logea chez Marcella, saint Jérôme, qui venait à Rome pour y prendre part à un Concile œcuménique.[1]

Il en fut bientôt le conseiller et le docteur: mais il ne profita de la confiance qu'on lui donnait que pour augmenter et achever le bien qu'il trouvait si dignement inauguré. Il encouragea spécialement à l'austérité et à l'étude sainte, durant les trois années qu'il passa dans Rome.

Puis il songea à prendre le chemin de l'Orient; Paula et Eustochium le suivirent bientôt: sur ces entrefaites étaient mortes Lea, Asella, Paulina, Fabiola. Seules Marcella et Principia, avec quelques amies, refusèrent d'abandonner l'Aventin: il fallut l'arrivée des Barbares pour les expulser de leur retraite tant aimée.[2]

Mr. Merlin, après avoir critiqué les légendes relatives à Santa Prisca et rappelé les origines chrétiennes qui illustrent dès le 1er siècle les autres sommets de l'Aventin, cite saint Jérôme qui parle de l' « ecclesia domestica » fondée par Marcella, et conclut: « Telle est l' « ecclesia domestica » dont le souvenir se trouve associé à l'histoire des origines chrétiennes de l'Aventin. Elle n'est pas réunie au Ier siècle chez Aquila et Prisca, sur la crête qui longeait le Grand Cirque; mais au IVme, chez Marcella, dans la région qui dominait le cours du Tibre; elle n'a pas tenu ses assises dans la maison d'un pauvre fabricant de tentes, ami de saint Paul, mais dans le palais d'une noble dame, de haute naissance et de famille aristocratique, disciple des cénobites égyptiens et de saint Jérôme »[3].

Il est un nom que nous aurions voulu rencontrer parmi ces

---

[1] Sur cette communauté voir le livre de Mgr. Lagrange, *Sainte Paule*, et surtout les lettres de S. Jérôme. Cf. Merlin, *l'Aventin*, IVme partie, ch. VIme. M. A. Thierry dans son *Saint Jérôme*, fausse, à force d'esprit, le caractère des choses et des personnes.

[2] D'autres noms se devraient ajouter à ceux-là, tels que ceux de Feliciana, Praetextata, Octavia. Nous les retrouverons plus ou moins ailleurs. Sur l'emplacement du palais de Marcella le municipe de Rome a érigé de nos jours « una lavanderia a vapore »!

[3] *L'Aventin*, pp. 428-429. L'Aventin étant le séjour des étrangers, dût hospitaliser le christianisme dès la première heure, et c'est spécialement aux chrétiens de l'Aventin que s'adressait l'Epître de Saint Paul aux Romains.

noms illustres: c'est celui de Sabine la martyre, Mais elle avait vécu deux siècles et demi plus tôt. Il semble d'ailleurs avéré qu'elle avait habité l'Aventin.

De vieilles traditions, consignées par écrit depuis des siècles nous affirment que Sabine, la romaine, avait sa maison sur l'Aventin, et que, pour ce motif, bien qu'elle eût été martyrisée loin de Rome, c'est-à-dire près de Terni, comme le veulent certains auteurs, on lui consacra sur l'Aventin la basilique construite par Pierre d'Illyrie. Quelques uns même veulent que sa maison ait été d'abord convertie en une chapelle chrétienne, qu'aurait remplacée un peu plus tard l'église qu'on admire aujourd'hui.

Pour infirmer ou confirmer ce récit nous n'avons nul moyen sûr à notre portée.

Une seule observation sur ce point. Il y a quelques mois à peine, nous avons découvert presque par hasard, cachée dans le milieu de la muraille qui forme la nef droite de Sainte-Sabine, une colonne dont nous parlerons ailleurs, et qui pourrait bien confirmer la vieille légende.

Elle est ronde, lisse, en granit rouge, soutient un chapiteau corinthien, et sur le chapiteau repose un bloc triangulaire de peperino, dont les deux faces supérieures supportaient des arcs orientés comme l'église elle-même, sauf une légère déviation.

Cette colonne est plus qu'à moitié enterrée dans le sol, et apparait de trop petites dimensions pour un temple, mais assez grande pour une maison particulière, ou pour un oratoire.

Le soin qu'on a pris de conserver ainsi cette colonne inutile pour la construction, et de l'encadrer dans le mur de l'église en faisant fléchir la muraille, indique une préoccupation analogue à celle que supposent les vieux martyrologes, quand ils nous affirment que la nouvelle basilique fut bâtie sur l'habitation même de notre illustre sainte.

Cette maison, ou du moins cette colonne, fut providentiellement laissée debout par les barbares qui vinrent les premiers fouiller et piller la vieille Rome, quand ses enfants ne purent plus la défendre, tant ils s'étaient étiolés dans les repos de leurs triomphes.

C'est en effet le 24 août de l'an 410, qu'Alaric, à la tête de ses Goths, entre dans Rome par la Porta Salaria. Pendant quatorze jours, il livra Rome à ses soldats, qui brûlèrent, tuèrent et surtout pillèrent.

Les quartiers les plus riches excitèrent naturellement le plus l'appétit barbare, semblable en ce point à l'appétit civilisé, et à ce titre l'Aventin et le Célius eurent particulièrement à souffrir.

Marcella fut assaillie dans son palais par une horde avide et sommée de livrer ses trésors. On refusait de la croire quand elle affirmait avoir tout donné aux malheureux. Elle courut alors avec Principia les plus grands dangers: mais enfin les barbares se laissèrent convaincre et toucher, et la conduisirent avec sa fille adoptive dans la basilique de Saint-Paul, qu'Alaric avait déclarée asile inviolable.[1]

Après le départ des Goths, Marcella rentra dans sa maison, pour y mourir entre les bras de son amie: l'âge et les émotions l'avaient accablée et vaincue.

Mais ce n'était là pour Rome et pour l'Aventin en particulier que le commencement des malheurs.

Un tremblement de terre la secoue violemment, l'an 422, comme pour réveiller la morte, et elle ne se réveille pas.

---

[1] Saint Jérôme nous a transmis un récit poignant de l'invasion. Après nous avoir appris (Epist. 48, edit. Maur.) que Marcella demeurait sur l'Aventin près de la voie qui conduit à la Basilique de Saint-Paul et qui passait entre Sainte-Sabine et Sant'Alessio, il nous décrit l'irruption des Barbares (Epist. 96). C'est à Principia qu'il envoie ce récit:

> « Quis cladem illius noctis, quis funera fando
> Explicet, aut posset lacrymis aequare dolorem?
> Urbs antiqua ruit, multos dominata per annos;
> Plurima perque vias sparguntur inertia passim
> Corpora, perque domos, et plurima mortis imago.

« Quum interim in tanta confusione rerum, Marcellae quoque domum cruentus victor ingreditur, ... intrepido vultu excepisse dicitur introgressos; quumque posceretur aurum, et defossas opes vili excusaret tunica, non tamen fecit fidem voluntariae paupertatis. Caesam fustibus flagellisque aiunt non sensisse tormenta: sed hoc lacrymis, hoc pedibus eorum prostratam egisse, ne te a suo consortio separarent, ne sustineret adolescentia quod senilis aetas timere non poterat. Christus dura corda mollivit, et inter cruentos gladios invenit locum pietas; quumque illam et te ad Beati Apostoli Pauli Basilicam barbari deduxissent, ut vel salutem vobis ostenderent, vel sepulchrum, in tantam laetitiam dicitur erupisse, ut gratias ageret Deo quod te integram sibi reservasset, quod pauperem illam non fecisset captivitas, sed invenisset. »

Alors surviennent d'autres barbares, alléchés par l'odeur du pillage et avides de punir à leur tour celle qui avait saigné et dépouillé l'univers pendant tant de siècles.

Genséric et ses Vandales arrivent en 455, Ricimer avec ses hordes en 472. De 537 à 552, Rome est prise et saccagée cinq fois. Les Romains sont morts ou en fuite, et quand Narsès pénètre dans la capitale du monde, en 552, il y trouve à peine 50000 habitants affamés et apeurés.[1]

Rome n'est plus qu'un monceau de ruines, sur lesquelles plane un souvenir devenu pesant comme un cauchemar. Rome, la vieille Rome «a vécu», comme le disait le licteur annonçant, sur le Capitole, avec un terrible euphémisme, qu'un ennemi avait été étranglé dans la prison Mamertine. Rien ne subsiste que des décombres. Le barbare s'est emparé des dépouilles de trois cents triomphes, a châtié ces trois millions de tyrans où d'esclaves, chassé leurs trois mille danseuses, brisé les trente-sept portes de la grande capitale, rempli de ses soldats sauvages ses huit camps et ses dix-sept places, rompu ses dix-neuf aqueducs, profané ses mille trois cent cinquante-deux fontaines, gravi ses deux capitoles, saccagé ses quatre cent vingt-quatre temples, ses dix-sept basiliques, ses vingt-neuf bibliothèques; envahi ses quatorze bois sacrés, ses huit cirques, ses deux amphithéâtres, ses six arènes; détruit ou souillé les seize thermes publics, les huit cent cinquante-six bains; pillé les mille six cent quatre-vingts palais,[2] et ainsi de suite.

Et sur ce nombre, pour la part de l'Aventin, il faut compter la destruction de ses deux mille quatre cents îles de maisons, ou groupes de maisons isolées par des rues, de ses splendides édifices publics, de ses temples fameux, de ses oratoires, de ses autels, de ses thermes, de ses greniers, de ses avenues.[3]

De tout ce passé il ne reste plus guère que des fragments épars et incertains, comme les ossements d'un géant préhistorique. Quelques couvents, quelques églises ont seuls entretenu la vie dans ce désert.

[1] Merlin, *L'Aventin*, IVme partie, ch. VII.
[2] C'est l'énumération que donnent les anciens quand ils décrivent les *Mirabilia* de Rome.
[3] Cf. Nerini, *De templo S. Bonifacii*, p. 2.

On crut, au XIIIme siècle, que le passé pourrait peut-être recommencer. en quelque mesure.

Les Savelli, qui disputaient dans Rome l'influence aux Colonna, aux Orsini et aux Gaetani, s'étaient établis sur l'extrémité ouest de l'Aventin, près de Sainte-Sabine. Ils y avaient acquis ou conquis un palais-forteresse qu'Albéric II, prince des Romains, maître de Rome pendant 23 ans, y avait construit au Xme siècle, et qu'Othon III (983-1002) avait agrandi ou reconstruit. Les Savelli s'y installèrent superbement. Les deux papes, Honorius III et Honorius IV, tous deux de la même famille, y naquirent et y vécurent.

Le second surtout fit des efforts considérables pour attirer les Romains vers l'Aventin. Son frère Pandolfo, qui s'était rendu populaire pour avoir purgé Rome des brigands, était alors Sénateur de Rome. Honorius profita de cette circonstance favorable, et en deux ans, 1285-1287, ajouta des édifices remarquables à ceux qui existaient déjà, et par les exemples non moins que par les conseils, persuada à un grand nombre de Romains de s'établir sur l'Aventin.[1]

Le mur d'enceinte du palais Savelli existe encore et comporte tous les caractères d'une forteresse: murailles élevées et fortes, créneaux, meurtrières, tours, bastions, rien n'y manque.

Sous Grégoire XIII, on trouva dans ces parages de nombreux moulins à bras en pierre rouge de Bracciano; des greniers existaient entre le palais et le jardin de l'église, indiqués dans le plan de Bufalini; aujourd'hui encore il y subsiste des caves et des souterrains, avec de vastes diotes pour les approvisionements de blé, de vin et d'huile.

On avait prévu les possibilités d'un siège et les difficultés de recevoir des approvisionements du dehors.

La palais proprement dit touchait l'abside de l'église.

Il ne disparut guère qu'au XVIIme siècle, vers la fin.

En 1548, Mons. Mario Ruffini obtient encore de Paul III qu'on lui loue le palais Savelli, avec le jardin, à perpétuité, pour le prix annuel de 36 écus, au lieu des quatre tonneaux de vin, de sept barils chacun, qu'on avait payés jusque-là.

[1] Cf. Ptol. Luc. *Chron.*, lib. XXIV; Platina, *Vita Honorii IV*.

— 37 —

Nous opinons que, tombant en ruines, il fut supprimé en grande partie en 1613, lorsque furent vendues 86 charretées de pierres, au prix de 14 baïoques la charretée.

D'autres démolitions eurent lieu en 1680, quand fut construite de ce même côté la chapelle de sainte Catherine de Sienne.

Sur les fondements de l'ancien palais, la famille Ginnasi bâtit une maison qui, avec des fortunes diverses, subsista jusqu'à

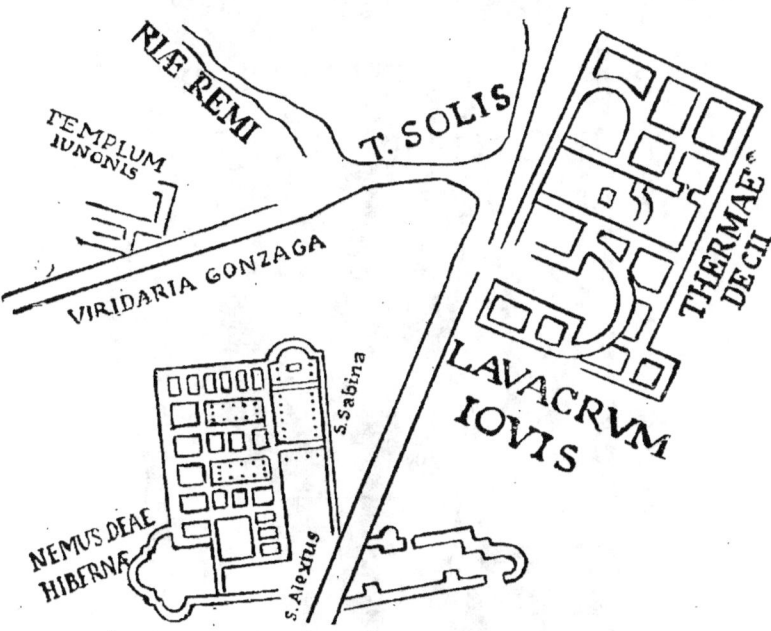

8. Le plan de Bufalini.

la fin du XVIIIme siècle. Nerini la vit encore en 1752,[1] et Venuti en 1766.[2] Un dessin de Claude Lorrain, exécuté à Rome, lors du séjour qu'y fit l'artiste, nous montre l'ensemble de la maison des Ginnasi.

Aujourd'hui, la maison elle aussi a disparu.[3]

[1] *De templo S. Bonifacii*, p. 259.
[2] *Roma moderna*, Rione XII. Cf. la vue de Rome gravée par Werner, 1730.
[3] Là avait été fondée et se réunissait parfois la singulière „Accademia degl'Infecondi". Voir Sabbatini, *Roma*, p. 140.

9. Dessin de Claude Lorrain montrant les restes du palais Savelli.

Il reste quelques pans de murs solides amorcés sur le flanc pe l'église, et les fondements, presque à fleur de sol, avec des caves voûtées, qu'il serait facile de déblayer et d'utiliser encore.

CHAPITRE II.

Construction de l'église de Sainte-Sabine.

§ 1. Pierre d'Illyrie.

'Aventin païen était mort pour ne plus se relever : l'Aventin chrétien survécut. C'est au milieu de tous ces décombres encore fumants, au milieu de ces secousses volcaniques, sous le coup des menaces barbares qui frappent encore aux portes de Rome, que s'élève radieuse l'église de Sainte-Sabine, l'an 422 : douze ans après le passage d'Alaric, trente-trois avant celui de Genséric.

Elle fut l'œuvre d'un prêtre admirable, nommé Pierre d'Illyrie. Nous ne le connaissons que très peu dans le détail de son existence : nous possédons néanmoins les traits principaux de sa physionomie, et ils sont merveilleusement beaux.

Les documents à invoquer sont fort peu nombreux : ce sont une inscription de sept vers en mosaïque, qu'on lui a consacrée immédiatement après sa mort dans l'église même de Sainte-Sabine ; puis quelques mots d'Anastase le Bibliothécaire ; enfin le monument qu'il a créé, qui nous dit ce que furent sa piété, son imagination, son goût et sa richesse.

C'est tout, comme renseignements et sources d'informations.[1]

Le fondateur de l'église de Sainte-Sabine naquit en Illyrie. Son berceau fut donc tout proche de cette Grèce, avec laquelle peut-être il fut en relations intimes et directes plus tard.

L'époque de sa naissance ne saurait être précisée, si ce n'est approximativement.

Il venait de mourir, lorsque Sixte III acheva et consacra l'église nouvelle, vers l'an 432. La mosaïque, en effet, nous parle de lui comme de quelqu'un qui n'est plus. Elle ajoute que Pierre « a fondé » cette admirable église. La période de fondation dut se terminer vers 425, et c'est alors que le digne prêtre alla recevoir la récompense de l'œuvre qu'il avait faite et de celle qu'il avait voulu faire. S'il avait alors 60 ans, comme il semble raisonnable de le supposer, il a dû naître vers 365.

Il naquit sans doute d'une famille opulente, si on en juge de par la magnificence des largesses qu'il sema autour de lui, et si l'on se rappelle que dans l'inscription qui lui est consacrée on le déclare « riche » pour les pauvres, en ajoutant qu'il « avait fui les biens de la vie présente.»

Au Baptême il reçut le nom de Pierre, et l'auteur de l'inscription ajoute qu'il fut digne de porter «un si grand nom» : détail qui a pareillement son importance historique à un autre point

---

[1] Nous retrouverons l'inscription plus loin, quand nous décrirons la basilique ; il nous semble utile néanmoins de la mettre dès maintenant sous les yeux du lecteur :

« Culmen apostolicum cum Celestinus haberet,
Primus et in toto fulgeret episcopus orbe,
Haec quae miraris fundavit presbyter Urbis
Illyrica de gente Petrus: vir nomine tanto
Dignus, ab exortu Christi nutritus in aula,
Pauperibus locuples, sibi pauper, qui bona vitae
Praesentis fugiens meruit sperare futuram. »

Voici maintenant le texte d'Anastase le Bibliothécaire : « Huius (Sixti III) temporibus fecit Petrus episcopus Basilicam in Urbe, Sanctae Sabinae; ubi et fontem construxit ».

Le texte du Cod. Reg. Maz. porte : « Hujus (Sixti III) temporibus fecit Petrus episcopus Illyrica de gente Athenis, basilicam Sanctae Sabinae, in monte Aventino. Fecit etiam in ecclesia Sanctae Sabinae fontem ac baptisterium ». *Lib. Pont.*, édit. Duchesne.

de vue. Le premier pape avait fait la gloire de ce nom-là, et le prêtre Pierre fut trouvé digne de le porter à son tour.

De ce fait encore on peut conclure qu'il naquit d'une famille chrétienne, qui, du reste, le plaça tout jeune « dans une bergerie du Christ », pour y être nourri ou élevé.

Qu'était cette « bergerie du Christ ? ». L'une de ces écoles sans doute, déjà nombreuses dans toute la chrétienté, où l'on enseignait le plus souvent la grammaire, la rhétorique, la philosophie, la géométrie et la théologie, et où les candidats du sacerdoce pouvaient de bonne heure recevoir la tonsure cléricale. Peut-être fut-il un « clericus ab incunabulis », clerc dès le berceau, ayant été offert à Dieu par ses parents.[1]

Et c'est là qu'il apprit en même temps et la vertu et la science. Plus tard, il devint « prêtre de la ville ». A quel titre et avec quelles fonctions, nous ne le savons pas. Si ceux qui prétendent que la basilique actuelle a remplacé une église plus ancienne, avaient raison et démontraient leur opinion, il serait naturel de supposer qu'il fut prêtre de cette première église. Il y avait dès le premier siècle des chrétiens sur l'Aventin et même des oratoires à l'usage des fidèles: ils ne devaient point manquer sur le sommet le plus illustre de la Colline Dianale. On a mis en avant différents noms de ce titre primitif, mais tous sans authenticité suffisante.

Dans cette hypothèse, Pierre d'Illyrie n'aurait fait que reconstruire plus belle l'église qui lui était confiée.

Anastase veut qu'il ait été « évêque », et l'on a discuté vivement cette expression. Il est probable qu'elle n'a ici qu'une signification générique et veut dire simplement que Pierre eût charge d'âmes dans Rome. C'est en ce sens que le « titre » s'appelait parfois du nom de « diocèse », comme qui dirait, selon l'étymologie du mot, groupe de maisons ou d'habitations assignées à la surveillance et juridiction d'un prêtre.[2]

---

[1] Ces offrandes ou consécrations d'enfants à Dieu par les parents se faisaient en général au tombeau d'un martyr préféré ou plus admiré. Il n'est pas improbable que Pierre d'Illyrie ait été offert à Dieu par ses parents près du tombeau de Sainte Sabine, ce qui expliquerait sa dévotion spéciale envers la glorieuse martyre. Il était Illyrien d'origine, et ses parents avaient dû s'établir sur l'Aventin, la colline des étrangers. Cf. Prud., *Perist.* II.

[2] Quelques-uns ont prétendu, mais sans le démontrer, que le texte

Quant aux vertus de Pierre d'Illyrie, elles sont indiquées brièvevement, mais puissamment, dans l'éloge que lui décerne Sixte III. Le pape donne peu de détails: seulement il souligne les principes d'où naissent spontanément dans une âme les vertus les plus belles. Il nous montre le saint prêtre « riche pour les pauvres, pauvre pour lui-même ». Celui qui possède une telle mentalité, comme diraient nos modernes, est assurément un saint.

Il fut riche également pour procurer la gloire de Dieu, comme le démontre splendidement le temple qu'il lui érigea.

C'est à ce double but qu' « il sacrifia les biens de la vie présente »[1].

§ 2. Sainte Sabine et sainte Séraphia.

D'après les Actes de leur martyre, dont la substance est assurément historique, autant que les accessoires en sont légendaires, elles furent mises à mort vers l'an 125, sous le règne de l'empereur Adrien. Ce dernier n'organisa pas la persécution contre les chrétiens, mais il laissa appliquer les lois persécutrices édictées avant lui, et beaucoup de croyants furent mis à mort, parmi lesquels Sabine et Séraphia.

Sabine, disent les Actes, était fille d'Hérode-le-Métallaire et femme de Valentinus, qui portait le titre de «préclarissime» et appartenait ainsi à l'ordre sénatorial.

---

d'Anastase avait été interpolé; d'autres, que Pierre avait été évêque en dehors de Rome, à Athènes même, selon une variante du texte d'Anastase.

Jusqu'au jour où des documents nouveaux et convaincants seront mis en lumière, il vaut mieux supposer que la variante d'Anastase est une erreur, et interpréter le mot « episcopus » comme nous l'avons interprété. C'est d'ailleurs l'opinion de beaucoup d'érudits, en particulier de Martinelli, de Crescimbeni, et même de De Rossi, de Garrucci et autres modernes. Originairement le mot « episcopus » signifiait surveillant, intendant, administrateur.

[1] Celui qui a composé l'admirable épitaphe du cardinal d'Auxia que nous lirons plus tard : « Ut moriens viveret vixit ut moriturus », s'est incontestablement inspiré de notre inscription.

De même il y a une parenté manifeste entre l'éloge que Sixte III nous fait de Pierre d'Illyrie et celui que Saint Paulin de Nole nous fera de son ami Sévère, à propos d'une peinture exécutée par les soins de ce dernier:

« Dives opum Christo, pauper sibi, pulchra Severus
Culmina sacratis fontibus instituit, etc. »
(Epist. XXXII, ad Severum)

Elle avait, dit-on encore, une maison sur l'Aventin, et l'on convient en général que Sabine était Romaine. Mais on est loin d'être d'accord sur l'endroit où elle subit son martyre.

Les Actes en effet nous indiquent l' « oppidum Vindenentium » le « pagus Vindinensis ». Mais cette localité ne saurait être, dit-on, que le « Vindenum » ou la « Vindena » chef-lieu ou ville, aujourd'hui disparue, des Vindenates en Ombrie. Ainsi l'entendent Tillemont, Baillet, Baluze, De Rossi. Là aussi se seraient trouvés l' « arcus Faustini » et l' « Area Vindiciani » dont nous parlent encore les Actes, et là encore les Saintes auraient eu leur tombeau. De là leurs reliques auraient été transférées plus tard dans Rome, sur l'Aventin.

Mais d'autres écrivains, tels que les Bollandistes et Baronius, pensent que ces localités étaient dans le voisinage de l'Aventin, quelque faubourg habité par des Vindenates. Nerini, dans sa *Roma Antica*, indique le « pagus Vindinensis » comme existant dans ces parages, persuadé qu'il était sans doute par une interprétation de nos Actes. Le martyrologe d'Adon favorise cette hypothèse.[1]

Ce n'est pas le cas de discuter ici ces opinions différentes, et peut-être, avant de se prononcer, faut-il attendre des découvertes ultérieures. Il semble néanmoins incontestable que Sabine et Séraphia souffrirent leur supplice loin de Rome, puisque leurs noms ne se trouvent pas dans les listes des martyres Romaines, bien que, d'après les martyrologes, elles eussent leur habitation sur l'Aventin.

Sabine, devenue veuve, s'était liée d'amitiée avec une vierge chrétienne, du nom de Séraphia, originaire d'Antioche. C'est d'elle qu'elle reçut la connaissance du christianisme, de sa doctrine et de sa morale, et la pensée de devenir chrétienne à son tour.

Sur ces entrefaites, elles furent toutes deux accusées comme chrétiennes, auprès du préfet Helpidius.

Ce dernier n'osa point d'abord procéder contre Sabine qui était noble, mais il fit arrêter Séraphia, qui se montra inébranlable dans

---

[1] En voici les paroles: " Romae, in Aventino, in oppido Vindenensi, ad arcum Faustini „. De même M. Urlichs dans son *Codex Urbis Romae topographicus*, p. 135, cite une description ms. de Rome, où on lit: « Arcus Faustini in Aventino, juxta Sanctam Sabinam.» Il ne faut pas oublier que l'Aventin fut toujours plus ou moins habité par des colonies d'étrangers, parfois assez nombreuses, qui pouvaient donner leur nom aux quartiers où elles s'installaient.

sa foi, fut cruellement flagellée, puis décapitée, sur les derniers jours de juillet.

La courageuse Sabine accompagna son amie jusqu'au supplice, en recueillit le cadavre et l'ensevelit dans le tombeau qu'elle s'était préparé pour elle-même dans l'« Area Vindiciana » ou Cimitière de Vindicianus, non loin de l'Arc de Faustinus.

Pendant qu'elle honorait ainsi la dépouille mortelle de Séraphia, le juge Beryllus lui reprocha violemment d'outrager de la sorte sa famille et la mémoire de son mari, en donnant son nom à la secte des Chrétiens. Sabine répondit énergiquement, et, pour l'heure, fut laissée en paix. Mais bientôt survient Helpidius, le préfet, qui essaie et des menaces et des flatteries pour la pervertir, et voyant que tout reste inutile, porte contre elle la sentence ainsi conçue : « Nous avons décrété que Sabine, désobéissante aux dieux, blasphématrice de nos Seigneurs et Empereurs, soit frappée du glaive, et que tous ses biens soient confisqués pour le domaine public ».

La sentence fut exécutée le 29 du mois d'août, et le cadavre de Sabine fut enseveli par les chrétiens près de celui de Séraphia.

La mémoire des deux héroïnes chrétiennes ne périt point avec elles. Les antiques martyrologes nous rappellent, le 29 du mois d'août, parfois le 3 septembre, leurs noms et leurs supplices, et racontent que les chrétiens ne tardèrent pas à leur ériger un oratoire, non seulement en Ombrie,[1] mais aussi sur l'Aventin, dans la maison qu'elles avaient habitée, ou qui leur avait appartenu, dès que fut arrivée à Rome la nouvelle de leur mort, et bien avant la construction de la basilique érigée au Vme siècle.

La maison antique se transformait au surplus facilement en lieu de prière, à raison de sa configuration même. Beaucoup de « tituli » n'auront pas d'autre origine, et ce sont les plus anciens; ils appartenaient à des particuliers: de là les expressions « Titulus Lucinae, Titulus Sabinae, etc. ».

L'habitude de transformer en oratoires les maisons des martyrs était du reste fréquente à Rome comme ailleurs, et il suffit

---

[1] Le *Martyrologe d'Adon*: "Memoria ipsius martyrii (Seraphiae) hac die (3 sept.) celebrior habetur, quando ambarum sarcophagum ibi compositum et ornatum fuit, et locus orationis condigne dicatus „.

d'apporter en preuve la transformation des maisons de sainte Cécile et des martyrs Jean et Paul.

Ainsi en fut-il pour nos saintes, dont le culte d'ailleurs se popularisa plus universellement encore le jour où une basilique romaine et splendide porta leur nom. On ne s'étonnera pas de trouver dans le vieux Sacramentaire de saint Grégoire une messe « in natali Sanctae Sabinae », et de lire chez les Bollandistes cette affirmation, que le culte fut très célèbre et ancien, puisque le 29 août la plupart des vieux martyrologes l'indiquent.[1]

§ 3. Fondation de l'église de Sainte-Sabine.

C'est sous le pontificat du grand Pape Célestin I que fut fondée sinon achevée, notre église. Celestin régna de 422 à 432.

Ni le pieux prêtre qui l'avait commencée, ni le Pape qui en avait béni le projet, ne virent la fin de la noble entreprise: ce fut Sixte III, le successeur immédiat de Célestin, qui conduisit l'œuvre à bon terme,[2] continuant ainsi la pensée de tous les deux.

Les travaux de fondation furent considérables sur ce sol fouillé et bouleversé dans tous les sens, et exhaussé par des débris de toute sorte, que le temps et les hommes avaient accumulés dès cette époque. Les murs de fondation, les maçonneries qui soutiennent les colonnes, et cette colonne récemment découverte dans le mur latéral de l'église plongent à environ deux mètres au-dessous du sol actuel.

La nouvelle basilique était d'ailleurs considérable comme di-

---

[1] « Cultus sanctae Sabinae celeber admodum est et antiquus, nam ipsa die XXIX augusti in plerisque martyrologiis signatur. » *Acta SS.* Augusti iv.
Nous reproduirons les *Actes* de nos Saintes aux *Pièces justificatives*, n. I.

[2] L'inscription contemporaine, en belle mosaïque, qui se lit sur la porte de l'église, à l'intérieur, nous parle de " Celestinus... primus, „ et il est arrivé à quelqu'un, par trop distrait, de traduire: " Célestin I. „ Il s'agit assurément de ce Pape: mais on ne peut parler de Célestin I avant de connaître un Célestin II. La vérité est que dans notre mosaïque le mot " primus „ se doit unir à " episcopus, „ et il faut lire ainsi les deux premiers vers: " Lorsque Célestin occupait le faîte apostolique, et qu'il brillait premier évêque dans le monde... „.

« Culmen Apostolicum cum Celestinus haberet,
Primus et in toto fulgeret episcopus orbe... »

C'est presque mot pour mot ce que dit du Pape Cyrille d'Alexandrie, *Hom.* XI.

mensions, mesurant soixante-cinq mètres de longueur de l'abside au vestibule inclusivement, y compris les murailles, sur une largeur totale de vingt-six mètres, divisée en trois nefs.[1]

La construction dura environ dix ans. C'est Sixte III qui y mit la dernière main, de même qu'il achevait Sainte-Marie-Majeure. Il y fit placer une superbe inscription en mosaïque, où il raconte les mérites de ses prédécesseurs en taisant les siens: juste l'inverse de ce qui s'est communément pratiqué plus tard.

Sixte III est d'ailleurs resté célèbre par son intelligence et son amour des arts, en particulier des nobles décorations, qui, selon lui, devaient embellir le temple élevé à la gloire de Dieu, et instruire le spectateur par un riche symbolisme.

L'œuvre de Pierre d'Illyrie, une fois achevée, apparut « admirable » dès la première heure. C'est la grande inscription dictée ou approuvée par Sixte III qui nous en avertit, et aujourd'hui encore, malgré les délabrements causés par le temps, et surtout par les hommes, nous le comprendrons sans peine, si nous arrivons à faire revivre le passé dans notre mémoire et dans notre imagination.

Le jour de l'inauguration, la nouvelle basilique apparut toute radieuse de ses mosaïques décoratives et symboliques, soutenue par ses blanches colonnes en marbre de Paros, sur son splendide pavé en « tessellature » de marbres aux couleurs variées et harmonieuses. La lumière, tamisée par les cancels des vingt-six fenêtres

---

[1] Les dimensions exactes de l'église sont les suivantes: la longueur totale de l'église depuis la porte jusqu'au fond de l'abside est de 56 m.; la profondeur totale de l'abside est de m. 7.20; la largeur de l'abside, à l'entrée, de m. 10.80; la hauteur de l'arc de m. 17.0; les entrecolonnements du milieu d'une colonne à l'autre, mesurent m. 3.65, sauf celui de la dernière colonne au pilier, vers l'abside, qui n'est que de m. 3.50. La largeur des trois nefs vers le milieu de l'église est de m. 26.10, mais s'augmente vers l'entrée, parce que la nef de droite qui mesure m. 5.30, en largeur, vers l'abside, en compte m. 6.10 vers le bas de d'église, pour un motif que nous dirons plus loin. La nef de gauche compte m. 5.35 de largeur. Les douze colonnes et les piliers du chœur forment treize entrecolonnements de chaque côté de la nef, surmontés d'autant de fenêtres, qui mesurent aujourd'hui m. 2.43 de largeur et m. 4.25 de hauteur. On en a hélas! fermé trois sur quatre. La hauteur totale de l'église, jusqu'au sommet du toit, est de m. 22.50; celle des murs de 18.55.

La longueur totale du vestibule est de m. 26.10, c'est-à-dire égale à la largeur de l'église sans compter les murailles; la largeur est de m. 6.25.

de la grande nef, des cinq fenêtres de la façade, et des vingt-six fenêtres moindres des basses-nefs donnait à ces marbres, à ces peintures toute leur valeur et harmonie.

Sous l'arc se dressait un autel très-bas en marbre, surmonté d'un élégant baldaquin, et en avant, sur toute la largeur de l'abside, s'élevait la « pergula » ou iconostase, formée de six colonnes supportant une frise, où étaient suspendues entre les colonnes de riches lampes en forme de couronne. Devant la pergula se voyait la

10. L'ancienne Sainte-Sabine.

« schola cantorum » formée par une clôture de marbre blanc, ornée de reliefs symboliques. C'était le temple chrétien, tel qu'il sortit de la logique des choses et de la foi des fidèles.

En avant de l'entrée, s'ouvrait le vestibule tout brillant de « tessallature », formé d'un toit, qui s'appuyait contre la façade et reposait de l'autre côté sur six colonnes de marbre cannelées à vis. Sur la porte aux riches bas-reliefs tombaient deux voiles superbes, relevés à droite et à gauche sur des patères.

Tel apparut le temple chrétien, le jour de la solennelle dédicace. Peut-on espérer qu'un jour il nous sera rendu ? Il a traversé des siècles d'aberrations, qui l'ont atteint lui-même, et il ne faudrait pas un effort bien considérable pour remettre exactement sous nos yeux ce qui fut la réalisation du premier idéal de la basilique chrétienne.

Ne se rencontrera-t-il jamais une opulence qui possède le sens de l'art et de la religion, et nous restitue ce merveilleux passé ?

L'église, construite partiellement sur les ruines de la maison de Sainte Sabine et de l'oratoire qui l'avait remplacée, fut dédiée à la gloire de l'héroïque chrétienne et de sa compagne.

Nous ignorons à quelle époque précise les reliques furent transférées de Terni à Rome, sur l'Aventin. Notre opinion est que la translation se fit lors de la construction de la basilique construite en leur honneur.

Et d'abord, dès l'an 408, les Goths, au dire du Pape Virgile, « avant d'installer leurs camps sous les murs de la ville, avaient commencé par faire aux saints une guerre abominable, et, avec une audace sacrilège, avaient renversé leurs tombeaux ».[1]

Il était naturel que, dès le lendemain de leur passage, et même auparavant, on songeât à mettre en sureté les reliques des martyrs, en les transportant de la campagne dans la capitale.

Au surplus, on n'érigeait des autels aux saints que sur leurs reliques. Lorsque les églises étaient construites dans les Catacombes, l'autel s'établissait sur le tombeau du martyr; mais si l'église était dans la ville, on y transportait le corps du saint, ou au moins des reliques insignes. Cette loi fut assurément observée pour nos saintes martyres.

On nous objecte que certains itinéraires du viime siècle ne les mentionnent pas.

Mais il est facile de répondre que ces itinéraires s'occupent spécialement des cimetières chrétiens, et bien moins des églises et des basiliques.

Aussi leur arrive-t-il d'omettre dans leurs recueils bien d'autres reliques existant dans Rome à leur époque.

Et du reste si cet argument négatif avait une valeur sérieuse,

---

[1] Voici le texte:
« Dum peritura Gethae posuissent castra sub Urbe,
Moverunt sanctis bella nefanda prius,
Istaque sacrilego verterunt corde sepulcra. »

Cf. Marucchi, *Man. d arch.*, P. VI, cap. I.

il nous serait facile de l'utiliser en vue d'une conclusion diamétralement opposée à celle que nous combattons: nous pourrions constater que nul document ne parle de la translation des reliques faite au viime siècle, et en conclure avec le même droit que dès lors elle n'a pas eu lieu à cette époque.[1]

§ 4. Sainte-Sabine, Titre Presbytéral.

Il est une indication donnée par Anastase-le-Bibliothécaire, dont nous n'avons point parlé jusqu'ici et qui néanmoins est d'une grande importance: le célèbre chroniqueur nous dit que Pierre d'Illyrie construisit des Fonts Baptismaux ou un Baptistère dans l'église de Sainte-Sabine.[2] Il veut dire assurément que le Baptistère était attenant à l'église et en dépendait.

Nous n'avons pas d'autres indications sur ce point, et on ne nous dit pas où il était situé.

Toutefois, si l'on tient compte de la topographie de l'Aventin, si l'on se rappelle que la route consulaire venant du côté de Saint-Paul passait sur le faîte de la colline, devant l'église actuelle de Sant'Alessio, puis fléchissait vers le nord, pour passer juste devant l'église de Sainte-Sabine, on devra conclure que le baptistère se trouvait sur l'emplacement occupé aujourd'hui par la grande sacristie, sur la gauche de l'église, près du campanile, et faisait suite au vestibule de l'église.

Un document du xiiime siècle confirme pleinement cette induction. Lorsqu'Honorius III, par son Bref du 5 juin 1222, donne aux Dominicains la propriété de l'église dont jusqu'alors ils n'avaient eu que l'usage, il réserve néanmoins « la maison où se trouve le Baptistère, avec le jardin voisin, et une habitation pour deux clercs ou prêtres, qui resteront chargés de la paroisse. » Or ce jardin et cette maison se trouvaient sur le flanc gauche de l'église, et, vu la distribution du sol que nous venons de rappeler, ne pouvait guères se trouver que là.

---

[1] Dans un appendice, *Pièces justificatives*, n. II, nous discuterons spécialement le fait de la présence des reliques à Rome, dès le vme ou viime siècle.

[2] " Ubi et fontem construxit, „ ou, d'après le ms. de la Bibliothèque Mazarine: " Fecit etiam in ecclesia Sanctae Sabinae fontem ad baptisterium. „ *In Sixtum III*. Sant'Apollinàre de Ravenne reproduit ici encore Sainte-Sabine.

Au surplus, il n'est pas impossible d'en retrouver les vestiges perdus dans les constructions plus récentes. Il y eut même autour de ce jardin un cloître réservé à l'usage du clergé séculier.

Parmi les chrétiens qui y reçurent le Baptême, ou, comme on disait, l'Illumination, il faut compter, en dehors de la foule anonyme, le Pape Eugène II, né sur l'Aventin, et les deux Papes Honorius III et Honorius IV, qui eurent leur berceau à deux pas de notre Baptistère.

La création d'un baptistère à Sainte-Sabine nous apprend que l'église fut dès le principe un « titre baptismal » c'est-à-dire l'une de ces églises où des prêtres avaient le droit exclusif d'administrer les sacrements, en particulier le Baptême, la Pénitence et l'Eucharistie.[1]

C'étaient des paroisses, et les prêtres qui en étaient chargés étaient des cardinaux et des cardinaux-prêtres.

Au Vme siècle, on comptait vingt-cinq titres dans Rome. Sainte-Sabine fut l'un d'eux, et l'un des plus illustres par son antiquité et par la gloire de ceux qui l'occupèrent.[2]

Chaque titre avait au moins deux prêtres pour le service divin. L'un était « praefectus » ou « prior », le Prieur, les autres « socii » collaborateurs, ou vicaires.

Durant le Vme siècle, on en trouve trois à Sainte-Sabine. C'est ainsi que dans le Synode célébré à Rome, sous le pape Symmaque, vers 498, trois prêtres donnent leur signature comme appartenant à Sainte-Sabine : Abundantius, Valens et Victorius.[3]

Au XIIIme siècle, on n'en trouve déjà plus que deux, qui restent chargés de la paroisse, comme nous disions il y a un instant.

---

[1] Saint Marcel l'établit" propter baptismum et poenitentiam „. Cf. Anastase, *In Marcel.* Le titre presbytéral s'appelait aussi « ecclesia matrix, ecclesia nutrix.»

[2] Quelques archéologues veulent que le titre de Sainte-Sabine ait remplacé un titre plus ancien, qui se serait nommé « titulus Bizantis » ou « Bizantius ». Il en serait question, ainsi que de deux titulaires dans une inscription retrouvée au-delà de Saint-Sébastien, sur la voie Appienne : « Temporibus Sancti Innocentii episcopi Proclinus et Ursus Presbyteri tituli Bizantis Sancto Martyri Sebastiano ex voto fecerunt. » Cf. Ugonio, *Staz. Rom.*, fol. 7. C'est là une erreur, sans doute.

[3] Sur ces questions, cf. Duchesne, *Les titres presbytéraux et les diaconies*, dans les mélanges de l'Ecole Française, 1887 ; Armellini, *Archeol. Christ.*, pp. 268—271. On trouvera pareillement dans Macri, *Hierolex.* voc. *Titulus*, toute la philologie de l'expression.

Bientôt la paroisse disparaît, car les fidèles ont disparu. Le titre néanmoins subsista, et il appartint successivement à une longue série de cardinaux illustres, série que l'on trouvera plus loin telle qu'il nous a été possible de la reconstituer[1], et où figurent Eugène II, Benoît XI, Pie II, Pie V, Hugues de Saint-Cher, Ximénès, etc.

Nous n'ajoutons qu'un détail où se démontre l'importance de ce titre. Lorsque le patriarche d'Alexandrie venait à Rome pour un Synode, la basilique de Saint-Paul était considérée comme son église, et un cardinal devait y chanter la messe chaque jour.

Le lundi, c'était le cardinal de Sainte-Prisca; le mardi, celui de Sainte-Balbine; le mercredi, celui des SS. Nérée et Achillée; le jeudi, celui de Saint-Sixte; le vendredi, celui de Saint-Marcel; le samedi, celui de Sainte-Suzanne; le dimanche enfin, celui de Sainte-Sabine.

§ 5. Sainte-Sabine, Station Romaine.

Dès le début notre Basilique fut Station Romaine, et devint même la première de toutes.

On appelle station, chacun le sait, une église où les fidèles, à jour fixe et selon un ordre déterminé d'avance, se réunissent pour prier solennellement en commun.

Lorsque, en 1587, Sixte V rétablit les Stations Romaines tombées en désuétude, il commença par Sainte-Sabine, et un prédicateur célèbre à cette époque, Panigarola, prononça dans notre église un pompeux discours, où il donne un tableau exact de l'histoire des Stations Romaines. « Rien de plus vénérable, de plus beau que l'antiquité, et, à mes yeux, rien de plus digne d'un chrétien que de mettre tous ses soins à conserver les monuments de l'antiquité religieuse... Parmi ces grands et nobles souvenirs qui se présentent de toute part, il faut remarquer l'ancien usage des Stations Saintes. Qui ignore assez l'antiquité religieuse... pour ne point connaître les monuments magnifiques de cette institution, et en particulier les éloquents discours que prononçaient les Souverains Pontifes en ces circonstances?... Voici le vieux Tertullien qui nous donne la signification de ce nom en maints passages de ses livres! Dès les temps apostoliques, les généreux chrétiens de la

---

[1] Voir *Pièces justificatives*, n. III.

première heure avaient l'habitude de se réunir à jours fixes, tantôt dans une basilique, tantôt dans une autre, ou près du tombeau des martyrs. Debout, le regard élevé vers le ciel, ils priaient leur Dieu, et prolongeaient ces stations, parfois du lever au coucher du soleil. Les Pontifes Romains eux-mêmes, surtout pendant le temps du Carême, se rendaient avec le peuple et le clergé en diverses églises de la cité, y célébraient la messe et y accomplissaient les rites de la station.

« Le pape Hilaire désigne des clercs qui, au jour indiqué, devront s'occuper des fonctions saintes, et il fait exécuter un « scyphus » un vase d'or, pour servir aux Stations.

« Le pape Grégoire distribue ces clercs plus régulièrement, pour divers offices, dans les basiliques et les cimetières des martyrs : il désigna un primicier, des chantres, des régionnaires, des acolythes ; il établit l'usage de la Croix Stationale. Les anciens pontifes tenaient si sincèrement à cette dévotion, que, lorsqu'ils virent les fidèles exposés à moins l'apprécier... ils ouvrirent les trésors de l'Eglise... et accordèrent libéralement les « Indulgences Stationales », selon l'expression de Boniface VIII.

« Et d'ailleurs, saurait-on imaginer rien de plus agréable, de plus doux que ces réunions ? Les chemins ne sont ni longs, ni difficiles ; nous ne franchissons pas, ou nous franchissons à peine les murs de la ville ; nous voyons des sites nouveaux, nous étudions les monuments du passé, nous renouvelons les rites, les institutions, les cérémonies de la primitive Eglise ; nous visitons les maisons, les oratoires, les cimetières des anciens pontifes ; nous rappelons les souvenirs de nos saints martyrs. Ici retentissaient les chants suaves de la piété antique ; là, en ces temps reculés, le peuple chrétien priait, entendait la parole de Dieu, recevait l'Eucharistie ; en cet endroit un empereur est baptisé et guéri de la lèpre [1] ; voici les « Limina Apostolorum »,[2] célèbres dans le monde entier ; sur cet autel de bois,[3] les pontifes, ne pouvant réunir le peuple en un lieu toujours déterminé, offraient le saint sa-

---

[1] Allusion à une légende relative au baptême de Constantin.
[2] Les " confessions „ ou tombeaux des Apôtres.
[3] Il s'agit sans doute de l'autel en bois, dit de Saint-Pierre, conservé au Latran.

crifice dans les cryptes, dans les cimetières, dans les maisons des particuliers ; ici, Pierre fut mis en croix[1]; là, Paul eut la tête tranchée[2]; plus loin[3], on flagellait des martyrs; en cet autre lieu, ils étaient meurtris à coups de bâton, broyés sous les balles de plomb, déchirés sur des fragments de poteries, percés avec des broches de fer, déchirés avec des ongles d'acier, brûlés avec des lames rougies au feu, roulés sur des charbons ardents, plongés dans l'huile bouillante, placés sur des grils enflammés, percés de flèches ; suspendus, écorchés, écartelés, mis en pièces, broyés, noyés, disséqués, cloués, tués, et pendant la nuit servaient de flambeaux publics, etc. ».[4]

Sainte-Sabine est la première des cinquante-quatre Stations Romaines. Il n'est pas facile d'indiquer avec certitude absolue le motif de ce rang d'honneur. Il nous semble que la meilleure explication s'en trouve dans la distribution des « Rioni », des Quartiers ou Régions de Rome. Aujourd'hui, comme aux temps païens, Rome est divisée en quatorze Quartiers : mais s'il y a ressemblance de nombre, il y a totale différence de rang et de distribution. Celle-ci changea souvent. Avant Sixte V, la Ville éternelle ne comptait que treize quartiers : ce pape y ajouta le Borgo. Or, dans la division chrétienne l'Aventin occupa le premier rang,[5] tandis que dans la distribution païenne il occupa le XIIme. On conçoit dès lors que la principale église de l'Aventin ait été la première des Stations Romaines, bien que parfois on ait négligé ailleurs cette convenance.

Il est vraisemblable qu'il faut faire remonter jusqu'à Saint-Grégoire cette disposition, puisque ce pape indiqua lui-même l'ordre des Stations.[6]

La première station se célébrant au début du carême, elle coincidait avec la cérémonie des cendres.

[1] Sur le Janicule.
[2] A l'endroit appelé Saint-Paul-Trois-Fontaines.
[3] Dans l'énumération qui suit, on ne fait plus allusion à des endroits déterminés: c'est Rome qui offre des souvenirs.
[4] Panigarola, *De SS. Stationum veteri instituto a Xisto Quinto revocato*, 1587.
[5] Eugène II s'exprime déjà de la sorte: " Praecipimus ut hortum quondam Feliciani presbyteri, positum in Regione I^a ante gradum S. Sabinae „ . . . .
[6] Jean Diacre nous apprend que " Stationes Gregorius per basilicas vel beatorum martyrum coemeteria secundum quod hactenus plebs romana, quasi

Mariani ne manqua pas de le constater dans ses *Epigrammes*, et voici le rapprochement qu'il faisait :

« Pour les nations et les peuples est éteint le vieil autel de Diane, souvent tout chaud de flammes, parfois couvert de braises sanglantes : sainte Sabine a éteint ces feux en répandant de son cœur un sang meilleur. Du faste ancien, ô Romain, il ne reste chaque année qu'un peu de cendres répandues sur ton front ».[1]

Ce qui caractérisait la cérémonie de la Station à Sainte-Sabine, c'était spécialement la présence du Souverain Pontife qui y prenait part, lorsqu'il se trouvait dans Rome.

La « Collecta », c'est-à-dire la réunion des fidèles, se faisait dès le matin dans l'église de Sainte-Anastasie, qui est au-bas de l'Aventin, ou encore en certains circonstances à Santa-Maria-in-Cosmedin,[2] qui n'est qu'à petite distance. Ces deux sanctuaires avaient alors leur simplicité et leur noblesse primitive, qui s'harmonisait si admirablement avec l'idée de prière et de pénitence.[3])

---

eo vivente, certatim discurrit, sollicite ordinavit. „ *Vita S. Greg.*, lib. II. — Cf. S. Greg., *Epist.* XII, 19; Martinelli, *Roma Sacra*, p. 13; Nardini, *De templo S. Bonif.* II, 4; Urlichs, *Codex Urbis Romae topographicus*.

On sait qu'il existe divers systèmes soutenus par les savants, au sujet de la distributions des Régions et Quartiers de Rome pendant le moyen-âge. M. Jordan pense que les anciens quartiers étaient reconnus au moyen-âge; Mgr. Duchesne opine qu'on avait adopté la division ecclésiastique; M. Grégorovius suppose une nouvelle division introduite vers le XI ou XII siècle; M. Gatti croit qu'on admettait et l'une et l'autre division, mais qu'on utilisait la seconde surtout dans les questions ecclésiastiques.

> « Gentibus et populis periit vetus ara Dianae,
>   Saepe calens flammis, saepe cruenta focis.
> Sanguine diffuso meliori victima corde
>   Illas extinxit Diva Sabina faces.
> Hic tibi de prisco fastu, Romane, quotannis
>   Exiguus superest sparsus in ora cinis ».
>   *Ruinarum Romae Epigram.*

[2] C'était une habitude assez fréquente d'ailleurs qu. le clergé, les moines, les vierges, le peuple se réunissent dans quelque église voisine de celle où devait se célébrer la station, pour arriver processionnellement à cette dernière. Ainsi, pour la station de Saint-Jean-de-Latran, la "Collecta„ se faisait à Sainte-Marie-Majeure; pour celle de Saint-Laurent-hors-les-Murs, à Sainte-Croix-de-Jérusalem; pour celle de Saint-Paul, à Sainte-Sabine, et ainsi des autres.

[3] Nous avions retrouvé jadis dans le cloître de Sainte-Sabine une ancienne vue de Sainte-Anastasie, avec son clocher pointu et le portique qui la précédait. Les « artistes » qui se sont emparés de Sainte-Sabine auront fait dispa-

Le concours devait être fort considérable, puisque, au témoignage du moine Arnold, il existait à Rome, dès le XI Siècle, environ trois cents églises, vingt couvents de femmes et quarante communautés d'hommes.

Avant l'arrivée du Pontife à l'église de la « Collecta », on avait fait des cendres avec les rameaux bénits l'année précédente. Jusqu'en 1464, c'est le plus jeune des cardinaux prêtres qui les bénissait, accompagné des ministres en simples vêtements blancs.

Paul II voulut les bénir lui-même, et les autres pontifes suivirent son exemple.

Le pape arrivait avec toute sa cour, et l'on psalmodiait Sexte dans l'église, puis le Doyen des Cardinaux-Prêtres, ou, en son absence, le Sous-Doyen, donnait les cendres au Pape.

Dans le principe l'officiant disait la formule: « Memento homo... » A partir de 1378, on la supprima comme indiquant en apparence une sorte de juridiction que personne ne peut ici-bas posséder réellement sur le Pape.

Le Pontife, revêtu de la dalmatique, distribuait ensuite aux fidèles les cendres, symbole de l'ancienne pénitence publique. Le plus souvent, il accompagnait la cérémonie d'une allocution adaptée aux circonstances.

La distribution terminée, il revêtait la chasuble noire ou violette, quittait ses chaussures, et suivait pieds nus la procession déjà en marche vers Sainte-Sabine. Il portait à la main un cierge que lui avait donné le Doyen des Cardinaux-Evêques. Le premier Diacre Régionnaire le précédait portant la Croix de Saint-Pierre, tandis que la Croix Stationale, prescrite par Saint Grégoire et conservée habituellement à Sainte-Anastasie, était portée en tête de la procession.

Entre temps, la « Schola Cantorum » chantait les Litanies et l'Antienne.

Arrivé à la porte de Sainte-Sabine, le Diacre remettait la croix de Saint-Pierre aux acolythes qui la portaient à l'autel, et le pape se rendait immédiatement dans la petite sacristie, à droite, en entrant.

raître cette vue si intéressante. Quant à Santa-Maria-in-Cosmedin, on vient de la restaurer intelligemment.

Les camériers « cubicularii » y avaient préparé des tapis et des sièges,[1] et un bassin d'eau tiède et parfumée. Le pape se lavait les pieds, chaussait des sandales violettes et sans pierreries. Il récitait ensuite None et le psaume si bien approprié aux splendeurs de l'ancienne basilique: « Quam admirabilia tabernacula tua, Domine virtutum! » Qu'admirables sont vos tentes, ô Dieu puissant!

Il revêtait alors des ornements violets sans aucune pierre précieuse, et commençait aussitôt la messe par l'oraison de la Collecte, les Litanies et l'Antienne déjà chantées remplaçant l'Introit et le Kyrie.[2]

On omettait le « Gloria in excelsis » et les « Alleluia », et le célébrant ne disait qu'une oraison, comme pour tous les dimanches de Carême.

Ce jour-là, comme à la première messe de Noël et à celle du Samedi-Saint, le Pape communiait, non point avec le chalumeau « calamus », mais avec le calice.

On distribuait ensuite la Communion aux fidèles, qui la recevaient en grand nombre, puisqu'il avait été nécessaire de se procurer un « scyphus » plus grand pour les stations.

Après la Communion, l'Archidiacre ou le Diacre, debout au coin de l'autel, annonçait la station suivante qui devait se célébrer à San-Giorgio-in-Velabro; il indiquait pareillement le lieu de la « Collecta » et l'indulgence accordée.

Tel était l'ensemble de la cérémonie au moyen-âge.

Si le Pape était absent de Rome, ou si un motif sérieux empêchait la « Collecta », la foule alors se rendait directement à Sainte-Sabine. Quand le Souverain Pontife ne pouvait suivre la procession pieds nus, il arrivait à Sainte-Sabine à cheval ou en chaise à porteur. Les cendres en ce cas se distribuaient dans notre église.[3]

---

[1] " Tapeta et bancalia. „

[2] L'Introit n'est en réalité qu'une antienne, et le Kyrie un reste des Litanies.

Le mot Litanie a signifié procession et série de noms de Saints. Toutefois, ajoute Mabillon, " principio Litaniae nomine significabatur solummodo initium nostrarum Litaniarum, ita ut Kyrie pluries frequentaretur. „ *Ord. Rom.* Si par hasard on avait achevé les Litanies avant d'arriver à Sainte-Sabine, on répétait l'invocation " Kyrie „ jusqu'à ce que le Pontife fit signe de cesser.

[3] Cf. Gallicoli, *Opp. S. Greg.*, T. IX, p. 295.

Habituellement on prononçait alors une homélie ou une allocution, pour préciser les enseignements de la solennité.

Nous ne saurions omettre de dire un mot de la curieuse et édifiante cérémonie du « stoppino ». Après la Communion, un acolythe prenait un fragment du coton appelé « papyrus » qui brûlait dans la lampe de l'église, et le présentait tout baigné d'huile, mais essuyé préalablement, au Souverain-Pontife, qui le bénissait et le recevait, pendant qu'on chantait: « Aujourd'hui, la station était à Sainte-Sabine, qui te salue! » Le Pape répondait: « Grâces soient rendues à Dieu! » Un cubiculaire prenait alors le coton, et l'enfermait soigneusement avec les « stoppini » semblables recueillis dans les autres stations, depuis le commencement du pontificat actuel. A la mort du Pape, on en remplissait le coussin funèbre où il reposait sa tête. Ce souvenir des prières publiques faites pour lui devait lui être une sécurité au moment redoutable des comptes à rendre devant Dieu: car tout pape mourant doit être saisi de ces pensées que le grand Léon XIII a exprimées dans son dernier et sublime poème latin: « Les clés souveraines sont une charge d'un poids immense... Celui qui parmi les peuples est le premier en gloire, devra, l'infortuné! subir une peine plus sévère! »

La cérémonie était achevée, et le Sous-Diacre donnait le signal de la fin. On chantait encore un psaume et une antienne, puis le Pape et les Cardinaux montaient à cheval pour regagner leurs demeures, tandis que la foule se dispersait par tous les chemins qui sillonnent les pentes de l'Aventin.[1]

Lorsque les Savelli n'habitèrent plus la fameuse colline, quand le désert se fit, les grandes cérémonies diminuèrent de splendeur, et malgré l'effort énergique de Sixte V, la station de Sainte-Sabine ne se célébra plus avec le même concours.

Jusqu'à Clément XIV, les papes se rendirent à la Basilique pour le mercredi des Cendres; Benoit XIV et Clément XIII furent les derniers papes qui prirent part à la cérémonie[2]; aujourd'hui ce passé est mort, et c'est à peine si, ce jour-là, quelque prince

---

[1] Dans l'*Ordo Romanus* de Cencio Camerario, on trouve décrite la cérémonie de la Station à Sainte-Sabine. Cf. Migne, *Patr. Lat.*, vol. LXXVIII, col. 1070, n. 15.

[2] Ils s'y rendirent en " sedia gestatoria. „

de l'Eglise plus attentif vient faire à Sainte-Sabine une visite fugitive et silencieuse.[1]

§ 6. L'orientation de l'église de Sainte-Sabine.

L'église de Sainte-Sabine est orientée au nord-est. Le temple de Diane qu'elle remplace était orienté à peu près de la même façon; l'oratoire élevé dans la maison de sainte Sabine, avant l'existence de la basilique, l'était encore dans le même sens, quoique un peu plus au nord, à en juger par la direction de la pierre qui en reste dans l'église, au sommet d'une colonne, et qui n'a pas été remuée de sa place primitive.

On sait d'autre part l'importance que l'on attachait à ce que l'abside d'une église regardât l'orient, source de la lumière.[2]

Notre église, comme bien d'autres à Rome et ailleurs, est une exception.

Ces divergences provenaient de ce que souvent il fallait subir certaines conditions matérielles qui s'imposaient selon les terrains, les voisinages, les voies d'accès, la nécessité d'utiliser d'anciens fondements, et ainsi de suite.

C'est à raison des conditions spéciales d'accès au faîte de l'Aventin que Sainte-Sabine, comme l'ancien temple de Diane, fut orientée vers le nord-est. Ugonio, guidé par la seule logique, qui veut qu'une porte d'entrée donne sur un chemin, surtout lorsqu'il s'agit d'un édifice mis à la disposition du public, avait déjà conclu à l'existence d'une route passant devant notre église et justifiant ainsi son orientation.[3]

---

[1] Urbain VIII communiqua à Saint-Alexis, église voisine, le privilège de la station de Sainte-Sabine, comme l'atteste l'inscription suivante qui en perpétue le souvenir:

Urbano . VIII . Pont . Max
Quod . vetustam . Sanctae . Sabinae . Stationem
Ecclesiae . Sancti . Alexii . communicaverit
Monaci . Hieronymiani
Grati . Animi . Monumen . P . P

[2] Tous les traités et dictionnaires d'archéologie chrétienne renseigneront sur ce point.

[3] Ugonio est un homme de grand mérite qu'il faut écouter toujours, même si on ne peut toujours le suivre. Voici son raisonnement sur la question qui nous occupe. Sainte-Sabine, disait-il, n'a pas la façade tournée vers le chemin qui

Cette induction devint plus tard une certitude, lorsque la voie elle-même fut découverte. Nérini nous raconte le fait en ces termes: « L'ancienne voie consulaire par laquelle les Romains se rendaient autrefois à la Porte d'Ostie, et de là à la Basilique de Saint-Paul, est en partie cachée au-dessous de notre couvent (le couvent de Sant'Alessio, tout voisin de Sainte-Sabine). J'en puis donner mon propre témoignage. L'an dernier, lorsqu'on jetait les fondements de la nouvelle construction (c'est-à-dire en 1750), je la vis de mes propres yeux, et non point sans une grande joie au cœur.

« Elle est encore pavée d'énormes pierres, et se trouve à huit palmes au-dessous de la surface actuelle du sol.

« Elle va du midi au nord.

« Du côté du nord, elle s'avance entre les deux églises de Sant'Alessio et de Sainte-Sabine, c'est-à-dire devant la porte principale de cette dernière église, qui regarde vers le couchant. De l'autre côté, elle descend au midi, et reste ensevelie sous le chemin qui conduit maintenant par le flanc de l'Aventin, jusqu'à la Porte de San-Paolo ».[1]

L'orientation quelque peu insolite de l'église de Sainte-Sabine s'imposa donc à Pierre d'Illyrie par la nécessité de l'ouvrir sur la voie publique, puisqu'elle devait servir à tout le monde.[2]

---

y mène aujourd'hui; elle a la porte principale tournée à l'occident. Qui peut mettre en doute qu'il n'y eût là, dans le principe, quelque chemin passant entre cette église et celle de Sant'Alessio, qui est elle-même fort ancienne, quoique plus tard il ait été fermé et occupé par les jardins et les constructions du monastère? *Staz. Rom.*, fol. 6.

[1] « Via vetus consularis, per quam olim Romani ex Aventino gradiebantur ad Portam Hostiensem, et inde ad basilicam Sancti Pauli, sub coenobio nostro partim sepulta jacet, ut ipse ego testis esse possum, qui anno proxime praeterito, quum novi aedificii fundamenta jacerentur, non sine magna animi voluptate, eamdem vidi, immanibus adhuc stratam silicibus, sub ea soli planitie quae nunc est, ad octo palmos profundam, ab austro ad boream porrectam, et inter utrumque templum S. Alexii et S. Sabinae, id est ante hujus portam principem, quae respicit occasum, progredientem a latere boreali; ab altera autem versus austrum vergentem, et sub ipsa via sepultam, quae nunc per montis declivitatem ducit ad Portam S. Pauli nuncupatam. *De templo S. Bonifacii*, pp. 31-32.

[2] D'autres églises dans Rome se sont trouvées dans les mêmes nécessités, et ainsi Saint-Laurent-hors-les-murs et Saint-Paul sont orientés à l'est; Saint-Pierre, Sainte-Marie-Majeure, à l'ouest; Sainte-Marie-du-Peuple au nord; Saint-Jean-de-Latran et Saint-Grégoire au sud. Et ainsi de plusieurs autres églises.

Ici s'achève l'histoire de la construction de Sainte-Sabine: il nous reste à raconter brièvement celle de son existence.

Une remarque avant de finir ce chapitre. L'un des charmes qu'offre cette église est son admirable unité, son exquise simplicité, qui s'impose toujours à l'attention, malgré les dégâts commis à l'intérieur et l'addition de chapelles sur les côtés. C'est le résultat d'une conception profondément droite et logique. La sophistication n'y apparait nulle part, la préoccupation de créer un intérêt accessoire en est complètement absente. C'est l'idée du temple chrétien dans son ingénuité sublime, exprimée élégamment et fortement, sans ombre de rhétorique.

L'histoire de son existence nous montrera que cet idéal ne fut pas toujours pleinement compris : toutefois, dans l'ensemble, nous avons encore le monument de la première heure.

CHAPITRE III.

L'église de Sainte-Sabine à travers les siècles.

§ 1. Le premier siècle de son existence.

ous connaissons les origines et les premières gloires de notre chère basilique. Dès le début, elle fut l'un des sanctuaires les plus aimés et les plus fréquentés de la piété romaine.

Durant un siècle, nul fait spécial ne s'impose à notre attention dans l'histoire particulière de Sainte-Sabine. Mais dans son enceinte se répercutaient toutes les craintes, les espérances, les convulsions qui agitèrent la honteuse agonie de l'Empire Romain d'Occident. Les Vandales, les Alains, les Suèves, les Wisigoths, les Burgondes, les Francs, etc. accourent pour se partager les lambeaux du grand cadavre. Rome n'est défendue que par des fantômes d'empereurs, œuvre et jouet des barbares vainqueurs, par un Avitus, un Anthonius, un Olybrius, un Julius Nepos, enfin un Romulus Augustule, dont le nom est aussi une caricature.

Odoacre met un terme à l'ignominieuse comédie, refuse et supprime le titre d'empereur, devenu par trop risible, et se fait proclamer roi d'Italie.

Si les vieux murs, les vieilles colonnes de Sainte-Sabine pouvaient nous redire tout ce qu'elles ont entendu d'angoisses, de prières, de terreurs, de gémissements, chaque fois que montait et arrivait le flot barbare, nous aurions la plus navrante page de l'histoire humaine.

D'autres sanctuaires furent sans doute les témoins des mêmes épouvantes: mais ils ont été détruits, transformés, et leurs pierres ont cessé d'être éloquentes. Notre Basilique peut rappeler tous ces faits par chacun des marbres ou des cailloux qui la soutiennent.

§ 2. Le pape Sylvère à Sainte-Sabine.

Deux faits signalent l'église de Sainte-Sabine durant le second siècle de son existence: l'emprisonnement du pape Sylvère à Sainte Sabine, et l'organisation des grandes Litanies par Saint Grégoire.

Après la chute de Rome, l'empire de Constantinople résista encore à la vigueur sauvage des Barbares.

Parmi les soldats qui le protégèrent avec plus de succès et de gloire, il faut nommer Bélisaire. Brave et habile général, il triompha des ennemis qu'il put voir en face; mais, loyal et sincère, il devait être vaincu par l'intrigue et l'hypocrisie.

Pour son malheur et celui des autres, il avait épousé Antonina, l'ancienne amie et complice de l'impératrice Théodora, et fille d'un conducteur de chars, de même que Théodora était la fille d'un gardien des bêtes féroces destinées aux jeux du cirque.

Ces deux femmes, toutes deux également perdues de mœurs, furent la honte et le mauvais génie, l'une de Justinien l'empereur, l'autre de Bélisaire, le meilleur serviteur de l'Empire.

Bélisaire, après avoir sauvé la domination de Justinien en Asie contre le Perses, en Afrique contre les Vandales, fut envoyé contre les Ostrogoths maîtres de l'Italie. Avec une petite armée, il s'empara de la Sicile, entra dans Naples et Rome, repoussa les efforts du vaillant Vitigès qui était venu l'assiéger, le poursuivit dans Ravenne, le força à se rendre, et l'envoya prisonnier à Constantinople (538).

C'est vers cette époque, si glorieuse pour lui, qu'il commit la faute dont l'histoire nous a transmis les détails.

Le pape saint Agapit gouvernait alors l'Eglise, et avait à lutter contre l'hérésie du monophysisme, qui n'admettait qu'une nature en

Jésus-Christ, et en arrivait forcément à nier l'Incarnation et la Rédemption.

Justinien protégeait l'orthodoxie, et Théodora soutenait l'hérésie, naturellement.

L'impératrice était parvenue à faire élever sur le siège patriarcal de Constantinople, Anthime, évêque de Trébizonde (535), qui, après avoir donné hypocritement des gages publics à l'orthodoxie, encourageait et propageait l'erreur.

Le pape l'ayant démasqué et fait exiler par Justinien, Théodora, pour se venger, résolut de porter l'erreur à Rome même, sur le trône de Saint-Pierre.

Agapit étant mort après dix mois et vingt jours de pontificat, elle gagna un diacre romain, Vigile, qui avait été à Constantinople l'Apocrisiaire de saint Agapit, et lui promit de le faire souverain pontife, s'il s'engageait à annuler le concile de Chalcédoine, qui avait condamné Eutychès et sa doctrine.

L'ambitieux Vigile accepta, quitta Constantinople et se rendit auprès de Bélisaire, alors tout-puissant en Italie, avec des lettres de recommandation de Théodora. La femme de Bélisaire, il va sans dire, était entrée en plein dans cette intrigue.

Mais lorsque Vigile arriva à Rome, il trouva Sylvère déjà souverain pontife.

Outré de dépit, il court à Ravenne à la rencontre de Bélisaire, déjà en train de marcher sur Rome, pour en chasser les Goths, que Vitigès leur roi avait recommandés à Sylvère.

Bientôt Rome ouvrit ses portes, les Goths furent expulsés, et Bélisaire s'installa dans un palais du Pincio, après avoir été reçu solennellement par Sylvère, le 9 décembre 536.

Dès le mois de février de l'année suivante, Bélisaire mande devant lui le souverain pontife, l'accuse de complicité avec les Goths, le fait dépouiller du pallium et vêtir de l'habit monastique, déclare solennellement que Sylvère à renoncé a son pouvoir, et le confine à Sainte-Sabine. C'est un diacre de la première Région qui avait eu le courage d'ôter le « pallium » au pape.

Le 29 mars, 537, Bélisaire fit nommer Vigile à la place du pontife légitime.

Celui-ci, en appelant à l'empereur, fut envoyé à Constantinople;

l'empereur le renvoya à Rome: mais Théodora et Antonina veillaient, et le firent arrêter par Bélisaire, avant son arrivée dans la vieille capitale du monde. Relégué dans l'île de Palmaria, non loin du golfe de la Spezia, il y fut inhumé le 20 juin 538, consumé par la faim, selon les uns; empoisonné ou assassiné par un serviteur d'Antonina, selon d'autres.

Pendant des siècles, on conserva à Sainte-Sabine quelques reliques du glorieux pontife.

Après sa mort, Vigile fut élu régulièrement. Il revint sur son passé pour le désavouer, se prononça pour la doctrine orthodoxe, et expia son ambition dans les luttes qu'il lui fallut soutenir.

Bélisaire subit pareillement son expiation: malgré ses nouvelles victoires en Italie et en Perse, il fut vaincu par la calomnie que l'épée n'atteint pas, perdit la faveur de son maître, fut dépouillé de ses biens, en suite des calomnies de sa femme dont il avait voulu punir les débordements, et n'obtint la grâce de la vie qu'après l'avoir implorée à genoux d'Antonina elle-même. Il mourut à Constantinople, après onze ans de vie isolée.

Antonina, sa veuve, fut son héritière et fonda un couvent pour expier ses crimes; Théodora mourut d'un cancer.

Un autre souvenir, disions-nous, se rattache à l'histoire de Sainte-Sabine durant ce siècle.

Grégoire-le-Grand (590-604) venait d'être élu pontife, malgré ses protestations, et dès le début de son pontificat il dut lutter contre tous les fléaux ligués pour abattre son courage. Il domina les calamités: il fut plus qu'un grand homme, plus qu'un grand saint: il fut l'un et l'autre à la fois.

Dès les premiers jours de son règne la peste, une peste effroyable, s'abattit sur Rome, et menaça de la dépeupler.[1]

Le diacre de Grégoire de Tours, témoin oculaire, reconte que dans une réunion publique, quatre-vingt personnes tombèrent foudroyées par le fléau, qui venait d'emporter le pape Pelage II lui aussi. Le survivants ne suffisaient plus à enterrer les morts.[2]

Avant tout, avant même sa consécration, Grégoire songea à tourner vers le ciel le regard et la confiance de la multitude, obte-

---

[1] Le *Rituale Romanum*, imprimé en 1587, l'appelle "pestis inguinaria".
[2] Cf. Muratori et Baronius, an. 590.

nant de suite un premier résultat heureux, celui d'un calme meilleur dans les âmes. Il fit donc célébrer publiquement les « Rogationes » ou Λιτανεῖαι, supplications populaires, qu'on avait célébrées bien avant saint-Mamert, évêque de Vienne en Dauphiné, et que nous décrit déjà Saint Basile, comme datant des premiers âges chrétiens.[1]

La population fut divisée en sept catégories: les clercs, les hommes, les moines, les religieuses, les femmes mariées, les veuves, les pauvres avec les enfants.

Chaque catégorie s'appelle Litanie ou Procession, et c'est là l'origine des célèbres « Litanies septiformes » dont nous parlent les historiens de l'Eglise.

Ces processions partaient séparement de divers sanctuaires désignés d'avance, puis se réunissaient près d'une église, parfois près de Sainte-Sabine, pour se rendre de là toutes ensemble à quelque basilique illustre, en particulier à Sainte-Marie-Majeure et à Saint-Jean de Latran.[2] Parfois aussi les processions se rendaient directement et isolément au but du pèlerinage.

Tout Rome répondit à l'appel qui lui était adressé. Les rues et

---

[1] Basil., *Epist.* LXIII, Cf. Sidon. Apol., *Epist.* Lib. V, XIV.

[2] L'ordre des processions et leur direction variait d'un jour à l'autre. On avait même parfois une réunion la veille du premier jour, où était annoncé et publié l'ordre du jour du lendemain. L'une de ces réunions fut convoquée par saint Grégoire à Sainte-Sabine, et voici le programme qui y fut arrêté et affiché:
— " Litania clericorum exeat ab ecclesia Beati Joannis Baptistae;
— " Litania virorum, ab ecclesia Beati Martyris Marcelli;
— " Litania monachorum, ab ecclesia Martyrum Joannis et Pauli;
— " Litania ancillarum Dei, ab ecclesia Beatorum Martyrum Cosmae et Damiani;
— " Litania foeminarum conjugatarum, ab ecclesia Beati primi Martyris Stephani;
— " Litania viduarum, ab ecclesia Martyris Vitalis;
— " Litania pauperum et infantium, ab ecclesia Beatae Martyris Caeciliae.
— " Facta sunt haec in basilica Sanctae Sabinae, sub die IV Kal. septembris, indictione VIII[a] „.
S. Greg. Magn., *Ep. II*, 2.
Saint Grégoire de Tours, sur le témoignage de son Diacre qui s'était trouvé présent à Rome, donne une autre disposition. Ceci prouve que la disposition n'était pas toujours la même et que les Litanies se célébrèrent plus d'une fois. Cf. Greg. Tur., *De gloria Confess.*, LXXIX; Ruph., *Hist. Eccl.*, II, 33.

les places publiques retentissaient de « Kyrie eleison »; de toute part on voyait défiler de longs cortèges de suppliants, des théories d'images saintes.[1]

Les « supplications » durèrent trois jours consécutifs. A en juger par l'ensemble, c'est le premier jour que saint-Grégoire prononça dans Sainte-Sabine une éloquente exhortation, dont le texte, au moins abrégé, nous a été conservé heureusement à travers de si longs siècles. Elle appartient à notre récit, et nous la traduisons intégralement:

« Mes Frères bien aimés, ces châtiments de Dieu que nous aurions dû redouter avant leur arrivée, nous devons au moins les craindre maintenant qu'ils nous frappent et que nous les subissons. Il faut que la douleur nous ouvre la voie de la conversion, et que nos épreuves brisent enfin la dureté de nos cœurs. Selon le mot du prophète, « le glaive a pénétré jusqu'à l'âme ». Voici que le peuple entier est atteint par les traits de la colère céleste: tous sont frappés dans cette dévastation imprévue. La maladie ne précède plus la mort, comme vous le voyez: c'est la mort qui prévient la lenteur de la maladie. Celui qui est atteint est emporté avant qu'il ait pu pousser un gémissement de pénitence. Pensez donc en quel état arrive devant le Juge sévère celui qui n'a pas eu le temps de pleurer ses œuvres mauvaises. Les citoyens ne meurent plus isolés: ils succombent en masse. Les maisons restent vides, les parents assistent aux funérailles de leurs enfants, et leurs héritiers les précèdent au tombeau. Il faut donc que chacun de nous recoure aux gémissements du repentir, afin que nous puissions pleurer avant d'être frappés.

« Remettons sous les yeux de notre mémoire toutes le fautes

---

[1] Saint Grégoire de Tours nous apprend que les abbesses et les religieuses marchaient en procession sous les ordres des prêtres de Sainte-Sabine, auxquels succèderont les Dominicains, six cents ans plus tard. Or parmi ces religieuses se distinguaient celles de « Sancta Agatha in Turri », portant leur célèbre image achéropite de la Vierge, qu'elles attribuaient à Saint Luc et aux Anges, et qui se conserve aujourd'hui dans l'église des Dominicaines de San-Domenico-e-Sisto. Voir notre monographie de cette vieille peinture Byzantine: *La Vergine acheropita de' SS. Domenico e Sisto*, Ferrare, 1889. Les premières Dominicaines de San-Sisto-Vecchio, plus tard San-Domenico-e-Sisto, ne furent autres d'ailleurs que les anciennes Bénédictines de Sant'Agata-in-Turri.

que nous avons commises, sachons punir par nos larmes nos actions coupables.

« Prosternons-nous devant sa face en confessant nos péchés et, selon l'avertissement du Prophète, « élevons nos cœurs et nos « mains vers Dieu ». Elever nos cœurs et nos mains vers Dieu, c'est lui offrir nos prières et nos œuvres bonnes. Il nous offre, il nous donne la confiance au milieu de nos terreurs, Celui qui nous crie par son prophète : « Je ne veux point la mort du pécheur, mais sa « conversion et sa vie ».

« Que nul ne désespère à cause de l'immensité de ses fautes. Une pénitence de trois jours affaça les longues prévarication des Ninivites ; les larron converti mérita la recompense de la vie en subissant une sentence de mort. Changeons nos cœurs, et croyons que déjà nous avons obtenu ce que nous demandons. Le juge se laisse plus facilement fléchir par les prières, lorsque le suppliant se repent de ses vices. Puisque le glaive d'un tel châtiment est suspendu sur nos têtes, donnons-nous avec insistance à la prière.

« L'importunité qui déplaît aux hommes est agréable au Juge véridique.

« Dieu, en effet, est bienfaisant et miséricordieux ; il ne veut point s'irriter autant que nous le méritons : mais il exige que nous obtenions le pardon à force de prières. C'est pourquoi il nous dit par la bouche du Psalmiste : « Invoque-moi au jour de la tribula-« tion ; je te sauverai et tu me glorifieras ». Il se prend donc lui-même à témoin qu'il désire avoir pitié de ceux qui l'invoquent, puisqu'il nous demande de l'invoquer.

« Ainsi donc, mes Frères très-chers, nous allons mettre le repentir dans nos cœurs, et la sainteté dans nos œuvres ; et demain, mercredi, dès la pointe du jour, nous commencerons les « Litanies septiformes », selon la distribution indiquée.[1]

« Nous joindrons à nos larmes la dévotion de nos pensées.

« Que nul d'entre vous ne se rende aux travaux des champs, ni à aucune autre occupation profane.

« Nous nous réunirons tous ensemble dans le sanctuaire de la Mère de Dieu,[2] nous qui avons péché tous ensemble. Nous pleu-

---

[1] Celle, sans doute, que nous avons donnés plus haut dans une note.
[2] Sainte-Marie-Majeure.

rerons en commun nos fautes communes, afin que le juste Juge voyant que nous punissons nous-mêmes nos propres errements, suspende la sentence de condamnation qui nous menace ».

De telles paroles durent trouver un écho profond dans l'âme de la multitude.

Les Litanies furent donc célébrées durant trois jours, et Rome entière y prit part.

L'effroyable peste avait éclaté dès le début du mois d'août, à la suite de pluies et de chaleurs exceptionnelles. L'« Avis public » ou « l'Invito sacro » comme on dirait aujourd'hui, qui annonçait les processions, est daté du IV des Calendes de septembre ou 28 août; en ce même jour, dans la même église de Sainte-Sabine, est prononcée l'allocution que nous venons d'entendre: le « triduum » de prières commence le lendemain, 29 août, fête de Sainte-Sabine et de Sainte-Seraphia.

Bientôt le fléau alla diminuant.

On racontait qu'un jour le pape se rendant avec la foule à Saint-Pierre, et passant devant le Mausolée d'Adrien, vit l'Ange de la Justice, Saint Michel, remettre l'épée au fourreau. Boniface IV, pour rappeler ce récit, fit ériger dans le donjon du tombeau fameux une chapelle en l'honneur de Saint Michel, et la statue monumentale de l'Archange, exécutée par Verschaffelt (1770) qui le domine aujourd'hui, exprime ce souvenir. De là aussi le Tombeau d'Adrien s'appela le Château-Saint-Ange.

Dès la fête de Pâques, la peste avait complètement disparu; et ce fait est sans doute symbolisé dans cet autre récit bien connu, qu'un jour, pendant qu'on portait en procession une image de la Vierge, on entendit des voix merveilleuse chanter l'antienne pascale: « Regina Coeli, laetare, alleluia! » voix auxquelles Grégoire aurait répondu en ajoutant: « Ora pro nobis Deum! Alleluia! ».

C'est donc une autre gloire pour Sainte-Sabine que d'avoir ainsi sa place dans l'histoire des Grandes Litanies ou Rogations.

§ 3. Sainte-Sabine embellie par les Papes Léon III et Eugène II.

De Grégoire-le-Grand à Léon III, nul fait important à nous connu ne vient varier le fond uniforme de l'histoire de Sainte-Sabine. La basilique reste un foyer vivant de piété et de vie chrétienne; elle participe à la vie de la Capitale du monde catholique, elle bénéficie de sa beauté, de son antiquité et des prédilections papales; elle a sa part dans l'existence politique de Rome: et c'est là l'histoire réelle, mais peu variée de notre basilique durant presque les deux siècles qui suivirent la mort de Grégoire I. Ces deux siècles se racontent en deux mots, mais on oublie que ces deux mots disent en vérité plus de choses que n'en exprimeraient de longs chapitres racontant les anedoctes de la surface, dont se compose si souvent ce qu'on appelle l'histoire.

Léon III régna de l'an 795 à l'an 816. Malgré les douleurs et les agitations de son pontificat, il s'occupa avec une affection et une générosité admirables des splendeurs du culte divin et de la la beauté des églises. Il se montra particulièrement bienfaisant envers l'église de Sainte-Sabine.

Nous allons donner simplement les principales indications de ses munificences, parce quelles appartiennent à l'histoire de l'art, à celle de la papauté, à celle de notre basilique. L'illustre ami de Charlemagne nous apparaît lui aussi d'une royale munificence.

Voici l'énumération que nous offre le *Liber Pontificalis* des libéralités de ce pape envers la seule église de Saint-Sabine:

« Il fit exécuter pour le chœur de la Basilique de Sainte Sabine martyre une grande courtine très-belle, toute de soie et ornée de croix.

« Il renouvela avec soin le titre de Sainte-Sabine. Le grand Pontife exécuta pour cette église cinq lustres en argent, du poids de quatorze livres;[1] deux corbeilles, du poids de trois livres et demi; neuf plateaux ciselés, du poids de onze livres ». Ces plateaux servaient, dit-on, pour la distributions des eulogies, ou pain bénit. D'autres pensent qu'ils servaient à supporter des lampes. La première opinion est de beaucoup la plus probable.

Le même pape « fit exécuter pour le titre de Sainte-Sabine un voile de pourpre, où l'on avait représenté l'Ascension du Seigneur.

« Il fit don à l'église de Sainte-Sabine martyre d'un voile de soie, avec une bordure de pourpre, portant au milieu une croix en paillettes d'or.

---

[1] Ces lustres étaient manifestement destinés à être suspendus dans les cinq entrecolonnements de l'iconostase, sur les côtés de l'autel.

« Il fit faire un lustre en argent très-pur, du poids de huit livres.

« Il donna, pour être suspendu au-dessus du maître-autel, un grand voile de soie blanche, orné de roses, portant au milieu une broderie qui figurait l'Ascension du Seigneur, et autour une bordure en paillettes d'or ».

Et nous oublions plus d'un détail, en particulier que le Pape renouvela entièrement le toit de Sainte-Sabine, comme il l'avait fait pour Sainte-Anastasie.

Telles furent les munificences de Léon III pour notre église.[1]

Mais il lui donna d'autres preuves encore de sa bienveillance spéciale, ajoute Anastase-le-Bibliothécaire: « Cet illustre pontife, béni de Dieu, régla que pendant les trois jours qui précèdent l'Ascension du Seigneur, on célèbrerait les « Litanies ». Le lundi, le Pape, avec le clergé et le peuple sortirait de Sainte-Marie-Majeure, au chant des hymnes et des cantiques, et se rendrait à l'église du Saint-Sauveur qu'on appelle Constantinienne;[2] le mardi, on partirait de l'église de Saint-Sabine martyre, pour se rendre à Saint Paul; le mercredi, on se réunirait à l'église de Sainte-Croix de Jérusalem, pour se rendre à Saint-Laurent hors-les-Murs ».[3]

---

[1] Nous croyons devoir donner en note le texte d'Anastase que nous venons de traduire:

" (Leo III fecit) in Basilica Sanctae Sabinae martyris, in gremio Basilicae, cortinam majorem holosericam, de quadruplo et fundato pulcherrimam.

" Similiter et titulum Sanctae Sabinae studiose renovavit. In quo vero templo idem egregius praesul fecit ex argento coronas quinque, pensantes libras quatuordecim; canistra duo, pensantia libras tres et semis; gabathas interrasiles novem, pensantes libras undecim.

" In titulo Sanctae Sabinae (fecit) vestem tyriam, habentem historiam Ascensionis Domini.

" In ecclesia Sanctae martyris Sabinae fecit vestem de fundato, cum periclysi de blatthin, habentem in medio crucem de chrysoclavo.

" Ipse vero almificus praesul fecit in titulo Beatae Sabinae coronam ex argento purissimo, pensantem libras octo.

" Hic vero egregius praesul fecit in titulo Sanctae Sabinae martyris super altari majori vestem albam holosericam, habentem in medio tabulam de stauraci, cum historia Dominicae Resurrectionis, et in circuitu listam de chrysoclavo „. Anast., In Leon. III.

[2] C'est aujourd'hui l'église de Saint-Jean-de-Latran.

[3] " Ipse vero a Deo protectus et praeclarus Pontifex constituit ut ante tres dies Ascensionis Dominicae, Litaniae celebrarentur; scil. feria II, egrediente

D'après M. Ferdinando Mazzanti, il n'est pas impossible que la clôture presbytérale, c'est-à-dire la « pergula » ou iconostase, dont les fragments ont été mis au jour naguères, avec de si intéressants bas-reliefs, datent des dernières années de Léon III.[1]

A cette conclusion dictée par le style de l'ornementation, nous pourrions ajouter une autre preuve déjà insinuée: c'est que Léon III fait exécuter pour notre église cinq lampes en forme de couronnes, qui ne pouvaient être que pour remplir les cinq entrecolonnements de l'iconostase. Il semble qu'on peut conclure avec quelque probabilité que ces lustres furent exécutés pour une restauration, sinon une reconstruction de la clôture presbytérale.

Mais, ce qui est certain, c'est que Léon III fit à Sainte-Sabine un présent plus précieux encore en lui donnant pour titulaire un prêtre pieux, instruit, et, comme lui, plein de dévotion pour notre basilique, qui, devenu pape sous le nom d'Eugène II, saura réaliser toutes les intentions encore inachevées de son prédécesseur.

Avant de raconter les munificences d'Eugène II, il convient de rappeler que l'Aventin à cette époque était fort habité: ce qui justifiera plus clairement le zèle généreux de ce pontife et de Léon III. L'art ici a pour but dernier l'apostolat.

Les Grecs arrivés de Constantinople pendant les persécutions iconoclastes, se fixèrent en si grand nombre sur l'Aventin, séjour traditionnel des étrangers, que la région reçut divers noms grecs, qui leur étaient chers et leur rappelaient la patrie absente. C'est alors que le sommet et les pentes de l'Aventin furent appelés les « Blachernes »; la Marmorata, ancien dépôt de marbres, sur le bords du fleuve, se nomma « Ripa Graeca », de même que Santa Maria-in-Cosmedin sera connue sous le nom de « Schola Graecorum », depuis l'époque d'Adrien I (772), et prendra le nom qu'elle porte encore aujourd'hui, et qui signifie en grec Sainte-Marie-la-Belle,[2] belle à raison des ornements et des proportions qui la distinguaient.

Pontefice cum omni clero et cuncto populo, cum hymnis et canticis spiritualibus ab ecclesia Dei genitricis; feria III vero, exeuntes ab ecclesia Sanctae Sabinae martyris, et pergentes ad Beatum Paulum apostolum; feria IV exeuntes ab ecclesia Hierusalem, et pergentes ad ecclesiam Beati Laurentii martyris foris muros „ Anast. *In Leon. III.*

[1] *Arch. Stor. dell'Arte*, an. 1896.

[2] Le mot grec κοσμάω, d'où " Cosmedin „ signifie orner, parer. Sur le séjour

L'arrivée d'une population nouvelle, apportant du monde grec des traditions et même des œuvres artistiques, persécutée pour son amour fidèle de l'art chrétien, dut attirer l'attention des pontifes romains, et leur donner à la fois et la pensée et les facilités d'embellissements nouveaux pour notre basilique.

Eugène II ne manqua point à sa mission. Durant son court pontificat (824-827) sa principale préoccupation semble avoir été d'achever l'œuvre de son prédécesseur. Les exemples reçus l'encourageaient dans cette voie.

Puis il avait d'autres raisons encore.

Il était né sur l'Aventin, où son père Rufinianus avait été un personnage important : il eut aussi, et cela se comprend, le culte de son clocher.

Enfin il avait été cardinal titulaire de Sainte-Sabine.

Les embellissements de détail commencés par Léon III avaient été faits dans l'église du futur Eugène II, et il les comprenait autant avec son cœur qu'avec son esprit. Il voulait, selon une gracieuse comparaison de l'Apocalypse, que son église fut belle comme une fiancée.

Il fit d'abord renouveler richement le « presbyterium » ou le chœur.[1]

L'autel de forme carrée, de la hauteur d'une simple table, sans aucun de ces candélabres qui plus tard ont faussé la notion primitive de la liturgie, fut surmonté d'un « ciborium » en argent très pur, que supportaient quatre petites colonnes en marbre noirâtre, ou en « pietra mischia »,[2] dont la couleur obscure contrastait avec l'éclat de l'argent.

---

des Grecs près de l'Aventin, voir Nerini, *De templo S. Bonifacii*, p. 266 ; et surtout E. Rodocanachi, *Una Cronaca di Santa Sabina*, pp. 23-24, note.

Cette dénomination se retrouve à Ravenne et dans les pays où s'établirent les Grecs. Voir pourtant Ducange et Macri, voc. *Cosmites* et *Cosmodin*.

[1] Anastase le Bibliothécaire a résumé en ces termes l'œuvre d'Eugène II : " Tenuit autem (Eugenius) presbyteratus sui tempore ecclesiam Beatae Sabinae martyris in Aventino Monte, quam, Deo dispensante, post pontificalem sibi attributam gratiam, ad meliorem cultum perduxit, et picturis undique decoravit... Fecit autem in ecclesia Beatae Sabinae Martyris ciborium ex argento purissimo, pensans libras CII „. *In Eug. II*.

[2] L'expression est d'Ugonio, qui les avait vues. *Staz. Rom.* La *Cronaca* de Sainte-Sabine émet l'hypothèse que quatre petites colonnes, deux torses

En avant s'élevait une clôture en dalles de marbre blanc, avec les ambons et la « Schola Cantorum ». Celle-ci était ornée de bas-reliefs symboliques, dont quelques fragments viennent d'être retrouvés.

Sur des socles de même hauteur se dressait la « pergula » ou « iconostase », formée de six colonnes supportant une large frise en marbre blanc, qu'embellissaient pareillement des sculptures ornementales.[1]

Au milieu, pour pénétrer dans le presbytérium, s'ouvrait un passage, qui se fermait avec une grille de métal, sur laquelle se lisait cette inscription en gros caractères : « Eugenius secundus papa Romanus ». Ce chancel devait se trouver à l'entrée de la clôture qui formait la « Schola Cantorum ».

Ces simples mots rappelèrent les munificences de ce Pontife, jusqu'au jour où Sixte V détruira ce bel œuvre, et fera graver une longue inscription sur marbre, pour raconter les ravages commis à Sainte-Sabine par ses ordres et sous sa responsabilité.

Les restes retrouvés naguère de ce glorieux passé sont admirables par la variété de leur conception, l'élégance de leur dessin, la richesse de leur symbolisme.

Un passage douloureux de la *Chronique de Sainte-Sabine*, nous indique d'une manière générale ce qui fut dispersé de cette ornementation :

« 1587 ... On vend six colonnes pour 81 écus, du plomb et du fer pour 47 écus, du marbre en quantité pour 44 écus, du vieux bronze pour 29 écus.

« Tous ces objets, colonnes, marbre, bronze, etc. provenaient du presbytérium d'Eugène II, qui fut détruit par Sixte V ». Et elle ajoute que Sixte V « fit une aumône de 25 écus ».[2]

---

et deux lisses, vendues " scudi 20,6 „, l'an 1605, appartenaient à l'ancien ciborium. C'est possible, mais non prouvé. Voici d'ailleurs le texte de la *Cronaca*: " 1605 ... Si vendono quattro colonnette, due torchiate e due liscie, scudi 6,20. Forse erano quelle dell'antico ciborio „.

[1] " Il presbiterio era cinto con tavole di marmo, et appresso drizzate sei colonne, che scompartite a suo luogo sostenevano un fregio alto di pietra „. Ugonio, *Staz. Rom.*

[2] " 1587 ... Si vendono sei colonne scudi 81; piombo e ferro, scudi 47; marmori in quantità, scudi 44; bronzo vecchio, scudi 29. Tutte queste robbe sopradette, colonne, marmi, bronzo, ecc., erano nel presbiterio di Eugenio II, che fu guasto da Sisto V... Sisto V fa elemosina scudi 25 „.

Les dégâts n'étaient pas assez payés.

La Renaissance a pu produire de belles œuvres : elle a été incapable de comprendre ce qu'elle n'avait pas fait, et à ce titre elle était une barbarie : et Sixte V était de la Renaissance.

Lorsqu'on entreprendra une restauration intelligente de Sainte-Sabine, on devra commencer par faire des fouilles dans le chœur ou l'abside. La mosaïque du pavé y a été simplement recouverte d'un amas de débris, et elle doit porter les traces de l'antique organisation. C'est ainsi seulement que l'on pourra s'orienter avec certitude, et rétablir ce qui était la pensée chrétienne à l'époque où fut érigée la basilique.

L'étude des vestiges qui subsistent et des documents historiques permettent quelque reconstruction graphique, en attendant l'autre, du presbytérium de Sainte-Sabine.

Notre illustre et très regretté ami M. G. Rohault de Fleury, mort en travaillant à une restauration de sa chère et de notre chère église, s'en était occupé accidentellement dans son grand ouvrage sur *La Messe*.

Après avoir cité le passage d'Ugonio que nous venons de rappeler sur la disposition de l'autel et de la clôture, il ajoute : « Nous avons cherché à réaliser la description de l'iconostase sur le plan même de l'église. La tribune de Sainte-Sabine a 11 m. 24 [1] d'ouverture, et 7 m. 20 de profondeur, ce qui semble indiquer qu'il y avait un pilastre au bord de l'hémicycle. C'est là que nous avons distribué, selon la manière ordinaire, les six colonnes de l'iconostase. On verra que nous les avons dressées sur les chancels ; le texte d'Ugonio semble le prouver, lorsqu'il dit que ce fut après l'érection des chancels,[2] qu'on s'occupa de celle des colonnes ; de plus, au IXme siècle l'usage en était assez répandu, comme on peut le voir par d'autres exemples, et notamment par celui de Sainte-Marie-ad-Martyres, au sujet duquel nous lisons dans Ugonio : « Fermé par une balustrade de pierre, surmontée de six colonnes ».[3]

---

[1] M. G Rohault de Fleury a pris ses mesures entre les deux piliers qui achèvent la colonnade.

[2] Nous ne voudrions pas jurer que le mot " appresso " est bien traduit par " après ". Il serait plus exact de traduire par " auprès ".

[3] Le texte dit : " Chiuso con un parapetto di pietra con sei colonne sopra ".

Nous avons retrouvé dans le vestibule divers fragments des chancels... qui s'appliquent sans difficulté à cette clôture. Le mieux conservé se voit près de l'entrée du couvent.[1] Il se compose de deux arcades encadrant des croix ornées d'entrelacs. Il a aujourd'hui 1 m. 35 de long; en supposant, à cause de la mutilation qu'il a subie quelques centimètres de plus, et peut-être des champs, nous trouvons une mesure qui peut s'appliquer à l'écartement des colonnes du presbytérium. Un autre fragment[2] nous offre un damier dont chaque case, encadrée d'entrelacs, renferme des oiseaux ou des fruits. Un troisième morceau de marbre, conforme, pour le style, aux précédents, nous montre la partie supérieure d'une archivolte décorée d'entrelacs, et de volutes rampantes à l'extrados. On distingue au-dessous une rosace assez fruste; les grandes dimensions (environ 0,45 m. de rayon) de cette arcade rendent peu probable son emploi comme chancel: elle ornait plutôt la confession ».[3]

L'auteur du *Liber Pontificalis* ajoute un détail de très grande importance: c'est que le pape Eugène fit embellir de peintures toute l'église: « picturis undique decoravit ».

Cette expression, selon quelques-uns comprendrait aussi la partie aujourd'hui la plus considérable et la plus saillante de cette décoration, nous voulons dire les « tessellature » ou marquetteries en marbre, placées au-dessus de la colonnade, dont nous aurons à parler encore. Selon cette hypothèse, le mot « peintures » se devrait prendre ici dans le sens générique et métaphorique de décoration quelconque.

Les « tessellature » semblables qui embellissaient le vestibule, seraient l'œuvre du même pontife.

Mais telle n'est point notre opinion, comme nous dirons plus loin. Les « tessellature » remontent à Sixte III ou même à Pierre d'Illyrie, et le mot « peintures » doit s'entendre littéralement.

Dans un mémoire manuscrit présenté à Clément XI, sur l'état

---

[1] Il a été transféré dans l'église, nef de gauche, où il se voit avec d'autres, retrouvés depuis que M. Rohault de Fleury écrivait son livre.

[2] Ces deux derniers fragments se voient encore dans le vestibule de l'église.

[3] *La Messe*, Chancel, p. 121. Nous avons emprunté au merveilleux dessinateur sa reconstruction de l'iconostase, dans notre reconstruction de l'église.

de Sainte-Sabine, et conservé à la Bibliothèque de la Casanate, il est parlé de ces peintures, et l'auteur affirme qu'il en restait encore des vestiges à son époque.[1]

Par la force des choses, cette décoration fut surtout exécutée dans les nefs latérales, puisque l'abside et la nef centrale, ainsi que la façade intérieure, étaient déjà brillantes de mosaïques et de grandes et nombreuses fenêtres aux marbres ajourés.

Lorsque dans les nefs latérales on perça des chapelles ou qu'on y dressa des tombeaux, double barbarie très fréquente dans l'histoire de l'architecture religieuse, on détruisit ces peintures; et puis, à l'époque de la Renaissance, quand on vit le parti merveilleux que Michel-Ange avait su tirer de lignes grises sur parois blanches, on s'imagina qu'il n'y avait pas d'autres formes d'art vrai, et l'on se mit à tout blanchir.[2]

Nous croyons pourtant que des vestiges des anciennes peintures existent toujours et se retrouveraient dans la nef de gauche, près du campanile, où elles transparaissaient encore il y a quelque vingt ans.

Dans la pensée des papes, ces décorations ne servaient pas seulement à embellir les temples à cette époque, mais encore à affirmer dans un fait, comme on l'affirmait dans l'enseignement catholique, la doctrine que combattaient les iconoclastes.

Eugène II, après avoir embelli sa basilique, songea à l'enrichir, et lui donna trois corps de martyrs contemporains de Sabine et de Séraphia: les reliques des SS. Alexandre, Théodule et Eventius, conservées aujourd'hui encore dans la même église.[3]

---

[1] Voici le texte: " Delle quali pitture sono alcune antiche, che sino al presente si vedono „. *Miscel. Casanat.*, mss. E. VII.

[2] L'observation est ancienne: " Profana aeque ac sacra veterum monumentorum dealbare ac perdere solent „. Vignoli, *Antiq. Pont. Rom.*

[3] Nous ne voulons pas nier chez Eugène II les autres motifs qu'il put avoir de se résoudre à cette translation.

Les Romains à cette époque, malgré les efforts des Papes, ne fréquentaient plus guères les catacombes où reposaient les corps des martyrs, et ceux-ci étaient plus ou moins exposés à la rapacité des marchands de reliques, car il y en avait dès cette époque.

Dès le milieu du VIIme siècle les papes prirent le parti de transférer dans les églises de Rome les corps des martyrs les plus illustres. Cfr. Marucchi, *Man. d'arch.*, p. II, c. VIII.

Il en sera question plus loin avec quelques détails.

Une ancienne inscription que nous rapporterons ailleurs dans son texte latin, signale en ces termes la nouvelle munificence : « Lorsqu'Eugène occupait le siège suprême de la papauté, le corps d'Alexandre, pontife illustre, celui de Théodule, et le vôtre, ô martyr Eventius, furent placés auprès de Sabine et de la pieuse Séraphia, dans ce sanctuaire que construisit le prêtre Pierre, alors que, ô Rome, régnait Célestin ton évêque. Pour eux, et pour tous ceux qui ont été purifiés par le saint Baptême, obtenez, ô Saints, la miséricorde du Seigneur ! ».

Comme Sixte III, Eugène II raconte les mérites des autres et passe les siens sous silence : c'est de l'humilité deux fois sérieuse. On reconnaît ici celui dont Anastase-le-Bibliothécaire nous trace le superbe portrait : « Cet homme (Eugène II) vénérable et illustre fut d'une simplicité et d'une humilité insignes. Il était savant remarquable, il possédait le don de la parole et était d'une grande beauté physique. Il se montrait généreux pour ceux qui lui demandaient ; il méprisait le monde, et ne pensait jour et nuit qu'aux intérêts du Christ ».[1]

§ 4. Sainte-Sabine cédée aux Dominicains.

Les réparations exécutées par Léon III et Eugène II avaient été faites avec trop de soin et de splendeur pour que l'on dût songer de longtemps à les renouveler ou à les modifier.

D'autre part, notre basilique poursuit son existence bienfaisante au milieu d'une population chrétienne, dont elle consacre les les joies et les tristesses, sans que nul fait saillant ne vienne troubler la marche de ses années.

C'est à peine si l'on peut raconter, mais sans le prouver, qu'Innocent II habitait peut-être l'Aventin de temps en temps, puisqu'il signe parfois ses Bulles « apud montem Aventinum », bien qu'il s'agisse peut-être, selon nous, de Saint-Georges-in-Velabro, au pied de l'Aventin. On dit encore, mais avec la même incertitude, que les reliques de Sixte I auraient été transférées pour quelque temps à Sainte-Sabine ; il vaut mieux attendre des renseignements nouveaux, avant de se prononcer.[2]

---

[1] Anast., *In Eug.* II.
[2] Cf. Bolland, *Act. Ss.* VI avril ; Moroni, *Dizion.*, ubi de Sixto I.

Ce qui est plus certain, c'est qu'en 1180 fut solennellement enseveli à Sainte-Sabine un personnage qui s'était acquis une grande réputation de vertu, Bernerède, Bernard ou Bérard, cardinal-évêque de Palestrina. Plus tard, ses restes mortels furent transférés ailleurs.

Nous pouvons donc franchir d'un coup presque quatre siècles, pour arriver à l'époque d'Innocent III et d'Honorius III.

Nous nommons Innocent III, parce que c'est lui qui fait exécuter (1216) autour du vieux donjon construit par Albéric II, au Xme siècle, agrandi par Othon III, ces hautes murailles crénelées dont on admire encore aujourd'hui les restes si pittoresques. L'Aventin reprenait une importance sérieuse dans la vie politique et militaire de Rome.

Deux faits se produisent, l'un et l'autre de grande signification pour l'histoire de Sainte-Sabine: d'abord l'installation des Savelli sur l'Aventin, ensuite la cession de Sainte-Sabine même à l'ordre des Frères-Prêcheurs.

Le premier fait ramène la vie sur l'Aventin, et nous en avons parlé suffisamment dans notre introduction pour n'avoir pas à y revenir.

Il n'appartient d'ailleurs qu'indirectement à l'histoire de notre église.

Le second fait, au contraire, est un chapitre de cette histoire elle-même.

Honorius III (1216-1227), de la famille Savelli, habitait son palais de l'Aventin, où, sans doute, il était né, à côté de l'église de Sainte Sabine, où il avait été baptisé et où il avait reçu ses premières idées et impressions religieuses.

Devenu Pontife Romain, il vit venir à lui Dominique de Guzman, que Dante a surnommé « l'amoureux champion de la foi ». Celui-ci s'était « fait grand docteur » et s'était « mis à parcourir la vigne qui bientôt blanchit, si le vigneron est mauvais ». Au Siège qui « fut bienfaisant pour les justes pauvres » il ne demandait point « le premier bénéfice vacant », mais « la permission de combattre le monde errant », et, « par la doctrine et le vouloir, et avec l'office apostolique, de se jeter comme un torrent que presse une source élevée, pour frapper les broussailles hérétiques d'un bond plus impétueux, là où la résistance était plus grande ». Et il espérait que de lui « naîtraient des ruisseaux divers, qui arroseraient le monde catholique, et en rendraient les plantations plus vivantes. »[1]

Le Pape avait compris la pensée de saint Dominique et, par

[11. Une tour du palais des Savelli.

sa Bulle du 22 décembre 1216, il l'avait approuvée, appelant les Frères Prêcheurs « les athlètes de la foi, la vraie lumière du monde ».[2] Il voulut fixer dans Rome même le centre de l'ordre nouveau.

---

[1] *Parad.* XII.
[2] « Pugiles fidei et vera mundi lumina. » Cf. *Bull. O. P.*, t. I, p. 2.

Dans ce but il donna d'abord à saint Dominique l'église de San-Sisto-Vecchio, non loin des thermes de Caracalla, sur la voie Appienne.[1]

Mais cette installation offrait le grave inconvénient d'être par trop excentrique et trop en dehors du monde des idées, pour un Ordre qui songeait à exercer un rôle doctrinal. D'autre part, saint Dominique avait à cœur de réaliser une pensée d'Innocent III, celle de réunir sous une règle plus sévère des religieuses qui, dès cette époque, passaient leur temps à vagabonder dans Rome et mésédifiaient le public.

En homme qui soit voir les choses par leur point de contact, il résolut de céder San-Sisto aux religieuses,[2] et de solliciter pour les Frères une installation plus rapprochée du monde de la doctrine.

Honorius III entra dans ces idées de l'illustre fondateur, et dès 1219, il lui accorda à lui et aux siens, l'usage de l'église.

Moins d'un an après la mort de saint Dominique, le 5 juin 1222, il organise définitivement la situation, et, avec quelques restrictions, il fait don à l'Ordre de l'église de Sainte-Sabine.

Le Pape disait à Maître Jourdain, le successeur immédiat de Dominique :

« Parce que le devoir de notre charge nous impose, malgré notre indignité, de commander à tous, nous sommes heureux de vous venir en aide, à vous qui travaillez par votre ministère au bien de tout le monde, afin que les ministres de Jésus-Christ et les dispensateurs des mystères de Dieu soient honorés, comme ils peuvent l'attendre de notre charge.

« Or vous n'avez pas de séjour fixe dans Rome. Il est en outre manifeste que vous ferez plus de bien en un lieu où se rencontrent également les indigènes et les étrangers. C'est pourquoi, ayant en vue l'utilité du grand nombre non moins que la vôtre, nous avons résolu, avec le consentement de nos Frères, et spécialement de notre cher Fils le cardinal-prêtre titulaire, de

---

[1] Cf. *Bull. O. P.*, t. 1, p. 8.

[2] La communauté des Dominicaines de San-Sisto existe encore, mais à San-Domenico-e-Sisto, où elle fut transférée en 1575, par Pie V, à raison des fièvres qui la décimaient depuis les dévastations perpétrées sur le Celius par le Connétable de Bourbon et ses sauvages.

vous concéder l'église de Sainte-Sabine et des maisons pour y habiter, comme en possédaient ses prêtres. Nous exceptons seulement la maison où se trouve le baptistère, avec le jardin voisin, et une habitation pour deux clercs, qui resteront chargés de la paroisse

12. Rue de Sainte-Sabine, à droite, rempart du palais Savelli.

et des biens de l'église, comme il convient: le tout, sans qu'il soit porté aucune atteinte aux droits du cardinal.

« Donné à Rome, le jour de nones de juin, sixième année de notre Pontificat ».[1]

[1] *Bull. O. P.*, t. I, p. 18.

Ce document est d'un grand intérêt. Non seulement il est un écho des motifs invoqués par saint Dominique dans sa requête, motifs d'un sens parfait, qui condamnent dès le début les dominicains ermites, mais encore il nous apprend qu'à cette époque l'Aventin restait peuplé de romains et d'étrangers; il nous rappelle que les Dominicains d'alors n'acceptaient pas de paroisses; il nous indique assez clairement que le baptistère était dans un édifice à part et séparé de l'église: tous détails fort appréciables pour l'historien et l'archéologue.

Mais il fallut adapter la basilique à sa nouvelle destination, en séparant « l'église des religieux » de « l'église des fidèles ».

Dans ce but, on éleva vers le sommet de l'église, dans la ligne des deux avant-dernières colonnes, et occupant à peu près le sixième de la longueur des nefs, un mur de douze palmes (2 m. 80) d'élévation, qui traversait les trois nefs, ou du moins, selon quelques-uns, toute la nef centrale. Aux extrémités de la muraille on pratiqua deux petites portes, qui livraient passage d'une partie de l'église dans l'autre.

A la même époque, on transporta du côté de la porte majeure l'autel et le presbyterium exécutés par Eugène II; et avec l'autel on transféra aussi les corps des saints et les autres reliques, ainsi que les deux ambons en marbre. On érigea le long du nouveau mur cinq autels pour le service des fidèles.[1]

Ce mur, au point de vue esthétique, fut manifestement un malheur, et il ne se justifiait que par les nécessités matérielles de la situation. Le seul mérite de Sixte V envers Sainte-Sabine sera de l'avoir démoli.

Honorius III fit à l'église de Sainte-Sabine, devenue en certaines circonstances église papale, de nombreux et magnifiques présents. Au xvime siècle on y montrait encore une chapelle pontificale en albâtre, avec l'autel, le calice, la patène et le corporal papal.[2]

---

[1] Cf. un *Mémoire* inédit, présenté à Clément XI sur Sainte-Sabine. Il se conserve à la Casanate, *Miscell.* mss. t. VII.

[2] " Potete haver visto la Cappella Apostolica d'alabastro et l'altare col calice, patena, et corporale papale (d'Onorio III) che oggi in segno et memoria di quanto ho detto, si fanno vedere a Santa Sabina. „ Pompeo Felici, *La prima delle cinquantaquattro stazioni di Roma*, Rimini, 1587.

Cf. Ugonio, *Staz. Rom.*

13. Restes du palais Savelli au XVIIme siècle.
En bas, à gauche, on voit les écuries pontificales démolies en 1745.

De même Grégoire IX, Innocent IV, Alexandre IV y consacrent des autels qu'ils enrichissent d'indulgences nombreuses.

Honorius IV, un Savelli, établit sur l'Aventin son séjour ordinaire, et durant son court pontificat (2 avril 1285 - 3 avril 1287) il travailla constamment à ramener la vie sur l'Aventin.

Honorius IV mourut dans son palais, où le conclave se réunit pour la nomination de son successeur.

Les cardinaux en étaient encore à discuter et surtout à s'entendre sur le choix, lorsque la fièvre fit son apparition au milieu d'eux. Tous s'enfuirent sans avoir fait d'élection. Un seul cardinal, Jérôme d'Ascoli, du titre de Sainte-Pudentienne, et fils de l'Ordre de Saint-François, resta sur l'Aventin, et eut le courage de braver le péril, qu'il conjura du reste en faisant allumer de grands feux autour de son habitation.[1]

Lorsque le conclave se réunit à nouveau, les suffrages se portèrent à l'unanimité, dit-on, sur celui qui avait montré moins de peur. Le nouvel élu prit le nom de Nicolas IV (1288-1292), et se montra favorable pour le sanctuaire qui avait abrité son élection.

Depuis la cession faite par Honorius III, en 1222, jusqu'à la fin du XIIIme siècle, le couvent de Sainte-Sabine fut peuplé de religieux nombreux, souvent illustres par leur savoir et leurs vertus.

Dans notre basilique passèrent alors et prièrent successivement, après saint Dominique, les Bienheureux Jourdain de Saxe, Humbert de Romans, Jean de Verceil, Albert le Grand, Benoît XI, Innocent V, Hugues de Saint-Cher, saint Raymond de Penafort, saint Thomas d'Aquin, et bien d'autres.

Nous ne serons plus surpris, dès lors, qu'à cette époque s'accomplissent dans notre église des actes importants pour l'histoire de la chrétienté.

C'est ainsi qu'en 1295, le 17 février, Charles II, roi de Sicile, jurait dans Sainte-Sabine hommage à Boniface VIII, lui demandant absolution de toute irrégularité encourue dans l'investiture du royaume de Sicile, et plaçant toutes ses promesses sous la foi d'un serment solennel.

---

[1] Grégoire X, au concile de Lyon, avait prescrit le conclave pour l'élection des papes, ou plutôt avait remis en vigueur la loi qui l'avait ordonné. Mais Adrien V et Jean XXI ayant abrogé cette loi, les cardinaux électeurs se réunissaient, à l'époque où nous sommes, comme pour une assemblée ordinaire. De cette manière furent élus Nicolas III, Martin IV, Honorius IV, Nicolas IV. Célestin V rétablit la prescription du Conclave.

C'est ainsi encore, que peu d'années plus tard, en 1312, l'empereur Henri VII, par un décret daté de Sainte-Sabine, confirmait à Clément V la possession du Comté de la Sabine. Nous dirons plus loin en quelles circonstances fut accomplit cet acte.

Et toutefois, à cette même époque commence pour notre basilique la période d'abandon et de solitude.

Les impériaux se sont fortifiés sur l'Aventin et y ont séjourné;

14. Un festin d'Henri VII à Sainte-Sabine. *Cod. Balduini*, de Trèves.

la population romaine s'est éloignée; les papes s'enfuient à Avignon, ou, s'ils sont à Rome, ne font plus leur séjour sur l'Aventin; les Dominicains de Sainte-Sabine ont eux-mêmes créé dans le centre de la cité une autre installation, celle de la Minerve, qui grandit au détriment du couvent fondé par Saint-Dominique; les soldats allemands dépouillent le vieux temple de quelques uns de ses plus précieux joyaux, en particulier du baldaquin d'argent donné par Eugène II.

Dans cette solitude qui se crée il y a une tristesse. Il y a aussi une consolation.

« Une colonie des enfants de Saint Dominique, dit Lacordaire, n'a cessé de vivre à l'ombre des murs de Sainte-Sabine, protégée aussi par la beauté de son architecture ». [1]

La solitude a protégé l'âme de ces vieilles murailles, l'âme de ce grand et pur passé chrétien et dominicain, et malgré tout Sainte-Sabine n'a cessé d'être un encouragement pour ceux qui aiment les choses simples et nobles, et un remords pour les autres.

Le monde allait inaugurer une phase nouvelle de son histoire; le goût païen allait pénétrer Rome elle-même, Rome surtout, et détruire plus de chers souvenirs chrétiens que ne firent jamais les pires barbares. Il est à croire que si notre église n'eût échappé à une popularité devenue périlleuse, il ne resterait d'elle qu'un souvenir vicié. Le toit si beau dans sa nudité serait remplacé par des caissons énormes et toujours menaçants, ses merveilleuses colonnes surmontées et peut-être couvertes de plâtres odieux: elle serait affublée de toutes les fanfreluches de la Renaissance : ce ne serait plus la sympathique église du Vme siècle.

La Providence qui la gardait contre le rococo de la richesse, la sauvegardera pareillement contre les effritements de la misère, et elle lui suscitera des amis et des bienfaiteurs le long des siècles.

« Au temps d'Eugène IV, dit Ugonio, le cardinal Julien Cesarini, qui confirma la noblesse de son sang en le répandant pour la foi, fut titulaire de l'église de Sainte-Sabine. Il la renouvela et la répara, comme le démontrent ses armes placées en plusieurs endroits, et l'inscription suivante qu'on lisait dans un coin de la tribune lorsque déjà elle menaçait ruine. Par estime et pour l'honneur d'un si grand cardinal, je suis heureux de la transcrire ici : « Anno Do. 1441, reparata est ecclesia ista per reverendum Dominum Julianum de Caesarinis cardinalem hujus ecclesiae ». [2]

Le cardinal Cesarini ne fit pas une construction, comme le prétend Martinelli dans son *Histoire de la Madonne de Saint-Sixte*, mais des réparations notables dans l'abside et dans les nefs.

---

[1] *Vie de Saint-Dominique*, ch. II.
[2] *Staz. Rom.* Ses armoiries se voient très-probablement sur le linteau de la porte latérale.

Sixte IV, de l'Ordre de Saint-François, comme Nicolas IV et Sixte V, s'occupa comme eux de Sainte-Sabine, et au témoignage de Ciaconius, il en augmenta le personnel et les constructions.[1]

Un autre bienfaiteur fut le cardinal d'Auxia, qui construisit la chapelle du Rosaire, d'ailleurs avec l'argent trouvé à Sainte-Sabine, et qui s'y fit préparer un superbe tombeau. A l'occasion de ces munificences, Piazza, qui ne perdait pas une occasion de faire de l'esprit parce qu'il n'en avait pas beaucoup, composa le distique suivant, tout pétri de calembours :

> Auxias aedes auxit, aedemque Sabinae:
> Sic suprema aedes auxit in aede sibi.[2]

En 1559, un autre prince de l'Eglise, le cardinal Truchsess,[3] fit exécuter par des élèves de Zuccheri la peinture que l'on voit encore aujourd'hui dans l'abside.

Telles furent les principales bienfaisances dont Sainte-Sabine fut l'objet durant cette période.

Des détails plus circonstanciés seront donnés ailleurs, lors de la description de l'église.

Nous ne signalons pas même Pie II, Pie V et d'autres, qui pourtant se montrèrent généreux envers Sainte-Sabine, et nous arrivons à Sixte V.

§ 5. Sixte V à Sainte-Sabine.

Dès son arrivée au pouvoir, Sixte V songea à rétablir la dévotion des Stations Romaines, tombée en désuétude par le malheur des temps et l'affaiblissement de la piété.

Le 13 février 1586, il annonçait son projet et sa décision par le Bref suivant :

« La piété illustre du peuple romain, célébrée magnifiquement par les Saints Pères, depuis que la première cité du monde, à l'époque même où les bienheureux Apôtres prêchaient la lumière évangélique, reçut le joug suave du Christ, devint réellement la tête de

---

[1] *Vitae Pont.*, vol. III. De Sixto IV.
[2] *Hierarch. Card.*, p. 429.
[3] Le cardinal Truchsess était un ami des Dominicains. Quand il voulut fonder l'université de Dillingen, il y appela Pierre Soto, qui y fit merveille. Cf. P. Sacchini, S. I.. *Hist. Soc.*, lib. VIII, n. 110.

l'univers, à cause du Siège de Pierre, et étendit, par la puissance divine, son autorité plus loin qu'elle n'avait fait avec la puissance humaine, conserve jusqu'à ce jour, par une faveur spéciale de Dieu, les grands souvenirs de l'antiquité religieuse.

« Parmi ces antiquités et comme datant de l'époque apostolique, il faut compter l'usage des Stations. La multitude des fidèles courait aux sépulcres des apôtres, aux mémoires des vaillants martyrs, y chantait des hymnes et des cantiques spirituels, louait le Dieu admirable dans ses saints, l'apaisait par le sacrifice salutaire de l'Hostie immaculée, et s'affermissait dans ces Stations, comme dans une forteresse gardée par Dieu, contre les assauts nombreux de l'antique ennemi.

... « Après avoir pris l'avis de nos vénérables Frères, avec qui nous en avons conféré longuement dans notre consistoire secret, nous avons résolu, sans tenir compte de notre vieillesse..., de célébrer dans les mêmes basiliques les chapelles solennelles, avec le sacrifice de la messe dite par l'un des cardinaux de la Sainte Eglise Romaine... et cette solemnité s'observera à perpétuité...

« Afin de commencer sous de meilleurs auspices et avec plus de piété cette cérémonie sainte et solennelle, cette célébration des chapelles pontificales dans les très nobles basiliques, marchant sur les traces des saints Pontifes nos prédécesseurs, et renouvelant le souvenir de la vénérable antiquité, mercredi prochain, premier jour du jeûne quadragésimal, non seulement nous irons comme les Pontifes précédents, à l'église de Sainte Sabine martyre, mais, pendant que le Cardinal Grand-Pénitencier célébrera la messe selon l'usage, nous nous y arrêterons avec nos Vénérables Frères les Cardinaux de la Sainte Eglise, et, en signe de pénitence, nous mettrons sur les fronts les cendres solennellement bénites par nous...

« Nous avons résolu d'observer fidèlement chaque année cette cérémonie solennelle, pendant toute la vie que nous accordera le Seigneur, et nous désirons que nos successeurs l'observent comme nous, et même nous l'attendons avec confiance de leur piété, et pour la sainteté de cet usage... ».

On sait que chez Sixte V l'exécution suivait de près la résolution. Il ordonna donc que sans délai la basilique serait restaurée et adaptée en vue des fonctions stationales.

On eut d'abord l'heureuse pensée de faire disparaître le mur transversal, qui séparait l'église en deux parties.

Mais, par contre, on supprima en même temps ce qui restait du presbyterium sous l'arc de la tribune, on renversa l'iconostase, les clôtures en marbre et en bronze, la « schola cantorum », pour élargir l'espace autour de l'autel. En un mot on détruisit le merveilleux presbyterium créé par Eugène II, et on en vendit les débris, sauf quelques fragments des chancels qui furent utilisés comme escalier. Les admirables mosaïques du pavé furent détruites et remplacés par un banal briquetage.[1]

C'est là le plus grand dégât qu'ait subi notre église durant sa longue existence.

Ce fut néanmoins une grande solennité que l'inauguration de ces travaux malheureux.

La fête fut peinte au Vatican dans une salle de la Bibliothèque, au dessus d'une porte.

Panigarola, le prédicateur à la mode, fit un discours latin dont nous avons déjà cité un fragment, et qui constitue à lui seul un fait historique d'assez notable importance, puisqu'il nous donne une démonstration de ce qu'on pouvait supporter alors comme éloquence, et qu'il nous fait deviner l'état d'âme de cette époque.

Il s'écriait donc : « Je ne puis passer sous silence, ô Saint-Père, et vous ne sauriez refuser d'entendre ce que je vais dire, bien moins pour faire votre éloge, que pour accuser notre négligence, notre paresse.

« Il faut bien confesser notre peu de zèle, et avouer que l'usage des Stations saintes était oublié parmi nous, en ces derniers temps. Lorsque nous en entendions prononcer le nom et rappeler les antiques magnificences, ce n'était pour nous qu'une indication confuse. Quand on nous racontait qu'autrefois les basiliques étaient visitées par les pontifes et par le sacré Collège des Cardinaux, nous le croyions à peine : aujourd'hui ce spectacle est de nouveau sous nos yeux, la vénérable antiquité est rajeunie, la beauté des

---

[1] On employa une partie des débris du pavé à réparer le " cortile „ ou la cour du cloître ; on en conserva une grande quantité qui se voyait encore sous un escalier, il y a une cinquantaine d'années. Peut-être avait-on songé à utiliser un jour ces débris pour réparer le dégât commis.

Stations est renouvelée ; nous voyons revivre le zèle célèbre de la primitive Eglise pour cette dévotion. Nous serions bien lâches, si nous ne donnions nous-mêmes un amour, une admiration plus grands que par le passé à cette institution si digne et si illustre.

« Sachez-le, vous qui m'écoutez, les choses se faisaient ainsi autrefois ! Ainsi les pontifes visitaient les Basiliques Stationnales, ainsi se réunissait la noble assemblée des cardinaux, ainsi se célébrait la solennité des Saints Mystères. Oh ! que nous sommes heureux par toi, Sixte V ! Il ne nous restait que l'ombre : tu nous rends la réalité ! Ce qu'on nous rappelait, nous le voyons ; ce que nous avons cru, nous le contemplons. Nous faisons mieux que marcher sur les traces des anciens et imiter leurs exemples : il semble que nous nous trouvons mêlés à eux, pour courir aux Stations, visiter les basiliques, gagner les indulgences : en un mot tu nous rends cette magnifique institution !

« Le Dieu très grand et très bon a manifestement approuvé tant de générosité. Oui ! nous serions ingrats envers la bienfaisance divine, si nous ensevelissions les faits dans un silence humain, permettez-moi de le dire ! Il ne s'agit point ici, auditeurs, de faits rapportés dans les annales du passé et racontés par d'autres. Nous avons vu de nos yeux la pluie tomber à torrents tous ces jours derniers ; les vents, la neige, les tonnerres : tout était en fureur, et semblait rendre impossible le rétablissement de cette antique cérémonie. Ce matin même, le ciel était plein de nuages, d'obscurité et de tempêtes ; les éclairs de la foudre, les fracas du tonnerre semblaient une réprobation du ciel contre la sainte entreprise. Mais Sixte V ne craint ni la foudre, ni les tonnerres ; il ne redoute pas les fureurs du temps ! Et voilà qu'à peine a-t-il mis le pied sur la porte du Vatican, tout change ! La tempête s'apaise, un vent du midi plein de douceur nous rend la sérénité ; le soleil nous inonde d'une suave lumière ! On dirait qu'à un tel souverain la terre et le ciel sont soumis ![1] Sans doute l'ennemi du genre humain, qui reçut le pouvoir d'éprouver le saint homme Job seulement jusqu'à un certain point, obtint la permission de tout faire pour empêcher

---

[1] C'est l'épigramme de Virgile :
« Nocte pluit tota, redeunt spectacula mane :
Divisum imperium cum Jove Caesar habet. »

le pélerinage : mais ses efforts ne devaient servir qu'à rendre plus manifeste et plus éclatante la constance de Sixte. Dieu a dû y mettre cette condition, que si le courage du pontife résistait et trompait les oppositions et les ruses, la sérénité serait rendue subitement au ciel, de manière que tous accepteraient la cérémonie renouvelée, avec d'autant plus d'empressement que Dieu s'y montrerait ainsi plus favorable.

« Je voudrais ajouter encore un mot, que j'ai trop de peine à contenir : je voudrais dire que si même en une œuvre de piété, il fallait chercher les facilités et la joie, le Pontife y a pourvu amplement.

« On peut aller plus commodément aux basiliques les plus célèbres ; le peuple peut se réunir en plus grand nombre au lieu des Stations ; les chemins sont plus directs, plus spacieux, mieux entretenus...

« Mais je m'arrête, et je ne veux pas laisser croire qu'il nous faut des chemins très faciles pour nous conduire aux lieux où nous devrions aller à travers les neiges du Caucase et les sables de la Lybie ». [1]

Cette rhétorique où triomphent simultanément et fraternellement

---

[1] Panigarola, *De sacrarum stationum instituto*.

Voici la liste des discours prononcés à cette époque, le jour de la station, à Sainte-Sabine, telle que nous avons pu la constituer au hasard de nos recherches :

— Ios. Stephani : *Oratio in die cinerum habita coram Gregorio XIII, P. O. M., et ampliss. Patrum senatu, 1585.*

— Franc. Panigarola, *De sacrarum stationum veteri instituto, a Xysto V P. M. revocato : Oratio habita in templo Sanctae Sabinae, in die cinerum, 1587.*

— Barth. Peretti, *Orationes in die Cinerum*, 1590.

— Pompeo Ugonio, *Oratio habita in templo Sanctae Sabinae, feria IV Cinerum, ad Clem. VIII*, 1592.

— Laelius Pellegrinus, *Oratio ad Clementem VIII in templo Sanctae Sabinae feria IV Cinerum*, an. 1593.

— Paulus Benius Eugubinus, *Oratio habita in sacro (Sanctae Sabinae) templo, feria IV Cinerum*, an. 1594.

— Oct. Forzini, *Oratio habita in templo Sanctae Sabinae feria IV Cinerum*, an. 1656.

Ces orateurs furent tous connus en leur temps par leur éloquence et leur savoir. Bien d'autres orateurs, sans doute, y ont parlé que nous ignorons.

la boursouflure et la platitude, est pourtant un document historique.

Ces fêtes provoquèrent une grande émotion dans Rome, et ramenèrent les regards et la piété de tous vers Sainte-Sabine. On fit des sonnets, naturellement, et les veuves elles-mêmes éditèrent le leur, que nous traduisons ici, bien qu'il ressemble au sermon de Panigarola :

Les Veuves à Sainte-Sabine.

Femme, modèle incomparable de notre sort,
Dont l'âme reçoit au ciel sa récompense,
Tandis que, parmi nous, en est honoré le voile (le corps) ;
Qui aujourd'hui réveille et vivifie notre piété sincère.
Regarde la foule affligée des veuves,
Qu'attire dans ton temple un zèle ardent,
Qui porte cependant au cœur, comme un froid glacial,
La crainte de ne point suivre tes traces bienheureuses.
Et puisque la charité, qui te fit aimer
A répandre ton sang, à la vraie lumière
Du Soleil éternel maintenant plus encore s'avive et s'enflamme.
Prie-le pour nous, et demande-lui d'éclairer
Si bien nos intelligences, qu'il ne s'écarte en rien
Du chemin où tu fus un exemple si rare.[1]

Et un poète latin chantait à son tour, en distyques assez rocailleux :

Toi qui désires effacer tes crimes par la protection des saints,
tu obtiendras ton but, si tu me suis.
Ne te lasse point d'observer les temps de la Quarantaine :
chaque jour, si tu les suis, t'apportera un pardon.
Ton premier effort sera de gravir le mont Aventin
où la Bienheureuse Sabine entendra tes premières supplications.[2]

Toutes ces transformations, toutes ces fêtes furent exécutées en 1587.

---

[1] Pompeo Felici, *La prima delle cinquantaquattro Stazioni*, p. 157. Le lecteur curieux trouvera là le texte italien, s'il le souhaite.

[2] « Qui tua praesidio sanctorum crimina tolli
Quaesieris, voti, me duce, compos eris.
Festa Quadragenae, nec sit grave, tempora serva :
Quaeque dies veniam continuata dabit.
Primus Aventinum labor est conscendere montem,
Audiat ut primas diva Sabina preces. »

Marucchi, *Elem. d'arch.*, vol. III, p. 62-63.

Nulle modification importante ne se fit à Sainte-Sabine depuis cette époque: on n'y exécuta plus que des embellissements partiels, des restauration accessoires, que nous avons à énumérer.

Le cardinal Bernerio, un bienfaiteur insigne de Sainte-Sabine, fit construire la chapelle de Saint Hyacinthe ; le cardinal d'Elci, celle de Sainte Catherine de Sienne ; les Ciantès, celle de la crypte ; Clément XI fait exécuter des réparations près du campanile; les cardinaux Sauli, Giustiniani, Howard, etc. eurent pour notre église de généreuses prédilections.

Benoît XIII mérite une mention à part.

Rien de plus connu que son zèle pour la beauté de la Maison de Dieu, et il avait formé de grands projets pour Sainte-Sabine. Non seulement il donna lui-même des sommes considérables, mais encore il rappela à la famille Gonzague une redevance annuelle de 450 écus, monnaie romaine, qui lui incombait vis-à-vis de la vieille basilique.

Voici comment il s'exprimait dans un Bref adressé au comte Charles Borromée, le 23 septembre 1729 :

« Cher et noble Fils, salut et bénédiction apostolique.

« Nous avons pris la résolution d'arracher à son état de délabrement et de pauvreté, amené par le temps, l'église de Sainte-Sabine, célèbre dans les souvenirs de l'antiquité chrétienne, et concédée au B. Père Saint Dominique, le fondateur de notre Ordre des Prêcheurs ; et nous voyons, dans cette entreprise si importante pour le culte divin, une œuvre assez grande pour intéresser votre noble esprit de piété et de justice. Nous espérons donc que, grâce à votre autorité, et pour que le couvent fondé par Saint Dominique puisse faire face aux dépenses, il ne sera nullement fraudé de son droit.

« Or Camille Gonzague, homme de bonne mémoire, comte de Novare, payait chaque année au dit couvent, et d'après un contrat, la somme de 450 écus, monnaie romaine ; et son fils, le comte Philippe, paya exactement la même somme jusqu'à sa mort. Mais depuis leurs décès, on n'a plus soldé cette redevance. C'est pourquoi nous avons recours à vous, et, plein d'une paternelle confiance, nous vous conseillons, nous vous prions de donner des ordres à l'administrateur de Novare, afin que le paiement de cette dette qui atteint déjà le total de 743 écus, soit effectuée à l'avenir et sans aucun délai ». [1]

Le saint Pontife mourut l'année suivante, sans avoir réalisé tous les projets qu'il avait conçus pour Sainte-Sabine.

Il fit pourtant accomplir des réparations urgentes.

L'église menaçait ruine dans le toit, dans la tribune (abside) dans le mur au-dessus de la porte majeure, et aussi dans le toit de la chapelle de saint Hyacinthe, à ce point qu'on ne pouvait plus y célébrer la sainte messe, par crainte de quelque malheur. On prit ainsi la résolution de refaire tout le toit : on commença le 18 juillet 1729 et l'on termina pour la mi-novembre de la même année.

On utilisa les bois encore solides, que l'on vérifia et consolida par l'addition de poutres nouvelles, toutes les fois qu'il le fallut, dans la grosse et la petite charpente. On employa une grande quantité de fer pour lier et consolider les pièces principales, et de plomb ou de zinc pour la conduite des eaux.

L'arc de la tribune et le mur qui la surmonte sous le toit fut reconstruit avec un soin spécial.

On refit le mur sur la porte majeure, depuis la mosaïque jusqu'au sommet, et l'on remplaça par un grand et très laid œil-de-bœuf les trois œils-de-bœuf plus petits et non moins laids qui dataient de Sixte V ; on refit le chœur des religieux, sur le vestibule, on répara les mosaïques au dessus des colonnes en remplaçant par de la peinture les morceaux qui manquaient ; on rétablit le toit des chapelles de saint Dominique et des Reliques, on consolida les murs latéraux de l'église. Pour ces travaux et quelques autres, on ne dépensa guère plus de 2000 écus, dont Benoît XIII, qui avait pris l'habit religieux à Sainte-Sabine, donna la moitié ; le P. Ripoll, général de l'Ordre, donna 200 écus, et Fra Domenico Pinto, qui était au service du Pape, y engagea ses honoraires, soit 500 écus. On fit encore des réparations à la chapelle de saint Hyacinthe, on blanchit l'église à l'extérieur, et l'on dépensa ainsi 250 écus, gagnés par les ouvriers du couvent, tandis que les ouvriers pontificaux pour le même travail demandaient 3000 écus. [1]

---

[1] Voir le texte latin et complet dans Rodocanachi, *Cronaca di Santa Sabina*, pp. 57-58.

Survint la Révolution, et il fallut faire bientôt d'autres réparations. Comptant sur la bienfaisance de Pie VIII, on renouvela le toit, on restaura la porte, on repeignit la partie inférieure de l'abside.

Les dépenses, comme toujours, furent plus considérables qu'on ne l'avait d'abord imaginé, et le prieur de Sainte-Sabine dut écrire la supplique suivante à Grégoire XVI, successeur de Pie VIII:

" Le prieur de Sainte-Sabine sur l'Aventin, prosterné pour baiser vos pieds sacrés, expose à Votre Sainteté qu'ayant entrepris par ordre de son prédécesseur Pie VIII, de glorieuse mémoire, la restauration de l'insigne et très ancienne basilique ci-dessus nommée, à charge, pour les trois quarts, de la Chambre Apostolique, il est arrivé dans la poursuite des travaux ce qui arrive le plus souvent dans les réparations d'édifices vastes et anciens, c'est-à-dire qu'on y a découvert des dégâts bien plus considérables que ceux qu'on avait pu calculer dans l'expertise faite au début, et approuvée par le susdit Souverain Pontife.

« L'orateur (le pétitionnaire), qui avait été chargé d'exécuter les réparations, fit un rapport sur ces dégâts nouvellement découverts, à son Excellence le Trésorier Général, qui ordonna de continuer les travaux nécessaires.

" Mais survint la mort prématurée de votre prédécesseur, et ensuite l'interrègne pendant la vacance du Saint Siége. Celui-ci refusa alors de dépasser la somme déjà approuvée, mais conseilla d'implorer du futur Pontife des subsides nouveaux pour les dégâts constatés.

" Cependant les travaux avaient été commencés; les machines, les bois, les instruments étaient déjà sur place, et les ouvriers n'avaient pas d'autres travaux en ce moment-là. L'orateur profita de tous ces avantages, et, pour éviter des dépenses plus considérables, poursuivit et conduisit à bon terme toutes les réparations que l'on trouva indispensables, soit pour la conservation de l'église, soit pour la décence de la Maison de Dieu. Le total de la dépense, pour ces dégâts nouvellement découverts et réparés, s'élève à environ 877 écus. Cette somme est dûe encore à divers artistes et ouvriers, et l'orateur se trouve dans l'impossibilité de la solder. Il supplie donc

---

[1] *Cronaca di Santa Sabina*, pp. 56-58.

humblement Votre Sainteté de daigner lui accorder la grâce que lui fit son prédécesseur, c'est-à-dire que les réparations exécutées pour la conservation d'un édifice public et du plus haut intérêt, avec un surcroit de dépenses s'élevant à 877 écus, soient pour les trois quarts aux frais de la Chambre Apostolique „.

Cette supplique, écrite au début du pontificat de Grégoire XVI, c'est-à-dire vers 1831, fut accueillie favorablement.

Pie VIII et Grégoire XVI furent les derniers bienfaiteurs pontificaux de Sainte-Sabine.

Tout récemment, il a été construit dans l'église et sur l'autel un gros baldaquin en marbre, que nous retrouverons plus tard.

Espérons que la Providence n'a pas dit son dernier mot, ni pour réparer les dégâts infligés à Sainte-Sabine par le temps ou par les hommes, ni pour conserver et rétablir ce qui lui appartint réellement tant qu'elle se conserva en beauté.

Ici s'achève l'histoire de l'édifice sacré et commence sa description.

CHAPITRE IV

L'entrée de Sainte-Sabine.

§ 1. La place de Sainte-Sabine.

orsqu'on a gravi la pente de l'Aventin par le côté nord, et qu'on a longé et dépassé les vieux remparts du palais Savelli, on se trouve subitement devant une large place ouverte sur la droite. C'est la place de Sainte-Sabine.

Elle est fermée au nord et au sud par deux hautes murailles pauvrement construites avec des petits blocs de briques, de pépérino, de marbre, etc. Elles furent restaurées en 1639 et en 1730. La dernière restauration coûta 122 scudi au Maître Général des Dominicains, le R. P. Ripoll.[1]

Cette place était jadis fermée et était un jardin. On l'ouvrit en 1614, par ordre du gouvernement, et les « Maestri di Strada » allouèrent 30 écus d'indemnité aux religieux. Il y avait là des arbres fruitiers, et en particulier un noyer superbe; on y voyait

---

[1] Ces détails et les détails analogues sont empruntés à la *Cronaca di Santa Sabina*, publiée par M. Rodocanachi, ou aux *Memorie* que nous éditerons à la fin de ce volume, *Pièces justificatives*, n° IV.

aussi des treilles qui annuellement donnaient en location huit barils de vin en général.

Le célèbre Fra Silvestro Prierias, devenu Maître du Sacré-Palais, l'avait prise à bail et préféra payer deux écus par an.

En cette même année, 1614, l'autorité fit exécuter des fouilles sur cette place, et il y a lieu de croire qu'en la faisant ouvrir on avait particulièrement en vue les bénéfices qu'apporteraient ces investigations.

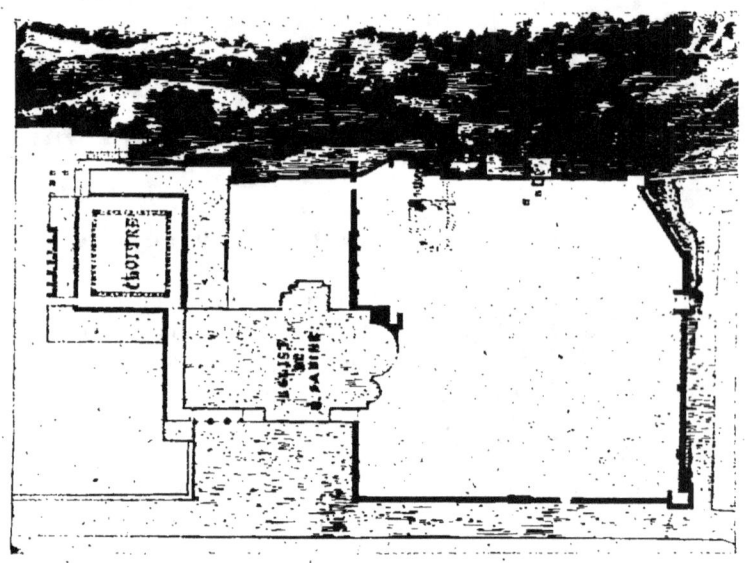

14. Plan de l'église et du couvent de Sainte-Sabine.

On y dépensa écus ou « scudi 53,72 ». On trouva une quantité d'objets qui furent vendus pour 70 écus. Le bénéfice pécuniaire, seul en vue dans l'entreprise, n'était pas grand; l'intérêt scientifique n'existait pas. L'intérêt artistique existait pourtant jusqu'à un certain point chez les acquéreurs: on cherchait des antiquités pour embellir des palais ou des jardins.

En 1618, on fait une autre vente considérable d'objets trouvés en cet endroit.

Ce sol, quoique fouillé à plusieurs reprises, renferme encore d'autres trésors qui se découvriront un jour sans doute.

Sur cette place, dès le début du XVIIme siècle, se formaient les cortèges du carnaval, quand il se célébrait à Monte-Testaccio ; là aussi aboutissait le cortège de la procession des Cendres le lendemain du carnaval, et le chanoine Crescimbeni nous apprend, dans son histoire de Santa-Maria-in-Cosmedin, que parfois on se disputait sur la question de savoir quel avait été le plus beau des deux.

En arrivant sur la place, le visiteur a devant lui un vaste corps de bâtiments, couvert de tuiles pesantes et orienté à peu près de l'est au nord, dont les fenêtres en plein cintre annoncent une église, et qui apparaît flanqué d'abord de trois chapelles, carrées surmontées d'une lanterne, celle du centre apparaissant plus considérable les deux autres, et ensuite d'un portique formé par un toit que supportent deux colonnes grises en maçonnerie.

Inutile de faire remarquer combien ces trois chapelles incrustées sur les flancs de l'église sont chose malheureuse au point de vue esthétique et archéologique. C'est un dégât irréparable pour Sainte-Sabine comme pour tant d'autres églises, que ces superfétations ajoutées à l'édifice ancien.

Sur le mur de la chapelle centrale on aperçoit quelques vestiges d'une peinture du XVIIme siècle, détériorée par la pluie. Elle fut exécutée sans doute par ordre du cardinal Bernerio, l'auteur de la chapelle, et elle représentait saint Dominique donnant sa bénédiction paternelle à saint Hyacinthe et aux BB. Ceslas et Hermann, qui partaient pour évangéliser le nord de l'Europe, surtout la Pologne.[1]

Plus d'un enfant de saint Dominique s'agenouilla devant cette image, ou la salua au moment de partir pour les missions lointaines.

D'autres peintures existèrent jadis sur ces murs, qui aujourd'hui ont disparu. Elles dataient d'ailleurs d'une époque relativement récente, et n'avaient pas de mérite spécial au point de vue artistique.

---

[1] *Vita del P. M. D. de Amicis*, p. 52. Romae, 1728.

§ 2. La porte latérale de Sainte Sabine.

Il convient de distinguer entre le portique et la porte. Le portique fut créé au XVIIme siècle, pour abriter la porte et pour con-

15. L'entrée de l'église et du couvent de Sainte-Sabine, sur la place de ce nom.

tinuer la ligne du mur qui enserre les chapelles latérales élevées à notre droite.

En 1643 se construit la Chapelle de Saint Dominique; en 1648 les *Memorie* et la *Cronaca* nous parlent du « Vestibule intérieur » par opposition sans doute au vestibule extérieur. C'est donc à cette époque qu'il convient d'en faire remonter la construction, et peut-être précisément à l'an 1636, alors qu'on « accommoda le toit et la porte de l'église », au témoignage de la *Cronaca*.[1] Etant donné l'absolue simplicité de cette porte, on n'imagine pas d'autres réparations possibles que l'addition du portique.

Le portique d'ailleurs n'a pas de mérite spécial: c'est un simple toit en briques très-lourdes, que soutiennent trois arcs, supportés par les deux murs extrêmes et les deux colonnes centrales. Seulement ces colonnes, aujourd'hui en pierre, ou plutôt en maçonnerie peinte à la chaux grisâtre, ont remplacé deux colonnes célèbres que l'on admire aujourd'hui dans le "Braccio nuovo" du Musée Chiaramonti, au Vatican, où elles furent transportées par ordre du Pape. Il est arrivé plus d'une fois au Vatican de s'enrichir des dépouilles de l'Aventin.

Ces deux colonnes sont en granit noir verdâtre veiné de blanc, et d'après Venuti, mesurent 30 palmes de hauteur, à peu près 6 m. 90: elles ont les dimensions des colonnes de l'église.[2]

Les chapiteaux qui les surmontaient nous sont restés: ils sont de style corinthien, et magnifiquement sculptés. Ils couronnent aujourd'hui leurs colonnes en maçonnerie.

Le portique est fermé aujourd'hui par une grille en fer: il y a quelque vingt ans, il était encore ouvert et devenait pour la nuit un dortoir mixte à l'usage du pauvres.

La porte latérale est plus ancienne que le portique et date de l'époque où, à raison de la construction du couvent et de la suppression de la voie Consulaire, la porte principale, celle de la façade, ne fut plus à l'usage du public.

On voit aujourd'hui encore sur le linteau de la porte des armoiries de cardinal; elles ont été malheureusement mutilées et sont devenues presque illisibles: elles ne peuvent nous donner d'indication absolument précise et sûre.

Il semble pourtant qu'il faut y reconnaître les armoiries du cardinal Cesarini: une colonne surmontée d'un aigle aux ailes

---

[1] Cf. *Cronaca*, an. 1636, 1643, 1648.

[2] Cf. Venuti, *Roma moderna*, Rione XII; Ficoroni *Vestigi di Roma antica*, p. 76; Nibby, *Roma nel MDCCCXXXVIII*, p. 691.

étendues, à laquelle est lié un animal qui doit être l'ours des Cesarini. L'illustre prélat faisait effectivement exécuter des réparations à Sainte-Sabine en 1441. Nous opinons qu'il convient de lui attribuer la construction, ou du moins l'agrandissement de la porte latérale.

On peut objecter que le chapeau cardinalice qui surmonte l'écu a la forme d'un cône tronqué. Or jusqu'à Célestin V exclusivement (1294) les cardinaux portaient la mitre basse, comme les évêques, et, à partir de cette époque, jusqu'à Innocent VII seulement (1404), ils portèrent le chapeau en cône tronqué: ils le quittèrent alors pour prendre celui dont ils usent encore aujourd'hui.[1]

Il est facile de répondre que cette loi n'entra pas de suite en vigueur, il s'en faut. Les peintres sont là pour l'attester, et c'est ainsi que nous voyons Fra Angelico donner le chapeau conique à son supérieur, Giovanni Dominici, qui fut fait cardinal par Grégoire XII, un successeur d'Innocent VII. Le cardinal Cesarini pouvait fort bien, sans commettre d'anachronisme, conserver cette ancienne coiffure, d'ailleurs bien plus logique et plus belle que la moderne.

Il faut retenir que l'on construisit cette porte lorsqu'elle fut rendue indispensable par l'organisation définitive du couvent et la suppression de l'ancien atrium pour l'usage des fidèles.

Quelqu'un a prétendu que cette porte pourrait dater des origines même de l'église. Cette hypothèse qui ne répugne point " a priori „ parce que beaucoup d'églises anciennes ont des portes latérales, ne saurait se vérifier ici, puisque les armoiries cardinalices nous indiquent plutôt une construction récente, et que d'ailleurs nulle voie importante n'y aboutissait dans l'antiquité.

Cette porte fut toujours d'une simplicité absolue, si ce n'est qu'aux jours de grandes fêtes on l'orne de vastes tentures rouges. En temps ordinaires, elle est abritée de l'un de ces horribles paillassons crasseux, qui brisent l'échine des visiteurs en leur retombant sur le dos.

En 1624, on surmonta la porte d'une image de Sainte Sabine. Les documents ne nous disent point s'il s'agissait d'une peinture ou d'une sculpture. Vraisemblablement il s'agissait d'une statue en marbre dont la tête se voit encore encadrée dans un ovale en ci-

---

[1] Cf. *Fasti Cardinalium*. vol. VI.

ment, sur le mur extérieur de la chapelle de Saint Thomas. La tête a été horriblement mutilée, mais dénote une œuvre d'un bon style, rappelant assez bien l'antique.

Sur la gauche de la porte, une grande inscription rappelle quelques uns des dominicains illustres qui prièrent dans cette église.[1]

§ 3. L'entrée du couvent.

Tout près de la porte latérale de l'église, à gauche, s'ouvre l'entrée du couvent.

Elle est très-humble et n'offre par elle-même rien de remarquable.

La peinture qui se voit dans le haute date du xviime siècle, probablement de 1624, et rappelle en la traduisant avec une liberté permise à un peintre, une vieille légende, d'après laquelle Saint Dominique revenant assez tard de San-Sisto-Vecchio, avait trouvé dans la nuit la porte de Sainte-Sabine ouverte par un ange. Il

---

[1] Cette inscription gravé sur une plaque de marbre, fut placée à l'occasion de l'exaltation de Benoît XIII. En voici le texte :

Has sacras aedes
quas olim
sanctissimus vir Dominicus Praedicatorum ord. parens
ac splendidissima ejusdem ord. lumina
Raymundus de Pennafort, Thomas de Aquino
Hyacinthus et Ceslaus Odroantii fratres
Pius V pontifex optimus maximus
aliique quam plurimini
mansione et exemplis
clariores reddiderunt
Clemens ix annuo sacrarii exercitationis secessu
et
Benedictus XIII pientissimo religionis tyrocinio
ac solemni sub die XIII Febr. anno MDCLXIX
emissa professione
novo splendore cumularunt
Prior et Fratres
ut tantum loci huius decus posteris transmitterent
indicem lapidem posuere
An. MDCXXVI
Kal. Mart i

s'agissait d'arriver à temps pour encourager un Frère qui voulait s'enfuir.

C'est un récit attribué à Sœur Cécile, et gracieux comme poésie et enseignement, sinon sûr comme histoire.[1]

§ 4. Le portier idéal.

Nous ne résistons pas au plaisir, dût-on nous le reprocher au point de vue art, de présenter au lecteur l'image du portier dominicain, telle que l'a dessinée un psychologue de génie, Humbert de Romans, le cinquième Maître Général des Frères-Prêcheurs, lui aussi un hôte de Sainte-Sabine en son temps.

« (Le portier) devra être d'âge mûr, gracieux de visage, sérieux dans ses actes, discret, prudent dans ses réponses, plein de bonté et de bienveillance.

« Il ne devra fatiguer personne par de nombreuses questions, ne repousser personne avec des paroles dures, injurieuses, grossières; il saura apaiser les mécontents, édifier par ses paroles et par ses actes tous ceux qui l'entretiendront ou l'aborderont.

« On lui assignera une cellule près de la porte, à l'intérieur, où il se livrera à quelque labeur manuel, s'il est frère convers; où il lira, écrira, fera quelque travail convenable, s'il est frère clerc.

---

[1] On trouvera le texte de ce récit dans Mamachi, *Annales Ord. Praed.*, Pièces justificatives.

Nous transcrivons ici l'inscription à la fois prosaïque et prétentieuse, deux qualités qui s'harmonisent fort bien, où est résumé le vieux récit:

> Dum claustrum tetra Gusmanus nocte rediret
> Et via prae tenebris non bene tuta foret,
> Protinus et cœlo veniunt qui lumina gestant
> Et nitet in tenebris nox quasi facta dies:
> Scilicet haec superis cura est imposita justi
> Ut doceant tutas semper inire vias.

A l'époque où écrivait Sébastien d'Olmeda (vers 1559), on lisait au même endroit une autre inscription plus simple et plus vraie, en prose:

> Divo Dominico comitibusque ex ede Sixti redeuntibus cœnobii hujus valvas praevius angelus reseravit. (*Chron. O. P.* fol. 5.

« Il ne doit pas s'absenter de son poste, si ce n'est rarement et pour une raison suffisante, et il devra en ce cas se faire remplacer par son compagnon, ou par un autre, s'il le peut.

« Le portier devra recevoir avec politesse les clercs, les religieux, les pélerins qui demandent l'hospitalité et l'aumône...

« Lorsque on donnera quelque nourriture aux pauvres en dedans ou en dehors de la porte, il aura soin de les servir avec charité et propreté, et de les congédier ensuite avec politesse...

« Dès qu'il entend frapper à la porte, il doit regarder aussitôt par la petite fenêtre qui se trouvera toujours près de la porte (elle existe à Sainte-Sabine), et, avant d'ouvrir, savoir qui frappe.

« S'il s'agissait de personnes distinguées qu'il faut introduire, il les mènera au chapitre, et appellera les frères qu'il convient d'appeler.

« Les prélats et les religieux seront conduits d'abord à l'église, pour y faire une prière, et ensuite au chapitre.

« Les frères (les dominicains) étrangers seront introduits immédiatement à l'église, et, pendant leur visite, on cherchera le supérieur qui doit leur donner la Bénédiction, puis on leur indiquera sans délai leur cellule.

« S'il s'agit d'une personne constituée en dignité, d'un évêque, d'un abbé, de quelque noble personnage, de quelque grand ami des Frères, il faudrait avertir immédiatement le supérieur, même quand il ne serait pas demandé.

« En recevant les visiteurs, il faut user de manières diverses, selon la différence des personnes, quoique à tous il faille montrer dès l'abord de l'affabilité et de la joie.

« On recevra les religieux en faisant une inclination ou une révérence.

« En présence d'un évêque ou d'un abbé, on fera une inclination plus profonde, ou leur baisera la main, on fléchira le genou, selon les habitudes du pays.

« Les Frères-Mineurs, nos Frères étrangers, ou les grands amis du couvent seront reçus avec une très grande joie.

« Les princes, les personnes constituées en quelque haute dignité séculière, devront être reçus avec des grands honneurs, soit par le portier, soit par les autres religieux appelés en cette circonstance et à cet effet.

« Le portier aura grand soin de connaître les parents des Frères, afin de leur ménager une reception parfaite.

« Il devra les faire connaître aux Frères qui ne le connaîtraient point, inviter les supérieurs à leur montrer toute la bonté possible, à leur offrir courtoisement l'hospitalité, ou d'autres services encore ». [1]

Lecteur qui m'avez suivi, pardonnez-moi ma longue digression, et avouez que tous les portiers ne ressemblent pas à celui du XIIIme siècle.

---

[1] Humbert de Romans, *De Officiis*, XVII.

CHAPITRE V.
Le vestibule de l'église.

§ 1. L'atrium lui-même.

omme les anciennes basiliques, et à l'imitation même des habitations profanes, Sainte-Sabine avait son atrium.

L'atrium chez les anciens différait parfois du vestibule, celui-là étant considéré comme partie intérieure de la maison, celui-ci comme partie extérieure. Souvent ils se confondaient.

L'atrium ou vestibule, dans les églises, était une cour carrée entourée de colonnes, et au milieu une fontaine pour se laver les mains. Parfois, la construction était beaucoup plus simple, et comportait un portique composé d'un rang de colonnes, qui soutenaient un toit appuyé contre le mur de la façade. La longueur comportait logiquement toute la largeur de l'église.

Ainsi en était-il du vieux Saint-Pierre de Sant' Apollinare de Ravenna et de cent autres basiliques.

A Sant'Alessio, tout proche de Sainte-Sabine, l'atrium ou vestibule comprenait toute la largeur de l'église, et comportait un toit appuyé d'un côté contre la façade, de l'autre soutenu par six colonnes. Aux deux extrémités, il était fermé par une paroi percée d'une fenêtre.[1]

Le vestibule de Sainte-Sabine n'en différait que par quelques détails accessoires.

Des six colonnes qu'il comportait, quatre subsistent et se voient encore: ce sont les colonnes en marbre « paonazzetto » cannelées à hélice, qui longent la façade,[2] aujourd'hui si lamentablement bouleversée. Deux autres, absolument semblables, furent vendues en 1605, au témoignage de la *Cronaca*.[3]

Les colonnes ne soutenaient pas une architrave, mais des arcs, sur lesquels reposait le toit, et ces arcs, au témoignage d'Ugonio qui en vit les derniers vestiges, étaient ornés comme ceux de l'église, d' « intarsiature » ou d' « incrostature », soit de marqueteries en marbres de diverses couleurs.[4]

Il en faut conclure que le vestibule, et pour sa construction et pour sa décoration primitives, remonte à Pierre d'Illyrie.

Dès le début, les dimensions furent précises.

Il était aussi long que l'église était large et mesurait de la sorte une longueur de 25 m. 50, sur une largeur de 6 m. 25.

Pour les fêtes solennelles, on lavait ces colonnes, et on y suspendait des tentures rouges ou blanches.

Le pavé était lui aussi en « tessellature » de marbres polychromes, de même que celui de l'église.

---

[1] Cf. Nerini, *De coenobio S. Bonifacii*, p. 10.
[2] Voir Nibby, *Roma nel MDCCCXXXVIII*.
[3] *Cron.*, an. 1105. Ces diverses indications nous permettent de corroborer l'opinion de Nibby affirmant que les colonnes en « paonazzetto » appartenaient à la construction du vestibule.
De ces quatre colonnes cannelées à vis trois le sont de gauche à droite, et une de droite à gauche.
Par raison de symétrie, les deux qu'on a vendues devaient être cannelées comme cette dernière. Ajoutons que les quatre colonnes subsistantes suffisent à occuper proportionnellement les deux tiers de la façade, la porte principale se trouvant juste entre deux colonnes cannelées en sense inverse: si on en ajoute deux, cannelées comme celle de gauche, on a l'harmonie parfaite à tous points de vue, et pour la proportion et pour l'ornementation.
[4] *Staz. Rom.*, fol. 8.

Là enfin se trouvait une fontaine où les fidèles pouvaient se laver les mains, en signe de respect, avant d'entrer à l'église.[1]

Peut-être est-ce cette fontaine que l'on vendit en 1575 à Mons. Del Giglio, avec deux colonnes trouvées dans le jardin, le tout pour 48 écus.[2]

Le premier pavé en briques date de 1605. Il fut renouvelé depuis lors à plusieurs reprises.

Depuis des siècles, et peut-être dès le début, soit pour protéger la maison de Dieu, soit pour contenir le terrain qui s'élevait à l'entour, la colonnade fut entourée d'un mur solide, du côté du jardin.

C'est en 1620 que l'on fit ouvrir, au prix de 32 écus, quatre grandes fenêtres, dont l'une fut refermée en 1730.

La petite porte qui conduite au jardin fut refaite en 1582, mais avait existé au paravant.

Les grandes et malheureuses déformations du vestibule se produisirent dès l'heure assez hâtive, ainsi que le démontre le caractère des murs, où on le surchargea de chambres pour les étrangers et pour les Frères convers; elles continuèrent en 1567, quand il fallut créer un escalier d'accès aux appartements pontificaux, et en 1589 quand on installa sur le vestibule un chœur pour la récitation de l'office, avec une dépense de 300 écus seulement pour la maçonnerie; elles s'aggravèrent en 1599, quand on empiéta sur le vestibule pour construire l'escalier étrusque ou à cordons qui conduit au cloître.

En 1601, pour soutenir le chœur, on plaça dans le vestibule deux colonnes semblables à celles que nous admirerons dans l'église, et qui avaient coûté 51 écus, et en plus 8 écus pour les socles.

Les seuls travaux de crépissage coûtèrent cette année là 83 écus, ce qui suppose un travail sérieux.[3]

---

[1] De là vient l'usage de l'eau bénite; de là encore cette habitude romaine de prendre de l'eau bénite en entrant à l'église, et non pas en sortant, parce qu'on ne se lavait point les mains au sortir de l'église.
[2] Cf. *Cronaca*, an. 1575.
[3] *Cronaca*, an. 1601.

Enfin les derniers dégâts furent commis lorsqu'on créa les arcs pour soutenir le chœur et qu'on voulut donner à tout le vestibule l'apparence d'un temple, lors de la béatification de Sainte-Rose de Lima en 1668.

C'est alors aussi qu'on plaça aux deux extrémités ces deux énormes groupes en plâtre représentant l'un Saint Dominique qui reçoit le Rosaire, l'autre Sainte Rose de Lima.

Fontana a gravé ce vestibule, assez défectueusement d'ailleurs.[1] La gravure nous montre des bustes antiques, placés le long des murailles. Il est possible qu'il en ait existé de son temps, puis qu'aujourd'hui il nous reste encore quelques vestiges de l'antiquité païenne.

Nous n'avons pas à rappeler ici l'importance du vestibule dans les anciennes églises, particulièrement au point de vue liturgique et disciplinaire, pour l'admission des catéchumènes, l'absolution des pénitents: nous renvoyons aux historiens ecclésiastiques, qui souvent en ont traité, ou aux auteurs des dictionnaires encyclopédiques tels que Martigny et Kraus, aux mots *Catéchumènes, Pénitence publique*, etc.

Le jour où il sera question de rétablir sérieusement à Sainte-Sabine le *statu quo ante*, le seul logique et souhaitable, on ne devra nullement négliger le vestibule, composé d'un simple toit appuyé contre la façade et soutenu par des colonnes, sauf à fermer les entre colonnements.

§ 2. Les inscriptions du vestibule.

On trouve encadrées dans les murs du vestibule des inscriptions chrétiennes et païennes, qu'il nous convient de signaler au lecteur, ainsi qu'un certain nombre de fragments de sculptures datant de l'antiquité ou du moyen-âge. Il est difficile en effet qu'un vestige de l'antiquité ne porte pas avec lui quelqu'enseignement utile, si on sait l'étudier et le comprendre.

1° A droite de la porte et à gauche du spectateur, se lit une première inscription qui est le fac-similé d'un original existant

---

[1] *Raccolta delle migliori chiese*, vol. I, pl. XXIX.

jadis à Sainte-Sabine, et transféré aujourd'hui au Latran. Elle est ainsi conçue:

> A Lia bien méritante, leur fille très-chére, qui
> vécut XII ans, XI mois, XVIII jours,
> déposée le IV des Kalendes de mai
> dans la paix
> ses parents ont fait (ce monument)[1]

Cette inscription date de la fin du IVme siècle comme nous l'apprennent le style et l'orthographe du texte original.

Le vase avec la palme, de même que le mot "déposé dans la paix „ nous indique une inscription chrétienne.

Lia (laborieuse) n'a vécu auprès de ses parents que 22 ans, 11 mois et 18 jours; pendant ce temps elle n'a cessé de bien mériter, et pour ce motif on signale jusqu'au dernier jour de son existence sur la terre.

Le vase et la palme ne signifient pas nécessairement le martyre, mais simplement le triomphe de la vertu sur le mal, et du "rafraichissement „ et de la joie après la victoire.

Ces emblèmes rappellent aussi parfois la pureté victorieuse, d'après une métaphore de Saint Paul comparant à un vase le corps que l'on doit conserver dans la sainteté.[2]

Ce symbole se plaçait fréquemment sur les tombes, et dès la plus haute antiquité chrétienne; on eut même des moules pour l'estamper plus facilement sur la chaux encore fraîche des « loculi » ou tombeaux. Il contenait l'affirmation que les survivants croyaient le défunt en possession du bonheur éternel, ou du moins qu'ils le lui souhaitaient.

2° Une seconde inscription non moins intéressante se voit

---

[1] Leae benemerenti filiae dulcissimae quae
vixit ann. XXII, mensis XI, dies XVIII
deposita (sic) die III Kalendas maias
in pace
parentis fecerunt.

La subrogation de l'*i* à l'*e* et *vice versa*: « Lea » pour « Lia » et « parentis, mensis » pour « parentes, menses » nous reportent au IVme ou Vme siècle, de même que la sobriété du style, et le mot « deposita ».

[2] I. Thess., IV, 4.

à gauche de la porte. L'original a été transporté d'abord au Vatican, puis au Latran, et il ne nous en reste qu'une copie.

Elle est fruste, et de plus les caractères en sont considérablement effacés, parce que jadis elle se lisait dans le pavé de l'église, où la virent Montfaucon et d'autres.

Elle nous dit :

«..... dans la paix la vierge Prétextata
..... ides d'août, Rusticus et Olybrius (étant) consuls.
..... dans la paix déposée le V des ides de mars
..... Basiliscus et Herménericius consuls ».[1]

Cette inscription est double et a recouvert deux cadavres : celui de la Vierge Prétextata et d'un autre à nous inconnu. Il y a deux fois « in pace » et deux dates consulaires : celle de Rusticus et d'Olybrius (464-465) et celle de Basiliscus et d'Herminericius (465-466).

Montfaucon, trompé par l'homonymie de deux consuls, a daté l'inscription de 520. C'est une erreur démontrée par Mr. De Rossi dans la savante interprétation qu'il donne de notre inscription.[2]

Les deux défunts sont « déposés » et « dans la paix » : ils sont donc chrétiens. Une autre existence les attend, et la tombe n'est point pour eux « la demeure éternelle », la « domus aeterna » des païens;[3] ils sont « dans la paix « du Christ qui s'est porté garant d'une vie nouvelle.

Prétextata porte en outre le titre de « vierge », nom que l'on donnait excellemment à celles qui se vouaient au service de Dieu dans la virginité.

Elles furent nombreuses, dès l'époque des persécutions. Elles

---

[1] Le texte latin selon la lecture de De Rossi est celui-ci : — *Inscript.* t. I. pag. 464.

(In p) ace Praetextata Virgo
(id) aug. Cons. Rustici et Olybri.
(in p) ace dep. V id. mart.
(Cons.) Basilisci et Hermenerici.

[2] *Inscriptiones*, T. I, an. 464.

[3] Les chrétiens ne disaient pas d'un mort comme les païens qu'il est " situs „ ou " positus „, mais qu'il est « depositus „.

vécurent d'abord dans leurs maisons, puis plus tard habitèrent ensemble, formant des communautés, sous la direction des évêques.

La première communauté de ce genre qui ait existé en occident, fut établie à deux pas de Sainte-Sabine, dans la maison de Marcella, dont l'ancien jardin des dominicains recouvre les fondements. Il est probable que les pieuses femmes nommées dans ces inscriptions aussi anciennes que l'église de Sainte-Sabine, se rattachaient à cette communauté, dont saint Jérôme fut un jour le Directeur.

Les enfants même étaient parfois voués à Dieu par leur parents. Les petites filles étaient alors appelées « devotae Deo », vouées à Dieu ; ou encore « devotantes Deo », se dévouant à Dieu.

Lorsqu'à 25 ans, ou parfois à 40 ans, elles ratifiaient le don d'elles-mêmes à Dieu, en recevant le voile de pourpre, le « flammeum virginale », bénit par l'évêque, et renonçaient ainsi au mariage, elles s'appelaient « Deo sacratae », ou encore « ancillae Dei », servantes de Dieu ; « sacrae virgines », vierges sacrées ; « virgines Dei », vierges appartenant à Dieu.[1]

Prétextata n'ayant vécu que 22 ans, doit assurément être rangée dans la première catégorie.

Les petits garçons offerts par leurs parents s'appelaient « clerici ab incunabulis », clercs depuis le berceau, comme le fut peut-être Pierre d'Illyrie « nourri depuis sa naissance au bercail du Christ ».

Cette oblation se faisaient généralement près de quelque tombe illustre : il nous est doux de penser que ces nobles vocations s'affirmèrent, sinon encore près des reliques des saintes Sabine et Séraphia, du moins à l'ombre de leur souvenir et dans leur maison érigée en oratoire.[2]

3º Naguère encore autre inscription très brève se lisait en copie près de la précédente, l'original ayant été porté au Latran :

    Acindynes déposé
    La veille des kalendes d'octobre.[3]

---

[1] Cf. Thomassin, *Vet. Discipl.*, T. I, cap. XLII, 1 ; Graveson, *Hist. Eccl.*, T. I, p. 90.
[2] Cf. Martigny, *Diction.*, art. *Oblats*.
[3] Voici le texte latin : Dep. Acindynes
      pr. kal. oct.
                  Cf. De Rossi, *Inscript.*, T. I.

A l'heure actuelle elle a disparu.

On ignore qui fut Acindynes. La sobriété du style nous reporte au IVme siècle, de même que le nom Acindynes, qui signifie « sans péril », nous ramène au lendemain des persécutions.

Un grand charme s'en dégage provenant du contraste entre le peu de souci qu'on a eu de souligner cette existence ici-bas, et la certitude des espérances éternelles.

4° Nous en dirons autant de l'inscription suivante, récemment encadrée dans notre façade, et rappelant la mort d'un enfant de cinq ans :

 Decentius ☧ dans la paix.
 Il a vécu V ans, VI mois, déposé
 le IIIme jour des kalendes d'avril.[1]

C'est le marbre original lui-même qui se conserve encore à Sainte-Sabine.

Le style, l'orthographe (« bixit » pour « vixit »), la forme des lettres, le beau monogramme du Christ qui consacre la tombe, nous reportent au IVme siècle.

Quelle meilleure consolation pour les parents que de savoir que leur enfant repose entre le bras du Christ, « in somno Christi », selon l'expression reçue, si avant l'heure il a quitté la terre ?[2]

5° Un autre inscription très courte, mais très riche de significations s'offre a nous dans une copie, l'original ayant été transféré au Vatican d'abord, en 1757, puis au Latran.

Elle ne comprend que peu de mots :

 A Octavia matrone
 veuve de Dieu.[3]

---

[1] En latin :

 Decentius ☧ in pace
 qui bixit annis V, menses IV, depositus
 die III kal. apriles.

[2] Cf. Armellini, *Lezioni d'arch.*, P. IV, cap. II, pp. 140, 288.

[3] En latin elle ne comporte que quatre paroles :

 Octaviae matronae
 viduae Dei.

C'est-à-dire veuve consacrée à Dieu, comme on disait parallèlement « vierge de Dieu ».

La concision de la formule date du IVme siècle chrétien.

Nous avons ici un monument de l'une des plus grandes institutions du Christianisme. « Dès le temps de Saint Irénée, l'église resplendissait de toute une moisson de vierges et de veuves consacrées à Dieu par les évêques, en présence de l'Eglise ». [1]

Octavia était de ces dernières, qui, au dire de Prudence, « après les dommages d'un premier hymen, ne voulurent rien savoir de nouveaux feux ». [2]

Cette épitaphe se lisait dans le pavé primitif de l'église, [3] et on pourrait conclure avec quelque vraisemblance, qu'Octavia était peut-être de ces « presbyterae », prêtresses, ou « matriculariae », attachées à l'église, pour en prendre un soin convenable.

Elles jouèrent un grand rôle dans l'histoire du Christianisme.

Dès le pontificat du pape Corneille, elles étaient au nombre de 1500 dans Rome, y comprises les infirmes.

Elles devaient avoir voué à Dieu la « seconde virginité » dont parle Saint Jérôme, et n'avoir été mariées qu'une seule fois.

En tout temps elles pouvaient se consacrer à Dieu entre les mains de l'évêque, et la consécration avait lieu dans l'église ou dans le « sacrarium ». Elles promettaient de vivre dans une chasteté irréprochable, et se livraient tout entières aux œuvres de charité et de piété. Elles visitaient les malades et les prisonniers, secouraient les pauvres, surtout instruisaient les néophytes. C'est pour ce dernier ministère qu'elles avaient des sièges réservés dans les catacombes. Elles prêtaient leur aide pour le baptême des femmes, quand il se faisait par immersion.

Par cette vie austère et dévouée, elles s'étaient mérité l'estime universelle.

Lorsqu'elles étaient pauvres, elles vivaient aux frais de la communauté; mais souvent elles étaient nobles et riches. Le nom tout

---

[1] Bzovius, *Hist. eccl.*, T. I, p. 194.
[2] Prud., *Perist.*, In Laurent.
[3] Montfaucon, *Diar. ital.*, cap. XII.

aristocratique d'Octavia, et le titre de matrone qui lui est donné, semble prouver qu'elle fut de ces dernières.

Il n'est nullement étrange que nous trouvions sur l'Aventin des monuments qui nous rappellent les origines de la vie religieuse organisée, puisque dès le IVme siècle on voyait s'y établir, selon le mot de Saint Jérôme un « propositum monacharum », [1] à deux pas de l'emplacement où va surgir la basilique de Sainte-Sabine.

Au point de vue moral, cette petite inscription rend plus exécrable encore le beau Colysée: l'une prêchant le dévouement, l'autre la bassesse et la tyrannie.

L'inscription suivante qui se voit dans le vestibule depuis peu d'années, n'est pas facile à interpréter. Elle est fruste et contient une série de dix noms de personnages, où quelques-uns voient une liste des titulaires de Sainte-Sabine, d'autres les noms des Saints dont on aurait possédé les reliques. [2] Il vaut mieux avouer qu'on ignore la vérité: une chose est certaine, c'est que le texte nous la démontre chrétienne, et les caractères, antique.

6° On lisait jadis à l'entrée de Sainte-Sabine une inscription fruste, aujourd'hui transférée au Latran, et dont on ne nous a pas même laissé une copie.

C'est une épitaphe datée par les consulats, et remontant à l'an 398. [3]

---

[1] Epist. CXXVII.

[2]
...us Rogatianus   ...stus Alexander
...s. Rogatianus jun. ...s. Antimus
...s. Marcus   ...s. Eutyches
...s. Marcianus   ...s. Theophilus
...Fortunatus   ...us Proclinus.

[3] En voici le texte, d'après la lecture de M. De Rossi :

(Locus Ti)tiani ⌽ et Epinicenis
(Honorio) IIII et Flentitiano Vvcc. cos.
(Titianus?) XVI kal. octob. depositus est,
(in somno) pacis. Qui vixit ann. p. m. LXV.

Nous renvoyons à De Rossi (*Inscriptiones*) et à Montfaucon (*Itiner. Ital.*, cap. XII) pour les détails historiques et les variantes de lecture.

Par les consulats, nous savons qu'elle date de 398.

Il est clair que le mot pacis de la quatrième ligne termine la formule In somno pacis, si souvent usitée chez les premiers chrétiens, et rappelant le

Il est regrettable qu'on ait transporté sur un sol étranger des inscriptions qui perdent ainsi beaucoup de leur importance et signification. Et cette mode si peu intelligente est deux fois regrettable pour le document qui nous occupe, puisqu'au revers il porte, disait-on alors, un éloge du prêtre Basile, l'un des plus anciens titulaires de Sainte-Sabine. Il avait été enseveli dans le cimetière de Lucina, où le P. Marchi avait lu cette inscription :

Sépulture du prêtre Basile du titre de Sainte-Sabine.[1]

On croyait lire un éloge de ce même prêtre dans quelques mots qui subsistent au revers du marbre dont nous parlions. On y lit en effet l'éloge d'un prêtre, « dicté par l'amour » avec une date de jour et le nom de « Basile ».[2] La présence de ce dernier nom a dû créer une équivoque, et ne permet pas d'affirmer d'une façon si absolue qu'il s'agit du prêtre Basile. Et en effet la formule « p. c. Basili » se doit lire, pensons-nous, « post consulatum Basilii ». Elle était connue et commune, parce que les empereurs romains ayant confisqué à leur profit le titre de consul, l'an 541, et Basile ayant été le dernier citoyen romain devenu consul et consul sans collègue et successeur, on continua à compter les années par son consulat, ou « après son consulat ». On disait : l'an un, l'an deux, etc. après le consulat de Basile.

C'est là, croyons-nous, l'explication de beaucoup la plus probable de notre formule.

---

salut hébraïque « salem », si touchante et si encourageante. Cf. Le Blant, *Inscript. Chrét.*, T. I, p. 384.

Les lettres P. M. peuvent signifier « plus minus », ou encore « piae memoriae ». Le contexte donne le sens de l'abréviation.

[1] Le texte latin est : Locus presbyteri Basili tituli Sanctae Sabinae.
Roma Sotter., p. 26.

[2] Voici ces mots, dont les premiers sont la fin d'un pentamètre et supposent un distique :

      ... qualia dictat amor
      ... nus pb (presbyter) ç (5) idus novembris
      ... it p. c. Basili.

7° Un peu plus loin, sur sa droite, le spectateur remarque une inscription fruste dont les caractères sont d'une date bien plus récente.

Elle contient l'éloge ému d'un saint prêtre, sans doute un titulaire de notre église :

... le temps de la vie future
... tu possèdes les récompenses de la lumière
... la mort, ô saint prêtre!,
... car tu tiens le bonheur,
... aux serviteurs nous rendons hommage.[1]

Il s'agit d'un prêtre excellent, qui avait laissé la réputation d'un saint, et qu'on vénérait de tout cœur.

Beaucoup d'inscriptions ont disparu de Sainte-Sabine. En voici une qui se lisait jadis dans notre façade, et qui nous a été conservée le P. Christianopulo, O. P. : [2]

... Ci-gît frère Guillaume Du Pin moine de Saint Denys en France, autrefois prieur de Saint-Gausbourg. Vous qui lisez, priez pour lui.

L'abbé de Gausbourg vivait au XIme siècle.

Cette inscription se lisait dans la façade à droite en entrant : mais le mot « Ci-gît » nous apprend que manifestement elle avait été relevée du sol.

9° Après les inscriptions chrétiennes, on remarquera quelques fragment de bas-reliefs provenant du presbytérium d'Eugène II.

C'est d'abord un fragment de chancel haut de 1 mètre et large de 0,43, qui nous offre une sorte de damier formé d'entrelacs, dont

---

[1] Voici ce qui nous reste du latin de ces distyques :
... (futu)rae tempora vitae.
... (pr)aemia lucis habes.
... tri mors, Sancte Sacerdos.
... t quia laeta tenes.
... (fa)mulis aestamus honorem.

[2] Hic jacet frater Gulielmus de Pinu monachus sci. Dionisii de Francia, prior quondam sce. Gaburgis. Qui legis ora pro eo.
De s. Exuperantio, p. 57, sq.

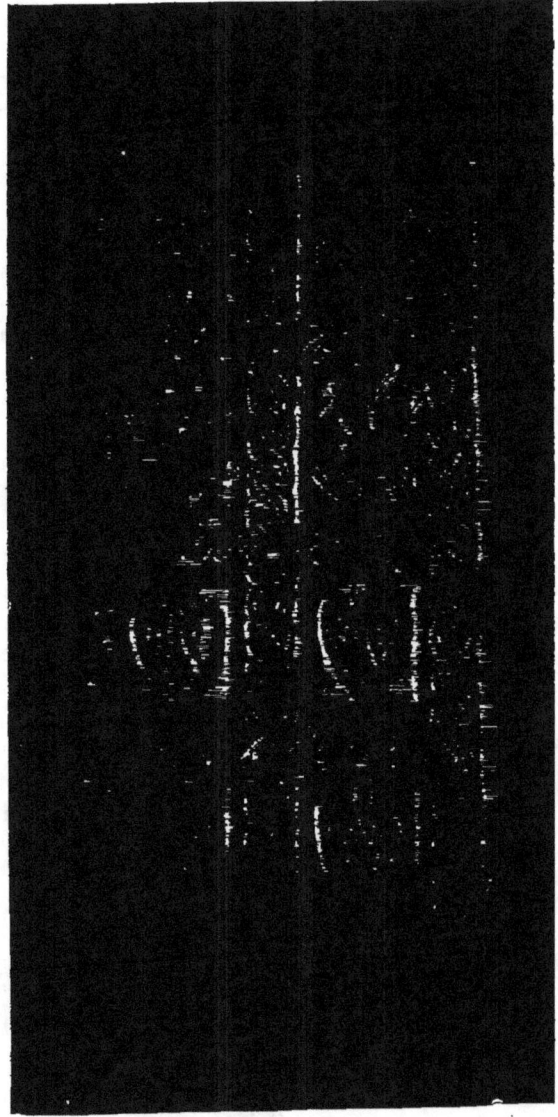

16. Fragment de l'ancien presbytérium de Sainte-Sabine.

chaque case renferme un oiseau ou des fruits : symbole connu de la félicité éternelle, qui nous ramène à l'art catacombal, et nous remet en mémoire cette ravissante épitaphe de Lia, dans le cimetière de Domitilla, où l'on voit un oiseau qui béquète un raisin et à côté ces mots: Lia, douce âme, à toi la vie.[1]

C'est encore la partie supérieure d'une archivolte, ornée d'entrelacs et de volutes rampantes à l'extrados.

On distingue au-dessous la représentation connue du soleil, sous forme de rosace. Cette arcade avait environ 0,45 centimètres de rayon.

Fragment de la frise qui surmontait l'iconostase, croyons-nous, et à ce titre fort précieux, puisqu'il est unique en son genre et permettrait une reconstruction. Il représente une palme verticale, puis un fragment d'arc, supporté par une colonne torse en très bas-relief, mesurant en près 0,20 centimètre de hauteur. L'arc a environ 0,30 de rayon.

Il faut remarquer aussi deux fragments d'un même chancel, orné d'entrelacs.

Tous ces fragments nous font maudire une fois de plus la bonne volonté ignorante des destructeurs et restaurateurs.

Un document à noter encore, comme très précieux et ancien, est ce support en marbre qui jadis soutenait le siège du célébrant, avant qu'on eut installé le monumental, mais impossible siège en bois qui s'y voit de nos jours.

Il mesure m. 0,60 de hauteur et 0,40 de profondeur. Il est formé d'une tête de lionne ou de léopard, sur une poitrine et avec des ailes de griffon. C'est le type classique,[2] qui se reproduit sans cesse, et même aujourd'hui chez les marbriers.

Nous devons signaler encore quelques souvenirs païens, con-

---

[1] Cf. Armellini, *Arch.*, p. 139.

[2] Sur les inscriptions provenant de Sainte-Sabine, cf. *Corpus inscr. lat.*, t. VI, pp. 364, sqq. Nous ne dirons qu'un mot en note, de quelques inscriptions de moindre importance, d'autant plus que naguère on en a badigeonné quelques unes.

Une petite inscription fragmentaire est à retenir:

        Communibus
        (monaste)rii SS. Bonifacii
        (et) Alexii.

Sur le socle à prétentions élégantes, qui supporte la Vierge du Rosaire debout, avec Saint Dominique et Sainte Catherine de Sienne agenouillés et re-

17. Fragment probable du siège sacerdotal dans l'abside de Sainte-Sabine.

cevant le Rosaire, groupe érigé par Clément IX en 1668, et destiné à être exécuté en marbre, on lisait jadis :

servés à Sainte-Sabine, et échappés à la rapacité des collectionneurs et antiquaires de toute sorte et de toute couleur.

Nous devons signaler en premier lieu la paroi antérieure d'un tombeau. On y remarque deux étages de strigiles divisés chacun en deux parallélogrammes.

Eja ergo, Advocata nostra.

Cette inscription peinte a été remplacée par la première strophe de l'hymne des secondes Vêpres du Rosaire, ainsi disposée fort gracieusement :

Te
gestientem gaudiis,
Te
sauciam doloribus,
Te
jugi amictam gloria,
O Virgo Mater,
pangimus.

En face, au centre d'un portique composé de trois arcades, se dresse sur un socle de marbre une statue de sainte Rose tenant l'Enfant qui lui rend une caresse.

Ce groupe, comme le précédent, fut érigé pour la béatification de la Sainte en 1668, et il devait être exécuté en marbre, parce qu'autrement on ne comprendrait guère comment on eût appelé un tel travail « perenne pegma honoris ad posteritatis memoriam ».

Le socle seul a été fait en marbre. On y lit l'inscription suivante, qui est, du style de la statue :

Tibi, Rosa,
O Empyrei paradisi novum
Ex orbe novo incrementum.
Tibi perenne et
hoc pegma honoris ad
posteritatis memoriam
Quod Clemens IX Pont. Max.
dum anno MDCLXVIII sub
his tectis per dies aliquot
morari dignatus est
beatarum coelitum albo
Te
solemniter adscribendam
sanxerit prid. id. februarii.

Comme l'insinue l'inscription, Clément IX venait faire sa retraite annuelle à Sainte-Sabine.

Au centre, un fronton qui montre dans la partie inférieure deux bustes en très-bas relief et affrontés; et dans la partie supérieure, un disque entouré de deux serpents: symbole de la durée infinie. Au-dessus on lit que Novia Rufina a érigé ce sépulcre à son frère de bonne mémoire.[1] Dieu aura récompensé un sentiment si juste d'affection fraternelle.

Cette inscription fut trouvé en 1751 dans le nouveau vestibule de Sant'Alessio, quand on fit les constructions que l'on voit aujourd'hui. Le nom des Cnovius est d'ailleurs fréquent dans les inscriptions antiques.[2]

On remarquera encore un cippe funéraire païen. Il était primitivement fixé dans le sens horizontal, et porte au centre une sorte d'entonnoir, creusé dans le marbre, où l'on versait des parfums ou le vin des libations, sur les cendres du défunt renfermées dans une urne qui était placée au-dessous.

C'est la forme la plus simple du monument funéraire des anciens, et il devait être érigé dans la maison même du défunt.

Une inscription nous apprend qu'une épouse, d'accord avec sa fille Fortunata, a élevé ce monument à la mémoire de son mari.[3]

On remarqera un fragment d'inscription monumentale, qui ne porte que le nom Cornelius. Les caractères sont d'un style vraiment admirable.

---

[1] Voici le texte latin:
D. M.
Cnovio C. El. Iucundiano
Novia. Rufina. fratri B. M. F.

[2] Voir Gruter et Muratori dans leurs recueils d'inscriptions.

Nous laissons aux érudits le soin de déterminer quels rapports existaient entre ce Cnovius auquel sa sœur Cnovia Rufina élève un tombeau, et le Cnovius Rufinus indiqué dans une inscription relative aux Frères Arvales, trouvée à Sainte-Sabine, il y a quelques années. Cf. De Rossi, *Scavi di Santa Sabina*, p. 211, Descemet, *Fouilles de Sainte-Sabine*, p. 14, 199.

[3] Voici l'inscription:
D. M.
Bellae   successus
con   ◯   junx et
Fortu   nata
filia B. M. fecerunt.

L'inscription devait orner un fronton: mais nous en ignorons le sens et l'objet.[1]

On trouve encore quelques fragments de sculpture classique, des chapiteaux ornés de fleurs; un centaure armé de son arc qui emporte sur son dos une bacchante jouant de la lyre; il y avait

18. Chapiteau antique conservé dans le jardin de Sainte-Sabine.

naguères encore une frise en marbre ornée d'une guirlande de chêne, d'un travail remarquable, mais elle a disparu de nos jours, comme tant d'autres souvenirs.

Nous avions songé jadis à séparer les souvenirs païens des souvenirs chrétiens, dans le vestibule en fixant ceux-ci contre le mur de l'église et ceux-là dans le mur en face. En réunissant les

---

[1] Sur les Cornelii habitant l'Aventin, cf. Merlin, *L'Aventin*, pp. 319, 344-345

monuments alors épars dans les jardins, dans le cloître, on aurait pu constituer un véritable musée local, qui n'eut point manqué de signification, il s'en faut.[1] C'est aujourd'hui trop tard.

Cette collection fort restreinte de documents chrétiens et paiens, jointe à la liste si longue des monuments arrachés à ce même sol, nous permettent d'indiquer une conclusion: c'est que ce sol est loin d'avoir dit son dernier mot, au point de vue historique, archéologique et artistique. Les entrailles de l'Aventin restent à explorer.

Jusqu'à la fin du XVIIIme siècle, on y visitait de profonds souterrains, où un jour quelques séminaristes allemands s'égarèrent et d'où ils ne revinrent plus.

En 1730, il fallait faire des substructions dans les « grottoni », pour soutenir la sacristie et même la chapelle de Sainte Catherine de Sienne, dont les bases s'enfonçaient dans des vides insoupçonnés. Lors des fouilles de 1845, on trouva des souterrains, et une quantité d'ossements qui tombèrent en poussière sous la mains des travailleurs, et qu'il fut impossible de reconnaître. On avait rencontré sans doute l'un de ces « puticoli », fosses communes, où l'on jetait pêle-mêle les cadavres des esclaves et de ceux qui ne pouvaient se payer une sépulture à part: ce qui devait être fréquent sur l'Aventin aux époques où il était le quartier populaire.

On y a trouvé, et peut-être y trouvera-t-on encore jusqu'a vingt mètres au-dessous du Tibre des « conditoria », sorte de caveau souterrain, au milieu du quel on déposait les cadavres illustres ou distingués, dans une case isolée, et parfois richement ornée de mosaïques, avant et après la mode transitoire de la crémation.

Il y a quelque vingt ans, un ingénieur français descendait par un puits alors ouvert dans le jardin des Filles de Saint Vincent de Paul, et en revenait en affirmant l'existence d'une voie souterraine percée dans la direction du Célius, et dont les murs étaient

---

[1] Nous n'omettons pas de signaler, dans la crainte qu'on ne le fasse un jour disparaître, un grand et superbe chapiteau entouré de fougères, qui se conserve près de l'oranger de Saint Dominique, et une très belle gargouille en marbre blanc sculptée en tête de lion dans un pilier en maçonnerie, près de la cuisine.

couverts de graphites et d'inscriptions, comme parfois les parois d'une catacombe.[1]

Espérons qu'un jour la lumière y pénètrera.

Il est temps désormais d'étudier en détail le principal monument de notre basilique, avant la basilique elle-même, nous voulons dire la fameuse porte qui y donne accès.

---

[1] Nous donnons aux *Pièces justificatives*, n. V. une liste des objets enlevés à Sainte-Sabine. Notre liste est d'ailleurs incomplète, il va sans dire. Telle qu'elle est, nous la trouvons désolante.

CHAPITRE VI.

La porte de Sainte-Sabine.

§ 1. Importance du monument.

n a supposé que dès le début l'église Sainte-Sabine eut trois portes. C'est possible, mais ce n'est pas démontré.

Il existe bien une porte latérale à droite: mais cette porte n'est que de construction récente, et fut créée comme «Porta santa», aux époques de jubilé, lorsque les crues du Tibre empêchaient les pélerins de se rendre à Saint-Paul. Ceux-ci venaient gagner à Sainte-Sabine l'indulgence plénière.

Elle est d'ailleurs fort laide, faite avec des morceaux hybrides, disparates et même prétentieux. Elle ferait bien de disparaître entièrement.

Il ne nous reste qu'à parler de la porte monumentale que nous avons devant-nous.

Cette porte est devenue célèbre dans l'histoire de l'archéologie, et de nombreux écrivains nous l'ont décrite.[1]

---

[1] Cette étude sur la Porte de Sainte-Sabine a été publiée isolément en 1892, l'ayant détachée de notre manuscrit de l'*Histoire de l'église et du couvent de Sainte-Sabine*. Nous résumons notre manuscrit, mais non pas en ce qui touche

— 128 —

19. L'entrée de l'église de Sainte-Sabine.

Nous donnons d'abord une vue d'ensemble de l'entrée de l'église, avec la porte et les colonnes qui l'encadrent immédiatement. Nous avertissons le lecteur une fois pour toutes, que pour l'énumération et l'étude des bas-reliefs, nous commençons par le haut, à gauche du spectateur, et parcourons successivement chaque série verticale de 4 ou de 5 panneaux.

La première série comprendra les numéros 1-5; la seconde les numéros 6-9; la troisième, le numéros 10 à 13; la cinquième, les numéros 14-18.

La raison de cette méthode n'est pas tirée de la signification des bas-reliefs disposée aujourd'hui sans lieu logique, mais de l'habitude que l'on a dans nos pays de lire de gauche à droite.

la porte fameuse. Nous y introduisons ça et là quelques légères modifications, provoquées par des observations qui nous ont semblé justifiées et par une étude plus attentive, et nous supprimons les quelques phrases de polémique, où nous avions corrigé les " sviste „ d'un docte collectionneur.

Quant à la valeur de notre étude, le lecteur en jugera par lui-même. S'il

Le premier écrivain qui en ait parlé est le dominicain Mamachi, dans ses *Annales Ordinis Praedicatorum*.[1]

Nul plus que lui ne devait en comprendre toute l'importance, parce que non seulement il fut très versé dans la science archéologique proprement dite, mais encore parce qu'il fut, croyons-nous, et ses ouvrages le prouvent, le premier à saisir toute l'importance de la science nouvelle, au point de vue de l'histoire ecclésiastique et de la doctrine chrétienne.

---

désire le témoignage d'une autorité hors ligne, celle de M. De Rossi, nous sommes heureux de pouvoir la lui offrir. Comme nous avions dédié notre travail au grand archéologue, il nous répondit par la lettre que voici:

Rome, 28 mai 1892.

Très Révérend Père,

Je n'ai pas voulu prendre la plume pour vous remercier de l'honneur dont vous avez bien voulu me combler, sans avoir lu jusqu'à la dernière ligne le savant et splendide volume dédié à mon LXX anniversaire. Je suis maintenant en mesure de vous en parler *cognita causa*. Veuillez donc en agréer mes remerciments, non seulement pour les *amplissima verba* de l'épigraphe dédicatoire, pour la gracieuse pensée de joindre le souvenir de ma fête avec la plus complète illustration d'un des plus importants monuments iconographiques chrétiens, mais aussi pour la judicieuse critique archéologique et artistique, et pour la science iconographique avec lesquelles vous avez jeté de si grands rayons de lumière sur la célèbre Porte de Sainte-Sabine.

Ce monument exigeait une publication capable de satisfaire les archéologues et un commentaire qui substituât des notions précises et solides aux hypothèses, aux erreurs, aux fantaisies de quelques-uns de ceux qui en avait écrit, surtout récemment. Désormais les reliefs de la Porte de Sainte-Sabine seront exactement connus, et appréciés comme il faut. Je ne prétends pas qu'aucun détail ne restera douteux dans certains tableaux iconographiques: mais les points douteux seront réduits au minimum du nombre et de la valeur.

Je vous envoie un exemplaire de la traduction française d'une dissertation que j'ai donnée d'abord en italien dans le *Bullettino* 1887. Vous y trouverez un détail sur la Porte de Sainte-Sabine, parfaitement d'accord avec votre savant commentaire.

Cette petite lettre trop familière dans sa forme et dans sa substance ne peut pas suffire à remplir mon devoir de reconnaissance et de remerciements à exprimer dans une forme plus convenable. Le Comité des Fêtes a annoncé que ma circulaire *officielle* de remerciements sera adressée avec l'Album des souscripteurs, et le récit des Fêtes et des honneurs, dont on m'a trop décoré, et presque, je dirai, accablé.

Veuillez donc, mon Très Révérend Père, agréer cette lettre comme un prodrome de celle en forme officielle qui sera adressée par le Comité de l'Université.

J'ai l'honneur d'être, avec la reconnaissance la plus affectueuse et le plus respectueux dévouement,

Votre très humble et obligé serviteur.

Jean B. De Rossi.

[1] *Annal.* T. I. pp. 569-572.

Le P. Mamachi a édité de la porte de Sainte-Sabine un dessin et une description. Sauf quelques erreurs de détail, il eut l'honneur de donner une interprétation vraie, quoique abrégée, des sculptures que nous allons étudier.

Enfin il a le premier indiqué le meilleur moyen pour en déterminer l'antiquité: il a indiqué la comparaison avec le monuments anciens.

Après lui, nul ne s'occupa de notre monument durant le xviiime siècle.

Le siècle suivant fut beaucoup plus sérieux. D'Agincourt,[1] Nibby,[2] Odescalchi et et Visconti,[3] les auteurs de la *Beschreibung der Stadt Rom*;[4] Schnaase,[5] Burckhardt,[6] Crowe et Cavalcasselle,[7] Dobbert,[8] Rohault de Fleury,[9] De Rossi,[10] Kondakoff,[11] Garrucci,[12] Kraus,[13] et bien d'autres encore en ont parlé.[14]

Nous ne nommons pas ceux qui ont simplement signalé ces portes comme dignes d'une attention spéciale, depuis Ugonio, dans

---

[1] *Hist. de l'Art.*, Vol. II, *Sculptures*, p. 182, *Sommaire*, pl. XXII.
[2] *Roma nel 1838.*
[3] *Anno 1836*, Vol. IV, pp. 363-355.
[4] *Beschr. der Stadt Rom*, T. I, Ire P., p. 415.
[5] *Gesch. der bildenden Kunst*, T. VII, p. 251.
[6] *Cicer.* p. 557, Augsb., 1869.
[7] *Istoria delle Pittura*, édit. ital. T. I, p. 82, segg.
[8] *Ueber den Styl Nicolò Pisano's*, édit. Munich, p. 87.
[9] *L'Evangile, Etudes iconogr.*, Vol. I, p. 122, pl. XXXVIII, LV, LXXXI.
[10] *Musaici*, fascic. III, et ailleurs.
[11] *Revue archéologique,* Nouv. sér., an. 1877, p. 361 seqq., et en un tirage à part.
[12] *Storia*, Vol. VI, *Sculture*, p. 178, pl. CCCCXIX.
[13] *Real-Encycl. der Christl. Alterthümer*, art. *Thüren.*
[14] Tout récemment encore le P. Grisar en a parlé dans une réunion de la *Società dei Cultori di Archeologia Cristiana.* Cf. De Rossi, *Bull. di Arch. Crist.*, 1891, pp. 32-32.

NB. — Depuis que nous écrivions ce qui précède, notre publication *La Porte de Sainte-Sabine* a provoqué une véritable avalanche d'articles, de brochures. La plupart de ceux qui en ont écrit nous sont bienveillants, quelques-uns nous ont attaqué: mais ceux-ci avaient à défendre un collectionneur parfois aventureux. Le P. Grisar dans son *Hist. des papes au moyen-âge*, Vol. I, le Dr Joh. Wiegand, dans son *Das altchristliche Hauptportal an der Kirche der hl. Sabina*, indiquent les plus importantes de ces publications. Ce dernier ouvrage contient en outre d'excellentes reproductions des bas-reliefs.

ses *Stazioni*, jusqu'à M. Czobor, aujourd'hui professeur en Hongrie. Nous omettons de même des noms qui reviendront ailleurs sous notre plume, celui de M. Marucchi, par exemple, qui publia un bel article dans le journal L'*Aurora*, sur notre monument, le jour où il apprit que le gouvernement menaçait de le transporter ailleurs, et d'en dépouiller Sainte-Sabine.

Parmi ces travaux, nous considérons comme plus importants, ceux de Mamachi, Kondakoff et Garrucci, et nous renverrons souvent à leurs ouvrages pour nous en autoriser ou pour les combattre.

Si nous parlons de nouveau, c'est que le sujet appartient à notre ouvrage et qu'il ne nous semble pas que jusqu'à ce jour on ait suffisamment dit, et surtout qu'on ait bien dit. Les travaux que nous venons de citer sont très abrégés et forcément incomplets. Ce sont plutôt des indications que des études, et l'âme des choses n'y apparaît que très peu. Pour étudier convenablement et pour bien comprendre un monument aussi riche, il faut le voir longuement et « con amore » : sinon, il échappera de nombreux et d'importants détails, et on ne verra que partiellement la vérité. Des études assidues, des comparaisons attentives, peuvent seules en révéler toute l'importance. Le lecteur qui aura la patience de nous suivre comprendra notre pensée, et constatera ce que nous devons, et ce que nous ajoutons ou modifions aux études qui ont précédé la nôtre.

Comme on l'a observé, ce monument est unique au monde dans son genre pour son importance dans l'histoire des arts, parce qu'on ne connaît pas une autre porte d'église qui remonte si haut dans l'antiquité chrétienne, et reste si excellement conservée.

Au point de vue esthétique, il ne mérite pas moins l'attention de l'artiste, et surtout de l'artiste chrétien. Ces *considérations*, qui nous ont encouragé dans notre travail, devront encourager notre lecteur dans les aridités de sa lecture.

§ 2. Description générale du monument.

Donnons avant tout une description sommaire et générale du monument; nous étudierons ensuite chaque bas-relief en particulier.

La porte de Sainte-Sabine est un parallélogramme qui mesure, sans le cadre, 5 m. 35 de hauteur, et 3 m. 35 de largeur.

Elle se compose de quatre vantaux ou battants égaux et semblables, qui renferment chacun sept panneaux: trois plus grands, mesurant chacun 0,85 de hauteur et 0,40 de largeur: quatre plus petits, ayant la même largeur, et 0,28 de hauteur. Les panneaux sont encadrés dans une superbe bordure de vigne continue, qui forme une riche guirlande de feuilles et de grappes, entremêlée parfois d'oiseaux et de lézards.

Les panneaux sont en bois de cyprès. On sait que le cyprès se conserve merveilleusement, et il se peut sans difficulté que nos bas-reliefs comptent de nombreux siècles d'existence, comme nous le dirons bientôt.

Les montants de la porte sont d'un seul bloc de marbre de Paros, larges de 0,46. Le linteau avec la corniche qui le surmonte mesure 0,92 de hauteur.

L'ensemble de la porte est d'une grandeur de style vraiment merveilleuse, d'une richesse et d'un goût parfaits. Nul monument de ce genre, parmi le plus connus, ne surpasse le nôtre pour la noblesse et la gravité: bien peu l'atteignent.

L'encadrement provient, selon nous, du temple de Diane, dont il ouvrait la cella; d'autres veulent qu'il provienne du temple de Junon Regina. Nous avons en toute hypothèse sous les yeux un échantillon splendide de l'art romain au siècle d'Auguste.

Michel-Ange disait que les portes du Baptistère de Florence mériteraient d'être les portes du Paradis: nous dirons plus simplement que la porte de Sainte-Sabine est digne d'être la porte de la maison de Dieu: tant elle est majestueuse et grandiose.

Avant d'aborder la description détaillée des panneaux, il convient de répondre à plusieurs questions préalables ou accessoires, qui nous permettront d'achever la description de l'ensemble.

On s'est demandé si la porte que nous avons devant nous est à sa place naturelle; et on a répondu négativement.[1]

---

[1] " L'Ugonio... la vidde dove era allora, cioè all'intrata principale, di fronte alla tribuna, donde fu poi trasportata all'ingresso laterale che occupa adesso, rimanendo perciò dentro il convento dei Dominicani. „ Garrucci, *Storia dell'Arte cristiana, Sculture*, p. 178.

On prétend, en premier lieu, s'autorisant d'Ugonio, que la fameuse porte a été transportée de la façade principale à une entrée latérale.

La vérité est qu'elle a toujours été où elle est maintenant, et qu'aujourd'hui encore elle est dans la façade de l'église et à l'entrée principale ; placée « di fronte alla tribuna » ;

Que le cadre magnifique qui l'entoure est fait pour la recevoir et la porte a été faite pour s'y encadrer, les dimensions de la porte latérale étant d'ailleurs complètement différentes ;[1]

Que la porte latérale est précisément celle qui se trouve en dehors du couvent des Dominicains, et qui étant aujourd'hui destinée au public, est devenue à ce titre l'« entrata principale » pour l'usage actuel ;

Qu'Ugonio enfin ne dit pas un mot qui contredise ces assertions, ou plutôt ces faits ; et sa description est encore parfaitement exacte aujourd'hui, si l'on ne confond pas ce qu'il appelle « l'entrée principale » c'est-à-dire la porte qui sert uniquement au public de nos jours, avec la « grande porte » la $\beta\alpha\sigma\iota\lambda\iota\kappa\grave{\eta}$ $\pi\acute{\upsilon}\lambda\eta$ des Grecs, que nous étudions, qui se trouve encore dans la façade de l'église, mais ne sert plus aux fidèles.[2]

On n'a pas été plus heureux parfois, quand on s'est avisé depuis une date récente, de déterminer le nombre et la disposition des panneaux. On a supposé que jadis chaque moitié de la porte devait compter six grands panneaux et douze petits, de sorte qu'aujourd'hui il en manquerait quatre des plus grands et quatorze des plus petits.

---

[1] La porte placée « di fronte a la tribuna » compte à l'embrasure 5.35 de hauteur, sur 3,35 de largeur ; celle de flanc, 4,92 de hauteur, sur 2,95 de largeur. Les panneaux ne sauraient s'adapter qu'à la première.

[2] Voici le texte d'Ugonio : " Non ha dubbio che l'intrata sua principale (de l'église) fu anticamente in faccia alla tribuna, sotto i soprascritti versi di mosaïco (chaque visiteur de Sainte Sabine sait que la grande porte est encore au-dessous de la même mosaïque), come oltre gl'altri segni si può comprender da questo che a tal drittura è la sua lunghezza, quale alla porta che sola hoggidi si usa viene a star per traverso.

« L'entrata che principale diciamo esser stata, ha il portico ancor lei dinanzi maggiore, ornato di colonne attraverso scannellate, e una bellissima porta di molti lavori et figure, con gran manifattura intagliata. » Ugonio, *Staz. Rom.*, fol. 8.

20. Les panneaux de la porte de Sainte-Sabine.

Nous ne voulons pas obliger le lecteur à nous suivre dans un problème de géométrie, pour montrer les erreurs de ce calcul. Il nous suffira d'avoir mis sous ses yeux la reproduction de la porte toute entière, pour lui faire comprendre à première vue qu'elle n'a jamais pu contenir plus de vingt-huit panneaux, douze plus grands et seize moindres, de la dimension respective de ceux qui s'y voient encore, et que, puisqu'il en subsiste dix-huit, dix des premiers et huit des seconds, il en manque seulement et nécessairement dix : quatre grands et six des plus petits. La célèbre porte de Novogorod et une porte du Baptistère de Milan comptent également vingt-huit panneaux [1].

Il n'est pas facile de déterminer avec précision à quelle époque disparurent les bas-reliefs que nous regrettons, et nous ne pouvons offrir que des conjectures sur cette date, bien qu'il soit possible de fixer certaines époques auxquelles ce désastre ne put avoir lieu.

Ugonio a décrit minutieusement Sainte-Sabine. Il composa son livre à une époque où, sous ses yeux, on détruisait dans la vieille basilique tant de souvenirs précieux, et il semble avoir mis sa prédilection à nous laisser une description attentive de notre église, telle qu'on l'admirait avant les modifications qui lui furent infligées de son temps. Or, parlant de la porte, il l'appelle simplement « un chef-d'œuvre, orné de travaux et de figures en grand nombre avec des ornements sculptés ». A cet éloge, il n'ajoute aucune observation. Cet écrivain consciencieux, observateur et intelligent, qui comprenait l'importance de tout, signalait les moindres vestiges des anciennes mosaïques encore visible dans Sainte-Sabine, ne fait nulle mention des dégâts qu'aurait subi avant lui notre monument. Est-il croyable, dès lors, qu'au moment où il écrivait, notre monument ne subsistât pas dans son intégrité relative, malgré ses nombreux siècle d'existence ?

Ugonio imprimait son livre en 1588. D'autre part, en 1756, Mamachi donnait le premier croquis de la vieille porte, et déjà manquent les dix panneaux. Dans la description qui accompagne, l'auteur déclare « qu'ils ont été consumés par le temps [2] ».

---

[1] Cf. Quatremère de Quincy. *Diction.* art., *Porte.*

[2] " Reliqua parallelogrammata vetustate consumpta sunt;... cætera temporis injuria deleta sunt. „ *Op. et loc. cit.*

C'est donc dans cet espace de soixante-dix ans que disparurent probablement nos bas-reliefs. Serait-ce un jugement téméraire de penser et de dire que leur disparition est due aux réparations qui s'exécutèrent à la suite des transformations si brusquement ordonnées par Sixte V en 1585 ?

Au surplus les panneaux qui subsistent sont dans un état fort convenable de conservation. Ils ont subi de rares retouches ; et c'est aux retouches qu'il faut attribuer en partie les quelques diversités et les inégalités de style que l'on observe dans les différentes composition.[1] Il est même admissible qu'une fois ou l'autre on a remplacé un vieux panneau par un nouveau bas-relief. Cependant il y a loin de cette concession à l'affirmation si générale de quelque archéologue, que les sujets ont été plusieurs fois retouchées, suppléés, refaits [2]. S'il en était ainsi, que signifieront les théories de cet écrivain lui-même sur l'importance de notre monument dans l'histoire de l'art ?

Nous admettons que certains panneaux ont été refaits. Ce sont, croyons-nous, les seuls nos 11, 13, 14, 17, qui sont peut-être l'œuvre d'artistes grecs du IXme siècle. Nous les croyons plus modernes parce que le style en est moins archaïque et primitif ; parce que le dessin, les arêtes de la sculpture, le bois lui-même sont beaucoup mieux conservés. Toutefois il nous semble indubitable qu'on a dû reproduire alors la pensée de l'ancien artiste. Les panneaux, que l'on pourrait croire de date plus récente, sont manifestement l'œuvre d'un homme trop intelligent pour supposer qu'il ait méconnu l'importance d'une reproduction de la pensée antique. On peut même ajouter, comme preuve, que plusieurs de ceux que l'on croit plus récents, tels que l'*Enlèvement d'Elie*, l'*Enlèvement d'Habacuc*, sont en réalité les plus antiques par le caractère général.

---

[1] Cf. *Beschreibung der Stadt Rom*, T. III, p. 415 ; Kondakoff, *Op. et loc. cit.*

[2] Le Dr Kraus s'exprime ainsi: " Ich glaube schliesslich, dass dem ausgehenden 5. Jahrh. noch die Felder 1, 2. 3, 4, 5, 6. 7. 8, 9, 10 (ce sont les 1, 3, 5, 6. 8, 10, 12, 14, 16, 18 de notre tableau), vielleicht auch noch I und II, IV, V, VI und VIII zuzuweisen sind (ce sont les 2. 7, 15, 4, 9, 17 de notre tableau) während III, VII, vielleicht auch V und VIII (ce sont nos n°s 11, 13, 17) eine spätere Hand, etwa des 6. bis 7, wenn nicht gar des 8. bis 9. Jahrh., verraten. „ *Real-Encycl., Thüren.*

Cette double série de sculptures tirées des deux Testaments formait comme un vaste poème, dont il fallait absolument conserver le plan dans son intégrité et son harmonie. Au surplus, on ne sort pas facilement d'un plan où tout s'appelle spontanément. Si donc il y eut substitution d'expression matérielle, il n'y eut point vraisemblablement substitution de pensée.

Nous ajouterons que le fait d'une substitution même matérielle de quelques bas-reliefs n'est nullement certain aux yeux de tous. Nous l'acceptons pour ce qui nous concerne : nous devons néanmoins signaler l'opinion de ceux qui n'admettent pas une diversité de main ou d'inspiration, et des retouches postérieures.

La diversité des styles, c'est-à-dire les manières différentes d'exprimer un sujet, par le geste, le mouvement, la pose des membres, la disposition des draperies, se peut et se doit concéder, quoique nous soyons bien moins persuadé que tel archéologue, qu'il y a incontestablement ici trois styles différents. Nos hésitations au sujet de cette classification sont motivées par le fait qu'avoue cet écrivain lui-même, et qui aurait dû le rendre plus circonspect, savoir que dans notre monument le style d'un artiste se rapproche assez du style de l'autre.

Il est également très faux qu' « un vernis uniforme recouvre ces sculptures et empêche de discerner les retouches et les restaurations ». Quiconque aura vu nos bas-reliefs, constatera qu'il n'y a d'autre vernis que celui dont les peintres recouvrent leurs toiles, et qui n'empêche nullement de distinguer le moderne de l'ancien.

Il nous reste maintenant à dire un mot de la signification et de la disposition générale des bas-reliefs.

§ 3. Signification générale et systématique des bas-reliefs.

Autorisé par la logique naturelle, par l'histoire de l'art, et par l'inspection de notre monument lui-même, nous croyons que la porte de Sainte-Sabine comprenait deux séries égales de tableaux, appartenant les uns à l'Ancien, les autres au Nouveau-Testament. C'était une belle pensée que celle de rappeler et la figure et la réalité à l'entrée du temple de Jésus-Christ. L'antiquité le comprit, et l'on trouve fréquemment dans l'histoire de l'art chrétien cette double série de compositions.

Ce parallélisme entre les deux Lois est une pensée sublime, qui devrait inspirer encore des artistes chrétiens. L'Ancien-Testament est la prophétie, le Nouveau en est la réalisation: mettre l'une en face de l'autre, c'est démontrer du même coup toute la religion. On montrerait réalisée cette parole de Moïse: « Le Seigneur ton Dieu te suscitera de ta race et du milieu de tes frères un prophète comme moi, et tu l'écouteras. »[1]

Enfin, dans notre monument, nous avons comme un résumé presque complet du Testament Nouveau, depuis les premiers jusqu'aux derniers chapitres, renfermé en douze ou treize bas-reliefs. Or, disions-nous, le nombre total des bas-reliefs possibles dans la porte de Sainte-Sabine est nécessairement de vingt-huit, et il en subsiste dix-huit seulement. Il faut en conclure que ceux qui ont disparu se rapporteront surtout à l'Ancien-Testament, et c'est à peine s'il nous en manquera un ou deux appartenant au Nouveau-Testament.

Voici, selon l'ordre chronologique de la Bible, ceux qui se rapportent au Nouveau-Testament:

1. Le Christ nouveau-né, adoré par les Mages (13).
2. Le Christ thaumaturge (2).
3. Le Christ renié (12).
4. Le Christ devant Pilate (5).
5. Le Christ crucifié et mort (1).
6. Le Christ ressuscité (6).
7. Le Christ apparaît aux saintes femmes (8).
8. Le Christ apparaît aux disciples dans le Cénacle (3).
9. Le Christ dans son Ascension (11).
10. Le Christ au Ciel bénissant d'Eglise (15).
11. Le Christ établit son Eglise pour tous (9).
12. Le Christ entre saint Pierre et saint Paul fondateurs de l'Eglise Romaine (14).

Il manque un tableau pour la série complète du Nouveau-Testament.

Si l'on regardait celui qui rappelle l'Eglise établie pour tous, et que d'autres supposent l'histoire de Zacharie, comme appartenant à l'Ancien-Testament, il manquerait deux sujets au résumé du

---

[1] *Deut.*, XVIII, 15. Cf. *Act.* V, 19-20; VII, 32, sqq.

Testament Nouveau. Cette seconde hypothèse est d'autant plus vraisemblable que la série des tableaux a dû plus naturellement commencer par un tableau de petite dimension, tandis que la soi-disant histoire de Zacharie est reproduite dans l'un des grands panneaux. Toutefois ces hypothèses souffrent plus d'une objection que nous ne méconnaissons nullement, et pour lesquelles nous restons nous-même dans le doute à ce sujet.

Les tableaux relatifs à l'Ancien-Testament sont:
1. La vocation de Moïse (4).
2. Moïse devant Pharaon (18).
3. Le passage de la mer Rouge (13).
4. Les miracles du désert (7).
5. L'enlèvement d'Habacuc (16).
6. L'enlèvement d'Elie (17).

De ces cinq panneaux, un seul, le dernier, est de petite dimension. Il en résulte que les bas-reliefs qui font défaut dans l'histoire du premier Testament étaient surtout des plus petits, et ceux qui manquent dans celle du second, étaient vraisemblablement des plus grands.

On observera que les bas-reliefs sont disposés aujourd'hui sans ordre chronologique ou parallélique, et qu'on les a placés uniquement d'après les règles vagues de la symétrie. Lorsqu'en 1836 on exécuta quelques-unes des dernières réparations dont notre porte ait été l'objet, on respecta la disposition antérieure, si nous en croyons le *Diario Romano* de cette année.[1] Nous le croyons volontiers, puisque ces restaurations furent exécutées sous la direction d'une commission d'archéologues. Nous retrouvons effectivement cette disposition dans la gravure de Mamachi, avec cette différence que dans cette gravure une moitié de la porte est transportée de droite à gauche, et réciproquement.

---

[1] "La porta della chiesa S. Sabina inclinava a manifesta ruina... Il lavoro dell'instaurazione è stato operato, togliendo con diligenza quanto vi era di ornati o bassorilievi di telajo consunto, e riponendoli su di un nuovo, nel ordine medesimo, etc." *Diario Rom.*, an 1836. Il est à observer que dans les réparation ordonnées par Grégoire XVI, on ne toucha pas aux bas-reliefs; on n'y toucha pas davantage il y a quelques années lorsque la porte fut renversée et dût être rétablie à la suite d'une explosion de poudrière voisine.

Il est donc probable que la disposition régulière au point de vue de la chronologie et du parallélisme fut détruite, le jour où se perdirent les panneaux qui nous manquent aujourd'hui.

Nous mettons sous les yeux du lecteur une reproduction très exacte des bas-reliefs que nous allons étudier avec lui.

Le P. Mamachi est encore le premier qui nous en ait donné un dessin. Ce dessin, fidèle pour la pensée, ne l'est que très imparfaitement pour le caractère archéologique.

D'Agincourt a fait graver la porte: mais la gravure, meilleure que la précédente, laisse encore beacoup à désirer.

M. Kondakoff en a reproduit quelque panneaux. Outre certaines inexactitudes, son dessin est incomplet, et l'auteur lui-même termine son travail en disant: « Nous terminons notre examen en exprimant l'espoir de voir bientôt publier une reproduction complète de ces bas-reliefs, si intéressants pour l'histoire de la sculpture chrétienne primitive ».[1]

Depuis que M. Kondakoff a écrit, le P. Garrucci nous a donné en gravures une reproduction complète et meilleure de nos sculptures.[2] Toutefois une gravure est difficilement fidèle en archéologie, et celle du P. Garrucci ne l'est pas suffisamment pour le caractère original de nos bas-reliefs. Il est d'ailleurs important de combler une autre lacune, en mettant sous le yeux du lecteur l'ensemble aussi bien que le détail du monument, puisque le détail s'explique aussi par l'ensemble.

Nons recourons à un moyen mécanique et très fidèle, afin de placer autant que possible le monument lui-même sous les yeux de qui voudrait en entreprendre l'examen loin de l'original.

§ 4. L'antiquité du monument.

Il faut aborder maintenant la question redoutable de l'antiquité de la porte de Sainte-Sabine.

On a beaucoup écrit sur ce sujet, et longtemps les sentiments

---

[1] *Op. et loc. cit.*, pl. XI. Duruy en a donné un dessin partiel, *Hist. des Rom.*, T. VII, p. 111.
[2] *Storia dell'arte cristiana, Sculture*, pl. CCCCIX, CCCCX.

ont été divisés, bien qu'une certaine unité se soit faite aujourd'hui dans les diverses manières de voir.

On a assigné à cette œuvre presque toutes les dates possibles entre le Vme et le XIIme siècle.

Voici en quels termes M. Kondakoff, que nous aurons particulièrement à citer, a résumé le récit de la querelle: « (Mamachi) se fondant sur la ressemblance des bas-reliefs de Sainte-Sabine avec les sarcophages chrétiens, les attribue au VIme-VIIme siècle. Différents archéologues italiens et français se sont rangés au même avis. D'Agincourt au contraire, que l'étendue même du domaine qu'il exploitait, et qu'il a été l'un des premiers à nous faire connaître *(Histoire de l'art par les monuments)* n'a pas toujours permis d'approfondir ces questions, à rapproché ces bas-reliefs de ceux des portes de bronze italiennes du XIme au XIIIme siècle, et les a considérées comme un travail du temps d'Innocent III. En Allemagne, on a en général partagé cette dernière croyance, sur la foi de la gravure si défectueuse publiée par d'Agincourt. Un certain nombre de savants, par un compromis fréquent dans la science, estiment que nous avons affaire à la copie d'un original plus ancien. L'artiste du moyen âge aurait, selon eux, imité non seulement les compositions, mais encore le style d'un monument de l'art chrétien primitif. Les autres se prononcent pour une date plus reculée, le IXme siècle, et invoquent la prétendue ressemblance de nos bas-reliefs avec les productions industrielles de cette époque, notamment les boîtes connues sous le nom de pyxides ».[1]

L'opinion de D'Agincourt est suivie par Burckhardt, Schnaase, et d'autres.[2]

Crowe et Cavalcasselle sont les principaux représentants de l'opinion qui fait de nos bas-reliefs une imitation de l'antique,[3] bien qu'ils parlent d'une manière fort dubitative.

---

[1] Kondakoff, *loc. cit.*, p. 362.

[2] *Opp. et loc. cit.* Burckhardt dans la 5me édition de son livre s'est rétracté, et croit nos bas-reliefs du Vme siècle.

[3] Voici leurs paroles: " Vuolsi che siano stati (i bassorilievi) eseguiti per ordine d'Innocenzo III (1198-1216), alcuni anni prima che la chiesa fondata da Celestino I (423-432) fosse data, sotto Onorio III (1216-1227), ai Dominicani. Nè questo del mantenersi la statuaria più della pittura immune da imperfezioni, e di ritrarre meglio di questa dall'arte pagana, è un fatto nuovo, che noi avemmo

L'opinion de Mamachi est acceptée par Odescalchi, Visconti, Rohault de Fleury, De Rossi, Kondakoff, Garrucci, etc. Les noms que nous venons de citer donnent manifestement la plus grande probabilité extrinsèque à l'opinion de Mamachi. Il est à remarquer, en outre, que les défenseurs de cette opinion possèdent non seulement la meilleure compétence et la plus haute autorité, mais encore ont étudié le plus souvent le monument en lui-même, tandis que les partisans de D'Agincourt, moins nombreux d'ailleurs, n'ont guère eu sous les yeux que des gravures imparfaites.

A défaut de tout document historique, c'est par le seul examen du monument qu'il sera possible de résoudre la question. Mamachi avait déjà indiqué cette voie et tiré des conséquences, avec une perspicacité et une fermeté qui lui font le plus grande honneur.[1]

M. De Rossi a indiqué le même criterium: « Peut-être, dit-il,

già occasione di osservarlo a Ravenna, quando abbiamo discorso di alcune opere compiute sul finire dell'Esarcato.

" Codeste porte, ripartite in due campi rettangolari, rappresentano storie tolte in parte al Vecchio ed in parte al Nuovo Testamento; ma di un fare e di uno stile non consentaneo all'epoca loro assegnata. Che se veramente ne fosse stato promotore Innocenzo III, esse, piuttosto che lavoro originale si dovrebbero considerare come copie di opere anteriori, poichè esse sarebbero una importante ed unica eccezione, quando si dovesse credere che artisti di quella età furono capaci di simili intagli. Il fare loro risponde, al parer nostro, all'antico, stato però imitato in secoli anteriori, con questo in più che la distribuzione e la condotta si scorgono a volta più vive e più animate, da superare eziandio i mosaici di Leone III (795-816). Dove il soggetto e la natura dello spazio non costrinsero il loro autore ad un più svelto modellare, noi incontriamo subito il forte ed il violento delle forme romane. Al costume ed al concetto servirono di modello e le pitture delle catacombe, e i mosaici, tra cui quelli di S. Maria Maggiore, e più di tutto le sculture dell'arte classica. „ *Storia della pittura in Italia*, p. 82 et seg. Si donc tout est ancien et dans la nature des sujets, et dans le mode d'exécution, si d'ailleurs le cyprès peut résister au temps, durant de très nombreux siècles, pourquoi ne pas conclure que tout est ancien ?

[1] " Valvæ sunt etiamnum templi lignæ, eæque ut ex figuris quas anaglypho opere perfectas exhibent, intelligi plane potest, sæculo etiam VIII fortasse vetustiores. Nam eorum quæ gesta vel ostensa divinitus in Vetere ac Novo Testamento fuerunt, quædam sic omninò in iisdem efficta expressæque sunt, ut effingi exprimique in sarcophagis monumentisque cæteris cœmeteriorum consuerunt. Id vero in VI sæculi fortasse vix, in posteriorum vero sæculorum monumentis ne vix quidem licet. „ *Op. cit.*, p. 569.

C'est sans doute par erreur que M. Cavalcasselle rapporte ainsi le même texte: "Sæculo etiam XII fortasse vetustiores. „ *Op. et loc. cit.* Cette erreur typographique change la pensée de Mamachi.

un examen attentif les fera-t-il (les portes) reconnaître comme contemporaines de la fondation de la basilique au Vme siècle ».[1]

M. Kondakoff, après avoir suivi la même marche et signalé d'une manière plus précise les points à déterminer, conclut de la sorte l'examen attentif que souhaite M. De Rossi: « De ce qui précède il semble résulter que les portes de Sainte-Sabine sont un monument intermédiaire entre l'art des premiers siècles, tel qu'il paraît dans les sarcophages, et cette seconde phase dont la chaire de Saint-Maximien à Ravenne (VIme siècle) est un des specimens des plus anciens et les plus curieux ».[2]

On peut apporter deux sortes de considérations pour déterminer l'époque de l'œuvre par l'examen de l'œuvre elle-même: les unes seront relatives à la nature des sujets représentés, les autres au style de l'exécution.

Or, il suffit d'avoir parcouru une collection d'antiquités chrétiennes, pour observer que les sujets de nos bas-reliefs étaient constamment et partout reproduits, à l'époque dont nous parlons, et pour arriver nécessairement à la conclusion de Mamachi. Il serait superflu et trop long d'apporter le détail des preuves.

Remarquons seulement en passant que ce fait est admis par tous les savants qui voient dans nos bas-reliefs une imitation plus récente de monuments anciens, et en admettent l'antiquité partielle, en acceptant l'antiquité des motifs, et fixant une date plus rapprochée de nous pour l'exécution.

Mais l'examen du style, ou de la manière dont se trouvent figurés les sujets, nous montrera que l'exécution elle-même est ancienne, si surtout nous en exceptons les quatre panneaux indiqués plus haut.

Ici, nous cédons la parole à M. Kondakoff. Il est spécialement compétent, il a étudié notre monument avec un soin particulier, il apporte d'excellentes preuves à l'appui de son opinion, et enfin il n'est pas catholique, garantie d'impartialité aux yeux de quelques personnes.

« Prises dans leur ensemble, dit-il, les sculptures de Sainte-Sabine nous montrent la plus pure tradition de bas-relief, tel que

[1] *Musaici*, loc. cit.
[2] *Loc. cit.*, p. 372.

le comprenait l'art antique. La rareté des figures, leur groupement, la concision vraiment plastique qui a présidé à la représentation des édifices, du sol, des paysages: ce sont là autant de traits qui rappellent les premiers siècles. »

Nous prions le lecteur de se rappeler cette observation, dont nous apporterons plus loin des preuves fréquentes.

« Les sarcophages, continue le même savant, la mosaïque de la tribune de Saint-Vital à Ravenne, nous offrent déjà la composition éminemment pittoresque, qui, à Sainte-Sabine, distingue deux des scènes de la porte: *Le passage de la mer Rouge* et *Moïse au Sinaï*.

« On y trouve également de grandes analogies avec les diptyques, et, en thèse générale, avec les productions de la sculpture en ivoire de la même epoque.[1]

« Quant aux détails vulgaires ou superflus qu'on y remarque, les termes de comparaison ne nous font pas défaut non plus, dans l'art chrétien primitif. Qu'il nous suffise de citer la Bible du Vme siècle conservée à Vienne; le naturalisme y règne d'un bout à l'autre. »

M. Kondakoff ajoute en note: « C'est bien à tort que l'on se refuse à reconnaître ce naturalisme dans les monuments de la décadence romaine. Schnaase, se fondant sur le naturalisme de la porte de Sainte-Sabine pour l'attribuer au XIIme-XIIIme siècle, me semble donc tourner dans un cercle vicieux. »

Nous aimerions que M. Kondakoff nous eût indiqué ce qu'il entend par vulgarité, naturalisme, inutilité. Pour nous, nous ne voyons dans les bas-reliefs de Saint-Sabine que la simple vérité, celle de l'idée incarnée dans un fait circonstancié, sans ombre de « vérisme » moderne.

De même ces détails vulgaires ou superflus, nous ne les trouvons pas. Le lézard qui grimpe le long de la roche, le chien qui s'élance et aboie contre Habacuc ne nous semblent pas inutiles, et montrent que le fait s'accomplit dans la campagne. Ils ne sont pas non plus vulgaires par eux-mêmes; et tout dépend de l'emploi qu'en a fait l'artiste. Les « chiens dévorants », dans *Athalie;* le bœuf, la brebis, le porc dans le magnifique bas-relief du *Suovetaurilia* au Forum,

---

[1] Voir la Plaque d'ivoire qui représent trois scènes de la Passion et que M. Grimouard de Saint-Laurent attribue au Vme-VIme siècle. *Guide de l'art chrétien*, T. IV, p. 264.

sont des beautés classiques. Or, il nous est impossible de trouver dans nos bas-reliefs un seul détail déraisonnable, et ne concourant pas à compléter ces trois éléments de la beauté, savoir l'intégrité, la proportion, la splendeur, quoique l'exécution ne réponde pas toujours à l'intention du sculpteur. L'étude particulière que nous ferons de chaque panneau nous mettra cette affirmation dans toute son évidence.

Mais revenons aux considérations de M. Kondakoff, qui poursuit ainsi:

« Le type des figures a aussi quelque chose d'antique, et rappelle celui des génies et des amours. Tous les personnages, à l'exception de saint Pierre et de saint Paul, ont un aspect juvénile; les proportions en sont trapues.

« Le type du Christ surtout nous fournit une preuve irréfragable de l'antiquité du monument. Le Sauveur est représenté de deux manières différentes. Tantôt il est jeune, imberbe, comme dans les peintures des Catacombes, ou sur les sarcophages; tantôt il porte la barbe et laisse tomber ses cheveux épais sur ses épaules; dans ce dernier cas, son visage a quelque chose de grossier et de vulgaire.

« Ce dualisme, s'il est permis d'employer ce terme, est bien conforme à l'esprit du Vme siècle, c'est-à-dire de cette époque de transition, où les portraits historiques tendaient à se substituer aux figures idéales des premiers âges. Le premier de ces types se trouve dans les scènes de la vie terrestre du Christ, dans la série des miracles: le second, dans les scènes de la Passion et de la Résurrection. Le même système a été adopté par les mosaïstes de Sant' Apollinare Nuovo, à Ravenne ».[1]

La raison de cette différence se trouve en ce que, d'après les Pères, Jésus-Christ a atteint la plénitude de l'âge, l'âge mûr, lors de sa Passion.

Une autre preuve d'antiquité se voit dans la manière dont est représentée la Divinité ou la Providence. On sait que dans les premiers siècles on n'aimait pas représenter Dieu sous une forme

---

[1] Kondakoff, *loc. cit.*, p. 362.

humaine.¹ C'est pourquoi les premiers chrétiens représentaient presque toujours l'action de Dieu par une main sortant d'un nuage.² Les païens eux-mêmes signifiaient ainsi l'intervention divine, comme le prouvent certains monuments découverts à Carthage.

Or, dans les bas-reliefs de Sainte-Sabine cet usage primitif est constamment respecté, comme nous le verrons plus tard.

« Les attributs sont encore fort rares, ajoute M. Kondakoff. Saint Pierre et saint Paul n'ont de nimbe que dans la scène où leur Maître leur donne la Loi.³ On observe la même particularité dans une fresque de la Catacombe de Sainte-Agnès.⁴ Le nimbe n'est encore à cette époque qu'un signe de gloire accordé à un saint à un moment solennel de son existence.

« Quant au Christ, son nimbe qui est d'abord tout uni, reçoit, après la résurrection, le monogramme accosté de l'A et de l'ω.

« En ce qui concerne le costume, il offre tous le caractères de celui qui était en usage du IIIme au Vme siècle. Contentons-nous de signaler la penula de cuir du peuple, courte et boutonnée sur la poitrine « scortea penula ». Comme dans la mosaïque de Sant'Apollinare Nuovo de Ravenne, elle constitue ici le vêtement des bourreaux du Christ.⁵

« D'autres détails enfin, la « vitta » qui entoure la tête d'Aaron,⁶ les tables, les sièges δίφροι, la basilique à trois nefs correspondent également aux premiers siècles de l'Eglise ».⁷

La forme même des édifices représentés dans les bas-reliefs, en particulier l'église avec son double clocher ne s'élevant guères plus haut que le toit, nous reportent au Vme siècle.

---

¹ " Tale enim simulacrum Dei nefas christiano in templo collocari. „ S. Aug. *De Fide et symbolo* cap. VII. Cf. S. Damasc., *De Fide orthod.* L. IV, cap. XVII.

² Cf. Martigny, *Dict.* art. *Dieu*; et Kraus, *Real-Encycl.*, art. *Gott*.

³ Nous interpréterons autrement ce bas-relief: mais notre interprétation ne fera que confirmer la preuve que signale M. Kondakoff.

⁴ Cf. Bosio: *Roma sotterr.*, p. 475.

⁵ Saint Paul porte un vêtement de voyage. Voir la mosaïque de Sainte-Sophie de Constantinople dans Salzenbourg, *Altchristliche Baudenkmale*, planche XXXII. Tertullien appelle les chrétiens des " penulati. „ Voir Martigny, *Diction.*, art. *Penula*; la *Kostümkunde* de Weiss, Moyen-Age, p. 14, et l'article de M. Gay dans les *Annal. Archéol.*, 1864, I, p. 61 et seq., et II, p. 37.

⁶ Il s'agit de Pharaon et de Caïphe, comme nous l'expliquerons bientôt

⁷ Kondakoff, *loc. cit.*

Telles sont les preuves intrinsèques d'antiquité tirées du style même des sculptures. On pourrait les développer et les présenter sous des jours nouveaux; on pourrait multiplier les preuves et les analogies: celles, que nous venons d'exposer suffisent à démontrer que la science et la critique ont d'excellentes raisons pour reporter nos bas-reliefs au Vme-VIme siècle: disons plus simplement à la fondation de Sainte-Sabine.

Ce que nous venons de dire des panneaux, se doit affirmer en partie des guirlandes de vigne qui les encadrent. Ces ornements sont de facture récente, mais de dessin antique. Ils furent exécutés en 1835-1836,[1] quelques-uns même après 1852,[2] les révolutionnaires de 1848 n'ayant rien trouvé de mieux que d'effondrer la porte de notre église à défaut d'autres triomphes. L'explosion qui eut lieu à Rome le 23 avril 1891, renversa la porte de Sainte-Sabine. Les bas-reliefs ne souffrirent pas trop: mais l'encadrement fut brisé en divers endroits, et il a fallu le refaire en partie. Cette réparation a été exécutée avec goût il y a bientôt vingt ans. A l'époque de Mamachi, il ne subsistait déjà plus que des restes de l'ancienne ornementation, comme le fait voir sa gravure: ces restes nous apprennent du moins que les nouveaux encadrements furent faits sur le dessin et dans les dimensions des encadrements primitifs.

Ce dessin est vraiment de toute beauté, et appartient au meilleur style des anciens. L'ensemble est magnifique de simplicité et de noblesse. C'est une branche de vigne continue, qui s'étend en feston régulier, et enferme alternativement dans chaque courbe une grappe et une feuille. La sculpture est exécutée avec un art parfait; elle est à jour, sauf dans la partie inférieure, où la vigne, quoique de même dessin, est sculptée sur bois massif pour raison de solidité. Notre reproduction pourra en donner quelque idée.

Cette forme d'embellissements se trouve dans les antiques tra-

---

[1] Cf. *Diario Rom.* 9 luglio, an. 1836. C'est sur un ordre du Cardinal Camerlengo, et sous la surveillance de la " Commissione generale consultativa di Antichità e Belle Arti „ que furent exécutés ces travaux. La " Commissione „ se composait de Mgr Santucci, comme président, de Pietro Ercole Visconti, Giuseppe Valadier, Giuseppe Fabri, Camuccini, Thorwaldsen, comme conseillers, avec Luigi Griffi, comme secrétaire.

[2] D'après une note de l'Archive des Dominicains.

ditions chrétiennes.[1] Chacun sait que dans les Ecritures la vigne est constamment désignée comme le symbole de la vie, de l'Eucharistie, de la grâce, du Sauveur lui-même, de l'Eglise, du Paradis. Dans les Catacombes, sur les sarcophages, sur les mosaïques, ce symbole est répété partout, et souvent avec un art exquis, et il le doit sans doute à ses éloquentes et nombreuses significations. Il se trouve donc heureusement employé à la porte du temple où Dieu réside et se donne.

Nous ne pouvons omettre de signaler ici, comme terme de comparaison, un vase de plomb découvert en Tunisie, et que l'on croit être un bénitier. Il est orné de figures et d'une vigne. Or, le style des figures et d'une ressemblance frappante avec celui des bas-reliefs que nous étudions; mais surtout l'ornement de vigne est absolument le même, jusque dans les détails du dessin.[2] A Baouït, on a trouvé pareillement les restes d'une porte analogue à celle de Sainte-Sabine, datant du Vme au VIme siècle.[3]

§5. Les bas-reliefs de Sainte-Sabine sont une œuvre grecque.

Il serait à propos de déterminer ici quel artiste a exécuté ces bas-reliefs. Il ne s'agirait pas d'indiquer son nom, ce qui est manifestement impossible, mais de deviner à quelle école il appartient.

21. L'encadrement des panneaux.

[1] Martigny, *Diction.*, art. *Vigne*.
[2] Cf. De Rossi, *Bulletin*, 1867, p. 80.
[3] Voir J. Clédat, dans le *Diction. d'archéol. Chrét.* de Dom. Cabrol, art. *Baouït*.

Sur ce point, comme ailleurs, les avis sont partagés parmi les savants.

Schnaase voit dans les portes de Sainte-Sabine « l'œuvre d'un artiste allemand, ou d'un artiste de l'Italie du Nord ». Qui sait si en faisant dater nos bas-reliefs du XIIme ou XIIIme siècle seulement. M. Schnaase ne voulait pas rendre moins impossible pour un compatriote la gloire de ce travail ?

D'autres y ont vu l'œuvre de quelques Frères Dominicains, qui auraient exécuté ces sculptures vers l'époque où Honorius III donna l'église aux Frères-Prêcheurs. Pour nous, nous y voyons l'œuvre d'un artiste grec, ou byzantin. Nous savons que la violence des mouvements se rapproche de l'art romain : mais les artistes de Rome étaient généralement grecs; et rien n'est plus vrai que ce fait tant de fois constaté que si Rome a vaincu la Grèce par la force brutale, la Grèce a vaincu Rome par l'esprit. Au IVme et Vme siècle, Rome vaincue par la force elle-même, subissait plus que jamais les influences de l'Orient. L'Aventin, en particulier, était dès cette époque un séjour préféré des Grecs dans Rome.

Mais indépendamment de ces généralités, et outre quelques indices que nous pourrions signaler, il est surtout un fait qui nous rend vraisemblable cette hypothèse : ce sont les lettres grecques, ou plutôt c'est la phrase grecque que nous lisons dans le volume déployé que porte le Christ triomphant, et dont nous parlerons ailleurs. Il ne s'agit pas ici d'un sigle conventionnel comme le ☧ ou l'ΙΧΘΥΣ, c'est un texte choisi à peu près arbitrairement, et manifestement par un Grec.

On ajoute d'autres preuves tirées de la ressemblance entre nos bas-reliefs et des œuvres analogues de la même époque. M. G. Millet les résume avec compétence, et nous le laissons nous les exposer :

« Les textes mêmes nous font connaître le grand développement, durant la première période (de l'art byzantin) de la sculpture religieuse principalement, et c'est là une curiosité intéressante de la sculpture sur bois. Le cèdre entrait pour une large part dans la décoration des églises de Tyr, de Saint-Théodore à Nysse, de Saint-Etienne et Saint-Serge à Gaza. Théodoret mentionne un scupteur sur bois appelé Gérontios. Ces textes, il est vrai, parlent de motifs ornementaux, animaux, corbeilles; mais les monuments trouvés en Egypte présentent des figures et des scènes; au Caire, dans l'église al-Mu'allaka, une frise figure les Rameaux et l'Ascension; dans celle de Saint-Georges, on voit, sur une porte, d'autres scènes évangéliques et deux anges; enfin le musée de Berlin vient d'acquérir un magnifique haut-relief, haut de 45 centimètres, sculpté sur la surface d'un demi-cylindre. On y voit, d'après l'interprétation de M. Strzygowski, les Barbares expulsés sortir en rangs pressés d'une forteresse, la forteresse de la foi, que garde la Trinité. L'œuvre remonterait au règne de Constantin.

« Le monument le plus considérable de la sculpture sur bois est la porte de la basilique de Sainte-Sabine, consacrée vers 432. Sur ses multiples panneaux, un choix de scènes bibliques et évangéliques marque la concordance des deux Testaments, mais les lacunes et les remaniements empêchent d'en saisir l'ordre primitif. La vocation et les miracles de Moïse, le Passage de la Mer Rouge, l'Ascension d'Elie et la vocation d'Habacuc préfigurent la venue du Christ, dont on peut suivre l'œuvre rédemptrice en onze scènes, depuis l'adoration des Mages jusqu'à la Résurrection. Enfin deux compositions solennelles: la glorification de l'Empereur (?) et celle de l'Eglise complètent cet ensemble d'un caractère nettement dogmatique. L'origine orientale de ce monument a été bien mise en lumière par M. Ajnalow, qui a reconnu dans l'iconographie de nombreux traits palestiniens: par exemple, dans l'Ascension d'Elie au lieu du Jourdain, figuré ailleurs sous les pieds des chevaux, une source, des marches, une montagne avec deux enfants, avec des instruments de travail. Ces enfants ne sont pas mentionnés dans la Bible; mais Antonin de Plaisance vit l'endroit « où le Seigneur fut baptisé, où les fils des prophètes perdirent leur hache, où Elie fut ravi dans le ciel ».

« Les portes de bois du Sinaï sont partagées, comme celles de Sainte-Sabine, en une alternance de panneaux rectangulaires et carrés mais dont la décoration très fine et très riche est purement végétale et zoomorphique ».[1]

---

[1] *Histoire de l'Art*, publiée sous la direction d'André Michel, t. I, p. 257-258, art. de G. Millet: *L'Art Byzantin*.

§ 6. L'encadrement de la porte.

Pour achever cet examen général de la porte de Sainte-Sabine et avant de commencer l'étude de chaque bas-relief en particulier, ajoutons un mot de l'encadrement de la porte, je veux dire des montants et du linteau. C'est sans aucun doute l'ancienne porte du temple de Diane ou, selon d'autres, du temple de Junon Regina qui a servi pour l'église de Sainte-Sabine.

Observons d'abord un double et intéressant souvenir chrétien.

Dans la partie inférieure de chaque montant, on remarque à la hauteur de 1 m. 25, deux trous, aujourd'hui remplis de ciment.

Ces vestiges nous rappellent qu'autrefois notre basilique, comme toutes les grandes basiliques, était fermée par un chancel, grille ou balustrade. On conçoit qu'il en fût ainsi pour une porte devant laquelle devaient prier ceux qui n'avaient pas le droit de pénétrer dans le temple. Le chancel, comme le montrent les vestiges indiqués, s'élevait à hauteur d'appui et était en métal, ou en marbre, soutenu par des crampons de métal: l'exiguïté des trous le montre suffisamment.

Dans le linteau de la porte, on voit les restes de six crampons de fer, placés sur une ligne horizontale, et consolidés dans le marbre avec du plomb. Ce sont les restes de six patères, ou chevilles de fer, munies d'anneaux, et destinées à soutenir le voile qui fermait l'entrée de la basilique. On trouve des vestiges semblables sur les portes antiques de Saint-Clément, de Santa-Maria-in-Cosmedin, de San-Giorgio-in-Velabro, et dans les vieilles églises en général. Nous savons en effet que dans les temps primitifs les temples chrétiens étaient fermés par un grand voile: « Le seuils dorés sont maintenant ornés de voiles blancs comme neige »,[1] chantait saint Paulin, en parlant de son église de Saint-Félix. Le même saint nous apprend qu'on offrait parfois ces voiles par dévotion, et il nous en donne une idée dans ces vers:

« Je veux bien: que d'autres apportent des dons précieux, qu'ils me surpassent par la somptuosité du culte ceux qui offrent de

---

[1] " Aurea nunc niveis ornantur limina velis. „
Poem. XVI, 98.

beaux voiles pour couvrir les portes, tantôt blancs comme le lin pur, tantôt tissés avec des figures coloriées ».[1]

Saint Jérôme nous raconte que Népotien aimait à entretenir ces voiles.[2] C'était une dévotion très intelligente.

Aujourd'hui encore, non seulement les églises de Rome sont fermées par cette lourde portière que chacun sait et redoute; mais encore aux jours de fête, elles sont ornées à l'entrée de deux voiles, ou plus souvent d'une longue bande d'étoffe de soie, de velours brodé, étendu sur le linteau de la porte, et descendant plus ou moins bas, parfois jusqu'au sol. C'est le passé qui se continue péniblement.

Sachant quelles furent jadis les splendeurs de Sainte-Sabine, nous ne pouvons douter que le « velum » de l'entrée n'ait été d'une magnificence proportionnée, embelli sans doute de broderies en soie ou en or, et même orné de peintures représentant quelque scène de la vie du Sauveur.[3]

Il se composait généralement d'une seule pièce, parfois de deux. Nous pensons qu'étant donnée la grandeur de notre porte, le « velum » dut se composer de deux parties, et se relevait, par conséquent, à l'aide d'un double nœud. Comme dans les riches maisons des particuliers on trouvait à l'entrée un « velum » qui la fermait, et que devaient soulever des serviteurs appelés « velarii »: de même dans le temple chrétien, des clercs inférieurs, « ostiarii », devaient soulever le « velum » de l'église, lorsqu'arrivait le Pontife pour entrer ou sortir;[4] et en certaines circonstances plus solennelles, le sous-diacre lui-même en était chargé.

Après avoir décrit la baie de la porte dans son ensemble, il

---

[1]   " Cedo: alii pretiosa ferant donaria, meque
Officii sumptu superent, qui pulchra tegendis
Vela ferant foribus, seu puro splendida lino,
Sive coloratis textum fucata figuris. „
                      Poem. XVIII, 30.

[2] *Ad Heliod.* A chaque page le *Liber Pontificalis* nous raconte les donations de voiles faites par les Papes.

[3] Cf. Ducange: *Gloss. Lat.* voc. *Velum; et Gloss. Grac.*, voc. θεῖα παραπετάσματα et Βέλον.

[4] " Tam subdiaconus quam ostiarius... senioribus vela ad ostia sublevent. „ *Concil. Narbon.*, an. 389.

convient de dire un mot encore de l'encadrement qui est, lui aussi, un chef-d'œuvre d'harmonie et de noblesse.

Nous en connaissons déjà les dimensions monumentales.

La porte est quadrangulaire, comme les portes de tous les anciens temples païens. Les chefs-d'œuvres en ce genre ne souffrent pas d'exception. La porte de la Maison Carrée de Nîmes, celle du Panthéon à Rome, la porte du temple de Jupiter à Olympie, celles des temples de Balbeck, de Palmire, etc., sont également quadrangulaires. Il ne pouvait guère en être autrement, si l'on tenait à conserver les lois de l'harmonie ; il convenait, en effet, que les portes fussent terminées par une ligne horizontale, afin qu'il y eût plus naturellement correspondance avec les lignes horizontales des péristyles à colonnes, qui les précédaient et les protégeaient. Il était d'ailleurs plus facile en certaines contrées de trouver de vastes blocs de pierre ou de marbre nécessairee aux portes quadrangulaires, qu'en d'autres régions moins favorisées. Dans ce dernier cas, il fallut recourir aux portes arquées.

Il y eut d'ailleurs de ce dernier fait, ou plutôt de cette transformation, une raison plus complète et plus noble. Lorsque le temple s'éleva avec la pensée religieuse ; quand la hauteur considérable des églises chrétiennes ne permit plus de leur donner simplement des

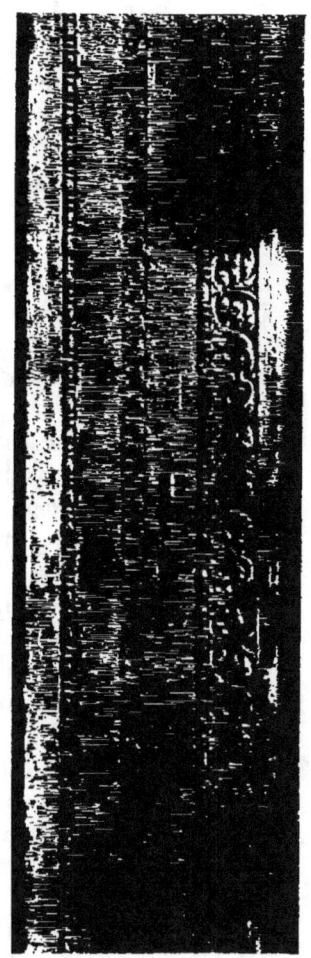

22. Fragment d'un montant de la porte.

frontispices, ou des péristyles à colonnes; quand il fallut faire des façades à plusieurs étages, et les embellir pour éviter la monotonie, les portes arquées furent généralement employées, parce que naturellement elles rappellent plus facilement les pensées d'élévation.

La porte de notre église appartint à un temple antique, celui de Diane sans doute, et reste l'un de plus beaux types de la forme païenne; et en même temps, grâce à la splendeur de ses proportions et de son ornementation, elle est digne d'un temple du vrai Dieu.

Elle est formée de trois splendides blocs monolithes en marbre de Paros, ou en « marmo imezio », marbre de l'Hymette, ornés de trois sobres guirlandes ou chapelets de rinceaux et d'oves, encadrés de moulures.

On la doit sans doute à la générosité bien comprise de ce Lucius Cornificius qu'Auguste avait encouragé à reconstruire le temple de Diane Aventine. Elle accompagne nécessairement les colonnes que nous verrons à l'intérieur.

On sait, en outre, qu'à l'époque la plus florissante de leur histoire artistique, les Romains n'employèrent, dans la construction de leurs temples, d'autre style que les styles grecs: et comme la vieille porte du sanctuaire de Diane date précisément de cette époque, à ce titre encore elle est d'un intérêt nouveau.

Notre intention se saurait être d'en donner ici une description complète, au point de vue architectonique: nous nous contenterons des détails principaux.

Vitruve nous parle de l'architecture des portes antiques, et n'a en vue que les portes des temples. Il en reconnaît trois espèces: la dorique, l'ionique et l'attique (atticurgue). Cette dernière est celle dont le seuil est plus long que l'architrave et dont les pieds-droits ne sont point parallèles, comme nous le voyons dans le temple de Vesta ou de la Sibylle, à Tivoli.

Les deux premières diffèrent par des détails de mesure et d'ornementation.

La porte dorique se faisait remarquer par une excessive simplicité dans les montants et dans le linteau ou la plate-bande. La porte ionique devait être plus ornée, et surmontée d'un couronnement. Il n'y avait pas sur ce point de lois rigoureuses et précises; et on ne recommandait guère aux architectes que de sauvegarder l'unité du caractère général, l'harmonie des profils et des lignes, plus simples, plus élégantes ou plus graves, selon la destination même des monuments; et toute la géométrie des architectes plus modernes ne sert pas à d'autre but. D'après la classification de Vitruve, notre porte serait d'ordre ionique, ici bien peu différent du corinthien. Il était impossible de mieux choisir comme entrée pour le temple d'une déesse forte et pure, tant on y trouve de grâce et de noblesse. Sans qu'il y eût rien de déterminé géométriquement pour les proportions qui existaient entre les temples et leurs portes, les seules lois de l'harmonie jointes aux quelques notions qui nous restent sur l'ancien temple, et au style des colonnes de l'église qui lui appartenaient, nous le font deviner par son entrée.

Nous laisserons aux architectes qui en auront le souci, la préoccupation de savoir qu'elles sont les proportions de la largeur à la hauteur; du linteau à la corniche qui le surmonte; des différentes parties entre elle: questions fort intéressantes, mais qui sortent de notre but. Ajoutons seulement qu'il serait difficile de concevoir une ornementation plus fraîche et plus élégante de dessin: plus harmonisée à l'ensemble, et restant si bien dans son simple rôle d'ornementation, qui ne doit point exister pour elle même et usurper le premier rang dans l'attention du spectateur, mais servir à l'éclat du monument qui la supporte.

Il se pose ici une question intéressante à laquelle on ne pourrait donner une réponse absolue qu'après avoir pratiqué des fouilles d'exploration.

Est-ce que les montants de la porte sont restés à leur place primitive, lors de la construction de l'église pour laquelle ils furent utilisés; ou bien Pierre d'Illyrie aura-t-il laissé à leur place ces énormes et fragiles blocs qui fermaient l'entrée de l'ancien temple, se contentant de créer avec les deux rangs de colonnes les trois nefs du temple chrétien auquel l'ancienne porte donnerait accès ?

Jusqu'à nouvel ordre et preuve du contraire, nous opinons pour cette dernière hypothèse.

Cette porte ne fut pas renversée par les Goths en 410: ces longs montants ne seraient pas restés intacts dans un tel bouleversement. Lorsque huit ans plus tard, en 418, Pierre d'Illyrie fonda sa basilique, il dut logiquement ne rien déranger à ce qui était bien placé.

Mais il est une autre preuve, le fait que nous avons déjà rappelé de la découverte que l'on fit an XVIIIme siècle, des mosaïques placées dans le vestibule du temple de Diane, pour célébrer le millénaire de la fondation de Rome.

Ces mosaïques, disions-nous, furent découvertes précisément devant la porte de l'église actuelle, de même que primitivement elles furent placées juste devant la porte de la cella du temple.

Des recherches sérieuses nous remettraient peut-être sous les yeux les cinq marches en marbre qui jadis donnaient accès au temple de la Déesse Aventine, si nous en croyons le dessin de la *Forma Urbis*. La question serait résolue une seconde fois.

Il est temps d'aborder l'étude particulière de chaque bas-relief. Nous suivrons dans cet examen l'ordre tout matériel que nous trouvons dans la porte elle-même, et nous étudierons successivement chacune des quatre séries verticales de panneaux, en commençant par le haut de celle qui est à gauche du visiteur.

CHAPITRE VII

Description des bas-reliefs.

Ier bas-relief.

'est le Crucifiement, une traduction exacte de ces mots de saint Jean: « Quand ils furent arrivés à un endroit appelé Calvaire, ils le mirent en croix, et avec lui deux malfaiteurs, l'un à droite, l'autre à gauche ».[1]

Il a fallu une singulière distraction à quelques écrivains, pour reconnaître ici les trois enfants dans la fournaise.

Les trois patients sont debout, et les bras étendus sur leurs croix; le fond du tableau est un mur en pierres carrées, découpé par trois frontons qui encadrent les crucifiés.

Nous devons étudier tous les détails, parce que tous ils ont une importance spéciale.

Le Christ en croix est représenté vivant, comme on le représenta jusqu'au XIme siècle, s'il faut en croire quelques savants spécialistes, malgré certaines descriptions attribuées à saint Augustin et à Prudence, lesquelles semblent prouver qu'il n'en fut pas toujours ainsi.[2]

---

[1] *Joan.*, XXII, 33.
[2] Cf. Garrucci, *Storia dell'arte*, Vol. I, *Teorica*, p. 465.

La tête de notre Christ est droite, les yeux ouverts.

Les chrétiens hésitèrent longtemps à représenter le Crucifix

23. Premier bas-relief : le Crucifiement.

dans toute sa sublime simplicité. Ils redoutaient les calomnies et es blasphèmes du monde païen. Durant les premiers siècles, on le symbolisa plutôt qu'on ne le représenta ; et quand plus tard on introduisit dans les habitudes pieuses et artistiques les images de la Croix et du Crucifix, ce fut d'abord uniquement comme objet de culte privé. Le Crucifix n'apparaît franchement dans le culte public que vers les débuts du Vme siècle.[1] Jusqu'alors on avait accusé ouvertement les chrétiens d'adorer un homme coupable d'un crime capital, selon le mot de Minutius Félix.[2] Tacite n'avait pas craint de manquer de sérieux en se faisant l'écho de ces accusations; et lorsque dans le « Pædagogium » du palais des Césars, un écolier païen et mal élevé, peut-être jaloux d'un condisciple chrétien, voulait faire rire d'autres gamins aux dépens du dernier, il avait mis en dessin l'étourderie de Tacite, et tracé sur la muraille la célèbre caricature, représentant sur la croix un homme à tête d'âne, devant lequel un jeune homme se baise la main en signe d'adoration, avec ces mots écrits au bas: Αλεξαμενος σεβετε (pour σεβεται) θεον; Alexamène adore son Dieu. On conçoit donc sans peine les timidités des premiers chrétiens, et les hésitations avec lesquelles ils passèrent du pur symbole au Crucifix tel que nous l'avons aujourd'hui. Tantôt ils se contentent de représenter les deux larrons seuls, et la place du Christ est occupée par une simple croix surmontée d'un buste du Christ encadré et lumineux; tantôt le Sauveur était montré sur la croix, mais vivant et impassible. De même dans le Crucifiement que nous avons sous les yeux, la croix, bien que reconnaissable, est néanmoins dissimulée, et ne frappe pas immédiatement l'attention: d'autant plus qu'à distance il est facile d'en confondre les extrémités, seules visibles, avec les blocs carrés qui forment le fond du tableau. Les suppliciés tiennent les bras étendus plutôt en « orantes » qu'en crucifiés. C'est, dit M. Kondakoff, « la manière vague et hésitante des sculpteurs des sarcophages ».[3]

La figure du Christ est lourde. Elle a été sans doute détériorée par le temps, et peut-être par des retouches. La figure des larrons est jeune, presque enfantine. Le Christ porte la barbe et les che-

---

[1] Cf. Martigny, *Diction.*, art. *Croix, Crucifiement, Crucifix;* De Waal, *Das Kleid des Herrn auf den frühchrist. Denkmälern;* Freiburg i. B. 1891.

[2] " Hominem summo supplicio pro facinore punitum. „ *Octav.*

[3] *Op. et loc. cit.* C. Grisar, dans le *Bollet. di Arch. Crist.*, de M. De Rossi, 1891, p. 31.

veux longs; les larrons ont les cheveux courts, et ne portent pas la barbe.

Dans les bas-reliefs de Sainte-Sabine, le Christ restera le seul personnage homme qui porte toujours les cheveux longs.

Bien que sur ce point, les usages n'aient pas été uniformes chez les anciens, on peut dire néanmoins qu'il était interdit à tous, sauf aux hommes libres, de porter la longue chevelure. Chez les Juifs, on se laissait grandir les cheveux en signe de grand deuil, ou pour la cérémonie du nazaréat. Les gens du peuple les portaient plus ou moins longs, selon les goûts et la position. Dans les monuments de l'antiquité chrétienne, en général, les trois Hébreux dans la fournaise, les rois Mages, le Christ sont distingués par la chevelure longue; quelquefois aussi le Bon Pasteur, symbole du Christ, a les cheveux longs. Cet usage est tellement constant, qu'on peut déterminer toujours comme image du Christ sur les fresques des Catacombes une figure aux cheveux longs, vêtue de la tunique et du pallium.

Les larrons n'ont manifestement nul droit à cet honneur, et n'en reçoivent point le symbole.

Le Christ ne porte pas de nimbe. Il fut souvent admis par les artistes anciens que le nimbe ne se donnait au Sauveur que dans les scènes qui suivirent sa résurrection, pour signifier sa vie plus exclusivement et plus manifestement divine.[1] On le voit, nous sommes bien éloignés encore de l'époque où Fra Angelico, dans une fresque de San Marco, donnera une grande auréole lumineuse au Sauveur et à ses apôtres fidèles, et une auréole noire, non moins grande, au traître Judas.

On remarque une notable différence de taille entre le Christ et les larrons: le Christ les dépasse de beaucoup. Les artistes anciens, dans le paganisme comme dans le christianisme, ont voulu symboliser par la grandeur de la stature la force et la dignité. L'histoire de l'art est pleine de faits semblables, jusqu'à la Renaissance. Le groupe de Laocoon est, selon nous, le plus célèbre exemple de ce symbolisme. Il suffit d'en avoir rappelé la signification en passant.

---

[1] Cf. à ce sujet, Kraus, *Real-Encycl.* art. *Nimbus*.

Les trois suppliciés n'ont pour tout vêtement qu'une ceinture fort étroite, avec une sorte d'appendice qui descend par devant. C'est un peu ce que les ancien appelaient le « subligaculum » et ce que saint Denys décrit en ces termes : ζώνη τὰ γόνιμα μέρη, τοὺς νεφροὺς περισφίγγων ;[1] une ceinture entourant le corps.

Ou peut admettre que le Sauveur fut crucifié nu, conformément aux habitudes d'alors, et aux insinuations de l'Evangile ; on peut admettre que la nudité des personnages est parfois historique, et s'impose à l'artiste :[2] cependant dès qu'il s'est agi du Christ, un sentiment de pudeur a invinciblement exigé un voile pour son humanité trois fois sainte, et aussi loin que l'on remonte dans la tradition, on trouve le Crucifix avec son voile. L'*Evangile de Nicodème* nous raconte déjà que l'on entoura les reins du Christ avec une étoffe de lin ;[3] les *Actes de Pilate* assurent qu'on se servit d'une sorte de « colobium » rouge, dans le même but.[4] La caricature du palais des Césars nous montre le Crucifié vêtu des « braccæ » ou « fœminalia, περισκελῆ, » vêtement qui allait des hanches jusqu'aux genoux,[5] ce qui fait supposer que dès la date de cette caricature on avait coutume de couvrir le Christ sur son gibet.

Mais il y eut deux manières différentes de couvrir le Crucifix : on employa tantôt une simple ceinture, très étroite ; tantôt les « braccæ », le « colobium » ou tunique sans manches. Or, il est vraisemblable que les premiers artistes se rapprochèrent le plus possible de la vérité historique, surtout lorsqu'ils ne redoutaient pas trop un certain réalisme, et c'est le cas du sculpteurs qui exécuta nos bas-reliefs. Si nous en croyons M. Kondakoff, si expert en ces matières, les données archéologiques confirmeraient pleinement ces induction historiques.[6]

Les suppliciés posent les pieds immédiatement sur le sol, qui remplace ici le « suppedaneum », voulu sinon par les Ecritures, du

---

[1] *De Cœl. Hier.* XV.
[2] Le crucifix de Saint-Geniès à Narbonne est dans le réalisme historique.
[3] Ἐξέδυσαν αὐτὸν τὰ ἱμάτια αὐτοῦ, καὶ περιέζωσαν αὐτόν λέντιον.
[4] Αὐτῷ ἐνέδυσαν ῥάσον κόκκινον. *Edit. Tischendorf.*
[5] Cf. Hieron., Ep. 64.
[6] Kondakoff. *Op. et loc. cit.* Voir les auteurs nombreux indiqués par Kondakoff, *ibid.*, et surtout De Waal, *op. et loc. cit.*

moins par les anciennes traditions et par les lois romaines.[1] Les artistes qui le conservent se conforment plus sûrement à la vérité.[2]

En examinant de près, on remarque aux pieds et aux mains de têtes de clous plus ou moins saillantes, malgré les diminutions faites par les siècles.

Il est à propos de constater en passant que les pieds des crucifiés ne sont point superposés, et que dès lors il y a quatre clous, et non point trois seulement. C'est d'ailleurs un fait confirmé par d'autres découvertes archéologiques : les plus anciens crucifix ont quatre clous.[3]

Il n'y a pas de titre au sommet de la croix du Christ. Du reste, l'extrémité supérieure de la croix n'apparaît que derrière la tête du larron de droite; le Sauveur cache la sienne derrière sa tête.

Le détail que nous venons de rappeler au sujet de la croix du bon larron, nous confirme une tradition acceptée universellement par les artistes de nos jours, et basée sur les monuments les plus sérieux, que la croix de Jésus-Christ fut la croix « immissa », telle qu'on la trouve dans tous le crucifix modernes; et non point la croix « decussata », vulgairement dite de saint André; ni la « commissa » qui affecte la forme d'un T; ni tout autre que l'on voudra. Nous trouverons la même confirmation dans deux de nos bas-reliefs, dont l'un nous représente une basilique surmontée de la même croix; l'autre, le Sauveur condamné à une croix semblable.

On peut observer encore que les croix de notre bas-relief sont basses, comme l'étaient, sauf quelques exceptions (la croix de Mardochée était une exception), celles qui servaient aux supplices. Celle du Christ est plus grande que les autres, soit à raison de la la taille du Sauveur, soit parce que souvent, dans l'antiquité, les

---

[1] Cf. Friedlieb, *Archéologie de la Passion*. Martigny, *Diction.*, art. *Crucifix*.

[2] On peut rappeler ici en passant que le crucifié était parfois assis en croix sur une sorte de support. " Quod in medio figitur, dit saint Justin, ut ei insideant qui crucifiguntur. „ On ne connait pas de monument archéologique conforme à cette donnée. Plusieurs Pères de l'Eglise ont néanmoins pensé que le Sauveur avait été mis en croix de cette manière. Cf. Justin., *Dial. cum Tryph.*, cap. XCI. Cf. Iren., *Adv. Hæres.*, I, 12.

[3] Martigny, *Diction.*, art. *Crucifiement*.

artistes et les orateurs supposèrent que la croix du Christ était réellement plus élevée que celles des larrons.[1]

Disons un mot du fond du tableau. Il représente une muraille en blocs réguliers et oblongs, coupée par trois frontons qui se touchent, et sont supportés dans le milieu par deux pilastres cannelés à vis, les pilastres extrêmes n'existant pas. Le fronton du milieu qui couvre le Christ est un peu plus élevé que les deux autres; celui de gauche est percé d'une fenêtre.

M. Kondakoff opine que ces constructions rappellent Jérusalem, en vue de laquelle mourut le Rédempteur. Cette interprétation est d'autant plus croyable que, dans un bas-relief bien conçu, et particulièrement dans les bas-reliefs de notre porte, le fond a toujours une signification précise, et sert généralement à déterminer les circonstances de lieu.

Nous n'ajoutons qu'une double remarque au sujet de cette sculpture.

La première est relative au mérite esthétique de notre bas-relief. Sans doute, l'exécution en laisse à désirer; on ne saurait nier cependant qu'il y ait dans l'ensemble de la composition cette sobriété et cette vie qui en font une œuvre d'art à certains points de vue. Il y a ce qu'il faut; rien n'y est superflu, et la simplicité en fait la grandeur.

La seconde se rapporte au mérite relatif de ce crucifix, au point de vue de l'antiquité.

Les crucifix les plus anciens, admis d'abord dans le culte privé, remontent au IVme siècle, et encore le Christ n'était-il alors que peint ou gravé à la pointe; et c'est au IXme siècle qu'on le trouve sculpté en bas-relief, assure M. Martigny.[2]

Pour le culte public, il faut reculer encore ces dates.

La première mention d'un Christ peint dans une église nous est faite par Grégoire de Tours, et ce Christ existait à Narbonne.[3] Il faudra donc modifier ces récits trop absolus, et constater que

---

[1] Cf. Martigny, *Diction.*, art. *Croix*.
[2] *Diction.*, art. *Crucifix*.
[3] Bosio avait trouvé et M. Marucchi a retrouvé dans le cimetière de Saint-Valentin à Rome une fresque représentant le Christ en croix, et datant du VIIme ou VIIIme siècle. Cf. De Rossi: *Bullet.* 1877, pp. 58 et 74.

nous avons sous les yeux le plus ancien crucifix en bas-relief qui existe, surtout dans le culte public. A tous ces points de vue, il a une importance spéciale.

Les couvents dominicains de Rome possèdent des trésors fort remarquables en ce genre. A Saint-Clément, se voient la plus ancienne peinture murale qui représente la scène du crucifiement, et plus probablement le plus ancien tableau de l'Assomption.[1] Saints-Dominique-et-Sixte possède, nous l'avons montré un jour, la plus ancienne Madonne extracimitériale qui existe à Rome et en bien d'autre lieux; Sainte-Sabine, le plus ancien crucifix en bas-relief que l'on connaisse.[2]

Relativement à ce dernier, M. Marucchi écrivait à l'époque où quelques soi-disant artistes songeaient à ravir la porte de Sainte-Sabine pour la placer au Musée du Capitole: « Ces jours derniers encore, un érudit allemand, M. Dobbert, dans la *Nouvelle Revue de l'histoire des arts,* créée par le gouvernement impériale de Berlin, a appelé l'attention de ses doctes compatriotes sur ce remarquable monument de l'art à Rome (la porte de Sainte-Sabine). Dans une belle dissertation sur les origines du crucifix, il a pleinement confirmé l'antiquité de la porte de Sainte-Sabine. Il la fait remonter au Vme siècle, et ses sages observations ont été répétées en Hongrie par le professeur Czobor. Le travail de M. Dobbert nous fournit l'occasion d'observer que parmi les nombreuses scènes bibliques de l'Ancien et du Nouveau-Testament, qui ornent cette porte, la plus importante est celle du crucifiement, parce qu'elle est la plus ancienne que l'on connaisse à Rome, et peut-être dans le monde entier ».[3]

---

[1] Cf. *Notice sur les peintures antiques de Saint-Clément*, Rome, 1869. Voir notre étude intitulée *La Vergine Acheropita de' SS. Domenico e Sisto*. Ferrara, 1880.

[2] Il nous est impossible de comprendre comment s'harmonisent les deux affirmations suivantes de Crowe et Cavalcaselle, à propos de ce bas-relief: " Il tempo veramente è troppo remoto per una simile comparazione; „ et " Il carattere, le proporzioni e le forme sono imitate dall' antico; come antico è il fabbricato sormontato da tre timpani che vedesi nel fondo. „ *Op. et loc. cit.*

[3] Voir le journal *L'Aurora* du 16 mai 1880.

IIme bas-relief.

Il se trouve immédiatement au-dessous de celui que nous venons d'étudier, et appartient à la catégorie des plus grands. Il nous offre trois scènes distinctes, représentant trois miracles célèbres de Notre-Seigneur.

Première scène. — D'après le sentiment du P. Garrucci, elle représente la guérison de l'aveugle de Jéricho, dont il est parlé dans saint Luc.[1] M. Kondakoff y voit la guérison d'un aveugle près de la porte du temple. L'aveugle, se soutenant de son bâton, est debout devant un édifice quadrangulaire en pierres carrées, flanqué aux quatre coins de colonnes ouvragées, avec bases et chapi-

24. Deuxième bas-relief: trois miracles du Christ.

---
[1] *Luc.*, XXVIII, 35-43.

teaux, qui supportent une frise sculptée et un toit couvert de grandes briques. Le P. Garrucci croit que cet édifice est simplement un lieu bâti, une ville: mais il signifie manifestement une construction très très spéciale, un temple; d'autant plus que lorsque dans le bas-relief précédent, le même artiste a voulu représenter une ville, il ne s'est pas avisé de nous montrer un seul édifice. Nous sommes par conséquent de l'avis de M. Kondakoff, et il s'agit ici de la guérison de l'aveugle qui eut lieu près de la porte du temple et dont saint Jean nous a fait le récit: « Jésus sortit du temple, et, en passant, il vit un aveugle de naissance, et il fit de la boue avec sa salive, et il lui en mit sur les yeux, en disant: Va, lave-toi dans la piscine de Siloé. L'aveugle s'en alla donc, se lava et revint avec la vue ».[1]

L'artiste a représenté la scène au moment où le Sauveur donne son ordre. Jésus-Christ debout, et comme détourné pour s'en aller, fait de la main droite un geste de commandément. Les doigts de la main ont été malheureusement détruits. De la main gauche, appuyée sur la poitrine, Jésus retient son pallium. Elle semble même enveloppée dans un pan du manteau, comme dans certaines statues antiques.

L'aveugle, fait de la main droite un geste de remercîment, qu'il accompagne d'une gracieuse inclination du corps; de la gauche, il tient le bâton qui lui est nécessaire pour marcher.

Il y a dans la composition beaucoup de sobriété, de vie et de noblesse.

Jésus-Christ porte la chevelure longue, et n'a point de barbe; le malade a les cheveux taillés à la romaine. Les figures des deux personnages sont mieux exécutées que dans le premier bas-relief.

Le Sauveur est revêtu de la tunique, et du pallium. Dans les Livres Scripturaires, il est souvent fait mention de ce double vêtement.[2] La tunique se portait immédiatement sur le corps; celle du Sauveur est plutôt courte,[3] et descend un peu plus qu'à mi jambe. Les Romains et les Romaines en portaient souvent plusieurs, par-

---

[1] Joan., VIII, 1-34.
[2] Cf. Saumaise, In Tertull. De Pallio; Grotius, In Act., XII; Cf. Matth. X, 10, Luc., XXII, 36; De Waal, Das Kleid des Herrn, passim.
[3] Les habitudes ne furent pas toujours les mêmes sur ce point.

fois même jusqu'à quatre. Dans ce cas, la tunique intérieure s'appelait « tunica intima » ou « interior ». La tunique extérieure n'avait alors que des manches courtes, et ne descendait parfois que jusqu'aux genoux.

Son pallium de notre Christ l'enveloppe majestueusement, et une extrémité en descend avec ampleur du bras gauche qui le toutient. Le pallium ne se donnait qu'aux personages graves qui le portaient sur la tunique, et seulement en dehors de la maison; et il était en même temps un vêtement assez humble, dont ne voulaient pas toujours les riches païens: à ce double point de vue, il convient au divin Maître, qui en usa réellement, selon le témoignage des Ecritures.[1] On le voit, notre sculpture est, sous ce rapport, rigoureusement historique.

Enfin le Christ, comme l'aveugle, porte des sandales. On connaît ce genre de chaussure. Elle se compose simplement d'une semelle, munie de courroies, qui, pour la retenir aux pieds, s'enroulent autour de la jambe. Jésus-Christ, semble-t-il, n'eut pas d'autre chaussure en réalité,[2] et il voulut que ses disciples en usassent comme étant particulièrement réservée aux gens d'humble condition. Notre bas-relief respecte donc la vérité historique bien mieux que les fresques des catacombes, où les Apôtres et leur Maître ont presque toujours les pieds nus.

L'aveugle porte la tunique et la penula. Celle-ci est une sorte de vêtement rond, fermé de tous côtés, avec un trou au centre pour passer la tête. Elle servait pour les voyages, ou encore pour affronter les intempéries. La « blouse » des ouvriers a aujourd'hui une forme et un usage semblables, sauf que la penula était munie d'un capuchon, indiqué, semble-t-il, dans notre bas-relief. Saint Paul s'en servait, et, dans sa seconde Epître à Timothée,[3] il lui recommande de lui apporter sa penula et ses livres, qu'il a laissés à Troas.

---

[1] Voir le très-intéressant art. *Pallium*, dans le *Diction.* de Rich. Si l'on veut comprendre combien gracieux pouvait être ce vêtement, il faut voir la statue de Phocion au Belvédère du Vatican. On comprendra aussi pourquoi la femme de Phocion le trouvant si élégant chez son mari, le lui empruntait parfois.

[2] *Joan.*, I, 27.

[3] II *Tim.*, IV, 13.

La penula était dans le principe très courte et ne couvrait que les épaules. Plus tard, au commencement de l'empire romain, elle remplaça la toge et devint plus longue. Celle de notre aveugle est assez longue pour ressembler à une sorte de chasuble antique. L'origine de cette partie du vêtement sacerdotal se trouve précisément dans une modification de l'ancienne penula.[1]

Le sculpteur aura donné ce vêtement au pauvre, parce que, sans doute, dans sa pensée elle convenait mieux à la condition de ce malheureux, la penula ayant été dans le principe le vêtement du pauvre, à ce point qu'il fallut une permission impériale, pour que les officiers pussent la revêtir, lorsque les riches l'eurent ennoblie.

Nous ferons remarquer ici que notre artiste, restant en plein dans les usages gréco-romains, a donné à l'édifice du fond, un toit-imbriqué, c'est-à-dire couvert d'une série de tuiles plates, avec une série de tuiles faîtières sur les joints. On retrouve le même système sur le portique d'Octavie à Rome, avec cette spécialité qu'ici les tuiles sont en marbre. Nous retrouverons plus loin le même fait encore.

Deuxième scène. — C'est la multiplication des pains. Ce tableau est séparé du précédent par un rebord formé de feuilles d'eau sculptées. Il nous représente Jésus-Christ qui, debout, vêtu comme dans la première scène, a devant lui sept corbeilles d'osier, renfermant chacune un pain de la forme encore usitée aujourd'hui, pareils également à ceux qu'on a découverts à Pompei. Il tient de la main gauche un volume en rouleau, et de la droite la verge du miracle. Auprès des corbeilles se voient trois poissons jetés sur le sol.

La représentation du miracle est parfaitement fidèle. « Jésus dit à ses disciples réunis: J'ai pitié de ce monde. Voilà trois jours qu'ils me suivent, et ils n'ont rien à manger. Je ne veux pas les renvoyer à jeun, parce que je crains qu'ils ne défaillent en route... Combien avez-vous de pains ? Ils répondirent: Sept et quelques poissons ».[2] On sait le reste. L'artiste a voulu attirer l'attention sur le point particulier de la multiplication des pains et des poissons, et il a parfaitement atteint son but. Le Christ touche un pain de

---

[1] Cf. Duchesne, *Origines du Culte chrétien*, p. 365 seqq.
[2] *Matth.*, XV, 32-35.

son bâton avec une grande majesté. C'est, au surplus, la seconde multiplication des pains opérée par le Christ que l'artiste a voulu représenter, comme l'indique le nombre de sept corbeilles.

Nous n'avons que deux détails à expliquer: la baguette et le volume.

La baguette, bâton, sceptre, est le signe de la puissance. Il signifiait l'importance des personnages qui s'en servaient, en particulier la puissance souveraine, et dans ce cas, c'était le sceptre proprement dit. Aussi le trouve-t-on surtout entre les mains de celui à qui Dieu communique sa puissance divine par le don des miracles, au thaumaturge. Le Sauveur changeant l'eau en vin, l'ange enlevant Elie, Moïse accomplissant ses prodiges, la tiennent en main dans nos bas-reliefs. On trouve le même motif constamment répété dans les vieux sarcophages, dans les « vetri », dans les peintures catacombales, dans les vieux monuments en général.[1]

Le volume ou rouleau de parchemin écrit, était dans l'antiquité le symbole du savoir, de la pensée, de l'éloquence. Les statues des empereurs, comme celle d'Auguste au Musée Pio-Clementino; celles de sénateurs, le portent souvent à la main. Dans les monuments chrétiens, les lecteurs, les diacres, les évêques, les Apôtres, les Prophètes, portent habituellement le volume. Mais c'est à Notre-Seigneur spécialement qu'appartient cet attribut. « Dans les bas-reliefs des sarcophages, et dans les mosaïques, il est à peu près invariablement représenté avec un volume à la main gauche ».[2] C'est le symbole de la doctrine, comme le bâton le symbole de l'action. Ici, comme partout où il accomplit un miracle, Jésus-Christ porte le volume, non point ouvert, mais roulé en cylindre,[3] parce qu'il n'enseigne pas en ce moment.

Dieu communique une participation de sa puissance essentiellement divine par le don des miracles; une participation de sa science essentiellemente divine, par le don de prophétie. Il ne peut en un sens communiquer de lui-même à la créature que ces deux choses: son intelligence et sa volonté. Jésus-Christ portant la ba-

---

[1] Cf. Bottari, pl. XIX; Buonarotti, pl. VIII; Garrucci, *passim*.
[2] Cf. De Rossi, *Roma Sott.*, III, tav. 40. Martigny, *Diction.*, art. *Volumen*.
[3] Bottari, pl. LXXXVIII, LXXXIX, CXXXVII.

guette et le volume, nous montre d'un coup tout ce qui est la preuve de sa mission.

Quant au sujet lui-même de la multiplication des pains, il est entièrement dans le traditions artistique des premiers chrétiens, jusque dans les moindres détails, et en particulier dans la forme des corbeilles, « cistae ». C'est l'un des miracles le plus fréquemment reproduits dans les monuments antiques. C'est que l'Eglise en mettant sous les yeux des fidèles ce touchant et glorieux prodige, voulait rappeler constamment à tous la multiplication du Pain eucharistique.

Il ne faut pas oublier que dans la représentation de faits bibliques, et en général dans les monuments de l'antiquité chrétienne, il importe souverainement de distinguer entre le sens que nous appellerions « littéral » qui indique le fait représenté; et le sens » spirituel » ou « allégorique », c'est-à-dire le symbolisme, qui rappelle un autre dogme ou un autre fait, sous le signe du fait représenté. Il n'est pas même nécessaire, pour que le symbolisme existe, que la nature l'impose, ou que l'artiste l'ait expressément voulu et indiqué. L'interprétation populaire, basée sur l'enseignement des écrivains ou des orateurs, suffit pour donner dans l'histoire de l'archéologie le sens que nous nommons spirituel, à une scène, à un fait quelconque, qui devient dès lors une véritable allégorie. Rien ne nous empêche, puisqu'il s'agit ici d'un langage humain confié à des hommes, d'admettre comme applicable au symbolisme chrétien, la théorie sur laquelle on base la signification naturelle, arbitraire ou mixte des apologues, des paraboles, des métaphores, etc.

La doctrine et le fait de l'Eucharistie qui, dès principe, parurent « insupportables »[1] à beaucoup, durent être voilés sous des symboles moins sujets à des interprétations odieuses. L'antiquité nous offre d'innombrables monuments de ce genre, et l'on ne saurait trop étudier ce chapitre de l'archéologie chrétienne.[2]

Or, l'un des symboles de l'Eucharistie fut précisément le miracle qui nous occupe. Dans une catacombe chrétienne d'Alexandrie

---

[1] *Joan.*, VI, 61.
[2] Kraus, *Real-Encyclopædie*, art. *Eucharistie* et *Fisch*.

d'Egypte,[1] à côté d'une représentation de ce prodige et du prodige de Cana (la troisième scène de notre bas-relief représente ce dernier), on voit un groupe de personnes assises, et ces mots parfaitement lisibles: τας εὐλογίας τοῦ Χριστοῦ ἐσθίοντες: « Ceux qui mangent les eulogies du Christ ». Dans le langage grec, surtout à Alexandrie, l'Εὐλογία, Bénédiction, c'est l'Eucharistie.[2] Ce texte est suffisamment explicite et significatif.

Ce même symbolisme est confirmé par la présence des poissons. Sans doute, le récit évangélique suppose « piscicolos paucos »; mais nous ne saurions oublier que pour toute l'antiquité chrétienne, le poisson fut le symbole de Jésus-Christ, et surtout de Jésus-Christ dans l'Eucharistie. Chacun sait que le mot Ἰχθύς, poisson, renferme les initiales du nom et des deux principaux titres du Rédempteur: Jésus-Christ, Fils de Dieu, Sauveur.[3] On oublie plus facilement que l'Ἰχθύς représent très souvent l'Eucharistie.[4] Dans l'inscription du tombeau d'Abercius, évêque d'Hierapolis à la fin du IIme siècle, on lit: « La foi m'a conduit en tout, et m'a donné partout comme nourriture le poisson de la fontaine, grand et pur, qu'avait pris la Vierge chaste. »[5] Dans la célèbre inscription grecque d'Autun, nous lisons cet autre témoignage:[6] « Mange avec appétit le poisson que tu tiens dans tes mains ».[7] Une lampe antique, publiée par M. Parenteau,[8] représentant un calice ansé que surmonte un poisson, nous exprime la même vérité.

---

[1] Cf. Martigny, *Diction.*, art. *Eucharistie*; Kraus, *Real-Encycl.*, art. *Eucharistie*, et les auteurs qu'ils indiquent; Kondakoff, *op. cit.*

[2] Cf. Martigny, *Diction.*, art., *Eucharistie*; cf. I Cor., X, 16.

[3] Cf. De Rossi, *De Christianis monumentis* Ἰχθύν *exhibent.*, dans le IIIme vol. du *Spicilegium Solesmense* de D. Pitra.

[4] Cf. Martigny, *Diction.*, art. *Eucharistie*. Kraus, *Real-Encyclopædie*, art. *Eucharistie et Fisch*; et Wilpert, *Prinzipienfragen der christl. Archäologie*, Freiburg i. B., 1889, p. 37 seqq., où les études de M. De Rossi sont très bien résumées et défendues contre les attaques de protestants allemands.

[5] Πίστις πάντη δὲ προῆγε καὶ παρέθηκε τροφὴν πάντη Ἰχθύν ἀπὸ πηγῆς, παμμεγέθη, καθαρόν, ὃν ἐδράξατο παρθένος ἁγνή.

[6] Cf. *Spicil. Solesm.* III et I. Voir dans Wilpert les indications des variantes et des ouvrages à consulter.

[7] Ἔσθιε πεινάων Ἰχθύν ἔχων παλάμαις.

[8] *Essai sur les poteries antiques de l'Ouest de la France.* pl. V.

Le rapprochement des poissons et des pains n'est point arbitraire. Non seulement il complète le tableau historique, mais il a encore par lui-même une signification spéciale. L'Ιχθυς signifiant le Christ, désigne en quelque sorte la nature de ce pain renfermé dans les cistes: l'Ιχθυς représente aussi le Sauveur, avec l'idée de nourriture rappelée par les pains; enfin l'Ιχθυς et les pains peuvent indiquer simplement la même vérité et se confirmer mutuellement. Nous possédons une peinture de la catacombe de Calixte dans la partie la plus ancienne appelée de Lucine, représentant un poisson qui nage dans les flots, et porte sur son dos une corbeille pleine de pains avec une amphore de vin.[1] Ces considérations nous expliqueront pourquoi rien n'est plus fréquent que la représentation et le rapprochement de l'Ιχθυς et du pain, dans les monuments archéologiques.[2]

Telles sont les vérités que nous rappelle notre bas-relief.

On a imaginé que les trois poissons de notre sculpture sont représentés dans l'eau: c'est une hypothèse gratuite, qui se trouve en contradiction avec le récit évangélique si fidèlement reproduit et avec les conclusions d'un examen attentif. A côté des sept corbeilles de fragments, se trouvent les poissons. Il sont simplement jetés sur le sol ou mieux sur le gazon. Quand le sculpteur voudra représenter dans l'eau les chevaux du Pharaon, il saura exprimer très clairement sa pensée. Ici, nulle préoccupation semblable. D'ailleurs les trois poissons ont la bouche ouverte, et on observe que l'artiste leur a donné des dents: ils sont donc figurés morts, et l'hypothèse du P. Garrucci et de M. Kondakoff nous semble peu fondée. Si nous insistons sur ce détail, c'est que, d'après quelques auteurs, le symbolisme en dépend, et le Poisson, suivant qu'il sera représenté dans l'eau ou hors de l'eau, signifiera le Baptême ou l'Eucharistie.[3] Nous ne croyons ici qu'à cette dernière signification.

Troisième scène. — Elle nous représente le miracle de Cana, si simple, si éloquent, si justement populaire. On connaît l'admi-

---

[1] De Rossi, *Roma Sotterr.*, I, Tav. VIII, Pitra, *Spicileg.* loc. cit. Cf. Garrucci, Martigny, Kraus, *op. cit.*; Bosio, *Rom Sott.*, pl. I, p. 267, 515.

[2] Cf. Kondakoff, *Op. et loc. cit.*

[3] Cf. Garrucci, Kraus. Martigny, *Opp. et loc. cit.*

rable narration de l'Evangile. Prudence l'a résumée ainsi pour un artiste de son temps :

« Les Galiléens célèbrent les fêtes du mariage en présence de la foule, sans doute; et déjà le vin manque aux serviteurs. Le Christ commande aussitôt de remplir d'eau des urnes qui étaient là, et voilà qu'un flot de vieux vin s'en échappe.[1]

Le Sauveur est debout, avec une attitude à peu près semblable à celle qu'il a dans la première scène.

Il a devant lui sept grandes amphores, et il en touche une de la toute-puissante baguette qu'il tient de la droite.

Les premiers artistes chrétiens, qui ont souvent représenté ce sujet, n'ont pas suivi de tradition spéciale et déterminée, pour le nombre et la forme de vases, bien que l'Evangile indique « sex hydriæ », six urnes.[2]

Nous pouvons observer que dans notre bas-relief, les amphores se rapprochent beaucoup de ce que dut être vraisemblablement « l'hydria » des Hebreux. Elle était fixe et ressemblait singulièrement à la diote si connue; et la capacité en était assez considérable. Les « hydriæ » de notre bas-relief ressemblent absolument à ces grandes urnes en terre cuite, appelée « dolia », où les vieux Romains conservaient le grain, l'huile, etc. On en trouve partout en Italie, même pour les usages modernes.[3]

Pour le nombre, l'artiste, selon une habitude générale, s'est laissé guider par la symétrie: plus haut, sept corbeilles du pain miraculeux; ici, sept amphores de vin encore miraculeux. Dans les « vetri » on ne trouve presque jamais moins de sept « hydriæ » dans les autres monuments, le nombre varie souvent. On en trouve parfois sept, plus souvent six ou cinq; quelquefois deux et même une seule.

---

[1] « Fœdera conjugii celebrant auspice cœtu
Forte Galilæi; jam deerant vina ministris :
Christus vasa jubet properanter aquaria lymphis
Impleri: inde meri veteris defunditur unda ».
Diptyc, XXII.

[2] Cf. Bottari, pl. LI, LXXXVIII. Rohault de Fleury: *L'Evangile*, planche XXXVIII, XXXIX.

[3] Cf. Fillion, *Atlas archéol. de la Bible*, pl. XIII, édit. 1883.

Ce miracle symbolisait pour les chrétiens le Baptême, par lequel s'opère une transformation dans l'homme, un passage de la nature à la grâce, comme l'interprétait Théophile d'Antioche, dès le IIme siècle;[1] mais plus fréquemment il signifiait la transsubstantiation eucharistique; et Bianchini nous le montre avec un enseignement semblable, dès le IVme siècle, sur des « urceoli » ou burettes.[2]

Nous voudrions ajouter une observation, conforme et aux lois de l'interprétation et à la nature des sujets que nous avons étudiés dans tout ce panneau. Il est vraisemblable que l'artiste a été guidé dans le choix des sujets par des pensées connexes, se réunissant dans une idée commune. A cette époque l'art ne représentait guère les faits qu'à raison de la doctrine qu'ils évoquaient.

La partie supérieure qui représente la guérison de l'aveugle près du temple est séparé du reste par une frise: elle doit donc se distinguer plus complètement des autres scènes: nous pensons que c'est le Sacrement de Pénitence, si souvent reconnu dans ce miracle par le Pères et les Docteurs. L'aveugle guéri est le pénitent rendu à la lumière.

Les deux autres compartiments sont moins visiblement séparés entre eux; ou plutôt ils sont réunis par les trois poissons jetés à terre, symbole de l'Eucharistie. L'Ιχθυς entre le pain et le vin miraculeux, c'est « Jésus Christ, Fils de Dieu, Sauveur et Sacramenté ».

Il nous semble que cette interprétation est toute naturelle.

D'ailleurs les deux Sacrements, quoique distincts, sont réunis dans le même panneau, parce que l'un est la préparation de l'autre. Nous avons ici une page de catéchisme en sculpture.

IIIme bas-relief.

Il est de petite dimension. Jésus-Christ s'y voit debout et parlant à trois personnages qui se tiennent devant lui. Il est vêtu comme dans les autres bas-reliefs, porte la barbe et a autour de la tête, le monogramme du Christ, avec Α et Ω mais non pas entouré d'un cercle. Si le cercle a existé, fermant le nimbe, on l'a supprimé plus tard par quelques retouches.

[1] *In Evang.*, I.
[2] *Anast. in Urb.*

Le Sauveur a la main gauche pressée contre la poitrine, et entourée d'un pan de son pallium; de la droite, il fait un geste de démonstration ou de bénédiction.

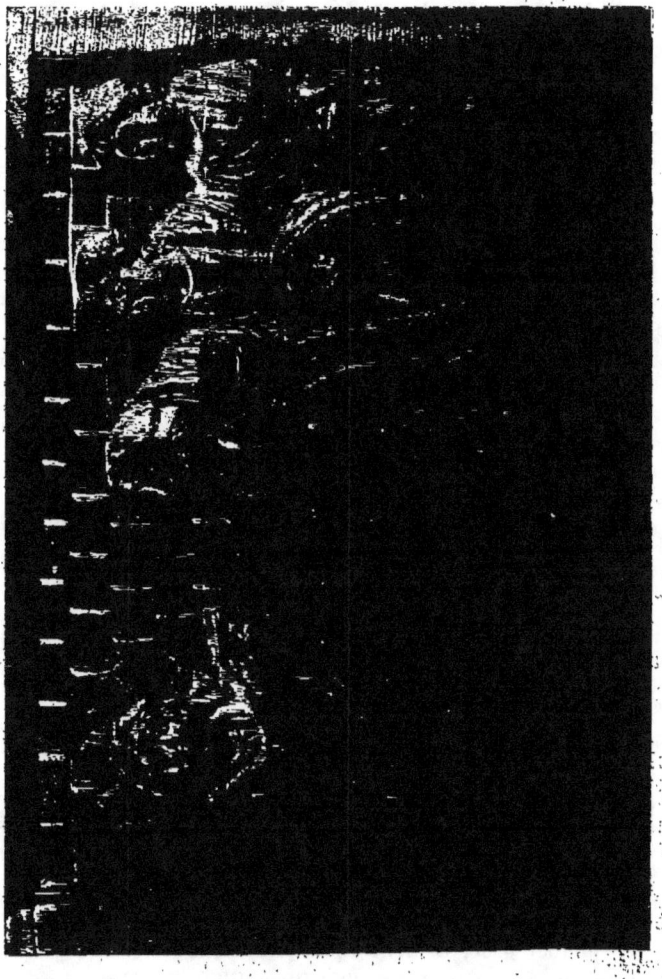

25. Troisième bas-relief: l'apparition du Christ dans le Cénacle.

Les trois personnages placés devant lui, l'un après l'autre, et vêtus de la tunique et du pallium, le regardent, sauf le premier qui incline profondément la tête, et fait un geste d'acceptation, de ses deux mains écartées et abaissées. Le fond du tableau est un mur formé de grands blocs carrés et de même dimension.

La barbe, et ce que nous avons nommé l'auréole du Christ, nous apprennent que nous sommes après la passion; la muraille simple qui est au fond nous montre que la scène se passe dans un appartement.

En effet, on est d'accord pour reconnaître ici l'apparition de Jésus-Christ dans le Cénacle.

On peut, je crois, mieux préciser le sujet.

Sauveur donne un ordre indiqué par un geste impératif, et les disciples acceptent cet ordre. Il semble donc que nous avons ici, en langage artistique, la traduction de ce récit de saint Jean: « Un soir du sabbat que les portes étaient fermées, et les disciples réunis, par crainte des Juifs; Jésus vint et se trouva au milieu, et il leur dit: Paix à vous!... Comme mon Père m'a envoyé, je vous envoie. Et après avoir ainsi parlé, il souffla sur eux, et ajouta: Recevez le Saint-Esprit: les péchés seront remis à ceux à qui vous les remettrez; ils seront retenus à ceux à qui vous les retiendrez ».[1]

Une particularité spécialement intéressante dans ce bas-relief, c'est le monogramme qui entoure la tête de Notre-Seigneur. Si on le regarde comme accompagné du nimbe, on aura une forme déjà bien rare; si on le regarde comme isolé, ce serait une forme plus rare encore.[2]

Le ☧ accosté des deux lettres symboliques a une signification dogmatique et historique qu'il est bon de rappeler brièvement.

La forme ☧ ou ⳁ était déjà connue chez les païens, lorsque les chrétiens l'adoptèrent en lui donnant un sens nouveau.[3] Souvent ils voilèrent ainsi leurs dogmes et leurs pratiques. Orphée jouant de la lyre est une image du Christ, etc., etc. De même le monogramme dont nous parlons prit chez les chrétiens un sens nouveau. Il fut en usage avant et surtout après Constantin.

De même l'Α et l'ω, la première et la dernière lettre de l'alphabet grec, avaient chez les païens une signification analogue à celle que leur donne l'Écriture. Elles signifiaient pour eux une sorte

---

[1] *Jean.*, XX, 19-23.
[2] Cf. Martigny, *Diction.*, art. *Nimbe, Monogramme.*
[3] Cf. Garrucci, *Storia dell'Arte Cristiana*, vol. 1, *Teorica*, p. 163-170.

d'excellence et de causalité. Martial nous parle de « l'Alpha pœnulatorum », pour désigner un homme qui se distingue à porter avec grâce sa penula.

Lorsque saint Jean, traduisant Isaïe, eut introduit si explicitement cette formule dans le langage sacré, elle devint très populaire et très usitée. Elle se prêtait d'ailleurs merveilleusement à une représentation plastique, et renfermait un admirable enseignement.

Pour l'entendre dans toute sa portée, il faut se rappeler le texte de saint Jean: Ἐγὼ τὸ Α καὶ τὸ ω, ὁ πρῶτος, καὶ ὁ ἔσχατος, ἡ ἀρχὴ καὶ τὸ τέλος.[1] Les Pères et les écrivains chrétiens ont interprété souvent ce texte, et montré comment il rappelle les gloires Christ.[2] Prudence a résumé ainsi cette christologie:

« Né du cœur de son Père avant le commencement du monde, il est appelé Α et ω, le principe et la fin de tout ce qui est, de tout ce qui a été, de tout ce qui sera ».[3]

Cette métaphore fut peinte et sculptée dès les premiers siècles chrétiens dans tous les monuments de l'art, et on la trouve partout, en Italie, en Grèce, en France, en Algérie, en Orient,[4] etc. Toutefois, c'est après l'invasion de l'hérésie arienne que l'usage en devient plus fréquent chez les orthodoxes, de même que les hérétiques l'évitent avec soin, parce qu'ils y voient la condamnation de leurs erreurs. « C'est, en effet depuis lors, dit Martigny,[5] que nous voyons surtout les lettres en question introduites dans l'intérieur du nimbe cruciforme qui ceint la tête du Rédempteur, rapprochement qui accuse évidemment l'intention de protester contre l'enseignement d'Arius. On commença aussi vers le même temps à les suspendre

---

[1] *Apoc* XXII, 13; cf. *id*. cap. I, 8; XX, 6; Isa. XLI, 4, XLIV, 6, XLVII, 12.
[2] Martigny et Kraus, art. *Monogramme*.

[3] « Corde fusus ex Parentis ante mundi exordium,
Α et ω cognominatus, ipse fons et clausula
Omnium quæ sunt, fuerunt quæque post futura sunt. »
Cathemer. Hymn. IX, soit *Hymnus omnis horæ*.

Sur un tombeau de la partie la plus ancienne du cimetière de Priscille à Rome, on voit l'Α et ω accompagnant comme symbole le nom du défunt sur la tuile qui ferme le loculus. Voir D. Cabrol, *Diction. d'arch. chrét.*, art. Α ω.

[4] Fabretti, Boldetti, *Opp*. passim.; Renier, *Inscript. de l'Algérie* n. 4025.
[5] *Diction.*, art. *Monogr.* Cf. *ibid.*, art. *Nimbe*.

par des chaînettes d'or aux bras d'une croix gemmée, ou à ceux d'un monogramme cruciforme. L'A et l'ω sont ainsi suspendus aux bras d'une croix élégante et légèrement pattée, gravée sur le frontispice d'une petite basilique des premiers siècles, à Announah, en Algérie... Sur les monnaies, l'A et l'ω commencèrent dès l'année qui suivit la mort de Constantin à être tracés aux côtés du monogramme du Christ ».

Inutile d'insister sur la signification de ces signes.

Jésus-Christ est le principe et la fin, cause efficiente et cause finale de tout, comme s'exprimeraient les théologiens: donc il est Dieu. Ainsi répondirent avec deux lettres les défenseurs de Jésus-Christ à Arius et à ses nombreux adeptes.

C'est à la même époque précisément que furent construites les portes de Sainte-Sabine. Peut-être faut-il trouver dans cette antiquité l'explication d'un fait déjà noté, savoir que le monogramme n'est pas accompagné du nimbe, ou que ce dernier est du moins fort peu accentué.

Un autre signe d'antiquité se trouve dans la forme minuscule de l'oméga: ω et non Ω. Très généralement, dans les premiers siècles, on employa cette lettre exclusivement, et quelques savants trouvent dans la seule présence de l'oméga majuscule une raison suffisante pour mettre en doute l'antiquité d'un document.[1]

IVme bas-relief.

Il est de grande dimension. Je ne sais si l'on peut dire qu'il est divisé en trois parties; il serait peut-être plus juste d'affirmer qu'il représente trois circonstances du même fait, en trois compartiments, lesquels d'ailleurs ne sont qu'incomplètement divisés entre eux, par une plate-bande qui n'occupe pas même toute la largeur du bas-relief.

Le fait représenté est classique dans l'antiquité chrétienne: c'est la vocation de Moïse. L'histoire du Législateur des Hébreux a été fréquemment reproduite, parce qu'il était l'une des plus no-

---

[1] Martigny, *Diction.*, *loc. cit.* On peut lire ici J. Wiegand, *Das altchristliche Hauptportal an der Kirche der hl. Sabina*, p. 30.

bles et des plus complètes figures du Christ. Nous avons sous les yeux l'histoire de sa mission, en trois compartiments qu'il faut étudier en commençant par le bas.

Première scène. — Le premier, placé dans le bas, nous montre Moïse berger. « Or, Moïse paissait les brebis de Jéthro, son beau-père, et prêtre de Madian, et ayant conduit le troupeau à travers le désert, il arriva à la montagne de Dieu, l'Horeb ».[1] Moïse est en effet assis dans un pays montagneux, boisé de chênes et de palmiers, et il a devant lui un troupeau de six magnifiques brebis, diversement posées et parfaitement sculptées. Il porte aux pieds les sandales, sur les épaules le pallium recouvrant la tunique; à l'inverse extrême de celui de Michelange, notre Moïse n'a pas

---
[1] *Exod.*, III, 1.

26. Quatrième bas-relief: la vocation de Moïse.

la barbe dans nos bas-reliefs, généralement. Il regarde avec stupéfaction la scène du compartiment supérieur, où il est représenté lui-même en face du buisson ardent.

Ce sujet ne se trouve qu'assez rarement reproduit dans les monuments de l'antiquité chrétienne.

Deuxième scène. — Dans le deuxième compartiment, Moïse reçoit de Dieu l'ordre de délier sa chaussure. Moïse dit: « J'irai et je verrai cette grande vision, et pourquoi le buisson ne se consume point ».[1] Il semble que l'artiste a voulu exprimer cette résolution en partie dans le compartiment qui précède, par l'étonnement de Moïse à la vue du miracle. Le texte sacré poursuit: « Le Seigneur voyant que Moïse approchait pour regarder, l'appela du milieu du buisson, et lui dit: Moïse! - Celui-ci répondit: - Me voici! N'approche point, reprend le Seigneur; délie la chaussure de tes pieds, car le le lieu où tu es est une terre sainte ».[2] L'artiste a fort bien reproduit la scène. Moïse est assis et retire sa chaussure très naturellement, tandis qu'un ange, placé entre lui et le buisson enflammé, lui en donne l'ordre. On peut observer en passant que c'est un ange qui parle. Il a de grandes ailes et une longue chevelure. De la main droite il fait le geste du commandement, tandis que la gauche est enveloppée dans un pan du manteau. On trouvera ici un argument de tradition dans le problème discuté entre théologiens, savoir si Dieu apparaît en général par lui-même, ou par le ministère d'un ange. A s'en tenir ici au récit biblique, interprété tout à fait littéralement, c'est Dieu qui devrait parler à Moïse; l'artiste a confié ce ministère à un ange, ou plutôt au Verbe sous la figure d'un ange; car les auteurs ecclésiastiques des premiers siècles attribuent ordinairement les théophanies de l'Ancien Testament au Logos.

Le buisson enflammé est fort bien réussi, et la grande flamme a je ne sais quoi de superbe et de vivant.

Troisième scène. — Enfin dans le troisième compartiment, Moïse reçoit sa mission. Deux personnages sont debout, revêtus de la tunique et du pallium, et sans chaussures. L'un reçoit sur ses deux mains couvertes d'un linge un rouleau, que lui offre une main

[1] *Exod.*, III, 3.
[2] *Exod.*, III, 5.

émergeant d'un nuage ; l'autre abaisse et étend les bras en signe d'étonnement et d'acceptation.

La plupart des interprètes ont pensé que Moïse reçoit ici les tables de la Loi. On affirme aussi que le personnage placé derrière Moïse est Pharaon. Nous croyons cette interprétation peu fondée. Moïse reçoit non point les tables de la Loi, mais sa mission providentielle. Nous avons des raisons nombreuses pour l'affirmer.

Notons avant tout qu'un rouleau présenté par une main sortant d'un nuage signifie une intervention divine, comme nous l'avons déjà constaté ; il symbolise une mission spéciale confiée extraordinairement, ou un fait merveilleux, attribuable à la main de Dieu.[1] Dans un fragment publié par le Card. Maï,[2] il est question d'un tableau qui fut peint entre 398 et 401, par ordre d'un préfet de Rome, et qui représentait une défaite de barbares. En haut on voyait une main portant une inscription qui attribuait à Dieu l'honneur de la victoire.

Rien ne nous oblige donc à voir ici la notification de la Loi à Moïse.

Nous avons d'ailleurs des motifs sérieux de croire qu'il ne s'agit point ici de cette grande scène du Sinaï. On ne s'expliquerait point, dans cette hypothèse, la présence de Pharaon que l'on y introduit. Au surplus, si le second personnage était réellement le roi d'Égypte, on ne comprendrait pas qu'il ne portât aucun signe de sa dignité.

Quel sera donc le fait reproduit ?

Pour répondre à cette question, il suffit d'observer qu'il y a connexion entre cette scène et la précédente, puisqu'elle n'en est séparée que partiellement ; puisque les flammes du buisson ardent montent jusque dans le champ de la suivante ; puisque, si les deux personnages n'ont pas de chaussures, la raison en doit être simplement que Dieu, dans l'autre scène, a commandé de les quitter. Ajoutons que l'ordre chronologique, vraisemblablement respecté avec exactitude dans les sujets qui occupent le même panneau, ne permet pas de voir ici autre chose que la mission confiée simultanément à Moïse et à Aaron. « Et le Seigneur irrité contre Moïse,

---

[1] Cf. Martigny, *Diction.*, art. *Dieu, Volume.*
[2] *Except. Eunap.*

lui dit: Prends Aaron, ton frère, le lévite, je sais qu'il est éloquent. Voici qu'il vient à ta rencontre, et il se réjouira en son cœur de te revoir. Parle-lui, et place mes paroles dans sa bouche; et moi je serai dans ta bouche et dans sa bouche, et je montrerai ce que vous devez faire. Il parlera pour toi au peuple, et il sera ta bouche... Voici que je t'ai établi le Dieu de Pharaon, et Aaron, ton frère, sera ton prophète. Tu lui diras tout ce que je t'ai ordonné ».[1]

Ainsi expliquée, la scène suppose ce qui précède, et appelle ce qui suivra de la même histoire dans d'autres panneaux.

Au point de vue de l'art, je veux dire de la sobriété, de la noblesse, de la clarté et de la vie, ces bas-reliefs sont fort remarquables.

Un détail mérite ici notre attention. Moïse reçoit le volume sur ses deux mains couvertes d'un linge. Le linge jeté sur les mains de celui qui reçoit quelque chose est un signe de respect et pour celui qui donne et pour la chose donnée. Nous avons d'innombrables preuves de cette assertion dans l'antiquité chrétienne. Saint Pierre reçoit les clés, les martyrs reçoivent ou offrent leurs couronnes, les mains couvertes d'un pan de leurs manteaux.[2] Chez les Romains les magistrats recevaient de la sorte les constitutions impériales. Aujourd'hui encore les fidèles se couvrent les mains d'une nappe pour recevoir l'Eucharistie.

Au point de vue historique, on notera que ce bas-relief est l'un de ceux qui dénoncent le mieux, surtout dans lesdraperies, l'origine byzantine ou romano-grecque de nos sculptures.

Vme bas-relief.

Il nous offre une scène du Nouveau-Testament: Jésus-Christ condamné au supplice de la croix par Ponce Pilate.

Le gouverneur romain est assis les jambes croisées et couvertes d'une sorte d'anascyrides dans une sorte de fauteuil, ou mieux de pliant qu'on appelait « sella curulus », δίφρος ἀγκυλόπους:

---

[1] *Exod.*, IV, 14-16; et VII, 1-2.

[2] Cf. Bottari, Marangoni, Ciampini, etc., qui nous offrent mille exemples à ce sujet.

c'est la chaise curule. Il porte une cotte de mailles, et une chlamyde, ou manteau, agrafée sur l'épaule droite; et une

27. Cinquième bas-relief: le Christ devant Pilate.

« vitta » lui ceint la tête. Un jeune serviteur, vêtu, lui aussi, de la cotte de mailles, tient devant lui une aiguière élégamment ouvragée, et lui verse de l'eau sur les mains dans une patère à manche, tandis que le lâche magistrat détourne la tête pour manifester son regret ou sa honte d'avoir condamné l'Innocent. On sait que l'acte symbolique accompli par Pilate n'était pas spécialement dans les usages romains; mais il l'était chez les juifs; parfois même la Loi en faisait un précepte, et le considérait comme une protestation d'innocence,[1] lorsqu'on n'avait pas d'autres preuves juridiques à apporter. On raconte que les Septante se lavaient les mains chaque fois qu'ils se mettaient à leur traduction des saints Livres, afin de signifier la pureté de leurs intentions; et aujourd'hui encore, le prêtre catholique, au moment d'offrir le Sacrifice, se lave les mains, en prononçant ces paroles du Psaume qui donnent un sens antique à l'action qu'il accomplit: « Lavabo inter innocentes manus meas »:[2] je laverai mes mains parmi les innocents.

Derrière Pilate se tient debout un soldat, portant la cotte de mailles et une tunique de cuir, et regardant le juge prévaricateur avec une sorte de stupéfaction. Jésus-Christ, les cheveux longs, mais sans barbe, les mains liées devant lui, va partir pour le Calvaire. Le personnage placé à sa gauche porte la barbe. Ce n'est ni un scribe ni un pharisien, mais bien un soldat qui emmène Jésus, met la main sur sa personne sacrée, et le pousse par les épaules. Il porte d'ailleurs l'habit militaire, une sorte de tunique ou de penula de cuir.

Le Sauveur est suivi de Simon le Cyrénéen qui porte la croix, une croix « immissa ». Simon est représenté jeune et de petite taille, pour signifier sans doute qu'il fait les fonctions de serviteur, « puer ». La figure d'ailleurs a été retouchée. Le personnage placé derrière lui doit être cette fois un pharisien ou un scribe. Il ne porte point l'habit militaire, mais la tunique et le « pallium », et fait au Christ un geste menaçant, accompagné d'un regard plein d'orgueil. Ce bas-relief est frappant de vérité et de simplicité antique. Pilate qui se lave les mains comme innocent de la mort dont il vient prononcer la sentence, est un drame poignant; et il est impossible de mieux mettre en contraste les fai-

---

[1] Cf. *Deut.*, XXVI, 6, XXIX, 6; Cf. *Ps.* XII, 6; Joseph, *Antiq.* XXV, 2, 2, 14.
[2] *Ps.* XXV, 6.

blesses humaines et les bontés divines. Il est impossible de mieux rendre le récit évangélique : « Pilate, voyant qu'il ne gagnait rien et que le tumulte allait croissant, se fit donner de l'eau et se lava les mains devant le peuple en disant : Je suis innocent du sang de ce juste... Et il le leur livra pour être crucifié ».[1]

Il faut se rappeler que les juges hébreux, après avoir prononcé une sentence de mort, étendaient la main sur la tête du coupable, en disant : « Que ton sang soit sur ta tête », protestant ainsi qu'ils n'étaient point responsables de cette mort.[2] Pilate répond aux Juifs en leur renvoyant toute responsabilité. Cette scène se passait non point dans le prétoire, mais au dehors, soit parce que les Juifs avaient refusé de pénétrer dans le prétoire par crainte des impuretés légales, soit parce que les sentences étaient toujours plus ou moins publiques chez les Romains. Pilate avait donc fait transporter son siège sur le Lithostrotos. Aussi notre artiste n'a-t-il pas représenté un mur dans le fond de son tableau, afin de ne pas laisser entendre que le fait s'accomplit dans une salle ou un appartement quelconque.

Il est rare, sans doute, que dans la première antiquité on ait reproduit dans toute leur réalité les scènes de la Passion. Il ne faudrait pas conclure néanmoins que nous avons sous les yeux un monument de nature absolument insolite, et par conséquent d'une ancienneté douteuse. Plusieurs sarcophages du IVme et du Vme siècle nous montrent des scènes tout à fait semblables de la passion de Jésus parmi les sculptures dont ils sont ornés. Le Portement de croix en particulier se trouve sur un antique sarcophage du Latran, et il existe entre cette sculpture et la nôtre cette ressemblance, qu'elle nous montre la croix portée non point par Jésus, mais par Simon de Cyrène.[3] On trouve le même sujet reproduit, avec un style semblable, dans une mosaïque de Sant'Apollinare-Nuovo à Ravenne.

Au surplus, à la date de nos bas-reliefs, cette difficulté n'a plus de valeur sérieuse.

Notons que dans notre bas-relief trois têtes ont été plus ou

---

[1] *Matth.*, XXVII, 24.
[2] Cf. Goodwin, *Moses et Aaron*, Lib. V, cap. VI.
[3] Cf. Grimouard de Saint-Laurent, *Guide de l'art chrétien*, t. IV, p. 264.

moins fortement retouchées : celle de Pilate, surtout dans la partie supérieure, celle de Simon de Cyrène, qui a été entièrement refaite sur un morceau de bois ajouté; enfin celle du personnage placé à gauche du Christ.

VIme bas-relief.

Il est de petites dimensions, et se trouve placé en haut de la seconde série verticale. C'est un tableau de l'apparition de l'ange aux saintes femmes, près du tombeau du Christ.

« Marie-Madeleine et l'autre Marie vinrent voir le sépulcre. Et voilà qu'il se fit un grand tremblement de terre. L'ange du Seigneur venait de descendre du ciel; il s'était approché, avait enlevé la pierre... Son aspect était comme l'éclair, et son vêtement blanc comme la neige... Il dit aux femmes : Ne craignez pas! Je sais que vous cherchez Jésus qui a été crucifié. Il n'est plus ici: il est ressuscité, comme il l'avait dit. Venez et voyez l'endroit où le Seigneur avait été déposé ».[1]

Si l'on compare notre bas-relief à cette page de l'histoire divine, on se persuade sans peine qu'il est impossible de porter plus loin le scrupule de l'exactitude.

Les deux saintes femmes arrivent de Jérusalem figurée par un fronton triangulaire percé d'une fenêtre en plein cintre, elles approchent du sépulcre représenté « par une sorte de temple, qui est couronné d'un fronton, et dans lequel est pratiquée une porte voûtée [2], » ou ceintrée, flanquée de deux colonnes ouvragées, et embellie de deux grandes portières relevées à droite et à gauche. L'ange debout, avec de grandes ailes, se tient dans cette porte, adresse la parole aux femmes, et fait le geste démonstratif, pour peindre cette parole : « Il n'est pas ici. » Ce n'est pas encore le geste si incomparablement expressif que Fra Angelico a donné à son ange dans la fresque qui reproduit le même sujet, à San Marco : mais il ne manque assurément ni de vérité, ni de grandeur.

---

[1] *Matth.*, xxviii, 1-6.

[2] Kondakoff, *Op. et loc cit.*, p. 366. Le tombeau de Jésus-Christ est souvent représenté sous forme d'édicule. Cf. Martigny, *Diction.*, art. *Résurrection de N. S.*; Kraus, *Real-Encycl.*, art. *Auferstehung des H.*; Faillon, *Monuments*, 1, 466; Sepp, *Jerusalem und das heilige Land*, 1, 464.

Madeleine regarde l'ange et lui répond, comme le montre le geste de sa main droite; l'autre Marie, éblouie de l'éclat de l'ange,

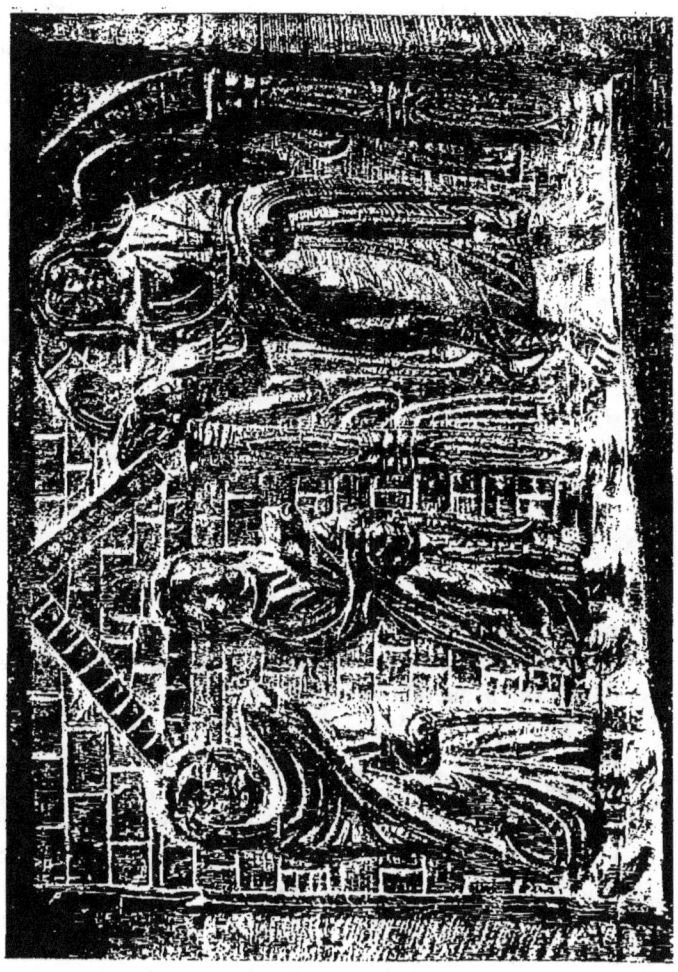

28. Sixième bas-relief: le Christ ressuscité.

lève sa main droite enveloppée d'un pan de son manteau, comme pour se voiler les yeux.

L'ange porte des sandales, les deux femmes des souliers ou

« calcei »; l'ange est revêtu de la tunique et du pallium; les deux femmes, de la tunique et d'une sorte de palla ramenée sur la tête.

Quoique plus rarement, les premiers chrétiens ont représenté le mystère de la résurrection sous sa forme réelle, surtout au lendemain de la persécution [1]. Ce mystère était sans doute à leurs yeux comme un symbole de leur propre triomphe sur la mort. Jusqu'alors ils l'avaient enveloppé de formes mystiques, voilé sous divers emblèmes, spécialement sous la figure de Jonas: ils avaient redouté d'exposer ce dogme aux railleries des païens, et ils se souvenaient de l'échec de saint Paul, lorsqu'il avait parlé de la résurrection à l'Aréopage.

Notre bas-relief est assurément l'un des plus anciens où le mystère soit si explicitement et si complètement représenté.

VIIme bas-relief.

Il nous ramène à l'histoire de Moïse, dont il nous offre quatre scènes en quatre compartiments distincts, car il s'agit d'un bas-relief de plus grande dimension.

Première scène. — Un personnage est seul, debout, vêtu de la tunique et du pallium; il regarde une main ouverte qui sort d'un nuage, et lui-même étend et abaisse les bras en signe d'adhésion. Il semble indiquer en même temps de la droite un chêne qui s'élève dans l'angle du tableau.

On a dit que Moïse est en prière dans une campagne figurée par le chêne. C'est un peu vague, et notre artiste nous a habitués déjà et nous habituera davantage encore à une plus grande précision. Et d'ailleurs, cette explication ne justifie pas suffisamment la présence de la main providentielle, qui est ouverte comme donnant un ordre. La main désigne toujours quelque prodige particulier. Et Moïse enfin fait bien plus un geste d'acceptation qu'un geste de prière.

Persuadés que notre sculpteur représente ici comme ailleurs un fait particulier, tel que le raconte la Bible, et qu'il suit l'ordre

---

[1] Cf. Martigny, *Diction.*, art. *Résurrection de Notre-Seigneur.*

chronologique par rapport à ce qui précède dans le premier panneau, et à ce qui suit dans le panneau que nous avons sous les yeux, nous verrons ici la traduction de ce passage de l'Exode : « Et ils arrivèrent à Mara, et ils ne pouvaient boire les eaux de Mara, parce qu'elles étaient amères... Et le peuple murmura contre Moïse en disant : Que boirons-nous ? Mais lui, il cria vers le Seigneur, qui lui montra une sorte de bois, et il mit ce bois dans l'eau, qui devint douce. »[1]

Ainsi s'explique sans peine la présence de la main toute puissante, l'attitude de Moïse, et la présence du chêne dans l'angle du tableau.

On peut objecter que cet arbre n'est pas spécifié dans le

[1] *Exod.*, xv, 23-29.

29. Septième bas-relief : les Miracles de Moïse au désert.

récit biblique; mais il est facile de répondre que l'artiste, devant faire un choix, s'est naturellement décidé à reproduire l'arbre-roi.

Deuxième scène. — Dans le deuxième compartiment nous est rappelé un autre miracle. Trois personnages vêtus de la tunique et du pallium, chaussés de la « solea », sont assis sur leur « sella curulis » chaise à pieds recourbés, autour d'une table ronde, qui est couverte d'une longue nappe frangée et brodée, et porte un vase circulaire, un « circulus », où se voient quatre oiseaux préparés pour le repas. Les convives portent tous la main au plat. C'est le miracle des cailles rôties : « Les enfants d'Israël disaient (à Moïse et à Aaron) : Que ne sommes-nous morts de la main du Seigneur, sur la terre d'Egypte, quand nous étions assis auprès des marmites pleines de viande ?... Et le Seigneur parla à Moïse et lui dit : J'ai entendu les murmures des enfants d'Israël ; dis-leur : Ce soir, vous mangerez de la chair... Le soir arriva, et les cailles montèrent et couvrirent le camp ».[1] On ne sait lequel est le plus réaliste du récit ou de la sculpture.

M. Kondakoff a vu dans ce bas-relief la scène d'Emmaüs, et il y trouve « le Christ qui est assis entre ses deux disciples, devant une table ronde de petite dimension, couverte d'une nappe ; il est en train de bénir le pain ».[2] Cette interprétation est contraire au contexte, et n'explique point les oiseaux qui se voient dans le plat. Elle a amené l'illustre savant à conclure que tout est un peu confondu dans ce bas-relief : au contraire, tout y est très simple et logique, si on le comprend.

Troisième scène. — Elle nous raconte le miracle de la manne. Nous avons ici de nouveau trois personnages assis autour d'une table, comme dans le compartiment supérieur. Il faut même dire que le groupe principal est simplement la répétition du précédent, sauf que le personnage de droite est assis, non pas sur la « sella curulis », mais sur la « sella castrensis », un simple pliant moderne.

A droite et à gauche sont debout deux serviteurs, vêtus d'une tunique en peau, et chaussés des « carbatinae » réservées aux

---

[1] *Exod.*, XVI, 13.
[2] *Op. cit.*, p. 371.

paysans et formées d'un morceau de cuir brut donnant la semelle et l'empeigne.

Les serviteurs sont à leur office : celui de droite tient en main une grosse cuillère ronde et une sorte de terrine à panse renflée ; celui de gauche porte d'une main un calice rempli, et de l'autre une petite amphore. Celui-ci a près de lui un récipient en bois, cerclé aux deux extrémités, la « tina », pour le vin sans doute, ou plutôt encore le « gomor » qui contenait la manne.

La table ressemble à celle de la scène précédente et est ornée pareillement de franges et de rosettes ou « calliculae ». Sur la table est un plat que remplit un pain de grains très visibles. Ces grains ne peuvent être que la manne.

Voici les paroles de l'Exode : « Que ne sommes-nous morts (disaient les fils d'Israël) quand nous mangions du pain à satiété ? Et le Seigneur dit à Moïse : J'ai entendu les murmures des enfants d'Israël, dis-leur : Demain, vous serez rassasiés de pain. Et le matin il tomba une rosée autour du camp. Elle couvrit la surface de la terre ; on aurait dit qu'elle avait été pilée comme de la gelée blanche. Voyant ce prodige, les enfants d'Israël se disaient entre eux : Manhu ? C'est-à-dire : Qu'est-ce que cela ?... Moïse leur dit : C'est le pain que le Seigneur vous envoie pour manger ».[1]

M. Kondakoff a vu dans ce tableau le repas des anges chez Abraham ; il a pris les trois convives pour des anges, et les deux serviteurs, pour Abraham et Sarah. « Les trois hôtes célestes, dit-il,[2] bénissent un pain de forme circulaire, marqué d'une croix ; Abraham placé à gauche, tient une cuillère ; Sarah, debout, à droite, un couteau ; ils sont tous deux vêtus d'une tunique de cuir ». Mais cette explication est complètement invraisemblable. Le costume assigné à Abraham et à Sarah est peu digne de ces personnages ; le serviteur de gauche, pris pour Abraham, tient en main une cuillère et une sorte d'amphore à goulot, assez semblable à notre bouteille ; le serviteur de droite, qui est bien un homme lui aussi, comme le montrent ses cheveaux courts, tient d'une main un instrument allongé semblable à un couteau, ainsi que le veut M. Kon-

[1] *Exod.*, XVI, 12-15.
[2] *Op. et loc. cit.*, p. 37.

dakoff, et de l'autre, un second ustensile de cuisine. Ce double rôle convient peu à Abraham et Sarah. Le second serviteur a devant lui un grand vase cylindrique et orné de cannelures verticales, que M. Kondakoff, si j'en crois un peu son interprétation, et surtout le dessin placé en tête de sa brochure, a dû prendre pour un prolongement de la tunique de la prétendue Sarah. Les trois convives n'ont point d'ailes, comme l'artiste n'eut point manqué de leur en donner, malgré « l'incognito » des célestes voyageurs ; ils ne bénissent pas le pain, mais portent la main au plat, comme plus haut ; le pain n'est pas marqué d'une croix, mais simplement d'une échancrure dans l'angle : on devine au contraire une sorte de gâteau rond et granulé.

Enfin l'artiste n'eût pas manqué de désigner le lieu de la scène par un arbre, puisqu'elle eut lieu sous un arbre, s'il eût prétendu nous montrer le repas des anges chez Abraham.

Notre interprétation, au contraire, s'encadre parfaitement dans le poème du panneau.

Nous devons ajouter quelques observations relativement au sujet qui nous occupe, la manducation de la manne.

Chez les Pères et les Docteurs de l'Eglise, la manne est constamment regardée comme un symbole de l'Eucharistie. Leurs écrits nous rappellent sans relâche cette comparaison. Il est donc à croire que nous trouverons dans la tradition figurée le même enseignement; et toutefois, chose étrange ! les documents certains de ce symbolisme sont très rares dans les annales de l'archéologie,[1] tellement que nous avons sous les yeux l'un des monuments les plus antiques auxquels on puisse attribuer cette signification.

Mais est-il probable que la manducation de la manne ait le sens figuré que nous lui attribuons ? Nous avons pour le croire ce motif surtout, que le sens symbolique est donné par les archéologues aux monuments semblables.

Prudence semble avoir décrit les deux scènes qui précèdent dans ces vers, qui furent destinés à expliquer une représentation analogue :

---

[1] Cf. Martigny, *Diction.*, art. *Manne, Eucharistie, Moïse*. Cf. Kraus, *Real-Encycl.*, art. *Eucharistie, Manna, Moses*.

« Les tentes des patriarches blanchissent du pain des anges. Croyons-en le fait.

« Le vase d'or conserve la manne ; aux ingrats apparait un autre nuage, et un amas de corneilles vient rassasier leur faim ».[1]

Pour ceux qui s'intéressent à ces questions, nous ferons observer que dans les deux compartiments précédents, les convives sont représentés assis et non couchés. Manger couché était surtout dans l'antiquité le privilège des efféminés et des vainqueurs :[2] les premiers par oisiveté, le seconds pour raison de repos. Les représentations de repas dans les catacombes, nous montrent généralement les convives assis. Ni les amollissements de l'oisiveté, ni les orgueils d'un triomphe ne conviennent aux fidèles, dont la vie est un combat sur la terre.

Nous avons dans ces deux bas-reliefs la preuve qu'au Vme et VIme siècle, la disposition des repas différait peu de ce qu'elle est aujourd'hui. La table, les ornementations, les ustensiles de cuisine, etc., sont à peu près de forme moderne. Les sièges des convives, dans ces deux scènes comme dans tous les bas-reliefs, sont d'une forme identique. On dirait deux chassis recourbés ou droits et placés l'un dans l'autre, dont l'un avait parfois une extrémité plus prolongée formant un dossier. Nous renvoyons au dessin qui accompagne notre description. Cette forme de sièges est une forme ancienne.

Faut-il remarquer pourtant que les convives mangent avec les doigts, et ne connaissent pas nos fourchettes ? On conçoit pour le temps de Moïse que le sculpteur ait eu des hésitations, bien qu'exagérées.[3] Ceci démontre sa scrupuleuse conscience.

Enfin, il ne sera pas inutile d'observer que les trois sujets précédents sont plus rares que beaucoup d'autres dans l'iconographie

---

[1] « Panibus angelicis albent temptoria patrum :
Certa fides facti ; tenet urceus aureus exin
Servatum manna ; ingratis venit altera nubes
Atque avidos carnis saturat congesta coturnix ».
Diptyc., XI.

[2] Toutefois les femmes étaient le plus souvent assises à table.

[3] Cf. *Exod.* XXVII, 3. La fourchette était à peu près connue des anciens Romains. Voir Rich., *Diction.*, art. *Fascinula*.

chrétienne,[1] et qu'à ce titre les bas-reliefs qui les reproduisent ont une importance spéciale.

Quatrième scène. — Nous arrivons au quatrième et dernier compartiment de notre bas-relief. Ici, comme dans le premier compartiment, Moïse est seul et debout. A sa gauche sort d'un nuage la main de Dieu, le « doigt de Dieu »; des deux côtés s'élève un rocher abrupt, et enfin, du rocher de droite, plus grand que l'autre, se précipite comme de sa source un fleuve très abondant, que Moïse montre de la main.

Ce fait de la vie de Moïse fut souvent représenté. Les exemples en sont nombreux dans les premiers monuments de l'art chrétien, sur les sarcophages, dans les verres historiés, dans les médailles, dans les peintures catacombales, etc. Il est en effet l'un des plus illustres dans l'Ancien-Testament, et l'un des plus touchants comme témoignage de la bonté et de la puissance de Dieu. Le peuple hébreu murmurait contre Moïse parce que l'eau lui manquait ; et le Seigneur dit à Moïse : « Je me tiendrai devant toi (c'est la main du bas-relief), sur la montagne d'Horeb (c'est la montagne dont nous avons parlé), et l'eau en sortira (c'est la grande source qui jaillit) ».[2] Impossible de traduire plus littéralement un récit dans une œuvre d'art.

Le sculpteur a représenté la scène, non point au moment du miracle, mais lorsque, le miracle déjà accompli, l'eau coule en abondance. Cette manière de représenter le prodige est plus rare.[3]

Moïse ne tient plus sa verge de thaumaturge, et montre seulement la source. Ici, comme dans presque tous les monuments qui représentent le même fait, Moïse se voit seul.

Considéré dans son ensemble, tout ce panneau mérite une attention particulière au point de vue esthétique. L'exécution en est calme et sobre ; tout y parle, rien n'y est superflu.

Au point de vue du symbole et de l'histoire, il est d'une richesse incomparable.

Si on l'interprète comme nous l'avons interprété, on voit que l'ordre chronologique y est parfaitement observé.

[1] Cf. Martigny, *Diction.*, art. *Moïse*.
[2] *Exod.*, XVII, 6.
[3] Cf. Bottari, XLIX ; Millin, *Midi de la France*, LXVI.

Kondakoff et Mamachi se sont trompés considérablement dans l'explication qu'ils nous en ont donnée : sans doute parce qu'ils n'ont pas eu la facilité d'étudier de près nos sculptures.

VIIIme bas-relief.

C'est une apparition de Jésus-Christ à deux saintes femmes. « L'ange dit aux femmes (venues au tombeau): Allez promptement, et annoncez aux disciples qu'il est ressuscité ; et voici qu'il vous précèdera en Galilée : là, vous le verrez, comme il vous l'a prédit. Et elles s'éloignèrent aussitôt du monument avec crainte et grande joie, et elles coururent porter la nouvelle aux disciples. Et voici que Jésus leur vint au-devant, et leur dit : Je vous salue. Elles approchèrent pour embrasser ses pieds, et l'adorèrent ».[1] C'est la scène si souvent figurée dans l'art byzantin sous le nom de χαίρετε, d'après l'Evangile de saint Matthieu.[2] La scène se passe dans une campagne, désignée par trois arbres, deux palmiers aux extrémités, un chêne au milieu. Jésus-Christ est debout, et interpelle du geste les saintes femmes. Il porte la barbe et les cheveux longs. Les deux femmes sont debout, ont la tête voilée et se tournent vers le Christ. Elles élèvent devant leur figure la main droite enveloppée d'un pan de leur pallium. Ce geste signifie l'adoration, et peut-être l'étonnement et l'éblouissement dont elles furent frappées par l'apparition subite de Jésus-Christ glorieux.

A noter que les trois personnages ici chaussent de simples souliers « calcei ».

Tous ceux qui se sont occupés d'iconographie chrétienne au point de vue de son histoire, savent combien fréquemment le mystère de la résurrection, qu'on représentait peu en lui-même, a été figuré par une apparition aux saintes femmes.

Nous sera-t-il permis de constater l'importance que notre artiste

---

[1] *Matth.*, XXVIII, 7-9.
[2] Cf. Kondakoff, *Op. et loc. cit.*, p. 866. Didron, *Manuel d'Iconographie*, p. 201.

donne à l'art du geste, χειρονομία, et le bonheur avec lequel il l'utilise ? Chez les anciens, cet art était d'importance souveraine,

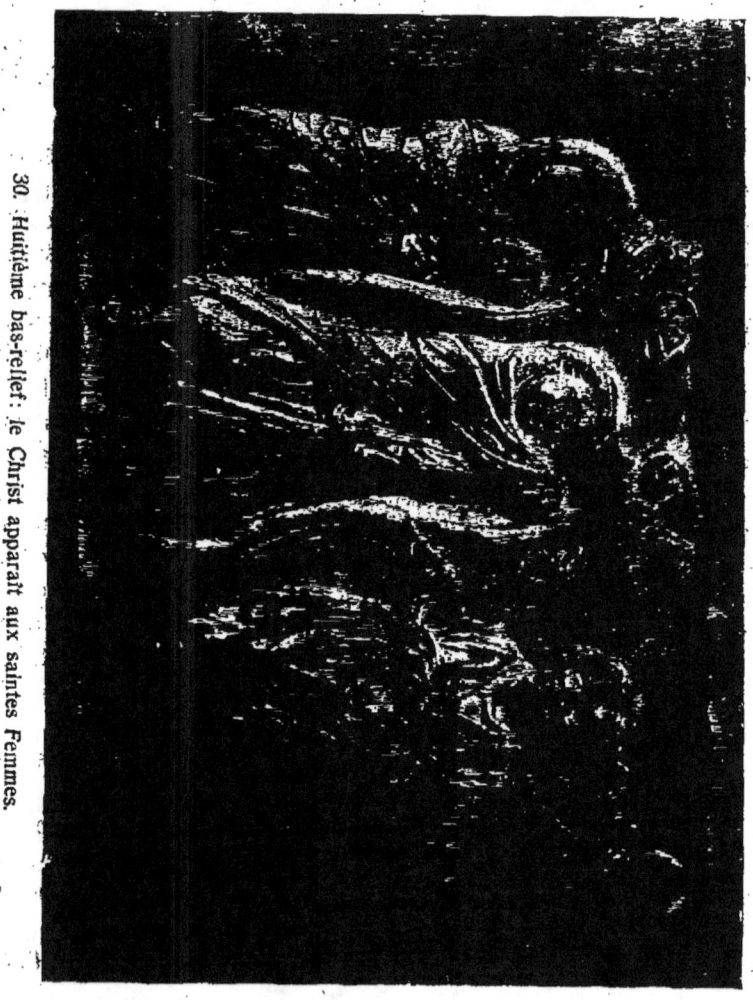

30. Huitième bas-relief : le Christ apparaît aux saintes Femmes.

parce que leurs orateurs devaient parler devant des foules. Notre sculpteur s'en souvient manifestement.

IXme bas-relief.

Mamachi a cru y voir Abraham qui reçoit la visite des anges. Mais cette interprétation ne combine ni pour le nombre des personnages spectateurs, ni pour la présence d'une église chrétienne.

M. Kondakoff y a vu Zacharie, le grand Prêtre, s'adressant à la foule sans pouvoir lui parler; et nous avons nous-même adhéré d'abord à cette interprétation.

Récemment quelques uns y ont vu le chef du Saint Empire Romain, présenté au peuple chrétien: mais cette exégèse n'est prouvée par rien, et n'explique pas comment le principal personnage ne porte pas de signe distinctif de sa dignité, ni pourquoi il apparait sur le seuil d'une église, ni pour quel motif un ange se trouve là, à une époque où l'empire commençait déjà à n'être « ni saint, ni empire, ni romain ».

Réflexion faite, nous pensons que ce bas-relief nous résume les chapitres X et XI des *Actes des Apôtres*.

C'est saint Pierre, avec ses six compagnons qui, revenu de Jaffa, raconte aux chrétiens de Jérusalem, que sur l'ordre de Dieu, transmis par un ange, il a prêché la pénitence vivifiante aux gentils, qui ont reçu pareillement l'Esprit de Dieu.

Ainsi s'expliquent et la présence de l'ange, et le nombre des six personnages spectateurs, et la construction de l'église chrétienne surmontée de la croix.

Il nous semble utile d'entrer dans quelques détails, capables d'intéresser un certain nombre de lecteurs.

Observons en premier lieu que ce bas-relief, bien qu'il soit divisé en trois compartiments, forme néanmoins un tableau unique, et nous offre une seule scène. L'ensemble est naïvement ordonné, sans doute, et les essais de perspective, indiqués dans les deux groupes de personnes placées en dehors du temple, ne sont rien moins qu'heureux. Toutefois l'ensemble de la composition ne manque ni de noblesse, ni de grandeur. L'idée de l'artiste était, comme toujours, très nette et très simple. A une autre époque, ce sculpteur eut été plus habile sans doute, mais aurait parfois sacrifié la sobriété et la grandeur au détail et au joli.

— 198 —

31. Neuvième bas-relief :
Le Christ établit son Eglise pour tous.

Il est bon pareillement de jeter un coup d'œil sur chaque compartiment en particulier.

Le messager céleste est debout, vêtu, et porte de grandes ailes; il se tient adossé à la muraille latérale de l'église, indiquée par des blocs carrés de maçonnerie. Il porte la chevelure longue et flottante. Saint Pierre est à l'entrée du temple, dans la grande porte qui occupe toute la façade.

Il est grand de taille, il a la barbe, et, par dessus la tunique; il porte une grande chlamyde agrafée sur l'épaule droite. Il inspire le respect par la dignité de sa démarche. Cette figure est byzantine de caractère et de style. Il y a là, à notre point de vue, un monument très intéressant pour l'histoire du vêtement sacerdotal. A l'époque où nous sommes, le vêtement ecclésiastique ne différait pas du vêtement commun. C'est précisément Célestin I qui surveille la fondation de notre église et peut-être la création de notre porte, qui écrivait sagement aux évêques de Vienne et de Narbonne: « Nous apprenons que certains prêtres du Seigneur s'appliquent plutôt aux superstitions du costume qu'à la pureté de l'esprit et de la foi. Quand ils portent le pallium sur les épaules et une ceinture autour des reins, ils s'imaginent accomplir les Ecritures selon la lettre, plutôt que selon l'esprit... Nous devons nous distinguer de la foule et des autres par la doctrine et non par le vêtement; par la conduite, et non par les habits, par la pureté du cœur et non par la toilette. » Il s'agit ici des vêtements usuels et non point des vêtements liturgiques.

Surtout il faut remarquer l'église. C'est une église du Vme. La grande croix « immissa » placée au faîte du temple, nous prouve la vraisemblance de cette supposition.

L'église est un édifice carré, en pierres de taille, et flanqué aux quatre angles de colonnes adossées. Sous ce rapport, il ressemble parfaitement à une autre représentation du temple que nous avons vue dans le premier compartiment du second panneau. Les colonnes ont les bases et les chapiteaux corinthiens; mais le fût est irrégulier, divisé en deux par un double cordon qui le resserre dans le milieu, et orné dans le sens vertical de stries qui forment des ovales concentriques. C'est un peu la colonne balustre. Les colonnes supportent une corniche embellie de feuilles entablées, au-dessus de laquelle se voit le toit formé de larges briques. La façade se compose de deux parties. La partie inférieure, jusqu'au fronton est toute entière occupée par une vaste porte, où se voit de chaque côté un rideau destiné à la fermer, mais relevé pour livrer passage au premier des papes. Le fronton est évidé, percé d'une fenêtre cintrée, et construit en pierres de taille; les corniches sont ouvragées comme la frise.

La grande croix qui le surmonte est ornée également d'oves et de carrés alternés et figurant sans doute des pierres précieuses; enfin derrière le temple s'élèvent deux campaniles surmontés d'une corniche et d'un fronton semblables à celui du temple. Ils apparaissent construits en pierres de taille, et percés dans le haut de deux fenêtres parallèles. Celui qui écrira l'histoire des campaniles ou clochers ne manquera pas d'étudier de près et avec soin notre monument.

Il nous semble que ces détails ne manquent pas d'importance pour l'histoire de l'art architectural chez les chrétiens, et que, à ce titre, notre bas-relief peut prendre place à côté du célèbre sarcophage du cimetière du Vatican, qui nous montre une basilique primitive.[1]

Dans le deuxième compartiment, nous trouvons trois personnages vêtus d'une manière que l'on croirait un peu insolite. Ils portent une double tunique; l'une plus longue descend à la cheville du pied, l'autre s'arrête presque à la hauteur du genou. Sur les tuniques, ils portent le pallium, avec cette variante que surtout chez le personnage du milieu, le pallium semble retenu par une ceinture.

Les Romains et les Romaines portaient souvent plusieurs tuniques, parfois même jusqu'à quatre. Dans ce cas la tunique intérieure s'appelait « tunica intima » ou « interior ». La tunique extérieure n'avait que des manches courtes et ne descendait que jusqu'aux genoux. Dans le troisième et dernier compartiment, les trois personnages ne portent qu'une simple tunique recouverte de l'humble penula.

Xme bas-relief.

Remontons au sommet de la troisième série verticale. Le bas-relief qui s'offre à nous est une Adoration des Mages: sujet classique chez les premiers artistes chrétiens. On le représentait de préférence, parce qu'il résumait le dogme touchant le culte de Jésus-Christ et de sa Mère, et aussi parce qu'il rappelait plus facilement aux fidèles, convertis du paganisme, que les miséricordes de Dieu sont pour ceux qui le craignent, selon le mot de Marie dans son Cantique.

---

[1] Cf. Martigny et Kraus, *Opp. cit.*, art. *Basilique, Basilika*. Voir M. Enlart, *Histoire de l'architecture française*, vol. I, où il compare notre bas-relief avec deux églises de la même époque existantes en Syrie.

Précisons la scène avec le sculpteur. « Les Mages vinrent de l'Orient à Jérusalem... Après avoir entendu le roi (Hérode), ils par-

32. Dixième bas-relief : le Christ nouveau-né adoré par les mages.

tirent (vers Bethléem); et voici que l'étoile qu'ils avaient vue en Orient les précédait, jusqu'à ce qu'elle s'arrêtât enfin sur l'endroit où était l'Enfant avec Marie, sa Mère; et, se prosternant (les Mages) ils l'adorèrent, ouvrirent leurs trésors et lui offrirent comme présents de l'or, de l'encens et de la myrrhe ».[1]

Prudence avait composé la légende qui suit pour un tableau analogue à celui que nous étudions.

« La sainte Bethléem est la tête du monde, car elle a produit Jésus, le principe de l'univers, le chef de tous les principes. Cette cité a enfanté le Christ-Homme, le Christ qui agissait en Dieu avant que ne fût le soleil, avant que ne fût l'étoile du matin ».[2]

La scène de l'adoration se passe dans une maison, comme l'indique le mur qui forme le fond du tableau. L'étoile, arrêtée sur la maison, ne se voit point. Marie tenant l'Enfant, est assise sur une sorte de « solium » ou trône qui s'élève sur une montée de six degrés d'escaliers arrondis, disposés en trèfle et ornés de petits dessins. Elle est assise non pas sur une simple chaise, mais dans un noble fauteuil, les δίφροι, semblable à ceux que nous trouvons dans les autres panneaux. C'est la καθέδρα σὺν ὑποποδίῳ des Grecs; c'est un siège souverain.[2]

Elle revêt la tunique et le pallium, a la tête voilée, et, de ses deux mains, tient sur son genou gauche le Divin Enfant. Celui-ci est entièrement vêtu, comme il le fut presque toujours dans l'antiquité. De la main droite, il reçoit les présents que lui offrent les Mages.

Les Mages sont au nombre de trois, comme le veut une tradition invariablement respectée, lorsque certains artistes ne l'ont pas sacrifiée à un principe de symétrie, pour nous les représenter au nombre de deux ou de quatre.[3]

Ils se tiennent debout, au bas du trône, et approchent les uns après les autres, portant leurs offrandes dans des patères semblables.

---

[1] « Sancta Bethleem caput est orbis, quae protulit Jesum:
Orbis principium, caput ipsum principiorum.
Urbs hominem Christum genuit, qui Christus agebat
Ante Deus quam sol fieret, quam lucifer esset. »
Diptyc., xxvi.

[2] Athan., *Dipnos.*, v, 29.

[3] Cf. Grimouard De Saint-Laurent: *Guide de l'art chrétien*, vol. III, p. 62, etc.; Wilpert, *Ein Cyclus christologischer Darstellungen*, p. 21.

Leur costume est le costume traditionnel.[1] Ils sont coiffés du « pileus » ou bonnet phrygien, comme Orientaux, et peut-être comme Persans. Pour vêtement, ils portent une tunique courte et à pans découpés, et une sorte de braies ou de caleçons collants et quadrillés, dont le nom grec anaxyrides, ἀναξυρίδες est fort expressif. Chez les Perses, cette partie du vêtement s'appelle « saraballa » ou « sarabara ». Selon la vieille définition, les ἀναξυρίδες vont « a calce ad pubem » du talon jusqu'au flanc. Elle étaient en usage chez les Orientaux et le Septentrionnaux; les Arméniens et les Parthes les portaient larges, les Persans et les Chaldéens les avaient serrées. Saint Jean-Baptiste, Abel, les trois enfants dans la fournaise, Daniel au milieu des lions, les saints Abdon et Sennen, les bourreaux de Jésus-Christ et les serviteurs de la cour impériale en étaient parfois revêtus dans les monuments primitifs de l'art. Les mages spécialement les portent toujours et partout.[2]

Les ἀναξυρίδες étaient en cuir, en lin ou en soie: c'est sans doute pour indiquer cette dernière étoffe que l'artiste a quadrillé celles de nos Mages.

Quelqu'un a pensé que le dernier seul, porte les anaxyrides tissues en quadrillé. C'est une erreur: ce vêtement est identique chez les trois personnages.

Au simple aspect, il est facile de conclure que nous avons ici un monument de la plus pure et de la plus certaine antiquité, tant il offre de ressemblance avec tous les monuments analogues publiés par les savants spéciaux, tels que MM. Rohault de Fleury,[3] Lehner,[4] Liell,[5] etc. MM. Crowe et Cavalcaselle observent que nous avons ici le style des Catacombes.[6] Mais il est un détail qui, pour n'être

---

[1] M. Kondakoff fait le renvoi suivant: " Pour le costume des Mages, voir les mosaïques de Sainte-Marie-Majeure et de Sant'Apolinare-Nuovo à Ravenne, les sarcophages, les médailles ou cachets. „ (Rohault de Fleury, *L'Evangile*.) *Bollet. d'archeol. crist.* 1869, VI. Le P. Garrucci a reproduit tous ces monuments dans son grand ouvrage: *Storia dell'Arte*.

[2] Cf. *Les miniatures de Cosmas*, Bibl. Vat. n. 699.

[3] *La Sainte Vierge*, Paris, 1878.

[4] *Die Marienverehrung*, Stuttgart, 1881.

[5] *Die Marienbilder der Katacomben*, Freiburg, 1887. Cf. Melia, *La Donna Benedetta*.

[6] *Storia della Pittura*, vol. I, *loc. cit.*

point historique, n'en a pas moins une importance notable: c'est une pensée doctrinale et pieuse qui l'a inspiré. Marie, tenant son Fils, est assise en reine, et participe manifestement aux honneurs rendus à celui dont elle est la Mère, et parce qu'elle est sa Mère. Elle est sur un trône très élevé, et présente ainsi le Verbe Incarné aux adorations des Mages. Prudence a exprimé ce symbolisme:

« Les Mages offrent ici au Christ enfant sur le sein de sa Mère des présents de myrrhe, d'encens et d'or. La Vierge admire ces hommages rendus à sa fécondité, et se reconnaît la Mère du Dieu-Homme, du Roi-Souverain. » [1]

Ce détail, dont nous ne connaissons pas d'autre exemple aussi frappant dans l'antiquité primitive, acquiert par cette raison même une importance meilleure, et il sert à établir la perpétuité du culte rendu à la Vierge. On prétend que Marie n'est représentée qu'à raison de son Fils. Il ne serait pas impossible d'expliquer le fait, s'il était réel, car de même que nous justifions notre culte spécial à la Vierge par sa maternité divine, de même les artistes auraient pu la représenter toujours comme Mère, parce que c'est la première de toutes ses grandeurs. Mais on ne peut accepter ni le fait, ni l'explication du fait, tels que les veulent les adversaires. On peut nier le fait, puisque Marie a souvent été représentée sans son Fils; [2] on doit nier l'explication qu'ils donnent, savoir que la Vierge n'est dans ces monuments qu'un complément historique. Elle nous est toujours montrée comme souveraine par son Fils. Notre bas-relief en est une preuve à ajouter à toutes les autres.

[1] « Hic pretiosa Magi sub Virginis ubere Christo
Dona ferunt puero myrrhaeque et thuris et auri.
Miratur Genitrix tot casti ventris honores,
Seque Deum genuisse hominem Regem quoque Summum ».

Diptyc., XXVII.

[2] Cf. Rohault de Fleury, Lehner, Liell, *Opp. cit.* Il existe un très remarquable ouvrage qui nous semble aussi peu connu qu'il mérite de l'être beaucoup, et que nous voulons recommander vivement. Il se compose des plus beaux et des plus sûrs témoignages de l'antiquité écrite ou figurée sur le culte de la Vierge. C'est la *Donna benedetta da tutte le generazioni, ossia Maria*, etc. du Dr R. Melia, prêtre de la Mission.

XIme bas-relief.

Il est de grande dimension. Il est le premier de ceux que nous supposons plus modernes, pour les raisons dites plus haut, bien qu'il reproduise un sujet ancien.

Il se pourrait d'ailleurs qu'il eût été le sujet de retouches, surtout dans le fond du tableau, ou simplement qu'il fût d'une main différente, pour expliquer les divergences. C'est aussi l'un des sujets dont l'interprétation est fort controversée et douteuse.

M. Kondakoff y voit la résurrection « représentée d'une manière vraiment originale. Deux anges viennent saisir par la tête et les bras le Christ placé au sommet d'une montagne et courbé à terre: un

33. Onzième bas-relief: le Christ dans son Ascension.

troisième ange étend la droite pour montrer le Seigneur ; plus bas, on aperçoit quatre soldats, dont les uns regardent avec stupéfaction cette scène, tandis que les autres sont encore endormis. L'un d'eux pourrait bien être le centurion Longin ».

Le P. Garrucci croit trouver ici l'Ascension de Notre-Seigneur, et y lit même la traduction de ce texte : « Attollite portas principes vestras », Portes, élevez vos linteaux!

Enfin, Mamachi y devine deux scènes : en haut le Christ souffre l'agonie dans le jardin, et reçoit le secours des anges ; en bas, il exhorte ses disciples à prier et à veiller [1].

Il importe avant tout de décrire exactement la sculpture. En haut se voit le Sauveur vêtu de la tunique et du pallium qu'il retient de la main gauche, penché comme quelqu'un que l'on relèverait du sol où il serait tombé de toute sa longueur. Il porte la barbe et n'a pas le nimbe. Trois anges à grandes ailes l'entourent ; deux sont au-dessus et de chaque côté, et le soulèvent l'un par le haut de la tête, l'autre par le bras droit, le troisième ange est devant lui, et le soutient légèrement par la poitrine.

Dans la partie inférieure se voient quatre personnages, dont trois sont assis et un autre debout. L'un de ceux qui sont assis est comme endormi ou pleurant, et appuie sa tête dans sa main ; les trois autres regardent la scène supérieure, et étendent les bras en signe de stupéfaction. Il est à noter qu'on les voit de face ou de profil, et qu'ils sont obligés de tourner la tête, pour voir la scène supérieure. Leur mouvement est très naturel.

Apprécions autant que possible ces interprétations diverses. Il n'est point facile de voir ici la résurrection, malgré l'exemple qu'apporte M. Kondakoff d'un bas-relief qui existe au musée de Munich, et qu'il croit du Vme ou VIme siècle, tandis que le Docteur Sepp le croit de IVme.[2] Ici point de tombeau, mais seulement une montagne et peut être des nuages au-dessus ; les quatre personnages que l'on voit dans le bas ne sont pas des soldats : ils n'ont point d'armes, et ne portent pas le costume militaire. Ajoutons que dans la pose alanguie et fatiguée du Sauveur, dans l'effort violent que font les anges pour le soulever, l'un même le soutenant par la tête,

---

[1] Ces trois opinions se lisent dans les ouvrages déjà cités.
[2] Cf. Sepp., *Op. cit.*, I, S. 492.

il n'y a rien de triomphant et de vainqueur. Au surplus, il ne porte pas l'auréole. Dans le bas-relief de Munich, il y a le tombeau, les gardes endormis, les saintes femmes qui viennent pour visiter le sépulcre. Enfin le Christ n'est point soutenu par des anges, mais saisit simplement de la droite une main qui sort d'un nuage. La différence est trop notable pour qu'il soit permis de raisonner par analogie. Il nous reste ainsi deux interprétations possibles que nous voulons exposer sans nous prononcer absolument, parce que nous n'avons pas les données suffisantes pour autoriser un jugement exclusif.

La première interprétation possible est celle qui voit dans notre bas-relief le Christ au jardin de Getsémani encouragé par les anges.

Après avoir considéré d'abord cette interprétation comme probable, nous l'abandonnons à peu près complètement.

Ici il n'y a pas de jardin, il y trop d'anges, et le Christ ne parle pas à ses disciples.

La seconde y voit l'Ascension. En haut, le Christ est enlevé au ciel par les anges. Ce qui favorise spécialement cette explication, c'est que les anges semblent représentés sur des nuages d'où ils émergent à mi-corps ; et que, dès lors, de Christ semble lui-même élevé au-dessus du sol que ses pieds ne touchent plus, puisque le fond du tableau est un nuage. Il est dit sans doute que le Christ monta au ciel par ses propres forces : mais ceci n'exclut pas le rôle respectueux des anges.

Dans cette hypothèse, il faut admettre que l'effort pénible du Sauveur se doit attribuer à l'idée qu'avait l'artiste de justifier ainsi le ministère angélique. Le personnage qui semble dormir dans la partie inférieure, serait un disciple qui pleure au départ du Maître bien-aimé.

L'artiste semble avoir traduit ici mot-à-mot le passage de saint Luc : « Il s'éloigna et fut emporté aux cieux ».[1]

Cette interprétation justifie plus clairement le ministère des anges dans la partie supérieure du bas-relief, les regrets et l'étonnement des disciples restés sur la terre.

---

[1] Ch. XXIV, 51.

L'absence d'auréole chez le Christ s'explique ou bien par une simple omission de l'artiste, ou bien par ce fait que déjà le Christ est dans son royaume.

On aura d'ailleurs remarqué sans peine que le défaut principal de la composition sera d'être insuffisamment caractérisée, quoique dans le détail, on ne puisse lui contester plus d'un mérite, et spécialement la variété et le naturel des poses.

XIIme bas-relief.

C'est le Reniement de saint Pierre. Ce dernier avait promis à Jésus-Christ de mourir avec lui, s'il le fallait. Mais l'heure du péril était venue, et voilà que Pierre renia trois fois son Maître. « Il parlait encore, dit saint Luc, lorsque le coq chanta. Et le Seigneur se retournant regarda Pierre, et Pierre se rappela la parole du Seigneur qui lui avait dit : Avant que le coq ait chanté, tu me renieras trois fois ».[1] C'est le sujet figuré dans ce bas-relief.

« Le Reniement de saint Pierre, dit M. Kondakoff, se distingue par une composition dramatique d'un caractère saisissant ».[2] Jésus se retourne du côté de Pierre, et lui parle en lui montrant le coq de la main droite. Pierre répond au Maître et semble lui aussi montrer le coq de la main gauche, tout en regardant Jésus, et il élève sa main droite vers sa face en signe de réprobation. On sait que ce geste, chez les anciens, exprimait la douleur, le regret et les sentiments analogues. Dante peint ainsi la peine de Guillaume de Navarre, qu'il place en Purgatoire.[3]

On pourrait dire néanmoins que Pierre, dans notre tableau, recule d'effroi et en fait le geste, en voyant Jésus qui se retourne et le surprend infidèle. Tous deux revêtent la tunique et le pallium, et portent la barbe : mais le Christ seul a les cheveux longs. Saint Pierre, ici comme dans les autres bas-reliefs où il figure, possède

---

[1] *Luc*, XXII, 60-61.
[2] *Op. et loc. cit.*
[3] « L'altro vedete, ch'a fatto alla guancia
De la sua palma sospirando letto ».
Purg. Cant. VII, 107-108.

quelque chose de ce type traditionnel connu de tous. On remarque surtout sa chevelure caractéristique. Le coq est magnifiquement

34. Douzième bas-relief : le Christ renié par saint Pierre.

exécuté, et se trouve perché au sommet d'une colonne cannelée, de style plutôt dorique, avec base et chapiteau. Dans un grand nombre de monuments anciens, spécialement sur le sarcophage de

Junius Bassus et dans les mosaïques de Ravenne. le coq est également sur une colonne.[1]

Prudence a chanté ainsi le coq de saint Pierre [2] :

« Quel est la signification de cet oiseau, le Sauveur l'a montré à Pierre, en lui annonçant qu'il le renierait avant que le coq eût chanté trois fois ».

Le Reniement de saint Pierre fut fréquemment représenté dans les monuments chrétiens des premiers siècles. On y trouvait une leçon de prudence et de défiance ; une preuve de la bonté du Sauveur, et un encouragement au repentir et à la pénitence. On voyait autrefois devant la Basilique du Latran un coq en bronze sur une colonne de porpyhre, et il était là comme un avertissement de sainte défiance pour les successeurs de Pierre.

Il y avait deux manières de reproduire le même sujet. Le plus souvent on a figuré la prédiction même du reniement. Le Sauveur alors n'étend pas la main comme pour la bénédiction ou l'allocution, mais ouvre trois doigts pour indiquer le triple reniement, tandis que Pierre met un doigt sur sa bouche pour signifier qu'il ne dira pas la parole de reniement.

Parfois on nous montrait l'effroi de saint Pierre au moment où il est surpris par le Sauveur, après sa prévarication. En faveur de cette seconde hypothèse, relativement à notre bas-relief, nous aurions à faire cette observation, que la scène est représentée dans un appartement, puisqu'elle est fermée au dernier plan par une muraille en pierres carrés. Or il semblerait que la prédiction du reniement se fit pendant le trajet du lieu de la sainte Cène à celui de l'agonie [4] ; tandis que le reniement eut lieu dans l'atrium du Prince des prêtres.[5] On pourrait donc conclure avec quelque vraisemblance qu'il s'agit ici de la seconde scène. Néanmoins, ce

---

[1] De Rossi, *Bollett. 1863*, p. 76. Cf. Rohault de Fleury, *Op. cit.*, pl. LXXXI.

[2] « Quae vis sit hujus alitis
 Salvator ostendit Petro :
 Ter antequam gallus canat
 Sese negandum praedicans ».
 Cathem., Hymn.

[3] Rasponi, *De Basilic. Later.* Lib. I, XIV.
[4] *Matt.*, XXVI, 30-34.
[5] *Luc*, XXII, 55-60.

mode de représentation est aussi conforme au récit des autres évangélistes qui laissent supposer que l'annonce du reniement se fit également au Cénacle.

Il nous est donc permis d'admettre qu'il est question dans notre bas-relief du divin défi que le Sauveur porte à celui qui devait être son Vicaire; et nous avons des preuves suffisantes pour l'affirmer. C'est la tradition qui nous montre cette première scène le plus fréquemment représentée dans les monuments; c'est le geste de saint Pierre et celui du Sauveur qui sont très animés et énergiques; c'est encore l'expression très vive des figures : ce qui est plus conforme à la discussion qui précède le reniement. Sous ce rapport, notre sculpture offre une grande ressemblance avec une peinture du cimetière de Cyriaque, découverte ces dernières années et où nous voyons le reniement représenté d'une manière assez insolite. « Saint Pierre ne porte pas son doigt à ses lèvres, dit M. Martigny, mais il recule d'effroi à la vue du visage de son Maître, empreint d'une énergique sévérité ».[1]

C'est notre sujet. Dans la fresque en question le Sauveur ouvre trois doigts pour indiquer la triple faiblesse: ce détail est moins accentué dans le bas-relief. Faut-il ajouter que cette peinture est la plus ancienne où nous trouvions cette scène, et qu'il y aurait ici un nouvel indice d'antiquité pour notre monument?[2]

XIIIme bas-relief.

Voici en quels termes Prudence nous décrit en quelque sorte le bas-relief nouveau que nous avons sous les yeux :

« Dieu dans la flamme, le visage brillant, vole parmi les buissons, appelant un jeune homme, alors sans doute gardien du trou-

---

[1] *Diction.*, art. *Reniement.*
[2] Si nous ne craignions de sortir de notre sujet, nous ajouterions ici quelques indications sur la question du Reniement, et des peintures ou des récits qui nous le rapportent. Il existait chez les Juifs une défense religieusement observée de nourrir des coqs dans Jérusalem. Celui de saint Pierre dut être, par conséquent, entendu du dehors de la ville. Peut-être encore, ce qui est plus vraisemblable, appelait-on de ce nom le veilleur, chargé de crier les heures ou les parties de la nuit, d'après la distribution " gallicinium „. Cf. Friedlieb. *Ar-*

peau. Celui-ci, par ordre, saisit la verge qui devient vipère. Il brise les liens de sa chaussure et va au palais de Pharaon. L'homme juste marche en sureté, même à travers la vaste mer. Devant les serviteurs de Jéhovah la Mer Rouge s'entr'ouvre, tandis que les flots engloutissent les infidèles furieux. Pharaon est submergé, et la voie libre s'ouvre devant Moïse ».[1]

Il se divise en deux compartiments qu'il faut étudier dans leur ordre chronologique. Tous deux continuent l'histoire de Moïse.

Première scène. — Dans le compartiment inférieur est représenté indubitablement le miracle de la verge changée en serpent. Un personnage debout tient la verge merveilleuse ; devant lui, sont deux serpents dressés sur leurs queues, et plus loin, est debout le Pharaon étonné.

Le thaumaturge porte la barbe, et, ce qui est un peu étrange et insolite, il ne la porte qu'à la lèvre supérieure. Le Pharaon fait de la main droite un geste de surprise, tandis que de la gauche il tient son épée de forme romaine, qui fut plus longue et plus lourde que celle des Grecs depuis les guerres contre Annibal. Le Pharaon

---

chéologie de la Passion. Mais nous renvoyons pour ces questions aux auteurs qui en ont traité, après voir noté simplement que les représentations plastiques peuvent être entendues métaphoriquement, comme le mot lui-même.

Nous aurions à donner encore quelques explications sur la place importante qu'occupe la représentation du coq dans l'archéologie ; à rappeler qu'il signifiait la résurrection, l'espérance, la vigilance, parce qu'il se réveille sans faute, parce qu'il n'oublie jamais l'heure du réveil. Ne citons qu'une strophe de Prudence qui, après nous avoir indiqué plusieurs autres particularités de symbolisme dans son hymne *Ad galli cantum (Cathem., Hymn.* 1.), parle ainsi des démons :

« Hoc (*cantum galli*) esse signum præscii
Norunt repromissæ spei,
Quâ nos soporis liberi
Speramus adventum Dei ».

[1] « Sentibus involitans Deus igneus ore corusco
Compellat juvenem, pecoris tunc forte magistrum.
Ille capit jussus virgam ; fit vipera virga.
Solvit vincla pedum, properat Pharaonis ad arcem.

« Tutus agit vir justus iter, vel per mare magnum.
Ecce Dei famulis scissim Freta Rubra dehiscunt,
Cum peccatores rabidos eadem freta mergant :
Obruitur Pharao, patuit via libera Mosi ».

Prud.: *Ditptyc.*, VII, IX.

porte son glaive à gauche, comme il convient à un chef, les soldats le portant à droite soutenu par un baudrier. Il porte autour du front une « vitta », ou « taenia » bandelette, dont les extrémités flottent derrière la tête ; il revêt une tunique qui descend jusqu'aux genoux, et porte par-dessus la chlamyde agrafée sur l'épaule droite. Il n'a pas aux pieds de simples sandales, mais de riches brodequins, « calcei patricii », ornés et montant à mi-jambe, tandis que le thaumaturge est pieds nus. M. Kondakoff a eu la singulière idée de voir Aaron dans la personne pourtant si caractérisée du Pharaon. L'exécution de cette partie du bas-relief est assez lourde.[1]

[1] Cf. Crowe et Cavalcaselle, *Op. et loc. cit.*

35. Treizième bas-relief: Le passage de la Mer Rouge.

Ici se présente une question que nous proposons, sans espérer l'éclaircir définitivement. La scène que nous venons de décrire peut représenter trois faits se rattachant au même miracle.

D'abord, Aaron, accompagné de Moïse, entre chez le Pharaon, sur l'ordre de Dieu: « Porte ta verge devant le Pharaon et ses serviteurs, et la change en serpent »;[1] ensuite des magiciens appelés par le Pharaon, « jettent leurs verges qui furent changées en dragons »;[2] enfin, le Seigneur dit à Moïse : « Va vers lui demain; voici qu'il se rendra au fleuve: tiens-toi sur son passage, près de la rive du fleuve, et porte dans ta main la verge qui a été changée en dragon ».[3]

Il convient peut-être de dire que l'artiste a représenté le fait en général de la verge transformée en serpent, sans se préoccuper du détail, ni du nombre des serpents. L'étonnement du Pharaon, et plus encore la pensée qu'a eue l'artiste de représenter la vie et les gloires de Moïse indiquent cette interprétation comme raisonnable. Il n'est pourtant pas impossible que l'artiste ait voulu représenter le Pharaon et son sorcier, ce dernier avec sa barbe singulière et son faux miracle, tandis que Moïse accomplit avec l'aide de Dieu l'œuvre de la délivrance. Ce serait un pendant par contraste.

Deuxième scène. — Elle est dans la partie supérieure du bas-relief, et a une importance toute spéciale. C'est le passage de la mer Rouge que Moïse raconte en deux mots, à la fin de son Cantique : « Le guerrier Pharaon est entré avec ses chars et ses cavaliers dans la mer, et le Seigneur a ramené sur eux les eaux de la mer, tandis que les enfants d'Israël l'ont traversée par un sentier sans eau ».[4]

Pour nous, dussions-nous étonner le lecteur, cette composition est fort belle, et nous semble une traduction magistrale du « Cantemus Domino ». Assurément M. Kondakoff ne dit pas assez en l'appelant simplement « une composition pittoresque, pleine de figures ».

---

[1] *Exod.*, VII, 10.
[2] *Exod.*, VII, 12.
[3] *Exod.*, VII, 15.
[4] *Exod.*, XV, 19.

MM. Crowe et Cavalcaselle seraient peut-être plus exacts, en disant que c'est « antique ».¹ Assurément, celui qui par des moyens si simples et si sobres a réalisé de tels effets, était un grand artiste: il a compris l'œuvre de Dieu et le chant de Moïse. La pensée, la disposition, l'exécution même y sont très remarquables.

Au premier plan, Pharaon, sur son quadrige de guerre, lutte contre l'invasion des flots, et cherche à retenir ses chevaux épouvantés et à moitié submergés, dont il tient les rênes; sous les pieds des chevaux on aperçoit la tête d'un soldat qui déjà ne combat plus la mort! Vraiment « le Seigneur s'est couvert de gloire, et il a précipité dans la mer le cheval et le cavalier... Son nom est le Tout-Puissant. Il a jeté dans les eaux les chars de Pharaon et son armée; les abîmes les ont recouverts, et ils sont tombés dans le gouffre comme un bloc de rocher ». ²

Il serre énergiquement de la droite son épée inutile. De l'autre côté de la mer se voit le peuple de Dieu, qui vient d'échapper au péril. Les uns continuent leur marche le long de la rive escarpée, les autres se retournent en voyant les Egyptiens engloutis, et, par des gestes, expriment diversement les pensées qui les préoccupent, et dont Moïse s'est fait le chantre incomparable. Mais c'est la main de Dieu qui a tout fait: « Elle s'est glorifiée par sa force, elle a frappé l'ennemi; elle a envoyé sa colère, qui les a dévorés comme un paille... Elle s'est étendue et la terre les a engloutis ». Aussi cette main toute puissante apparaît-elle ouverte, et sortant d'un nuage étoilé dans le haut du tableau.

Dieu s'est fait le guide de son peuple, « il le précédait pour lui montrer le chemin, colonne de nuée pendant le jour, colonne de feu pendant la nuit ».³ Voici donc cette colonne lumineuse, semblable à une immense torche enflammée. Enfin c'est « l'ange de Dieu qui précédait le camp d'Israël »;⁴ et voici cet ange de Dieu, qui domine majestueusement la scène, et, tourné vers la multitude, la couvre presque avec ses grands bras, son noble geste, et pourrait l'abriter sous ses vastes ailes. Il y a ici quelque chose de l'idée de Milton

---

¹ *Op. et loc. cit.*, p. 370.
² *Op. et loc. cit.* Cf. Kraus. *Real-Encycl.*, art. *Meer, das rothe*.
³ *Exod.* XIII, 21.
⁴ *Exod.*, XIV, 19.

peignant la formidable stature, le vol immense de celui qui avait été le prince des anges.

On se dispute quelquefois sur la question de savoir si l'on peut, et dans quelle mesure on peut introduire les procédés littéraires dans les arts plastiques: nous pensons que notre bas-relief pourrait être un document dans le procès. L'inspiration et la grande imagination de l'artiste n'ont pas été trop indignes de celles du Chef d'Israël.

Il nous reste à signaler quelques particularités qui méritent l'attention.

Si nous avions à expliquer pourquoi, selon nous, ce Passage de la mer Rouge est vraiment beau, nous répondrions: c'est parce que tout y est complet, sobre et grandiose. Ainsi sont les choses divines.

L'exécution matérielle elle-même n'y manque point d'élégance. La tête du Pharaon, bien que retouchée, est belle; sa pose naturelle est grande: au milieu du péril qui l'assaille de tous côtés, il lutte avec courage; il est debout sur son char de guerre à deux roues, de forme antique, et cherche à guider ses chevaux dont l'un vient de s'abattre dans l'eau, tandis que les trois autres élèvent encore la tête au-dessus des ondes. Le sculpteur a été assez habile pour rendre parfaitement visible le mouvement des chevaux dans les flots. Il ne serait même pas impossible de trouver dans ce tableau des traces de perspective sérieusement comprise.

Un Egyptien vient de tomber sous les pieds des chevaux; c'est peut-être l'écuyer du Pharaon. Il est remarquable que le sculpteur lui ait donné une chevelure crépue, comme celle des nègres d'Ethiopie, ou plutôt cette sorte de coiffure semée d'ornements, dont usent les Egyptiens

Observons encore au point de vue esthétique un hébreu qui vient d'échapper aux flots et porte un fardeau sur ses épaules, et un autre qui apparaît de profil revêtu d'une courte tunique: c'est de l'art excellent. Le premier est un peu le précédent du Rotschild de Vernet.

Tel est ce bas-relief, trop peu connu, et qui pourtant mérite l'attention de l'artiste autant que celle de l'archéologue.

Ajoutons, en terminant, que ce fait de la vie de Moïse n'est pas fréquemment représenté sur les monuments antiques, sans doute à raison de la difficulté du sujet. On en trouve néanmoins un certain nombre d'exemples.[1] Quelques sarcophages en Italie et dans les Gaules, spécialement à Arles, nous offrent cette scène. Les mosaïques de Sainte-Marie-Majeure, qui furent exécutées au Vme siècle, comme les panneaux qui nous occupent, retracent la scène au moment même du passage.[2]

Notre bas-relief nous en donne l'une des plus anciennes représentations connues, et incontestablement la plus belle de toutes.

Les chrétiens voyaient dans cette scène le passage du mal au bien, par le baptême, par la pénitence, par Jésus-Christ, etc.

Il n'est pas inutile d'ajouter enfin que notre tableau est le plus complet que nous connaissions. La colonne lumineuse et l'ange constituent en particulier une rareté précieuse, même, pour le théologien thomiste qui veut que Dieu ne se montre que par l'intermédiaire d'un ange.

XIVme bas-relief.

Il est en tête de la quatrième série verticale. M. Kondakoff pense que dans ce bas-relief est représenté le Don de la Loi. « Deux palmiers, dit-il, séparent le Seigneur des deux princes des apôtres. Saint Pierre tient une couronne de martyr; saint Paul un rouleau. Leurs poses expressives marquent bien le caractère triomphal de la scène ».[3]

D'autres opinent que c'est la Transfiguration.

Les troisièmes enfin veulent qu'il s'agisse de la rencontre du Christ avec les disciples d'Emmaus.

La première opinion est en dehors de l'histoire proprement dite, mais a pour elle l'analogie d'autres documents archéologiques; la seconde ne nous explique pas l'absence des personnages qui as-

---

[1] Cf. Bottari. pl. CXCIV; Millin. pl. LXVII; Le Blant, *Sarc. d'Arles*, pl. VIII. XXXI.

[2] Cf. Ciampini. *Vet. mot.*. LIX; Kraus, *Real-Encycl.*. *loc. cit.*

[3] *Op. et loc. cit.*. p. 369. Nous n'indiquons ici que pour mémoire l'opinion de ceux qui ont vu dans notre bas-relief ou Daniel dans la fosse aux lions, ou Suzanne entre les deux vieillards.

sistèrent à la Transfiguration; la troisième nous indique comme scène la campagne, quand en réalité le fait eut lieu dans une

36. Quatorzième bas-relief: le Christ entre saint Pierre et saint Paul, fondateurs de l'Eglise Romaine.

maison, et de plus donne arbitrairement des auréoles aux disciples voyageurs.

Cette dernière interprétation, lorsqu'une fois on a pu examiner attentivement et de plus près le bas-relief, reste peut-être probable. Elle a été proposée d'abord par M. Wiegand, croyons-nous.[1]

Ce sont trois personnages nimbés, vêtus de la tunique et du pallium, têtes nues, chaussés du soulier de voyage; ils sont séparés entre eux par deux beaux palmiers. Le personnage placé à la droite du Christ ne porte point la barbe, celui de gauche la porte au contraire. Le personnage central est également imberbe, mais, à l'inverse des autres, il porte les cheveux longs; il est vu de face, les deux autres sont tournés vers lui. C'est le Sauveur du monde.

Le Christ tient de la gauche un objet sphéroïdal, semblable à un pain, et de l'autre main il parait bénir le personnage de droite, qui de ses deux mains entourées d'un linge s'apprête à recevoir a communion, semble-t-il. Le personnage de gauche attend son tour.

Nous aurions ici de la sorte les deux disciples d'Emmaüs qui reconnaissent le Christ à la fraction du pain.[2] Dans la pensée de l'artiste les palmiers signifieraient sans doute le voyage accompli dans la campagne, et les auréoles la sainteté future des personnages.

Nous ne croyons pas toutefois qu'il faille renoncer absolument à voir ici le Christ au milieu des Apôtres Pierre et Paul, sans affirmer strictement qu'il s'agisse du don de la Loi, comme le veut M. Kondakoff.

Que le personnage central soit le Christ, tous en conviennent, et le type lui-même en est une preuve.

Il y a divergence sur l'identification des personnage latéraux: cependant, selon le mot de M. Armellini, « le Christ est souvent représenté entre les deux apôtres Pierre et Paul. Il est clair que par cette conception idéale on veut rappeler l'institution de l'Eglise dans son chef visible qui est Pierre et dans ses ministres représentés excellemment par l'Apôtres des gentils ».[3] Cette explication ne s'oppose pas à ce que le Christ offre son Eucharistie aux deux grands Apôtres, en supposant qu'il donne l'Eucharistie.

Au point de vue de l'exécution, notre sculpture est remarquable. Il y a beaucoup de vie et de naturel dans le mouvement des at-

---

[1] *Das altchristliche Hauptportal*, etc., p. 77, sq.
[2] Luc, XXIV, 13-32.
[3] *Lez. di archeol.*, p. III, c. VII.

titudes; les draperies sont mieux comprises que dans les autres compositions; en un mot, le travail est plus facilement enlevé.

L'artiste était plus qu'un ouvrier: c'était un maître. Il est clair d'ailleurs que la facture indique une autre main que celle que nous avons vue à l'œuvre jusqu'ici.

XVme bas-relief.

C'est l'un des plus riches, dans cette porte de Sainte-Sabine. Il est aussi l'un de ceux que nous croyons plus récents.

Il se divise en deux compartiments, bien qu'il y ait ici comme ailleurs une certaine unité de pensée, ainsi que nous l'établirons bientôt.

Première scène. — Dans le compartiment supérieur, on voit le Christ debout, entouré d'une gloire de forme circulaire, composée d'une couronne de laurier. Sa tête se détache d'un nimbe uni. Il ne porte pas la barbe, et a un grand air de jeunesse. Il étend la main droite comme pour commander, et de la gauche il tient un grand volume ou rouleau déployé, où se lisent des lettres grecques. Il est accosté de l'A et de l'ω de grandeur exceptionnelle. Enfin, dans les espaces laissés vides entre le cercle de gloire et les angles du cadre, sont les symboles des quatre Evangélistes, tous ailés.

Il nous semble que M. Kondakoff a donné le vrai sens de cette sculpture, lorsqu'après avoir dit qu'elle représente l'Ascension, il ajoute néanmoins avec plus de justesse: « Cette scène est contenue en germe dans les nombreux monogrammes inscrits dans des couronnes de laurier et accompagnés de l'A-ω, qui décorent l'anse des lampes en bronze ou en terre cuite des catacombes. Une de ces lampes nous montre saint Paul et saint Pierre debout auprès de la couronne. Si nous rapprochons ces motifs des sarcophages du Latran,[1] dans lesquels le monogramme est joint aux scènes de la Passion, nous sommes tenté d'appliquer au bas-relief de Sainte-Sabine un terme plus général que celui d'Ascension et de l'appeler la Gloire du Christ ressuscité ».[2]

---

[1] Aringhi. *Roma subterr.*, I. p. 311. Voir aussi la fresque de la catacombe de Saint-Marcellin. Garrucci, *Storia dell'arte crist.* pl. XLVIII.

[2] Kondakoff, *Op. et loc. cit.*, p. 368.

Nous acceptons, en l'affirmant plus encore que M. Kondakoff, cette dernière interprétation.

Ce bas-relief termine, croyons-nous, la série des sujets bibliques reproduits sur la porte de Sainte-Sabine, et spécialement la série des sujets tirés du Nouveau-Testament: c'est le Christ de l'Apocalypse, tel qu'il s'est dépeint lui-même dans la dernière page du dernier livre inspiré: « Je suis l'A et l'ω, le Premier et le Dernier, le Principe et la Fin. Je suis Jésus... Je suis l'Etoile splendide, l'Etoile du matin. »[1]

Cette interprétation se confirme par le contexte: à ce résumé artistique de la Bible il faut bien un dernier, le dernier chapitre;

[1] *Apoc.*, XXII, 13, 16.

37. Quinzième bas-relief: le Christ au ciel bénissant l'Eglise.

elle se confirmera par l'interprétation du compartiment inférieur; et elle se prouve encore par l'examen de chaque détail pris à part dans cette première scène.

Le Christ est sans barbe, parce que l'éternité est toujours jeune; « Interminabilis vitae tota simul et perfecta possessio ».[1] Fra Angelico peignant le Christ qui vient chercher l'âme de sa Mère expirée, pour l'emporter au ciel, le représente également sans barbe. Dans notre tableau les long cheveux désignent la noblesse divine. Son grand geste montre qu'il parle, et nous dit ce qu'expriment si bien l'A-ω dont il est accosté, et le texte du volume qu'il tient de la gauche.

MM. Crowe et Cavalcasselle regardent cette figure comme l'une des meilleures de la porte de Sainte-Sabine.[2]

Le vêtement du Sauveur est une ample tunique et un manteau, qui lui conviennent surtout dans la gloire. La couronne de laurier rappelle le combat, la victoire, le triomphe. Elle se donnait surtout aux vainqueurs les plus illustres, aux martyrs: et c'était juste, car la force de résistance l'emporte de beaucoup sur la force d'attaque qui s'encourage par l'effort même qu'elle réalise, afin de repousser l'agression. Aussi la couronne devint-elle souvent le symbole du martyre. Mais c'est au triomphateur par excellence, à Jésus-Christ, Roi des martyrs, qu'elle était due. On couronna donc la croix: « Crucem corona », disait saint Paulin de Nole;[3] on couronna surtout le monogramme du Christ. On observera ici qu'en remplaçant dans le bas-relief qui nous occupe la figure du Christ par le ☧, on aura le monogramme tel que le conçoit l'antiquité la mieux inspirée.

Le Sauveur tient de la main gauche un volume en rouleau déployé, comme on le voit sur une plaque en ivoire du Musée chrétien du Vatican. Le volume est déroulé, parce que le Christ n'est pas seulement représenté ici comme le Verbe qui possède toute science, mais encore comme Verbe enseignant. Et de fait, dans le parchemin du volume nous lisons ces lettres que nous copions dans leur disposition originale:

---

[1] Boèce, *De Consol.*, l. III. prosa 2.
[2] *Op. et loc. cit.*
[3] *Epist.*, XII.

I	Θ
X	C
Y	K

Pour donner un sens, ces lettres se doivent lire de haut en bas. Ce sont les initiales de ces mots grecs : Ιησους Χριστος Υιος Θεου C(Σ)ωτηρ Κυριος : Jésus-Christ, Fils de Dieu, Sauveur, Maître.

Mamachi a fort bien lu ces lettres, qui sont d'ailleurs très lisibles, et en a donné une bonne interprétation, si ce n'est qu'il n'a pas expliqué le C.

M. Kondakoff a lu ainsi IC. XC. Θ. Y. On voit l'erreur. Le P. Garrucci lit IXΘYC, et se trompe également. Ces six lettres résument tout Jésus-Christ, et tous ses titres au triomphe qui lui est décerné.

Il nous est impossible de ne pas faire observer que toute cette composition n'est que la paraphrase d'un monogramme ancien et rare, mais fort expressif : A IXΘYC Ω, qui résume toute la Christologie.[1]

Quant aux symboles des quatre Evangélistes placés dans les quatre angles, leur importance est très grande dans l'histoire de l'art, si réellement la porte de Sainte-Sabine date de la fondation même de l'église. C'est vers la fin du IVme ou le commencement du Vme siècle, que nous rencontrons pour les premières fois l'expression monumentale des quatre symboles. Ceux que nous avons sous les yeux sont contemporains de ceux que l'on rencontre dans les plus anciennes basiliques, et de ceux qui existaient jadis dans les mosaïques de l'église de Sainte-Sabine elle-même. Remarquons, comme particularités intéressantes, que les animaux symboliques sont représentés seulement à mi-corps, comme ceux que l'on voyait autrefois dans notre église, et dataient de Sixte III lui-même; qu'ils ne portent pas le nimbe, ce qui peut être considéré comme un signe

---

[1] Si l'on tient à comparer la formule inscrite dans le volume de notre bas-relief, avec les formules les plus usitées dans les représentations analogues, voici les principales : *Ego sum lux mundi,* — *Pax vobis,* — *Rex Regum,* — *Dominus dominantium,* — *In principio erat Verbum,* — *Ego sum qui sum,* — *Ego sum A et ω,* — *Qui videt me, videt et Patrem,* — *Ego et Pater unum sumus,* — *Ego sum via, veritas et vita,* — *Ego sum lux,* — *Ego sum vita,* — *Ego sum resurrectio,* — *Ego sum principium et finis,* — *Sum finis,* — *Sum principium mundique creator.* — Ἐγώ εἰμι τὸ φῶς τοῦ κόσμου. Cf. Blavignac, *Histoire de l'architecture sacrée,* p. 257, Paris, 1853.

de haute antiquité; qu'ils ont tous les ailes, et sont isolés des images des évangélistes eux-mêmes.

L'exécution est semblable à celle du reste de la sculpture. On remarquera qu'il était naturel de représenter les quatre animaux symboliques autour du Christ triomphant, et dans un bas-relief qui n'est autre qu'un chapitre de l'Apocalypse, où nous les trouvons indiqués, au moins par allusion.[1] On pourra remarquer enfin que si le visiteur commence l'énumération par la série qui est à sa gauche, ces symboles sont précisément disposés selon l'ordre scripturaire: le lion, le bœuf, l'homme et l'aigle. Le même ordre n'était pas facilement reconnaissable dans la mosaïque ajourd'hui détruite de Sainte-Sabine, et dont l'étude complétera ce que nous venons de rappeler au sujet de cette première représentation des quatre symboles.

Deuxième scène. — Sous un ciel embelli d'astres nombreux, à droite le soleil rayonnant, à gauche la lune dans son plein, partout des étoiles, se tient debout une femme vêtue d'une longue tunique, qu'une ceinture serre sur la poitrine, et se couvrant la tête d'un voile qui descend sur les épaules jusqu'aux hanches. Elle est dans l'attitude d'une Orante, et semble contempler en extase la scène supérieure, ou plutôt prier le Christ triomphant. A ses côtés se tiennent saint Pierre et saint Paul, qui élèvent au-dessus de sa tête une sorte de lustre ou couronne, coupée, autant que croit le P. Garrucci, par une croix: croix fort douteuse cependant, parce que le bras supérieur se prolonge et se perd dans la voûte du ciel, et dont nous pensons qu'on a tort d'affirmer si absolument l'existence.

L'interprétation de ce bas-relief est disputée parmi les savants; la prétendue croix en particulier pourrait bien n'être que la chaîne d'un lustre, soutenu d'ailleurs par les apôtres.

Nous donnerons d'abord notre avis, nous discuterons ensuite celui des autres.

Il est pour nous hors de doute que nous avons ici l'achèvement de la scène supérieure, ou mieux, du tableau qui résume le dernier chapitre de l'Apocalypse et des Ecritures. Pour comprendre cette

---

[1] *Apoc.*, IV, 6-8.

pensée, il faut se rappeler que, dans l'Apocalypse, et même ailleurs, l'Eglise est comparée plus d'une fois à une épouse,[1] et relire ces versets de la dernière page de l'Apocalypse: « Je suis l'A et l'ω, le Premier et le Dernier, le Commencement et la Fin... Je suis Jésus, l'Etoile resplendissante et matinale. Et l'Esprit et l'Epouse disent: Viens ».[2]

Il s'agit dans ce texte d'une personnification de l'Eglise, et nous croyons que l'artiste a voulu représenter cette personnification, comme à la même époque et dans la basilique de Sainte-Sabine, on la personnifiait dans les mosaïques exécutées par Sixte III.[3] Elle est « l'Epouse » et c'est pourquoi dans notre bas-relief, la femme porte le grand voile nuptial; l'Epouse appartient à l'Epoux: aussi la voyons-nous élever vers Lui des yeux et des bras suppliants; elle est sous le ciel étoilé, parce qu'elle n'est pas encore en possession de la patrie, où le soleil sera l'Agneau lui-même. Rien ne s'oppose d'ailleurs à ce que l'Epouse ait été en outre une image de la Vierge Marie, dans la pensée de l'artiste et dans celle des chrétiens. Puisque les Pères et les Docteurs ont si souvent enseigné que dans la vision de saint Jean il peut être question simultanément de l'Eglise et de Marie,[4] quoique sans doute dans un sens différent, il est croyable que les fidèles voyaient cette double signification dans notre bas-relief, et dans les nombreuses compositions analogues que l'on trouve parmi les monuments archéologiques.

Nous disons que les compositions analogues sont fréquentes. On en trouve une parmi les vieilles peintures de Saint-Clément;[5] on trouve ce tableau sur quelques lampes, dans des fonds de verres, et autres monuments chrétiens; en haut le Christ glorieux, porté par des anges, ou entouré des symboles tétramorphes; plus bas, une femme orante, occupant une place d'honneur, et entourée de personnages plus ou moins nombreux.[6] L'Orante, dans ces divers

---

[1] *Apoc.*, XXI, 2.
[2] *Apoc*, XXII, 13, 16, 17.
[3] Cf. De Rossi, *Musaici*, loc. cit.
[4] Cf. Bossuet et Cornel. à Lap. *In Apocal.*
[5] Cf Mullooly, *Saint Clément, Pope and martyre, and his Basilica in Rome.*
[6] Cf. Grimouard de Saint-Laurent, *Guide*, vol. III, passim. Hermas, dans le *Pasteur* indique déjà cette personnification.

monuments, signifie tantôt plus clairement l'Eglise, tantôt plus explicitemente la Vierge; parfois les deux en même temps.[1]

Quant aux deux apôtres, leur type est tellement caractérisé, dit M. Kondakoff, qu'il est impossible « d'hésiter sur leur identité ». Le P. Garrucci y voit aussi saint Pierre et saint Paul. Il est naturel que l'Église soit représentée entre les deux grands apôtres, et nous retrouvons dans les mosaïques de Sainte-Sabine même une composition analogue. Souvent aussi la Vierge a été peinte entre les deux apôtres, comme le démontrent avec évidence des monuments nombreux.[2] Il n'est point inouï d'ailleurs que l'on trouve une couronne suspendue sur la tête des époux: « Coronant nuptiae sponsos »,[3] disait Tertullien; et aujourd'hui encore on donne aux épouses cette parure symbolique.

Dans les fonds de coupes en verre, on trouve souvent une couronne suspendue ainsi sur la tête des époux; parfois, c'est Jésus-Christ lui-même qui en soutient deux au-dessus de leur front. Il serait donc fort naturel que nous eussions ici un tableau analogue.

Il nous reste à examiner les interprétations qui diffèrent totalement ou partiellement de la nôtre.

Nous croyons sans fondement solide l'opinion de ceux qui voient dans la partie inférieure du bas-relief l'Assomption de la Vierge, malgré la joie que nous aurions à trouver ici le document archéologique de beaucoup le plus ancien que l'on ait cité jusqu'à ce jour, en faveur de cette vérité. L'explication que nous avons donnée est trop conforme au texte de l'Apocalypse, pour qu'il soit permis de supposer une autre intention si différente dans l'esprit de l'artiste. Il serait facile d'ailleurs de montrer l'absence de preuves pour une telle interprétation, et les indices nombreux qui la combattent.

Les interprétations du P. Mamachi, de M. Kondakoff et du P. Garrucci ont ceci de commun que, d'après toutes les trois, il

---

[1] Voir Armellini, *Lez. di Arch. Christ.*, p. III, C. VIII.

[2] Cf. Garrucci, Lehner, Rohault de Fleury, Liell, *Opp. cit.* passim. Une splendide fresque, aujourd'hui mutilée, dans la Chapelle des SS. Dominique et Sixte, que nous avons attribuée à Benozzo Gozzoli; une peinture de Venusti plus récente encore dans l'église de la Minerve nous donnent la même composition.

[3] *De Corona*, XIII.

s'agit d'une personnification de l'Eglise. Mais ces trois auteurs diffèrent en certains détails notables.

Mamachi voit ici la femme dont il est parlé au XIIme chapitre de l'Apocalypse, et ajoute néanmoins que le sujet ainsi compris est exécuté avec peu de soin, spécialement en ce qui regarde le vêtement de la femme mystérieuse, qui apparut revêtue du soleil.[1] Mais nous avons trop bien constaté la scrupuleuse exactitude de notre artiste vis-à-vis de l'histoire, pour admettre qu'elle se démente au dernier moment, lorsque d'ailleurs son œuvre cadre si parfaitement avec d'autres données. Quand même on admettrait que l'exécution de ce bas-relief est d'une autre main et d'une autre époque que les plus anciens (MM. Crowe et Cavalcasselle le supposent exécuté à l'époque de l'Exarchat), nous avons déjà observé que l'artiste plus récent s'est indubitablement conformé aux intentions et à la pensée de celui qui conçut l'ensemble du monument. L'interprétation de Mamachi doit donc être partiellement abandonnée.

Celle de M. Kondakoff semble manquer de précision, bien qu'elle ne contienne pas d'erreur, à notre avis. « Quant à la femme qu'ils (les apôtres) couronnent, elle représente sans aucun doute l'Eglise laissée sur la terre par Jésus-Christ ». Il fallait ajouter que l'Eglise est ici comme dans l'Apocalypse, figurée sous la métaphore de l'Epouse.

L'explication du P. Garrucci se rapproche beaucoup de celle de M. Kondakoff, si ce n'est qu'il voit absolument une croix et je ne sais quelles armoiries dans cette couronne, qui est supportée par les deux apôtres sur la tête de la femme: « Le soleil, la lune et les étoiles rappellent la voûte du ciel, sous laquelle, c'est-à-dire sur la terre, est établi le règne du Christ, son Eglise ».

Cet écrivain, lui aussi, a oublié de se reporter au dernier chapitre de la Vision de Pathmos, et de considérer l'Eglise personnifiée non pas seulement par une femme, mais par une épouse. S'il s'était placé en face de cette idée, il aurait été moins affirmatif

---

[1] « In inferiori parte, sol, luna, stellæ aliquot ac mulier, cujus capiti viri duo, dexter unus, alter sinister coronam imponunt, cernuntur. Quibus figuris ea, ut arbitror, quae sunt in Apocalypsi, XII, 1, de muliere circumamicta sole, etc. exhibentur, et si minus quam res ipsa postulet, accurate. » *Annal. Ord. Praed.*, vol. I, 572.

sur l'existence de son « stemma » et moins absolu contre ceux qui y voient une couronne.[1]

En acceptant cette l'explication, on comprend que la femme couronnée n'est pas l'Eglise simplement, mais bien l'Eglise-Epouse de l'Apocalypse, ce qui est bien différent, quand il s'agit de justifier la forme plastique. Le couronnement en particulier devient très naturel, et la couronne, si elle est soutenue par les apôtres, vient néanmoins directement du ciel, auquel elle apparaît suspendue.

Au surplus, nous ne donnons que comme probabilités les di-

---

[1] Il nous est impossible de ne pas relever ici quelques unes des inexactitudes et des rigueurs injustes du P. Garrucci: " I quali (Apostoli) tengono insieme alto uno stemma composto di una croce dentro un cerchio; fra loro due è una Matrona velata, che in atto di stupore, leva gli occhi a guardare lo stemma, che la riesce sul capo. È un gravissimo errore del Mamachi (*Ann. Ord. Praed.*, Romae 1756, t. 1, p. 569), seguito anche dal Kondakoff, che questi due principi degli Apostoli stiano coronando la Matrona, che ambedue concordemente dichiarono essere la Chiesa. Strana è l'idea che gli Apostoli coronino, molto più che coronino la Chiesa; stranissimo che possa essere stimato corona un cerchio la cui area è tutta occupata da una croce. „ *Op. et loc. cit.*

Mais il est un fait bien plus étrange encore: celui de l'absolutisme du docte écrivain.

Il est faux que ce que M. Kondakoff et le P. Mamachi appellent une couronne, soit si indubitablement " uno stemma, composto di una croce dentro un cerchio: „ c'est plus que contestable, et il faut une conscience scrupuleuse à l'excès pour ne pas dédaigner la très lointaine probabilité de cette opinion.

Il est très douteux que la " Matrona (sia) in atto di stupore... a riguardare lo stemma: „ elle peut regarder aussi la scène du compartiment supérieur: c'est l'Epouse qui dit au Christ: " Veni! „.

On pourrait nier que Mamachi ait vu absolument l'Eglise dans cette femme: il n'y voit que la femme mystérieuse du XIIme chapitre de l'Apocalypse. Sans doute cette dernière est l'Eglise; mais pour la représentation plastique, il n'est pas indifférent qu'il soit question de l'Eglise en général, ou bien de la Femme de l'Apocalypse.

Il est faux que M. Kondakoff ait admis l'interprétation que l'on prête ainsi à Mamachi. Sur ce point, M. Kondakoff contredit formellement le Dominicain. Après avoir rappelé que d'après Mamachi cette femme serait celle du XIIme ch. de l'Apocalypse, il ajoute: " Mais cette hypothèse n'est pas admissible, car le type des deux apôtres offre trop de ressemblance avec celui de saint Pierre et de saint Paul, pour que l'on puisse hésiter sur leur identité. „

Il est exagéré de dire qu'il y a une erreur " très-grave, „ dût-on admettre qu'il y a erreur, puisque le P. Garrucci lui-même reconnaît que notre Orante représente l'Eglise, et que, à ses yeux, l'erreur ne peut porter que sur la réalité du couronnement. Et ce couronnement lui-même devient logique, si nous avons ici l'Eglise-Epouse recevant une couronne céleste.

verses opinions relatives à la nature de cet appendice que nous appelons chaîne ou lien, qu'on peut appeler une croix, si on le souhaite. Seulement, lorsque les indices sont si faibles dans un sens ou dans un autre, on reste surpris lorsque tel interprète se déclare si infaillible et si sûr de son infaillibilité.

XVIme bas-relief.

Il nous montre, comme personnage principal, un homme vêtu d'une courte tunique, portant comme chaussures une sorte de brodequins montants, et tenant dans ses bras devant lui un vaste disque ou patère, avec trois pains tétrablômes, c'est-à-dire coupés en quatre par une croix « immissa ». Un ange, au vol rapide, le saisit de la main droite par les cheveux. Un berger qui est là avec son troupeau, deux chèvres dont l'une se dresse contre un arbre, et son chien qui aboie contre l'ange ou contre le personnage enlevé par l'ange, nous apprennent que nous sommes dans la campagne.

C'est l'enlèvement du prophète Habacuc.

C'est l'un des quatre bas-reliefs que nous croyons de facture plus moderne, ou au moins d'une main différente.

Le récit biblique nous montre que le sculpteur est resté scrupuleusement fidèle à la vérité de l'histoire sacrée. « On avait jeté Daniel dans la fosse aux lions, et chaque jour on leur donnait deux cadavres et deux brebis. En ces jours, on ne leur donna rien, pour les forcer à dévorer Daniel... Or il y avait en Judée Habacuc le prophète. Il venait de préparer le pain pour son repas, et il allait à la campagne le porter aux moissonneurs. Et l'ange du Seigneur dit à Habacuc: Porte la nourriture que tu tiens à Daniel, qui est à Babylone dans la fosse aux lions. Et Habacuc lui répondit: Seigneur, je n'ai jamais vu Babylone, et je ne connais point la fosse aux lions. Et l'ange du Seigneur le saisit par la tête, l'enleva par sa chevelure, et, avec la rapidité d'un pur esprit, le déposa à Babylone, sur le bord de la fosse aux lions ».[1]

Nous ne pensons pas que jamais le sujet ait été plus fidèlement et plus énergiquement traité, avec moins de frais de détails. Le

[1] *Dan.*, XIV, 20-35.

— 230 —

mouvement de l'ange rappelle tout à fait le style de certaines victoires antiques. Il est plein de vie et de force.

Le P. Garrucci croit que l'ange tient à la main un volume dont

38. Seizième bas-relief : l'Enlèvement d'Habacuc.

il touche la tête d'Habacuc; M. Kondakoff pense que « le restaurateur a placé dans les mains de l'ange un vase dont il se sert pour verser un liquide sur la tête du prophète Aabacuc ». Le texte biblique éclarcit la difficulté; ce n'est ni un volume, ni un vase que tient l'ange; c'est la chevelure d'Habacuc: « Et apprehendit eum angelus Domini in vertice ejus, et portavit eum capillo capitis ».[1] Si l'ange se sert réellement ici d'un instrument, peut-être pourrait-on y voir plus vraisemblablement une baguette à miracles.

Mamachi a supposé que la scène représente non point le moment où est enlevé Habacuc, mais le moment où il est déposé à Babylone, de sorte que, outre l'enlèvement du prophète, on trouve ici Daniel dans la fosse aux lions. Il prend le berger et son troupeau pour Daniel et ses lions.

Il faut donc que ces malheureuses chèvres soient bien difficiles à distinguer. Mamachi les prend pour des lions, M. Kondakoff fait de l'une un bouc et de l'autre un veau, le P. Garrucci les transforme en moutons. Et pourtant, rien n'est plus chèvre que les deux animaux que nous avons sous les yeux. N'avons-nous pas observé déjà que notre artiste réussit fort bien ses animaux? L'un se dresse contre un arbre sur ses pieds d'arrière, et porte à la tête des cornes si caractéristiques; et l'autre se tient au bas avec son profil et sa grande barbe. Bref! Buffon ne caractérise pas mieux, sauf quand il semble faire des caprices une spécialité de la chèvre.

A propos du chien qui aboie vers le prophète ou vers l'ange, M. Kondakoff observe « qu'en voyant disparaître son maître, le chien du prophète s'élance après lui. On retrouve le même motif dans les représentations antiques du rapt de Ganymède. Mais le P. Garrucci opine que ce chien appartient au berger. Il semble effectivement aboyer plutôt contre le prophète. Ce sera comme on voudra.

L'histoire d'Habacuc n'est pas inouïe dans les vieux monuments;[2] toutefois les vestiges en sont assez rares, pour que, même sous ce rapport, notre bas-relief ait son importance. Au point de vue de l'art, il a une valeur spéciale, tant il est complet, sobre, vivant. Le symbolisme de la représentation est ainsi indiqué par M. Kondakoff: « Ce motif remplace la scène bien connue de Daniel dans la fosse aux lions. On peut y voir une allusion au secours divin; il ne serait pas impossible qu'il eût quelques rapports avec l'Ascen-

---

[1] *Dan.*, XIV, 35.
[2] Cf. Le Blant, *Revue de l'art chrétien*, IIme série, t. II, p. 493; Garrucci, *Storia dell'arte cristiane*, pl. XXVI.

59. Dix-septième bas-relief: l'Enlèvement d'Élie.

sion, de même que Daniel debout entre les deux fauves est un symbole de la Résurrection».

XVIIme bas-relief.

Avec le Passage de la mer Rouge, il est pour nous le chef-d'œuvre de la porte de Sainte-Sabine, bien que nous le pensions l'œuvre d'un artiste plus moderne, ou d'un artiste différent de l'artiste qui a sculpté le bas-relief d'Habacuc.

Il représente l'Enlèvement d'Élie. «De tous les panneaux, dit M. Kondakoff, c'est celui qui se distingue le plus par la vivacité de l'action. Dans les airs, au milieu de nuages dont les contours sont nets et arrêtés comme s'ils étaient de bronze, on voit un ange au vol rapide et léger, que M. Dobbert a comparé avec raison à une victoire antique. Il touche de sa baguette le prophète, qui se retourne par un geste brusque, tout en se dépouillant de son manteau, qu'il jette à son disciple Elisée. Pendant que ce dernier, vu de dos, se lève pour le recueillir, les chevaux fougueux (il y a deux chevaux) attelés à la « biga » emportent Elie. Deux paysans assistent à ce miracle; d'un l'eux tombe à terre de frayeur, et couvre son visage de ses mains. Les accessoires, notamment les rochers, sont rendus avec beaucoup d'exactitude; on aperçoit même un lézard rampant à terre. Si c'est là l'œuvre d'un artiste plus récent, certes, elle lui fait le plus grand honneur ».[1] Elle est sans aucun doute du même artiste que le précédent. Ajoutons qu'elle ferait aussi grand honneur à un artiste même ancien.

Voici la narration biblique: Elie et Elisée « marchaient ensemble et conversaient, lorsque tout à coup parut un char de feu, avec des chevaux de feu, qui les sépara l'un de l'autre, et Elie fut emporté au ciel sur un tourbillon. Elisée le voyait et criait: Mon Père! Mon Père! Vous, le char d'Israël et son conducteur! Et il ne le vit plus. Et il saisit ses vêtements, et les déchira en deux; et il recueillit le manteau d'Elie, qui était tombé ».[2]

Le char et les chevaux de feu, la brusque séparation des deux prophètes, l'enlèvement d'Elie, en un mot, ne fut jamais rendu avec plus de vérité et d'énergie. C'est vraiment «'Elie qui monte sur le char emporté au vol par les coursiers, vers la cour céleste, pour ses divins mérites[3]», comme l'avait écrit saint Ambroise pour un tableau semblable dans sa basilique.

La forme du char, le nombre des chevaux varient souvent dans les diverses représentations. Dans notre bas-relief, nous avons un char à deux roues, assez semblable au char de course antique; il n'y a pas quatre chevaux, mais deux seulement. C'est la « biga » du Vatican. Les deux coursiers s'élancent si bien vers le but que montre l'ange de sa main gauche, tandis que de le main droite, il donne au prophète avec une baguette le signal et la force du

---

[1] *Op. et loc. cit.*, p. 371.
[2] *IV Reg.*, II, 11-13.
[3] « Helias ascendit equos, currusque volantes
Raptus in aetheream meritis cœlestibus aulam ».
Cf. Martigny, *Diction.*, art. *Elie.*

départ! L'artiste a su représenter exactement le fait d'après le récit scripturaire: Elie est emporté réellement sur un char; mais en même temps il a tenu compte de l'interprétation de quelques Pères de l'Eglise, qui, comme saint Maxime de Turin, pensent qu'Elie fut enlevé par les anges.[1]

Elie est représenté jeune et sans barbe, pour figurer l'éternelle jeunesse dont il va jouir dans l'Eden véritable. Elisée, sans doute comme disciple, est représenté lui aussi sans barbe, contrairement à l'habitude assez générale de le représenter vieux et barbu, afin d'établir un contraste entre le prophète qui restait encore sur la terre, et celui qui partait pour le séjour de l'éternel rajeunissement.

Au sujet du manteau d'Elie, tel que nous le voyons dans notre bas-relief, M. Kondakoff fait la docte observation que voici: « Ce manteau est une sorte d'ἐνδυμα « himation » ou « chlamyde », tandis que d'après la tradition, le prophète a laissé à son disciple sa μηλωτή, c'est-à-dire un vêtement formé d'une ou de deux peaux de brebis (voir la miniature de Cosmas, Bibl. du Vatican, n. 699, et D'Agincourt, *Histoire de l'art*, pl. XXXIV). Ce vêtement était porté par les moines d'Egypte, et passait pour un emblème de la vie ascétique. Lequel d'entre eux, demande Clément d'Alexandrie, est vêtu comme Elie d'une milote et d'une ζώνη ἐκ δέρματος, d'une ceinture de peau? (*Strom.* L. III, cap. IV). Mais sur les sarcophages déjà la μηλωτή est remplacée par un pallium. (Voir le Dictionnaire de l'Abbé Martigny, p. 231, et Bosio, *Rom. Sott.*, p. 157) ».

Le P. Garrucci s'étonne que l'artiste n'ait pas représenté les rives du Jourdain: c'est un trait d'exactitude de plus, car le fait se passa à distance du Jourdain, selon le récit de la Bible, puisque Elisée, après avoir reçu le manteau d'Elie, retourna vers le Jourdain.[2] Et d'ailleurs, ces rochers, cet arbre, ces champs, ces sillons, ces laboureurs ne désignent pas seulement une montagne, comme il l'affirme, mais bien une campagne.

De ces deux jeunes gens, vêtus de très courtes tuniques, l'un s'enfuit vers la gauche du spectateur, tenant encore sa bêche, tandis que l'autre a abandonné son instrument de travail sur le sillon, et est tombé la face contre terre, en fuyant sans doute, puisqu'il

[1] Cf. Kraus, *Real-Encycl.*, art. *Elias*.
[2] *IV Reg.*, II, 13

tourne le dos à la scène. Ces deux jeunes gens ainsi épouvantés, et avec leurs attributs, ne sauraient représenter le chœur des prophètes, comme on l'a dit. Ce sont deux hommes qui travaillent aux champs: voilà tout ce qu'il est permis d'affirmer; le reste de l'interprétation est plus ou moins arbitraire.

On connait le symbolisme multiple de cette représentation dans l'art primitif des chrétiens. Saint Irénée y voit une image de la résurrection. C'est pourquoi on retrouve cette scène souvent figurée sur les sarcophages.[1] Ce symbolisme s'explique surtout par une double raison: l'immortalité supposée d'Elie, et la croyance parfois commune aux juifs et aux chrétiens, qu'il reviendra à la fin des temps, avant la dernière arrivée du Sauveur.

Saint Maxime y découvre le symbole du triomphe des martyrs et des saints, qui ont vaincu les tyrans et le monde.[2] Enfin quelques Pères y ont vu aussi une figure de l'Ascension de Jésus-Christ qui monte au ciel, nous laissant le manteau de sa chair, nous laissant le don de sa doctrine.[3] On sait en effet que la tradition, ou transmission du manteau, symbolisait dans l'antiquité, la tradition de la doctrine. Avec cette dernière signification, Elisée devient plus tard la figure de saint Pierre, dont Jésus-Christ est l'Elie [4] Combien il est à regretter que les artistes et le peuple chrétien aient perdu le sens du symbolisme antique! L'art y gagnerait en justesse, en profondeur, en inspiration: la piété lirait d'innombrables enseignements sous les transparences de l'allégorie et du symbole. Tout parlerait comme autrefois, dans le temple chrétien. Quel mal nous a fait la Renaissance insuffisamment compréhensive!

XVIIIme bas-relief.

C'est le dernier de tous ceux qui subsistent dans la porte de Sainte-Sabine. Il nous montre un personnage assis sur un siège semblable à tous ceux que nous avons étudiés dans les autres pan-

---

[1] Cf. Kraus, *Real-Encyclopaedie*, art. *Elias*.
[2] *Hom. II, De Helizaeo.*
[3] Chrysost. *Hom. II, ad populum Antioch.*
[4] S. Bern. *Serm in Ascens.* III; S. Aug. *In Ps.* LXXXIII, LXXXIV.

— 236 —

neaux, et placé sur un gradin. Le personnage porte un manteau agrafé sur l'épaule droite. Il est coiffé d'une sorte de bonnet bordé d'une lisière de peau, mais la tête est moderne et ne saurait avoir

40. Dix-huitième bas-relief : Moïse devant Pharaon.

une signification en archéologie. Elle a été refaite sans doute pour remplacer l'ancienne qui avait dû subir quelque dégât. Il s'entretient avec un personnage qui est debout devant lui et qui lui répond fermement, à en juger par le geste. Cinq autres personnages, dont l'un est un soldat, un officier sans doute, puisqu'il porte son glaive à gauche, assistent à la discussion.

Nous avions jusqu'ici accepté l'interprétation commune, qui y voit le Christ devant Caïphe: nous abandonnons cette interprétation, et nous opinons que nous avons ici Moïse devant Pharaon.

Les raisons de cette interprétation nouvelle sont les suivantes. D'abord la porte entière ne comporte que vingt-huit panneaux: douze de plus grande, seize de moindre dimension; et en admettant le parallélisme des deux Testaments, nous avons pour chaque moitié de la porte six panneaux plus grands et huit moins grands.

Or, nous avons, avec l'interprétation plus récente, neuf panneaux plus petits appartenant au Nouveau Testament. Il a été nécessaire d'en rendre un à l'Ancien: et c'est celui du soi-disant Caïphe qui doit être restitué. Le personnage qui passait pour le Christ, et qui impose une volonté par un geste si impérieux, est Moïse apportant la volonté de Dieu à Pharaon qui résiste. Notre bas-relief représente Moïse devant Pharaon, et au lieu d'être une sorte de répétition du Christ devant Pilate, il en est le pendant, comme l'Ancien Testament est le pendant du Nouveau. Le geste dont nous avons parlé convient à Moïse et non au Christ.

Je ne sais si nous étonnerons le lecteur: mais nous ne craignons pas de dire qu'il y a dans la disposition des personnages quelque chose du style de Masaccio ou même de Raphaël: une harmonie toute virgilienne de l'ensemble, une grande modération et simplicité de mouvement, je ne sais quelle eurythmie dans la disposition et jusque dans la taille des personnages. Ce fait en particulier que toutes ces têtes du groupe principal sont sur la même ligne horizontale, est complètement dans les goûts du premier des deux grands artistes.

Nous n'insistons pas sur la signification de ce bas-relief: chacun sait le détail de la scène. Notons seulement que la comparution de Moïse devant le Pharaon est rarement représentée dans les œuvres des premiers artistes chrétiens, et nous avons encore ici un monument précieux par sa rareté, non moins que par son mérite intrinsèque.

Ici se termine notre étude de la porte de Sainte-Sabine particulièrement intéressante pour ceux qui aiment l'antiquité chrétienne.

Une réflexion s'impose à nous. Quelques barbares qui se disent amis des arts ont eu l'idée d'enlever cette porte à Sainte-Sabine, et même de la mettre en pièces pour la transporter dans un Musée.

Mais que signifient, au point de vue du symbolisme, ces sujets bibliques transportés ailleurs? La porte placée en dehors de son encadrement, ne perdrait-t-elle pas une grande partie de son importance et de sa signification? Elle ne rappellerait plus ailleurs ni l'histoire d'un long passé, ni les pontifes qui l'ont embellie et franchie, ni les générations qui l'ont admirée; et même au point de vue de l'art elle perdrait infiniment en dehors de sa place naturelle. Sa gloire exige qu'elle reste où elle est depuis plus de quinze siècles. « L'avis commun des savants de toute nation, disait M. Marucchi, est que cette porte est très précieuse pour l'histoire de l'art; et par son antiquité, elle remonte à l'origine même de la Basilique de Sainte-Sabine, fondée au temps de Célestin Ier. On peut croire avec certitude qu'elle fut l'œuvre ou la pensée de ce même Pierre d'Illyrie, prêtre de l'Eglise romaine, qui, avec tant de magnificence et à ses frais, construisit et orna l'édifice sacré. Elle fait donc partie intégrante de la vénérable Basilique; elle en illustre les origines et l'histoire. Elle n'a pas été adaptée à la porte qu'elle ferme; elle fut faite dans ce but; et si par conséquent on la transportait hors de sa place naturelle, où le respect de tant de générations l'a laissée durant quatorze siècles, elle perdrait considérablement de sa valeur historique. Le vœu de tous les archéologues est que l'insigne monument, la vénérable Basilique avec tout le cloître qui leur est adjoint, soient conservés avec tout le soin possible, et qu'on les destine à un usage conforme à leur importance historique et religieuse ».[1]

Nous pouvons maintenant pénétrer dans la basilique, mais en refermant la porte derrière nous, ayons soin de nous retourner pour jeter un coup d'œil sur l'envers des panneaux. Ils sont de facture récente, mais copiés des dessins antérieurs. Ils sont très-remarquables comme décoration variée et noble.

L'idée d'embellir la porte à l'intérieur est en elle-même fort logique: l'église est très ornée, et la porte, quand elle est fermée doit être ornée à son tour. Nous aurions autrement une anomalie

---

[1] Journal l'*Aurora*, 16 mai 1880.

41. Les revers de la porte.

et un disparate qui se rencontrent parfois ailleurs. Comment a-t-on réalisé cette pensée à Sainte-Sabine? Il ne nous est pas possible de répondre à cette question, en montrant les documents matériellement originaux: mais nous en avons la copie exacte dans la porte elle-même, et au point de vue formel, nous en pouvons tirer les conclusions qu'autoriseraient les originaux eux-mêmes. Le soin qu'on a apporté à l'exécution de ces dessins si variés et si vivants, malgré leur caractère plus ou moins géométrique, nous est une garantie d'authenticité. Ajoutons que leur forme octogonale et le style nous reportent à la décoration byzantine, ou plutôt constantinienne, telle que nous la voyons se produire dans la voûte du Mausolée de Santa Costanza. Il reconnaîtra sans doute combien ce dernier a été heureusement inspiré, quand il a distingué les différents panneaux, et avec quelle habileté, tout en sauvegardant l'harmonie et l'unité de l'ensemble, il a sa néanmoins varies l'ornementation de tout ce décor.

En terminant cette étude sur la porte fameuse de Sainte-Sabine, qu'il nous soit permis de reproduire ce que vient d'en écrire doctement M. G. Millet, avec une compétence indiscutable: « Les textes mêmes nous font connaître le grand développement durant la première période (de l'Art Byzantin) de la sculpture religieuse principalement, et c'est là une curiosité intéressante de la sculpture sur bois. Le cèdre entrait pour une large part dans la décoration des églises de Tyr, de Saint-Théodore de Nysse, de Saint-Etienne et Saint-Serge, à Gaza. Théodoret mentionne un sculpteur sur bois appelé Gérontios. Ces textes, il est vrai, parlent de motifs, ornementaux, animaux, corbeilles; mais les monuments trouvés en Egypte présentent des figures et des scènes: au Caire, dans l'église al'Mu'allaka, une frise figure les Rameaux et l'Ascension, dans celle de Saint-Georges, on voit, sur une porte, d'autres scènes évangéliques et deux anges; enfin le Musée de Berlin vient d'acquérir un magnifique haut-relief, haut de 45 centimètres, sculpté sur la surface d'un demi-cylindre. On y voit, d'après l'interprétation de M. Strzygowski, les barbares expulsés sortir en rangs pressés d'une forteresse, la forteresse de la Foi que garde la Trinité. L'œuvre remonterait au règne de Constantin.

« Le monument le plus considérable de la sculpture sur bois est la porte de la basilique de Sainte-Sabine, consacrée vers 432.

Sur ses multiples panneaux, un choix de scènes bibliques et évangéliques marque la concordance des deux Testaments, mais les lacunes et les remaniements empêchent d'en saisir l'ordre primitif. La vocation et les miracles de Moïse, le passage de la Mer Rouge, l'Ascension d'Elie et la Vocation d'Habacuc préfigurent la venue du Christ, dont on peut suivre l'œuvre rédemptrice en onze scènes, depuis l'Adoration des Mages jusqu'à la Résurrection. Enfin deux compositions solennelles: la glorification de l'empereur[1] et celle l'Eglise complètent cet ensemble d'un caractère nettement dogmatique. L'origine originale de ce monument a été bien mise en lumière par M. Ajnalov, qui a reconnu dans l'iconographie de nombreux traits palestiniens: par exemple dans l'Ascension d'Elie, au lieu du Jourdain, figuré ailleurs sous les pieds des chevaux, une source, des marches, une montagne, avec deux enfants, avec des instruments de travail. Ces enfants ne sont pas mentionnés dans la Bible; mais Antonin de Plaisance vit l'endroit « où le Seigneur fut baptisé, où les fils des prophètes perdirent leur hache, où Elie fut ravi dans le ciel ».

Les portes de bois du Sinaï sont partagées, comme celles de Sainte-Sabine, en une alternance de panneaux rectangulaires et carrés, mais dont la décoration très fine et très riche est purement végétale et zoomorphique. »[2]

Nous ajouterons qu'elles sont en bois de cyprès, de même qu'en Orient le cyprès était avec le cèdre le bois le plus employé pour ce genre de monuments.

De tout ce que nous venons de dire, il résulte que les portes de Sainte-Sabine occupent une place à part dans le domaine de l'archéologie et de l'art: elles sont des plus anciennes et des plus belles.

Une porte ferme l'édifice auquel elle appartient et elle doit être en rapport avec lui et par le style et par la somptuosité. On le comprit ainsi de tout temps, et partout, et ce qui nous reste de ces vieux monuments, depuis la porte de Ptolomaïde conservée au Louvre, où l'on a sculpté le soleil, la lune et les

---

[1] L'auteur opine avec quelques autres que le personnage debout sur la porte d'une église est l'empereur. Nous ne partageons pas cette interprétation.

[2] *L'Art Byzantin*, dans l'*Histoire de l'Art* publiée sous la direction de M. Michel, t. I, p. 257-258.

étoiles, jusqu'à celles du Baptistère de Florence, en est une constante démonstration. Et quand il s'agit du temple voué au vrai Dieu, on trouvera que ces idées s'imposent plus encore. La porte orientale du Sanctuaire dans le temple de Jérusalem, toute entière en bronze, ne pouvait être ébranlée que par vingt hommes, et l'Eglise chrétienne voudrait que les portes de ses édifices sacrés tussent « brillantes de pierreries ». Celles de Sainte-Sabine égalent les plus illustres.

Avant de nous en éloigner, remarquons dans les magnifiques blocs monolîthes de marbre qui forment les arrière-montants, un trou carré à gauche, auquel répond une encoche en équerre à droite. C'est là qu'on engageait une barre de bois, le « vectis », pour assurer la porte. Peut-être ont-ils servi dès l'époque du temple de Diane.

On remarquera encore dans le marbre du pavé, à droite, cette rainure en arc creusée par le frottement du battant: extrême ce détail semble démontrer que longtemps on a utilisé aussi cette partie de la porte comme entrée ordinaire.

Nous nous retournons maintenant et nous sommes en face de l'« area » de Sainte-Sabine, du « quadratum populi », del « oratorium populi », appellé encore εκκλησία: nous allons le parcourir en cheminant sur notre droite lentement.

CHAPITRE VIII.
La nef centrale de Sainte-Sabine.

§ 1. Aspect général de l'église.

e premier sentiment que l'on éprouve en entrant dans Sainte-Sabine, c'est la surprise et l'étonnement.

La vaste église frappe par sa simplicité inouïe et par son architecture devenue étrange pour nous. Devant nous s'étend une grande nef, entre deux rangs de colonnes blanches; elle se termine par un autel carré surmonté d'un baldaquin, précédé d'une confession avec balustrade, imitation de celle de Saint Pierre, et surmonté en arrière d'une abside en hémicycle qu'ornent des peintures. Les colonnes, à droite et à gauche, supportent la retombée d'arcades où s'appuie un mur, percé dans le haut, de grandes fenêtres cintrées, et sur le mur reposent, toutes nues, les poutres nombreuses du toit aux grandes briques. Au-delà des colonnes s'étendent des nefs latérales, flanquées de tombeaux et de chapelles. Le pavé est en « mattoni », ou briques, parsemé de pierres sépulcrales symétriquement disposées.

Cette architecture, à laquelle nous ne sommes plus habitués, depuis la création des voûtes élancées et fleuries, ou des « soffitti » avec leurs caissons lourds et prétentieux, nous heurte peut être au premier abord: on finit bientôt par la goûter, l'aimer, et la préférer à plus d'une prétention moderne.

42. L'intérieur de Sainte-Sabine: vue d'ensemble.

Nul n'a mieux compris l'édifice sacré que M. G. Glausse: « Rien n'est plus simple, dit-il, que cette disposition; c'est le plan exact d'une basilique antique; c'est l'église primitive dans toute sa pureté sobre et imposante. Il n'y avait pas de transept; les trois nefs, aussi bien les nefs latérales que celle du milieu, aboutissaient directement à des absides circulaires, ce qui donnait au plan beaucoup d'unité. »[1]

Là-bas, sous l'abside qui protège son trône, règne le souverain invisible, βασιλεύς, le maître de la basilique, et dans l'enceinte qui précède se devrait presser la foule de ses sujets venant demander miséricorde et justice.

L'idée est simple, grande, complète; l'exécution est digne d'elle: la proportion et l'harmonie règnent entre l'idée et sa réalisation et entre les divers éléments de la réalisation. D'ailleurs, rien ne distrait de la pensée principale: l'unité en est irréprochable.

Puis lorsque, par l'imagination, on restitue à la basilique les peintures et les mosaïques qui l'embellissaient de toute part, son presbyterium superbe et ses ambons, son clergé nombreux et sa multitude pieuse, le spectacle se complète et finit par provoquer une émotion douce et intense. Tant

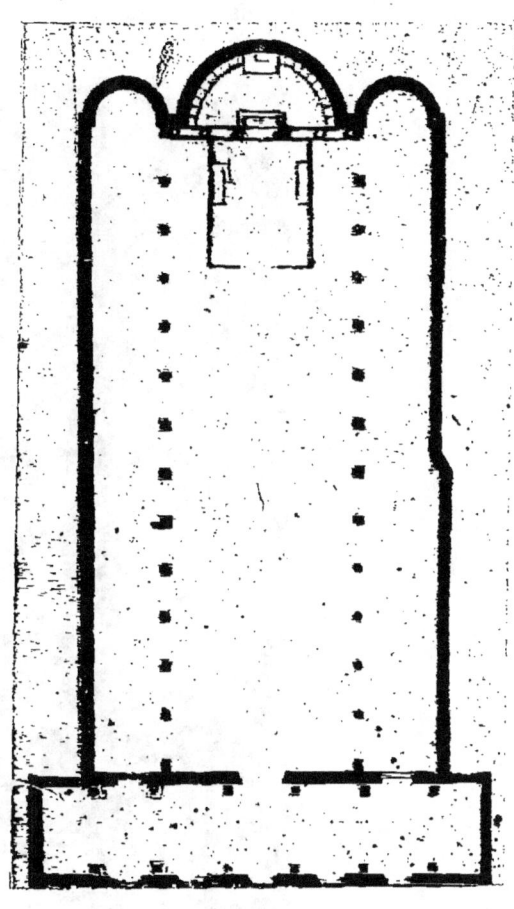

43. Plan par terre.

[1] *Basiliques et mosaïques chrétiennes*, t. I, pp. 156 et suiv.

de souvenirs et de siècles ont passé dans ce sanctuaire, depuis le jour où, dit-on, la foule entrait par les trois portes correspondant aux trois nefs, jusqu'au silence solennel d'aujourd'hui, que troublent à

44 L'intérieur de Sainte-Sabine vu de flanc.

peine les pas ou les conversations du visiteur simplement curieux, la psalmodie de quelques religieux, ou encore quelques rares solennités le long de l'année sainte!...

Mais nous devons arriver aux détails techniques. Donnons d'abord les dimensions principales de la basilique.

— 247 —

Cette église qui apparaît si harmonieuse dans ses proportions souffre pourtant quelques irrégularités. De la porte au fond de l'abside, elle mesure 56 mètres; la largeur totale des trois nefs vers le milieu de l'église est de 25 mètres; la hauteur des murs jusqu'au toit est de 20 mètres. L'abside ancienne et vraie a 7 m. 80 de profondeur, avec un arc absidal large de 10 m. 80; la nef centrale mesurée du milieu des colonnes qui la délimitent est large de 14 mètres; celle de gauche, 5 m. 26; celle de droite vers l'abside est large de 5 m. 87, mais vers le bas elle s'élargit brusquement jusqu'à 6 m. 16, pour un motif que nous expliquerons plus loin; les entrecolonnements, du milieu d'une colonne au milieu de l'autre, sont régulièrement de 3 m. 60.

45. Coupes longitudinale et transversale de Sainte-Sabine restaurée graphiquement (Hubsch, *Mon. d'Arch.*).

§ 2. La mosaïque de la façade intérieure.

Après une vue générale, retournons-nous pour étudier, dans la façade intérieure qui correspond à la nef centrale, une mosaïque célèbre.

Au-dessus et de chaque côté de la grande porte s'ouvrent deux fenêtres carrées; sur les fenêtres s'étend, dans toute la largeur de la façade, une vaste inscription en mosaïque, accostée de deux personnages; plus haut et dans la muraille qui monte jusqu'au toit et s'achève en aiguille, s'ouvre un prosaïque œil-de-bœuf, de forme oblongue dans le sens horizontal.

La muraille est aujourd'hui couverte de chaux; elle fut jadis ornée de peintures. Les vestiges qui s'aperçoivent à travers les fissures de l'« intonaco » dénotent des peintures modernes et baroques: ce sont des draperies, relevées par des anges: dans l'antiquité, il y eut sans aucun doute des peintures ou des ornementations meilleures.

Il y eut au moins des « incrostature », comme dans le vestibule et sur les colonnes de l'église.

Les deux fenêtres sont modernes de style, de facture et de mauvais goût: elles servent à établir une communication entre l'église et le « chorino » ou petit chœur d'hiver, qui se trouve au-dessus du vestibule.

Arrivons immédiatement à la description de la mosaïque, dont l'importance est si considérable. Nous ne parlons en ce moment que de celle qui nous reste sous les yeux; nous dirons ensuite un mot de celle qui fut détruite à l'époque de Sixte V.

Nous en raconterons d'abord l'origine, après l'avoir brièvement décrite: nous en indiquerons ensuite la signification.

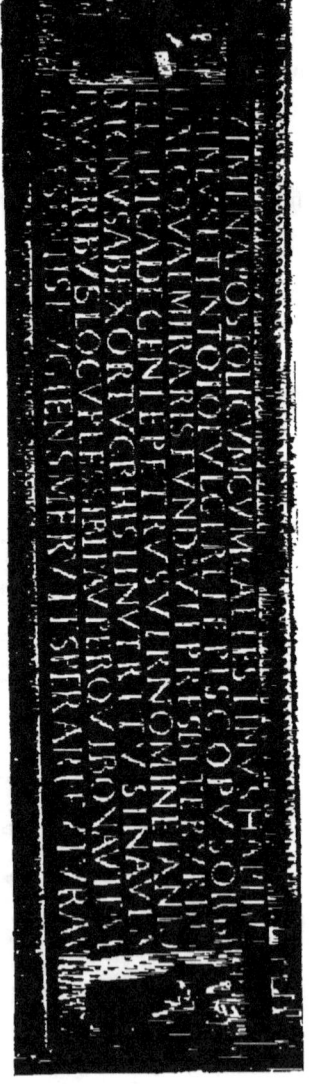

46. La grande Mosaïque conservée à l'intérieur au-dessus de la porte.

Notre mosaïque est un parallélogramme qui mesure 13 m. 30 de longueur, puisqu'elle occupe presque toute la largeur de la nef centrale, sur 3 m. 10 de hauteur.

Elle est à peu près à deux mètres au-dessus de la grande porte.

Les bords forment un cadre doré avec un dessin uniforme, en entrelacs, sur un fond vert foncé.

L'inscription comprend sept lignes en grandes lettres d'or, sur fond bleu foncé. Les interlignes sont de couleur noire.

L'inscription n'occupe point toute la longueur de la mosaïque; mais aux deux extrémités, et sur un fond d'or, qui d'ailleurs ne remplit pas toute la hauteur du cadre, se tiennent debout deux matrones, pleines de gravité, vêtues de pourpre foncée et brunâtre, et portant sur la poitrine l'Evangile, comme on le portait jadis dans les ambassades solennelles. Au-dessous de celle qui est en tête de l'inscription et à gauche du spectateur, on lit:

Eglise venue de la Circoncision;[1]

Et au-dessous de la seconde figure, on lit:

Eglise venue des Gentils.[2]

La grande inscription de la mosaïque est conçue en ces termes:
Lorsque Célestin occupait le faîte apostolique
et qu'il brillait premier évêque dans le monde entier,
ce que vous admirez fut fondé par un prêtre de la ville,
de nationalité illyrienne, Pierre, homme digne d'un tel nom,
nourri dès sa naissance dans le bercail du Christ,
riche pour les pauvres, pauvre pour lui, qui, fuyant les
[biens de la vie
présente, mérita d'espérer la vie future.[3]

[1] Le texte est: Eclesia ex circumcisione.
[2] En latin: Eclesia ex gentibus.
[3] Culmen apostolicum cum Coelestinus haberet
primus et in toto fulgeret episcopus orbe
haec quae miraris fundavit presbyter urbis
illyrica de gente Petrus vir nomine tanto
dignus ab exortu Christi nutritus in aula
pauperibus locuples sibi pauper qui bona vitae
praesentis fugiens meruit sperare futuram.

Il faut déterminer à quelle époque appartient notre mosaïque. De célèbres archéologues, Ciampini,[1] Galletti,[2] le Baron de Reumont,[3] cités par M. De Rossi,[4] l'ont attribuée à Eugène II.

Mais d'autres archéologues non moins illustres, peut-être plus au courant de l'histoire de l'art, et certainement en plus grand nombre, ont pensé et pensent autrement, et la font remonter à la fondation même de la basilique dont elle est l'ornement. Buonarotti,[5] Vitet,[6] Barbet de Jouy,[7] Crowe et Cavalcasselle,[8] De Rossi,[9] etc. etc. sont de ce dernier sentiment.

Avant d'indiquer les raisons qu'apportent ces autres savants, il faut faire une double observation, afin d'écarter d'avance et d'un seul coup certaines objections possibles.

Il importe de remarquer en premier lieu que la mosaïque à été un peu retouchée. Ce n'est qu'une réparation de peu de conséquence, sauf dans la figure qui est à droite du spectateur, où la restauration a été plus considérable, bien que l'ensemble subsiste. La partie inférieure du cadre est même en peinture imitant parfaitement la mosaïque et datant sans doute de l'époque des deux fenêtres qu'elle surmonte.

Nous avons à observer ensuite que les raisons apportées par les partisans de l'antiquité la plus éloignée, conservent toute leur valeur, si l'on attribue l'achèvement de l'église, non point à Pierre d'Illyrie, sous Célestin I, mais à Sixte III son successeur immédiat. C'est une différence de peu d'années: 423-432 et 432-440.

Mais quelles seront maintenant les raisons qui démontrent l'antiquité primitive de la mosaïque?

Il y a en premier lieu la preuve historique ou l'affirmation des anciens: « Les plus anciens collectionneurs d'épigraphes métri-

---

[1] *Vet. mon.*, p. 187.
[2] *Inscriptiones infimi aevi*, T. I, p. 3.
[3] *Geschichte der Stadt Rom*, T. II, p. 1223.
[4] *Mosaici christ.*
[5] *Vetri.*
[6] *Journal des Savants*, 8 juin 1866.
[7] *Les mosaïques chrétiennes.*
[8] *Geschichte der italien. Malerei*, T. I, p. 114.
[9] *Mosaici crist. loc. cit.*

ques romaines, dit M. De Rossi, avaient connaissance de ces vers; et l'on en retrouve le texte entier, non seulement dans le célèbre manuscrit palatin publié par Gruter, mais aussi dans celui de la précieuse topographie d'Einsiedeln, et dans la page unique d'u recueil semblable, récemment découverte à Wurtzbourg, où il est expressément noté que l'inscription se lisait, comme de nos jours, au-dessus de la porte: « In ecclesia santae Sabinae, in introitu[1] ».

Le manuscrit de Wurtzbourg a été découvert et publié par Mr. Halm, conservateur de la Bibliothèque royale. Il est du IXme siècle, et renferme des inscriptions métriques et historiques de Saint-Paul et de Sainte-Sabine.

De ces inscriptions deux seulement subsistent dans les mosaïques elles-mêmes: celle de Sainte-Sabine et celle de Sainte-Cécile. Ajoutons que dans le premier recueil, l'*Einsiedlensis*, on ne trouve aucune inscription qui ne soit antérieure au IXme siècle, et l'auteur a vécu avant Léon III et Eugène II.[2]

L'inscription de Sainte-Sabine ne saurait dès lors être attribuée qu'à Célestin I ou à Sixte III.

Au surplus, l'étude du monument lui-même nous conduit à la même conclusion. Nous allons céder encore la parole à une voix autorisée entre toutes, à Mr. J. B. De Rossi:[3]

« Dans les deux figures de femmes, les justes proportions du dessin, la noblesse des poses, le costume austère, simple et plein d'ampleur dans la disposition des plis, appartiennent à l'ancien style romain. (C'est l'antique «palla», sorte de «pallium» qui couvrait aussi la tête.) Alors que ce dernier n'était pas encore gâté par les formes dures, allongées, plus ou moins gauches et chargées d'ornements, qui l'altérèrent peu à peu, et le conduisirent au point de décadence que nous remarquons dans les mosaïques romaines du neuvième siècle. Entre les deux figures soumises à notre examen et ces mosaïques, l'intervalle est immense, et c'est bien avec raison que Vitet les juge supérieures, non seulement aux œuvres du même genre, exécutées au sixième siècle, mais aussi à celles de la basilique de Sainte-Marie-Majeure, postérieures de peu d'années

---

[1] *Mosaici crist.* Cf. Urlichs, *Codex topographicus Urbis Romae.*
[2] Cf. De Rossi, *op. cit.*
[3] *Op. cit.*

47. L'Eglise venue des Gentils.

à peine au pontificat de Célestin. Qu'on veuille bien en effet jeter les yeux sur les deux planches publiées conjointement avec celle de Sainte-Sabine, et reproduisant fidèlement les mosaïques des deux églises «extra muros»[1] de Saint Laurent et de Sainte Agnès, l'une de la fin du sixième siècle, l'autre des premières années du septième. Quelle distance immense sépare le style de ces dernières, de celui des deux images de matrones, placées aux côtés de l'inscription historique de Sainte-Sabine !

« L'extrême grossièreté et l'inexactitude du dessin de Ciampini peuvent seules expliquer l'erreur à laquelle des écrivains de

[1] Les planches de l'ouvrage de M. De Rossi sont en effet superbes et très fidèles pour les mosaïques elles-mêmes. Nous les remplaçons par des reproductions de photographies directes.

48. L'Eglise venue des Juifs.

science, et versés dans l'étude des monuments, ont donné, en partie du moins, leur assentiment. Il est vrai que les deux figures dont il est question ne sont pas intactes et ont souffert ensuite de retouches récentes, surtout la figure qui regarde la droite du spectateur, mais elles ont conservé dans leurs contours et dans leur ensemble le type de l'œuvre primitive. Ceci suffit à la critique de l'art chrétien pour réfuter et détruire l'opinion de ceux qui voudraient reporter à l'époque d'Eugène II les débris de la mosaïque figurée, restes uniques de toutes celles qui décoraient anciennement la basilique entière de Sainte-Sabine, sur l'Aventin.

« Le jugement artistique est confirmé par l'examen historique et épigraphique des inscriptions. Placées l'une et l'autre en dessous des figures, les deux épigraphes « Ecclesia ex circoncisione, Ecclesia ex gentibus » nous révèlent les formes de lettres qui prévalurent dans les écritures majuscules du quatrième et du cinquième siècles. « Eclesia » avec un seul c, telle est l'orthographe normale du mot dans les inscriptions de ces temps.[1] (Le P. Garrucci ajoute que « Eclesia » est écrit avec un seul c, comme chez les poètes, qui font la première syllabe brève).[2] Ces observations minutieuses prouvent combien peu d'altérations notables les retouches postérieures ont fait subir au travail original. Les restaurateurs modernes eussent-ils manié à leur guise les inscriptions, nous y verrions la forme « ecclesia », avec le double c, substituée à la véritable « eclesia », comme ne manqua pas de faire de son côté le dessinateur de Ciampini.

« Les vers historiques sont écrits en lettres monumentales, ornées à leurs extrémités de traits un peu bouclés, rappelant faiblement la calligraphie damasienne, dont l'imitation affaiblie était en usage dans les épigraphes des monuments sacrés, surtout dans le courant du cinquième et du sixième siècle.

« Le style du poème est de beaucoup supérieur à celui des vers épigraphiques que nous lisons dans les mosaïques et autres monuments romains du IXme siècle ».[3]

Enfin, Mr. De Rossi trouve une confirmation de sa thèse, que nous faisons nôtre, dans la variante qu'offrent l'inscription et le

---

[1] Cf. *Bollet. d'Arch. crist.* 1864, p. 28; 1867, pp. 51-52; 1871, p. 1, 6.
[2] Cf. Garrucci, *Storia dell'arte crist.*
[3] *Mosaici crist.*, à propos de la mosaïque de Sainte-Sabine.

Liber Pontificalis. L'une appelle Pierre d'Illyrie du nom de prêtre, et nous apprend qu'il fonda la basilique sous Célestin; l'autre le nomme évêque, et le montre construisant sa basilique sous Sixte III. « La variante que présentent le témoignage du *Liber Pontificalis* et celui de l'inscription, relativement à la date et à la qualité du fondateur de la basilique, me semble une preuve éloquente que l'épigraphe où il est question de fondation faite sous Célestin par le prêtre Pierre, est antérieure à l'achèvement et à la dédicace de l'édifice qui eurent lieu sous Sixte III, le successeur de Célestin, et au temps que Pierre n'était plus un simple prêtre, mais évêque. Je ne vois aucun motif pour douter de l'exactitude de la notice enregistrée dans les anciennes vies des Pontifes, notice que nous retrouvons du reste dans la recension et les manuscrits du *Liber Pontificalis*, antérieurs au neuvième siècle. Il s'ensuit que si l'épigraphe dont je parle avait été composée du temps d'Eugène II, elle aurait sans doute, conformément aux données alors connues de l'histoire, appelé évêque et non prêtre, le fondateur de la basilique et eût fait mention de Sixte III, et non de Célestin ».[1]

Cette dernière observation nous semble prouver que l'inscription ne peut dater d'Eugène II; mais, à notre humble avis, ne démontre point qu'elle n'ait pu être faite sous Sixte III. Il n'y est fait aucune mention de Sixte III, parce que sans doute c'est lui qui en fut l'auteur, et qu'elle est à la louange non pas de celui qui acheva, mais de celui qui fonda la basilique.

Au sujet de l'observation en général, nous avouerons que la valeur nous en paraît discutable. Rien d'étrange qu'un prêtre titulaire dans Rome, et même un simple prêtre, porte le nom d'«episcopus» ou de «presbyter» indifféremment, surtout dans une inscription métrique où le mot «episcopus» est au vers précédent. On peut trouver des exemples analogues. Dans un vieux missel cité par Mabillon, on lit: « Syxtus martyr qui, dum Apostolicæ Sedis excepisset insignia, et se primum esse conspiceret sacerdotem »:[2] « Sixte martyr, ayant reçu les insignes du pouvoir apostolique, et se voyant le premier des prêtres. »

---

[1] *Mosaici*, loc. cit.
[2] *Lit. gall.*, L. III, p. 276.

Il ne nous semble donc pas démontré par cette dernière preuve que notre inscription ait été faite avant Sixte III.

Nous croyons même peu probable que Pierre d'Illyrie en soit l'auteur. Quand l'inscription nous parle des beautés qui doivent « émerveiller » le spectateur, elle suppose apparemment l'ornementation de l'Eglise. Or, elle nous dit en même temps que Pierre d'Illyrie « a fondé » ce bel édifice, comme le *Liber Pontificalis* nous affirme simplement qu'il « a construit » l'église. L'opposition entre le présent « miraris » et le passé « fundavit » confirme cette conjecture.

Et puis il paraît peu naturel que le fondateur de l'Eglise se donne de semblables éloges. Il n'y aurait pas inscrit sa biographie, sa nationalité, sa munificence envers les pauvres. Enfin il ne nous dirait point qu'en « fuyant les biens de la vie présente, il a mérité d'espérer la vie future ». Ce participe passé indique qu'il était mort, lorsque fut faite l'inscription.

Il est plus vraisemblable que la construction, commencée sous Célestin, par Pierre d'Illyrie, fut continuée et achevée sous Sixte III, qui consacra l'Eglise et fit exécuter cette mosaïque, comme il en fit exécuter de très nombreuses à Sainte-Marie-Majeure et ailleurs.

MM. De Rossi et Vitet ont constaté au point de vue du style, une supériorité de nos mosaïques sur celles de Sainte-Marie-Majeure : mais cette différence ne saurait se justifier autrement que par une habileté ou un soin différents chez les artistes, et la distance de temps qui existe à peine, puisque Sixte III succède immédiatement à Célestin I, n'explique point cette divergence.

Au surplus, il existe entre les mosaïques des deux sanctuaires de nombreuses et d'incontestables ressemblances. Au centre même de la grande mosaïque de Sainte-Marie-Majeure nous trouverons les symboles des quatre évangélistes et les deux apôtres Pierre et Paul, comme ils existaient à Sainte-Sabine au-dessus de la mosaïque qui nous reste. Le style, les attributs, à en juger par le dessin de Ciampini, sont de même goût et de même époque, ou à peu près. On le voit, notre observation devient une preuve nouvelle de l'antiquité primitive de notre mosaïque.

Faut-il indiquer maintenant l'importance de notre monument, à un point de vue plus général ?

Pour l'art, les graves paroles qu'a écrites Mr. De Rossi nous la montrent suffisamment.

Pour l'histoire, cette inscription nous apprend à quelle époque fut fondée notre basilique, et nous donne sur Pierre d'Illyrie les seuls renseignements que nous possédions, avec la mention que nous en fait Anastase.

Au point de vue théologique surtout, elle est d'une grande importance. On lit ces mots:

> Culmen apostolicum cum Cœlestinus haberet
> Primus et in toto fulgeret episcopus orbe,

qu'il faut traduire ainsi: « Lorsque Célestin occupait le faîte apostolique, et brillait premier évêque dans tout l'univers ». C'est un résumé complet de la Constitution vaticane « Pastor aeternus ».

L'inscription « Summa Papatus », que nous lirons encore dans Sainte-Sabine, exprime la même vérité en des termes fort semblables. Il est naturel que nous retrouvions de tels témoignages dans une basilique qui fut église papale.

Les deux personnifications qui accompagnent l'inscription sont elles-mêmes du plus haut intérêt, spécialement au point de vue du symbolisme chrétien, et d'autant plus que la signification en est précisée par une inscription placée au-dessous.

Les deux figures sont debout, vêtues d'une tunique ou «stola» de couleur brun-rougeâtre; et, sur la tunique, d'une «palla» de même couleur, qui leur couvre la tête et les épaules et descend en plis majestueux jusqu'aux hanches. La «palla» est ornée de deux «calliculae» à l'extrémité.

On appelait de ce nom, du mot grec κάλλος, des sortes de disques, τροχάδες, en métal ou en étoffe de grand prix, que l'on cousait sur la partie inférieure du vêtement, ou quelquefois encore sur les épaules. Elles étaient souvent de pourpre. Chez les deux figures que nous étudions elles sont d'un rouge clair, et portent la croix au milieu. Sous la tunique brune les deux femmes revêtent une tunique blanche dont on voit les extrémités aux manches et près du cou, de même que sous le voile brun elles ont autre voile blanc et plissé au front.

Les deux images portent du bras gauche un grand livre ouvert.

En signe de respect, elles ne touchent pas le livre immédiatement avec la main, mais avec la main couverte d'une «mappula», sorte de nappe blanche, qu'elles tiennent à la main. De la droite, qu'elles ramènent sur leur poitrine, elles indiquent le livre et font le geste de l'allocution. Elles ont des chaussures pleines et de couleur brun-rougeâtre.

Le P. Garrucci a remarqué avec raison que ces deux figures ressemblent d'une manière frappante à une figure qui se voyait jadis dans une mosaïque aujourd'hui détruite de l'église de Sainte-Constance à Rome, mais dont on a conservé le dessin. Il croit que cette mosaïque était la plus ancienne des mosaïques chrétiennes.[1]

Mr. Lefort[2] et quelques autres ont vu dans ces deux femmes les personnifications de l'Eglise juive et de l'Eglise chrétienne. Il nous semble que l'interprétation la plus exacte est de voir dans ces deux images l'expression d'une même pensée: l'Eglise chrétienne composée de fidèles venus du judaïsme et du paganisme. Cette explication paraît beaucoup plus conforme aux deux inscriptions placées au-bas. C'est la distinction de l'Epitre aux Romains.

Elle se confirme de ce fait qu'on voyait jadis l'image de Saint Pierre au-dessus de l'«Eclesia ex circumcisione»; celle de Saint Paul au-dessus de l'«Eclesia ex gentibus», répondant d'ailleurs aux représentations de Jérusalem et de Bethléem, placées jadis en face, sur l'arc absidal, et dont nous parlerons plus loin. Ajoutons enfin que toutes deux ont les mêmes attributs, portent et montrent le même livre de la Loi révélée, et ont leur vêtement orné de la même croix: il n'y a donc pas opposition, ni divergence entre elles, et elles se rencontrent dans la même unité.

§ 3. Fenêtres et mosaïques aujourd'hui détruites.

Le vulgaire et énorme œil-de-bœuf qui s'ouvre maintenant au-dessus de la mosaïque date de 1729, et en a remplacé trois

---

[1] *Storia dell'Arte cristiana*, Vol. IV, *Mosaici*, p. 9.
[2] *Revue archéologique*. Cette interprétation se confirmerait et se compléterait cependant par ce texte curieux d'Origène: «Maria (scil. Magdalena) est imago Ecclesiae christianae ex gentibus; Martha ergo περὶ πολλὰ ἐθορυβεῖτο, quia multa sunt mandata legis mosaicae; Maria vero paucis studebat, eo quod secundum Matthaeum, 22, 40, paucis opus est praeceptis ad assequendam salutem». *In Luc*. X, 42; *in Catena Corder. ibid*.

autres qui se trouvaient à peu près à la même hauteur;[1] et ces derniers avaient pris la place des cinq antiques fenêtres cintrées, vraiment gracieuses et pures comme la basilique. Ces cinq fenêtres ont été reproduites dans un dessin de Ciampini,[2] et mentionnées par tous ceux qui ont eu l'occasion d'en parler.

C'est vers 1590 que les cinq fenêtres de la façade furent détruites. Ciampini en écrit vers cette époque: et à cette époque précisément on mentionne déjà « gli tre occhi », et la dépense de 17 scudi pour les vitres que donne le cardinal Bernerio. La destruction se fit sans doute en 1589, lorsqu'on restaura l'atrium.[3] En cela, Sainte-Sabine ressemblait à d'autres églises anciennes, spécialement à celle des SS. Jean et Paul.

---

[1] *Cron. di Santa Sabina*, page 37.

[2] « Ecclesia Sanctae Sabinae, dit-il, tresdecim fenestras obtinet, latas palmos decem, altas viginti, in fronte verò quinque». *Vet. mon.*, vol. 1, p.75.

[3] Cf. *Cron. di Santa-Sabina*, page 35. Ciampini, *op. cit.*, p. 188.

49. Mosaïques et fenêtres existant jadis sur sa façade intérieure.

Mais lorsque Ciampini ajoute que les cinq fenêtres avaient la hauteur et la largeur des fenêtres de la grand nef,[1] il se trompe manifestement.

En comparant les fenêtres de la nef avec celles qui ont été fermées le long du clocher, nous voyons qu'au XIIme ou XIIIme siècle, elles avaient la même grandeur qu'aujourd'hui, et on ne saurait prétendre que depuis Ciampini les fenêtres latérales aient été agrandies. Or, cinq fenêtres de la nef occuperaient au moins une longueur de 17 mètres, tandis que la façade elle-même est loin d'avoir une telle largeur sur la nef centrale.

L'erreur de Ciampini s'explique par ce fait qu'il écrivait vers 1595, lorsque depuis quelques années déjà les fenêtres n'existaient plus, et avaient fait place aux œils-de-boeuf de Sixte V.

Mais ce dont nous déplorons plus encore la destruction, ce sont les mosaïques qui embellissaient toute cette partie de la façade, et que nous ne connaissons plus, hélas! que par le mauvais et fragmentaire dessin de Ciampini.[2]

On y voyait d'abord, de chaque côté, les deux images de Saint Pierre et de Saint Paul: le premier à gauche, le second à droite. Nous disons qu'elles étaient de chaque côté, et non point ailleurs, par exemple sur les montants des fenêtres, parce que au-dessus de la tête d'un apôtre, se voyait une main émergeant d'un nuage et tenant un livre. Cette main, placée sur la même ligne horizontale que les symboles des évangélistes dont nous allons parler, ne pouvait s'adresser qu'à un personnage visé au-dessous. Sans doute voyait-on primitivement une autre main semblable de l'autre côté: mais au temps de Ciampini déjà elle avait disparu, et son dessin nous représente la mosaïque détruite de ce côté.

Les deux apôtres sont debout, saint Paul à droite du spectateur, saint Pierre à gauche. Le premier a tous ses cheveux, le second est chauve. Ils sont revêtus de la tunique et du pallium, et font tous les deux le geste de la prédication, en élevant la main droite à la hauteur de l'épaule. La main gauche se cache dans un pan du pallium qu'elle retient en même temps.

---

[1] « Altitudinis ejusdem et longitudinis », *op. cit.*
[2] *Vet. mon.*, loc. cit.

C'est que primitivement, chez les anciens, les orateurs ne faisaient pas de gestes, ou ne les faisaient que très rares et modérés. Le geste à main découverte était interdit aux jeunes orateurs.[1] Périclés, Aristide, Solon, Phocion, Thémistocle ne sortaient pas la main de leur manteau quand ils parlaient.[2] Pour peu qu'on y réfléchisse, on concevra tout ce que devait gagner en gravité et en intensité une parole si peu mouvementée à l'extérieur. Plus tard seulement, lorsque déjà approchait la décadence, et quand on remplaça la raison par le sophisme et la mimique, on osa faire un geste avec la main nue, jusqu'au jour où le geste devint parfois une frénésie.[3]

On voit que dans notre mosaïque, saint Pierre et saint Paul, tout en concédant quelque chose à la mode nouvelle, n'avaient pas oublié toute l'antique gravité, au Vme siècle.

L'imperfection du dessin que nous trouvons dans Ciampini,[4] Mamachi ou Garrucci, et qu'il est impossible de confronter avec l'original ou avec une reproduction fidèle, ne nous permet pas d'entrer dans de plus amples détails au sujet de ces figures.

Nous ajouterons simplement un observation relativement à la lettre L que l'on remarque sur le bord du pallium de saint Paul. C'est peut-être l'initiale du nom de l'artiste. S'il en était de la sorte nous aurions un nouvel indice que la mosaïque était contemporaine de celles que Sixte III fit exécuter à Sainte-Marie-Majeure, puisque là aussi nous trouvons, sur les vêtements de quelques personnages, la même lettre, ou plutôt la même signature.

---

[1] Cicéron, *Pro Coelio*.
[2] Eschin., *Timarch.*, 4.
[3] Si par hasard quelque prédicateur moderne voulait profiter de cet exemple de gravité, nous lui citerions comme encouragement ces paroles d'Eschine: Τὴν χεῖρα ἔξω ἔχοντες λέγειν τότε τοῦτο θρασύ τε ἐδόκει εἶναι καὶ εὐλαβοῦντο αὐτὸ πράττειν (*Timarch.* 4); et ces autres de Plutarque: Τὴν χεῖρα συνέχειν ἐντὸς τῆς περιβολῆς οὐδὲ ἐκτὸς ἔχειν (*Parall.*). Si l'on tenait compte de ces vieilles et bonnes doctrines, on donnerait bien moins facilement et fréquemment raison à l'auteur de *Faust*, lorsqu'il nous fait dire par quelques-uns de ses personnages qu'il « y a beaucoup de ressemblance entre un prédicateur et un comédien, lorsque le prédicateur est un comédien: ce qui pourrait bien arriver quelquefois ». Cultivons un peu ce que les Grecs appelaint la Χειρονομία.
[4] *Vet. mon.*, loc. cit.

Toutefois la signification de cette lettre, comme celle d'autres lettres que l'on trouve ailleurs, reste obscure et incertaine.[1]

La main qui se voit et tient un livre au-dessus de l'apôtre saint Pierre signifie l'assistance accordée par Dieu au Docteur Universel. Je ne sais s'il existe ailleurs un monument semblable. Le P. Garrucci voit ici un symbole de l'origine divine de l'Evangile, et assure que c'est la première et la seule fois qu'il l'ait rencontré.[2] On peut croire que probablement l'artiste a voulu indiquer la main de Dieu simplement, selon la métaphore si fréquente des Ecritures, et non pas la main du Christ. Lorsque l'intention de l'artiste était de désigner la main du Sauveur, il l'entourait généralement d'une indication expressive, par exemple du nimbe chrismé ou d'une inscription.

La mosaïque, avons-nous dit, couvrait la façade intérieure jusqu'aux poutres du toit; et en particulier les montants intermédiaires des fenêtres. Nous ne savons si quelques sujets étaient représentés sur les montants, et le dessin de Ciampini nous montre seulement autour de chaque fenêtre une bordure ornée de petites croix grecques, semblables à celles qui ornent aujourd'hui le pallium des archevêques.

Mais plus haut, au-dessus de chaque montant, se voyait l'un des quatre symboles du tétramorphe, qui désignent les quatre évangélistes. Tous les quatre ils avaient de grandes ailes ouvertes. En commençant par la droite du spectateur, ils étaient placés dans l'ordre suivant: l'homme, l'aigle, le lion et le bœuf. Ils étaient portés sur des nuages, et n'apparaissaient qu'à mi-corps. Leur attitude était très-vivante; l'homme était vêtu de la tunique. Ces derniers détails se retrouvent exactement dans les mosaïques de Sainte-Marie-Majeure.

Une chose à remarquer et difficilement explicable, c'est l'ordre suivi par l'artiste dans la disposition des sujets. On sait que le prophète Ezechiel compte ainsi les quatre symboles: le bœuf, l'homme, le lion, l'aigle;[3] saint Jean les compte autrement: le lion, le bœuf,

---

[1] Cf. Armellini, *Archeol. crist.*, parte III, cap. I.
[2] *Storia dell'arte.*, loc. cit.
[3] *Ezech.*, X, 14.

l'homme et l'aigle.[1] Théophile d'Antioche appelle la première disposition « l'ordre de temps », la seconde « l'ordre des choses ».

Notre artiste n'a suivi ni l'un, ni l'autre, et il n'est pas possible d'assigner une raison certaine de la disposition qu'il a suivie:[2] « On ne peut faire que deux suppositions, dit le P. Garrucci: la première que l'artiste a suivi une attribution particulière (et différente de celle de Théophile d'Antioche, adoptée communément), en donnant le lion à saint Matthieu, et l'homme à saint Marc; la seconde qu'il ait voulu les disposer dans un ordre nouveau, celui de l'homme tétramorphe décrit au chapitre I, v. 11, d'*Ezéchiel.* »[3] Mais tout ceci est peu clair et peu sûr, et il vaut mieux confesser que l'on ne sait point encore par quels motifs a été guidé notre mosaïste sur ce point.

Nos symboles des évangélistes étaient assurément des plus anciens dont nous ayons connaissance. Sans doute le dessin de Ciampini ne saurait motiver une assertion absolue par lui-même: tel qu'il est néanmoins il suffit à montrer l'unité de style entre ce qui nous manque et ce qui nous reste de notre mosaïque. Cette observation se confirme par la confrontation des dessins que le même érudit nous a laissés des deux parties de notre monument: l'un n'a pas dû être plus infidèle que l'autre, et le second n'est pas sans fidélité, quoique défectueux. Nous pouvons conclure à la contemporanéité de tout le tableau. L'unité de pensée qui préside à l'ensemble, la vraisemblance historique confirment cette conclusion.

Enfin, il faut ajouter qu'ici, comme dans la partie encore subsistante de la mosaïque, on retrouve les analogies si frappantes que nous avons déjà constatées entre le reste du monument et les mosaïques exécutées par Sixte III à Sainte-Marie-Majeure. La disposition des draperies, les mains couvertes d'un linge pour tenir plus respectueusement les Ecritures, sont autant d'indices qui confirment les raisons signalées plus haut. Il importe spécialement de

---

[1] *Apocal.*, IV, 2.
[2] Dans les anciens manuscrits du N. T. on trouve parfois le même ordre dans la disposition des Evangiles. Voir Scholz: *Novum Testamentum* en grec, Lipsiæ 1830, T. I, *prolog.*, p. 34. Le même auteur indique encore d'autres dispositions: d'où l'on peut conclure que rien n'était définitivement :
[3] Garrucci, *Storia dell'Arte. Mosaici* p. 249.

remarquer que les deux Apôtres de Sainte-Marie-Majeure tiennent leurs livres ornés de liens pour les fermer, absolument comme nous l'avons vu pour les deux personnifications de l'Eglise. Même geste, même disposition, mêmes lignes: on devine sans peine le même artiste.

Enfin à Sainte-Marie-Majeure on trouve les symboles des quatre Evangélistes semblables à ceux de Sainte Sabine, et accostant les deux grands Apôtres, Pierre et Paul. Ces ressemblances ne sauraient être fortuites et nous reportent encore à l'époque de Sixte III.

§ 4. Les colonnes de la grande nef.

Après avoir étudié la façade intérieure, nous pouvons jeter un coup d'œil sur les parois de la grande nef.

Ce qui frappe en premier lieu, c'est la colonnade. Elle est assurément l'une des plus belles de Rome, et l'une des plus intéressantes pour l'histoire de l'art. Elle provient, comme on sait, de l'ancien temple de Diane, et reste l'une des gloires de Lucius Cornificius qui les fit exécuter. Nous avons expliqué déjà pourquoi nous nous rangeons à la vieille tradition qui veut que ces colonnes proviennent du temple de Diane. La tradition elle-même est une preuve. D'autres raisons se peuvent invoquer encore: ces colonnes étaient plus à la portée de Pierre d'Illyrie, une fois qu'il eut choisi l'emplacement de son église; elles étaient les plus belles sans doute, ayant appartenu au fameux et riche sanctuaire de la Protectrice de l'Aventin; nos colonnes ont une base, indiquée exactement dans la *Forma Urbis,* tandis que celles du temple de Junon, à qui on voudrait les attribuer, manquent de base comme les colonnes doriques.

Au reste, ce détail n'a qu'une importance fort relative.

Sur la base de la troisième colonne, à gauche en entrant, comme sur une colonne de Sainte-Marie-Majeure, on lit, assez grossièrement gravé, le nom de « Rufeno », et on a supposé que c'est le nom du tailleur de pierre, ou « lapicida ». Rien n'autorise cette conclusion, d'autant plus que les colonnes des deux basiliques viennent d'anciens temples et sont disparates. Ce serait donc plutôt le nom du maçon qui les mit en place.

— 265 —

Les colonnes sont au nombre de vingt-quatre: douze de chaque côté. Elles sont toutes exactement semblables, et cette ressemblance nous montre qu'elles appartinrent jadis au même édifice. Elles

50. Un chapiteau de l'église.

sont en marbre blanc de Paros, cannelées dans toute la longueur et rudentées au tiers du fût.

La base est attique et le chapiteau corinthien. Le fût mesure 6 m. 25 de hauteur, avec un diamètre de 0,66 près de la base, et de 0,70, à la plus grande grosseur, soit 2 m. 20 de pourtour; le socle a 0,92 de côté, la base, 0,30 de hauteur. Les chapiteaux ont 0,75 de hauteur, et les abaques, 0,96 de largeur au sommet. Pour la pureté du style, l'état de conservation et la richesse du marbre, ces colonnes sont des plus remarquables.[1]

Elles sont respectivement espacées entre elles à 3 mètres de distance. Il est regrettable qu'à l'entrée de l'abside deux colonnes de chaque côté aient la base ensevelie dans le sol, depuis que Sixte V eut agrandi le chœur et en eut exhaussé le pavé; il est regrettable encore qu'à l'entrée de l'église deux autres soient enfoncées l'une dans le mur du campanile, et l'autre dans celui d'une sorte de sacristie dont nous parlerons bientôt.

Sauf ces dispositions malheureuses, elles n'ont point souffert en elles-mêmes et sont dans un état remarquable de conservation. Jamais elles n'ont été modifiées, et c'est à peine si, en 1625, on dépensa 2 scudi et 50 baiocchi pour les faire nettoyer et leur rendre l'éclat primitif, selon l'expression reçue et parfois si redoutable.[2]

Elles demanderaient aujourd'hui quelques réparations, à raison de certains fendillements qui se sont produits çà et là.

§ 5. Les entrecolonnements.

Au-dessus du chapiteau, dans l'intérieur et à la naissance des arcs qu'ils supportent, on remarque des trous carrés, pratiqués dans l'épaisseur du mur. Il y avait jadis des tringles de fer qui servaient à un double but: maintenir et consolider la colonnade; supporter de riches tentures pour les jours de fête. En vue de ce dernier but, elles étaient munies d'anneaux mobiles également en fer, auxquels on suspendait des tentures, ou même des peintures flottantes descendant possiblement jusqu'à terre.

On trouvait des tringles et des anneaux semblablement disposés dans les plus anciennes églises de Rome: à Sant'-Alessio, à Santa-Maria-in-Cosmedin, à San Giorgio-in-Velabro, à San Clemente, à Santa-Prassede, etc.

[1] Cf. Venuti, *Antichità*, P. II, Cap. II.
[2] *Cronaca di Santa Sabina*, page 49.

Ceux qui ont vécu à Rome savent qu'aujourd'hui encore on orne parfois les églises en suspendant de grands voiles multicolores dans les entrecolonnements des nefs, que l'on relève ensuite à droite et à gauche, et quelle splendeur en acquiert la Maison de Dieu. Jusqu'en ces derniers temps, il en fut ainsi pour Sainte-Sabine, puisque, dans un inventaire de la sacristie écrit en 1824, on trouve mentionnés les « apparati per le colonne della Chiesa ».

§ 6. Les arcs sur les colonnes de l'église.

Les colonnes supportent des arcs, légèrement surélevés, couverts à l'intérieur de grandes plaques de marbre blanc.

Ce fait a son importance considérable pour le Vme siècle. C'est la franche acceptation d'une modification très importante introduite dans l'architecture: on remplace l'entablement ou l'architrave antique par des arcs en maçonnerie, dont les extrémités appuient sur les chapiteaux des colonnes, sans nul souci d'un imposte. Cette innovation sera perpétuée et deviendra la caractéristique de l'architecture moderne. C'est en Illyrie, patrie du fondateur de Sainte-Sabine, que naquit l'emploi systématique de l'arcade sur colonne,[1] et il est à croire que le savant prêtre amena à Rome des architectes asiatiques et des maçons grecs, pour exécuter son chef-d'œuvre selon ses idées et désirs.

§ 7. Les « tessellature » ou mosaïques au-dessus des colonnes.

Sur les colonnes et au-dessus des arcs règne, de chaque côté et dans toute la longueur de l'église, une mosaïque étrange et et intéressante. C'est une sorte de frise, dont les deux bordures encadrent des losanges et des carrés alternés et en marbres de diverse couleur : vert antique, porphyre, serpentin, etc. Entre la frise et le chapiteau de chaque colonne, et supporté par une tige, on remarque le plus souvent une sorte de disque en marbre vert ou rouge, surmonté d'une petite croix, qu'ornent deux banderolles flottantes. Quatre fois le disque est remplacé par une espèce de bouclier échancré.

La mosaïque ou « tessellature » mesure 2 m. 60 dans toute sa hauteur.

---

[1] Cf. L. de Beylié, *L'habitation byzantine*, p. 20.

Du côté de la porte, la mosaïque n'existe pas et se trouve remplacée dans la longueur d'un entrecolonnement par une peinture qui l'imite à perfection. Sans doute, elle n'y exista jamais. Nous en avons un indice dans ce fait que des deux côtés elle se termine brusquement et à égale distance de la façade, ce qui n'aurait pas eu lieu vraisemblablement, si on l'avait détruite pour une cause accidentelle. Là, se trouvait en effet, selon toute probabilité, le narthex, comme dans toutes les anciennes basiliques.

Ces peintures existent d'ailleurs depuis des siècles, et jadis on les faisait restaurer à certaines époques,[1] par exemple en 1625, lorsque furent lavées les colonnes.

Cette marquetterie tient à la fois de l'« opus tessellatum » composé de plaques de marbres taillés à angles, et de l'« opus sectile » qui se compose de morceaux découpés en divers dessins dans une mince planche de marbre, à l'aide d'une scie.

Une ornementation semblable embellissait jadis toute l'église de Sainte-Sabine, y compris l'abside[2] et l'atrium[3] Les réparations de Sixte V l'ont détruite dans l'abside, celles de Clément XI en ont fait disparaître les derniers vestiges dans l'atrium.

M. De Rossi en a donné un excellent dessin dans son grand ouvrage sur les mosaïques chrétiennes, bien que son artiste ait détérioré les chapiteaux des colonnes.[4]

Cette ornementation n'a pas de symbolisme par elle-même, sauf en un détail.

Ces disques ou boucliers en marbre, supportés par un pied ou hampe, que nous trouvons au-dessus des colonnes, représentent, croit-on, des « flabella. » On sait que parfois les grecs ornaient de « flabella » leurs églises. Ce sont des éventails dont on se servait primitivement dans un but utilitaire : chasser les mouches et rafraîchir l'air. Sur le flabellum de l'Eglise de Tournus, on lit :

---

[1] *Cronaca di Santa Sabina*, page 49.

[2] Ugonio, *Staz. Rom.* fol. 8-9.

[3] Ciampini, op. cit. pp. 187-188. Ciampini ajoute : « Vitio saeculorum... de operibus vermiculatis quibus tota ornabatur, nihil ad nos, nisi tenue vestigium et grande desiderium relictum est. »

[4] De Rossi, *Mosaïci crist.*

«Sunt duo quae modicum confert aestate flabellum:
Infestas abigit muscas et mitigat aestum».[1]

Bientôt ils devinrent un ornement, lorsqu'on les eut enrichis et embellis, pour l'honneur de Dieu. On les reposait alors dans les églises, pour les fêtes solennelles. «On les voit dans les miniatures du Ménologe de Basile, et en particulier dans celle qui accompagne la vie de Saint Théoctiste (9 janvier); dans l'église de Sainte-Sabine, où ils sont figurés en mosaïque; dans une fresque de Saint-Sylvestre-in-Capite (D'Agincourt, *Peinture*, pl. CI, n. 3). D'Agincourt publie aussi (*ibid.* pl. XII, 22) une patène antique recueillie dans les catacombes, sur laquelle se trouve gravé un «flabellum».[2] Chez les Grecs et les Arméniens, le «flabellum» est encore en usage; chez les Occidentaux, il ne sert plus que pour les messes papales, et chez quelques ordres religieux anciens.[3] Il cessa d'être communément en usage, chez les Occidentaux, lorsqu'on cessa de donner la communion sous les deux espèces, c'est-à-dire au XIVme siècle.

Les Dominicains, qui furent toujours respectueux pour l'antiquité, on conservé le droit, sinon l'usage du « flabellum ». Dans les rubriques de la messe solennelle il est commandé chez eux au diacre d'écarter les mouches avec le « flabellum ».[4] On peut donc conclure qu'à Sainte-Sabine nous trouvons en même temps l'un des plus anciens monuments relatifs à l'usage du «flabellum», et l'usage le plus constant qui en ait été fait dans une église particulière.[5]

---

[1] Cf. Du Sommerard, *Album*, IXme série.

[2] Martigny, *Dictionn.*, au mot *Flabellum*. Cf. Buonarotti, *Osserv. sui vasi di vetro*.

[3] D. Martène *De antiq. monach. ritib.*, IV.

[4] « Tempore quoque muscarum, debet eas Diaconus flabello amovere, ne molestent sacerdotem, et abigere a sacrificio. » (*Rubr. Miss.*)

[5] Cf. Martigny, *De l'usage du flabellum dans les anciennes liturgies.* — Cependant il ne serait pas impossible qu'on eût voulu figurer des trophées, ou même des étendards, pour indiquer les victoires du Christ. Nous regardons même cette opinion comme assez probable, bien que la première ait été soutenue par les savants les plus illustres. C'est la forme même des disques et de ces plaques de marbre qui nous avait suggéré cette pensée. Il se peut fort bien d'ailleurs qu'il ne faille chercher dans ces motifs aucune signification spéciale, et que nous ayons là simplement des miroirs décoratifs. Cf. Rich., *Diction. des Antiquités*, aux mots *Tropaeum* et *Signum*.

Mais quelle peut être l'antiquité de cette ornementation? Les érudits ne sont point d'accord sur ce point. Ciampini en fait l'œuvre d'Eugène II. «Il avait été titulaire de cette église, dit-il, avant d'être élu pape en 824. Il l'orna partout de peintures, dont on voit encore les vestiges au-dessus des colonnes. Il est certain d'ailleurs que l'église toute entière fut embellie non seulement de peintures, mais encore d'œuvres en mosaïque, ainsi que je l'ai remarqué et observé avec soin, aux angles et à la rencontre des murs, près de la grande porte . . . Aujourd'hui, il n'en reste plus rien, depuis les réparations exécutées en 1583.[1]» Manifestement Ciampini appuie son opinion sur ce texte du *Liber Pontificalis*: «(Eugène II) embellit l'Église (de Sainte-Sabine) et l'orna toute entière de peintures.» Il faut avouer que ce document historique donne une probabilité sérieuse à l'opinion du respectable savant.

Toutefois d'autres érudits demandent une antiquité plus primitive. Ugonio fait remonter cette ornementation à l'époque de Pierre d'Illyrie lui-même.[2] Il apporte cette raison qu'il faut sans doute comprendre cette mosaïque parmi les choses merveilleuses qui devaient étonner les spectateurs, au témoignage de l'inscription placée sur la porte d'entrée:

Haec quae miraris . . . . fundavit Petrus.

M. De Rossi embrasse l'opinion d'Ugonio et la confirme par d'autres considérants.

Le *Liber Pontificalis*, dit-il, si soigneux à enregistrer les détails, ne parle point de mosaïques, mais de peintures. Et comme d'ailleurs il donne toujours le nom d'«opus musivum» aux mosaïques, on peut croire que les peintures ordonnées par Eugène II dans l'église de Saint-Sabine diffèrent des mosaïques et marqueteries en marbre. Il est probable que les peintures ornaient les parois des nefs latérales. Le même savant ajoute que «ce genre d'ornements, exécuté en «opus sectile marmoreum» était fort en usage dans les constructions romaines du IVme siècle, et dans les basiliques chrétiennes des premiers temps.»

[1] *Vet. mon.* loc. cit.
[2] *Staz. Rom.*, loc. cit.

Enfin il observe qu'on « voit les disques de porphyre et de serpentin, surmontés de la croix, de la forme communément appelée latine, fréquemment employée dans la première moitié du

51. Mosaïque couvrant les arcs latéraux.

cinquième siècle, c'est-à-dire à l'époque à laquelle j'attribue ces marqueteries en marbre. »[1]

[1] *Mosaici crist.*, loc. cit.

§ 8. Les fenêtres.

Dans le mur que supportent les colonnes, au-dessus de la marquetterie que nous venons de décrire, et au-dessus du toit qui couvre les nefs latérales, s'ouvraient autrefois de chaque côté treize fenêtres cintrées, répondant aux entrecolonnements formés par les douze colonnes et par les murs extrêmes.

Elles mesurent 4 m. 25 de hauteur, sur 2 m. 43 de largeur. Elles n'ont pas été détruites, mais fermées pour le plus grand nombre. et trois seulement restent ouvertes de chaque côté. Ces vastes et nombreuses fenêtres, harmonisées avec le reste de l'enceinte, devaient donner à l'édifice sacré quelque chose du très svelte et de très gracieux.

On sait d'ailleurs qu'elles n'ont pas été modifiées dans leurs proportions. Lorsque fut construit le campanile, c'est-à-dire au XIIme ou XIIIme siècle au plus tard, on fut contraint de fermer des fenêtres, à gauche en entrant. Or elles subsistent encore, sont parfaitement reconnaissables et ont la grandeur de toutes les autres. Il est d'ailleurs de toute invraisemblance qu'on les ait transformées antérieurement.

De toute l'ornementation qui les entourait, il ne reste ni vestige, ni souvenir.

Elles étaient sans doute closes avec de grandes plaques de marbres perforées de trous circulaires, pour donner passage à la lumière et à l'air. Dans les anciennes églises, par exemple à Saint-Paul-Trois-Fontaines, on trouve cette même disposition.[1] On s'explique ainsi comment on ne souffrait par trop de l'intensité du froid ou de la chaleur et de la surabondance de la lumière. Les quelques fenêtres qui subsistent aujourd'hui, mais fermées de simple verre blanc, créent des difficultés sous ce rapport, et on fera bien d'y songer, si un jour on veut rendre à Sainte-Sabine quelque chose de ses beautés évanouies. Il faudrait lui rouvrir ses antiques fenêtres, parce qu'elles en font partie, et

---

[1] Kraus, parlant des basiliques en général nous dit: «Sie hatten nur Fenster, die mit durchbrochenen Marmorplatten gefüllt waren; sie waren anfangs ziemlich gross, später zog man kleinere Oberlichter vor, die wohl oft nur mit Tüchern verhängt waren.» *Real. Encyclop.* art. *Basilica.*

afin d'alléger l'énorme paroi que soutient la colonnade: mais il faudrait se préserver comme autrefois contre les inconvénients possibles.

Nous ne savons trop comment expliquer maintenant le fait que nous raconte Piazza, en nous parlant du cardinal dominicain Thomas de Norfolk: « Cette vénérable église a reçu ses dernières et peut-être ses plus nécessaires réparations et ornementations du cardinal Thomas de Norfolk, de religieuse et célèbre mémoire. Il nous a laissé une preuve splendide de sa munificence pieuse, lorsqu'il fit ouvrir de chaque côté les nouvelles fenêtres, et rendit l'église convenablement éclairée, de manière qu'aujourd'hui on peut sans peine contempler et admirer les souvenirs célèbres de son antiquité, et les embellissements plus modernes.[1] » A notre avis, on ne peut se rendre compte du fait que de deux manières: ou bien en disant que des fenêtres avaient été absolument fermées, comme celles qui le sont encore aujourd'hui, et que le cardinal les fit rouvrir; ou bien en admettant que les antiques fenêtres, avec leur fermeture et même une colonne médiane en marbre, ajoutée postérieurement, ne donnaient qu'une lumière insuffisante, et que le cardinal y pourvut. Cette dernière explication est de beaucoup la plus probable.[2]

§ 9. Le toit.

Sur les deux murailles reposent de grandes poutres traversant la nef dans toute sa largeur, et supportant le toit, qui nous apparaît ainsi dans sa belle simplicité native. Les anciennes basiliques n'avaient pas de voûtes ni de « soffiti ». Les églises primitives et à jamais regrettées de Saint-Pierre et de Saint-Paul étaient construites de cette manière. Pour juger équitablement de cette simplicité si opposée à nos habitudes, il ne faut pas s'autoriser de certaines églises plus modernes, qui ont voulu imiter cette antiquité. Dans ces églises il y a invariablement un contraste choquant entre les splendeurs de la nef elle-même, toute ruisselante de marbres, d'or, de peintures, etc., et la simplicité de ce toit qui

---

[1] *Gerarch. Card.* p. 429.
[2] Sur les transformations des fenêtres de Sainte-Sabine, voir *Appendices*, n. IV, aux additions.

ja couvre. Il n'y a ni harmonie ni transition de l'un à l'autre, et l'imagination en est fatiguée. Mais dans la basilique primitive, où tout était grave et simple, noble et austère, cette sévérité finit par être aimée plus que les splendeurs modernes. Si la basilique était riche, on ornait discrètement les poutraisons.

Le toit en charpente fut d'un usage universel du IVme au VIme siècle. Ce n'est nullement par la pénurie de ressources, d'ouvriers ou d'exemples qu'il faut expliquer le fait: on le voulait ainsi.

Le toit de Sainte-Sabine, il va sans dire, a été souvent reconstruit. Autrefois on dorait les angles des poutres: aujourd'hui il n'y a plus de dorure. Il compte en ce moment dix-huit poutres. Elles ne correspondent point par leur disposition aux fenêtres et aux entrecolonnements: mais il n'en résulte pas de malaise pour le regard qui cherche la symphonie des lignes, quoi qu'en disent quelques-uns: il n'y a pas de solidarité des unes aux autres.

§ 10. Le pavé de l'église.

Le pavé d'une église peut avoir lui aussi son histoire.

Celui de Sainte-Sabine n'est aujourd'hui qu'un simple briquetage, divisé dans le sens de la longueur par une ligne ininterrompue de pierres tombales en marbre blanc, et dans le sens de la largeur, y comprises les nefs latérales, par quatre plates-bandes également en marbre blanc. Çà et là se voient des tombeaux avec des inscriptions, dont nous ne parlerons que plus tard.

Les briquetages ont commencé au siècle passé. «De mon temps, écrivait en 1744 le vieux Ficoroni, on voyait dans le pavé beaucoup de dalles de porphyre, et il en reste encore quelques débris près de la tribune.[1]» Montfaucon imprimait son *Diarium Italicum* en 1702, et à cette époque il lisait encore dans le pavé des inscriptions qu'il copia, et que Benoit XIV fit transporter ensuite au Musée du Vatican. C'est donc vers 1720 que le pavé exécuté par ordre de Sixte V, le « stratum pavimentum » de l'inscription commémorative, fit place au briquetage moderne.

L'œuvre de Sixte V n'avait pas grand mérite. Il se contenta de paver l'église avec des fragments de tombeaux, des dalles irré-

---

[1] *Vest. di Roma Antica*, p. 77.

— 275 —

gulières de marbre, apportées de partout.[1] Il en reste un échantillon dans cette sacristie qui se trouve au fond de la nef orientale, à droite en entrant. Nous n'avons pas à en déplorer la disparition, si ce n'est peut-être parce qu'il y avait des marbres historiques sans doute parmi les matériaux qui le composaient.

Rappelons même que l'ancien Saint-Paul fut pavé de la sorte.

Quant au pavé que trouva Sixte V, nous savons qu'il était fait de magnifiques dalles de marbre et orné « di opera di intarsia ».[2] C'est Ugonio, témoin oculaire et intelligent, qui nous l'assure. N'eussions-nous que ce témoignage, il suffirait à nous rappeler

52. Fragment de l'ancien pavé.

[1] « Pavimentum fragmentis marmorearum tabularum et sepulcrorum confectum est, » écrivait Montfaucon, *Diar. Ital.* cap. XII.

[2] Ugonio, *Staz. Rom.* fol. 11.

ce que fut le pavé de l'ancienne basilique. Il était sans doute en mosaïque polychrome, avec des dessins nombreux et variés dans la manière des Cosmati, comme on voit à Santa-Maria-in-Cosmedin, à Sant'-Alessio, et ailleurs. Dans la munificence des bienfaiteurs et la patience des artistes qui avaient ainsi orné le sol de la maison de Dieu, on devinait tant de foi, et souvent tant de bon goût! . . .

Ugonio nous apprend que Sainte-Sabine fut ornée de la même manière, et son affirmation nous dispense d'invoquer des vraisemblances ou d'autres preuves. Il est manifeste que les autres splendeurs de notre église réclamaient, nécessitaient encore cette dernière splendeur.

La découverte de morceaux de mosaïque à l'entrée du chœur a confirmé l'affirmation d'Ugonio. Au surplus, les artistes trouvaient en abondance sous leurs pas, lorsqu'ils travaillaient à Sainte-Sabine, les marbres les plus riches et les plus variés pour une entreprise semblable. Peut-être même n'eurent-ils qu'à transporter les mosaïques anciennes dont les riches païens ornaient le sol de leurs demeures, et dont il subsiste des restes si magnifiques ou conservés sur l'Aventin ou transportés ailleurs.

Si nous nous demandons pourquoi Sixte V détruisit le pavé, on peut répondre d'abord que l'ancienne mosaïque avait dû souffrir beaucoup des transformations opérées dans l'intérieur de l'église, lorsque l'on construisit le mur intermédiaire dont nous allons parler, quand on transporta les autels, etc.: ces déteriorations durent motiver la destruction totale. On peut répondre ensuite que Sixte n'avait de l'artiste que sa bonne volonté. Il se précipitait à l'œuvre avec une fougue restée proverbiale, et ses historiens racontent qu'il n'était pas fâché de détruire parfois le passé, pour la gloire de faire du nouveau, hélas [1]! . . .

L'aire actuelle du pavé de la nef principale n'a pas conservé en longueur les dimensions antiques, depuis que Sixte V l'a raccourcie plus de 10 m. vers l'abside, pour obtenir ainsi un chœur plus long. Primitivement elle avait la largeur actuelle, et la longueur totale de la nef, jusqu'à l'abside, c'est-à-dire 40 mètres.

[1] Voir son *Histoire par le Baron de Hübner*.

Aujourd'hui, elle mesure comme les nefs latérales, 30 m. de longueur. Lorsqu'on restaurera notre église, il conviendra de reporter en arrière les marches d'escalier, et de rendre de la sorte à la basilique les dimensiones primitives et logiques.

§ 11. Le bloc de marbre noir.

Non loin de l'entrée de l'église, au milieu de la nef centrale, on voit un bloc de marbre noir, de la forme d'une sphère aplatie, fixé sur un fût de colonne en marbre gris, cannelée à hélice et haute de 0,87 sur 0,30 de diamètre. Jadis, il était fixé avec une chaîne à la muraille, dans la nef droite de l'église, de façon à pouvoir être remué sans trop de difficulté.[1]

Le bloc de marbre, ou à proprement parler de « nefritica bruna, » mesure 0,39 de diamètre et 0,30 d'épaisseur. A quelques pas de distance, on croirait un bloc de verre noir et poli, comme s'exprime un vieil historien.[2]

Cette pierre a été un poids dans le principe, et un poids public. On en trouve de semblables dans les musées et même dans les églises de Rome. Elle porte dans la face supérieure deux trous aujourd'hui remplis de plomb, et destinés primitivement à recevoir les deux crampons d'une poignée qui en facilitait le transport. Montfaucon a décrit plusieurs de ces monuments.[3] Le nôtre doit être le talent des anciens. Aujourd'hui sans doute il a perdu de sa pesanteur par suite des meurtrissures qu'il a subies.

On ne s'étonnera pas de le rencontrer sur l'Aventin, puisqu'au bas de la célèbre colline, à l'entrée de la Porte Trigemina, se trouvaient précisément les « Navalia » célèbres, qui étaient simplement le port de Rome, où s'arrêtaient les navires pour l'importation et l'exportation. Il fallait des poids pour ces échanges incessants.[4]

Nous devons même, par une induction fort légitime, aller plus loin. On sait que partout et toujours, chez les peuples mo-

---

[1] Mamachi, *Annal. o. P. p. 576.* Malvenda, *Annal. p. 288.*
[2] Flamin., *Vita S. Dom.* lib. II.
[3] *Antiquité dévoilée*, Suppl. *Poids.*
[4] Cf. Nibby., *Itin. de Rome*; Ampère, *Histoire Romaine à Rome*, passim.

ralement civilisés, on aima à placer sous la sauvegarde de la religion les poids, les mesures, les monnaies. La religion surveillait l'équité humaine dans les transactions sociales.

Chez les Hébreux on avait, chacun le sait, la mesure, le poids, la monnaie du Temple.

Chez les Romains païens, les modèles des poids et mesures, les étalons, dirait-on de nos jours, étaient conservés dans les temples de Jupiter Capitolin, de Mars Vengeur, des Dioscures et d'autres divinités encore. Les reproductions officielles y étaient contrôlées et estampillées comme telles.

Justinien, par des lois réitérées, confia aux églises chrétiennes une mission analogue. On trouve de ces étalons dans plusieurs églises de Rome, particulièrement à Santa-Maria-in-Trastevere.

Rien d'étonnant qu'il en ait existé à Sainte-Sabine, l'église principale de l'Aventin, située près du port où aboutissaient du monde entier tous les arrivages de blé, de sel, de fruits, et où se faisaient les transactions de tous les jours.[1]

C'est aussi afin d'en rendre l'usage plus facile que jadis notre poids étalon était retenu par une chaîne, et n'était pas fixé inintelligemment sur une colonne et au milieu de l'église, comme il l'est de nos jours, depuis l'année 1603. Précédemment il se conservait dans le mur près de la chapelle de saint Dominique, et l'on ferait très-sagement de l'y placer à nouveau, afin de débarrasser la nef et sa perspective.[2] Les poids plus considérables sont généralement des blocs de marbre très dur, de dimensions diverses, de formes plus ou moins sphéroïdales, aplatis au-dessus et au-dessous, munis autrefois dans le haut d'une poignée en métal qui servait à les soulever, et d'un trou dans le côté, où l'on coulait du plomb en quantité convenable pour l'égalisation exacte. Quelques-uns portaient des chiffres gravés dans le marbre, d'autres sur le plomb additionnel.

---

[1] Il y eut pour le service du port de l'Aventin des corporations chrétiennes de porteurs de grains, comme en témoigne une fresque de la catacombe de Domitilla. Les noms de « Salara Vecchia » rappellent les arrivages de sel.

[2] Ces détails sont épars dans la *Cronaca di Santa-Sabina* et dans les *Annales* de Mamachi.

On en trouve des répétitions dans tous les musées d'Italie, surtout à Rome, où on les compte par centaines.

Telle est l'origine et la signification de notre « pierre noire. »

La légende ajoute et raconte qu'à l'époque des persécutions, ces blocs de marbre devinrent parfois des instruments de supplice. On élevait le martyr en l'air, en le liant à une poutre par les deux bras; puis on lui attachait l'un de ces blocs aux pieds, et on le flagellait sans miséricorde. C'est pour ce motif, dit-on, que souvent on les a conservés dans les églises. Pomarancio et Tempesta ont peint à Sainte-Etienne-le-Rond l'horrible usage que l'on imaginait pour ces pierres.[1]

A ce premier titre hypothétique, on conservait soigneusement la nôtre dans Saint-Sabine. On la conservait encore parce qu'il s'y rattache une légende d'un autre genre. Histoire ou légende, peu importe! C'est un souvenir symbolique, et ce ne sont pas les spirites qui nieront «a priori» la possibilité du fait raconté, alors même que les historiens le révoqueraient en doute.

Le démon ne redoutait rien plus que les prières de saint Dominique,[2] et il se donna, disait-on, mille peines pour en diminuer la piété et l'efficacité. Parfois saint Dominique s'appliquait avec tant d'ardeur à l'oraison que, des paroles brûlantes s'échappant de sa poitrine, il réveillait même ses voisins. Il lui arrivait aussi de passer de longues heures de ses nuits dans l'église à contempler et aimer la vérité souveraine.

« Or, dit le charmant et naïf livre des *Vitae Fratrum*, une nuit, l'homme de Dieu, abîmé dans la prière, était étendu sur le sol. Le démon jaloux lui jeta du toit une énorme pierre, avec tant de force que sa chûte fit retentir toute l'église. Il voulait distraire l'intensité de son oraison. La pierre tomba si près du saint, qu'elle effleura le capuchon de sa chape. Mais le serviteur de Dieu resta immobile, et continua sa prière: ce que voyant, le démon s'enfuit en hurlant et plein de confusion.[3] »

---

[1] Piazza, *Eortol*, p. 56; *Gerarch. Card.* p. 429; Octav. Panc., *Reg*, *IX*, Eccl. VIII.

[2] Theod. de Apold., *Vita S. Dominici*, P. S. III cap. 12; Const. Urbev., *Vita S. Dom. n. 14*; Gérard. de Frach., *Vitae Fratrum*, cap. XIV.

[3] *Vitae Fratrum*, cap. 14; Theod. de Apold. Lib. III, cap. XII.

La dalle de marbre sur laquelle tomba la pierre fut mise en pièces, et on la montrait encore dans cet état en 1586. Ugonio qui écrivait à cette époque, en parle comme témoin oculaire, et avec toute la piété d'un convaincu.

On avait gravé tout près une inscription métrique qui racontait comment le démon avait voulu briser la tête du saint Patriarche.[1]

On voit que cette inscription attribuait au démon un autre désir que celui de troubler simplement saint Dominique dans sa prière prolongée.

Quoi qu'il en soit, elle disparut à l'époque des réparations exécutées par Sixte V. Les ouvriers dispersèrent les morceaux du marbre, et il fut impossible de les retrouver. On la remplaça par l'humble inscription suivante, qu'on lit sur une plaque de marbre blanc, avec les armes de l'Ordre en graphite, au pied de la colonne qui supporte la pierre noire: Place de la pierre où priait saint Dominique.

Cette inscription ne désigne point la pierre qui est placée maintenant dans le mur, près de la porte latérale, et sur laquelle priait saint Dominique, parce que celle-ci couvrait les reliques des saintes Sabine et Séraphia; mais seulement la pierre mise en pièces, selon le récit du *Vitae Fratrum*, et perdue irrémissiblement.

Elle ne signifie pas non plus que saint Dominique priait en cet endroit. Le mur intermédiaire et les autels qui lui étaient adossés ne furent construits qu'en 1238, et les reliques ne furent transportées de l'abside qu'à la même époque.

---

[1] Voici le texte de cette inscription:
Credidit orantem iacto contundere saxo
sanctum hic Dominicum hostis versutus: at illum
illaesum Dominus servat, mirabile factum!
Marmoris illisi confractio monstrat in aevum
hisque fidem praebet suspensus et iste molaris.

[2] Le texte latin est:
Situs lapidis super quo
orabat s. Dominicus.

Nous ne parvenons pas à saisir le sens d'une autre légende que nous signale l'érudit P. Laporte et qui nous raconte comment le diable voulut frapper saint Dominique, pour se venger de n'avoir pu détruire les reliques des rois Mages à Cologne. Voici sur ce point le récit de P. Labat, que le lecteur cherchera à s'expliquer de son mieux: «Dans l'église du Sainte-Sabine du Mont Aventin on fait voir une grosse pierre que le diable de Cologne

§ 12. Le mur intermédiaire dans l'église.

En 1586, on voyait encore un mur, haut de douze palmes, c'est à dire 2 m. 80, qui coupait les trois nefs de l'église en deux parties à peu près égales. Le long du mur, du côté de la porte d'entrée, s'appuyaient deux ambons et cinq autels: trois autels dans la grande nef, et deux dans les nefs latérales. Aux deux extrémités du mur, et non pas aux deux côtés de l'autel principal placé au centre de la grande nef, s'ouvraient dans le mur lui-même deux petites portes, qui donnaient accès dans l'autre partie de l'église.[1] Ce mur était fort regrettable au point de vue de l'esthétique, et détruisait la beauté de notre église. Mais on le justifiait par une raison grave, et cette raison nous est connue.

Lorsque Honorius III eut donné Sainte-Sabine à saint Dominique et à ses Frères, on comprit qu'il fallait en assigner une partie spécialement réservée à la prière et au chant monastiques, loin des regards du public; mais d'autre part, l'église était à cette époque très fréquentée par les fidèles qui habitaient l'Aventin; il y avait une paroisse, un titre, dont l'histoire était ancienne et magnifique: il fallait le respecter.

L'église fut donc divisée en deux parties: l'une pour les religieux, l'autre pour les fidèles.

---

jeta du haut de la voûte en intention d'écraser saint Dominique, et par dépit, comme on le soupçonne, de ce qu'il avait manqué d'abattre la chapelle des Trois Rois:

   Regum reliquias quas sancta Colonia servat
      Cum torvus Sathanas laedere non valuit
   Orantem voluit Sanctum trucidare: sed ecce
      Declinat rupes, et patriarcha valet.

« C'est-à-dire après que cette vilaine bête de Satan eut manqué son coup à Cologne contre les reliques des Trois Rois, il s'en vint comme un fou enragé à l'Eglise de Sainte-Sabine, pour y écraser le patriarche saint Dominique, qui y était alors en prières. Il voulut jeter sur lui une grosse pièce de rocher, semblable à celle qu'il avait jetée sur la cathédrale de Cologne: mais Dieu voulut que la pierre fut détournée, et le Saint miraculeusement garanti. » *Nouveau voyage d'Italie*, 4me édition, t. II, p. 144. Cf. Ms. Vat. Lat. 9167, fol. 251, où l'auteur, qui écrivait en 1755, raconte la légende et reproduit les deux distiques.

Le lecteur n'oubliera pas que le P. Labat est un terrible pince-sans-rire.

[1] Ugonio, *Staz. Rom.* fol. 10.

La séparation s'imposait d'autant plus que, si les Frères surent se prêter dès le début au service du titre, ils n'eurent pas néanmoins charge d'âmes. Honorius laissa la charge des âmes à deux prêtres titulaires, qui reçurent une maison et un jardin près l'église. Le Pape leur donna le baptistère et la partie de la nef de l'église, qu'on appelait « ecclesia laicorum », et qui était la plus rapprochée de la porte d'entrée.

Cette disposition, motivée par le fait particulier que nous venons d'indiquer, est devenue la distribution des églises dominicaines en général, même quand le motif rappelé n'existait nullement.[1] A d'autres de dire si c'est un bien.

Les cinq autels adossés au mur de séparation furent consacrés en 1238, au mois de novembre: le maître-autel par le Souverain Pontife lui-même, les quatre autres par quatre cardinaux, en présence d'un grand nombre d'évêques et de prêtres, et d'une multitude de fidèles. Le Pape accorda un an et quarante jours d'indulgence à tous ceux qui, chaque année, au jour commémoratif de la consécration, viendraient prier dans l'église de Sainte-Sabine.

On plaça, près du maître-autel, une inscription gravée sur marbre blanc, qui rappellait ces faveurs, et qui se lit maintenant dans une paroi de l'abside, près de la sacristie.[2]

On pourrait se demander ici pourquoi saint Dominique ne chercha point à se faire donner pour lui ou pour ses religieux l'administration du titre de Sainte-Sabine, pourquoi on ne lui imposa point charge d'âmes. C'est qu'alors les Frères Prêcheurs se considéraient avant tout comme des combattants volontaires de toute l'Eglise, et nul n'aurait été heureux de quitter le monde et de se donner si absolument au bien des âmes pour localiser ainsi son action dans une sphère étroite; nul surtout n'aurait voulu de plein gré s'imposer des distractions et des soucis étrangers, parce que tous voulaient rester religieux de nom et en réalité.

---

[1] Cf. Mamachi, *Annal.* p. 569.

[2] Nous la transcrivons en note, parce qu'elle appartenait aux autels élevés dans la nef de l'Eglise et intéresse l'histoire de Sainte-Sabine. Elle est d'ailleurs la reproduction presque littérale d'un Bref que Grégoire IX expédia dans les

§ 13. Le narthex.

Selon le plan que nous avons adopté, nous ne parlerons pas ici des tombeaux qui peuplent notre basilique; nous poursuivrons notre excursion successivement par la nef orientale ou de droite, par l'abside et la nef occidentale ou de gauche. Les tombeaux méritent une visite à part.

Nous avons pourtant une question à poser avant de quitter la nef centrale: existait-il à Sainte-Sabine un « narthex intérieur » ? On appelait narthex extérieur un portique qui régnait souvent sur toute la largueur de l'atrium, et que l'on peut comparer au portique de certaines maisons modernes, ou mieux au « chalcidicum » des basiliques païennes. Là se tenaient en général les pénitents de première classe. C'était l'atrium de notre église.

Le narthex intérieur ou « ferula » était une sorte de portique intérieur séparé de la nef par une cloison ou balustrade à claire voie. Il était destiné aux catéchumènes, aux énergumènes, et même quelquefois aux schismatiques, aux hérétiques ou aux juifs, qui voulaient entendre la parole de Dieu.

---

mêmes circonstances et qui se lit au *Bullaire Dominicain*. Nous en supprimons les abréviations.

Anno ab incarnatione. D. N. Iesu Christi MCCXXXVIII
Gregorius episcopus servus servorum Dei universis christi
                            fidelibus
praesentes litteras inspecturis salutem et apostolicam
                            benedictionem
Cum ecclesia sanctae Sabinae de monte Aventino in Urbe
ac in ipsa quatuor altaria per venerabiles fratres
nostros Penestrinum . Ostiensem . Alatrinum et
Cephaludensem episcopos III^a die ante octavam sancti Martini
fecerimus consecrari nos ipsi eadem die assistentibus
nobis fratribus nostris et venerabilibus Bissuntino
et Messanensi archiepiscopis et quampluribus
episcopis et aliarum ecclesiarum prelatis
sacrosanctum maius altare ipsius sanctae Sabinae propriis
manibus duximus consecrandum concessa
indulgentia unius anni et XL dierum omnibus
vere penitentibus et confessis de iniuncta
sibi penitentia qui annuatim in die dedicationis
eiusdem ecclesiae et usque ad octavas ipsius
dictam ecclesiam visitabunt . Datum Lateranensi
X . chalendas . iulii pont . nostri anno III°.

Trois motifs peuvent faire croire à l'existence d'un narthex dans Sainte-Sabine. D'abord, on le trouvait généralement autrefois dans les églises importantes, parmi lesquelles il faut sans doute compter notre basilique.

Une autre raison a déjà été signalée: c'est l'interruption brusque, verticale et à égale distance, de la « tessellatura », près de la porte et sur chaque colonnade de l'église, c'est-à-dire après le premier entrecolonnement, bien que la hauteur nous en semble fort considérable pour l'expliquer par la présence d'une balustrade.

Enfin, un détail nous confirmera cette dernière raison. On peut remarquer que les deux colonnes voisines de la porte ne sont pas cannelées du côté de la nef latérale, et que les deux chapiteaux ne sont pas achevés.[1] Ce fait s'explique sans doute parce qu'ils étaient adossés à une muraille dans l'ancien temple auquel elles appartenaient; mais que dans l'église de Sainte-Sabine on ait pris la précaution de les disposer ainsi, ce fait ne semble se justifier que parce que cette partie de la colonne et du chapiteau devait être cachée par un mur ou cloison. Et c'est précisément au dessus de cette colonne que s'interrompt la « tessellatura ». Il semble donc que là s'élevait une barrière, et ce ne pouvait être que celle du narthex intérieur.

Ce dernier fut détruit sans doute lorsque l'on construisit le campanile, et alors on organisa dans la nef opposée ce petit réduit qui, agrandi plus tard, est devenu une succursale de la sacristie, et dont nous allons dire un mot.

---

[1] Ces chapiteaux semblent pourtant les plus parfaits de tous, dans la partie achevée. Ils ont été dessinés en 1881, de préférence à tous les autres, pour l'Académie Royale de Copenhague.

CHAPITRE IX.

La nef orientale.

§ 1. Aspect général.

lle s'étend sur le flanc oriental et sur toute la longueur de la grande nef. Elle mesure 5 m. 87 de largeur, tandis que l'autre nef latérale en mesure 5 m. 26. Cette différence s'observe souvent dans les anciennes basiliques. Elle exista même pour la longueur respective des deux nefs extrêmes, et l'on cite comme preuves l'église de Sainte-Sabine, la cathédrale de Narni, celle de Saint-Sixte de Pise, etc.[1] Il est incontestable que dans notre église la nef orientale est plus longue que la nef opposée: mais il n'est pas démontré qu'il en ait été toujours ainsi, et pour nous, nous n'avons pas de raisons suffisantes pour affirmer l'un ou l'autre. Il nous semble facile de supposer que ce qui est devenu la chapelle du Rosaire d'un côté, et de l'autre une petite sacristie est de construction, ou du moins de transformation récente. La nef est couverte d'un simple toit, appuyé contre le mur de la nef principale, au-dessous des fenêtres.

[1] En mesure ancienne, « In Ecclesia S. Sabinae Urbis, navis aquilonaris est palm. 22½; meridionalis vero, palm. 29. »

Les nefs latérales eurent-elles également leurs fenêtres? Il faut répondre affirmativement. On en trouve un souvenir et une preuve dans la fenêtre arquée, qui se voit de l'extérieur, à l'entrée de la chapelle du Rosaire, et aujourd'hui fermée, et dans cette autre semblable dont on aperçoit, de l'extérieur, l'arcature à gauche de la chapelle de saint Thomas. Ces fenêtres mesuraient 1 m. 97 de hauteur et 0,80 de largeur.

Autrefois les fidèles ne pénétraient ou ne restaient pas dans la nef centrale. La nef de droite était réservée aux hommes, dans les vieilles basiliques, celle de gauche aux femmes. La nef centrale était naturellement partagée par des cloisons en trois parties. Près de la porte, ou dans la «ferula», étaient les fidèles qui avaient quelque peine à subir; la seconde partie était la plus considérable et restait réservée aux fidèles laïques; enfin, près de l'abside, était une place à part pour les moines. On y arrivait par une porte spéciale.

Sauf des différences accidentelles, ces dispositions existaient à Sainte-Sabine comme dans les autres églises antiques. Etudions maintenant les détails les plus intéressants.

§ 2. L'édicule au-bas de la nef orientale.

A l'entrée de la nef, se remarque une construction qui s'élève à la hauteur des colonnes de l'église, qui jadis fut éclairé par une fenêtre, et dans laquelle s'ouvrait la seconde porte de la façade.

Aujourd'hui on y enferme les ustensiles les plus encombrants de l'église; jadis, il y eut des orgues dans la partie supérieure. Mais tout ceci est une destination récente, et il reste à déterminer ce qu'elle fut dans l'antiquité.

Nous avons observé que primitivement elle ne s'avançait pas au-delà, sans doute, de la première colonne, et qu'elle faisait partie du narthex: plus tard on lui donna les dimensions du campanile construit en face, dans la nef occidentale. Ceci s'est fait durant le moyen-âge. Alors peut-être fut-elle déjà une sacristie;[1] c'est là en effet que le pape s'arrêtait le jour des

---

[1] Venuti, *Roma moderna*, Rione XII.

Cendres, pour s'y laver les pieds, lorsqu'il avait gravi pieds nus les pentes de l'Aventin, avec la procession qui le précédait. Peut-être faut-il faire remonter à cette époque les vestiges de peintures que l'on remarque aujourd'hui sur le mur qui obstrue l'antique fenêtre. Pour la visite papale, la sacristie était, il va sans dire, magnifiquement ornée.

Mais nous n'avons pas encore l'histoire primitive. On a fait des conjectures à ce sujet, et sans conclusions historiquement sérieuses.

Nous avons cité déjà les textes d'Anastase,[1] d'après lesquels le baptistère de Saint-Sabine fut construit «dans» l'Eglise. Il n'y a pas de motif pour interpréter autrement le texte du Bibliothécaire. Mais nous savons d'ailleurs que «l'illuminatorium», s'il était placé dans l'église, était près de l'entrée, et dès le VIme siècle, on le trouve dans le narthex.[2] Quelques-uns en ont conclu, avec quelque vraisemblance d'ailleurs, que cette maison du baptistère était le baptistère construit par Pierre d'Illyrie et Sixte III.[3]

Dans la paroi extérieure du mur qui sépare actuellement cette construction du reste de la nef latérale, se voit une grande plaque en marbre blanc, dans un cadre de ciment. Dans sa partie visible, elle est large de 1 m. 50 et haute de 2 m. 60. Au milieu, on lit une double inscription que nous allons transcrire. Sur les bords du marbre, on voit une rangée de trous, aujourd'hui remplis de mortier: ils nous indiquent qu'autrefois l'abord de la pierre était défendu par une grille ou balustrade. En regardant avec attention, on remarque que la pierre est brisée en douze morceaux soigneusement cimentés.

Au-dessus, se remarque également encadrée dans une corniche de ciment un buste de la Vierge, en peinture. Elle tient son Fils entre ses bras: elle est refaite par un pinceau expérimenté, et reproduit un peu celle de Sassoferrato. Prétendre comme on l'a

---

[1] Mabillon dit que le «secretarium seu sacristia» existait «in inferiori parte navis ad austrum, i. e. in parte virorum.» *Ord. Rom.* Mabillon parle des vieilles basiliques en général.

[2] Cf. Martigny art. *Baptistère*, et les autorités qu'il indique.

[3] Voici les paroles d'Honorius III: «Domo, ubi est baptisterium cum horto proximo et reclusorio pro duobus clericis reservato.»

fait, qu'elle remonte à l'époque d'Eugène II, c'est se tromper sans mesure. Cette peinture, primitivement une fresque, à en juger de

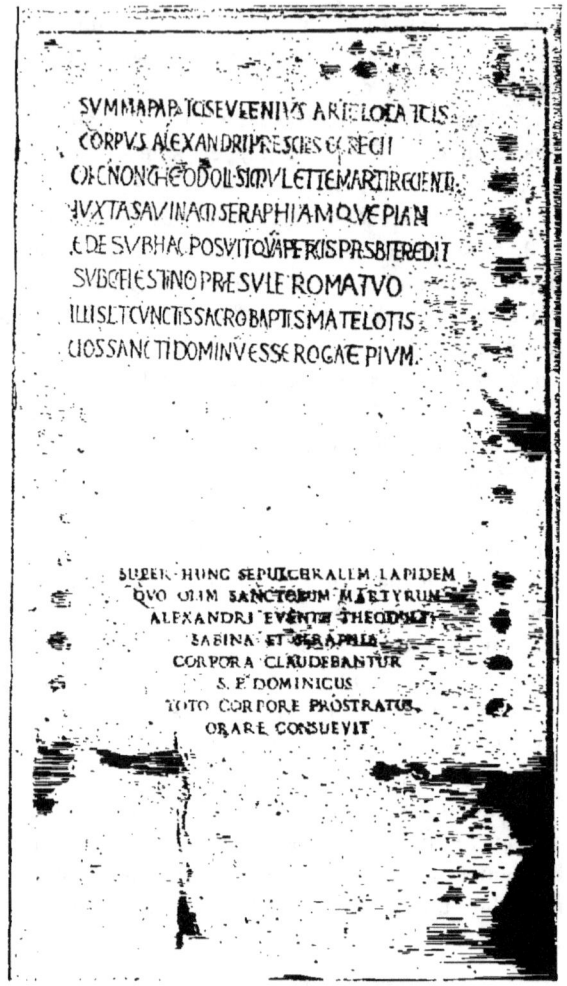

53. Pierre sur laquelle priait saint Dominique.

par l'auréole fermée avec des rayons imprimés dans le plâtre, et de par d'autres indices, devait dater du XIVme siècle. On l'a transportée en débris à la place où elle se trouve, et entièrement repeinte en 1738, lors de la translation de la pierre. C'est apparemment celle qui fut, en 1648, ornée d'une couronne d'argent du prix de 4 écus.[1]

Voici les deux inscriptions, l'une plus ancienne, l'autre plus moderne, que nous lisons sur le marbre.

La première est en caractères romains, comme la seconde, mais de forme peu correcte et régulière :

« Lorsqu'Eugène occupait le trône papal, par lui le corps d'Alexandre illustre pontife, et aussi de Théodule, et encore le tien, ô martyr Eventius, près de Sabine et de la pieuse Séraphia, fut placé dans ce temple, que le prêtre Pierre a construit, sous Célestin ton pontife, ô Rome. Pour eux, et pour tous ceux qu'a purifiés le baptême, ô Saints, priez le Seigneur d'être propice. »[2]

Cette inscription nous rappelle les munificences d'Eugène II pour Sainte-Sabine, et en particulier le don des reliques précieuses qu'il fit à la vieille église. La forme des caractères, le style de l'inscription, la prière demandée pour les pontifes et pour les fidèles, nous indiquent suffisamment que ce petit poème est l'œuvre d'Eugène II lui même. On devine à ce langage l'homme humble et généreux, tel que nous l'a dépeint Anastase le Bibliothécaire.

Le motif pour lequel cette inscription fut gravée sur cette pierre de marbre se trouve dans ce fait que ce marbre recouvrait le tombeau où reposaient les reliques des cinq martyrs, comme nous le dit la seconde inscription. Il était sans doute placé en avant de l'autel, et était généralement fermé par une grille.[3]

Toutefois les fidèles pouvaient, au moins en certaines circonstances, passer sur cette pierre, et leurs pas y ont laissé une dépression fort marquée.

---

[1] *Cronaca di Santa Sabina*, p. 56.
[2] Summa papatus Eugenius arce locatus
    corpus Alexandri praesulis egregii
 necnon Theoduli simul et te martyr Eventi
    juxta Savinam Seraphiamque piam
 aede sub hac posuit, quam Petrus presbyter edit
    sub Coelestino praesule Roma tuo
 illis et cunctis sacro baptismate lotis
    vos sancti Dominum esse rogate pium.
[3] Cf. Kraus, *Realencyclopädie*, art. *Basilica* — Mabillon, *Ord. Rom.*

La seconde inscription qui rappelle quelques-uns de ces souvenirs, est ainsi conçue:

« Sur cette pierre sépulcrale, sous laquelle jadis les reliques d'Alexandre, d'Eventius, de Théodule, de Sabine et de Séraphia étaient conservées, le saint patriarche Dominique, tout le corps prosterné, avait coutume de prier. »[1]

Cette inscription fut sans doute gravée lorsque le précieux monument fut placé contre le mur de l'église. Il est du moins certain qu'elle est récente. Ce marbre couvrit les reliques dans l'ancienne crypte, jusqu'en 1238, puisque les reliques restèrent jusqu'en cette année sous l'ancien maître-autel. En cette même année, Grégoire IX consacrait le nouveau maître-autel construit vers le milieu de l'église, dans l'église « des séculiers », et les reliques y furent transportées avec la pierre qui les couvrait. En 1585, on fait encore plomber la grille de fer qui recouvrait et protégeait cette pierre, bien que la persuasion commune fût que les reliques étaient sous l'autel. Lorsque, en 1586, Sixte V exécuta ses réparations et reporta l'autel vers l'abside, la pierre fut brisée et perdue pendant quelque temps. Il fallut en chercher avec peine les débris épars, et quand, grâce surtout aux traces de la grille, on les eut retrouvés et réunis, en 1587, on les plaça, en reconstruisant le monument, dans le mur de la nef orientale, entre la chapelle de saint Dominique et celle de saint Hyacinthe. Il y resta jusqu'en 1738, époque où on le transporta à l'emplacement actuel.[2]

Arrêtons-nous un instant à écouter ce que les historiens nous disent de saint Dominique priant sur cette pierre bénie.

L'oraison était la vie de saint Dominique, et il donnait pour devise à ses disciples: « Aut cum Deo, aut de Deo loqui », parler

---

[1] En voici le latin:
Super hunc sepulchralem lapidem
quo olim sanctorum martyrum
Alexandri, Eventii, Theoduli
Sabinae et Seraphiae
corpora claudebantur
S. P. Dominicus
toto corpore prostratus
orare consuevit

[2] Cf. *Cronaca di Santa Sabina*, et Fr. Bartol. di san Giacinto, *Hist. della Congr. di S. Sabina*, ms. de l'Archive O. P.

avec Dieu, ou de Dieu; ce que saint Thomas a traduit en style scolastique: « Contemplata aliis tradere, » donner aux autres le fruit de ses contemplations. Le Docteur Angélique le savait comme le Patriarche des Prêcheurs, et Dante lui fait chanter:

> Je fus une brebis du saint troupeau
> que Dominique mène par le sentier
> où bien l'on s'engraisse, si on ne s'égare pas. .
> Celui-ci fut notre saint patriarche
> et celui qui le suit et vit selon ses lois,
> tu peux discerner quelle bonne marchandise il porte.
> Et plus ses brebis s'éloignent de lui vagabondes,
> plus elles reviennent au bercail vides de lait.[1]

Saint Dominique comprenait qu'il est impossible de parler de Dieu en prédicateur, et non pas seulement en philosophe, si l'on n'est soi-même tout imprégné de la divinité. Aussi tous ceux qui ont écrit de lui nous racontent-ils à l'envi les merveilles de ses prières, et les témoins de sa vie, dans les dépositions juridiques faites pour le procès de sa canonisation, sont-ils d'une éloquente unanimité. Ils nous disent qu'après Complies et le coucher des Frères il se rendait à l'église, et y restait jusqu'à l'heure de Matines. Il visitait les autels dédiés à la gloire de Dieu et de ses Saints, prononçant des paroles entrecoupées de soupirs et de flagellations impitoyables. Lorsque la fatigue l'accablait, il s'appuyait simplement contre un autel ou une colonne, pour tromper la lassitude. Le sujet de ses méditations était parfois ce qu'il avait entendu lire au réfectoire, et plus souvent encore un texte de l'Evangile.

Il savait, en grand philosophe non moins qu'en grand saint, que les sentiments de l'âme dépendent beaucoup des organes matériels, et c'est pourquoi il voulait que le corps eût sa part dans la prière. Ainsi le pensa et le pratiqua plus tard son illustre et fidèle disciple Lacordaire. Les vieux historiens nous ont recueilli et énuméré avec un amour tout filial les divers modes d'oraison extérieure du bienheureux Patriarche.

Tantôt, se tenant debout, il inclinait profondément la tête et les épaules vers l'autel; et de là vint, dans son Ordre, l'habi-

---

[1] *Paradiso,* cant. X et et XI.

tude de s'incliner quand on prononce le nom de Jésus ou de la Vierge; tantôt il se prosternait contre le sol, à l'imitation du Sauveur, en récitant des psaumes ou des versets de l'Ecriture.

Souvent encore il baisait le texte de la parole inspirée, spécialement les mots qu'avait prononcés le Sauveur lui-même. C'est lui qui introduisit parmi les Frères l'habitude de se mettre humblement à genoux, à ces paroles de l'Invitatoire, dans l'Office: « Venite adoremus et procidamus ante Deum, et ploremus coram Domino. » On sait que pleurer ses péchés et ceux des autres était une grande dévotion de saint Dominique.

Parfois il se flagellait cruellement avec une chaîne de fer. Saint Dominique faisait chaque nuit trois parts de son sang: l'une pour lui, l'autre pour les pécheurs qui vivent en ce monde, la troisième pour les âmes du purgatoire.

On le voyait encore se rendre à l'église ou au chapitre, et s'y tenir debout, devant le Crucifix, en le regardant fixement. Bientôt on lisait sur son visage la joie ou la douleur, suivant le sentiment qui agitait son âme. Souvent cet exercice durait de Complies à Matines. C'est ainsi surtout qu'il aimait à prier pour ses enfants, spécialement pour les jeunes religieux qu'il envoyait par le monde annoncer la parole de Dieu. Bozzani s'est inspiré de ce fait pour nous peindre la belle image de saint Dominique que nous trouverons plus tard dans la cellule du Patriarche, et qui jadis se voyait au-dessus de la pierre dont nous parlons, lorsque cette dernière se trouvait encore contre le mur latéral.

D'autres fois encore, et c'était le cinquième mode d'oraison, on le voyait comme ne tenant plus au sol que par l'extrémité des pieds, et alors il avait les mains tantôt ouvertes devant lui, tantôt étendues, tantôt élevées vers le ciel, tantôt posées avec componction sur ses yeux. Quand il voulait obtenir quelque faveur exceptionnelle il étendait les bras en croix et priait ainsi, jusqu'à ce que sa demande eût pénétré les cieux, et que la toute puissance de Dieu lui eût obéi. Le P. Besson a représenté ainsi saint Dominique dans sa belle Résurrection du jeune Napoléon, à San-Sisto-vecchio. Ceux qui ont critiqué cette attitude comme étrange, ne savent pas qu'elle est rigoureusement historique.

Souvent encore, après le chant ou la récitation des Heures,

saint Dominique se retirait dans sa cellule, et prenait le livre des Évangiles. Il le lisait en s'arrêtant toutes les fois qu'il rencontrait une parole de Notre Seigneur, et bientôt on le voyait successivement s'émouvoir, répandre des larmes, manifester une douce joie, se mettre à genoux, se lever, selon l'impression que produisaient dans son âme les paroles sacrées.

Fra Angelico, dans les cellules de San Marco à Florence, nous a donné une illustration sublime de ce récit historique. C'était la prédication silencieuse, recueillie, qu'il faisait durant ses voyages et qui édifiait et convertissait les spectateurs de cette piété extérieure non moins qu'intérieure.

Je ne sais si j'ai mal fait de rappeler longuement ces souvenirs: mais ils sont résumés dans ce marbre éloquent que nous avons sous les yeux, et ils appartiennent à l'histoire de Sainte-Sabine.

Jetons maintenant un coup d'œil sur le bénitier simple, mais assez élégant, que nous avons devant nous. Il est composé d'un bassin rond en marbre blanc, que supporte un pied en « paonezzetto. » Il fut fait par les soins de Mgr. Lorenzo Censi, bien qu'il porte sur le socle les armes des Ciantès. L'ancien avait été brisé par les restaurateurs de Sixte V, et le cardinal Bernerio dut le réparer en 1589.

§ 3. Un oratoire votif.

Nous voici aux chapelles latérales.

La première que l'on rencontre est une sorte d'édicule très étroit, pouvant à peine contenir l'autel qu'on y a érigé. C'est un souvenir de la guerre de 1867. Nous regrettons l'existence de cet oratoire, qui gâte l'église.[1] On en doit la construction au zèle du

---

[1] Voici l'inscription que les zouaves pontificaux firent graver sur la façade extérieure de l'humble monument élevé à leurs frais:

Virgini . deiparae . urbis . saluti
pontificii . milites . freti . defensores
a captivitate . reduces . pro incolumitate
gratiarum . votum . perpetuum.

Cette inscription est l'œuvre du P. Vannutelli, qui aimait Sainte-Sabine et rêvait, il nous en souvient, de grandes choses pour sa restauration.

Il s'occupait aussi d'archéologie, et il fut le premier à tenter l'exploration du Sancta Sanctorum de Saint-Jean-de-Latran.

P. Vincenzo Vannutelli, qui, emprisonné à Pérouse, n'échappa à la fusillade que grâce à l'intervention du célèbre garibaldien, Fra Pantaleo.

Ce n'est pas d'ailleurs la seule fois que nous trouverons des soldats à Sainte-Sabine. L'Eglise renferme les tombes de plusieurs chefs des armées allemandes. Au commencement de ce siècle, en 1848, en 1867, en 1872, en 1880, on y rencontre les défenseurs de drapeaux ennemis. La raison de ce fait est que Sainte-Sabine était un point important pour la défense ou pour l'attaque de la ville, surtout avant la création des forts éloignés.

§ 4. La chapelle de Saint-Thomas d'Aquin.

Vient ensuite la chapelle qui est aujourd'hui sous le vocable de saint Thomas d'Aquin. Le style en est moderne.

Elle mesure 3 m. 85 de profondeur, sur 3 m. 30 de largeur.

L'autel est en bois et en maçonnerie marbrée; il est surmonté de deux colonnes supportant un fronton et encadrant un tableau de saint Thomas. Les parois, jusqu'à ces dernières spoliations, étaient ornées de tableaux, parmi lesquels on remarquait une sainte Famille, et une autre peinture qui représentait sainte Catherine recevant les stigmates. La chapelle est fermée par une balustrade en marbre blanc, qui date de 1830.

Nous avertissons une fois pour toutes que les réparations que nous indiquons comme exécutées en 1830 furent faites sous la direction de l'architecte Antonio Sarti.

C'est à une date récente, vers le milieu du siècle passé, qu'on a dédié cet autel à saint Thomas. Antérieurement, il était sous le vocable de saint Joseph et de saint Vincent, dont le tableau était à la place du tableau de saint Thomas d'Aquin.

Cette dernière peinture est superbe, et l'image de saint Thomas donne bien l'idée du génie et de la pureté. Nous ignorons à quel artiste il faut l'attribuer.

Derrière cette peinture se peut voir encore un enfoncement profond. Il nous rappelle que jadis cette chapelle était la Chapelle des reliques, que l'on exposait dans cette niche et sur l'autel.[1]

---

[1] Cf. Bartol. di san Giacinto, *Hist. della Congr. di S. Sabina*.

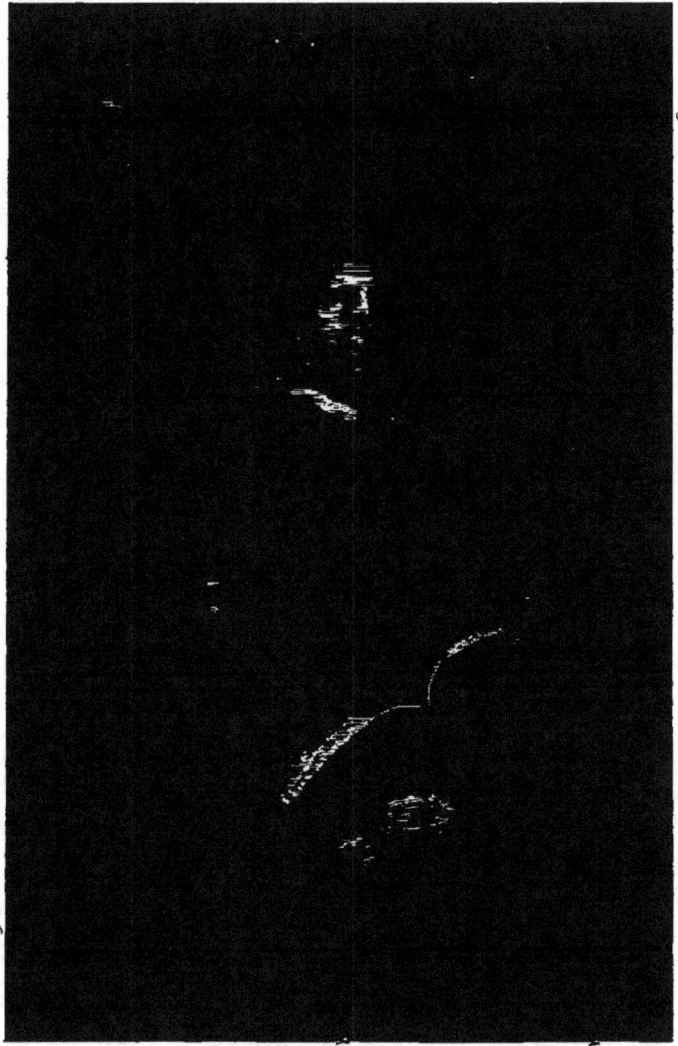

54. Le tableau de saint Thomas à Sainte-Sabine.

Lorsque les vieux auteurs faisaient l'histoire ou l'éloge d'une église, ils avaient grand soin d'énumérer les trésors de reliques que l'on y conservait. Aujourd'hui, les «Guides» signaleront les plus minces détails des souvenirs païens, mais oublient constamment les reliques de ceux qui furent, du moins par leurs vertus, la gloire la plus pure de l'humanité. Les chrétiens eux-mêmes n'y apportent qu'une attention de plus en plus diminuée.[1]

Outre les corps des cinq martyrs, Séraphia, Sabine, Alexandre, Théodule, Eventius, conservés sous le maître-autel, Ugonio nous indique beaucoup d'autres reliques.[2]

L'inventaire de toutes les reliques fut fait en 1571, en 1627 et en 1647,[3] et on en rédigea des procès verbaux, aujourd'hui perdus. On constata qu'il manquait beaucoup de reliques, malgré les trois

---

[1] Pour nous, qui n'avons aucun motif d'être moderne en ce point, nous indiquerons, du moins en note, les reliques possédées à Sainte-Sabine, autant du moins que nous le permettront nos documents, et sans nous prononcer sur tous les détails de l'authenticité. Que l'église de Sainte-Sabine ait toujours été riche en reliques saintes, nous ne saurions le mettre en doute. Son importance, l'affection généreuse que lui vouèrent les Papes en seraient une preuve suffisante: mais nous avons des documents précis sur ce point.

Ces détails appartiennent d'ailleurs à l'histoire de notre chapelle, qui jadis s'appelait la « Chapelle des reliques » ou « des martyrs », et était splendidement ornée à cause de sa destination, avant que les barbares modernes l'eussent dépouillée.

[2] Un bras de sainte Sabine; un fragment du roseau avec lequel notre Seigneur fut frappé, une côte d'un saint Innocent, des ossements des 40 martyrs, des ossements des 11000 vierges, un fragment d'une tunique de saint Dominique, une croix d'argent portant au milieu une autre croix toute chargée de reliques; au centre un fragment de la vraie croix; dans le bras droit, des reliques de saint Thomas apôtre et de saint Laurent martyr; dans le bras gauche, des reliques de Saint-Barthelémy apôtre et de Sainte-Marie-Madeleine; au sommet, des reliques des saints apôtres Pierre et Jacques; dans le bas, des reliques de saint Alexandre pape et martyr, de sainte Sabine, de sainte Séraphia, de sainte Agnès, de saint Hippolyte et de ses compagnons martyrs, des saints apôtres Pierre et Paul, Philippe et Jacques, Matthieu, Barthelémy, des saints Etienne premier martyr, Laurent martyr, Cosme et Damien martyrs, Apollinaire martyr, Julien martyr, Christophe martyr, Catherine vierge et martyre, Cécile, vierge et martyre, Jean Chrysostome, Antoine abbé, Jérôme confesseur, Grégoire pape, Sébastien martyr, Martin évêque, Marie Egyptienne; des fragments de la pierre sur laquelle Notre Seigneur reposa sa tête; du tombeau de la Vierge, de l'olivier de Gethsémani, poussière et pierres des saints Lieux.

En 1589, le cardinal Bernerio fait exécuter en bois doré, avec un cristal au milieu, un bras pour contenir des reliques de sainte Sabine, et dépense écus 4, 20.

On fait d'autres reliquaires en 1575 et en 1599.

[3] *Cronaca*, p. 28; Bartol. di san Giac., *op. cit.*

clés de la lipsanothèque décrétées en 1582, et la grille de fer qui fermait la chapelle. On authentiqua celles qui restaient.

Nous pensons que, durant l'invasion française, au commencement de ce siècle, on les transporta avec les corps des martyrs, à Saint-Jean-de-Latran, et qu'on les en rapporta en 1803.

Une reconnaissance en fut faite, en 1819, par Mons. Jos. Bart. Menochio, qui laissa trois authentiques. Les deux premiers sont du 10 août, et nous apprennent qu'à cette époque des reliques de sainte Sabine furent renfermées dans deux reliquaires de cuivre argenté, ayant la forme d'un bras; des reliques de sainte Agnès de Montepulciano et de sainte Hélène impératrice furent placées dans une urne en bois noir. Bien que les documents ne disent point à qui furent données ces reliques, il n'est pas douteux qu'elles n'aient été concédées au couvent de Sainte-Sabine, qui était dépositaire des authentiques. Le troisième authentique est du 18 novembre de la même année, et a une plus grande importance. Il nous fait l'historique d'une relique insigne, celle d'un saint Vincent martyr, concédée en 1803 au couvent de Sainte-Sabine.[1]

Enfin, le 9 février 1864, par les soins du T. R. P. Ligiez, de chère et sainte mémoire, une nouvelle translation et reconnaissance des reliques fut faite par Mons. Fr. Marinelli. Elles furent placées dans quatre reliquaires en bois doré et d'un style excellent, don généreux de la princesse Odescalchi: l'un est en forme d'arche, les trois autres en forme d'édicules.[2]

---

[1] Nous transcrivons le texte: « Fr. Joseph Bartholomaeus, Menochio, Ord. Eremit. S. Aug.... Universis et singulis praesentes litteras nostras visuris fidem indubiam facimus quod nos ad majorem omnipotentis Dei gloriam, Sanctorumque suorum venerationem, ex sacris Reliquiis de mandato SSmi. D. N. PP. e coemeterio Cyriacae extractis, et a Sacra Congregatione Indulgentiarum Sacrarumque Reliquiarum recognitis et approbatis, dono dedimus ecclesiae Sanctae Sabinae sacrum corpus S. Vincentii martyris, quod recognovimus fuisse donatum ab Archiepiscopo Philippo Benedicto Fenaja, Almae Urbis Vicegerente, sub die 22 januarii 1803, — et Nos reverenter collocavimus in urna lignea depicta cum vase sanguinis figurae quadratae, ab anteriori parte crystallo munitae, atque in eadem urna reposuimus alias reliquias ex ossibus SS. Martyrum, quorum nomina intus descripta sunt. »

[2] Le premier, selon les expressions mêmes de l'authentique, renferme « Sacras partes ex brachio sanctae Sabinae martyris, ex corpore sancti Decentii martyris, nec non ex ossibus sanctorum martyrum Crescentii, Fortunati, Constantii, Deodati, etc. »;

Dans les temps passés, notre église posséda d'autres trésors semblables.

Elle abrita le corps de saint Sixte I, que le Pape Innocent II donna à je ne sais plus quel comte, en 1132.[1] Elle conserva les reliques de saint Pérégrinus [2], le crucifix déclaré miraculeux de saint Pie V, dont nous parlerons ailleurs, l'une de ses chaussures etc.[3]

Quant aux saints de l'Ordre dominicain, Sainte-Sabine possède des parcelles de leur dépouille sanctifiée, et c'est juste, puisque tous sont devenus grands devant Dieu par leur participation à l'esprit qui a rayonné de l'église et du couvent de Sainte-Sabine. Ajoutons plutôt que le monastère et l'église sont l'un et l'autre des reliquaires par les souvenirs qui vivent dans leurs murailles, par les vestiges qu'y ont laissés tant de chrétiens sublimes.

Tels sont les faits que nous rappelle l'humble chapelle de saint Thomas, jadis la Chapelle des Martyrs.

Il faut avoir bien peu le sens des choses, pour ne pas deviner tout ce qu'il y a de noble et d'encourageant dans ce culte voué aux héros du christianisme, à nos ancêtres les plus généreux dans la foi. Cette idée est tellement simple et naturelle qu'on s'étonne de la voir repoussée par quelques-uns. Ils conçoivent qu'on honore l'image ou les reliques des aïeux illustres par leurs vertus et leurs services, ils ne conçoivent plus des hommages légitimes pour les souvenirs des plus grands chrétiens.

On objecte que parfois ces vestiges, ces reliques sont d'une authenticité peu certaine. Nous savons que la crédulité et même

---

Le second, « Sacras partes ex corpore Sancti Vincentii martyris, nec non ex ossibus aliquorum aliorum sanctorum martyrum » ;

Le troisième, « Sacras partes ex ossibus sanctorum martyrum Constantii, Felicissimae, Faustae, Adeodatae, Theodorae, Maximini, Leontii, Gaudentii, Fausti, Feliciani, Mansueti, Felicissimi, Secundini, Viti, Valentini, Amandi, Bonosi, nec non aliorum plurimorum sanctorum martyrum » ;

Le quatrième enfin, « Sacras partes ex ossibus Sanctae Helenae Imperatricis et sanctorum martyrum Julii, Tranquillini, Tranquilli, Primi, Grati, Firmi, Saturnini, Sabatii, Priscilliani, Victoris, Honorati, Modesti, Fulgentii, Victorini, Clementis, Adeodati, nec non aliorum plurimorum sanctorum martyrum. »

[1] Cf. Moroni, art. *Chiesa di Santa Sabina*.
[2] Pompeio Felici, *La Prima delle cinquantaquattro Stazioni Romane*.
[3] Cf. Bart. di san Giac. *op. cit.* Cette relique avait été donnée par le fameux canoniste Passerini à son neveu le P. Giacinto Maria Passerini, le fondateur de la Congrégation de Sainte-Sabine, dont l'histoire se dira ailleurs.

l'amour de l'argent ont pu faire des victimes et en ont fait dès les premiers siècles:[1] nous parlons ici des reliques convenablement authentiquées, qui seules sont légitimement vénérées dans l'Eglise.

Si l'on imaginait d'ailleurs qu'en fait, en tel cas particulier, une relique ou un souvenir a été supposé, ce serait une erreur fâcheuse, mais non un si grand péril.

D'après la saine doctrine catholique, le terme dernier de nos hommages n'est point le souvenir ou la relique même, mais bien le saint ou le grand homme à qui appartiennent les vestiges honorés; et dès lors, quand même ces souvenirs seraient peu authentiques, l'objet vrai et dernier de nos hommages reste sérieux et certain, absolument comme le portrait peut-être infidèle, peut-être même fantaisiste d'une personne aimée, ou d'un homme admiré, peut faire de notre part l'objet d'un culte légitime, parce que ce culte se rapporte non point à cette toile ou à ce marbre, mais bien à cette personne aimée ou à cet homme admiré. Et c'est là ce qui fait le grand, l'incomparable charme de Rome, de Rome le grand reliquaire du monde.

On y respecte les vestiges de César ou d'Auguste, on y vénère les traces de saint Pierre et de saint Paul. Rester indifférent à ces grandes choses, ce serait ne voir dans Rome qu'un grand et vulgaire cadavre.

Pour ce motif nous avons voulu énumérer les reliques possédées et vénérées jadis à Sainte-Sabine.

§ 5. Colonne encadrée dans la muraille.

Entre la chapelle que nous quittons et la suivante, se remarque encadrée dans le mur une colonne dont nous avons déjà parlé. Le fût en granit lisse n'apparaît qu'au tiers approximatif de la hauteur, et mesure 1 mètre; il supporte un chapiteau corinthien en marbre blanc, haut de 0,44 cm., et sur le chapiteau repose un bloc triangulaire, en granit, haut de 0,34 cm. large de 0,60. Le monument n'a pas été remué depuis son encastrement dans le mur, où il se trouve d'ailleurs toujours engagé. Il est composé de matériaux empruntés à quelques autres édifices, le chapiteau étant corinthien et la colonne

---

[1] Cf. Marucchi, *Man. d'arch.*, p. 100.

ionique, et l'ensemble peu harmonisé. La pierre triangulaire est un sommier qui évidement supportait la retombée de deux arcs orientés un peu plus au nord que l'église actuelle. On a eu manifestement grand souci de conserver cette colonne, et dans ce but on a fait reculer le mur de l'église, et on l'a éloigné de la ligne première, afin d'obtenir un peu de muraille infléchie, et d'y encadrer le vieux monument.

Nous avons opiné que nous avons là peut-être un souvenir de l'oratoire érigé, avant la construction de la basilique, en l'honneur des saintes Sabine et Séraphia, dans la maison qu'elles avaient habitée.

§ 6. La chapelle de Saint-Hyacinthe.

La chapelle de saint Hyacinthe qui s'offre ensuite à nos études est fort remarquable. Elle fut construite en 1600, à l'occasion du Jubilé,[1] par les soins du généreux cardinal Bernerio. C'est un carré, mesurant 6 m. 60 de profondeur sur 5 m. 60 de largeur, et surmonté d'une coupole. L'autel se compose de quatre superbes colonnes: deux « d'alabastro cotognino » et deux de « porta santa brecciata » avec des bases en marbre d'Afrique, où s'observent en relief les armes du cardinal. Les colonnes supportent un riche fronton

55. Colonne présumée du premier oratoire de sainte Sabine.

---

[1] On lit en effet dans la coupole l'inscription suivante, peinte sur l'arche de Noé dans la coupole: A. Sancto 1600 Jubilei.

56. La chapelle de Saint-Hyacinthe.

triangulaire et en marbre. L'autel est également orné de marbres différents, le paliotto est en paonazzetto. Le pavé est encore en marbres de diverses couleurs, fait à « mostaccioli ». Au milieu du pavé est la tombe du cardinal, avec une inscription que le défunt avait composée lui-même, et que nous rapporterons ailleurs. La pierre tombale est entourée d'une « fascia » de paonazetto, qui y fut placée en 1832.

Sur l'autel on remarque un tableau de mérite, œuvre de la célèbre Lavinia Fontana.

Lavinia était la fille d'un peintre bolonais, Prospero Fontana. Elle vint à Rome sous le pontificat de Clément VIII, et se fit très vite une belle réputation comme portraitiste, parce qu'elle excellait à saisir les ressemblances. Elle fit les portraits d'un grand nombre d'illustres dames romaines, de princes, de princesses et même de cardinaux. On disait d'elle avec quelque exagération « que lorsqu'elle peignait la mer, les flots étaient réels, et qu'on entendait leurs clameurs; que lorsqu'elle dessinait et peignait l'humaine beauté, on avait un corps vivant qui couvrait un esprit muet. »

Le tableau de Sainte-Sabine lui fut demandé avant son arrivée à Rome, toujours par le cardinal d'Ascoli, Girolamo Bernerio, l'inépuisable. Il fut envoyé de Bologne même, et on en loua beaucoup la couleur. Il représente saint Hyacinthe priant aux pieds de la sainte Vierge. On l'admira généralement et on déclara que c'était le chef-d'œuvre de l'artiste.[1] Lavinia exécuta dès lors un grand nombre de tableaux d'église.

La chapelle est tout entière ornée de fresques, peintes par les deux frères Zuccheri.[2] Celle de gauche est de Thaddeo, celle de droite est de Federigo.

La première représente la vestition religieuse de saint Hyacinthe, qui eut lieu à Sainte-Sabine, comme on sait, et comme nous raconterons bientôt.

Le candidat est à genoux devant saint Dominique qui est debout et lui donne le scapulaire. La figure du grand Patriarche est fort belle, pleine de gravité, de noblesse et de douceur. Un autre postulant, le bienheureux Ceslas, désormais deux fois frère de saint Hyacinthe, est couché à terre, les bras en croix, et attend, comme

---

[1] « Assai diligente, ben colorito; è la miglior opera che ella facesse. » *Felsina pittrice*, parte II, p. 223.
[2] Cf. Nibby, *Roma nel 1838* et *Itinéraire*

disent les Constitutions Dominicaines, « la miséricorde de Dieu et celle de l'Ordre. »

Plusieurs personnages assistent à la cérémonie et spécialement Ives, l'évêque, l'oncle du novice.[1]

57. Saint Hyacinthe et ses Compagnons recevant la bénédiction de saint Dominique à leur départ pour les régions du nord.

---

[1] L'évêque dut être heureux du dévouement de son neveu. Les Dominicains lui en furent reconnaissants: aussi lit-on ces mots sur sa tombe à Cracovie, dans le vieux couvent des Dominicains:

Ossa
Ivonis de Konskie Odrowansii
divi Hyacinthi patrui
episcopi Cracoviensis
Mutina ad quam an. Domini MCCXXIX
vita defunctus est Cracouiam a pp. Ord.
Praedic. huius conventus anno Domini
MCCXXIX
translata
sub hoc rudi saxo conclusa

Dans des tableaux plus petits de la partie supérieure sont représentés d'autres faits de la vie du saint, en particulier le départ des bienheureux Hyacinthe, Ceslas, Henri et Hermann, recevant la bénédiction de saint Dominique et portant bravement leur chape en bandoulière. Il y a tant de vie et de courage dans cette scène si simple, si franche et si grande !

Sur la paroi opposée est peinte la canonisation de saint Hyacinthe, que célébra Clément VIII. La scène est reproduite avec une fidélité de détails, de costumes, de cérémonies qui touche vraiment au réalisme. Le portrait de Clément VIII est très fidèle.

Avec quelques commentaires, il serait facile de raconter devant cette peinture tout le détail d'une cérémonie de canonisation.

Dans la coupole, Federigo Zuccheri a représenté le triomphe des Saints, ou le Paradis.

Cette peinture n'est pas connue du grand et gros public: elle mérite pourtant de l'être, au point de vue de l'idée générale et du pittoresque des détails.

L'artiste y a peint, au centre, la glorification de la Vierge montant vers le ciel, au-dessus des saints et des anges, et non pas seulement l'entrée de l'âme de saint Hyacinthe parmi les élus, comme on l'a imaginé.

Les saints et les anges forment deux immenses couronnes: comme dans le Paradis de Dante, les saints plus bas, les anges en haut. Du milieu de la coupole descend un afflux de lumière, venant de Dieu qu'on ne voit pas, et vers qui la Vierge s'élève toute seule, parce que nulle créature n'a le droit de monter aussi près de ce sommet.

Le cercle des anges est partagé en deux zones, comprenant sans doute les esprits qui connaissent les choses dans leur cause générale, et ceux qui en saisissent la vérité dans les causes particulières. Ceux qui voient la vérité ou la raison des choses dans la cause universelle qui est Dieu sont près de lui, et ne se voient pas aux regards mortels. Nous avons ainsi les trois hiérarchies célestes, chaque hiérarchie composée de trois rangs, ce qui nous donne les neuf chœurs angéliques.

Les saints sont pareillement catégorisés, mais d'une autre manière, à raison de leur nature différente de la nature angélique

Ils appartiennent à l'Ancienne et à la Nouvelle Loi. C'est au-dessus de l'autel, en face du spectateur entrant, que les extrémités, c'est-à-dire le commencement et la fin du défilé céleste, se rencontrent et se touchent.

Nous allons désigner ceux qui se voient aux premiers plans, et sont suffisamment caractérisés, pour qu'il nous soit possible d'indiquer leurs noms.

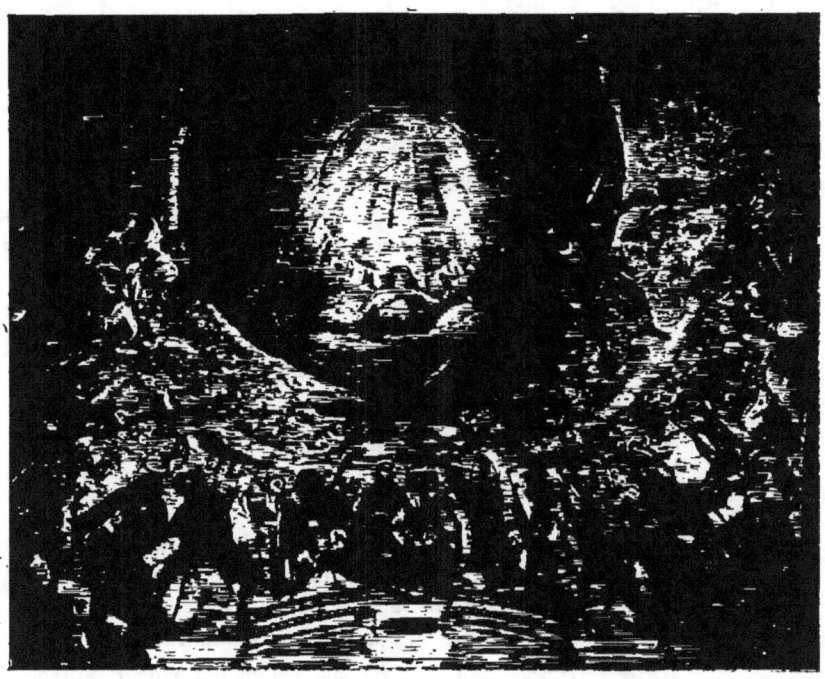

58. La coupole de la chapelle de Saint-Hyacinthe.

Au premier rang apparaissent, et c'est juste, Adam et Eve, assis l'un près de l'autre, qui ont emporté en paradis chacun sa pomme malheureuse: ils la tiennent tous deux sans la cacher.

Le personnage qui apparaît coiffé d'une sorte de mitre sacrée et portant un petit plateau semblable à une patène est assurément Melchisédech.

Puis vient Moïse, assis, tenant de la gauche une table de la

Loi, gardant l'autre à ses pieds; tandis que de la droite il serre sa verge dont le sommet se transforme en serpent irrité qui siffle contre lui. Dans les deux tables, les Préceptes sont indiqués en caractères hébraïques. Derrière Moïse apparaît debout le grand prêtre Aaron, vêtu de son costume sacerdotal, l'éphod sur la poitrine, tiare en tête, et tenant de ses deux mains un superbe encensoir.

Du côté droit ou de l'Epître apparaît d'abord un Samson colossal, vêtu en guerrier romain, tenant encore de la gauche la fameuse mâchoire d'âne; il a la tête entourée d'une branche de laurier qui forme auréole plutôt que couronne.

Après lui viennent deux autres guerriers tout cuirassés, armés d'une lance: Josué sans doute avec son compagnon Caleb.

Sur l'avant, au premier plan, devant ces guerriers, deux femmes sont assises: l'une tenant un livre sur ses genoux, les mains jointes, les yeux au ciel et portant au front un petit diadème; l'autre qui la regarde avec attention: sans doute Rachel et Lia, la contemplation et l'action.

Abraham continue la série. Il tient de la droite un réchaud qui flambe, symbole de l'holocauste, et de la gauche un large couteau, tandis que son fils Isaac, tout jeune encore et sans penser plus loin lui apporte le bois du sacrifice.

Après Abraham vient la belle Judith, qui soulève la tête énorme d'Holopherne le géant.

Au second plan apparaît Joseph le patriarche, brillamment vêtu, couvert d'un chapeau champêtre, une chaîne d'or autour du cou, tenant de la droite le bâton du pouvoir, et de la gauche un paquet d'épis, symbole des années d'abondance.

Voici David, couvert de ses vêtements royaux, diadème au front, l'air inspiré, portant de la gauche son sceptre, s'appuyant de la droite sur sa harpe divine.

Après lui, Noé assis, montrant un modèle de son arche qui lui permit d'échapper à l'eau, et au-dessus une grappe splendide du raisin qui lui donna et nous donna le vin.

Nous rencontrons ensuite un beau vieillard, debout, tête voilée à la manière juive, portant une lourde chaîne autour du cou, tenant de la droite un grand livre, et de la gauche une longue branche de lys; il a le front ceint d'une couronne triomphale et d'une couronne de fleurs. Nous pouvons l'identifier avec une probabilité suffisante: nous pensons qu'il s'agit de Jérémie, qui fut enchaîné longuement, et, disent quelques Pères, resta vierge toute sa vie.

Devant lui et au premier plan est assis un personnage à la tête voilée et à l'air triste: c'est un prophète, peut-être Ezéchiel, dout il nous semble lire les initiales hébraïques dans le livre qu'il tient en main.

Les deux personnages voisins sont les deux autres grands prophètes, Isaïe et Daniel.

Sur le pan de voûte en face de l'autel, apparaît le chœur des vierges et des martyrs.

Dans le pendentif à gauche, se remarque assise une jeune femme voilée, richement vêtue et couronnée de fleurs; elle porte un grand livre sous le bras droit, et est entourée de jeunes vierges, peut-être sainte Marcella, qui fonda près de l'oratoire de Sainte-Sabine la première communauté de femmes en occident, et, sous la direction de saint Jérôme, fit tant de progrès dans la science sacrée.

Au centre domine sainte Ursule avec ses nombreuses et jeunes compagnes, toutes couronnées de fleurs gracieuses.

Elle tient, selon l'habitude, un paquet de flèches, signifiant le genre de mort qui leur fut infligé à toutes.

Un personnage debout, sans auréole, tourné sur sa droite, penché en avant, portant un costume fort riche, tient de la gauche une bourse, et de la droite fait le geste d'écarter un péril qui menace. Nous ignorons son nom et son rôle, à moins qu'il n'y ait ici une allusion à une forme de la charité fort pratiquée dans Rome, qui consistait à procurer des dots aux jeunes filles pauvres.

Au premier plan tient sa palme un vieillard couronné, et portant autour du cou la corde avec laquelle il fut lié à la meule de moulin qu'on voit devant lui; à sa suite deux autres vieillards, un homme et une femme, portant couronnes et palmes, montrent à la gorge la ligne sanglante laissée par le glaive qui leur trancha la tête.

Saint Etienne a ici également sa place en vue: c'est le premier des martyrs; il porte une palme, et montre sa tête meurtrie par les cailloux de la lapidation.

Dans le pendentif, à droite, se voit un groupe de papes et d'évêques martyrs. L'un des papes, celui qui est assis au centre, avec son costume moderne, jetant de l'eau bénite à l'aide de son aspersoir, est un portrait: ce n'est pourtant pas celui de Clément VIII, qui régnait en 1600. Il doit figurer saint Alexandre Pape, qui introduisit, dit-on, l'usage de l'eau bénite. Il a à sa droite et à sa gauche deux cardinaux: le premier est prêtre, et le second diacre, caractérisé par l'étole en sautoir: peut-être Eventius et Théodule.

Au second plan apparaît un splendide soldat tenant le bâton du commandement et couronné de laurier sur son grand casque. Il a eu la gorge coupée, comme le montre la cicatrice au cou: c'est saint Maurice.

Du côté de l'Evangile, on reconnaît saint Laurent diacre avec son étole en sautoir et son gril; sainte Agnès, avec son agneau et le glaive dans la gorge; puis vient un chef militaire, semble-t-il, qui a été longtemps prisonnier, comme l'indiquent les cordes qui encombrent encore ses pieds: il porte de la gauche sa palme, et de la droite, quatre clés: peut-être Boèce. Viennent ensuite sainte Catherine avec sa roue, sainte Cécile avec son orgue; des martyres voilées en noir, et par conséquent veuves, peut-être sainte Félicité; puis sainte Magdeleine, avec ses grands cheveux sans couronne et tenant son vase de parfums.

Enfin vers le fond, au-dessus de l'autel, du côté de l'Evangile, le groupe des religieux et des moines, qui accueillent saint Hyacinthe au ciel. On reconnaît saint Dominique et saint François, saint Pierre Martyr portant sur la tête le glaive qui lui a fendu le crâne; puis saint Benoît, saint Romuald, saint Antoine avec son rocco; et enfin saint Jérôme, vêtu de rouge, le patron du cardinal Girolamo Bernerio qui fit construire cette chapelle. Le personnage très-réel, vu en buste, tourné de gauche à droite, coiffé de son bonnet de travailleur, qui vient à la suite de saint Jérôme, le patron de son Mécène, est assurément l'artiste lui-même.

C'est le paradis: au centre la Vierge, et autour d'elle les anges, les patriarches, les prophètes, les martyrs, les confesseurs, les vierges: la pensée est grande et dignement exprimée.

Cette peinture, l'une des meilleures de l'artiste, devient vivante par un certain réalisme pittoresque et fort intéressant à étudier.

Aux quatre angles de la coupole, on lit les textes suivants, écrits dans des écussons en stuc:

Du côté de l'Epître, ou au midi et au-dessus de l'autel: **Nous verrons dans Sion le Dieu des Dieux.**[1]

Du côté de l'Evangile, ou au levant: **Quand il apparaîtra, nous le verrons tel qu'il est.**[2]

En face, du côté de l'Evangile, ou au nord: **Je serai rassasié, quand apparaîtra ta gloire.**[3]

En face, du côté de l'Epitre, ou au couchant: **Quand donc viendrai-je et paraîtrai-je devant la face de Dieu?**[4]

Ces quatre textes donnent la signification de toute la fresque.

La chapelle est fermée par une grille, qui repose sur une balustrade en marbre, haute de 90 centimètres, avec des colonnes alternativement jaunes et blanches. Elle y fut placée en 1830. Elle mesure 1 m. 90 de hauteur; les hampes des lances se terminent par un fer doré. Au milieu, dans la partie supérieure, se voient les armes de l'Ordre, entourées d'une couronne, en fer doré. La grille pèse 1200 livres et a coûté 160 écus. Elle fut construite lorsque la chapelle de saint Hyacinthe devint la chapelle du saint Sacrement. Il est plus conforme à l'esprit et aux traditions de l'Eglise que l'Eucharistie soit conservée dans un autel mineur, plutôt qu'au maître-autel, et il est convenable que l'autel ainsi privilégié soit défendu contre des indiscrétions possibles, fussent-elles inspirées par la piété. Il est déjà fort douloureux de voir dans les églises de Rome, et spécialement à Sainte-Sabine, des visiteurs si nombreux, surtout quand ils sont protestants ou catholiques déchus, se conduire si irrespectueusement dans le temple du « Dieu avec nous ».

Je ne sais s'il vaut la peine de jeter un coup d'œil sur la chaire en bois et de forme carrée, qui est adossée à la muraille entre la chapelle de saint Hyacinthe et celle de saint Dominique Ce n'est point de cette chaire mesquine que prêchèrent saint Grégoire,

---

[1] Videbitur deus deorum in Sion. Ps. LXXXIII, 8.
[2] Cum apparverit videbimus cum sicuti est. I Joan. III, 2.
[3] Satiabor cum apparverit gloria tua. Ps. XVI, 15.
[4] Quando veniam et apparebo ante faciem Dei? Ps. XLI, 3.

saint Dominique, et tant d'autres; le vieux crucifix qui est fixé sur le bord n'eut jamais d'interprète.

Aujourd'hui, on ne prêche plus à Sainte-Sabine, et c'est à peine si la vieille basilique entend, le jour du Rosaire, quelques échos de la parole sacrée, et encore l'orateur ne monte point en chaire. Elle est d'ailleurs si mal placée, et il est si impossible de la mieux placer, depuis que Sixte V a détruit les vieux ambons!

Elle fut fixée là en 1738, puisque à cette époque la pierre sur laquelle avait tant prié saint Dominique fut enlevée de cette place qu'elle occupait, pour être transportée près de la porte latérale où elle se trouve maintenant. Ce déplacement fut motivé sans doute par l'érection de la pauvre chaire. Après la destruction des ambons, on construisit en 1587 une petite chaire: « On fait le « pulpitino » dans l'église, dit laconiquement et si douloureusement la *Cronaca*. Oh! ce « pulpitino » après les ambons!...

Au-dessous de la chaire, et encadrée dans la muraille, on lit une inscription digne d'attention.[1]

Cette inscription est gravée sur une plaque de marbre blanc. Nous raconterons plus tard les faits qu'elle remet en notre souvenir. Il nous suffira de constater ici, outre la concession d'une indulgence à cette époque, l'érection d'un autel à saint Pierre Martyr, dans l'église de Sainte-Sabine, dès l'an 1263. Le glorieux

---

[1] En voici le texte sans les abréviations:
Anno domini MCCLXII pon-
tificatus domini Urbani II
II. pape anno ejus II° istud
altare fuit consecratum
ad honorem beati Petri martyris ordinis fratrum Praedicatorum
quando est statio apud sanctum Priscam
tertia feria hebdomade sancte per ve-
nerabilem patrem fratrem Io. de Co-
lumna archipiscopum Messanensem vicarium tunc temporis DD
pape Urbani inque posu-
it indulgentiam unius anni et XL dierum
annuatim et durat haec indulgentia usque
ad octavas pasche in festo autem ejusdem beati martyris est ibidem unius
anni et quadraginta dierum.

prêcheur avait été mis à mort en 1252, et Innocent IV l'avait solennellement canonisé en 1253. Nous avons donc ici un souvenir de l'un des autels les plus anciens consacrés en l'honneur du grand Témoin. Celui-ci avait rendu son dernier soupir en écrivant le mot « Credo » avec son sang, en face des hérétiques : on comprend l'enthousiasme que dut provoquer une telle mort dans le couvent alors si nombreux et si ardent de Sainte-Sabine.

Mais il n'est point facile de déterminer en quel endroit de l'église fut érigé cet autel. Il se trouvait probablement où est maintenant la chapelle de saint Dominique, à moins qu'on n'ait placé plus tard sous ce vocable du nouveau saint l'un des autels adossés au mur intermédiaire dès 1238.

§ 7. La chapelle de saint Dominique.

Comme celle de saint Thomas, elle est un édicule carré, mesurant 3 m. 85 sur 3 m. 30 et surmonté d'une coupole. Elle fut faite pour recevoir des peintures qui manquent encore. La balustrade qui la ferme est en marbre blanc. L'autel se compose de deux colonnes qui supportent un fronton surmonté d'une humble statue de saint Michel. Il est en bois et en maçonnerie marbrés ; le paliotto est en « paonazzetto. » Il est de style et de construction modernes.

Le tableau qui remplit l'entrecolonnement est l'œuvre de Giacomo Triga. Il représente saint Dominique tombant d'émotion et d'extase entre les bras d'un ange, tandis que la Vierge se montre à lui avec tout son amour maternel. Ce tableau nous offre un specimen nouveau de cette mystique essoufflée, nerveuse et un peu incrédule, dirait-on, que nous peint partout l'école de Maratta. Le sujet en est d'ailleurs emprunté à une pure légende. Ces allaitements mystiques relèvent de la pathologie. On a au surplus recouvert le sein de la Vierge par une retouche. La vraie vie du patriarche Dominique ne comporte rien de pareil.

Cette chapelle fut autrefois beaucoup plus riche que de nos jours. Les deux colonnes de l'autel étaient d'albâtre oriental, et ce détail suffit à nous faire connaître l'opulence de l'ensemble.

---

[1] *Cronaca*, p. 53.

Elle fut reconstruite et modifiée en 1643, et la dépense s'éleva à 300 écus, donnés par des âmes généreuses, spécialement par la princesse de Rossano, l'une des grandes bienfaitrices de Sainte-Sabine. Il ne reste de l'ancienne que les fondements et quelques pans de muraille.

La chapelle reconstruite fut placée sous le vocable de saint Dominique ; antérieurement, elle était sous celui de saint Michel et des saints Anges, et nous conservons de cette antique dévotion un double souvenir, la petite statue de saint Michel placée sur le fronton de l'autel, et une inscription gravée sur une planche de marbre et encadrée maintenant à l'entrée de la chapelle elle-même, sur le mur de la nef latérale. Cette inscription nous apprend que l'autel des saints Anges fut consacré en 1248.[1]

L'Ordre de saint Dominique a bien mérité de la dévotion aux esprits célestes. Non seulement l'un de ses enfants, saint Thomas d'Aquin, les a étudiés et fait connaître mieux que nul autre « docteur en divinité, » mais leur culte remonte, soit dans l'Ordre en général, soit chez ses saints, jusqu'à ses premières origines, et nous sommes heureux d'en offrir ici un monument authentique.

---

[1] En voici le texte :
```
        Anno Domini MCC
        XLVIII pontificatus
        domini Innocentii IIII
        pape anno V assisten-
        tibus episcopis venerabi
        libus Hostiense Asculano
        feria IIII quarte ebdo-
        made in quadragesimo quando
        legitur evangelium de ce-
        co nato consecratum est
        hoc altare ad ho-
        norem sanctorum angelo-
        rum per venerabilem episcopum
        Hostiensem qui aucto-
        ritate domini pape posuit
        annuatim indulgentiam unius
        anni et unius quadragene.
        Que durat a die consecra-
        tionis usque ad diem oc-
              he.
```

§ 8. La chapelle du Rosaire.

Puisque nous sommes dans la nef, et afin de ne pas revenir sur nos pas, nous allons franchir les trois marches d'escalier qui conduisent à l'autel du Rosaire et étudier cette dernière chapelle.

L'autel est en marbre de Carrare; le paliotto en mosaïque florentine et les gradins en marbre blanc ordinaire.

L'autel était jadis adossé à la muraille, au fond de l'hémicycle: aujourd'hui il ne touche plus la muraille pour le motif que nous raconterons tout à l'heure; il est surmonté d'une voûte en forme d'abside, et orné de « stucchi » exécutés par ordre du cardinal Bernerio.

L'autel n'a pas de colonnes. Dans un petit écusson, placé au-dessus de l'autel même, se lisent ces mots « Spiritus superveniet »; l'Esprit surviendra en toi. Ils nous apprennent que la chapelle est dédiée au mystère de l'Annonciation. Un « soffitto » couvre le toit dans cette partie de la nef, et, sur le devant, on lit ces mots: « Ave Maria », qui rappellent à la fois l'Annonciation et cette louange que l'« on redit toujours sans la répéter jamais » et qui est la fleur principale de la « Corona » ou du Rosaire.

Ce qui fait pour le visiteur la gloire de notre chapelle, c'est le chef-d'œuvre de Gian Battista Salvi, appelé Sassoferrato, que l'on y conserve. Il est adossé à la muraille, entouré des mystères du Rosaire et surmonté d'une sorte de baldaquin.

Cette petite chapelle a été singulièrement privilégiée. Le cardinal Bernerio lui avait fait présent d'un tableau de Raphaël, représentant la Vierge avec son Enfant, et Saint-Joseph. Or, en 1632, le Prieur de Sainte-Sabine propose au conseil de son couvent de vendre ce tableau au marquis Giustiniani, qui en offre 2000 scudi, et promet en même temps de donner pour la chapelle un autre tableau très convenable. Sur ces entrefaites, Richelieu, cardinal de Lyon, offrit les mêmes conditions et s'adressa à la Congrégation, pour faire appuyer sa demande. La Congrégation députa le cardinal Ginetti pour examiner le tableau. On accorda au couvent l'autorisation de l'aliéner, aux seules conditions indiquées. Et néanmoins, par suite de je ne sais quelles « combinazioni », la peinture disputée ne fut vendue ni au marquis, ni au cardinal, mais donnée, en 1636, au cardinal Antonio Barberini, sans aucune condition.

59. Le Rosaire de Sassoferrato.

On céda même le superbe cadre doré que le P. Xavierre, Général de l'Ordre, et créé prince de l'Eglise, lui avait fait exécuter en 1607. Ce n'est pas tout: on abandonna gratuitement au même personnage un autre tableau ancien, un magnifique Saint-Jérôme, peint sur bois, qu'avait donné également le bon cardinal Bernerio.[1] Si les auteurs de cette générosité singulière espérèrent un retour, ils furent douloureusement détrompés: le cardinal Antonio Barberini garda le double présent et n'en parla plus... du moins aux donateurs.[2]

Il fallut songer à remplacer le tableau de Raphaël. Le vide fut rempli d'abord par une peinture médiocre: mais ce n'était que provisoire. La généreuse princesse de Rossano se chargea de cette nouvelle charité. C'est alors et par elle que fut commandé à Sassoferrato le tableau du Rosaire.

La Vierge, en manteau bleu et en robe de pourpre est au centre, avec l'Enfant Jésus assis sur le genou gauche. Elle donne le Rosaire à saint Dominique, agenouillé à sa droite; tandis que le Divin Enfant donne à sainte Catherine, agenouillée à gauche, d'une main le Rosaire, et de l'autre, la couronne d'épines, qu'il lui met sur la tête inclinée avec résignation. Dans le haut, autour de la tête de la Vierge, est une couronne de cinq petits anges, ravissants de grâce et de piété.

Le tableau fut originairement de forme carrée, et la partie supérieure, ou l'arc est d'un autre pinceau. Dans ses dimensions primitives, il mesure 1 m. 70 de hauteur, et 1 m. 10 de largeur. Il fut achevé en 1643 et payé 100 écus.

On a raison de le tenir habituellement couvert d'un voile de soie: c'est une fort belle peinture; c'est la meilleure de Sassoferrato. Ici, point de tons criards, violents, heurtés; peu de conventionnel. Chaque détail est parfait pour la noblesse et le modelé. La figure de saint Dominique est vraiment belle. C'est l'une des peintures qui nous montrent le mieux ce qu'aurait pu être la Renaissance, si elle n'avait apostasié pour se faire païenne. Au surplus et malgré notre sincère admiration, nous ne la regardons pas

---

[1] *Cronaca di Santa Sabina* pp. 51-52.

[2] L'auteur de la *Cronaca de Santa Sabina* le note avec douleur: „Si speravano grandi cose: ma niente si è mai avuto, e s'è perso un tesoro così grande che chi lo mirava restava meravigliato." *Cronaca*, p. 51. Sur le sort définitif de ce tableau de Raphaël, voir le questionnaire, d'ailleurs sans réponse, de Mr. Rodocanachi, dans son édition de la *Cronaca*, pp. XV-XXII.

comme également parfaite à tous les points de vue. Il ne serait pas téméraire de trouver le tableau passablement froid; de lui désirer je ne sais quel rayonnement céleste qui lui fait un peu défaut, spécialement dans la figure de la Vierge. C'est néanmoins l'un des beaux chefs-d'œuvres de Rome, et on a raison de le copier constamment.

Il était, jusqu'à ces derniers temps, dans un état de parfaite conservation.

En 1830, on le fit nettoyer par le baron Camuccini et, afin de le protéger contre l'humidité, on fit placer, par ordre du Camerlengo, une caisse goudronnée derrière le tableau. Alors aussi fut fait le petit cadre doré, remplacé en 1866 par celui que l'on voit aujourd'hui, œuvre de Nowotny.

En 1866, le Prieur de Sainte-Sabine fit enlever le vernis qui le couvrait et le gâtait par le peintre Léopold Nowotny. Grâce à ces soins, ce tableau avait conservé toute sa fraîcheur originale.

Mais en 1902 il fut volé par quatre individus pendant la nuit du 22 au 23 juillet, et resta perdu pendant deux mois. Enfin il fut retrouvé dans un grand hôtel de Rome par un agent de police, qui avait réussi à se faire passer pour un américain immensément riche, et offrait d'acheter à tout prix de belles peintures, même volées.

Pendant ces mois, l'agent de police chargé de le retrouver, qui était un brave chrétien, venait faire brûler des cierges à l'autel du Rosaire, pour obtenir le succès dans ses recherches.

Quand on l'eut retrouvé, on décida heureusement, quoique péniblement, qu'il serait remis à la place pour laquelle il fut exécuté, et où il se trouve en conséquence dans sa vraie lumière. Seulement, on voulut, pour motif de précaution meilleure, en éloignant convenablement l'autel lui-même, le protéger par un store d'acier qui s'abaisse pendant la nuit, et il fut décidé avec beaucoup de sagesse qu'on ne réparerait pas les éraflures qu'il subit au manteau de saint Dominique, durant son odyssée violente.

C'est le 5 novembre de cette année qu'on célébra à Sainte-Sabine le retour de la peinture fameuse, sous la présidence du cardinal Mathieu, qui avait travaillé énergiquement pour la restitution.

Les mystères du Rosaire furent peints en fresque à l'époque même du tableau, par un artiste qui eut l'obligation redoutable de figurer à côté du Maître. Ils furent distribués en haut, en bas et sur les côtés du tableau principal. Ces peintures ont disparu pour faire place à celles que nous voyons aujourd'hui sur une toile collée contre la muraille. Par leur disposition celles-ci forment d'ailleurs un encadrement magistral au chef-d'œuvre. Elles furent exécutées en 1802 par le peintre Francesco Machelli.

Le paliotto de l'autel fut donné par la princesse Borghèse, lorsque la princesse de Rossano donna la peinture: il est en « marmo fiorentino » ou, comme nous disons, en mosaïque florentine, faite avec des découpages de marbres multicolores. L'ornementation de la chapelle fut ainsi fort convenable dans l'ensemble, fort remarquable en quelques détails.

Mais à quelle époque remonte la création de cette chapelle?

Elle existe avant 1484, puisque cette année là le cardinal d'Aussia la dote et y installe son tombeau.

Et voici en quelles circonstances singulières.

En 1483, Sixte IV concéda au cardinal d'Aussia, titulaire de Sainte-Sabine, l'usage du palais et du jardin Savelli, moyennant une redevance annuelle de quatre tonneaux de vin, contenant sept barils chacun, en faveur du couvent. Or, on trouva dans un mur du palais attenant à l'abside de l'église un grand trésor de pièces d'or et d'argent. Beaucoup de serviteurs du cardinal, il va de soi, en profitèrent; mais particulièrement un certain Giovan Battista Almadiani, de Viterbe, Protonotaire Apostolique, Préfet de l'Office « del piombo », en devint subitement très riche, ce qui étonna bien des gens. Le bruit se répandit qu'il avait fait des trouvailles en Allemagne: il les avait faites à Sainte-Sabine.

Il mourut en 1510. On peut voir, au musée de Viterbe, le portrait splendide que fit de lui, dit-on, Andrea della Robbia.

Avec l'argent emporté de Sainte-Sabine il fit construire à Viterbe le magnifique « Palazzo della Malta », ainsi nommé parce qu'il était bâti sur l'emplacement de la fameuse prison de la Malta, réservée, s'il vous plaît, aux clercs prévaricateurs.

Il eut pourtant quelque remords de conscience. Avec un partie de l'argent annexé, comme on dit aujourd'hui dans un certain monde, il construisit à Viterbe et en l'honneur de saint Jean-Baptiste, son patron, une église et un couvent qu'il donna aux Carmes de la Congrégation de Mantoue.

Sur son tombeau on grava ceci:

Cette maison que tu construis sur terre, Jean Baptiste
Te la bâtira dans les cieux, ô Almadiano![1]

60. Détail de la tombe du Cardinal d'Aussia.

[1] En voici le latin:
Quam struis in terris aedem Baptista Joannes
Extruet in coelis, Alma'diane, tibi.

Piazza, dans sa *Hierarchia Cardinalium*, p. 429, a exploité la même pensée, mais avec un peu plus de calembours, en l'honneur du cardinal d'Aussia:
Auxias aedes auxit aede'mque Sabinae:
Sic suprema aedes auxit in aede tibi.

Ce qui veut dire sans plaisanterie: Auxias a augmenté sa maison et la maison de Sabine: ainsi il a augmenté sa maison dans la maison céleste.

Ce n'est pas si sûr, à moins qu'Almadiano n'ait le droit de voler au ciel plus encore qu'il ne l'avait fait sur terre.[2]

Quant au cardinal d'Aussia, il mourut six mois après la trouvaille, en 1484, et donna sa part sous forme de réparations, d'embellissements et de dotations. Il fit construire en particulier son magnifique tombeau où il se fait représenter couché sur son cercueil bénit par la Vierge et accompagné des quatre Vertus cardinales. Nous en reparlerons bientôt.

Nous reproduirons plus loin le tombeau dans son ensemble: nous en donnons ici un fragment remarquable, qui nous montre au centre la Mère de Dieu; à sa droite, sainte Catherine d'Alexandrie; à sa gauche sainte Catherine de Sienne. Les deux Catherine furent pareillement savantes dans les choses de Dieu: toutes deux portent le livre symbole du savoir.

Ce sujet, choisi par le cardinal d'Aussia, sans doute, nous indique les tendances de son esprit et de son cœur, déjà si éloquemment exprimées par l'admirable inscription qu'on lit sur son cercueil: Afin de vivre en mourant, il a vécu comme devant mourir.

C'est la date la plus reculée que nous possédions sur l'histoire de notre chapelle.

Le cardinal Bernerio à son tour contribua à l'embellir et peut-être à l'agrandir.

Beaucoup de personnes ont bien mérité de cette chapelle. Entre tous doit être mentionné le pieux père Nanni, dont le nom reviendra sous notre plume, et qui est enterré à l'entrée de la chapelle même. Dans l'inscription qui couvre la pierre érigée à sa mémoire, on lit qu'il rétablit le Rosaire à Sainte-Sabine.

Le P. De Amicis, mort en 1724, méritera le même éloge.

Jusqu'à ces dernières années, la procession du Rosaire à Sainte-Sabine est restée célèbre. Elle descendait de l'Aventin, nombreuse, pressée, portant sur un immense brancard la statue de la Vierge du Rosaire; elle rejoignait celle de la Minerve, et remontait en

---

[1] Voir tout ce récit dans la *Cronaca di Santa Sabina*, p. 77, avec les notes de M. E. Rodocanachi. Avec une somme d'argent laissée par le cardinal on acheta une maison près de la Chancellerie, qui se louait annuellement « ducati 50 di carlini », ou encore « 60 scudi » *Cronaca*, p. 10–11, 14.

chantant le triomphe de celle qui donna le coup de mort à l'Islamisme, dans le golfe de Lépante.

Nous aurions des faits nombreux à rappeler, si nous voulions indiquer seulement les principales faveurs obtenues, dit-on, à cet autel. Ne rappelons que la dernière de celles que nous connaissons convenablement. « Sainte-Sabine avait des revenus suffisants pour entretenir quatre ou cinq religieux, et il fallait en nourrir plus de cinquante. C'était là un des griefs contre la réforme. Ne manquait-on pas évidemment de prudence en équilibrant si mal les recettes et les dépenses ? La Providence se chargeait de la réponse et pourvoyait si bien à tous les besoins, que les religieux de Sainte-Sabine pouvaient souvent faire d'abondantes aumônes aux pauvres qui venaient à la porte du couvent. Quelquefois cependant elle paraissait en retard.

« Un jour, le boulanger déclara qu'il ne fournirait plus de pain, si, avant le coucher du soleil, sa note n'était pas payée. Le Père procureur porta cet ultimatum au Prieur.

« Cette réclamation est juste, lui répondit le P. Besson; il faut payer.

— « Mais, mon Père, je n'ai pas un écu en caisse.

— « Eh bien ! allez à l'église; vous vous mettrez à genoux devant l'autel de la sainte Vierge et vous y resterez, jusqu'à ce qu'on vous apporte la somme nécessaire.

« Le Procureur obéit avec confiance; il attendait depuis trois quarts d'heure, lorsque le frère portier vient le chercher. La personne qui le demandait lui apportait de quoi payer la moitié de la dette; il alla, tout joyeux, l'annoncer au Père Besson, en ajoutant :

« Je pense que le boulanger se contentera de cette somme, et nous accordera un nouveau délai.

— Comment pouvez-vous croire, lui répondit le Prieur, que la sainte Vierge fasse les choses à moitié ? retournez devant son autel, et attendez le reste. »

« Quelques instants après, en effet, il recevait plus d'argent qu'on ne lui en demandait. »[1]

Nous pouvons maintenant pénétrer dans la grande nef.

---

[1] *Vie du P. Besson* par M. Cartier.

CHAPITRE X.

L'abside de Sainte-Sabine.

§ 1. Le sol de l'abside.

'est un sujet d'étude assez complexe, à raison soit des éléments qui le composent, soit des transformations diverses qu'il a subies. Cette étude est cependant importante, au point de vue de l'archéologie chrétienne en général, et de l'archéologie dominicaine en particulier.

On appelait abside toute enceinte, généralement semi-circulaire, terminant une chambre carrée: c'était parfois une alcôve, parfois une niche pour une statue de quelque divinité, parfois un enfoncement où on installait les sièges des magistrats ou des princes. L'abside parfaite se voit à Rome dans le temple de Rome et de Vénus.

Afin de procéder par ordre et avec clarté, au milieu de détails si nombreux, nous diviserons méthodiquement notre étude comme le monument se divise lui-même: nous examinerons d'abord le sol, le βῆμα de l'abside, et ensuite la voûte, la κογχή.

Sans refaire une description générale de l'abside, nous noterons seulement qu'à Sainte-Sabine il n'exista très probablement au début qu'une seule abside, celle qui terminait la nef centrale. L'usage presque universel au Vme siècle, et l'examen des murs qu'il a fallu percer pour créer les nefs latérales, autorisent pleinement cette affirmation. Celles-ci aboutissaient à un mur plat qui continuait à droite et à gauche le mur où s'encadrait l'unique abside centrale. Cet état de choses existait encore dans la nef occidentale en 1572, quand on y ensevelit à l'extrémité Dame Lucia dell'Oro, dont le tombeau se voit aujourd'hui derrière la chapelle du Crucifix.

§ 2. La chapelle souterraine.

Nous rencontrons d'abord la chapelle souterraine qui s'enfonce au-dessous du maître-autel. L'entrée, qui s'ouvre dans la nef, est entourée, comme à Saint-Pierre, d'une belle balustrade soutenue par quarante-six colonnettes en marbre blanc, sur laquelle brûlent de nombreuses lampes aux jours des fêtes. Sur l'ordre de Sixte V elle fut dédiée à saint Dominique. On descend par un escalier en marbre blanc, aussi large que la chapelle même, et orné dans les parois de marbres très riches, en particulier de « giallo brecciato ». Au fond de la chapelle, et au dessous du maître-autel, s'élève un autel en marbre que surmonte un fort médiocre tableau de Saint-Dominique, mais qu'entourent de beaux fragments de mosaïques polychromes, encadrés dans des volutes en marbre blanc. Ces débris proviennent sans doute de l'ancienne ornementation de l'église, ou mieux de l'ambon. On a dû les briser et mutiler en fragments pour les adapter à leur destination nouvelle. Ils ont dû appartenir au presbyterium : les dessins qu'ils forment, le cadre en marbre qui les supporte, autorisent pleinement cette hypothèse. A droite et à gauche s'ouvrent dans les parois deux armoires avec une porte à deux battants, ornés de grandes palmes d'or : elles sont destinées à enfermer les reliques saintes de moindre impor-

61. La chapelle souterraine.
Dessin de M. Lenoir.

tance, que l'on plaçait ainsi auprès des corps des martyrs conservés dans le maître-autel, ou encore pour renfermer les ustensiles sacrés destinés au service de l'oratoire.

Nous avons pensé plus d'une fois que ces deux armoires se trouvent placées dans les deux escaliers qui jadis conduisaient à la crypte: peut-être est-ce réellement probable. La crypte primitive devait se prolonger au-dessous de l'abside jusqu'à l'ancien autel.

Cette chapelle souterraine remplace l'ancienne crypte qui s'ouvrait au-dessous du presbyterium primitif, comme dans la plupart des vieilles basiliques. Bien que les corps des martyrs eussent été transportés de l'abside vers le milieu de l'église, la crypte subsista encore jusqu'au temps de Sixte V. Il est certain en outre que si l'entrée de la chapelle n'est pas où était celle de la crypte, rien ne nous empêche d'admettre que la chapelle et la crypte se trouvent au même emplacement. On conçoit donc qu'on ait songé à ne pas oublier cet endroit béni. Sur ce point, Sixte V se montra conservateur, et il ordonna la construction de la chapelle souterraine, en imitation de l'ancienne crypte, et la consacra à saint Dominique.[1]

Un autre souvenir se rattachait d'ailleurs à cette crypte: saint Dominique y était descendu souvent pour y prier et s'y infliger ses rudes pénitences. Aussi, ses enfants songèrent-ils bientôt à embellir convenablement l'œuvre commencée par le souverain Pontife. Un noble patricien romain, Lorenzo Ciantès, entreprit cette œuvre d'ornementation. L'inscription votive placée au fond de la chapelle, dans la paroi de gauche et gravée sur une planche de marbre blanc, rappelle en même temps les gloires de la crypte et l'œuvre des bienfaiteurs.

On observera que l'inscription confirme l'identité de la crypte avec l'autel et la chapelle modernes, et le fait que saint Dominique y descendit souvent pour faire ses dévotions auprès des saints martyrs, qui devaient en être enlevés seulement plusieurs années après sa mort.

---

[1] Cf. Ugonio, *Staz. Rom.* — Dans un mémoire relatif à Sainte-Sabine, présenté à un pape et conservé ms. à la Casanate, on lit: « Opera di lu (Sixte V) è anco la confessione, o sia grotta sotto l'altare maggiore in sembianza di quella che sotto il medemo stava prima che si trasferisse. » *Miscel. mss.* t. VII de la Biblioth. Casanat. Nous disons dans le texte en quel sens Sixte V fonda la chapelle moderne.

Comme le dit l'inscription,[1] la vieille crypte devait avoir souffert beaucoup des injures du temps, d'autant plus qu'après la translation des reliques elle dut être un peu abandonnée. Mais la restauration fut vraiment digne des souvenirs rappelés. Elle fut achevée en 1644.

Ignazio Ciantès, qui avait le même sang dans les veines, se montra généreux lui aussi. Il donna pour la chapelle un ostensoir de cristal dont on se servait pour la Bénédiction du Saint Sacrement. Il embellit encore l'autel, laissa au petit sanctuaire des ornements nombreux et précieux, et enfin déposa 200 écus au mont-de-piété, pour servir à l'entretien de la chapelle. De ces pieux trésors rien ne subsiste aujourd'hui.

§. 3. La schola cantorum.

A l'endroit où se trouve aujourd'hui l'entrée de la chapelle souterraine, existait primitivement le « chorus » ou « schola cantorum », entourée du « peribolum » ou « septum » en marbre, et flanquée des deux ambons. Les deux ambons existaient en effet à Sainte-Sabine.[2]

---

[1] Voici cette inscription:
> Sacrum hunc locum
> antiquitatis et devotionis
> studio venerandum
> olim A. D. patriarcha Dominico
> diurnis orationibus
> nocturnisque flagellis
> pro salute fidelium expiatum
> temporum iniuriis squalens
> Laurentius Ciantes
> patritius romanus
> tanti patriarchae beneficiis
> excitatus
> quantum èx loci angustia
> licuit
> in hanc formam redegit
> annuoque censu dotavit
> salutis humanae anno MDCXLI.

[2] Ugonio, *Staz. Rom.* Les « subdiaconi » se divisaient en trois classes, et, en 1057, étaient au nombre de vingt-et-un à Rome: sept « regionarii » chantaient les épitres et les leçons dans les stations, sept « palatini » remplissaient les

L'un était réservé pour la lecture et le chant de l'Evangile qu'exécutait le diacre, tourné vers le peuple. On y promulguait aussi les ordres, les censures; on y lisait les dyptiques des vivants et des morts. Le diacre et le prêtre y faisaient leurs prédications. C'est encore du haut de cet ambon que les nouveaux couvertis faisaient profession de foi. Il était donc comme la lumière dans

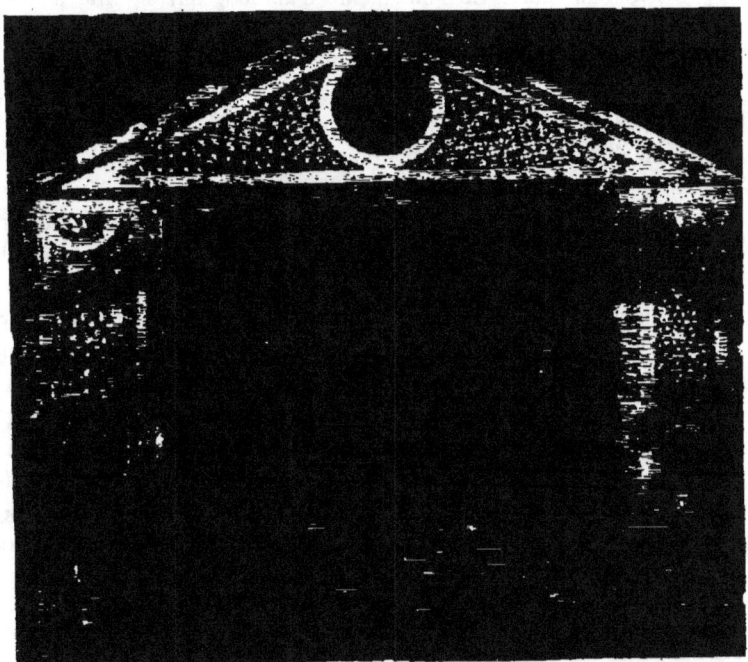

62. Mosaïque de la chapelle souterraine, peut-être fragments des ambons du moyen-âge.

l'église: aussi fut-il toujours accompagné d'un chandelier monumental, destiné à porter le cierge de l'Evangile. En souvenir de cette coutume, deux acolytes, portant des cierges, accostent le diacre qui chante l'Evangile, dans nos cérémonies modernes.

---

mêmes fonctions au Latran, et sept autres formaient la « scola cantorum », qui chantait seulement en présence du Pape. Mais ce nom a été donné parfois à ceux qui chantaient dans les églises.

Un autre ambon, moins élevé que le premier et placé à l'opposé, servait pour l'Epître, que le sous-diacre récitait ou chantait le visage tourné vers l'autel. Les clercs inférieurs y lisaient aussi d'autres parties de l'Ecriture, selon les exigences de la liturgie.

Ces divers usages sont indiqués par les différents noms des ambons, « βῆμα, πυργος, pulpitum, suggestus, auditorium, ostensorium, tribunal, etc. ». Le nom même d'ambon, qui signifie montée, venu de ἀναβαινειν, d'après l'étymologie la plus sûre, nous apprend qu'ils étaient assez élevés pour dominer toute l'assistance.[1]

Nous ignorons quelle fut la forme et la beauté des ambons de Sainte-Sabine. On ne saurait douter néanmoins qu'ils n'aient été d'une richesse proportionnée aux autres magnificences de l'église.

Lorsque, à l'arrivée des Frères-Prêcheurs, on eut construit le mur intermédiaire et divisé l'église en deux, les ambons durent être déplacés, pour rester utiles. Aussi Ugonio les vit-il encore appuyés contre ce mur, où on les avait transportés. Ils servirent donc à l'antique usage, et tous les grands dominicains qui vécurent à Sainte-Sabine, durant les époques primitives, y chantèrent ou y prêchèrent l'Evangile. Là firent leurs instructions au peuple Dominique de Guzman, Jourdain de Saxe, Raymond de Pennafort, Humbert de Romans, saint Thomas d'Aquin, et tant d'autres;[2] là avaient prêché Eugène II, peut-être Saint-Grégoire... Quelle chaire plus illustre au monde? Et pourtant, lorsque Sixte V eut la bonne pensée de détruire le mur intermédiaire, il n'eut pas celle de conserver les vieux ambons, de faire respecter les nobles reliques d'un si grand passé. On les enleva et on les vendit « comme étant devenus parfaitement inutiles »,[3] dit Ugonio. En parlant ainsi, cet homme éminent ne doit pas exprimer sa propre pensée: il aimait trop l'antiquité pour raisonner de la sorte: il interprétait les sentiments prosaïques et pédantesques de son époque.

---

[1] Là se vérifiait à la lettre ce distique gravé par le Pape Pélage II, en 577, sur l'ambon de Saint-Pierre, construit par ce Pape:
Scandite cantores Domino Dominumque legentes;
Ex alto populis verba superna sonent.
Cf. Mabillon, *Vet. Analect.*, IV, Inscript. XI.

[2] Cf. Mamachi, *Annal.*, p. 568.

[3] » Non essendo in modo alcuno più in uso, sono stati del tutto tolti via. » Ugonio, *Staz. Rom.*

Nous pensons d'ailleurs que le dessin même des fragments de mosaïque conservés dans la crypte prouve que nous avons là des fragments de l'ancien ambon. Il est à croire que Fra Pasquale, le sculpteur mosaïste de Sainte-Sabine, l'avait embelli, car une statue en haut-relief de saint Dominique ornée de mosaïques que nous présentons au lecteur, semble bien lui avoir appartenu.

Quant à la cloison qui enfermait la « schola cantorum » et formait le « chorus », où se tenaient les clercs inférieurs, les « canonici psalmistae », nous la connaissons beaucoup mieux depuis qu'on en a retrouvé les débris dont nous parlerons tout à l'heure.

Elle mesurait à peu près 1 m. 50 de hauteur. Elle était embellie, depuis Léon III et Eugène II, de bas-reliefs symboliques, dont nous aurons à parler bientôt plus explicitement.

63. Stutue de saint Dominique, sculptée en haut-relief pour l'ancien ambon, vers 1290, problement par Fra Pasquale.

C'est dans l'enceinte du « septum » ou de l'enceinte clôturée, disions-nous, que se trouvait le « chorus », composé de la « schola cantorum » ou des « canonici psalmistae ». C'étaient des clercs d'ordre inférieur, des jeunes gens qui se préparaient à l'état ecclésiastique, ou se vouaient ainsi au service des autels. Toutes les solennités étaient accompagnées des chants graves et simples, qui tenaient le milieu entre le récitatif de l'église d'Alexandrie, et le mode coloré, χρωματιξομένον, des Grecs. Saint Grégoire, Léon II avaient inspiré ou réformé le chant ecclésiastique et s'étaient efforcés de le faire respecter, et parce qu'il était une tradition et parce qu'il était une vérité. On n'oubliait point alors deux principes qui se complètent et s'éclairent mutuellement, savoir que le chant religieux doit inspirer la piété ou l'exprimer; que surtout il ne doit pas exprimer ni inspirer ce qui est en opposition directe avec le sentiment religieux. Alors se réalisait ce que Bellarmin exprime ainsi:

« Ceux qui chantent avec intelligence et dévotion ravissent les âmes de ceux qui écoutent, » et, comme il le dit encore, « on n'importait pas dans l'église des chants de théâtre, on ne transformait pas en scène la maison de Dieu.[1] » La « schola » obéissait au « praecentor » ou à l'ἀρχιπαραφωνιστής, qui accélérait ou ralentissait le mouvement, selon les sentiments divers qu'il fallait exprimer, d'après le sens des paroles et des circonstances; qui faisait observer et respecter les nombreuses et délicates nuances dont nous trouvons l'indication dans les signes fréquents et aujourd'hui incompris, qui remplissent les vieux livres de chant. Mais on avait toujours sous les yeux pour le choix des chantres et des chants, cette doctrine que formulera de la sorte le Cérémonial Romain: « Evitons dans le son de l'orgue tout accent lascif ou impur; évitons les chants, je ne dis pas seulement profanes, mondains, mais simplement étrangers à l'office qui se célèbre. Il ne faut pas employer d'autres instruments de musique que l'orgue lui-même; on doit chanter à l'unisson et sur un rythme suave, afin de porter les âmes à la dévotion.[2] »

C'est plus tard seulement que les théologiens graves ont cessé de se demander s'il ne fallait pas accuser de péché mortel ceux qui introduisent des chants profanes dans l'Eglise.[3] On peut du

---

[1] In Psalm 46. Cf. S. Th. 22, Q. 91, a. 2.
[2] *Coerem. Rom.* lib. I, cap. XXVIII.
[3] Cajet., 22, 9, 11. a. 1. — Clément XIV avait fait et Léon XIII a renouvelé au sujet de certain chant, ou de certaines voix, des défenses qu'il faut compter parmi les meilleurs actes accomplis par les Papes en faveur de la morale et de l'esthétique. Pie X a continué l'œuvre d'assainissement.

moins toujours se demander si on ne commet pas un péché mortel contre l'art véritable. La réponse ne saurait être douteuse.

Lorsque le Pape officiait, sept sous-diacres remplaçaient la « schola cantorum, » et formaient la chapelle papale. Leur chef s'appelait plus particulièrement l'« archiparaphonista », ou encore le « primicier des chantres. » Ce dernier était chargé d'entonner l'Introït de la messe. Il attendait à la porte de la sacristie que le Pontife fût prêt, et commençait au moment convenable, puis les autres unissaient leurs voix à la sienne. Dans les messes ordinaires, l'« archiparaphonista, » était aidé par la « schola.[1] »

Hélas! Depuis lors les voies de l'Aventin sont devenues solitaires et tristes, et nul ne vient plus à ses solennités!

§ 4. Les reliques des saints titulaires.

Sur une plaque de jaune antique, fixée à la base du maître-autel et au-dessus de l'entrée de la chapelle souterraine, on lit ces mots gravés en grandes lettres:

Ici des saints martyrs
Alexandre pape, Eventius, Théodule
Sabine et Séraphia
les corps reposent.[2]

Nous connaissons par les vieux récits l'histoire des saintes Sabine et Séraphia: nous devons dire un mot des trois autres martyrs, mentionnés dans cette inscription: des saints Alexandre, Eventius, Théodule. Nous traduisons sans aucune discussion quelques fragments de leurs *Actes*, qui ont inspiré leur culte.

Alexandre, le successeur de saint Pierre, était jeune d'âge, disent ses *Actes*, mais il était grave et expérimenté par la foi. Il avait opéré dans Rome de nombreuses conversions, baptisé Hermès le préfet de Rome, sa femme, sa sœur, ses enfants, mille

---

[1] Cf. Baron, *Annal.* an. 1052, n. 22.
[2] Texte latin:
Hic sanctorum martyrum
Alexandri . pp . Eventii . Theoduli
Sabinae et Seraphiae
corpora requiescunt.

eux-cents de ses esclaves, et une grande partie du sénat. Trajan irrité de ces triomphes, envoie à Rome Aurélianus, pour les châtier, et les prêtres des idoles attisent le feu de la haine et de la persécution.

Après de nombreux et illustres miracles,[1] Alexandre est traduit devant Aurelianus, qui le somme de lui faire connaître les mystères des chrétiens.

Alexandre refusa.

— « Si tu ne me réponds pas, reprend Aurelianus, j'aurai recours aux châtiments.

— « Tyran que tu es, par quelle audace téméraire me fais-tu de semblables questions? Tu oses m'interroger ainsi, moi qui ne connais d'autre souverain que mon roi qui est au ciel? Tu te trompes si tu crois que les chrétiens t'instruiront par la discussion plutôt que par la foi.

— « Mets un terme à ta loquacité insolente: tu parles non point devant un juge quelconque, mais devant celui dont la terre entière a éprouvé la puissance.

— « Ne te glorifie point trop dans la puissance: on est près de perdre sa puissance, quand on s'en glorifie.

— « Je te permets de parler, misérable, parce que je vais t'arracher l'âme à force de tourments.

— « Tu ne feras rien de nouveau. Quel innocent a pu t'échapper? Tu ne laisses vivre que ceux qui se nient les serviteurs du Seigneur Jésus-Christ. Pour moi qui suis certain de ne pas renier Jésus-Christ, il faut que je sois mis à mort, comme Hermès, homme plein de sainteté... comme tous ceux qui récemment ont reçu la lumière du Baptême et sont partis maintenant pour le royaume céleste.

— « Je te demande pourquoi tu désires plutôt mourir que céder.

— « Je te l'ai déjà dit: il n'est pas permis de donner les choses saintes aux chiens.

— « Suis-je donc un chien? Trêve de paroles! arrivons au châtiment.

---

[1] Cf. *Acta Sanctorum*, III maii.

— « Je ne crains pas tes châtiments, parce qu'ils passent avec le temps et finissent vite. Je crains des châtiments que, toi, tu ne redoutes pas ».

Aurelianus furieux le fait mettre sur le chevalet, torturer avec des ongles de fer, brûler avec des torches. Le supplice dura long-temps, et le martyr ne poussait pas un soupir. Aurelianus demanda: « Pourquoi gardes-tu le silence?

— « Parce que durant sa prière, le chrétien parle avec son Dieu.

— « Réponds à mes demandes, et je fais cesser la torture.

— « Insensé, si je te fais des reproches, c'est parce que je n'ai souci de tes cruautés.

— « Considère que tu n'as que trente ans d'âge: pourquoi perdre ta jeunesse?

— « Plût à Dieu que tu ne perdisses point ton âme!

Sur ces entrefaites Severina, femme d'Aurelianus, fait ses efforts pour délivrer Alexandre: mais elle n'obtient rien de son mari.

Cependant, sur l'ordre de ce dernier, Alexandre est déposé du chevalet, et à leur tour, Eventius et Théodule sont mis à la torture. Le tyran demande à Alexandre:

— « Dis-moi, Alexandre, qui sont ceux-ci?

— « Ce sont deux hommes vraiment saints, deux prêtres »[1].

Aurelianus demande à Eventius comment il s'appelle.

Eventius répond:

— « Selon la chair, je me nomme Eventius; selon l'esprit, je m'appelle chrétien.

— « Depuis quand es-tu chrétien?

— « Il y a soixante-dix ans. J'avais onze ans, quand je fus baptisé, et vingt ans, lorsque je fus ordonné prêtre. J'ai maintenant quatre-vingt-un ans. J'ai passé seulement cette dernière année en prison et dans les chaînes: j'en suis heureux.

— « Songe à ta vieillesse, nie que le Christ soit ton Dieu, et je te donne mon amitié avec des richesses et des honneurs.

— « Où as-tu l'esprit et le bon sens? Je pensais que tu avais quelque intelligence. Mais tu es aveugle d'esprit, et tu ne saurais voir ce qui est de Dieu. Infortuné! Comprends enfin que tu es

---

[1] Théodule était diacre, dit-on, de sorte que selon cette donnée, il faudrait traduire le mot « presbyteri » par le mot « clercs ».

homme mortel; fais pénitence, et crois que le Christ est Fils de Dieu et vrai Dieu, afin de recevoir sa miséricorde ».

Aurelianus fait écarter Eventius et approcher Théodule:

— « Tu es ce Théodule qui as méprisé nos ordres?

— « Et je te mépriserai toujours toi-même, parce que tu persécutes si cruellement les serviteurs de Dieu. Que t'a fait Alexandre, pour que tu lui infliges de telles tortures?

— « Comme si toi-même tu devais en être exempt!

— « J'ai confiance en la miséricorde de mon Dieu, et j'espère que je partagerai le sort de ses saints martyrs ».

Aurelianus fait alors lier Alexandre et Eventius dos à dos, et les fait jeter dans une fournaise; tandis qu'il ordonne à Théodule de rester en face de la fournaise, pensant l'épouvanter. Mais Alexandre criait: « Mon frère Théodule, hâte-toi de venir nous rejoindre, pour combattre avec nous! ». Théodule se précipite dans les flammes, et tous trois chantent ensemble: « Seigneur, vous nous avez éprouvés par le feu, et il ne s'est pas trouvé de souillure en nous! ».

Aurelianus fait décapiter Eventius et Théodule, et fait mourir lentement Alexandre, en ordonnant qu'on lui transperce tous les membres.

Mais voici qu'un Ange apparaît menaçant à Aurelianus, qui bientôt meurt de désespoir, en se dévorant la langue.

Severina sa femme se rend sur la voie Nomentane, au septième mille de Rome, y fait transporter les cadavres dans sa propriété, place dans un monument Eventius et Alexandre, et ensevelit Théodule dans un tombeau à part. Elle se revêtit ensuite d'un cilice, et se fit elle-même la gardienne des saintes dépouilles qu'elle avait ensevelies, jusqu'à ce que vint de l'Orient saint Sixte, évêque, de qui elle obtint qu'un prêtre serait établi au même lieu, pour y célébrer les mystères en l'honneur des martyrs. C'est pourquoi il y a eu là un prêtre résidant jusqu'à aujourd'hui.

Ces faits se passaient en l'an 132, sur la voie Nomentane, où l'on voit encore la catacombe de nos martyrs, appelée Catacombe de saint Alexandre ».[1]

---

[1] Cette catacombe, avec ses tombeaux, et la chapelle de saint Alexandre sont l'un des monuments les plus intéressants de la première Rome chrétienne, comme chacun sait.

Tel est en résumé le récit des actes.

Les reliques des martyrs furent vénérées et un peu dispersées dans la chrétienté entière, surtout en Italie. On en trouve à San-Lorenzo-in-Lucina de Rome, dans diverses églises à Tivoli, à Parme, à Lucques, dans des églises de France, etc.

Mais la partie principale, le corps des martyrs, se trouve à Sainte-Sabine, sous le maître-autel, comme le dit l'inscription.

C'est sans doute à Pascal I que l'on doit la translation de ces reliques dans l'intérieur de Rome.[1] Ce Pontife transporta « intra muros » les restes de beaucoup d'autres martyrs. Les reliques de nos saints furent d'abord déposées dans l'oratoire de sainte Praxède, jusqu'à ce qu'Eugène II, le successeur de Pascal I, en fit présent à son église de Sainte-Sabine.

« Dans l'église de Sainte-Sabine, sur le mont Aventin, dit Aringhi, on trouva en 1586, une châsse en marbre, sous le vieil autel qu'avait fait construire le Pape Eugène II. Une inscription gravée rappelait que dans cette châsse étaient conservés les corps de saint Alexandre, Eventius et Théodule. Cette caisse fut placée honorablement sous l'autel majeur que Sixte V a fait construire en ces derniers temps. »[2]

Il ne nous appartient pas d'en parler ici longuement, puisque nous nous écarterions de notre sujet; ni brièvement, parce qu'on ne saurait la décrire convenablement en peu de paroles.

Nous renvoyons aux travaux spéciaux de MM. De Rossi, Armellini, etc. Rappelons seulement que cette catacombe et cet oratoire furent découverts en 1854, dans une ferme appartenant à la Congrégation de la Propagande. On pratiqua des fouilles, et l'on découvrit des vases, des symboles chrétiens, des inscriptions, des peintures, etc. Les niches ou loges sont dans un état de parfaite conservation.

L'oratoire fut construit dans la première moitié du IIme siècle, pour enfermer le tombeau des trois martyrs, comme le disent les Actes. L'oratoire primitif était assez exigu; mais avec des modifications qui y furent apportées au Vme siècle, il devint un sanctuaire plus vaste. Pie IX avait fait commencer la construction d'une église, au-dessus de l'oratoire primitif: son œuvre a été interrompue par l'invasion.

L'oratoire de la catacombe de saint Alexandre est à sept milles de la Porta Pia, à quatre milles du Ponte Nomentano, dans une ferme appelée « le Coazzo », ou « Petra aurea ». Cf. *Civiltà Cattolica*, II^a serie, T. IX, p. 238).

[1] Panciroli, *Thes. abscond. Urbis Romæ*, Reg. V, Eccl. V.
[2] *Roma subterr.* lib. IV, cap. XXII.

L'autel d'Eugène II se trouvait à l'entrée de l'abside. Les reliques y restèrent jusqu'en 1238. A cette époque elles furent transportées avec l'autel, dans l'église des séculiers, et un nouvel autel fut consacré en l'honneur de sainte Sabine.[1] Les reliques de la Patronne principale furent donc sous l'autel, et en même temps celles des autres saints.

En 1563, on installe devant les corps saints un prie-Dieu et une paire de chandeliers en bois peint.[2]

Elles y restèrent en paix, jusqu'à Sixte V, et jusqu'à la reconnaissance que vient de nous raconter Aringhi.[3] Lorsque le Pape fit reporter le maître-autel, non plus sous l'abside comme il était autrefois, mais plus près de l'abside, les reliques furent de nouveau vérifiées et déplacées. On les renferma alors dans une caisse de plomb, au-dessus de laquelle on écrivit dans quel état les reliques avaient été retrouvées, et le détail de ce qui concernait la nouvelle translation.

Nons citerons le texte tout à l'heure.

Leur repos fut de nouveau troublé en 1800. En cette année, afin de les soustraire au vandalisme de la révolution, on les transporta à Saint-Jean-de-Latran, où elles furent conservées jusqu'en 1803. Elles furent alors rendues au vieux temple et remises sous l'autel majeur.

Il y a trois ans, en 1906, on démolit l'ancien autel, afin d'en installer un plus riche et plus convenable. On trouva alors une série de documents archéologiques et autres, qui nous permettent de remonter jusqu'à Eugène II, et nous remettent sous les yeux mille ans de l'histoire de nos reliques.

---

[1] Voir le Bref *Cum Ecclesia* de Grégoire IX.

[2] *Cronaca*, p. 25.

[3] Nous transcrivons ici un passage d'un mémoire du XVIIIme siècle, conservé à la Casanate et déjà traduit ailleurs. Il constate plusieurs des faits qui précèdent: On fit dans l'église un mur intermédiaire qui « quasi per metà, di dodici palmi, attraversava tutte le tre navi di essa, fatte due porticelle nell'estremità della muraglia, per passare dall'una parte all'altra della chiesa. Furono nell'istesso tempo trasportati verso la porta maggiore l'altare col presbiterio fatto da Eugenio II, e con l'altare, anche i corpi santi, reliquie d'altri, e due pulpiti di marmo. Furono edificati ancora cinque altari per commodità del popolo, che numeroso allora era nel Monte Aventino ». *Miscel. Mss.* T. VII, de la Biblioth. Casanat.

On trouva sous la table de l'autel un petit édicule voûté, et dans l'édicule deux caisses, qui furent soigneusement mesurées et explorées sous les yeux du cardinal Mathieu, alors titulaire de Sainte-Sabine, et d'autres personnages énumérés au procès-verbal.

La première caisse était en bois, très ancienne et notablement rongée et détériorée par les vers. Elle mesurait 1 m. 13 de long, sur 0,31 de large, et 0,28 de haut.

Primitivement le couvercle devait glisser dans une rainure encore très visible; on le trouva simplement posé sur la caisse. Sur les bords de celle-ci se voyaient des traces de sceaux de cire rouge. Dans l'intérieur on trouva deux ossements d'environ 8 à 10 cent. de long, une petite boîte en bois, contenant quelque poussière d'ossements, et une sorte d'ampoule en verre, dont le couvercle était ébréché. Il y avait enfin des fragments de bois, manifestement détachés de la partie supérieure de la caisse. On pensa avec raison que cette caisse était celle dont il sera fait mention dans un instant comme remontant au pape Eugène.

La seconde caisse était en bois de châtaignier, soigneusement fermée par des clous très solides, mais sans aucune trace de sceaux à l'extérieur. On l'ouvrit et l'on trouva à l'intérieur une châsse de plomb mesurant 1 m. 13 en longueur, 0,27 cent. en hauteur et 0,30 en largeur. Ce sont à peu près les dimensions de la première caisse. Autour de la caisse était croisé du fil blanc, fixé par des sceaux de cire rouge, dont l'empreinte pourtant n'était pas reconnaissable.

Au milieu du couvercle, une grande empreinte du blason de Sixte V, avec la date de 1586, et aux quatre extrémités supérieures, quatre sceaux identiques entre eux et parfaitement conservés, avec le sceau de l'archevêque Fenaia, vice-gerente de Rome.[1] Sur le même couvercle, à droite et à gauche, les armes de Sixte V, avec cette inscription très lisible: Reliques des saints martyrs Alexandre pape, Eventius, Théodule, Sabine et Séraphia, renfermées précédemment dans une caisse de bois, par Eugène II, et transférées plus décemment dans une caisse de plomb,

---

[1] Les sceaux portaient en effet: Benedictus Fenaia. Archiep. Phi. Almae Urbis Vices Gerens.

sur l'ordre de Sixte V, pape, le 4 février 1587, deuxième année de son pontificat.[1]

On trouva dans la caisse un nombre considérable d'ossements, mélangés au milieu d'une grande quantité de poussière d'os humains, le tout enveloppé dans une étoffe de soie blanche et rouge, qui tombait en lambeaux au moindre contact. On ne découvrit dans la caisse aucun document écrit. Le Dr. Fr. Orioli identifia les ossements, qui furent ensuite replacés en onze paquets avec la poussière dans la caisse de Sixte V.

Cette opération demanda trois jours, les 4-6 juin 1906.[2]

L'inscription relative à la translation faite par Sixte V nous déclare que la caisse de bois où se trouvèrent les reliques est celle où Eugène II les avait renfermées: nous devons l'en croire, d'autant plus que l'assertion s'harmonise avec l'histoire.

Il est notable que, d'après Nerini, dans son *De coenobio sancti Alexii*, on conservait à sant'Alessio, dans la crypte, des reliques de Sainte-Sabine depuis l'an 1218.

§ 5. Le maître-autel.

Les indications que nous venons de donner nous montrent que les corps de Sabine et de Séraphia restèrent constamment dans le maître-autel, et nous apprennent en même temps que nos saintes en furent toujours les titulaires. Nous l'avons démontré suffisamment pour la période primitive, lorsque nous avons justifié notre pensée que, à l'époque même de la consécration du temple par Sixte III, les reliques des deux saintes Sabine et Séraphia furent transportées sur l'Aventin.

Pour la période plus récente, on pourrait se demander si, lorsqu'il y eut à Sainte-Sabine un double maître-autel pour ainsi dire: l'un dans l'église des religieux, l'autre dans celle des séculiers; ce dernier qui était le principal, resta sous le vocable de l'ancienne titulaire, sainte Sabine.

---

[1] Reliquiae SS. Martyrum Alexandri papae, Eventii, Theoduli, Sabinae et Seraphiae. antea ab Eugenio II in theca lignea inclusae. plumbea ac decentius recondi jussit Sixtus V Pont. Max. die IIII Februarii MDLXXXVII. pont. II.

[2] Voir *Pièces justificatives*, n. VI.

On ne saurait en douter, puisque Grégoire IX dans le Bref spécial où il raconte la cérémonie de la consécration des nouveaux autels, déclare formellement qu'il consacra « de ses propres mains

64. L'autel nouveau de Sainte-Sabine, surmonté de son baldaquin.

l'autel majeur dit de sainte Sabine.¹ » Il est vrai que Sébastien de Olmedo, qui écrivait au XVIme siècle, avant les réparations de Sixte V, nous apprend qu'il existait au milieu de l'église un autel

---

¹ « Sacrosanctorum altare majus ipsius santae Sabinae propriis manibus duximus consecrandum » Bref. *Quum Ecclesia S. Sabinae.*

de saint Dominique, où l'on conservait l'Eucharistie, et près duquel étaient déposés les corps des saints martyrs Alexandre et ses Compagnons[1]: mais on peut répondre ou bien que l'autel majeur avait reçu un second titulaire; ou mieux encore que Sébastien d'Olmedo parle de l'autel conventuel, qui existait dans les chœurs des religieux et que mentionne Gérard de Frachet, dans sa *Vie des Frères*[2], et Ugonio dans ses *Stazioni*.[3]

Nous n'ajouterons rien au sujet des diverses translations de l'autel, après ce que nous avons dit des translations des reliques: nous ne pourrions que nous répéter.

Nous dirons un mot des transformations et des dimensions du maître-autel. C'est un carré long, qui fut alternativement riche ou pauvre, surmonté tantôt d'un baldaquin, tantôt d'un large dais oval.

Il est tourné vers la porte d'entrée, comme dans les vieilles basiliques; et on y monte par trois degrés en marbre, placés du côté de l'abside.[4]

C'est Sixte V qui le fit placer où il est maintenant, entre les dernières colonnes, au sommet de la grande nef. Par cette disposition, il voulait laisser derrière l'autel l'espace suffisant pour le déploiement de la pompe et de la majesté pontificales plus grandioses alors qu'autrefois.

Il le plaça au sommet de quatre gradins de marbre.

Sixte V avait voulu que l'autel restât tout en marbre. On y admirait surtout deux superbes plaques de porphyre qui recouvraient les deux grandes faces de l'autel, et renfermaient les reliques. Mais en 1800, la révolution, maîtresse de Rome, menaçait, dit-on, d'enlever les précieux marbres, et on prit le parti de les vendre, pendant que l'on cachait les reliques à Saint-Jean-de-Latran.[5] Cette vente fut au moins une sottise, et Dieu veuille que la crainte invoquée n'ait pas été simplement un prétexte, au lieu d'être une raison.

---

[1] « ... juxta aram videlicet P. Dominici, quae est in medio templi, ubi et Corpus Dominicum reservatur, et apud quam corpora martyrum Alexandri et sociorum recondita sunt » *Chron.*, Munio.

[2] *Vitae Fratrum*, l. I, cap. VI.

[3] *Staz. Rom.*, fol. 11.

[4] Cf. Ugonio, *Staz. Rom.* fol. 11.

[5] *Descriz. ms. della Chiesa di S. Sabina* parmi les *Miscel. mss.* tom. VII de la Casanate.

Ces plaques de porphyre remontaient probablement à Eugène II.

Elles avaient sans doute la longueur de l'autel qu'elles recouvraient, c'est-à-dire de l'autel plus moderne, qui subsista jusqu'en 1906.

Or, ces mêmes planches recouvraient, et même constituaient l'ancien autel d'Eugène II. Sixte V en effet ne fit pas ramener vers l'abside le second maître-autel construit près du mur intermédiaire: cet autel fut simplement détruit; mais il fit transporter à l'extrémité de la nef, en dehors de l'abside, l'antique autel d'Eugène II, qui subsistait encore. Sur ce point le témoignage d'Ugonio témoin oculaire et exceptionnellement compétent, est formel.[1] Si parfois quelques écrivains disent ou semblent dire le contraire, c'est par erreur, ou simplement ils affirment que le maître-autel érigé au milieu de l'église, fut remplacé par un autre placé vers le chevet.

Ce détail a son importance en ce qu'il nous prouve que l'autel antique avait à peu près les dimensions des autels plus modernes. Le dernier détruit avait les dimensions de ceux qui l'ont précédé, et les mêmes plaques de marbre précieux avaient recouvert ceux-ci et ceux-là. Il peut à ce point de vue intéresser l'archéologue autant que l'historien de Sainte-Sabine.

C'est en 1906 qu'on a remplacé l'humble autel, déjà dépouillé de son revêtement de porphyre, et embelli de marbrures en couleur, par un autel nouveau en marbre blanc, orné de mosaïques, dans les traditions cosmatesques. Il s'harmonise convenablement avec l'église, bien que le style soit du moyen-âge. Le dessin est noble, l'exécution soignée; les mosaïques chauffent et brillantent le marbre.

A raison de la largeur de la crypte, on a conservé à l'autel les dimensions des précédents, sauf une diminution d'environ 0.50 cm. dans la longueur.[2]

---

[1] « L'opere fatte da Eugenio II, in Santa Sabina, sono durate in parte fin'all'età nostra. Perchè l'altare antico da lui postosi sotto l'istessa tribuna, noi ve l'abbiamo visto, prima che l'anno passato, quel que oggi felicemente regna, Sixto Quinto, lo trasferisse nel loco dove sta al presente. » *Staz. Rom.* fol. 10.

[2] Lorsque nous écrivions la présente notice sur Sainte-Sabine, il y a déjà bien des années, nous omîmes malheureusement de prendre les dimensions exactes pour les consigner dans notre ms., où nous laissâmes l'espace blanc pour les recevoir. Depuis lors et pendant une longue absence de notre part,

Il mesure aujourd'hui 2 m. 50 de longueur, sur 1 m. de hauteur et 1 m. de profondeur.[1]

Les deux grands chandeliers en marbre et mosaïque, égarés à droite et à gauche de l'autel, manquent de base, et ne riment à rien. Ils ne remplissent pas même les vides qu'ils devraient dissimuler dans une certaine mesure.

C'est le marbrier Poscetti qui a exécuté tout le travail ainsi que le baldaquin qui le surmonte. Le nouvel autel fut consacré par le cardinal Mathieu, en 1907, le 5 mai, fête de saint Pie V.

Dans le temple chrétien l'autel était le centre, la raison d'être de l'édifice sacré. Aussi est-ce pour l'autel, que dès le temps de Constantin on prodiguait « les tapis royaux, les décorations d'or et de pierreries [2]. »

Il y avait à cela deux motifs: l'autel renfermait les reliques des saints, l'autel était surtout la table mystique.

Prudence a chanté ces deux raisons en des vers qu'on dirait faits pour Sainte-Sabine:

> Cette table nous donne le sacrement; de même
> Elle garde fidèlement le martyr:
> Elle tient ses ossements ensevelis jusqu'au Jugement éternel;
> Elle nourrit divinement les habitants du Tibre.[3]

Et saint Paulin concluait également en vers:

> Apportez, Enfants, à Dieu votre louange, vos prières suppliantes;
> Jonchez le sol de fleurs, ornez les portes de guirlandes:
> Que l'hiver nous donne le printemps pourpré, que l'année fleurisse
> Avant l'heure: que la nature cède à la sainteté du jour.[4]

---

on démolit étourdiment cet autel, sans en conserver même les dimensions que lui avait données l'antiquité, de sorte qu'il nous est impossible de les donner ici avec une exactitude absolue.

[1] Il est l'œuvre du marbrier Poscetti, comme en témoigne l'inscription suivante gravée sur le soubassement: *A. D. MCM.VI. Poscetti disegnò ed eseguì*.

[2] Théod., *Hist. eccl.*, Lib. I, cap. XXXI.

[3] *Perist.*, hymn. XI.

[4] *Natal. III in S. Felic.*

§ 6. Chancels.

A Sainte-Sabine, comme dans toutes les basiliques anciennes généralement, l'autel était séparé de la nef par les « cancelli[1] » les chancels, qui étaient simplement des balustrades en marbre ou en métal, destinées à protéger l'autel contre les invasions du gros public. Ils existaient pareillement dans les administrations profanes, et le mot « chancelier » subsiste encore pour nous le rappeler.

A Sainte-Sabine, les premiers chancels connus furent l'œuvre de l'intelligent pape Eugène II, ainsi qu'en témoignaient ces simples mots gravés sur une traverse de la porte de bronze qui en fermait l'entrée: « Eugenius papa II ».[2]

Pour prier près des reliques, il fallait franchir les chancels et s'avancer près du sépulcre, qui s'appelait des noms significatifs de « confessio, martyrium », les deux noms signifiant le témoignage rendu au Christ, le premier en latin, le second en grec.

Il en était de même à Saint-Pierre, où les portes des chancels à ouvrir devant ceux qui voulaient prier de plus près s'appelaient « cataractae ».

M. Rohault de Fleury qui est mort en travaillant sur notre demande à une reconstitution graphique du couvent et de l'église de Sainte-Sabine, a dit un mot sur les chancels de cette dernière, dont il n'avait pu voir que deux ou trois fragments épars: et combien plus il eût développé sa pensée, s'il eût pu étudier les nombreux documents découverts après son dernier séjour à Rome? « Nous avons retrouvé, dit-il, dans le vestibule de l'église (de Sainte-Sabine) divers fragments des chancels que Sixte V avait fait déposer, et qui s'appliquent sans difficulté à cette clôture. Le mieux conservé serait près de l'entrée du couvent (aujourd'hui à l'intérieur de l'église); il se compose de deux arcades encadrant des croix ornées d'entrelacs. Il a aujourdhui 1 m. 35 de long; en supposant à cause de la mutilation qu'il a subie, quelques centi-

---

[1] Les synonymes du mot « cancelli » sont extrêmement variés. On les trouvera dans les dictionnaires de Ducange, de Martigny, de Kraus; dans le *De secretariis Basilicae S. Petri* de Cancelieri, dans l'*Ordo Romanus* de Mabillon etc.

[2] Cf. Ugonio, *Staz. Rom.*

mètres de plus et peut-être des champs, nous trouvons une mesure qui peut s'appliquer à l'écartement des colonnes du presbyterium.

« Un autre fragment nous offre un damier dont chaque case, encadrée d'entrelacs, renferme des oiseaux ou des fruits.

« Un troisième morceau de marbre, conforme pour le style aux précédents, nous montre la partie supérieure d'une archivolte décorée d'entrelacs et de volutes rampantes à l'extrados.

« On distingue au-dessous une rosace assez fruste, les grandes dimensions (environ 0,45 de rayon) de cette arcade rend peu probable son emploi comme chancel: elle ornait plutôt la confession.[1] »

Toute cette description s'achèvera lorsque dans notre voyage autour de l'église nous aurons examiné et interprété les nombreux bas-reliefs des chancels découverts depuis l'époque où écrivait M. Rohault de Fleury. Mais dès maintenant nous voulons citer la magnifique et savante conclusion par laquelle celui qui nous honora de son amitié termine son étude sur les chancels, et qui résume, admirablement un chapitre de l'Histoire de Sainte-Sabine. « Comme pour les différents monuments liturgiques que nous avons examinés, l'origine de nos chancels remonte aux basiliques profanes, et aux grilles de marbre, dont les anciens environnaient leurs prétoires. Leur usage est antique, et ils commencèrent par être copiés sur ces modèles.

« On a montré que les imbrications étaient l'ornement le plus ordinaire dont les Romains les garnissaient.

« Nous en avons signalé un fragment à Saint-Laurent-hors-les-murs, au cimetière de Saint-Sixte, à Saint-Paulin de Nole, encore garni des légendes bibliques, enfin sur les parois des sarcophages en souvenir des transennes qui défendaient les approches des saints tombeaux.

« Peu à peu les constructeurs de chancels s'émancipent et se séparent des traditions antiques; dans la mosaïque du baptistère de Ravenne, nous saisissons, à côté des imbrications ordinaires, des ajours qui préludent aux charmantes transennes du VIme siècle et des panneaux ornés qui se couvriront bientôt de feuillages et de sujets symboliques.

---

[1] *La Messe*, Iconostases, p. 121.

« Au VIme siècle, la révolution est faite, et la croix devient d'un emploi très fréquent dans la décoration des chancels. Alors surgit une forme nouvelle et caractéristique de l'époque, la couronne encadrant un monogramme, et laissant dans le bas se détacher les nœuds de rubans qui balancent pour ainsi dire avec respect leurs glands pour les soumettre aux pieds de deux croix latérales. Cet ornement que nous voyons en Orient, en Grèce, jusque dans l'Asie Mineure, se répand tout le long des côtés occidentales de l'Adriatique, et à Rome où Saint-Clément nous en offre l'exemple le plus remarquable.

« Bientôt cette décoration paraît trop simple pour les ressources des églises et le zèle des fidèles. Dans la seconde moitié du VIIme siècle, les chancels se couvrent de riches sculptures; nous y voyons des lions, des paons, des cerfs buvant en commun au calice de vie, qui jette autour d'eux avec une sève luxuriante des rinceaux et des fleurs. Venise et Torcello nous ont donné des exemples de ce genre.

« Ces derniers chancels portent quelquefois un ornement qui apparaît à la fin du VIIme siècle, et qui doit caractériser en Italie toutes les œuvres carlovingiennes, je veux dire les bandes d'entrelacs. Dans plusieurs chancels de Venise ce ne sont encore que des cadres, mais le goût s'en développe, et devient de plus en plus en vogue. Ces entrelacs se répandent partout; les divisions des panneaux, les rosaces, les tympans n'offrent plus jamais autre chose; leurs rubans noués, dénoués dans les détours infinis d'une sorte de labyrinthe déroutent l'œil qui ne peut suivre ces fils d'Ariane.

« ... Sous cet ornement des entrelacs apparaît un type de chancels très caractéristique aussi de l'époque carlovingienne, et que j'appellerai, si l'on veut, les arcades crucifères. Ce sont des panneaux où se voient sculptées l'une auprès l'autre des arcades qui abritent une croix, des rosaces au-dessus des bras, des palmes au dessous. Nous avons cité un assez grand nombre de monuments de ce genre à Rome, à Venise, et jusque dans le nord de l'Italie ...

« L'art ne tarde pas à subir une nouvelle révolution: nous l'avons montré foulant aux pieds les modes carlovingiennes, pour se couvrir d'une nouvelle parure ...

« Au milieu des caprices de l'humanité qui s'attaquent même au sanctuaire et aux meubles liturgiques, on est frappé de l'immobilité de l'Eglise qui demeure inviolable au milieu des ruines qui se font et se relèvent à ses pieds. Cependant quelle ardeur de destructions à chaque révolution, quel mépris pour les œuvres des devanciers! On ne se contente pas de changer de style pour des constructions nouvelles, on brise les marbres anciens, et sans se donner la peine d'effacer les sculptures qui les couvrent, on les jette violemment dans les édifices neufs. On ferait un livre, avec l'histoire des palimpsestes de marbre, et on y trouverait des renseignements curieux pour les chancels.... Cette dernière révolution s'accomplit par les mains des Cosmati, et porte comme caractéristique principale les rubans de mosaïque attachés sur le champ des panneaux, ou les spirales des colonnettes; l'enthousiasme qu'avaient excité jadis les torsades carlovingiennes s'appliqua de même à ces ornements polychromes, qui frappaient les yeux de leurs paillettes brillantes, et les églises italiennes, au XIIIme siècle, renouvelèrent tous leurs chancels.

«Les monuments que nous avons apportés... ont suffi, j'espère, à montrer les différentes phases qu'ont suivies leurs transformations, et qu'on peut résumer par quatre caractéristiques principales:

les imbrications pour les chancels antiques,
les monogrammes et croix pour l'époque de Justinien,
les entrelacs pour celle carolingienne,
enfin les mosaïques pour le XIIIme siècle.[1] »

§ 7. L'iconostase.

Dans quelques églises, le presbyterium n'était séparé de la nef que par les chancels dont nous venons de parler et qui ne s'élevaient pas même à hauteur d'homme, mais souvent le chancel était surmonté d'un rang, et même de deux rangs de colonnes comme à Saint-Pierre, supportant une frise de marbre à l'élévation de plusieurs mètres. C'était comme un vaste écran ajouré. La frise était

---

[1] *La Messe*, Chancels, pp. 102-103.

diversement ornée, et surtout portait, le plus souvent en médaillons, des images de saints, d'où le nom d' « iconostase », place des images.

Derrière l'entrecolonnement central, souvent plus large que les autres, apparaissait l'autel surmonté de son baldaquin, et au sommet de tous les entrecolonnements étaient suspendues à la frise de grandes lampes circulaires, souvent appelées couronnes.

Cette merveilleuse distribution se voyait à Sainte-Sabine, et le docte Ugonio, témoin oculaire, nous en a laissé une description exacte.

Ayant déjà rappelé ce témoignage, nous n'avons pas à y revenir.

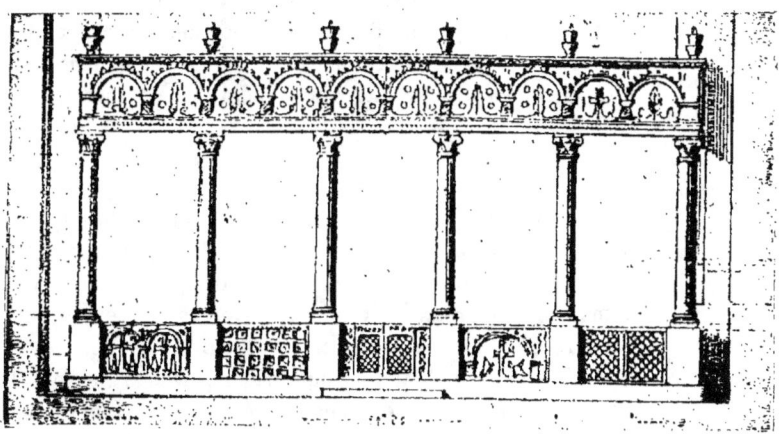

65. L'iconostase de Sainte-Sabine. Reconstitution de M. G. Rohault de Fleury.

La reconstruction de M. Rohault de Fleury répond à toutes ces données. « Nous avons distribué, dit-il, selon la manière ordinaire les six colonnes de l'iconostase. On verra que nous les avons dressées sur les chancels: le texte d'Ugonio semble le prouver... de plus au IXme siècle, l'usage en était assez répandu ».[1]

Il n'est pas si clair pour nous que les colonnes aient été placées sur les chancels: il semble plus simple de dire que les six colonnes reposaient sur des socles élevés à la hauteur des chan-

---

[1] *La Messe*, Iconostases, p. 121.

cels, comme paraît le démontrer l'échantillon que nous croyons en trouver encore dans le vestibule de l'église, et que les vides entre les socles étaient fermés par les grandes dalles de marbre que nous connaîtrons mieux tout-à-l'heure, quand nous en étudierons les débris.

Il est souverainement regrettable que les moines ne se soient point contentés de cette si belle clôture, et n'aient pas résisté à la tentation de s'enterrer lugubrement derrière ou devant un autel.

Eugène II, qui avait créé les beaux chancels à nous connus de Sainte-Sabine, fit ériger de même l'iconostase. Il nous en reste quelques fragments, utilisés par M. Rohault de Fleury dans sa reconstitution: le socle quadrillé en damier, avec des raisins et des oiseaux; un fragment de la frise, portant un arc appuyé sur une colonne très basse et cannelée en hélice, de gauche à droite; peut-être quelques autres fragments encore, mais incertains.

§ 8. Le ciborium.

Au-dessus de l'autel s'élevait le « ciborium » qui le couvrait. Les Dictionnaires archéologiques de Martigny, Kraus, Cabrol, etc. donneront la série des noms qui désignaient le ciborium. Ces noms fort nombreux sont en même temps très significatifs, et d'une manière générale en indiquent et la forme et l'usage.

C'était un baldaquin supporté au-dessus de l'autel par deux, quatre et même six colonnes, et le couvrant tout entier.

Il dut exister dès le début à Sainte-Sabine, puisque l'usage en était à la fois si logique et si général. Et il exista en effet, car nous voyons Léon III y faire placer de très beaux voiles, dont l'un était en soie blanche, et portait en peinture l'histoire de la Résurrection du Sauveur. Là aussi brillaient les lustres et les lampes donnés par les Pontifes et énumérés par Anastase.[1]

Le ciborium lui-même devait être digne d'une telle ornementation.

Cependant Eugène II, le successeur de Léon III, trouva que ce n'était pas suffisant.

---

[1] Nous avons donné les indications plus haut, en racontant l'histoire de notre église.

Cet admirable pontife, qui faisait recommander et commander l'étude des lettres par son concile de Rome, n'appréciait pas moins les œuvres d'art, et il en prêchait l'importance par les actes de munificence qu'énumère le *Liber Pontificalis.*

Il avait une vive prédilection pour l'église de Sainte-Sabine qui était deux fois sienne, puisqu'elle avait été et l'église de son baptême et son titre cardinalice.

Parmi les présents qu'il lui fit, on doit compter un ciborium d'argent très pur, selon l'expression d'Anastase.[1]

Il était soutenu par quatre colonnes de marbre noirâtre,[2] dont probablement deux étaient lisses et deux cannelées en hélice.[3]

C'est à peu près tout ce que nous savons de certain à son sujet.

La largeur qui était à peu près la longueur de l'autel était d'environ 3 m. 50.

Nous n'avons aucunes données sur sa forme. Il dut ressembler à ceux que l'on retrouvait dans les basiliques primitives.

Il était sans doute arqué sur ses quatre faces, et figurait un petit temple dans la grande église.

Peut-être fut-il orné de fleurs et de fruits, comme il arrivait souvent, et surmonté de la croix. Dans les entrecolonnements, on suspendait à des tringles de fer, fixées à la naissance des arcs, de grands voiles de soie, de pourpre ou d'or, ornés de peintures et de broderies.

Ces voiles étaient le plus souvent au nombre de quatre « tetravela », un pour chaque côté, et parfois au nombre de huit, parceque si l'espace était considérable, on divisait chaque voile en deux. Ces voiles cachaient complètement l'autel, lorsqu'entrait le célébrant pour célébrer les divins mystères.

---

[1] « Fecit in ecclesia sanctae Sabinae ciborium ex argento purissimo ». *Vita Eug. II.*

[2] « Quattro colonne di pietra mischia, alquanto oscura ». Ugonio, *Staz. Rom.* On trouve quelquefois cette variété, par exemple dans le petit vestibule de Santa-Maria-in-Cosmedin, sauf que les colonnes cannelées ne le sont pas en hélice.

[3] C'est l'hypothèse de la *Cronaca di Santa Sabina*, supposant que quatre colonnes semblables, vendues en 1605, provenaient du « ciborium ».

Quand le prêtre arrivait, on soulevait devant lui le voile à l'entrée, et il récitait l' « oratio veli » ou « velaminis ».

Les voiles restaient étendus jusqu'à l'élévation de l'hostie, et alors on les retirait, et l'autel apparaissait aux regards.

Tout cela était grand et éloquent comme symbole du respect dû à l'Eucharistie.

Les papes, les empereurs, les riches particuliers faisaient souvent aux églises présent de voiles somptueux, dont les plus renommés se fabriquaient à Alexandrie. Et on les confiait comme des objets précieux à la garde du « scevophylax », du custode des ustensiles sacrés.

Nous ignorons les détails de la destruction du riche monument.

Nous savons seulement que le toit d'argent disparut au commencement du XIVme siècle, sans doute pendant les troubles qui accompagnèrent l'arrivée de l'empereur Henri VII.

Les colonnes restèrent à leur place jusqu'en 1586. Elles furent enlevées par ordre de Sixte V, en cette même année, et vendues probablement en 1605, pour le prix de 6 écus et 20 sous.

Il fut remplacé jusqu'à ces derniers temps, par un « baldachino » une sorte de ciel-de-lit formé d'un vaste cadre en bois doré, style baroque, suspendu aux poutres du toit par une chaîne de fer. Il portait à l'intérieur une mesquine peinture figurant le Saint-Esprit entouré d'anges, et exécutée par un artiste inconnu. Des bords pendait une bordure en soie blanche, ornée de broderies, avec les armes dominicaines et de glands dorés.

Il avait été exécuté en 1589, aux frais et par ordre du cardinal Bernerio, et coûta 80 écus, qu'il ne valait certes pas au point de vue artistique.

Il fut enlevé naguères et transporté dans l'église de San Sisto Vecchio, pour faire place à un considérable ciborium en marbre, copié à San Lorenzo, qui comme style, dimensions et emplacement est aussi malheureux que possible. C'est simplement une œuvre de bonne volonté. Il offre pourtant un avantage, celui de mieux faire comprendre, en les décorant, les anomalies commises dans le passé; mais il devra disparaître avec ces dernières.

§ 9. Le presbyterium.

Entre l'autel et le fond de l'abside s'ouvrait l'espace appelé presbytérium, la place réservée au clergé. Aujourd'hui le pavé est en briquetage et remplace la riche mosaïque d'autrefois. Au fond de l'abside s'élève le trône papal, et des deux côtés s'allongent des « formes » ou stalles récentes, en bois de noyer, et qui sont simplement de « style convenable », aurait dit Lacordaire avec esprit. Elles sont au nombre de trente-quatre, dont dix-huit plus grandes et placées en arrière, et seize plus petites placées en avant. Elles sont en réalité un banc continu, avec dossier commun, et des planches de sièges brisées et mobiles, mais sans accoudoirs. Elles furent construites en 1830 par le menuisier Pasquale Biozzi.[1]

Le trône papal mérite attention. C'est une simple planche de bois de noyer, supportée par deux montants du même bois, et richement sculptés dans le goût ancien. La largeur du siège est de 0,80 cent., la hauteur de 1 m. 55.

Chacun des accoudoirs est soutenu par une sorte de griffon, à tête de femme, ornée de bandelettes et de guirlandes. C'est un symbole de la vigilance et de la force : deux vertus qui conviennent spécialement à un pontife. Durant les premiers siècles, la « cathedra » était aussi ornée de figures symboliques, comme nous l'avons constaté par le fragment probable du siège ancien qui se conserve dans l'atrium de notre église.

Les accoudoirs de notre « sedia », eux-mêmes sont ornés d'une belle guirlande sculptée, et dorée aux saillies. Le dossier se termine par un fronton arqué et surélevé au milieu duquel brille dans une gloire, l'œil de la providence, qui rappelle bien la charge et la dignité épiscopales.

L'escabeau ou « subsellium » est également en bois. En tous temps le « subsellium » se donnait aux personnes qu'on voulait honorer. Homère en parle souvent,[2] et les premiers chrétiens le donnaient au Christ, à la Vierge, aux Pontifes.

---

[1] Les détails relatifs aux restaurations exécutées en 1830 dans l'église de Sainte-Sabine sont pour la plupart empruntés à une courte description écrite à cette époque, et restée en manuscrit. Le titre est *Descrizione della Chiesa di Santa Sabina*. Cet avertissement nous dispense de la citer souvent.

[2] *Odyss.*, IV, 136, etc.

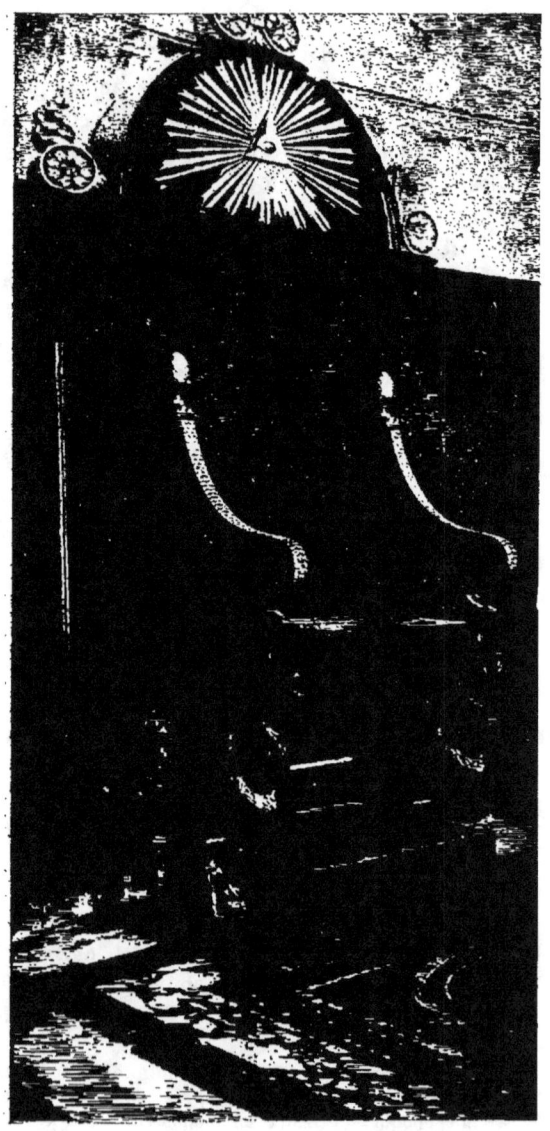

66. Le siège du célébrant à Sainte-Sabine.

Au surplus, ni le dossier, ni le « subsellium » que nous avons sous les yeux ne datent de Sixte V: ils sont l'œuvre de Pasquale Biozzi, qui les exécuta en 1830: nous ignorons ce qu'ils étaient précédemment.

C'est Sixte V qui fit exécuter pour lui et pour ses successeurs le magnifique siège, qui ne sert plus que bien rarement, depuis que les Papes ne viennent plus célébrer les Cendres à Saint-Sabine. Il est du reste très incommode, et ne peut guère servir aujourd'hui que comme décoration. A ce titre, il est fort remarquable, et il excite la convoitise de tous les brocanteurs d'antiquités. L'artiste qui l'exécuta fut sans doute Bongianni Sante, un florentin, qui était parvenu à se faire nommer « Ebéniste du pape Sixte V ».[1]

Ce même pontife fit construire également les trois marches d'escalier en marbre blanc, qui supportent le trône. Il les avait fait exécuter « in rustico »; en 1831, on les fit restaurer et polir; on fit faire dans la manière ancienne la mosaïque qui orne la plateforme et on l'encadra dans des plaques de « paonezzetto » et de « bardiglio ».

Cependant rien ne saurait nous enlever du cœur le poignant regret qu'on n'ait point conservé le presbyterium antique, datant de Pierre d'Illyrie.

Derrière la frise richement ornée, qui fermait l'abside et reposait sur six colonnes, s'élevait au fond la « cathedra » du pontife, et des deux côtés s'étendaient deux bancs en marbre pour les cardinaux et les prêtres.[2]

Dans cette chaire le Pontife présidait les Synaxes, conférait les Saints Ordres, donnait le voile aux vierges, annonçait parfois la parole sainte, etc. Elle était le symbole de l'autorité et de l'enseignement. Deux chaires entre lesquelles se voyait représenté un livre ouvert signifiaient généralement un concile; une chaire, sur laquelle on avait peint un volume, une colombe, une étoile ou le monogramme du Christ, était le symbole du Sauveur.

---

[1] Voir son épitaphe dans notre *Nécrologe lapidaire de la Minerve*.

[2] « In medio situm sit episcopi solium (επισκόπου θρόνος), et utrinque sedeat presbyterium. » (*Const. Apost.*, II, 57).

Ceci nous rappelle l'idée de Rembrandt représentant entre les deux disciples d'Emmaüs, tout étonnés, le siège du Christ, où l'on ne voit plus qu'une grande lueur qui le remplace.

Souvent on ensevelissait l'évêque avec sa chaire, comme on a cru que fut enseveli Saint-Pierre,[1] et lorsque le successeur avait été élu, on retirait la chaire du tombeau, pour servir à la nouvelle prise de possession. On la trouve dans les plus anciennes basiliques, comme dans les catacombes.

Quel symbolisme à la fois ingénieux et simple pour rappeler cette immense parole du Christ: « Allez! Enseignez! »

Nous n'avons pas la description de celle de Sainte-Sabine: nous savons seulement qu'elle dut être en marbre, comme les sièges des cardinaux placés des deux côtés. Elle provenait peut-être d'anciens thermes ainsi que la plupart de celles que l'on voit encore aujourd'hui, dans les vieilles églises de Rome, par exemple à Santa Maria-in-Cosmedin, tout près de Sainte-Sabine. Le fragment conservé dans le vestibule de notre église, que nous pensons être une partie de l'ancien siège, confirme pleinement cette constatation.

Dans le principe, la « cathedra » fut « in plano » plus tard, elle s'éleva d'un degré au-dessus des autres sièges; enfin on en arriva à l'ériger au sommet de trois, cinq et même six degrés. C'étaient les « cathedrae graduatae », comme on le voit dans le bas-relief de la porte de Sainte-Sabine, qui représente l'Adoration des Mages. Celle de Sainte-Sabine n'en dut compter qu'un petit nombre à cause du petit espace qui la séparait de l'autel et à raison de son antiquité.

Sachant quelle fut la splendeur de notre basilique, que sa « cathedra » servit fréquemment aux pontifes de Rome, l'on ne saurait mettre en doute qu'elle n'ait été magnifiquement ornée de mosaïques, et même de pierres précieuses, comme il arrivait le plus souvent dans l'antiquité. Peut-être fut-elle entourée de voiles que l'on tirait par respect devant la chaire, lorsque le pontife n'y siégeait pas. Ces questions que nous ne pouvons résoudre, à notre grand regret, nous font déplorer plus vivement encore l'insupportable aveuglement qui détruisit jusqu'aux débris de ces monuments.

---

[1] Phœb., *De Cathed. Petri identitate*.

§ 10. Les murs de l'abside.

L'abside, en grec ἁψίς, se nomme encore, dans l'église chrétienne, « tribuna, concha, sanctuarium, sancta sanctorum, concula bematis, etc. » C'est une sorte de vaste niche en hémicycle, surmontée d'une voûte cintrée, couvrant l'autel. Dans la basilique païenne, elle abritait le siège du souverain. Les Grecs l'appelaient ὑπουράνιος, parcequ'elle se rapproche du firmament. Celle de Sainte-Sabine était percée dans le fond de trois fenêtres géminées.

Nous avons à étudier celle de Sainte-Sabine, dans les temps modernes, et dans son passé primitif. Elle comprend naturellement trois parties: les murs de l'hémicycle, la voûte, et l'arc de l'abside.

Les peintures qui ornent actuellement les murs de l'hémicycle datent de 1830. Le dessin de cette ornementation, qui imite une décoration classique en marbre, est dû à l'architecte Antonio Sarti. Dans le haut, une majestueuse corniche, soutenue par six colonnes plates et cannelées, qui reposent sur un mur en marbre. Dans l'entrecolonnement central se voit un tableau sur toile, représentant le martyre de sainte Sabine. Derrière le tableau s'ouvre une niche qui est l'embrasure d'une ancienne fenêtre, et que l'on a laissée vide, afin préserver le tableau contre l'humidité.

Le tableau est l'œuvre de Giovanni Silvagni, peintre moderne. Il est exécuté avec facilité et correction.[1] La sainte est représentée à genoux, repoussant de la main droite un prêtre païen qui l'exhorte à sacrifier, tandis que, sur l'ordre du tyran, un bourreau tenant un glaive de la main droite, saisit la Sainte de l'autre main, et l'entraîne au pied d'une idole, pour l'y immoler. Ce tableau est consciencieux et exact pour le dessin et la couleur; mais c'est froid comme un lieu commun, sans âme comme une académie. L'émotion et l'originalité lui font défaut.[2]

Des deux côtés de ce tableau, et dans les autres entrecolonnements, sont peints sur le mur, les quatre autres saints dont on conserve les corps dans l'église: à droite du spectateur, saint

---
[1] Nibby, *Roma nel 1833*.

[2] Les Grecs auraient dit qu'une telle peinture manque de δαίμων, les Latins, qu'on n'y trouve pas de « mens divinior »; les Parisiens prétendraient naturellement que « ça manque de diable ».

Alexandre et saint Éventius; à gauche, saint Théodule et Sainte-Séraphia. Ils sont représentés sous forme de statues monumentales et encadrés dans des niches arquées. On les doit au peintre

67. Le martyre de sainte Sabine, peint par Silvagni.

Serafino Cesaretti. Elles prouvent la science et l'habilité d'un pinceau; elles manquent de grand sens artistique et chrétien. Les deux peintres Angelo Quadrini et Benedetto Baccinetti ont exécuté les embellissements accessoires. On leur doit encore les ornements qui décorent la face du grand arc de la tribune, et que termine une corniche d'ordre composite. Dans la pensée des artistes et de ceux qui acceptaient leur pinceau, cette corniche devait se continuer tout autour de la nef centrale de l'église.

Lorsqu'on exécuta ces peintures, on ferma les trois fenêtres antiques, où l'on avait introduit, nous ne savons trop à quelle époque, des montans gothiques, et une autre qui donnait sur la sacristie actuelle, alors utilisée comme « chorino » ou choeur de nuit. Importer le gothique à Sainte-Sabine était une idée assez singulière pour sembler un peu barbare. On les devait peut-être au cardinal allemand Truchses, qui aura bravement refait en style gothique trois fenêtres à plein cintre qui y existaient antérieurement. On dut en outre faire disparaître d'autres peintures, assez mauvaises d'ailleurs, qui s'y trouvaient depuis une époque certainement récente. Elles représentaient sur des sortes d'étendards trois faits de la vie de saint Dominique. Sous la fenêtre du milieu, on voyait saint Dominique ressuscitant le fils de la veuve; sous celle de droite, saint Dominiqne et saint François soutenant de leurs épaules la basilique du Latran; sous celle de gauche, saint Dominique en prière, tandis que le démon lui jetait la pierre que nous avons vue en entrant dans l'église. Ces peintures existent encore sous celles qui s'y voient maintenant, et étaient à fresque. Nous disons qu'elles étaient récentes, puisqu'elles remplaçaient celles qu'avait fait exécuter au même endroit le pape Sixte V, dont nous parle Ugonio, comme témoin oculaire, et que le pontife indique soigneusement dans son inscription commémorative, que nous rapporterons plus loin.[1] Elles représentaient, dit-il, les saints honorés dans l'église, et étaient fort belles. Nous ne savons s'il en subsiste des vestiges, au-dessous des travaux plus modernes. Avant Sixte V cette partie de l'abside était ornée de marbres, comme nous le dirons bientôt.

Observons ici que l'existence de ces marbres près de la muraille absidale, cette ornementation semblable à celle de la grande nef, ces mosaïques anciennes, dont les vestiges ont subsisté jusqu'à

---

[1] *Staz. Rom. fol. 11.*

l'époque de Sixte V, démontrent que la partie inférieure de l'abside ne fut pas reconstruite avant ce pontife, et comme elle ne le fut pas non plus après lui, on peut conclure sans hésitation qu'elle date des origines de l'église.

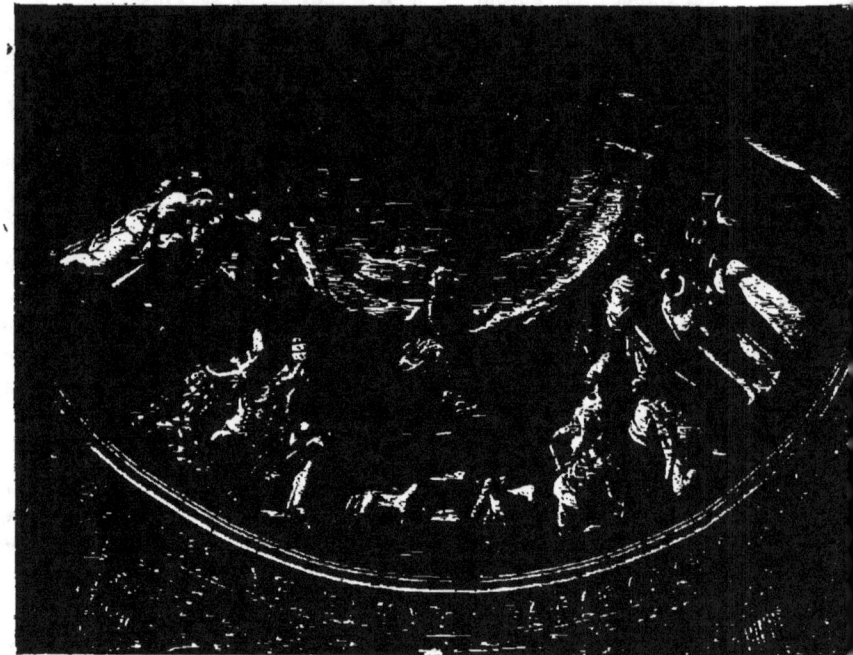

68. Les peintures dans l'abside de Sainte-Sabine.

§ 11. La voûte de l'abside.

La voûte de l'abside a également son histoire. Elle fut réparée en 1560, par le cardinal Truchses, qui y dépensa 100 écus.[1] Ce prince de l'église, qui se distingua en son temps par son savoir et son influence, se montra ainsi l'ami de l'antiquité chrétienne, contrairement aux idées qui régnaient à son époque. Les dimensions de la voûte ancienne furent respectées et maintenues, car

---

[1] *Cronaca di Santa Sabina*, p. 24.

on ne refit point les murs de l'hémicycle, ainsi que nous l'avons dit, on ne modifia pas non plus l'arc de l'abside, puisque plus tard Ugonio y remarquait encore des restes de la mosaïque primitive.

La peinture fut faite par ordre du même cardinal, qui en confia l'exécution à Taddeo Zuccheri,[1] bien qu'elle semble avoir été exécutée sous sa direction, plutôt que par lui. On voit que le cardinal Truchses prit au sérieux son rôle de titulaire, et s'en servit pour embellir et non point pour dépouiller Sainte-Sabine.

La peinture remplit toute la « concha ». La scène est représentée sur une tapisserie bordée de franges. On y voit au centre le Divin Sauveur assis sur une montagne. Le ciel est ouvert et radieux sur sa tête. Il est entouré de saints ; à sa droite apparaît dans le haut un groupe d'apôtres et de prophètes ; plus bas, un pape assis, tiare en tête, saint Alexandre assurément, et derrière lui un évêque dans l'attitude de l'adoration, Othon Truchses lui-même, pensons-nous ; et enfin, vers le bord, sainte Sabine et sainte Séraphia, et d'autres saintes, sans doute les filles spirituelles de sainte Marcella, qui se sanctifièrent sur l'Aventin ; à sa gauche, un groupe nombreux d'apôtres et de docteurs, parmi lesquels saint Dominique ; puis un évêque et un diacre, saint Eventius et saint Théodule. Sous ses pieds jaillit une abondante source, à laquelle viennent s'abreuver quelques brebis, figure du peuple fidèle. On le voit, nous retrouvons ici un souvenir de l'antique ornementation admise généralement dans cette partie privilégiée des basiliques chrétiennes.[2]

Une inscription en lettres aujourd'hui noires, jadis rouges, et placée à la naissance de l'arc absidal, à droite du spectateur, nous rappelle à qui Sainte-Sabine doit cette munificence : « Othon Truchses a fait peindre l'abside de Sainte-Sabine, l'an du Seigneur A. D. MDLIX.[3]

---

[1] Fontana, *Raccolte delle chiese migliori di Roma*, vol. I. p. 22,

[2] Cf. Kraus, au mot *Apsis*.

[3] En voici le texte : Otho Truchses s. Sa
   bine . apsidem . pingi curavit
        an . D MDLIX.

Cette inscription en remplace une autre, celle qui était en lettres rouges,

Ciacconio affirme que le même cardinal fit orner de peintures non seulement l'abside, mais l'église entière.[1] Il y a probablement exagération, et il s'agit sans doute de quelques restaurations faites en général dans les vieilles décorations de notre basilique, en particulier dans ce qui restait de l'ancienne mosaïque.

Il n'est pourtant pas impossible que Ciacconio, d'ailleurs témoin oculaire, doive être entendu au sens strict. Nous lisons en effet dans la *Cronaca* qu'en l'année 1625, lorsqu'on lave toutes les colonnes de l'église, « on retrouve les peintures au-dessus des colonnes et des arcs, en même temps que celles de l'oratoire près de l'oranger de saint Dominique.[2] » Ce rapprochement entre les peintures de l'église et celles de l'oratoire, indique qu'il s'agit de vraies peintures existant dans les murs latéraux, et ne permet pas d'entendre par peintures les mosaïques décoratives que nous connaissons. Il est question d'une décoration générale à laquelle se rattacheraient ces fragments que l'on peut découvrir de nos jours encore sous les couches de plâtre, en particulier près de la grande porte.

La peinture de l'abside a été retouchée. Elle le fut probablement encore l'an 1636, comme semble l'affirmer la *Cronaca;* elle le fut de nouveau en 1830. Elle se trouvait alors très détériorée, et le peintre Camuccini fut chargé de la restaurer, en l'alourdissant d'ailleurs de tout son poids.

Avant Truchses, et dès 1441, le cardinal Julien Cesarini, titulaire de Sainte-Sabine, exécuta des travaux considérables dans l'église et spécialement au toit et à la voûte de l'abside. Ces travaux consistèrent surtout à réparer les ruines ou à prévenir les menaces du temps, comme l'indique l'inscription que nous allons citer, et le prouvent les vestiges de mosaïques que l'on trouvait dans l'ab-

---

exprimée avec quelques variantes: Otho Truchses s. Sabine apsidem hanc pingi jussit. MDLX.

La variété de couleur et de texte est due sans doute à Camuccini. Mais celle que nous venons de citer ne date que de 1775, époque où l'on renouvela les peintures de Sixte V, et elle remplaçait l'inscription originale ainsi conçue: Otto Truchses de Waldeburg S. R. E. presb. card. Augustanus vetustate absidem collapsam restituit et ornavit. MDLX.

[1] *Vita Pont. T. II. p. 1530, Romae 1630.*

[2] « Si ritrovano le pitture sopra le colonne della chiesa e gli archi, e quelle dell'altarino dell'arbore di San Domenico », *Cronaca,* p. 49.

side, longtemps après lui. Au temps d'Ugonio, on voyait encore les armes de ce saint cardinal en divers endroits de l'église, et on lisait dans la voûte cette inscription dont il ne subsiste pas trace aujourd'hui, mais qu'Ugonio nous a copiée, parce que à son époque déjà elle menaçait ruine: «L'an du Seigneur 1441, cette église fut réparée par le Révérend Seigneur Julien Cesarini, cardinal de cette église.[1]»

Torrigio exagère donc considérablement et se trompe, lorsqu'il écrit dans son histoire de la Madone de sainte Sixte que le cardinal Cesarini rebâtit l'église de Sainte-Sabine. C'est une flatterie toute romaine à l'adresse de la famille Cesarini, qui n'a nul besoin de ces faussetés pour sa gloire.

Outre les travaux que nous venons d'indiquer et quelques autres réparations, il fit ouvrir et construire la grande porte latérale, où se voient sur le linteau les vestiges de ses armoiries.

Telle est et telle fut l'abside qui succéda à l'abside primitive, dont nous avons à parler maintenant, puisque l'arc actuel n'offre rien qui mérite notre attention.

A l'abside de Sainte-Sabine convenait exactement cette description que saint Paulin a faite d'une autre abside. « La voûte brillante de mosaïques éclaire l'abside toute en marbre dans le pavé et les murailles.[2] »

Ajoutons que l'arc lui-même était orné de mosaïques, et nous avons en deux mots la description de l'abside primitive de Sainte-Sabine.

La partie inférieure du mur absidal était entièrement revêtue de marbres. Ugonio a vu les restes de la frise et de la mosaïque.[3] Au-

---

[1] Anno Do. 1441. reparata est ecclesia ista per reverendum dominum Iulianum de Caesarinis cardinalem huius ecclesiae.
Ugonio, *Staz. rom.* Cf. Piazza. *Gerarch. Card. p. 429.* Faut-il rappeler que nous ne citons jamais Piazza que lorsque nous avons une autre autorité que la sienne pour le confirmer, à moins que nous ne puissions faire autrement?

[2] Apsidam solo et parietibus marmoratam, camera musivo illusa clarificat. *Ad. Sev.* XXXII.

[3] Voici ses paroles: « Così nel portico maggiore, come per i muri della nave di mezzo sopra la colonne, si reggono incrostature di pietre, artificiosamente conteste, di qual lavoro habbiamo visti rovinosi vestigii nella tribuna ancora, prima che fosse rinovata e in miglior stato ridotta dal presente reli-

dessous étaient rangés le trône du pontife et les sièges des prêtres, le long de la muraille. Le pavé était une riche marqueterie en marbre dont il subsiste encore des reliques au-dessous des « mattoni » actuels.

Au-dessus d'une frise, se voyaient des « incrostature » semblables à celles que l'on trouve aujourd'hui encore au-dessus des colonnes de l'église, selon le témoignage d'Ugonio. Il raconte lui-même qu'il en vit disparaître les derniers restes sous les coups des ouvriers de Sixte V. Ces vestiges se voyaient donc au-dessous des peintures actuelles de Zuccheri, exécutées précédemment.

Enfin toute la « concha » de l'abside était couverte d'une mosaïque dont il subsistait quelques fragments au temps d'Ugonio, mais dont nous ignorons complètement le sujet.[1]

§ 12. L'arc de l'abside.

Nous sommes plus heureux pour la mosaïque qui couvrait toute la paroi extérieure de l'arc absidal. Grâce à Ciampini, nous aurons au moins une idée générale de cette ornementation.

Elle se divisait en deux parties: d'abord une série de médaillons qui ornaient le tympan de l'arc; ensuite deux cités reproduites dans les angles formés par l'arc et le mur latéral de la nef. D'une cité à l'autre volaient vers le centre huit oiseaux ou colombes.

Ciampini a compté et dessiné quinze médaillons: mais la série se continuait, puisque dans son dessin on voit aux deux extrémités deux médaillons frustes. Au sommet de l'arc, dans le médaillon central, se voyait un buste du Christ, vêtu de la tunique et du pallium, portant la barbe et la chevelure longues, et autour du du front le nimbe chrismé ou ombré de la croix. C'est le σταυροσκίαστος de Théodore Studite. Le P. Garrucci croit que nous avons ici le plus ancien exemple connu de cette sorte d'auréole.[2]

---

giosissimo Pontefice Sixto Quinto. Si vede anco nell'arco della tribuna in due freggi che vi son rimasi, segno del musaico antico. » *Staz. Rom.* 8-9.

[1] Cf. Ugonio, *loc. cit.*; Ciampini, *Vet. mon.* p. 188.

[2] ... di Christo, il cui nimbo appare qui la prima volta interiormente diviso da tre quasi braccia di croce. Dico la prima volta, perchè non conosco monumento alcuno che sia di certo del secolo quarto, dove si trovi figurato crucigero il nimbo di Cristo. *Art. Crist. Musaici pag. 16.*

Les autres personnages sont revêtus également de la tunique rayée et du pallium, portent le plus souvent la barbe, mais n'ont pas la chevelure longue ni le nimbe. Ciampini renonce à expliquer qui étaient ces personnages, qu'il dit ressembler aux images des empereurs telles que nous les offrent les médailles antiques. Le P. Garrucci veut que les quatorze personnages non nimbés qui faisaient cortège au Christ, soient les douze apôtres et les deux disciples Luc et Marc. Pour confirmer cette interprétation, on pourrait rappeler que les huit colombes qui des deux côtés volent vers le Christ, furent souvent une figure des apôtres, de sorte que nous aurions presque ici en mosaïque la traduction de ces vers de saint Paulin : « La couronne entoure la croix d'un globe lumineux, cette couronne est couronnée par les apôtres, dont les figures apparaissent dans un chœur de colombes.[1] »

Mais cette interprétation peut souffrir diverses difficultés, et en particulier on peut lui opposer que les « clypei » frustes supposent d'autres personnages, et qu'il faut par conséquent renoncer à y voir exclusivement les apôtres.

M. De Rossi s'exprime ainsi : « L'idée générale qui y domine est celle du Christ régnant avec ses saints.[2] » Mais ceci est à la fois vague et un peu moderne.

D'autres pourront voir dans ces personnages des portraits des Souverains pontifes, comme il en existait dans la Basilique de Saint-Paul. Ce serait le Christ entouré de la série de ses Vicaires en ce monde.

Il ne nous appartient nullement de nous prononcer sans hésitation dans une question où les savants se montrent incertains et contradictoires entre eux. Nous oserons cependant proposer comme hypothèse une interprétation nouvelle, qui nous semble avoir en sa faveur quelque vraisemblance.

Nous nous autorisons de ce principe que la composition en-

---

[1]   Crucem corona lucido cingit globo,
    Cui coronae sunt corona apostoli
    Quorum figura est in columbarum choro.
                                        Ep. XXXII.

[2] *Mosaici.*

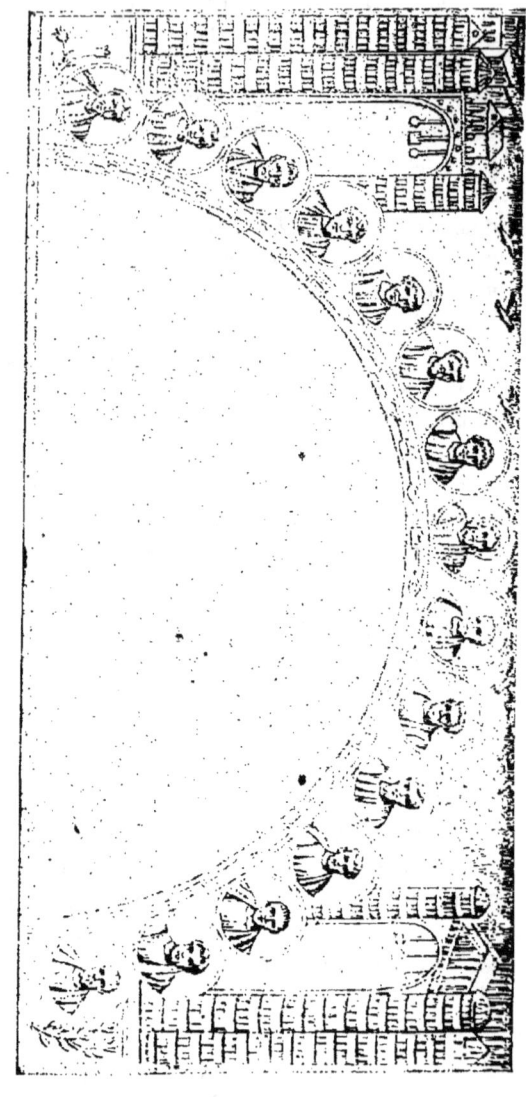

69. L'ancienne décoration de l'arc absidal.

tière doit former une sorte de poème complet dont la pensée a été une dans l'intelligence de l'artiste.

Si les deux cités, sans aucun doute Jérusalem et Bethléem, que l'on retrouve si fréquemment dans les anciennes basiliques, représentaient pour nous non seulement les deux cités d'où est sorti le salut du monde, mais encore et surtout l'Ancienne et la Nouvelle Eglise véritables, celle des Juifs avant Jésus-Christ, celle des Chrétiens après Jésus-Christ, l'Ancien et le Nouveau Testament, figurés par les deux Cités, nous aurions ici Jésus-Christ le Roi des deux Testaments, et vers lui voleraient de part et d'autre les colombes, symboles des Apôtres et des Prophètes.[1] Il en résulterait que les personnages inconnus seraient du côté de Jérusalem, les Prophètes, du côté de Bethléem, les Apôtres, et nous expliquerions ainsi comment ils sont trop nombreux pour être exclusivement le Collège apostolique. Le lecteur peut choisir entre ces diverses hypothèses.

On observera que tous ces bustes sont dans des médaillons ou boucliers, et que nous avons ici de véritables « imagines clypeatae. » Chez les anciens Romains, on peignait l'image des héros sur des boucliers que l'on suspendait ensuite dans les temples: de là vint que cette façon de représenter un personnage fut particulièrement honorable, et que les chrétiens peignirent ainsi le Christ et ses saints.[2]

Les deux villes, disons-nous, sont manifestement Jérusalem et Bethléem, répondant à l'« Ecclesia ex Gentibus » et « Ecclesia ex Circumcisione », à saint Pierre et à saint Paul placés sur la porte d'entrée, en face de l'abside. A Sainte-Marie-Majeure, les deux mêmes cités sont représentées et nommées, dans les mosaïques de Sixte III.

Les portes cintrées en sont ouvertes, et sous l'arc on voit suspendues trois lampes à droite du spectateur, une lampe ronde entre deux carrées, et à gauche, une carrée entre deux rondes. Ce symbole, dont la signification, s'il y a une signification, n'est pas encore connue, se retrouve encore ailleurs.[3] Notre opinion est qu'il n'y a là d'autre symbolisme que celui de la foi et de la lumière; comme on l'entend en général et ordinairement.

Il n'est pas facile de déterminer quelle est des deux cités celle qui se doit appeler Jérusalem ou Bethléem. Il semble néan-

---

[1] Cf. Ciampini, *Vet. mon.*
[2] Cf. Macri, *Hagioglypta*.
[3] Cf. Buonarotti, *Osservaz. sopra alcuni medaglioni*; Cf. Ciampini, *Vet. mon.*

moins que Jérusalem est à la gauche du Sauveur, puisqu'on voit au-dessous une branche d'olivier, qui paraît être une allusion au nom de Jérusalem signifiant vision de la paix. Sous l'autre cité, il n'y a qu'une simple fleur, peu facile à déterminer, mais relative sans doute à la signification du mot Bethléem ou Maison du Pain.[1]

Quant aux oiseaux ou colombes qui volent vers le Christ, ils pourront signifier les prophètes, les apôtres, les fidèles, etc., selon la signification que l'on attribuera à l'ensemble de la scène.

On peut se demander maintenant à quelle époque doit remonter notre mosaïque.

Le P. Garrucci, d'après le texte cité plus haut, la fait remonter à l'origine même de l'Eglise. M. De Rossi est à peu près de cet avis, sauf une restriction conditionelle qu'il y apporte. « Le dessin si imparfait de Ciampini, dit-il, ne me permet pas de me prononcer d'une manière positive sur le style artistique de ce monument. L'idée générale qui y domine est celle du Christ régnant avec ses saints, représentés tous en demi-buste, entourés chacun d'un disque, et vêtus de la tunique rayée et du pallium, comme dans les œuvres d'art chrétien de l'antique type romain. Le Christ seul a la tête ornée du nimbe crucifère, tandis que les autres sont dépourvus de nimbe. Tous ces détails conviennent bien au Vme siècle; mais pourtant l'arc extérieur de l'oratoire de saint Zénon, dans l'église de Sainte-Praxède, est décoré d'une mosaïque du même type, et nous avons là néanmoins une œuvre du IXme siècle, exécutée sous le Pape Pascal.[2] » Il nous paraît évident que lorsque l'on songea à orner Sainte-Sabine de mosaïques, on a dû commencer par l'abside, et l'on peut conclure que si les mosaïques de la façade remontent à la fondation même de l'église, à plus forte raison celles de l'abside doivent appartenir à l'époque primitive. On pourrait objecter qu'elles ont pu être refaites, le long des âges: mais nul document ne le prouve, et ce silence des historiens qui nous racontent d'autres détails minutieux, nous est une preuve, négative sans doute, mais d'une valeur spéciale. Il est incontestable que dès le principe l'ab-

---

[1] Il faut observer toutefois que plus fréquemment Jérusalem occupe la droite et Bethléem la gauche. Mais on a déjà vu que le mosaïste de Sainte-Sabine ne s'est pas toujours astreint à ces lois.

[2] *Mosaici.*

side dut être ornée de mosaïques, autant et plus que le reste de la basilique; et puisque d'ailleurs tous les caractères distinctifs de celle que nous connaissons conviennent au Vme siècle, il est illogique de supposer une modification ou un changement que rien ne démontre.

Au surplus, il n'est pas impossible de saisir certaines ressemblances spéciales entre ce monument et les mosaïques que Sixte III fit exécuter à Sainte-Marie-Majeure.

Les figures des personnages ne sont pas allongées à la manière byzantine comme elles le furent plus tard; ici, comme dans l'arc de Sainte-Marie-Majeure, on a représenté les deux villes de Jérusalem et de Bethléem, les deux cités ont la porte arquée et ouverte, avec trois lampes suspendues à l'entrée; cette bordure en mosaïque, composée de pierres précieuses alternativement carrées et longues, qui orne le bord intérieur des arcs est absolument identique de part et d'autre, sauf quelques pierres [surajoutées et parsemées dans celle de Sainte-Marie-Majeure.

Ces ressemblances et d'autres encore que l'on pourrait signaler nous imposent comme suffisamment établie l'opinion du P. Garrucci, que ces mosaïques dataient du Vme siècle.

§ 13. Inscriptions et peintures dans l'abside.

Il nous reste à signaler quelques détails accessoires.

Lorsque Sixte V fit agrandir le presbyterium, il fallut fermer les deux derniers entrecolonnements de la nef, et élever des parois que l'on orna de peintures et d'inscriptions. A droite de l'autel, c'est-à-dire du côté de l'Epître (rappelons-nous que l'autel regarde la porte d'entrée), on plaça l'inscription qui rappelait la consécration du second autel majeur par Grégoire IX en 1238. Elle se trouvait jadis à côté de ce dernier autel, dans le mur intermédiaire, et nous l'avons transcrite plus haut.

Dans la paroi opposée, on grava une inscription nouvelle qui rappelait sur marbre blanc les réparations exécutées par Sixte V. Cette inscription se trouvait jadis répétée en immenses caractères sur le front même de l'abside,[1] car Sixte V, on le sait, travaillait à la fois pour le temps et pour l'éternité.[2]

On sait avec quelles explications il faut admettre le texte de cette inscription. La place qu'elle occupe aujourd'hui et qu'elle occupait déjà à l'époque de Sixte V[3], nous rappelle que les parois furent élevées par ce même Pontife; cependant les peintures dont nous parle l'inscription ne sont pas celles qui couvrent encore aujourd'hui ces parois mais bien que l'on avait exécutées au fond de l'abside, et qui ont disparu pour faire place à d'autres, comme nous l'avons dit. Les quatre peintures des parois sont l'œuvre de Giovan Battista Leandri, peintre qui eut son temps de célébrité, au XVIIme siècle. L'œuvre de Leandri a d'ailleurs été retouchée à diverses reprises, et récemment encore par le peintre Capocci. Elle finit par être un barbouillage. Observons cependant que les légendes écrites au bas des peintures sont postérieures, et doivent dater seulement de 1830, comme le prouve la ressemblance des caractères avec ceux des noms de saints écrits dans l'abside. Cette observation minutieuse est à faire, pour écarter une objection que l'on pourrait tirer du texte de ces légendes contre l'ancienneté que nous attribuons à ces peintures.

Ces peintures démontrent une certaine habileté technique, beaucoup de mouvement extérieur, des poses un peu factices, et absence d'âme ou de sentiment chrétien.

Nous en parlerons avec quelque détail, non point à raison de

---

[1] Ugonio, *Staz. Rom. fol. 11.*

[2] La voici: SIXTUS V. PONT. MAX.
ecclesiam hanc intermedio pariete
ruinosoq. tectorio sublatis
pavimento strato gradibus
erectis picturis ad pietatem
accommodatis altariq. una cum
sacris martyrum Alexandri
papae Eventii Theodoli Sabinae et
Seraphiae reliquiis ob statio-
narias pontificiasq. missas cele-
brandas translato in hanc
formam restituit
anno pontificatus II.

[3] Ugonio, *Staz. Rom fol. 11.*

leur importance intrinsèque, mais à cause des faits qu'elles nous remettent en mémoire.

Elles sont au nombre de quatre: deux de chaque côté de l'autel. Une pensée de symétrie a présidé à l'œuvre du peintre: deux prédications du côté de l'Epître, deux processions du côté de l'Evangile. Observons celles-ci en premier lieu.

La première, du côté de l'Evangile et la plus rapprochée de l'abside, représente une procession de jeunes dominicains, qui s'approchent deux à deux de l'autel, pour recevoir la communion. C'est effectivement ainsi que les religieux non-prêtres doivent s'approcher pour recevoir la communion, et, en certains jours, tous devaient faire la confession et la communion. Le prêtre est à l'autel, et des anges se tiennent près des communiants, en soutenant une nappe par les deux extrémités, comme doivent faire les acolytes encore aujourd'hui.

Voici comment le *Vitae Fratrum* raconte le fait représenté dans ce tableau: « Une fois qu'à Rome, le Provincial célébrait la grande messe le jour de Pâques, dans l'église des Frères-Prêcheurs, en présence des religieux, un saint homme rapporta qu'il avait vu quatre beaux jeunes gens debout aux quatre coins de l'autel tenir un linge très blanc sur l'autel, comme font les ministres, jusqu'à ce que tous les Frères eussent communié.[1] » Ce récit nous justifie la peinture, dont le texte de Tobie peint au-dessous plus récemment ne nous donne pas l'explication, quoique très beau en lui-même: « Contemplez, Anges de Dieu, ce qu'il a fait pour nous Bénissez-le avec crainte et tremblement. Glorifiez le Roi des siècles par vos œuvres. Bénissez le Seigneur, célébrez des fêtes d'allégresse, et louez-le.[2] »

Nous avons deux particularités à observer au sujet de la peinture.

D'abord, la chasuble que porte le prêtre est de couleur bleue. Ce détail voulu ou accidentel, nous permet de rappeler que dans

---

[1] *Vitae Fratrum Part. I. cap. V.*

[2] Aspicite angeli Dei quae fecit nobiscum
et cum timore et tremore confitemini illi
regemque seculorum exaltate in operibus vestris:
benedicite Dominum agite dies laetitiae et confitemini illi.
Tobiae, XIII, VI.

l'antiquité, et particulièrement chez les Frères-Prêcheurs, la chasuble pouvait avoir cette couleur. Il en était ainsi d'une chasuble d'Albert-le-Grand, qui se conserve encore de nos jours.[1]

En second lieu, la chasuble n'est point étriquée comme elle l'est devenue à notre époque, mais retombe sur les bras, à la manière antique, avec une noblesse et une gravité dont on semble avoir perdu le sens, plus tard. L'Ordre de saint Dominique est resté fidèle aux traditions anciennes, réclamées d'ailleurs et par le bon goût et par l'origine de la chasuble;[2] et dans un grand nombre de provinces et de couvents on a conservé l'usage de la chasuble ancienne.

La seconde peinture, du même côté de l'autel, nous montre une procession de Dominicains. En tête marche la bannière, portée par un Frère Convers et suivie d'un prêtre en chape d'or; puis viennent deux à deux les autres religieux. Dans le haut, on voit le Seigneur assis sur un nuage, et entouré d'anges, et devant lui, Marie également assise, mais inclinée et étendant les bras d'une manière suppliante.

En 1830, on a peint au-dessous l'inscription suivante qui est peu fidèle: « La Vierge Mère, prosternée aux genoux de son Fils irrité, le supplie en disant: Que ta colère s'apaise et laisse-toi toucher, malgré la méchanceté de ton peuple. Voici Dominique, mon serviteur fidèle. Envoie-le annoncer ta parole dans le monde, et on se convertira, et on reviendra à toi, à toi le Sauveur de tous.[3] »

Cette légende n'exprime pas la pensée de l'artiste, qui n'a pas voulu représenter ici cette vision, racontée par les vieilles chroniques, où la Vierge se montra obtenant de Dieu saint Dominique pour la conversion du monde, mais plutôt rappeler un fait ainsi rapporté dans le *Vitae Fratrum*: « A l'époque où certains Maîtres en théologie de Paris excitèrent l'Université contre

---

[1] Voir sa vie par le Dr. Sighard, édition allemande.
[2] Cf. Rubenius et Ferrari, *De Re Vestiaria*; Martigny, art. *Chasuble*; Kraus, etc.
[3] Ad genua irati Filii procidens Virgo mater rogat dicens: quiescat ira tua et esto placabilis super nequitia populi tui. En Dominicum servum meum fidelem quem mittes in mundum ut verba tua annunciet et convertentur et quaerent te omnium salvatorem.

l'Ordre, les Frères furent dans une grande tribulation et ne savaient que faire. Le Chapitre Général qui se célébrait alors à Paris, ordonna que dans tout l'Ordre, les religieux auraient recours au Seigneur, à la bienheureuse Vierge, notre Avocate, et au Bienheureux Dominique, notre Protecteur, et que chaque semaine, dans le couvent, ils réciteraient, prosternés contre terre, les sept psaumes de la pénitence, et les Litanies avec les collectes de la bienheureuse Vierge Marie, du bienheureux Dominique, et *De tribulatione*. Or, il arriva dans le couvent de Rome (Sainte-Sabine), que les religieux récitant un jour les susdites prières, un frère très dévot qui se trouvait là, s'endormit un peu, et il eut une vision. Il crut apercevoir au-dessus de l'autel conventuel, et sur le faîte de ce petit édifice qu'on nomme ciborium dans ces régions, une sorte de « solarium » où était assis notre Seigneur sur un trône. Le Sauveur regardait les Frères prosternés dans le chœur, et récitant leurs prières. Devant lui se voyait aussi la bienheureuse Vierge Marie, qui d'une main le tenait par le bras, et de l'autre, lui montrait avec un grand geste les Frères prosternés et priants; et elle lui disait: « Ecoutez-les! Ecoutez-les! Ecoutez-les! » Et alors la vision s'évanouit. Or, c'est un frère de sainte vie et de grande réputation qui m'a raconté ces faits, par écrit. Il le faisait sans doute par obligation de conscience, et parce qu'il avait reçu l'ordre de faire cette révélation, et je crois que c'est lui-même qui fut favorisé de cette vision. Il n'est ni douteux ni invraisemblable que la Vierge ait intercédé alors pour l'Ordre, puisque les Frères ont triomphé en ces conjonctures difficiles. S'il eut succombé alors, il ne se serait peut-être plus relevé.[1] »

Guillaume de Saint-Amour et ses complices avaient en effet rencontré Albert-le-Grand, Thomas d'Aquin et Bonaventure pour condamner et faire très-justement brûler leurs pamphlets.

C'est alors que devinrent célèbres les Litanies des Frères-Prêcheurs; et on disait vulgairement: « Mettez-vous en garde contre les Litanies des Prêcheurs, parce qu'elles font des miracles.[2] » Elles

---

[1] *Vitae Fratr.* lib. I. cap. VI.

[2] « Cavete a Litaniis Fratrum Praedicatorum, quia mirabilia faciunt. » Il en existe une copie datant de l'an 1500, dans un collectaire du Monastère de San Jacopo, à Florence Cette copie est l'œuvre de sœur Angela Ruccellai. On

sont d'ailleurs fort belles et fort touchantes, même à côté des Litanies de Lorette. On a été bien inspiré de rappeler ce fait à Sainte-Sabine, non seulement parceque cette église fut le théâtre de la vision que nous venons de raconter, mais encore parceque Sainte-Sabine étant alors la résidence du Général de l'Ordre, fut le centre de la défense, et que les Litanies dont nous parlons y furent peut-être composées et approuvées.

L'auteur de la légende que nous venons de traduire pense que peut-être l'Ordre ne se serait jamais relevé, s'il avait été vaincu en cette circonstance. C'est qu'en effet l'Ordre des Prêcheurs est essentiellement fondé, et il fut le premier de ce genre, pour l'étude et sour la diffusion de la science sacrée par la prédication, surtout par l'enseignement. S'il n'avait triomphé à Paris, alors le centre du monde intellectuel, son existence eut été compromise comme le but qui la justifiait.

Passons maintenant aux peintures placées en face, du côté de l'Epître.

La première représente saint Dominique en chaire, une chaire carrée en bois. De la main droite, il montre le ciel, et de la gauche, il tient un livre et un chapelet, ou rosaire, en s'appuyant sur le bord de la chaire; le chapelet pour signifier la dévotion; le livre, pour rappeler les méditations et les règles de la confraternité.

Dans l'une des parois de la chaire est peint un bas-relief où l'on voit le Pape Honorius III, qui remet, dit-on, un écrit à saint Dominique. Au-dessous, on lit ces mots: « A Honorius III, Souverain Pontife ».[1]

D'après la seconde des inscriptions que nous allons transcrire, ce serait saint Dominique créé premier Maître du Sacré Palais, bien que peut-être en réalité l'artiste ait voulu représenter ou la cession de Sainte-Sabine à l'Ordre ou l'approbation de l'Ordre.

La teneur de la petite inscription figurant sur la chaire, semble indiquer plutôt que saint Dominique offre à Honorius un écrit peut être le ms. des Leçons sur l'Evangile, qu'il donna comme Maître

---

les a réimprimées à Orvieto, en 1861. Il est regrettable qu'on les ait tant oubliées, même dans l'Ordre de saint Dominique.

[1] Honorio III Pont. Max.

ou Docteur du Sacré-Palais, et dont on croyait conserver l'exemplaire original à Sainte-Sabine.

Voici la double inscription qu'on lit au-dessous des peintures: « La dévotion et la confraternité du très saint Rosaire a été établie dans l'église de Sainte-Sabine par saint Dominique, et provoque une grande dévotion dans le peuple.[1] »

La seconde inscription est ainsi conçue: « Dominique déjà célèbre par sa réputation et ses mérites vient à Rome, et est créé par Honorius III premier Maître du Sacré Palais, à Sainte-Sabine.[2] »

Nous n'ajoutons aucun commentaire à la seconde de ces inscriptions, puisque nous aurons à parler ailleurs plus longuement du fait authentique et illustre qu'elle rappelle.

Mais la première mérite ici quelques détails d'explication. Elle ne signifie pas absolument que, d'après son auteur, la première institution du Rosaire ait eu lieu à Sainte-Sabine: ce serait une assertion plus que contestable; mais simplement que saint Dominique aurait prêché le Rosaire à Sainte-Sabine. Nous n'avons pas non plus à soutenir absolument l'affirmation de Malvenda en ce second sens, quoiqu'elle n'offre rien en elle-même que de fort vraisemblable, si l'on admet que saint Dominique a organisé un Rosaire. Il nous sera permis néanmoins de rappeler ici que, dès l'an 1261, le chapitre de la Province Romaine dont Sainte-Sabine était le centre et l'âme, se tenant à Urbino, « défendait aux frères convers de porter des Patenôtres d'ambre ou de corail, et ordonnait que ceux qui en porteraient, en fussent privés par les Prieurs.[3] »

---

[1] Devotio ac confraternitas ssmi Rosari in ecclesia S. Sabinae magna populi devotione opera S. Dominici fuit constituta (Maluenda in Annalib. sub anno MCCXVIII.)

[2] Dominicus iam fama et meritis clarus Romam venit ab Honorio II Sacri Palatii primus Magister creatus est apud S. Sabinam (Maluenda in Annalib. sub anno MCCXVII et Flaminius.)

[3] « Inhibemus omnibus fratribus conversis quod Pater noster de ambra vel corallo non portent; qui portare praesumpserint, per Priores priventur eisdem. » *Capit. Prov. Rom.*

Une vieille vignette de l'an 1347, que le P. Mamachi a extraite d'un Manuscrit de Pérouse, et reproduite dans ses *Annales*,[1] nous montre quelle était la forme du chapelet, car l'un des Tertiaires Soldats qui y sont représentés, le tient à la main.[2] Pour la forme, il ne diffère pas d'autres chapelets plus anciens, et en particulier d'un chapelet figuré sur une majuscule du IXme siècle, que l'on conserve à la Bibliothèque nationale de Paris.[3] Astolfi dans ses *Immagini miracolose*, affirme que saint Dominique établit à Sainte-Sabine sa Milice ou Tiers-Ordre et lui ordonna de réciter chaque jour un certain nombre de *Pater* et *Ave*.[4]

Relativement à l'histoire du Rosaire dans Sainte-Sabine, on peut affirmer que la célèbre dévotion y fut établie de bonne heure, sans que néanmoins il soit possible de préciser une date.

Voici d'ailleurs une légende rapportée par les vieux historiens et relative au fait qui nous préoccupe. Nous la donnons comme simple légende, et nous ne prétendons lui trouver qu'une double importance: celle des enseignements qu'elle renferme (on sait que les légendes chrétiennes renferment toujours quelque enseignement), et celle d'un document qui prouvera du moins l'existence de la dévotion du Rosaire à Sainte-Sabine, à l'époque de sa rédaction.[5]

« Saint Dominique prêchait avec un grand zèle dans Rome, et, selon la recommandation que lui en avait faite la bienheureuse Vierge, conseillait vivement la dévotion du Rosaire. Un grand nombre de cardinaux, d'évêques, de prélats, de gentilshommes,

---

[1] Pag. 234. Il a publié en outre des pierres tombales de l'ancien couvent de Saint-Jacques, spécialement celle de Humbert II le Dauphin, où des personnages tiennent en main le chapelet. Dans un livre des Dépenses faites par le même Dauphin, de 1333 à 1336, on lit ce qu'il dépensa à Rome, en 1333, « pro duobus filis de Paternostris de ambro, et duobus filis de Paternostris de corallo et duobus filis de Paternostris de vitro, item in quatuor filis de Paternostris de crystallo. » Cf. Echard. T. I. p. 644.

[2] Il existait autrefois un chapelet composé d'une seule dizaine, munie d'un anneau à l'extrémité. Cette forme était commode pour le guerrier à cheval, qui pouvait facilement passer successivement la dizaine aux cinq doigts de la main et réciter tout le chapelet, en tenant la bride de son cheval.

[3] N° 7530. Cf. Rohault de Fleury, *La Sainte Vierge* T. I. p. 361.

[4] « Quae dixit quod erat Beata Maria, et quod quia a tali tempore quod ei nominavit, cum singulis diebus quinquegesies flexis genibus salutaverat, volebat illum ab illo articulo liberare. » Etienne de Bourbon, *Dona Spiritus*.

[5] Voir les sources dans Malvenda, *Annal. O. P.*

de nobles dames, et une multitude d'autres personnes acceptèrent la dévotion. Parmi les femmes qui venaient entendre Dominique, il s'en trouvait une appelée Catherine, également connue par sa beauté et par ses désordres. Touchée par l'éloquence du bienheureux Dominique, elle se fit inscrire parmi les associés du Rosaire. Elle reçoit le chapelet, le porte sous ses vêtements, le récite souvent, et néanmoins continue sa vie de luxure, car, dit un vieux chroniqueur, elle était si belle que nulle autre femme ne pouvait faire autant de mal qu'elle en faisait: elle était même connue sous le nom de Catherine-la-Belle. Elle unissait donc sa vie de péché avec la récitation quotidienne de son rosaire et des visites non moins fréquentes à l'église.

« Or, un jour qu'elle passait dans une rue de Rome, elle rencontra un beau jeune homme, qui s'approcha, la salua et lui demanda où était sa maison. Elle répondit qu'elle avait une belle maison, où tout était disposé pour une vie à souhait. Le jeune homme reprit qu'il voulait immédiatement souper chez elle. Catherine répondit qu'elle acceptait volontiers et qu'elle mettait tout à sa disposition. Elle lui donna le bras et bientôt ils arrivèrent chez elle. Le repas était prêt, et l'étranger se mit à table avec Catherine.

«Mais un premier phénomène frappa l'attention de Catherine; elle remarqua que tous les objets touchés par le jeune homme prenaient une couleur de sang, et répandaient en même temps un parfum des plus suaves. « Que veut dire ceci, demanda Catherine? «Pourquoi ce que vous touchez devient-il couleur de sang? » — L'étranger répondit: « Ne savez-vous pas qu'un chrétien ne doit « rien manger ni boire, qui ne soit coloré dans le sang du Christ? ». Catherine était stupéfaite et n'osait plus toucher l'étranger; et elle lui disait. « Seigneur, je vois que vous êtes un homme de grande « autorité et digne de tout respect. Dites-moi, je vous prie, qui « vous êtes, et d'où vous venez. » Il lui répondit: « Quand nous « serons dans ta chambre, je te dirai ce que tu me demandes. » Elle était tout inquiète: néanmoins elle dispose sa chambre, bientôt tout est prêt, et elle invite son hôte à entrer. Mais ô merveille! Ce jeune homme se transforme tout-à-coup en un petit enfant qui porte une croix sur ses épaules, une couronne d'épines sur sa tête; aux pieds et aux mains, des stigmates, et sur tout son corps, un nombre infini de cicatrices! Et il lui dit: « O Cathe-« rine, cesse donc tes folies. Tu vois la passion de ton Christ, en « l'honneur duquel tu as dit ton premier chapelet de cinquante « *Ave Maria*. Depuis le premier instant de ma conception jusqu'à « l'heure de ma mort, j'ai porté dans mon cœur cette peine ter-« rible, que nulle peine, que toutes les peines de ce monde ne « peuvent égaler. Et j'ai souffert tout cela pour toi. » A cette parole, à cette vue, Catherine resta épouvantée; et voilà que subitement cet enfant devint un homme d'âge mûr, le Christ au moment de sa passion, et il lui dit:

« O ma fille, regarde combien de douleurs j'ai souffertes pour « toi. Elles surpassent toutes les peines qui se peuvent souffrir, « parceque ma puissance de souffrir est divine et non humaine. » Après avoir prononcé ces mots, il devint brillant comme le soleil, et ses plaies apparurent radieuses; et il ajouta:

« Ma fille, change désormais de vie; et de même que tu as « été un scandale pour beaucoup, deviens un bon exemple pour « tous. Je me suis montré à toi de trois manières, afin que cette « apparition corresponde aux méditations que tu as faites, en réci-« tant ton Psautier (le Rosaire). » — A ces mots le Christ disparut, et Catherine fut saisie de repentir. Le lendemain, elle se confessa à saint Dominique, qui lui imposa pour pénitence la récitation du Psautier de la Vierge Marie. Or, une fois, que Catherine priait avec beaucoup de dévotion, la Vierge se montra à elle et lui dit: « Ma fille, puisque tu as beaucoup péché, donne toi chaque jour « trois disciplines de cinquante cinq coups, et ainsi tu feras ton « Rosaire de pénitence. Il n'est pas nécessaire d'avoir toujours des « verges, mais tu peux te servir d'un fouet ou d'un cordon plus « dur. » Catherine persévéra dans la pénitence et la récitation du Psautier de la Vierge, et ensuite se retira dans une solitude, après avoir donné tous ses biens aux pauvres. Dieu se manifesta à elle dans un grand nombre de révélations, et enfin, quand Dieu l'appela, elle quitta ce monde dans les sentiments de la plus profonde piété.[1]

---

[1] On raconte aussi la conversion d'un ouvrier que saint Dominique aurait opérée à Rome par le Rosaire. Cf. Astolfi, *Immagini Miracolose p. 264* etc.

« Avions-nous tort de dire que ce récit renferme sous une forme étrange une explication complète de la dévotion du Rosaire: les trois séries de prières, les méditations qui les accompagnent: tout y est. Il n'y manque pas non plus la mortification, qui en assurera l'efficacité, comme un vieux et dévot poète disait:

> « Les tourments de ce corps ne sont que des vergettes
> Pour abatre la poussière au ply de la vertu:
> Tant plus le corps pâtit, plus l'âme en est nette;
> L'air se purge tant plus que le vent l'a battu. »

Nous connaissons déjà les faits rappelés par la quatrième et dernière peinture. Saint Grégoire vêtu en pontife et caractérisé par l'Esprit Saint qui lui parle à l'oreille, est en chaire: non point « sa cathedra », non point son ambon, mais une simple chaire moderne, et prêche à la foule. L'artiste, insinuant peut-être que saint Grégoire prêcha à Sainte-Sabine avant son intronisation, ou prétendant faire de l'archéologie, ne lui a donné que la mitre.

Au-dessus est peinte sur un fond blanc ou « Album » avec encadrement noir, une grande inscription, soutenue par des anges.

On appelait jadis « Album » un endroit blanchi, où l'on affichait les édits du prèteur, ou les nouvelles du jour. Le terme et la chose furent parfois en usage chez les chrétiens,[1] et dans notre civilisation il subsiste quelque chose du vieil usage.

Cette peinture rappelle la prédication que saint Grégoire fit à Sainte-Sabine pendant la peste, et la célébration des grandes Litanies, dont nous avons parlé.[2]

---

[1] « Locus erat dealbatus, ubi edicta praetoris affixa erant. » *Glossa ibid.* L'affichage des « acta diurna » constituait le « journal » de l'époque.

[2] L'album sera par suite conçu de cette manière:
ALBVM
Ser(mo) S. Gregorii Papae
Oportet Fratres
charissimi ut flagel-
la Dei quae . etc.
Litania clericorum
exeat ac eccl. b. Io. Bap.
litan. viror. ab ecc.
litan. monacor. ab ecc.
litan. ancillar. Dei etc.
Facta sunt haec

§ 14. L'office monastique à Sainte-Sabine.

Il ne nous reste qu'à ajouter quelques détails sur les modifications que subit notre église, le jour où elle fut donnée aux Dominicains. Déjà nous en aurions parlé suffisamment, si nous nous placions uniquement au point de vue de l'histoire de l'église de Sainte-Sabine: mais nous ne saurions oublier qu'elle occupe une place importante dans l'archéologie dominicaine, non moins que dans l'archéologie chrétienne. Ce point de vue nouveau est digne lui aussi de l'attention du lecteur.

Lorsque l'Eglise de Sainte-Sabine fut donnée aux Frères Prêcheurs, on la divisa en deux parties à peu près égales, par un mur transversal. La partie voisine de la porte d'entrée fut l'« église des séculiers; » la partie voisine de l'abside et l'abside elle-même constituèrent l'« église des religieux » ou le chœur, ou encore l'« oratorium, » où les femmes ne pouvaient pénétrer que le jour de la consécration de l'Eglise.[1] Dans le Chapitre Général de Trèves, de 1249, il fut réglé que le chœur serait disposé de façon que les religieux pourraient y entrer sans être vus des séculiers. On sait que dès les premiers siècles du Christianisme, les moines eurent une place à part dans la Maison de Dieu,[2] et plusieurs conciles avaient interdit aux simples fidèles l'entrée du presbyterium.[3]

In basilica S. Sabinae
Sub die iv kal. sept.
Indict VI.

Au-dessous on lit cette autre inscription qui est plus récente, relative au même évènement:

Fronte sub adversa gradibus sublime tribunal
   Tollitur antistes praedicat unde Deum
Divus Gregorius sermonem habuit in hac basilica
S. Sabinae V kal. septembris anno Domini CCCCLXXXX
Dictus sermo cum Litaniarum ordine subscriptus habebat
in eiusdem ecclesiae albo. (Baronius in Annalib. DLXXXX)

Les deux vers cités sont de Prudence (*Peristeph.*) et rappellent que le Pontife prêchait de son « tribunal » ou encore de l'ambon, et non point de la boîte cubique inventée plus tard et figurée par notre peintre.

[1] *Const. O. P. Dist. II, De domib. conced.*
[2] Cf. Bona, *Rer. liturg.* lib. I, cap. XX.
[3] Morin, *De poenit.*, lib. VI, cap. I.

Saint Ambroise défendit à Théodose d'usurper un privilège qui n'appartenait qu'aux prêtres.

Le chœur se divisait en deux parties, séparées par les degrés qui donnaient accès à l'ancien presbyterium et qu'on laissa subsister, jusqu'à l'époque de Sixte V. Sebastien de Olmeda nous dit, en effet, que Munio de Zamora fut enseveli près de l'ancien autel, au-dessus des degrés du presbyterium.

La partie du chœur qui comprenait l'ancien presbyterium fut le « chœur des Religieux clercs », la partie inférieure qui comprenait tout l'espace entre le chœur des clercs et le mur transversal fut le « chœur des Frères convers. » Dans le principe, en effet, il y avait chez nous, comme aujourd'hui encore chez les chartreux, le chœur des clercs et le chœur des convers. Le chapitre de Bologne, célébré en 1243, avait réglé ainsi cette disposition.[1]

Mamachi rappelle avec raison que cette organisation ressemblait beaucoup à celle de Saint-Eustorge à Milan. Il cite à ce propos les paroles de Galvaneus Flamma, auteur dominicain du XIIIme siècle, parlant de l'église de sant' Eustorgio de Milan: « Année 1233...

« ... Jusqu'à cette époque, il n'y avait pas de chœur et les Frères s'asseyaient sur des bancs. Mais, à l'occasion d'un chapitre provincial qui devait s'y célébrer, on fit faire un chœur très beau et très ample, avec vingt-huit sièges de chaque côté du chœur. En dessous du chœur des clercs on fit le chœur des convers, avec vingt-cinq sièges. A cette même époque, on éleva un mur transversal dans l'église, avec une porte au centre, et on y peignit les Frères que le bienheureux Dominique envoya à Milan, pour la fondation. Dans le mur, on pratiqua des deux côtés une fenêtre, par laquelle on pouvait voir l'autel.

« Sur le mur, on construisit plus tard un pupitre.[2] »

A Sainte-Sabine, les autels destinés à la célébration des offices pour les fidèles étaient en avant du mur; mais dans le chœur on laissa subsister l'ancien autel, avec sa forme primitive, et son ciborium. A l'autel du chœur, se conservait l'Eucharistie, dit Sébas-

---

[1] » Sit in ecclesiis nostris duplex chorus: unus conversorum, alius clericorum. »

[2] *Annal. O. P.* Cf. Taegius, *Chron. brev. fol. 123.*

tien de Olmedo.[1] Le ciborium avait été dépouillé sans doute de ses ornements d'argent, et se terminait en une sorte de plate-forme, où un siège pouvait tenir sans difficulté, s'il faut en croire le récit de la vision rapportée dans le *Vitae Fratrum* et traduite plus haut, où cette plate-forme s'appelle « solarium ».[2] Cet autel, d'après le même temoignage, s'appelait l'autel conventuel, par opposition à l'autre maître-autel, construit pour les fidèles.

Au fond de l'abside, près du mur étaient les « formae », celles du Prieur et des autres supérieurs au centre, celles des simples religieux sur les ailes. Les Frères, sauf les exceptions motivées par une charge, se plaçaient par ordre de profession.

La disposition du chœur était donc celle des anciennes basiliques. Quant aux « formae », on n'est pas d'accord sur l'origine de leur nom. « On appelait « formae » dit le P. Cassito, des conduits d'eau faits en guise d'arcs. Encore aujourd'hui, le couvent de Sainte-Catherine de Naples, habité par nos pères de la province de Lombardie, s'appelle « a Formello » ou « a Formella, » parcequ'il y a tout près les réservoirs principaux et les conduits arqués des eaux de la ville. Ducange, dans son *Glossaire*, pense que durant le moyen-âge, les sièges choraux s'appelèrent « formae », parcequ'ils étaient faits en guise d'arcs; et il cite à ce propos un passage d'un ancien *Ordinaire* bénédictin. Il propose encore une autre conjecture, et croit qu'on leur avait donné ce nom, parcequ'on y avait peint de petites images, appelées « formulae ». De là, les sièges eux-mêmes furent nommés « formulae » ou « formellae », comme on le voit dans un grand nombre d'*Ordinaires*, cités par le P. Martène. La prostration « super formas », prescrite dans beaucoup d'anciennes règles monastiques, se faisait sur le sol, devant les sièges, le visage incliné jusqu'au sol. Observons ici que les sièges des évêques étaient primitivement de forme arquée. Pellicia (*De Politia, etc*) démontre, dans une dissertation sur le cimetière de Naples, que les sièges et les « loculi » y étaient arqués, comme on le voit encore aujourd'hui dans le cimetière de San Gennaro « extra moenia ».[3]

---

[1] *Op. et loc. cit.*
[2] *Lib. I. cop. VI.*
[3] *Liturg. Dominicana. p. 24.*

§ 15. La liturgie chorale de Sainte-Sabine.

Au milieu du chœur était le pupitre, sur lequel deux ou quatre frères, ou plus encore, selon les solennités et les chants, venaient chanter. Un autre pupitre plus petit et plus rapproché de l'autel servait pour la lecture de l'Epître et de l'Evangile. Il y avait encore le long des « formae », d'autres pupitres plus petits, pour les Graduels, les Antiphonaires, etc.

Le nombre et la division des livres choraux étaient déterminés définitivement dès l'an 1256, et à cette époque le bienheureux Humbert de Romans, un admirable dominicain, écrivait aux Frères, dans une lettre ajoutée aux Actes du Chapitre de cette période: « Vous saurez que la diversité de l'Office ecclésiastique a été supprimée. Beaucoup de chapitres y ont travaillé considérablement: enfin, par la grâce de Dieu, nous avons l'unité. Je vous prie de le faire corriger selon ces dispositions, afin que nous trouvions partout cette unité tant désirée. Vous saurez que toutes les demandes présentées par les Frères, au sujet de l'Office, ont été si nombreuses et si diverses, qu'il était impossible de contenter tout le monde, et c'est pourquoi chacun de vous devra accepter avec abnégation, même ce qui lui semblerait peu certain ou peu agréable. Afin que vous puissiez vous rendre compte si vous avez tout l'Office, rappelez vous qu'il est compris en XIV volumes: l'Ordinaire, l'Antiphonaire, le Lectionnaire, le Psautier, le Collectaire, le Martyrologe, le Processionnal, le Graduel, le Missel de l'autel majeur, l'Evangéliaire du même, l'Epistolier du même, le Missel pour les petits autels, le « Pulpitarium » et le Bréviaire portatif. » Tous ces volumes étaient en parchemin, écrits à la main, et, en général, ornés de vignettes.

Telle était la disposition matérielle de l'église dominicaine à Sainte-Sabine. On sait que dans le principe on ne permettait pas une ornementation trop riche aux autels. La volonté de saint Dominique avait été formelle sur ce point, et Etienne de Besançon, Général de l'Ordre, avait supprimé un jour dans l'Eglise de Saint-Eustorge, à Milan, une grille en fer doré qui entourait la tombe de saint Pierre Martyr. Il trouvait là quelque chose de peu conforme à la pauvreté. Mais il fallait autant que possible que le goût artistique y fût respecté. Santa Maria Nouvella, dont un prieur de Sainte-Sabine jettera la première pierre, est un idéal à ce point de vue.

Pour y maintenir la propreté et l'ordre, on nommait un sacristain. « Il aura soin, dit Humbert de Romans, de balayer souvent l'église, d'y enlever les toiles d'araignées et autres immondices, dans le chœur plus encore que dans les nefs, et aux autels plus que dans le chœur; surtout dans les pays où l'on a coutume, pour les principales solennités, de joncher de plantes vertes ou de branches d'arbres, en été, et de paille, en hiver, le chœur, le presbyterium ou les autels. Il s'occupera également de la sacristie et du chapitre; il aura à faire réparer les toits, afin qu'il ne pleuve jamais dans l'église, et à faire exécuter dans l'église, la sacristie ou le cimetière les réparations convenables. Il veillera à ce que tous ces lieux soient munis de serrures et de clés ; il les ouvrira ou les fermera, selon l'ordre de prieur.

« C'est lui qui doit donner le signal pour appeler la communauté à l'église, au chapitre, ou lorsqu'il y a sermon ...

« Il est chargé de s'occuper des lampes ... des cierges ... des hosties ... des vases sacrés ... de l'Eucharistie à conserver, des saintes huiles, ... des ornements d'autels.

« Il reçoit et garde soigneusement toutes les offrandes faites à l'église, et les remet au procureur intégralement ...

« Il devra connaître parfaitement l'Ordinaire de l'office, afin de corriger les Frères, s'il y a lieu.[1] »

Tous ces détails, et cent autres qu'indique le bienheureux Humbert, sont d'une souveraine importance, parceque celui qui conformera les choses à ces sages prescriptions éloignera ce qui est le fléau de toute œuvre, surtout de toute œuvre pieuse, je veux dire le dégoût et la répugnance.

Alors, et dans ces beaux temps d'élan et de générosité, on se rappelait encore les exemples de saint Dominique.

« Au premier signal de l'office de nuit, disaient les chroniqueurs, il se levait et réveillait les Frères, et il les exhortait à

---

[1] *De officio sacristae.*

célébrer l'office de jour ou de nuit avec beaucoup de dévotion, et aux heures déterminées.[1] »

Un historien du XIIIme siècle raconte en effet que de son temps, « tous venaient au chœur, et il n'était permis ni au Maître de l'Ordre, ni aux provinciaux, ni aux prieurs, ni aux lecteurs, ni aux convers, de s'absenter de l'office du jour ou de la nuit. Toutes les Heures se chantaient posément et solennellement.[2] »

Toutefois, à cette règle générale, il y avait quelques exceptions, les unes légitimes, les autres illégitimes.

On exempta partiellement du chœur, pour des raisons convenables. Dès l'an 1273,[3] on exempte les lecteurs du chœur et de l'office d'hebdomadaire, à cause de leurs études, à moins toutefois qu'il n'y ait une nécessité pour eux de prêter leur concours. C'est à Sainte-Sabine que fut portée cette prescription. Cinq ans plus tard, le chapitre provincial de Naples dispense partiellement les étudiants en théologie et ne les oblige qu'à Prime, Complies et Matines de IX leçons. D'autres privilèges furent accordés par la suite des temps, si en vérité il faut appeler ces exemptions du nom de privilèges.

D'autres s'en exemptaient, même alors, sans raison légitime. Humbert de Romans le peint de la sorte: « Bien qu'il faille assister aux sept Heures canoniales, nous devons assister avec plus de soin à Matines, à Prime et à Complies. Il en est pourtant qui se lèvent difficilement pour Matines. Ils cherchent des prétextes pour s'absenter, comme s'il leur suffisait d'assister à l'office du jour. Ils ne sont donc pas de cette innombrable multitude dont nous parle l'*Apocalypse* (cap. VII), qui se tient devant le trône de Dieu et le sert dans son temple, non seulement le jour, mais encore la nuit. Ils ne sont pas de ceux qui ne cessent ni jour ni nuit de chanter Saint! Saint! Saint! le Seigneur Dieu tout puissant, qui était et sera (*Apoc. IV*). Ils ne sont pas de ces gardiens de la sainte Eglise, qui non seulement le jour, mais encore tout le jour et toute la nuit, louent le nom du Seigneur sans relâche *(Is. LXIII)*. C'est à eux que s'adresse cette parole *(Jer. II):* « Lève-toi, lève-toi avec

---

[1] Bolland., *Acta ss.*, IV août.
[2] Galv. Flamma, en français Gauvin de la Flamme, *Chron.*
[3] *Cap. Prov. Rom.*

« les autres, et loue Dieu pendant la nuit. » David ne trouvait ni dans les occupations royales de ses journées, ni dans les joies de ses femmes pendant la nuit, une raison suffisante pour ne point louer Dieu pendant la nuit; car il nous dit lui-même qu'il « se levait « au milieu de la nuit pour louer Dieu.» Souvent le Sauveur passait dans la prière, non seulement une partie de la nuit, mais encore la nuit entière *(Luc. VI)*. Malgré les horreurs de leur prison, Paul et Silas se levaient durant la nuit pour louer Dieu *(Act. LIX)*. Malheur à ceux que de tels exemples ne réveillent point pour Matines![1] » Après beaucoup d'autres considérations importantes et pratiques, il conclut et résume ainsi ses exhortations: « Il faut donc se lever volontiers pour Matines de nuit, afin de ne pas perdre un temps précieux pour l'oraison, afin de satisfaire pleinement à notre devoir de louer Dieu; afin de secourir l'Eglise attaquée, afin d'éviter les tentations de la chair, afin de nous acquérir le mérite de la satisfaction, afin de participer aux consolations saintes, afin de servir Dieu et en même temps de pourvoir à certaines faiblesses physiques.[2] » Le même grand religieux entre ailleurs dans de nombreux et importants détails à ce sujet; nous voulons parler de son Commentaire sur les Constitutions de son Ordre, que tous les moines devraient savoir de mémoire.[3]

Pour la bonne tenue du chœur, on avait pris plusieurs précautions. La première a été signalée plus haut: c'était l'uniformité et la correction des livres liturgiques. Dans les débuts on récitait l'Office tel qu'on le trouvait. Mais l'Ordre se trouvant sous la direction d'un seul chef, et les Frères étant appelés à parcourir le monde, l'unité liturgique s'imposait inévitablement. Elle s'établit d'abord entre les couvents de la même province; et pour ne pas sortir de notre sujet, nous rappellerons seulement que dès l'an 1244, le chapitre provincial célébré à Sainte-Sabine ordonnait « à Fr. Pierre, Lecteur et Sous-Prieur de Rome (c'est-à-dire de Sainte-Sabine) et en rémission de ses péchés, de réunir les Epîtres,

---

[1] *Comment. in Reg. S. Aug. cap. XXXVII.*
[2] *Loc. cit.*
[3] Nous l'avons imprimé avec d'autres ouvrages du Vén. Humbert, sous ce titre: *Ven. Humberti de Romanis opera de vita regulari*, en deux volumes. Nous sommes heureux de constater combien cette publication a été universellement reconnue comme opportune.

les Évangiles, les Calendriers, la Règle, les Constitutions, les Chapitres, les Oraisons, les Collectes, de les corriger soigneusement, et de les diviser en versets, et de les ponctuer. » — Le même chapitre ordonne à Fr. Ambroise et à Fr. Humbert de Panzano de s'entendre avec le Conseil de la province, pour rédiger, soit ensemble, soit séparément, un Lectionnaire « De tempore et de festis » lequel, après avoir été soigneusement corrigé et ponctué, sera reçu et copié par tous les autres couvents. » Mais l'uniformité devait être générale, et l'Ordre y songeait. Voici les paroles d'Humbert de Romans:

« Il faut savoir qu'au commencement de l'Ordre, il y avait une grande diversité dans l'Office, et on dut rédiger une liturgie pour obtenir l'uniformité. Bientôt on confia à quatre frères choisis dans les quatre provinces, le soin de l'ordonner plus convenablement. Leur travail fut accepté. Mais comme il restait d'autres corrections à faire, on forma une autre commission, dont l'œuvre fut approuvée par trois chapitres, sous le Magistérat d'Humbert de Romans. C'est l'Office dont parle la Constitution,[1] » quand elle s'exprime ainsi: « Nous confirmons tout l'Office de jour et de nuit, selon la correction et la distribution du V. P. Fr. Humbert, Maître de notre Ordre, et nous voulons qu'il soit célébré par tous uniformément, de manière que nul n'y puisse rien changer à l'avenir.[2] » Cette liturgie n'était autre que la gallico-romaine, modifiée accidentellement par les supérieurs de l'Ordre, qui alors en avaient le droit.[3] Elle fut solennellement approuvée et fixée par Clément IV, le 7 juillet 1267.

Tout l'Ordre dut accepter et accepte cette législation également sage et autorisée. Le manuscrit-type de la liturgie dominicaine a été retrouvé il y a un demi-siècle, et se conserve précieusement. Pourquoi s'en est-on jamais écarté? On y a perdu la simplicité et la facilité, la noblesse et la grâce de la liturgie primitive.

Une seconde précaution prise pour la bonne direction du chœur, était l'institution d'un chantre. Dans le principe, cette charge

---

[1] *Comment in Constit. o. P.* — Le P. Brémond, *Bull. o. P. T. I. p. 486*, a une note très importante sur l'histoire de la liturgie dominicaine.

[2] *Const. O. P.*, Dist. 1.

[3] Cf. Cassito, *Liturg. Dom.* p. 11 sq.

était honorifique. Au XIVme siècle le chantre avait les privilèges du Lecteur « actu legentis » Il enseignait le chant, et tous, spécialement les jeunes gens, devaient l'étudier. Le jeune religeux qui avait négligé d'assister à une leçon de chant, devait s'asseoir par terre au réfectoire, le jour où il commettait sa faute.[1] Dès l'an 1263, les chapitres ne cessent de recommander l'étude du chant, ils écartent des saints Ordres ceux qui l'ignorent, et punissent les supérieurs qui ne le font pas enseigner ou pratiquer. S'il n'y avait pas dans le couvent quelque maître habile, il fallait prendre un maître étranger.

Ces détails se complètent par le tableau qu'Humbert de Romans nous trace en ces termes : « Le chantre doit obtenir du Prieur qu'il y ait dans le couvent un exemplaire de l'Office parfaitement corrigé; et si le Prieur est négligent sur ce point, le chantre doit l'accuser auprès des supérieurs majeurs, et ne rien omettre pour qu'il fasse exécuter les corrections.

« Il lui appartient de soigner et de corriger les livres choraux, pour la note, les paroles, la ponctuation, les accents, etc. S'il ne sait le faire lui-même, il doit le faire par d'autres, avec l'assentiment du Prieur. Il veillera à la bonne tenue de ces livres, des couvertures, des fermoirs, et devra proclamer ceux qui les auraient maltraités. Il devra connaître parfaitement et de mémoire toute la distribution de l'Office... Il fera établir dans le chœur, en sacristie, ou ailleurs, une armoire pour conserver les livres choraux.[2] »

Quand approchait une solennité dont le chant ou les cérémonies étaient particulièrement difficiles, il devait obtenir du prieur que la communauté entière ferait une répétition, et ainsi le chant et l'office en général restaient édifiants et beaux, et n'avaient jamais aucune analogie avec le chant des derviches hurleurs.

Le chantre était secondé en toutes ses fonctions par le sous-chantre, qui participait à ses obligations et à ses privilèges.

Nous savons qu'à Sainte-Sabine on apporta dès le principe le plus grand soin à la bonne tenue du chœur. Cette préoccupation s'imposait particulièrement aux supérieurs, à raison de l'importance du couvent. Il fallait que les nombreux Frères qui, de toutes les parties du monde, arrivaient à Rome et demandaient l'hospitalité à

---

[1] *Capit. Urbev.*
[2] *De off. cantoris.*

Sainte-Sabine, et, selon la règle, assistaient aux exercices choraux, en pussent emporter une bonne impression, et non une fatigue ou un dégoût.

D'ailleurs, les Malabranca, les Humbert de Romans, les Guidalotti, si connus par leur amour et leur intelligence des beautés liturgiques, étaient là pour inspirer et maintenir le bon goût.

Aussi voyons-nous, dès 1244, Fr. Pierre chargé par le chapitre d'organiser les livres liturgiques; et bientôt, Fra Latino, donnera au couvent de superbes volumes notés, dont quelques-uns subsistent encore. Ce sont de grands in-folios en parchemin, écrits très lisiblement et très correctement, avec des lettres historiées. C'était noble, religieux et commode.

Telle était la disposition matérielle du chœur.

Lorsque les Frères y entraient et passaient devant l'autel, ils devaient incliner tantôt la tête, tantôt la poitrine; parfois aussi ils pliaient les genoux, ou se prosternaient entièrement à terre et contre le sol, comme l'explique avec un bon sens admirable Humbert de Romans, dans son Commentaire déjà cité et loué sur les Constitutions.

On comprendra que nous nous arrêtions ici à indiquer de quelle manière nos aïeux chantaient on récitaient l'office. Afin de donner à notre parole plus d'autorité, nous résumerons simplement la doctrine du grand dominicain que nous venons de citer, et dont la compétence ne saurait être mise en doute par personne, surtout en semblables questions. Il interprète ce texte des Constitutions: « Que toutes les Heures se disent à l'église, brièvement et succintement, de manière que les Frères ne perdent pas la dévotion et que leurs études ne soient point empêchées ».

La prolixité de l'Office, dit-il, a de nombreux inconvénients: elle dépeuple le chœur, parceque beaucoup cherchent à s'en exempter; elle fatigue physiquement les Frères, qui restent trop peu nombreux pour une telle peine; elle fatigue l'esprit, qui ne saurait rester si longtemps attentif; elle déforme l'office, qui perd sa beauté dans ces longueurs; elle rend impossibles d'autres biens, c'est-à-dire la dévotion et l'étude.

Il y a deux sortes de dévotions: celle qui se rapporte à l'Office lui-même, et celle qui a pour objet des oraisons ou des pratiques particulières. La première dévotion nous fait réciter l'Office Divin avec attention, avec amour, avec joie, avec gravité, avec humilité, avec spontanéité.

A la seconde dévotion se rapportent les oraisons et méditations privées, dont Humbert parle ici très longuement et avec une incomparable richesse de doctrine, expliquant ainsi pourquoi les Frères dans le principe pratiquaient ces longues visites aux autels de l'église.

Il revient ensuite à la récitation de l'Office. On nous objectera, dit-il, qu'il ne faut pas préférer l'étude à l'Office: nous répondons que nous préférons l'étude non pas à l'Office, mais à la prolixité de l'Office. Après avoir ajouté des détails très précis sur la nature et la nécessité des pauses, sur les lignes transversales par lesquelles on les indique, il poursuit en rappelant que pour une bonne psalmodie, il faut trois choses: l'attention du cœur, la tenue convenable et la connaissance du chant. L'attention exige qu'on écarte non seulement les distractions profanes, mais encore certaines préoccupations qui, en d'autres circonstances, pourraient être saintes, comme une méditation sur les Ecritures.

Une tenue respectueuse est nécessaire. La présence de Dieu, de l'autel, des croix, des reliques demandent ce témoignage de vénération. Et cependant, dit-il, « on en voit qui arrivent au chœur avec le seul capuchon blanc et laissent le noir, ou avec un autre vêtement déformé; ils mettent les pieds l'un sur l'autre, ils se croisent les jambes sans pudeur; ils crachent, ils se scalpent; ils regardent partout avec effronterie, sont toujours en mouvement, et montrent l'instabilité de l'esprit par l'instabilité du corps. Ils rient, ils parlent, on dirait qu'ils ne sont pas dans la maison de Dieu. »

On voit par là ce qu'exige le bienheureux Humbert pour la célébration convenable des Saints Offices.

Quant à la nécessité de connaître le chant, elle s'impose d'elle-même; inutile de rien ajouter. Ainsi fut comprise de nos ancêtres cette partie des observances dominicaines, la plus importante au point de vue sérieux. La piété des religieux en dépend;[1] et de la piété des religieux dépend l'éloquence vraie du prédicateur.

---

[1] Saint Grégoire de Nazianze décrit si bien le chant choral que nous ne résistons pas au plaisir de citer de lui ces vers:

§ 16. Les livres choraux de Sainte-Sabine.

En 1252, le cardinal dominicain Hugues de Billom, titulaire de Sainte-Sabine à Rome, y faisait exécuter des livres liturgiques, dont un volume, le missel, est conservé aujourd'hui dans la Bibliothèque de Clermont-Ferrand, en Auvergne. Hugues de Billom avait légué ces livres à son couvent d'origine.

Vers la même époque le cardinal dominicain Fra Latino Malabranca fit don à Sainte-Sabine, son couvent, de livres liturgiques, exécutés par le même miniaturiste, semble-t-il, et dont deux volumes se conservent encore, et nous voudrions en dire une parole, afin de rappeler en même temps un souvenir intéressant pour l'histoire des arts à Rome.

Les deux volumes sont énormes de poids et de grandeur, en indestructible parchemin. Aux temps anciens, ils étaient placés au milieu du chœur, sur un pupitre monumental, et les Frères se réunissaient autour de ce pupitre pour chanter les morceaux que l'on ne savait point par cœur. Le chantre tournait les feuillets, et les assujettissait au moyen d'une courroie qui était maintenue par une boule de plomb, fixée à l'extrémité.

Notons d'abord, d'après une ligne d'écriture qui se lit à la première page, que ces livres ont été exécutés, du moins partiellement, aux frais d'une pieuse veuve : « La Dame Mannucia, femme autrefois de Conrad, a donné un subside pour ce livre, en vue du bien

---

  Ὁρᾷς ἀγρύπνους πρὸς θεὸν φαλμῳδίας
  Ἀνδρῶν, γυναικῶν, φύσεως λελησμένων,
  Οἵων θ'ἕσων τε καὶ οσον θεουμένων!
  Σύμφωνον ἀντίφωνον ἀγγέλων στάσιν
  Δισστὴν ἄνω τε καὶ κάτω τεταγμενην
  Θείας ὑμνῳδὸν ἀξίας καὶ φυσεως. *De Virt.*, 920—925.

A propos de ces vers, il ne sera pas inutile de remarquer ici que chez les anciens on appelait σύμφωνος un chant exécuté tout entier par un chœur, et ἀντίφωνος un chant divisé en versets, et exécuté alternativement par deux chœurs séparés. Les mots eux-mêmes indiquent cette signification. Le chant alterné est aussi ancien que l'autre, quoiqu'on en ait dit. Isaïe nous apprend déjà que les anges « clamabant alter ad alterum » (Cap. VI); et dans le psaume LXVII, ou nous lisons « millia laetantium », il faudrait lire « alternantium », disent quelques interprètes, à raison du mot hébraïque « schinan » qui vient de « schanah » répéter, réitérer.

de son âme et de celles de son mari et de ses enfants. Que celui qui lit prie pour eux! ».[1]

Quelle intelligente bienfaisance, et combien pieuse la recommandation!

70. Une page ornée des livres choraux de Sainte-Sabine.

C'est, croyons-nous, par les soins de Fra Latino que fut donnée cette aumône, et que furent exécutés ces livres choraux. Nous savons en effet qu'il s'en préoccupa, et les volumes dont nous par-

[1] «Domina Mannucia, uxor quondam Curadi dedit provedimentum pro isto libro, pro anima sua et viri et filiorum suorum. Quicumque legit oret/pro eis!»

lons remontent précisément à cette époque, puisqu'ils ne contiennent pas encore l'office du Saint-Sacrement.

L'écriture et le style d'ailleurs les rapprochent du missel de Clermont-Ferrand.

71. Lettres ornées des livres choraux de Sainte-Sabine.

Un premier détail à noter est que nous avons ici le portrait et le nom de l'artiste.

A la fête de saint Jean, en effet, nous trouvons une lettre ornée de l'image du saint, puis, à ses pieds, dans la marge, un personnage qui fléchit un genou et présente au saint une banderolle déployée, où se lisent ces mots: « Moi, Buon Giovanni, fils d'André de Paul, je rends grâces.[1] »

C'est manifestement l'artiste qui rend grâces à son patron.

72. Lettres ornées des livres choraux de Sainte-Sabine.

Il revêt une robe bleue serrée autour des reins par une ceinture, et munie d'un capuchon. Il ne porte pas de rasure monastique, et chausse des souliers élégants, ouverts sur l'avant du pied. C'est un séculier.

Son œuvre d'enluminure dans ces livres est fort considérable.

---

[1] Bons | Johs | An | dree | Pau | li | gr | aci | as | ago.

Beaucoup de lettres initiales sont ornées d'animaux fantastiques, d'oiseaux, de poissons, de caricatures, distribuées et exécutées avec une verve, une facilité et une imagination brillantes.

Il s'inspirait des objets qu'il avait sous les yeux dans Sainte-

73. Lettres ornées des livres choraux de Sainte-Sabine.

Sabine. Ainsi le saint Dominique recevant sa mission d'en haut est imité de la mosaïque qui, sur la porte, représentait alors saint Paul recevant de Dieu sa mission d'apôtre; une M majuscule est ornée de la croix triomphante, surmontée du soleil et de la lune, comme dans les marbres qui entouraient le presbyterium de la basilique. Le style est roman, mais déjà apparaît l'ogive avec quelques caractères gothiques.

Les sujets historiés se produisent et se distribuent selon la chronologie liturgique.

On y trouve l'Annonciation de sainte Anne, avec saint Joachim en prière; la Nativité, avec des Juifs au bonnet pointu, et une étoile

74. Lettres ornées des livres choraux de Sainte-Sabine.

toute moderne par les dimensions, l'Adoration des Mages, la Circoncision, les Femmes au tombeau du Christ, avec une grande plante dans le haut pour indiquer que la scène se passe à la campagne, comme l'a pratiqué l'artiste des bas-reliefs dans la porte de Sainte-Sabine ; l'Ascension, où on voit le Christ assis et bénissant, dans une auréole en amande, porté par deux anges, avec deux apôtres dans le bas ; la

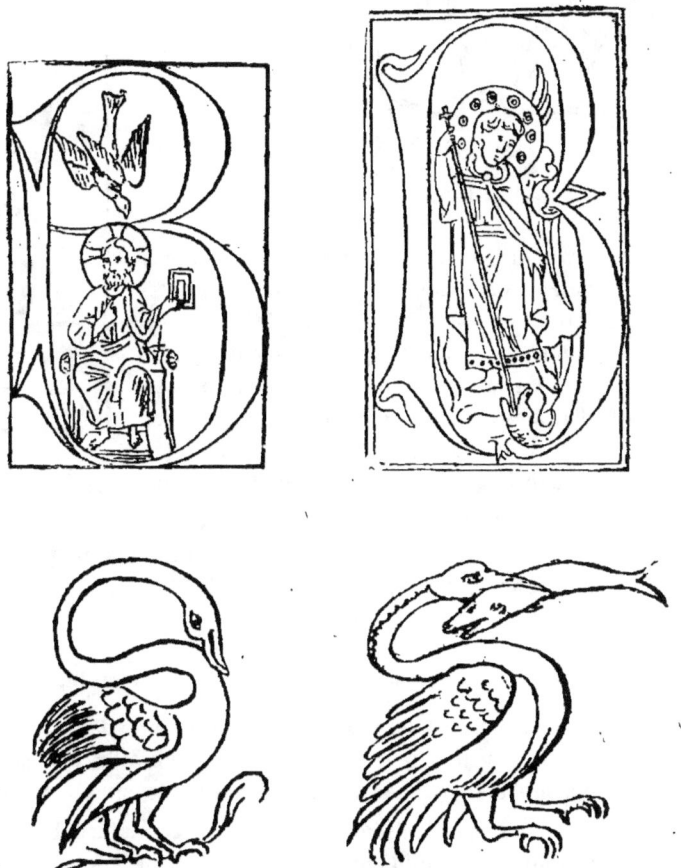

75. Lettres ornées des livres choraux de Sainte-Sabine.

Pentecôte, la Lapidation de saint Etienne, qui contemple la main de Dieu sortant d'un nuage ; la Vierge, saint Michel, saint Pierre, saint Jean l'évangéliste, saint Paul, saint Jean Baptiste.

76. Lettre ornée des livres choraux de Sainte-Sabine.

On y trouve naturellement quelques sujets dominicains: la Vocation et la Translation de saint Dominique, la Mort de saint Pierre Martyr, splendidement figurée.

Parmi les lettres simplement ornées d'arabesques, il convient de remarquer une M et une R, très appréciables par la sobriété, le bon goût et l'harmonie du dessin.

77. Le miniaturiste des livres choraux de Sainte-Sabine.

On y trouve également des ornements fantaisistes, esquissés à la plume, avec adresse et esprit.[1]

§ 17. Un petit tabernacle.

En sortant du chœur pour se rendre dans la nef occidentale ou de gauche, on remarque dans la muraille une petite armoire en marbre blanc, ornée de mosaïques: très simple, mais de bon goût.

On dirait l'entrée d'un temple en miniature. Deux colonnes avec chapiteaux corinthiens imités de ceux de l'église, reposent sur un soubassement et supportent une architrave avec un fronton triangulaire. Au milieu s'ouvre une petite porte, aujourd'hui en bois, jadis en marbre sans doute.

[1] Voir *Appendice*, nr. VII.

78. Le tabernacle des Saintes Huiles.

Les ornements en mosaïque relèvent du style cosmatesque: les colonnettes en particulier sont entourées de rubans de marbres coloriés, de forme hélicoïde.

Il est taillé dans un seul bloc de marbre, sauf le soubassement.

La hauteur est de 0,78 et la largeur de 0,50; la porte ne mesure que 0,26 cent. sur 0,17.

On suppose que notre tabernacle servit dans les temps anciens pour conserver l'Eucharistie, quand eut cessé l'usage de la conserver dans des vases en forme de colombes, que l'on suspendait avec une chaîne dans le « columbarium » ou « péristerion ». On trouve effectivement des édicules analogues qui ont servi à cet usage, par exemple à Sainte-Croix-de-Jérusalem.

Le concile de Trente ayant interdit cette assimilation matérielle de l'Eucharistie avec les Saintes Huiles, les tabernacles de ce genre ne serviront plus que pour la dernière destination.

Nous n'avons aucune donnée historique démontrant que notre édicule ait eu cette double adaptation successive, en conformité avec les usages que nous venons de rappeler. Il date, selon nous du XIIIme siècle, et doit être l'œuvre de Fra Pasquale, le sculpteur mosaïste qui travaillait à sainte Sabine, où il était religieux, et où il exécuta les ornements de l'autel de saint Dominique, dont des fragments subsistent encore dans la crypte. A cette époque, les usages anciens étaient déjà fort modifiés.

Une hypothèse plus vraisemblable, croyons-nous, serait que notre édicule fut en réalité dès le début un tabernacle d'autel, et placé probablement dans la chapelle souterraine où se conservait l'Eucharistie.

Lorsque cette chapelle fut démolie, on le transporta dans le mur où il se voit aujourd'hui, et où il sert pour les Saintes Huiles. Mais nous ne donnons ceci que comme une hypothèse plausible.

Il est temps désormais de descendre dans la nef de gauche, toujours au nord, réservée jadis aux femmes, et appelée pour ce motif ματρονίκον, place des Dames, tandis que celle de droite, toujours au levant, destinée aux hommes, portait le nom de ανδρον, ou « androna », place des hommes.

CHAPITRE XI.

La nef de gauche.

§ 1. La chapelle du Crucifix et la petite Sacristie.

a nef occidentale aboutit à une sacristie carrée, qui constitue le pendant de la chapelle du Rosaire de la nef orientale, et se termine à angles droits, comme l'autre nef se terminait jadis.

En avant de la sacristie nous avons la chapelle du Crucifix. C'est simplement un autel en maçonnerie, que surmonte un Christ en bois peint, de grandeur naturelle, et fixé à la muraille dans une sorte de niche. Le Christ se distingue par la simplicité et le calme dans la mort. Il date peut-être du XVme siècle.

On arrive à la chapelle par une porte arquée, et elle est couverte d'une voûte, où l'on a peint des groupes d'anges qui portent les instruments de la passion. Ces anges ne manquent point de grâce, et n'ont heureusement rien de cette mièvrerie qui rend si ridicules et si hypocrites ceux qu'on a chargés du même ministère au Pont-Saint-Ange.

Cette chapelle est postérieure à 1688, puisqu'en cette année, Fr. Barthélemy de saint Hyacinthe, énumérant les autels placés de ce côté de l'église, déclare formellement « qu'il n'y avait que la chapelle de sainte Catherine, érigée sur l'emplacement de celle de sainte Lucie. »[1]

Mais elle existait déjà en 1710, puisqu'à cette époque le P. Dominique de Amicis, selon le récit de son historien, se retirait souvent derrière la chapelle du Crucifix, pour y prendre ses redoutables disciplines.[2]

Ce local situé derrière la chapelle du Crucifix est la petite sacristie qui occupe l'extrémité de la nef, et sert aujourd'hui de succursale à la grande sacristie qui est placée près de l'entrée de l'église.[3] Jusqu'en 1671, il y avait là un passage de communication entre la maison du cardinal protecteur et l'église.

A cette époque, on essaya d'y créer un chœur pour la récitation de l'Office, surtout en temps d'hiver. On pensait se protéger ainsi contre les rigueurs intolérables du froid. On perça une fenêtre qui donnait sur l'abside de l'église et détruisit ce qui pouvait rester de l'ancienne ornementation de ce côté. Elle est fermée aujourd'hui par une armoire.

Cette organisation dura peu, et dès 1690, le petit local était à peu près ce qu'il est de nos jours.

Si l'on se rappelle que cette sacristie termine naturellement la nef de l'église dans toute sa longueur, et, qu'ainsi comprise, elle n'est pas de moindre dimension que la nef orientale, on n'ose plus affirmer si absolument que les deux nefs ne furent point de même étendue.

Un dernier détail à observer, c'est que, pour agrandir la sacristie, on plutôt le « chorino », il a fallu empiéter sur la nef de l'église, d'où ce fait que des tombeaux érigés primitivement dans l'église se trouvent aujourd'hui dans la sacristie.

§ 2. La chapelle de sainte Catherine de Sienne.

Nous n'avons dans la nef occidentale qu'une seule chapelle considérable à étudier : celle de sainte Catherine de Sienne.

---

[1] *Hist. Congr. S. Sabinae*, ms.
[2] *Vita del P. Domenico de Amicis*, p. 25.
[3] Le paliotto de l'autel, qui n'a d'ailleurs aucune valeur artistique est daté de MDCCXXXVI.

L'illustre vierge fut bien vite honorée dans le couvent de Sainte-Sabine, non seulement comme une gloire de l'Ordre de saint Dominique, mais aussi parce que maintes fois elle avait visité le couvent du grand Patriarche.[1] On lui avait érigé un autel dans l'église, et les Papes s'étaient faits les promoteurs de cette dévotion. Le 12 mars 1581, Grégoire XIII accordait « au couvent de Sainte-Sabine de Rome, de l'Ordre des Frères-Prêcheurs, appartenant à la Congrégation de Lombardie, que chaque fois qu'un prêtre du couvent célèbrerait une messe de morts à l'autel de sainte Catherine de Sienne, » il y aurait bénéfice d'une indulgence spéciale pour l'âme des défunts.[2]

Mais nous ne savons où était placé cet autel, dont il ne nous reste aucun souvenir écrit ou monumental, et la chapelle que nous avons à décrire est d'origine plus moderne et bien différente.

Elle s'ouvre sur le milieu de la nef latérale de gauche. C'est de beaucoup la plus riche de l'église.

En 1670, les héritiers du cardinal d'Elci, qui avait été titulaire de Sainte-Sabine, demandèrent aux religieux l'autorisation de lui élever un tombeau dans l'église. L'autorisation fut accordée à l'unanimité des votes et sans conditions.

Mais bientôt les héritiers pensèrent qu'il fallait élever à la mémoire du cardinal un monument plus noble qu'un tombeau, et résolurent de construire une superbe chapelle en l'honneur de sainte Catherine. On choisit sans doute ce titulaire, parceque la famille d'Elci était de Sienne.

Le 5 février 1671, la permission fut accordée par le conseil du couvent, et il fut décidé que la chapelle se ferait en face de celle de saint Hyacinthe.

Il se rencontra une difficulté. A l'endroit indiqué, se trouvait un ancien oratoire de sainte Lucie, sur lequel la famille Bertani avait des droits. On résolut l'objection en constatant que depuis 70 ans passés, la famille Bertani ne donnait plus certaine pension promise, et en décidant en outre que si elle faisait des réclamations, on donnerait à la famille une autre chapelle plus somptueuse que l'ancienne.

[1] Cf. Zénaïde Fleuriot, *Notre Capitale*.
[2] Cf. Brémond, *Bullar. Ord. Praed.*, t. V, p. 329

79. La chapelle de sainte Catherine de Sienne.

On ne réclama point; l'oratoire ou l'autel de sainte Lucie fut détruit, et jamais on ne le remplaça. Nous le regrettons. Sainte Lucie est l'une des protectrices aimées de l'Ordre de saint Dominique, et ceux qui ont feuilleté nos annales primitives dans les vieux auteurs, savent combien souvent, avec sainte Catherine, sainte Cécile, et quelques autres, on la déclara bienfaisante envers les Frères.

Pendant quelque temps, c'est-à-dire depuis le jour où Sixte V fit détruire l'autel érigé au milieu de la nef en l'honneur de saint Dominique, jusqu'à l'achèvement de la chapelle consacrée spécialement à l'illustre patriarche (1586-1642), elle avait été un peu sa chapelle, puisqu'on y avait placé contre la muraille [1] un tableau qui le représentait.

La munificence de la famille d'Elci ne nous empêche point d'apprécier celle de la famille Bertani, qui avait construit et orné le vieil oratoire.

On se mit à l'œuvre pour la construction nouvelle. L'architecte choisi fut G. B. Contini, qui se fit réellement le plus grand honneur. Il nous donna sans doute l'éternel édicule carré, surmonté d'une coupole, dans lequel on pénètre par une grande porte cintrée et fermée en bas par une balustrade en marbre haute de 0,90 cent.: mais il sut réellement imprimer à l'ensemble un caractère de grandeur et de noblesse, une sobriété et une harmonie de lignes que l'on rencontre rarement dans les monuments analogues.

Elle mesure 7 m. 50 de largeur, sur 10 m. 80 de profondeur. Les murs et le sol sont entièrement revêtus de marbres, d'inscriptions et d'armoiries magnifiques. Les marbres employés sont en particulier le « giallo antico » et le « diaspro di Sicilia ». La coupole, ainsi que la lanterne qui l'éclaire est couverte de peintures.

L'autel est en marbres fort riches, et flanqué de grands aigles que les D'Elci portent dans leurs armes. Il est surmonté de quatre colonnes également de « diaspro di Sicilia », qui soutiennent un noble fronton triangulaire.

Le tableau de l'autel, placé entre les colonnes, est de Morandi. Il est très bon. La Vierge s'y voit assise et tenant l'Enfant Jésus;

---

[1] Fr. Bartol. di San Giacinto, *Historia della Cong. di S. Sabina.*

elle remet le lys à saint Dominique agenouillé à sa droite, tandis que l'Enfant Jésus, d'une main place sur la tête de sainte Catherine agenouillée à gauche, une couronne d'épines, et de l'autre lui présente une poignée de flammes. Ce dernier détail rappelle fort artistiquement comment le Christ changea le cœur de sa servante. Les fresques qui embellissent la coupole sont l'œuvre d'Odazzi, et reproduisent les faits principaux de la vie de sainte Catherine. Ces peintures dénotent chez l'artiste une habileté de pinceau considérable, mais en même temps l'absence trop complète du sentiment mystique, qui devait pourtant y dominer.

Le poème représenté est d'ailleurs grandiose.

Dans les quatre pendentifs, en commençant à droite du spectateur qui arrive, on trouve figurés quatre évènements surhumains qui auraient demandé un pinceau plutôt délicat que robuste: sainte Catherine préférant la couronne d'épines à la couronne de roses; sainte Catherine recevant la communion du Christ lui-même; sainte Catherine échangeant son cœur contre celui du Christ; sainte Catherine recevant les sacrés stigmates.

Dans la coupole est figuré le triomphe de sainte Catherine au ciel: la Vierge présente Catherine au Christ, pendant que le Père éternel la bénit du second plan, et que des anges jettent des fleurs, font de la musique et exécutent de peu célestes pirouettes dans le voisinage et dans tout le haut de la coupole.

Dans le pourtour, on trouve, en commençant par la droite, ou du côté de l'Epitre, divers groupes de saints, qui assistent au divin spectacle.

Saint Pierre assis et tenant ses deux clés, le montre à saint Bernard de Clairvaux, dont un ange porte la crosse abbatiale, et à deux autres saints; un peu plus haut, et au second plan, on remarque sainte Catherine d'Alexandrie et sainte Madeleine, qui en parlent, puis saint Jean et saint Joseph qui en causent également.

Vient ensuite, au premier plan, un groupe de saint Dominique et de saint François qui s'expliquent sans doute sur la fameuse question des stigmates, dont le patriarche d'Assise n'aura plus désormais la spécialité.

A la suite apparaît un autre groupement plus considérable, où l'on reconnaît Moïse avec les deux tables de la loi, saint Marc

80. Le tableau de Morandi à l'autel de sainte Catherine.

avec son lion, saint Jérome tenant un volume où on lit: « Hae sunt divitiae », tandis qu'un ange porte près de lui le chapeau cardinalice ; enfin saint Athanase vêtu de son pallium et portant le rocco. Tous conversent de la nouvelle Bienheureuse arrivant au ciel.

Sur l'arrière et plus haut, apparaît sainte Ursule portant son étendard et entourée de gentilles martyres.

Voici saint Paul, dont un ange porte le glaive, puis saint André et saint Jean-Baptiste, et à l'arrière-plan Adam et Eve.

Enfin, derrière le Christ qui couronne sa servante, un groupe d'anges porte les instruments de la passion, rappelant la piété intense de notre sainte pour le Christ crucifié.

On le voit, c'est riche, c'est vaste: mais la rhétorique n'en est pas absente, et chacun sait, s'il comprend, que la rhétorique que l'on admire est l'ennemie de l'éloquence qui touche.

Les travaux complets durèrent presque vingt ans, et l'on y dépensa de nombreux milliers d'écus, d'autant plus qu'il avait fallu créer des fondements très profonds, dans ce sol labouré en tous les sens par des souterrains imprévus.

La dépouille mortelle du cardinal fut d'abord placée à part dans l'église; mais au commencement de 1688, bien que la chapelle ne fût point achevée, le corps fut déposé dans le tombeau, au-dessous de la chapelle.

Mons. D'Elci, neveu du défunt et archevêque de Pise, se transporta à Sainte-Sabine, le premier jour de Carême 1688, célébra la messe dans la chapelle, sur un autel portatif, et enfin, le dimanche de la Passion de la même année, consacra le somptueux autel qu'on y admire aujourd'hui.

Il le dédia à sainte Catherine de Sienne. Ce fut ce jour là, une grande solennité ou « funzione » à Sainte-Sabine.

Nous transcrirons ailleurs les inscriptions funèbres qu'on lit sur les marbres de cette chapelle.

C'est la dernière des chapelles latérales. Nous déplorons l'existence de ces chapelles à bien des points de vue, même quand elles auraient les plus grands mérites d'architecture et de décoration. Elles détruisent l'antique simplicité de l'église, en divisent l'unité architecturale et symbolique.

§ 3. Fragments de l'ancien presbyterium.

Vers le bas de la nef occidentale on remarque fixées contre la paroi extérieure et contre la muraille du fond, de grandes plaques de marbre, parfois mutilées, mais chargées de dessins qui rappellent à première vue le neuvième siècle, l'époque où le byzantin et le celtique se rencontraient de si près dans le domaine de la décoration. Ces plaques réunies les unes au-dessus des autres sont au nombre de douze.

81. Fragments des anciens chancels.

Elles ne sont pas de même longueur: quelques-unes, les plus grandes mesurent jusqu'à 2 m. 16; les moins grandes, entre 1 m. et 1 m. 16.

La hauteur n'est pas non plus homogène: elle va de 1 m. à 1 m. 17.

Ces dimensions ne sont d'ailleurs qu'approximatives, ayant pu être modifiées par les emboîtements.

Ce sont là les chancels dont nous avons déjà raconté l'existence, et qu'il faut attribuer à Eugène II, peut-être partiellement à Léon III.

Ils avaient été supprimés par Sixte V, et les plaques de marbre furent transformées en escalier ou en gradins d'autels pour le nouveau presbytérium de la basilique. C'est l'architecte Ferdinando Mazzanti qui retrouva les fragments en 1895, et les fit placer avec tant de goût et d'intelligence contre les murs que nous avons devant nous. Il nous en écrivait le 7 septembre 1895: «Les dégâts commis dans cette si belle église pendant les travaux de Sixte V, dont vous vous plaignez si justement, aboutirent à la disparition de ces cloisons en marbre du presbytérium. Elles étaient renversées et murées contre le sol. Ce sont des plaques de marbre hautes d'environ 1 m. 50, richement ornées dans le style du IXme siècle, très bien encadrées dans les larges bordures en dents de scie. Ce sont des ornements en disques, des grappes de raisin et des feuilles de vigne, des cercles entrelacés de croix, etc.; ils sont fortement stylisés, mais d'une exécution soignée et élégante, dont vous pourrez avoir une idée en vous rappelant les sculptures ornementales de Grégoire IV semées dans l'église de Santa Maria di Castel sant'Elia, près de Nepi.

« Parmi ces plaques de marbre, deux paraissent d'une époque plus ancienne, et je les assigne au temps de Léon III. »

M. Mazzanti a développé ailleurs sa pensée,[1] et l'a éclairée par des dessins fort bien faits.

Les deux marbres les plus anciens seraient ceux qui comportent des carrés superposés en diagonales de façon à former un octogone encadré dans un carré plus grand.

Les bas-reliefs qui figurent une croix ornée d'entrelacs et accostée d'étoiles ou du soleil et de la lune, fermaient l'espace entre les six colonnes de l'iconostase; les plus grandes parois entouraient la « schola cantorum. »

---

[1] *Archivio storico dell'arte*, an. 1896.

Grâce à ces fragments, auxquels il faudrait ajouter ceux qu'on a fâcheusement laissés dans le vestibule de l'église, il serait facile de reconstituer le chœur ancien de Sainte-Sabine. Il ne s'agirait

82. Fragments des anciens chancels.

pas, selon nous, de remplacer par des fragments imités ceux qui font défaut, mais simplement d'établir ceux qui subsistent contre un mur fort léger, sauf à achever sur le crépissage les lignes en noir, comme l'a fait excellemment M. Mazzanti.

Nous n'avons pas à faire observer au lecteur intelligent que la croix et le monogramme du Christ formaient la pensée généra-

83. Fragments des anciens chancels.

trice de cette décoration: la croix et le monogramme triomphent, embellis d'entrelacs, combinés de diverses manières, avec une profusion admirable de concepts et d'expressions, et cependant sans prodigalité encombrante, sans que jamais l'embellissement accessoire fasse disparaître le monument à embellir.

Cet art rappelle les catacombes avec ses motifs, ses palmes, ses colombes portant des feuilles et des raisins, ses symboles variés, mais n'a plus rien du style classique. Et, chose étrange, s'il démontre plus d'ingénuité chez les artistes, il démontre également une plus parfaite sincérité. De là le charme pénétrant qui s'en dégage, et la préférence qu'affichent les modernes pour cet art qu'a dicté plus immédiatement la nature elle-même, en dehors du convenu classique.

Quelques bas-reliefs sont des plus intéressants à raison de leur symbolisme. Ces croix mêlées aux feuilles et aux raisins, c'est la douleur suivie de la paix ou du « refrigerium » ; les monogrammes variés et surchargés de croix, c'est le crucifix; ces croix ornées, debout entre deux palmes qui s'élèvent de la terre, et sous le soleil, la lune ou les étoiles, c'est le triomphe de la croix sur la terre et au ciel; la croix jetée à profusion rappelle l'enthousiasme et l'amour qu'elle a provoqués partout dans l'univers.

L'ornementation plus austère des chancels à l'époque de Justinien avait sa majesté et sa grandeur: celle-ci, plus abondante et luxuriante, a aussi sa signification de plein triomphe.

Nous savons déjà que toute cette ornementation est due surtout à Eugène II: quelle fut celle qui a précédé, nous l'ignorons. Ce qu'il est permis d'affirmer, c'est qu'elle ne différa point des monuments analogues de cette période.

§ 4. Le campanile ou clocher.

Le dernier monument à étudier est le campanile, qui s'élève à l'entrée de la nef.

Il fut une grande tour carrée mesurant aujourd'hui 5 m. 50 de largeur et 5 m. 25 d'épaisseur. Mais il en faut retrancher les murs de renforcement, de sorte que la tour primitive n'avait guère que 5 m. largeur, sur une profondeur de 5 m. 15. Elle était percée sur ses quatre faces et à quatre étages, de fenêtres à plusieurs baies. L'auteur de la description de Sainte-Sabine conservée au Vatican [1] dit qu'il y eut primitivement quatre rangs de colonnettes,

---

[1] Ms. lat. 9167. Cf. *Cronaca di Santa Sabina*, pp. 25, 48.

soutenant les arcs des fenêtres. Il ressemblait à ceux de Sant' Alessio, de Santa Maria in Cosmedin, et à tous les clochers du temps dans Rome.

Dans la vue de Rome publiée en 1730, gravure sur acier, par Werner, Sainte-Sabine se voit avec un clocher très élevé, et couvert d'un petit toit à deux pans, sans croix ni ornements.

Une autre vue de Rome, dessinée « ad vivum » ou d'après nature, par Tempesta, nous donne une construction analogue.

De même un tableau de Vanvitelli au musée Corsini.

Aujourd'hui il ne s'élève plus au-dessus de l'église: il est simplement surmonté d'un mur épais, dans lequel s'ouvrent deux baies pour recevoir les cloches. C'est qu'il a été raccourci et allégé à deux reprises différentes, à raison de l'affaiblissement des murs qu'amena la création des deux escaliers qui vont l'un de la vieille sacristie à l'église, l'autre du même endroit au vestibule. Il devint alors nécessaire de le renforcer par des murs de soutènement qui détériorent l'entrecolonnement intérieur.

En examinant ce qui nous en reste, on constate qu'il a été modifié ou réparé à diverses reprises, avec quelques différences dans la grandeur et le nombre des fenêtres: on y trouve en effet plusieurs plans de murailles les uns contre les autres.

Il est sans doute postérieur à l'église, et, entre autres preuves, nous avons ce fait que pour le construire, il a fallu fermer deux fenêtres dans la nef. D'après les vraisemblances, il doit remonter au XIIme ou XIIIme siècle, si tant est qu'on ne puisse l'assigner au IXme siècle, au siècle d'Eugène II. Il est vrai toutefois que dès le Vme siècle on construisait parfois deux tours aux angles des églises comme on le voit entre autres à Sainte-Sabine même, dans un bas-relief de la porte, et dans le dessin que Ciampini nous a donné de la mosaïque de l'arc absidal.

En 1594, on dépense 100 écus, pour refaire le clocher de Sainte-Sabine; et en 1612, 8 écus pour le réparer, les cloches menaçant de tomber.

En 1603, on y avait construit pour 25 écus un escalier de 14 marches qui partait du vestibule de l'église.

Dans la partie inférieure du campanile est pratiqué depuis 1620 un couloir cintré et voûté, avec un escalier en peperino conduisant de l'église à la grande sacristie. C'est là, vers l'intérieur de l'église, disait Ficoroni en 1744, qu'outre les vingt-quatre colonnes, on voyait comme antiquité un fragment de marbre fixé dans le haut

84. Le clocher de Sainte-Sabine ressemblait à celui de Sant Alessio (Tempesta).

du mur, à droite, pour celui qui entre à la sacristie. Il représentait un hippopotame sculpté « con capanne ». C'était un travail égyptien[1]. Nous ignorons le sort ultérieur de cette sculpture antique,

---

[1] *Vestigî di Roma antica.*

qui avait dû appartenir à la décoration du temple de Diane, comme les mosaïques superbes qu'y fit exécuter l'empereur Philippe, et qui représentaient des sujets analogues.

L'entrée ancienne fut ornée de peintures; et en 1563, on les fait restaurer, parceque trois cardinaux viennent dîner un jour à Sainte-Sabine.

Le campanile est orné aujourd'hui de trois cloches; la première ou plus petite date de 1596; la seconde, plus grande, ne date que de 1843; la troisième ou la plus grande fut placée en 1906. Elle pèse 1000 livres et c'est l'œuvre des Frères Lucenti. A cause de l'élévation de la colline où elle se trouve, on peut l'entendre de tout Rome.

Nous ne possédons pas de données certaines ni probables sur l'introduction de l'usage des cloches à Sainte-Sabine. On sait que dans le principe le peuple se convoquait par les « Dei cursores » θεοδρομοί, les « Coureurs de Dieu », ou s'invitait par les pontifes eux-mêmes qui indiquaient d'avance le lieu et l'heure des réunions. Les Grecs employaient, à cet effet, des ἅγια ξύλα ou encore l'ἅγιον σίδηρον, « sacra ligna, sacrum ferrum », que l'on frappait avec un marteau, les Egyptiens prévenaient le peuple à l'aide de la trompette, comme sous la Loi Antique. Mais, dès le IXme siècle, les cloches existent en Orient, et dès le VIme en Occident. Au VIIIme siècle on trouve dans les rituels l'usage de bénir les cloches.[1]

C'est chez les moines que la cloche reçut le premier accueil. Saint Colomban se rendait à l'office pendant la nuit, au son de la cloche, « pulsante campana ».[2] Saint Colomban est mort en 599. On le conçoit, puisque les moines devaient alors interrompre leur sommeil, la cloche remplaça avantageusement le « signum excitatorium » ou le « malleus excitatorius » dont on se servait chez les moines d'Egypte, en frappant à la porte de chaque cellule,[3] ou encore l'« alleluia » que chantait comme signal une religieuse, dans le monastère fondé par sainte Paule, et probablement déjà dans la communnauté de l'Aventin, où elle avait vécu.

[1] Cf. Blavignac, *La Cloche*; Martigny, art. *Cloche*; Martène, *De Antiq. rit.* L. II. cap. 21. Bona, *Rer. liturg.* L. II.
[2] Mabillon, *Annal. saec.* I.
[3] Cassien, *Instit.* II.

Saint Dominique se fit naturellement l'héritier de ces traditions. On lit dans le texte primitif des constitutions:

« Les Frères n'auront dans nos couvents qu'une cloche pour toutes les Heures.[1] » Humbert de Romans interprète ainsi cette prescription: « Il est des églises qui ont de nombreuses cloches et sonnent beaucoup, parcequ'elles ont beaucoup de monde à convoquer, et à distance; parcequ'elles rendent ainsi à Dieu un culte de cérémonie; parcequ'elles veulent figurer le grand nombre des prédicateurs qui ont annoncé le culte du vrai Dieu. Quant aux religieux qui n'ont à convoquer qu'eux-mêmes, ou leurs proches voisins, qui doivent rendre au Créateur un culte d'esprit plutôt que de cérémonies, qui comprennent et se rappellent que par tous ces nombreux prédicateurs s'exprimait un seul esprit, il ne leur convient pas d'avoir autant de cloches. Il a donc été réglé que nous en aurons une seulement pour toutes les Heures. Elle doit être de médiocre grandeur, de sorte qu'un frère puisse la mettre en mouvement sans difficulté, et afin qu'en évitant le grand nombre des cloches, nous évitions aussi la trop grande magnificence d'une seule.

« Il est d'habitude qu'on sonne seulement une fois après le premier signal, quelle que soit la solennité. Dans la nouvelle correction (de l'Office) on a déterminé quelques détails relativement à la sonnerie. Lorsque les Frères sont réunis pour réciter plusieurs Heures de suite, et que la Messe ne vient pas interrompre la psalmodie, on ne sonne pas pour chacune des Heures, si ce n'est pour les Vêpres en temps de Carême. Si la Messe se célèbre entre deux Heures, on pourra sonner aussi pour la seconde. En certaines localités, on ne sonne pas pour les Laudes, excepté aux grandes fêtes, afin que les voisins n'accusent pas les Frères de réciter des Matines trop brèves: on ne saurait blâmer cette coutume. Parfois on sonne pour l'action de grâces, après le repas, et les pauvres se réunissent alors pour recevoir leur aumône; parfois on s'en abstient, afin que le public ne sache point quel temps les Frères restent à table: on peut tolérer l'un et l'autre, selon les habitudes des divers pays.

« On a coutume de sonner la cloche à l'Elévation de la Messe conventuelle, afin que tous ceux qui l'entendent se prosternent et adorent,

---

[1] *Dist. I, Cap. I.*
[2] Saint Jérôme, *Epist. XXVII.*

et afin que les serviteurs et ceux qui ont des charges à remplir sachent que la Messe va finir.

« La sonnerie ne se fait point pour la Messe comme pour les Heures. Elle se fait pour la Messe en trois parties, avec deux intervalles. Il faut sonner assez tôt, avant la Messe, pour que depuis le premier coup, les Frères puissent arriver de toutes les extrémités de la maison pour le commencement de la Messe. Quand il faut convoquer la communauté au chœur subitement, pour des funérailles, pour l'Extrême-Onction ou pour tout autre motif, on ne doit sonner la cloche que d'un côté.

« Quoique nous n'ayons qu'une cloche pour les Heures, nous pouvons avoir d'autres cloches, ou d'autres signaux pour d'autres motifs. On peut avoir une cloche pour le Chapitre, et on peut la placer au campanile ou ailleurs, près du Chapitre; et si elle est au campanile, on peut s'en servir pour le premier signal, comme on fait quelquefois, et ceci n'est point contraire aux Constitutions, parceque le premier signal n'est pas proprement pour les Heures. On peut avoir une cloche pour la prédication, pour la leçon, lorsqu'il y a utilité; on peut en avoir une autre pour l'infirmerie et l'hospice, afin d'appeler au repas les malades et les hôtes...

« Mais ne pourrait-on pas sonner en même temps pour la Messe la cloche du Chapitre, celle de la prédication, et celle qui sert pour les Heures, puisqu'on n'interdit plusieurs cloches que pour les Heures? Non! parcequ'ici en parlant des Heures on parle également de la Messe. Cette interprétation est celle de la coutume.

« On ne sonne pas à la même heure en tout temps, pour Complies et pour Prime. Depuis le commencement du Carême jusqu'à la fête de Sainte-Croix, on doit sonner Complies assez tôt pour qu'après le dernier signal, il reste encore assez de jour pour que l'on puisse lire dans un livre. On se lève pour Prime, lorsqu'il est déjà grand jour. Le reste du temps, on sonne Complies un peu plus tard, et Prime un peu plus tôt.[1] »

En vertu d'un Bref d'Innocent XI,[2] du 12 février 1685, il est permis aujourd'hui aux Frères-Prêcheurs d'avoir plusieurs cloches.

---

[1] *Comment. sur les Constitutions O. P.*
[2] Cf. *Bullar. O. P.*

On observe néanmoins l'antique règle en ce sens que, en dehors des fêtes solennelles, on ne sonne qu'une cloche pour toutes les Heures. On sonne deux fois. Au premier coup, qui doit être bref, les Frères se préparent, laissent leurs occupations et n'en prennent pas de nouvelles. Le second coup doit être assez prolongé, pour qu'avant la fin, les Frères puissent, selon l'appréciation du sonneur, arriver à l'église des endroits les plus éloignés de la maison. Entre les deux coups, on doit mettre assez de temps pour que les Frères puissent se préparer.[1]

Nous ne parlerons pas ici de la grande sacristie située sur la gauche de la basilique, parcequ'elle fait partie de l'ancien couvent, et n'offre pas d'intérêt pour le visiteur: il en sera question dans la description du monastère lui même.

En achevant ces chapitres où nous avons essayé de décrire l'église de Sainte-Sabine, nous ne saurions mieux faire que de conclure par les judicieuses paroles de l'illustre P. Grisar, S. J., que nous nous permettons de faire nôtres, sauf en ce qui concerne son « plafond décoré », et l'oubli de l'iconostase: « Qu'on se figure les fenêtres cintrées du haut toutes rouvertes, au-dessus un plafond décoré recouvrant la nef centrale, la balustrade de l'autel et la « Schola Cantorum » rétablies d'après les éléments qui en subsistent; une table d'autel en marbre, couronnée par un tabernacle à colonnes, et l'on aura sous les yeux la plus belle basilique du moyen-âge, qui rendra mieux l'effet produit par ces vénérables monuments que la basilique actuelle de Saint-Paul.

«Puisse l'Ordre des Dominicains, possesseur actuel de cette église, à laquelle le rattachent si étroitement les souvenirs de saint Dominique, être assez heureux, pour exécuter cette restauration, et montrer ainsi à Rome et à ses visiteurs ce qu'ont été jadis les basiliques de la cité éternelle.

« *L'Associazione artistica fra i cultori di architettura*, à qui l'on doit l'excellente restauration de Sainte-Marie-in-Cosmedin, et qui s'occupe actuellement de travaux analogues à Saint-Sabas sur l'Aventin, offre pour cette entreprise tous les moyens d'exécution.[2] »

[1] *Constit. O. P.* Dist. I, cap. I.
[2] *Hist. de Rome et des Papes*, t. I, p. 380.

Afin d'encourager à la réalisation de ce vœu si autorisé, nous voudrions résumer en quelques lignes et en quelques dessins nos idées sur l'organisation, nous ne disons pas absolument primitive, mais ancienne de l'église de Sainte-Sabine, et par conséquent sur ce qui serait à prévoir au point de vue d'une restauration possible.

Il nous suffira de montrer quelques dessins, et d'en donner la justification ou l'explication.

Le premier que nous présentons est ancien, et il nous représente l'église de Sainte-Sabine avant les dégâts des chapelles latérales.

80. Sainte-Sabine d'après le dessin de Maggi.

Il est intéressant surtout parce qu'il nous montre l'église avec les fenêtres des basses-nefs, qui aujourd'hui ne peuvent être que péniblement devinées.

Ce dessin fut exécuté par Giovanni Maggi, et, dit-on, sous le pontificat de Paul V, vers 1610.

Nous le croyons plus ancien, parceque l'artiste ignore l'existence de la première chapelle latérale, celle de saint Hyacinthe, érigée dès l'année 1600 contre la nef orientale. C'est d'ailleurs par cette nef et par l'abside que l'artiste nous montre la vieille basilique, rappelant chaque détail essentiel, même les fenêtres de l'abside.

En agissant de la sorte, le dessinateur fit preuve d'un goût excellent.

Ce dessin fait d'ailleurs partie d'un vaste plan iconographique de Rome, peu sûr pour les édifices accessoires, très-autorisé pour les monuments plus considérables.

Ce plan fut gravé sur bois par Paolo Maupini, et publié seulement vers 1774, par Carlo Losi.

On en conserve un exemplaire unique dans la Bibliothèque Vittorio Emanuele, Salle XII, où il occupe une grande paroi.

Ce document fait foi pour les détails caractéristiques: il nous remet la vieille Sainte-Sabine sous les yeux, et montre ce qui n'est plus une réalité.

Le nombre des fenêtres n'est pas exact: mais leur existence est démontrée une fois de plus, et pour la nef centrale et pour les nefs latérales.

Les autres dessins sont exécutés d'après les renseignements que nous avons indiqués dans notre étude précédente.

81. La façade de Sainte-Sabine.

La façade de l'église, avec ses cinq fenêtres, est historique.

Les corbeaux qui ornent la corniche, ou soutiennent le toit, ne sont pas une imagination. Il en reste à l'angle du toit quelques échantillons qui ont échappé à la ruine, et appellent tous les autres.

Le vestibule ou atrium est certainement authentique dans ses dimensions principales, ainsi que pour la porte centrale, qui jadis

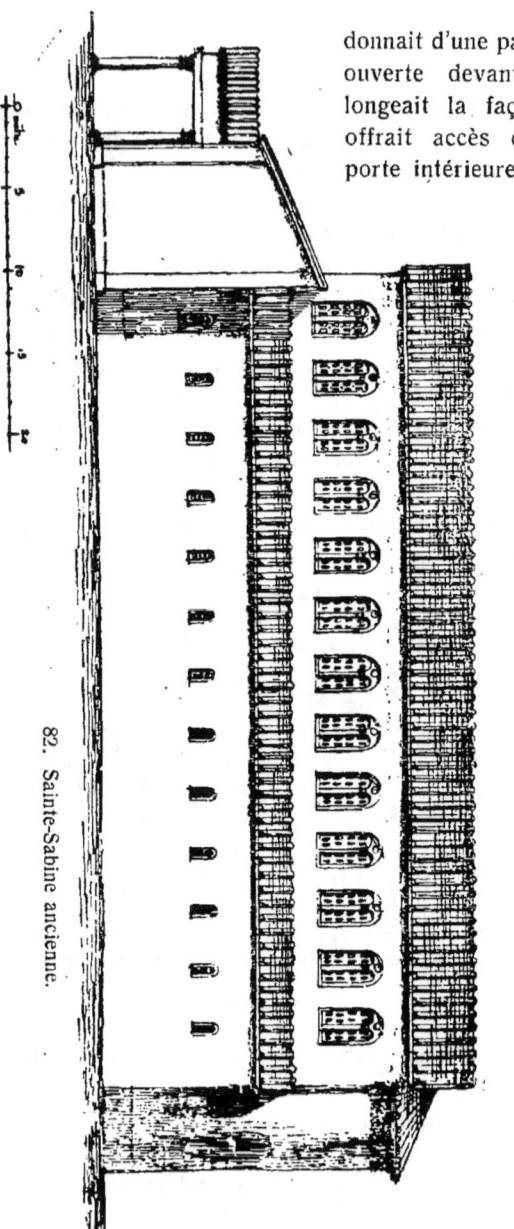

82. Sainte-Sabine ancienne.

donnait d'une part sur la voie publique ouverte devant l'église, dont elle longeait la façade, et d'autre part offrait accès direct sur la grande porte intérieure.

Les fenêtres de l'atrium devaient logiquement, pour motif d'harmonie, être au nombre de quatre, flanquant la porte deux par deux.

Une exploration des murailles donnerait assurément des indications plus précises.

L'entrée de l'atrium est précédée d'un petit vestibule, qui protégeait la porte contre les intempéries, et se trouvait fréquemment dans les anciennes églises. Son existence à Sainte-Sabine ne nous est pas démontrée immédiatement par l'histoire: ce n'est qu'une induction logique, tirée d'autres faits historiques.

Si maintenant nous sortons de l'église pour en faire le tour, nous trouvons les treize fenêtres de la grande nef répondant aux treize entrecclonnements de l'intérieur.

Ces fenêtres sont historiques et existent encore, bien que trois sur quatre aient été fermées.

Nous n'affirmons pas qu'elles furent géminées dès le principe, mais seulement qu'elles le furent dans le passé. Nous avons cité aux *Appendices* une autorité qui l'affirme; nous devons le conclure d'après la dimension des fenêtres, qui devient exagérée, si on ne la diminue par l'armature des fenêtres doubles; nous avons le fait qu'il en existe des vestiges dans les fenêtres de l'abside, et qu'elles existèrent pareillement jadis dans l'église de Sant'Apollinare in Classe, à Ravenne, qui semble être une reproduction de Sainte-Sabine.

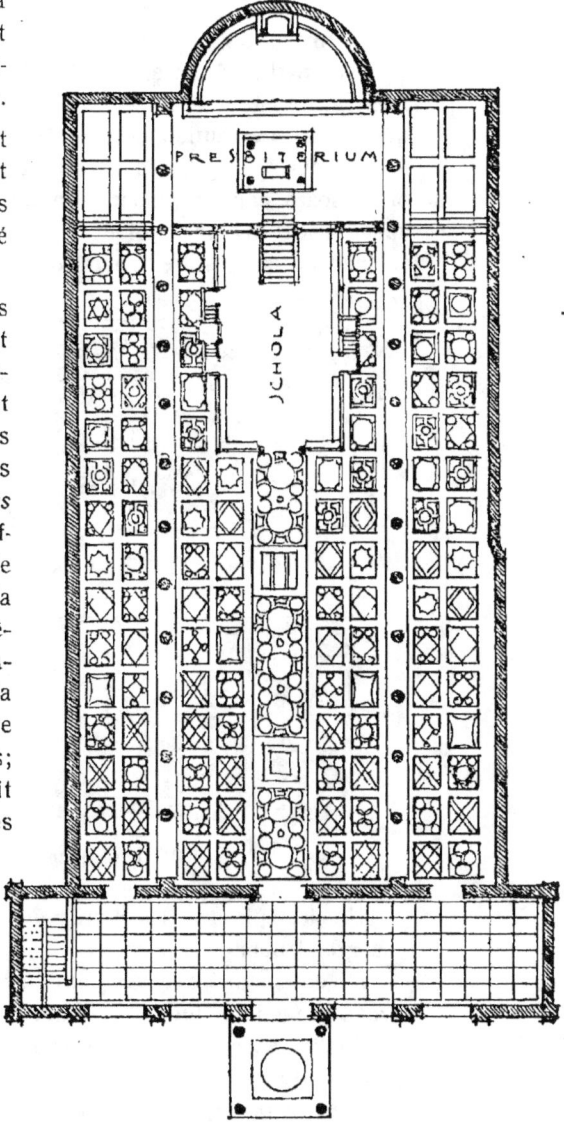

83. Le pavé de Sainte-Sabine.

Si un jour on scrute ce que nous cache le mortier des fenêtres fermées, on en trouvera sans doute la preuve absolue.

Les petites fenêtres simples des nefs latérales sont pareillement au nombre de treize. Il le fallait dans l'harmonie admirable qui inspira l'exécution de la chère basilique.

Aujourd'hui, grâce à l'installation des chapelles latérales, elles ont disparu pour la plupart. Toutefois quelques unes d'entr'elles apparaissent encore, quoique fermées, spécialement sur le flanc de la chapelle du Rosaire, c'est-à-dire sur le flanc oriental.

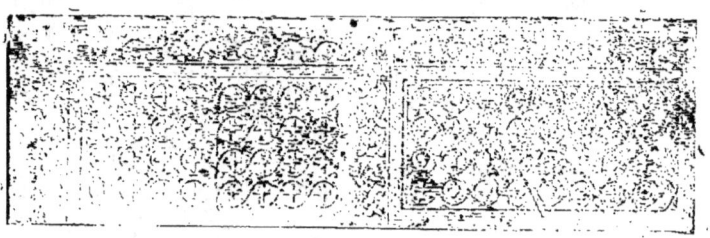

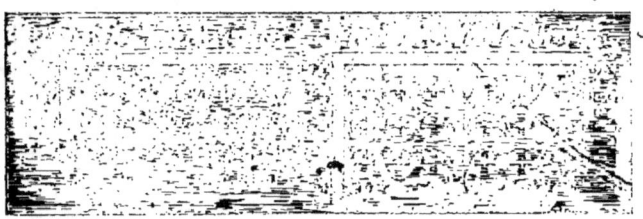

84. Les chancels réorganisés.

Un décrépissage des murs nous en montrerait assurément un plus grand nombre.

Le dessin du pavé est plutôt symbolique qu'historique. Nous savons que jadis il fut en mosaïque: nous en ignorons le dessin, que des fouilles exécutées dans le chœur nous permettront peut-être de reconstruire.

Pour le presbyterium, nous savons qu'on y voyait jadis la « schola cantorum », entourée de ses chancels, l'iconostase formée de ses six colonnes supportant une large frise, et en arrière, à peu près sous l'arc absidal, l'autel de peu vastes dimensions, surmonté d'un baldaquin proportionné et élegant; nous savons enfin que la « concha » de l'abside était ornée de peintures, et que le fond comportait à une certaine époque trois fenêtres géminées.

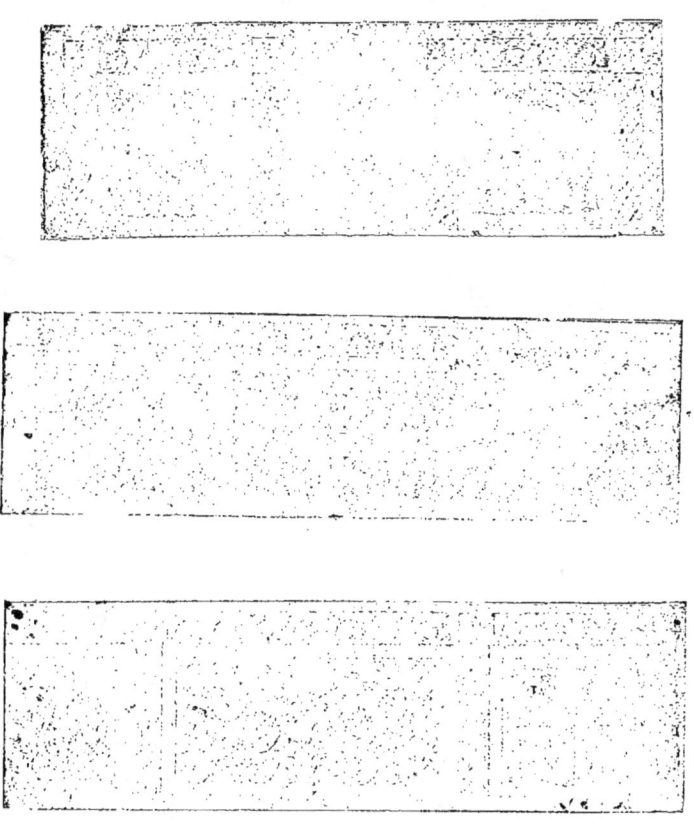

85. Les chancels réorganisés.

Quant à l'emplacement précis de l'autel, quant à la forme et à l'étendue de la chapelle souterraine, et à bien d'autres détails, nous ne pourrons être définitivement renseignés que par des explorations indispensables avant tout essai de restauration, et exécutées par des spécialistes informés et attentifs.

— 422 —

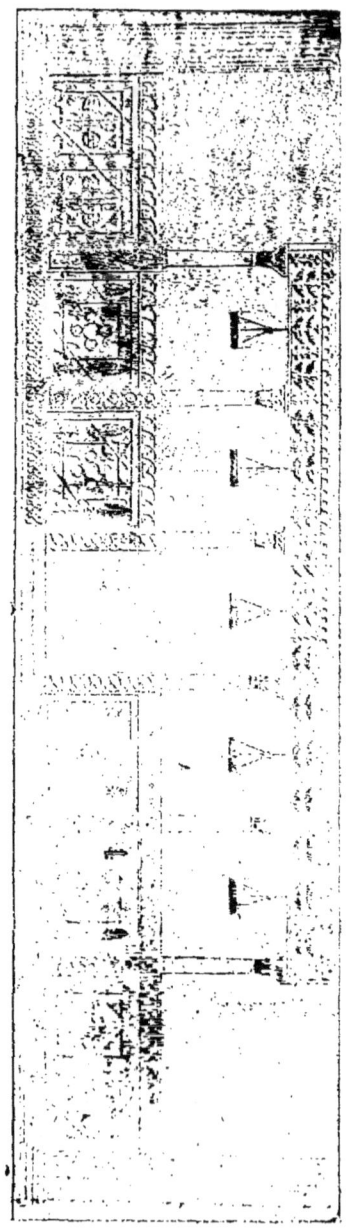

86. L'iconostase reconstituée par M. Mazzanti.

Afin d'achever la persuasion chez les gens de goût, nous reproduisons les si élégants dessins de M. Mazzanti, qui a deviné l'existence des marbres précieux, aujourd'hui appliqués contre le mur, à gauche de l'église et provenant des anciens chancels.

Il les a dessinés et disposés grafiquement avec un goût irréprochable.

Nous avons été assez heureux pour les découvrir providentiellement au musée de Grottaferrata, où ils se trouvent exposés, sans aucune indication de leur provenance et symbolisme, mais très-faciles à reconnaître.

Le Rme Abbé nous a autorisé à en prendre une photographie, et nous lui en exprimons toute notre respectueuse gratitude.

La reconstruction de l'iconostase faite par M. Mazzanti, pourra être discutée pour quelques détails, en particulier pour les deux vides qu'il laisse subsister à droite et à gauche : mais l'ensemble en est du plus vif intérêt, et l'artiste une fois de plus a bien mérité de Sainte-Sabine.

Il reste maintenant à réaliser ce si intelligent désir d'une restauration.

Qui donc l'entreprendra ?

CHAPITRE XII.

Tombes et tombeaux à Sainte-Sabine

n trouve dans l'Eglise de Sainte-Sabine un bon nombre de monuments funéraires, anciens et modernes. Nous devons recueillir ici les épitaphes puisqu'elles appartiennent à l'histoire et à la décoration du monument sacré. Beaucoup ont disparu durant les siècles passés: nous avons recueilli celles qui subsistent.

Nous ne suivrons pas l'ordre chronologique. Forcella, dans sa grande collection,[1] a suivi cet ordre, mais nous les lirons simplement à mesure qu'elles se présenteront à nous. Nous parcourrons successivement la nef centrale, puis la nef de droite et la nef de gauche, dans toute leur longueur, c'est-à-dire y comprise l'abside telle qu'elle existe aujourd'hui.

§ 1. Nef centrale.

1. — A droite de la grande porte d'entrée, dans le mur de la façade intérieure, sur un cadre très simple en marbre blanc et à forme antique, on lit l'éloge de Simone Pasqua, cardinal titulaire

---

[1] *Iscrizioni delle chiese di Roma*, vol. VII. Cf. les collections de Gualdi, Galletti, etc.

de Sainte-Sabine, patricien génois, homme rempli de science et de vertu :

> D. O. M.
> Simoni Pasqua
> patritio Genuensi
> viro omni doctrina
> probitate morum
> suavitate ornatissimo
> S. R. E. presbytero
> cardinali S. Sabinae
> qui ann. agens LXXIII
> mens. X. d. VII
> anno salutis M. D. LXV
> prid. non. septembr.
> relicto bonis omnibus
> incredibili sui desiderio
> ad meliorem vitam
> commigravit
> Octavianus Pasqua
> referendarius
> apostolicus
> fratris filius moerens
> P.

Au bas du marbre précédent, et dans le sol, on remarque une pierre tombale, avec des armoiries magnifiquement sculptées en bas-relief, dans le centre, et entourée d'un cadre avec dessins superbes, mais absolument mythologiques. On y a gravé ces mots, au-dessous des armoiries :

> Simonis Pasqua card.
> Genuensis
> cineres.

2. — Non loin de la porte d'entrée, à droite, et dans le pavé, on rencontre une pierre sépulcrale, portant en graphite et de grandeur naturelle, un portrait de femme voilée, avec des armoiries de chaque côté de la tête. Au-dessus de la tête et sur la gauche de la défunte on lit son nom et ses titres :

Hic . requiescit . dna .
Odilena
uxor . dni Angeli de
Manganella . et
filia . Normanni
de Monte Mariae.

3. — Plus haut, du même côté de la nef, on trouve une simple dalle de marbre, portant au sommet les armes des Colonna, et au-dessous cette inscription, en l'honneur de Giovan Battista Colonna, évêque de Nice, connu par son savoir et son zèle, qui voulut finir ses jours dans la solitude de Sainte-Sabine :

A ☧ Ω
Requieti . et . nomini
Ioannis . Baptistae . Co-
lonna . de . Istria
domo . Bechisano . in .
ins . Corsica
episcopi . Nicensis
doctrina . et . pastorali .
cura . illustris
pe . universa . sua .
dioecesi
optime . meriti
viri . effusae . in . pauperes . liberalitatis
omnigenaeque . virtutis
in . exemplum
apud . summos . princi-
pes . magno . in .
honore . habiti

No. 85. Tombe d'Odilena Manganella

qui . aetate . gravis . curis . morbisque . afflictus
cunctis . ordinibus . moerentibus
abdicato . episcopatu
hoc . in . coenobio . solitariam . vitam . agens
pie . obiit . postrid . kal . mai . an. MDCCCXXXV
aetat . suae . LXXVI . men . VIII
nullis . relictis . opibus
.Paulus . ex . Ord . Praedicat . et . Ioannes . Maria
fratri . carissimo
p. p.
—
Kalend . Iuli . MDCCCLIII
translatus . Nicaeam . episc . et . civi . postulantibus.

4. — Passons de l'autre côté de la nef centrale. A gauche en entrant, et dans la muraille, se trouve un monument en marbre blanc, surmonté d'un fronton que supportent deux piliers. Dans le fronton est encadré un clypeus avec un buste de grandeur naturelle. On lit au-dessous sur une plaque en marbre noir, cet éloge du défunt, le cardinal Bianchi O. P., dont on admirait la piété et la doctrine :

D . O . M.
F . Archangelus . de . Blanchis . S . R . E . C.
pietate . vitae . innocentia . doctrina
ornatiss .
qui . in . disciplina . S . Domicici . et . in
obeundo . munere . inquirendi . in
haereticos . Pio . V . Pont . Max . collega
ab . eodem . primum . epis . Teani . Sedecini
creatus . mox . in . sacr . collegiu . pp . car .
cooptatus . virtutis . suae . specimen
praebuit . ab . summa . spe . rerum . maximarum
e . medio . cursu . revocatus . hic . solus . est
Vix . ann . LXVIII . m . III . d . XV . obiit
Coher . d. fr . Blancus . et . defend . fris . sui.

Galetti ajoute « MDXXX » qui n'existe pas sur notre marbre.[1]

---
[1] *Iscriz.*, tom. III c. II, n. 4.

Une autre pierre placée au-dessous, dans le sol, porte:

F . Archangeli . de .
   Blanchis . S . R . E . C .
      O . P .
        cineres .

Tout près, s'ouvre le tombeau de la famille Bianchi, fermé par une pierre qui porte ces mots:
    Fam
  de Blanchis

5. — Du même côté de la nef, et dans le pavé, à quelque distance de la façade, on rencontre une grande pierre tombale, où l'on voit en graphite un portrait de femme voilée. C'est la tombe d'une dame Perna Savelli. Le dessin est vraiment artistique autant que sobre, et fort bien exécuté. Des deux côtés de la tête sont des armoiries en mosaïque. On lit les mots suivants, en commençant en haut, du côté droit de la tête:

✠ Anno . dni . mllo . CC XV . mense . Januarii . die XXVIII . obiit . nobilis dna . dna . Perna . uxor quonda . dni Luce . de . Sabello . cuius aia . requiescat . in . pace . Amen .

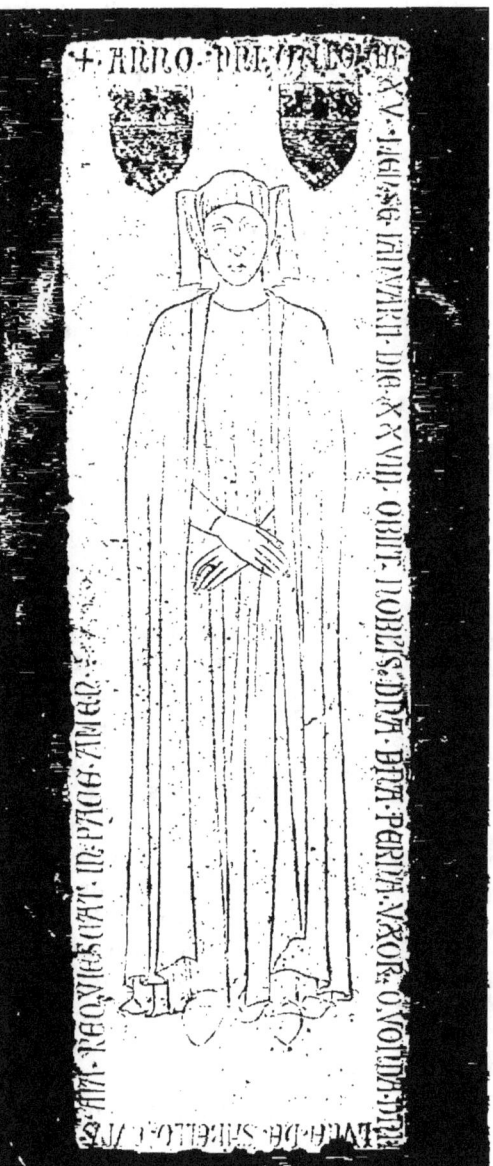

No. 86. La tombe de Perna Savelli.

On se rappelle que les Savelli avaient leur forteresse à deux pas de l'église de Sainte-Sabine; que cette église fut donnée aux enfants de saint Dominique par Honorius III, un Savelli. Il n'est donc pas étrange que souvent le vieux temple ait abrité la dépouille mortelle des membres de l'illustre famille. On remarquera que l'inscription et le monument que nous venons de rappeler sont antérieurs à la donation faite à saint Dominique. La grande Dame dut néanmoins connaître le glorieux patriarche, lors de ses premiers voyages à Rome et sur l'Aventin.

Galletti a mal édité cette inscription.[1]

6. — Un peu plus haut, vers l'abside, sur une pierre dépourvue de tout autre ornement que des armoiries placées au sommet, on trouve la tombe du P. Anfossi, dominicain, célèbre en son temps par son éloquence et son habileté dans les affaires.

A ☧ Ω
Memoriae . et . quieti .
Philippi . Ioachim . F . Philippi . Anfossi . domo . Tabia .
Ord . Praed .
integerrimae . probitatis . viri
qui . perlustratis . praecipuis . Italiae . urbibus
sacrae . eloquentiae . laude . ubique . claruit
rebus . publicis . undique . convulsis
errores . de . indissolubili . matrimonii . vinculo
data . opera . impavide . compescuit
turbulentissima . tempestate . bonis . omnibus . infensa
a . seditiosis . multa . perpessus
paternos . lares . repetere . coactus
de . Ecclesiae . calamitatibus . tacitus . ingemuit
donec . a . Pio . VII . P . M . ex . Gallica . captivitate . reduce
Romam . accitus . S . Palatii . magisterio . insignitus
ut . prastantissimi . muneris . auctoritas
sarta . tecta . remaneret
quamplurimum . adlaboravit
praelo . datis
lucubrationibus . asceticis . polemicis . historicis

---

[1] *Iscriz.*, tom. III c. III, XX.

conspicua . fama
cev . veritatis . adsertorem . religionis . vindicem
Apostolicae . Sedis . propugnatorem
domi . forisque . celebravit
immensis . literariis . laboribus . exantlatis
viribusque . corporis . confractis
dira . pneumonia . appetitus
die . XI . postquam . decubuisset
cunctis . divinis . subsidiis . munitus
an . nativ . LXXVII . an . piaculari . MDCCCXXV . XIV .
kal . maii
placidissimo . exitu . decessit . in . pace .
Petrus . Anfossi . canonicus . fratri . amantiss .
cuius . lateri . VI . abhinc . an . fidus . adhaesit
moerens . p .

Cette inscription est toute une biographie qui n'a nul besoin d'explication.

7. — Nous pouvons revenir maintenant sur nos pas, pour examiner la série ininterrompue de tombes qui divise en deux la nef centrale de l'église, dans le sens de la longueur, puisqu'il ne nous reste pas d'autres monuments sur les côtés de la nef.

En premier lieu, on trouve près de la porte, un portrait de femme, en graphite et presque de grandeur naturelle, sur une dalle de marbre blanc. La défunte est enveloppée d'un manteau, et porte un voile sur la tête. Elle tient de ses deux mains, sur sa poitrine, un livre ouvert. Sur les bords de la pierre se lisent ces mots:

☩ Anno . dni . M . CCC . tertio
decimo . die . XXII . ianuarii . hic . requiescit
sce . memorie
dna . Stephania . de . Isul
a . generalis . ospita . Ordis . Pdicator
annis . XXXXIII . requ . i . pace .

Cette tombe est manifestement celle d'une tertiaire de saint Dominique. La défunte porte le costume des « mantellate » et tient sur sa poitrine le livre de la Règle. Treize ans avant sa mort, en 1300, Munio de Zamora avait été enseveli dans Sainte-Sabine, et entre autres mérites de ce grand homme, il faut compter celui d'avoir coordonné la Règle du Tiers-Ordre de saint Dominique. Saint Raymond de Peñafort avait fait le même travail pour les Constitutions du grand Ordre. On conçoit sans peine que la pieuse femme, louée pour avoir été la « generalis hospita Ordinis prædicatorum » l'hôtesse générale de l'Ordre des Prêcheurs, ait voulu être ensevelie à Sainte-Sabine, et tenir en ses mains le livre de sa Règle.

Nous ne dirons rien de ce gracieux titre « d'hôtesse générale de l'Ordre des Prêcheurs pendant quarante-trois ans », qui lui fut donné par les Frères. Il est si frais, si pur ; il suppose une si tendre reconnaissance chez les protégés, tant de dévouement et d'attention de la part de celle qui le mérita, qu'il vaut mieux le livrer seul à l'âme du lecteur, par crainte de l'interpréter insuffisamment.

Nous faisons reproduire ce graphite ainsi que les deux autres graphites de femmes déjà mentionnés, à cause de l'importance spéciale qu'ils ont au point de vue de l'art. Le dessin est plein de simplicité noble et de goût sincère. Ils pourraient aussi être des do-

No. 87. Tombe de Stefania dell'Isola.

cuments utiles pour ceux qui s'occuperont peut-être encore de l'histoire du vêtement.

Il intéressera spécialement les Tertiaires de saint Dominique. Ceux-ci y verront comment et pourquoi les sœurs s'appelaient « mantellate » et les frères « mantellati ». Ils portaient ce nom, parcequ'ils étaient vêtus d'un grand manteau ou « mantello » de laine noire; on latinisa le mot italien « mantellate » ou « mantellati », et on en fit leur nom particulier. Il est plein de gravité et de modestie.[1] Notre graphite nous en donne une idée tout-à-fait primitive, et résume ces mots de la Règle du Tiers-Ordre: « Les Frères et Sœurs auront des vêtements blancs et noirs, ils éviteront toute ostentation dans le prix et la couleur, comme il convient à des serviteurs de J. C. Le manteau sera noir; celui des Frères aura le capuchon également noir. Les tuniques seront blanches, avec des manches qui couvriront et serreront le bras jusqu'au poignet. Ils ne porteront que des courroies de cuir. Dans leurs chaussures et en tout, ils éviteront la mondanité. Le voile et les bandeaux des Sœurs seront blancs, de lin ou de chanvre ».[2] On n'oubliera pas que les Tertiaires pouvaient porter leur costume religieux dans le monde, comme on le voit par le portrait de sainte Catherine de Sienne placé dans la Chapelle des Espagnols à Florence, au milieu du groupe de Laura, Fiammetta et Beatrice.

Il n'était pas question du scapulaire pour les membres du Tiers-Ordre à cette époque et bien plus tard encore.

Lorsque Stephania dell'Isola s'était présentée pour demander son affiliation à la Famille dominicaine et recevoir l'habit qu'elle voulut porter dans sa tombe, on avait, selon la Règle, examiné soigneusement sa vie, et on n'avait admis sa prière qu'à raison de sa vertu et de sa générosité éprouvées. Si alors elle avait eu son mari, ce dernier aurait dû donner son consentement consigné dans un document public. Mais Stephania avait refusé le mariage, comme nous l'apprend son histoire que nous n'avons pas encore racontée.

Nous identifions en effet, sans trop d'hésitation, Stefania del-

---

[1] « Et cum sororibus de poenitentia B. Dominici quæ vulgari sermoen mantellatae vocantur ». Raymund. de Cap., *Vita Sanctae Cath.*, cap. III. Cf. *Bull.* Leon. X, an. I.

[2] *Reg. Tertii Ord. Praed.* Cap. II.

l'Isola avec cette Stefania, au sujet de laquelle Fra Pietro Cali dans sa *Vie de S. Dominique*, nous fait ce récit singulier : « Une noble dame romaine avait une fille du nom de Stephania, grandement dévote à Dieu et à saint Dominique. Par amour de la gloire céleste, elle désirait conserver sa virginité intacte, jusqu'à la fin de ses jours, pour être agréable au Sauveur.

« Malgré toutes ses résistances, son père voulait la marier à quelque jeune homme de haut parage, et un jour il promit la jeune fille à un jeune noble de Rome. Selon les engagements du père, elle allait être fiancée, lorsque durant la nuit qui précéda le jour fixé pour la cérémonie, elle se recommanda à saint Dominique qu'elle avait choisi pour son patron préféré, le suppliant avec larmes de lui obtenir de Dieu la faveur de n'avoir jamais d'autre époux que Jésus-Christ.

« Or, cette même nuit, le bienheureux Dominique lui apporta secours, car dès ce moment, et par l'opération de Dieu, sans douleur et sans effusion de sang, Stefania eut la lèvre inférieure fendue, de sorte que les dents restèrent en grande partie découvertes, ce qui était une difformité considérable. C'est pourquoi pendant tout le reste de sa vie elle eut cette lèvre couverte d'un bandeau.

« Le matin venu, elle montra à son père avec une grande joie le don qu'elle avait reçu de saint Dominique. Le père reconnaissant la volonté de Dieu dans ce miracle, approuva la résolution de sa fille.

« Elle vécut de longues années, et arriva à une vénérable vieillesse, conservant fidèlement son vœu de chasteté, pour le service et l'honneur du Christ.

« Quant à la dévotion qu'elle avait conçue dès son enfance pour saint Dominique, elle ne cessa de l'augmenter, et toutes les fois que les Frères de l'Ordre passaient près de son château de l'Isola, où elle habitait, à six milles de Rome environ, elle leur donnait toujours l'hospitalité, pour l'amour du grand patriarche. Elle les considérait comme ses enfants très chers, et les traitait avec une charité égale à son respect. Je l'ai vue et j'ai reçu l'hospitalité chez elle, avec notre très saint père le pape Benoît XI, lorsqu'il se rendait à Pérouse, où il mourut et fut enseveli ».[1]

---

[1] Cf. Mamachi, *Annal. Ord. Praed., Append.* col. 352.

Cette affirmation de Pietro Cali au sujet de l'âge avancé auquel parvint Stefania, ne contredit nullement les « quarante trois ans » de l'épitaphe qui nous donne non point l'âge de la défunte, mais bien le nombre d'années pendant lesquelles celle-ci exerça son ministère de charité.

La tournure du texte lui-même nous l'indique, si nous le lisons avec attention.

8. — Vient ensuite une planche carrée de marbre, où sont gravées ces simples paroles :

> ✠ Hic . iacet . dns . Egi
> dius . de Vilika . cap
> pellan . dni . abbatis
> de Vizenburch

Selon Gualdi, cette inscription se lisait autrefois dans la chapelle de Saint-Dominique.[1] L'inscription suivante nous apprend que l'abbé de Wissembourg, enterré lui aussi à Sainte-Sabine, mourut le 26 mai 1312, sans doute dans une bataille dont nous parlerons ailleurs. Forcella[2] a donc raison de supposer que le chapelain de l'abbé, enterré à côté de lui, mourut près de lui, et d'assigner la même date de 1312 à notre inscription.

9. — La tombe suivante nous présente en un graphite noblement et sobrement dessiné, un prélat crossé et mitré, portant une chasuble gothique, du style le plus pur. Ces ornements sacerdotaux sont à comparer avec ceux de nos jours, si l'on veut comprendre combien nous avons rétrogradé, avec nos mitres infinies et nos chasubles étriquées. Sur les bords de la pierre sépulcrale en marbre blanc, se lisent ces paroles qui expliquent l'inscription précédente :

— ✠ Hic . requiescit . dominus
— Egidius . de Varnsperch . in . regno . Alemanie . abbas quondam . in . Wizenburch . dyocesis . Spas
— ensis . qui . obijt . anno . Domi
— ni . M . CCC . XII . mensis . madii . XXVI . Cuius . anima requiescat . in . pace . Amen .

[1] *Cod. Vat.*, 8254, P. II.
[2] *Op. cit.*

— 434 —

No. 88. Tombe de l'abbé de Warnsperg.

Cette inscription se trouvait également dans la chapelle de Saint Dominique, s'il faut en croire Gualdi.[1] Nous aurons occasion de raconter bientôt en quelles circonstances dut mourir l'abbé Gilles de Warnsperg.

10. — La tombe que l'on trouve ensuite est plus récente, et ne rappelle rien de tragique. C'est un carré de marbre, sans aucun ornement, sur lequel on lit :

P. Magro. F. Latantio Randolfo
ex Vrceis Brixiae . or . paed.
pu^{ae} $lomb^{ae}$
sacrae et ulis . Inq^{nis} gnáli
commis° sctaeq . fidei zelatori
magr F . Petrus vicecomes
Tabien
eiusd . or . ac in s^{to} off° socius
posuit
M . D . LXXXVIII . die XXVIIII .
maii .

Gualdi affirme que cette inscription se trouvait autrefois à l'entrée de la chapelle, c'est-à-dire près de l'autel de sainte Sabine, entre les colonnes.[2]

Le P. Ranfoldi fut un théologien célèbre à son époque; il enseigna successivement à Brescia et à Bologne, gouverna plusieurs couvents de son Ordre, et fut fait Commissaire du Saint-Office par

---

[1] *Op. cit.*
[2] *Op. cit.*, 8254, P. II.

Grégoire XIII. Il a laissé entre autres ouvrages un commentaire sur la Messe.[1]

11. — La tombe qui s'offre maintenant à nous, est couverte d'une grande pierre, qui porte cette inscription dont nous aimons la simplicité et la grandeur:

D.O.M.
F.Thomas.Mª.Ferrari
cardinalis.S.Clementis
sacri ordinis
Fratrum.Praedicatorum
obiit die XX augusti
anno Domini MDCCXVI
aetatis suae LXIX.

12. — On remarque ensuite l'entrée d'un caveau fermée par une étroite pierre carrée, et sans inscription. C'est la sépulture des religieux Dominicains.

Ce silence qui plane sur la tombe où reposent ceux qui renoncèrent au bruit du monde pendant leur vie et après leur mort, me semble d'une éloquence pénétrante. J'aime aussi cette intimité des morts dans un même asile: on a lutté ensemble le long de la vie, on s'est reposé ensemble, on se réveillera ensemble. Quel touchant symbolisme de fraternité!

Nous devrions peut-être suppléer ici aux longues inscriptions qui manquent, et rappeler combien de morts sont entrés dans cet asile, depuis des siècles déjà nombreux. A quoi bon? Le lecteur y suppléera sans peine et se rappellera que là reposent les générations qui se sanctifièrent à Sainte-Sabine. Il pourra même, par son imagination, se peindre les glorieux rayonnements qui jailliront de ce commun sépulcre à l'heure de la résurrection.

Au surplus, il nous serait difficile de reconstruire le nécrologe de Sainte-Sabine. Il existait, mais il a été détruit ou égaré. Dieu soit béni! Ce silence où il laisse le nom de ses serviteurs est aussi une gloire à son nom, et nous apprend que Dieu seul est grand devant Dieu. Nous voulons citer un seul parmi ces silencieux, celui de l'archéologue Ciacconio qui y fut enseveli en 1600.

---

[1] Cf. Echard *Script. O. P.*, vol. II, p. 285.

13. — Plus loin, que la pierre noire qui fut jadis un poids public, se lit l'inscription suivante sur une petite dalle portant des armoiries, et ornée sur le bord d'un riche dessin, style renaissance, qui lui sert d'encadrement :

F. Vmbert^tus Locati . eps Balneoregiens.
et sibi et ceteris eiusde Ordinis
ex Dnicana familia assuptis
an . D . M . D . LXX

Fr. Humbert Locati eut une noble pensée, lorsqu'il songea à préparer un asile à ceux de ses frères dans l'Ordre et dans l'épisscopat qui n'auraient pas laissé de quoi poser une pierre sur leur sépulture, ce qui est arrivé plus d'une fois, grâce à Dieu !

On remarque la même délicatesse dans la résolution qu'il prit d'ouvrir la tombe des Frères évêques à côté de celle des simples Frères. Il savent que les liens de famille ne peuvent, ou du moins ne doivent jamais se briser.

Le P. Locati avait fait préparer ce tombeau de son vivant, puisqu'il mourut le 17 octobre 1587. Nous trouverons dans la nef occidentale une autre inscription qui fut son œuvre, et où respire la plus sincère et la plus touchante humilité. Il annoncera qu'il était de très vulgaire extraction, mais ne dira pas un mot de ses travaux théologiques et historiques, qui lui valurent la faveur de saint Pie V.[1]

Chose étrange ! Il mourut loin de Sainte-Sabine qu'il aimait tant, et n'y fut point enseveli. Sa dépouille mortelle fut déposée à Plaisance, dans l'église de Saint-Jean-Baptiste, derrière l'autel majeur.[2]

14. — L'inscription qu'on lit ensuite sur une grande pierre lisse, est beaucoup plus longue et plus pompeuse. Elle fait honneur au défunt et à ceux qui vouèrent ce souvenir :

---

[1] Cf. Echard. *Script. Ord. Præd.*, vol. II, p. 279.

[2] Cf. Forcella, *Iscriz.*, T. VII — Ughelli, *Ital. Sac.*, T. I, p. 517. On lit l'épitaphe suivante sur sa tombe à Plaisance :

A . A . A . Tu . cur.
superatis
scop(ulis) . frater Vbertus
Locatus
episcopus hic locari
voluit

Hippolyto Marie Lancio ab Aqua Nigra
bono Ecclesie et Praedicator. familie nato
in quo sacrarium prudentia hospitium scie delegerant
catholice veritatis assertori ac vindici
Cremone Mediolani Rome
spectato
honores non aucupanti delatos fugienti
honorum meritis contento
aulam qui attigit non ipsum aula
moriens felicior quam vivens
obiit Rome
an . et . sue LXIII
redempti orbis MDCXXXIV
Capitis unice cari memoriam et ossa
hoc tumuli honore honestarunt
duces Tursii coniuges
Carolus ab Auria et Placidia Spinula.

Ce religieux a laissé, avec l'opinion d'une grande science et d'une vertu insigne, quelques ouvrages indiqués par Echard.[1]

15. — La tombe que nous rencontrons ensuite est intéressante à plus d'un titre. C'est une grande pierre carrée ornée d'un beau dessin comme encadrement, avec les armoiries de l'Ordre et celles de l'Inquisition.

Au milieu se voit un écusson représentant une épée qui vient de briser une roue dentée, volant en éclats, et va atteindre de la pointe une couronne impériale renversée. Dans le haut de l'écusson est la couronne de saint Dominique, avec une palme de victoire.

Au-dessus de l'écusson, on lit:

D . O . M .
F . Sixtus . Fabri . Lucensis
Ord . Praed.
provincialis
in Rom . Cur . procuratoris
vicarii
Sac . Palatii . magistri

[1] *Script. Ord. Præd.*, T. II, p. 478.

Magistri demum Generalis
quinquagesimi
muneribus
egregie perfunctus
H . S . E.

Au-dessous de l'écusson, on lit:

Ob . Romae . ann . sal . M . D . XCIIII
XVI kal . iulii
Vix . ann . LIII . menses X . d . XII
Ioan . Paulus . Terrarossius
observantiae . et . lacrymarum
monumentum
p . c .

Sixte Fabri, placé à la tête de l'Ordre, se conduisit avec activité et énergie, et il ne ressembla jamais à ces supérieurs dont parle Humbert de Romans, « qui mènent une vie entièrement conforme à la Règle; mais qui par crainte et pusillanimité, se montrent si faibles envers leurs subordonnés, que jamais ils ne leur imposent une pénitence sérieuse, une obéissance stricte, la discipline austère de l'Ordre: tellement qu'il n'y a plus de discipline chez les subordonnés. Ces supérieurs ressemblent aux épouvantails que l'on met dans les champs pour écarter les moineaux et autres bêtes. Ils tiennent l'arc tendu et n'atteignent jamais ».[1] Les moineaux s'y habituent et s'en font des perchoirs.

« Cependant, ajoute la Chronique des Maîtres Généraux, Sixte V, de l'Ordre des Conventuels de Saint François, venait d'être fait Pape, tandis que Sixte Fabri visitait l'Espagne dominicaine. Aussitôt il mande le Général à Rome, et ordonne la réunion du Chapître Général. Sixte Fabri, de retour à Rome, est déposé de sa charge par le Pontife. On crut que le motif de cette mesure était dans les infirmités du supérieur de l'Ordre, qui souffrait beaucoup, spécialement de la goutte. La raison principale fut qu'il se laissa tromper dans ses appréciations sur une hystérique, soi-disant une stigma-

---

[1] *In Regul. S. Ang.*, cap. 178.

tisée. Il se retira alors dans le couvent de Sainte-Sabine, où il vécut encore cinq ans. Il y mourut dans la paix de Dieu, le 16 juin 1594, et y fut enseveli près de Munio de Zamora, autre général de l'Ordre déposé de sa charge par Nicolas IV, autre pape franciscain ».[1]

16. — Sur une petite pierre carrée qu'on rencontre après la tombe de Sixte Fabri, on lit ces mots:

Fratri Francisco de
                Florentia
theologo evangelicoque
preconi clarissimo
                procurat
ori et vicario genrali
                Od Pd
cator . B . M . po
Vixit circiter an XL
obiit ann . iubile . MD
quarto calln . decembris·

17. — La tombe suivante est une grande pierre de marbre, qui représente un dominicain mort, et dessiné en graphite. On lit sur les bords de la pierre:

✠ Hic . requiescit . corpus
fratris . Ildibrandini . de .
        Clusio . Ordinis . Frm

No. 89. Tombe de Fra Ildebrandini.

[1] *Cron. Mag. Ord. Praed.* — Cf. Echard, vol. II.

>   Pdicat . penitentiarii . dni . pp
>   qui obiit . anno . Dni . M . CCC
>   nono . die . decima . septima . mesis
>   decembris . Requiescat . in . pace . Amen .

D'après Gualdi cette inscription se trouvait autrefois dans la chapelle de saint Dominique.[1]

Nous reviendrons un peu plus loin sur l'importance de ce monument, dans l'archéologie dominicaine.

18. — La tombe que l'on rencontre après celle d'Aldobrandini de Chiusi, est moins ancienne, mais non moins intéressante. C'est une grande pierre blanche avec cette inscription:

>   D . O . M .
>   Fr. Vincentio Maculani e Iulia Fidentia
>   Ordinis Praedicatorum
>   S . R . E . cardinalis tituli S . Clementis
>   archiep . Beneventano
>   doctrina pietate munificentia claro
>   qui
>   totius Ord . Procurator ac Vic . Generalis
>   S . Inquisitionis Commissarius
>   Apostolici Palatii Magister
>   ab Vrbano VIII P . M . purpura insignitus
>   architectura militari praestans
>   Molem Hadrianam Vaticanum Ianiculum
>   arcem Vrbanam prop'e Bononiam
>   multas in Aemilia urbes
>   et Melitam muniuit
>   Innocentium . X . P . M .
>   de prava Iansenii Yprensis episc .
>   doctrina deliberantem
>   consilio et opera strenue iuvit
>   Obiit Romae die XV . feb . MDCLXVII
>   aet . LXXXIX
>   Vincentius Maculani fratris pronepos

[1] *Cod. Vat.*, 8254, p. II.

cineribus ex humili loco translatis
anno MDCCXLIV
m . p.

Sur ce grand homme, également illustre par sa science, ses services et ses vertus, nous n'ajouterons aucun détail, et nous renverrons simplement le lecteur aux historiens de l'Ordre de Saint-Dominique.[1] Nous observerons seulement quelle place il mérite dans l'histoire de la condamnation du Jansénisme, et il y aurait ici une belle dissertation à faire.

Nous signalerons un autre détail à sa louange. Au-dessus de la magnifique « Porta reale » que les Anglais ont fait construire à Malte, se voient les deux statues de La Vallette et de Villiers de l'Isle Adam. Entre les deux sont les armoiries de saint Pie V. Les Anglais ont tenu à se montrer reconnaissants envers le grand Pontife de ce qu'il envoya aux Maltais fr. Vincenzo Maculano, pour fortifier Malte, sur un plan dont ils ont poursuivi la complète réalisation.

Ajoutons enfin qu'il se montra partout et toujours l'ami et le défenseur de Galilée, et quand la majorité de la commission chargée de juger le grand astronome se trompait, lui, il restait fidèle et à la science théologique et à la science astronomique, et soutenait Galilée. Sur ce point, l'historien Nelli est dans l'erreur.[2]

Le P. Vincent Maculano faillit deux fois être élu souverain Pontife, et à ne voir que le côté humain de la question, il l'eût été, sans les intrigues de la fameuse Olimpia Maldachini. Il y eût protégé avec un amour sans restriction et la science divine et la science humaine.[3]

---

[1] Cf. Echard, vol. II; Touron, *Hommes illustres*; Marchese, *Memorie*, vol. II.
[2] Cf. Marchese, *Memorie*, vol. II.
[3] A propos de Galilée, il nous plaît de rapporter ici l'approbation que le P. Niccolò Riccardi, surnommé « il padre mostro », à cause de son gros corps et de son grand esprit, donna pour le *Saggiatore* de Galilée. Beaucoup d'auteurs bons ou mauvais l'ignorent ou feignent de l'ignorer, et si on la trouve dans les premières éditions du fameux livre, elle manque dans les éditions récentes. Serait-ce défaut de science ou défaut de bonne foi?

« Ho letto per ordine del Reverendissimo P. Maestro del S. Palazzo questa opera del *Saggiatore*, et oltre che io non ci trovo cosa veruna disdicevole ai boni costumi, ne che si dilunghi dalla verità sopranaturale di nostra fede, ci ho avvertite tante belle considerazioni appartenenti alla philosophia nostrale

19. — Nous avons maintenant devant nous la pierre tombale de Munio de Zamora. C'est une dalle de marbre qui nous montre un portrait du défunt en mosaïque, dans un encadrement gothique.

On lit autour, sur la pierre :
— ✠ Hic : iacet : frater : Munio
— Zamorensis : nacione : hyspanus : quondam : ordinis :
fratrum predicatorum : magister : septi
— mus : qui : obiit : septima : di
— e mensis : martii : anno : domini : millesimo : trecente simo : pontificatus dni Bonifacii PP : VIII : anno : VI.

Munio de Zamora avait été enseveli plus haut, dans la nef centrale, à gauche de l'autel conventuel, où se conservait le saint Sacrement, c'est-à-dire au-dessus des gradins du « presbyterium ».[1]

Cette tombe intéresse également l'artiste, l'historien, le Frère-Prêcheur. On écrivait naguères : « Citons enfin la belle dalle tombale du frère Munio de Zamora, général de l'Ordre de Saint Dominique, mort en 1300 et enterré à Saint Sabine. Incrustée dans le

---

che io non credo che 'l nostro secolo sia per gloriarsi nei futuri di credere solamente delle fatiche dei passati philsophi, ma d'inventore di molti segreti della natura, che eglino non poterono scoprire, mercè della sottile e soda speculazione dell'autore, nel cui tempo mi riputo felice d'esser nato, quando non più con la stadera et alla grossa, ma con saggiuoli si delicati, si bilancia l'oro della verità.

Nel collegio di S. Tommaso sopra la Minerva, in Roma, 2 di Febraro, 1623.
fr. Nicolò Riccardi ».

« Imprimatur : fr. Dominicus Pauluccius, magister et socius R.mi P. Fr. Nicolaï Rodulphi, Apostol. Pal. Mag. ».

Nous avons donc trois maîtres du S. Palais qui soutiennent tour-à-tour Galilée : les PP. Dom. Paulucci, Niccolò Riccardi et Vincenzo Maculano.

Il serait facile de nommer d'autres Frères Prêcheurs qui se montrèrent alors non moins fidèles à la vraie science qu'à la vraie théologie. Il se trouva pourtant un dominicain, du nom de Caccini, pour faire un sermon contre Galilée, sur ce texte : « Viri Galilei, quid statis aspicientes in cœlum ? ». Galilée s'en émut et écrivit au Général de l'Ordre qui lui répondit : « Che sentiva infinito disgusto dello scandalo, e che per sua disgrazia stava a parte di tutte le bestialità che potean fare trenta o quaranta mila frati ; che quantunque conoscesse le qualità dell'uomo (le P. Caccini)... pure non avrebbe creduta tanta pazzia ». *Venturi*, T. 1, p. 219. Ce Père Général n'était pas non plus un ennemi de l'astronome. Ainsi se prononcèrent ces personnages, tant qu'ils en eurent la liberté.

[1] Sebastien de Olmedo : *Chron.*

sol elle est ornée d'une peinture en mosaïque, représentant le défunt étendu sur le dos, les yeux fermés, les mains jointes, dans l'attitude du repos ».[1]

Cette simplicité est pleine de grandeur et se rapproche de l'art véritable. Quand on visite Santa Croce de Florence, on reste froid devant tous ces tombeaux, grands, vides, pédantesques; mais on s'arrête ému devant le monument de la princesse Zamoïska, qui la représente simplement morte sur son petit lit funèbre. Il y a dans cette figure tant de paix et de bonté: il y a dans le portrait de Munio de Zamora, tant de force et de noblesse!

Cette mosaïque est assurément l'œuvre de fr. Pasquale, originaire d'Incisa, religieux de Sainte-Sabine, où il vivait à cette époque. Il avait une grande réputation de son temps; il sculptait pour la ville de Viterbe et les Dominicains de Gradi. De lui il reste un sphinx et un lion au musée de Viterbe; on conserve encore de lui à Santa Maria-in-Cosmedin un beau chandelier pascal.

No. 90. Tombe de Munio de Zamora.

[1] *Mélanges d'archéol. de l'Ecole Français à Rome.* Ann. 1881, p. 135.

Nous combattons ici l'opinion courante soutenue, sans preuves d'ailleurs, par Taine, Crowe et Cavalcasselle et d'autres. Nos meilleures preuves sont que Fra Pasquale vivait à cette époque, et qu'il n'est pas probable qu'on ait cherché ailleurs un artiste, quand on avait celui-là à ses ordres; de plus, le portrait si caractérisé montre que le mosaïste avait vu le défunt; enfin l'Ordre n'aurait pas demandé un artiste franciscain pour ériger une tombe à celui qu'il considérait comme une victime du pape franciscain Nicolas IV.

La tombe de Fr. Munio est ainsi dans l'histoire de la mosaïque, ce que la Vierge de Cimabue est dans l'histoire de la peinture, et il nous est agréable de constater que ces monuments d'une révolution, cette fois légitime et féconde, sont conservés dans des sanctuaires dominicains.

Ce portrait, et celui de Fr. Ildebrandino de Chiusi, signalés plus haut, sont des documents à consulter pour l'archéologie dominicaine, et l'histoire si intéressante du costume monastique.

Ils datent de la première époque de l'Ordre. Les deux religieux enterrés et ceux qui ont fait construire leurs tombes, ont pu voir saint Dominique, le Bienheureux Jourdain, et ont vu certainement saint Raymond de Penafort et le Bienheureux Humbert. Ils sont donc les représentants des meilleures traditions. Alors, les incertitudes des premiers jours ont été fixées, et n'ont pas encore eu le temps de se détériorer.[1] Il est donc utile de les entendre.

Les deux portraits ont la rasure monastique, symbole de renoncement aux choses du monde, et de servitude devant Dieu. Dans les temps primitifs, les prêtres se rasaient la tête entière. Chez les païens eux-mêmes certains prêtres se rasaient complètement la tête et portaient des vêtements de lin: pour ce motif, on les appelait « linigeri calvi.[2] » On a trouvé à Pompei des peintures représentant l'un de ces prêtres. Au VIme siècle on trouve la tonsure[3] monastique,[4] et elle fut portée avec une sainte fierté, jusqu'à ce que la vanité eût pénétré dans le sanctuaire.

---

[1] Humbert de Romans, dans son commentaire sur les *Constitutions*, parle clairement de quelques divergences primitives, par rapport à certains détails du costume.

[2] Juvenal. *sat. VI, 533*.

[3] Cf. Martigny, art. *Tonsure*. Cf. Kraus, Macri etc.

[4] La rasure se faisait avec le rasoir, la tonsure avec les ciseaux. Cf. Cicer. *Bose*.

Les religieux la conservèrent plus fidèlement, et saint Dominique l'imposa à ses disciples, telle qu'il l'avait portée lui-même comme chanoine régulier. Dès 1221, et même plus tôt, on lisait dans les *Consuetudines* devenues plus tard les *Constitutiones* des Frères-Prêcheurs, ces paroles qui s'y lisent encore: « Que la rasure sur le haut de la tête soit grande comme il convient à des religieux, de sorte qu'entre la rasure au sommet de la tête et les oreilles il n'y ait pas plus de trois doigts. La tonsure se doit faire sur les oreilles. » Ces prescriptions sont fidèlement observées dans tous les monuments de l'antiquité dominicaine.

La tonsure se faisait alors quinze fois par an, c'est-à-dire pour les grandes solennités. Plus tard, on ordonna qu'elle se ferait tous les quinze jours, en été, et toutes les trois semaines, en hiver.

Les frères ne portaient point la barbe longue s'ils n'étaient dans l'impossibilité de se raser, ou ne partaient pour les missions de l'Ordre, et nous voyons les missionnaires dominicains et franciscains de l'Afrique demander ensemble une autorisation pontificale, pour déroger à cette prescription. Il ne faudrait pas oublier d'ailleurs que les Frères le plus souvent n'employaient pas le rasoir, mais les ciseaux pour se tailler la barbe, à intervalles assez éloignés, de sorte qu'il en devait rester des vestiges considérables. Ce qui leur est uniquement interdit, c'est de porter la barbe longue, ou de la « nourrir ». Les autres exigences sont fantaisistes.[1]

Cette petite observation nous expliquera comment, dans les antiques vignettes et peintures, les Frères et saint Dominique lui-même sont représentés tantôt sans barbe, tantôt avec la barbe courte,[2] jamais avec la barbe longue.

Dans les deux portraits que nous avons sous les yeux, ces lois sont fidèlement respectées.

Nous y voyons aussi ce que fut le costume dominicain primitivement. Dans le portrait de fr. Munio, nous trouvons la chape

---

[1] Clément d'Alexandrie a traité l'esthétique de la question avec un esprit admirable dans son *Paedag.* Lib. III, cap. XI. Il veut qu'on porte au moins la barbe courte, parce que εἴ τις καὶ χείρατο τι τοῦ γενείου, οὐ μέντοι παντελῶς ψιλοτέον αὐτὸ. αἰσχρὸν γὰρ τὸ θέαμα. Comme il a raison!

[2] Peut-être ce fait servirait-il à éclaircir la célèbre dispute des Franciscains à ce sujet: ils pourraient parfaitement avoir tous un peu raison et tous un peu tort.

de laine noire, mais non teinte, qui enveloppe tout le corps de la tête aux pieds, quoique un peu moins longue que la tunique.

Elle se ferme complètement en haut, sur la poitrine. C'est la « chape-cloche » la « cappa clocca ». Elle est munie d'un capuchon également noir, doublé de laine blanche, et assez grand pour entourer la tête.

Dans le principe, le capuchon se terminait en pointe, comme on le voit sur d'autres monuments. Les exceptions n'étaient que des irrégularités accidentelles. Il remplaçait alors le chapeau, et le chapitre général de 1259 ordonna à tous les prieurs de supprimer les chapeaux qui pourraient s'être introduits dans l'Ordre. Que n'est-on resté fidèle à cette défense? Alors tout le monde, même les paysans, portaient le capuchon et même la chape,[1] comme on les portait spécialement à Florence, au XIVme siècle.

Telle était la forme de la chape. Il était interdit de porter une chape qui aurait eu la forme d'un manteau, en dehors de la cellule ou de l'infirmerie.[2]

Deux particularités sont à remarquer au point de vue historique et esthétique. Alors la chape et le scapulaire n'étaient point surchargés de cette immense « mozzetta, » plissée parfois si niaisement, qui couvre les épaules comme un schall; et le capuchon n'avait pas cette ampleur baroque qu'on lui a donnée plus tard en certains pays. Le goût alors n'était pas dépravé à ce point, et même pour ces détails on respectait sa règle, et l'on restait élégant, si on y tenait.

Le scapulaire est bien plus court que la tunique, et la différence est bien plus grande qu'elle ne serait aujourd'hui. Primitivement le scapulaire était moins[3] long et ne devait guère descendre qu'aux genoux. Nos deux portraits sont l'expression de cette loi de nos antiquités. La tunique descend réellement, comme le disent les Constitutions anciennes et modernes, jusqu'à la cheville du pied.

Ce costume, disent les vieux interprètes, est blanc à l'intérieur

---

[1] Cf. Ducange: art. *Caputium* — *Bullar o. P. T. II, p. 163, note 24.*

[2] *Capit. Prov. Rom. an.* 1273.

[3] Dans les premières *Constitutions,* on lisait: « Scapularia nostra circa cooperturam genuum sufficit ut descendant. »

et noir à l'extérieur, pour signifier la pureté de l'âme et la mortification du corps.

L'étoffe elle-même pourrait avoir son symbolisme, et parceque rien n'est traditionnel comme les usages des moines sous tous les cieux et dans toutes les formes, nous rappellerons que chez les Persans, le mot « sofi », moine, vient de « souf », qui signifie de la laine, parce que les religieux ou sofis sont habillés de laine; et encore de safa, qui signifie pureté, et de tesaouf qui est la théologie mystique, ou le quiétisme, dont ils font profession.[1] » Nous serions surpris si tous ces mots n'avaient pas une origine commune: quoiqu'il en soit, nous pouvons affirmer que le vêtement monastique a toujours été d'un symbolisme éloquent, et c'est seulement lorsqu'on l'a oublié, qu'on a été moins fier de le porter.

Mais il est temps de poursuivre notre pélérinage funèbre.

20. — En face de la Confession, ou chapelle souterraine, se trouve l'entrée du tombeau de la famille Ciantès. C'est une ouverture ovale, recouverte d'une plaque de marbre, avec ces mots:

A . D · M · DC.
XLVI

Plus haut est une pierre carrée, qui porte écrit:

Familiae
Ciantes
M.

Des inscriptions plus explicites se lisent dans la chapelle souterraine, qui fut, comme on le sait, restaurée par la famille Ciantès. Sur une plaque de marbre fixée dans la paroi de gauche, on lit:

D. O. M.
Horatio Ciantes Rom. patritio
pari dum vixit virtute
et stirpe claro
Et Lucretiae de Citera
vetustate nobilitatis foeminae
abnepti Iacobi de Citera
quondam beatae Ludovicae

---

[1] *Les mille et un jour*, C. 1. p. 1. Rapprocher, si l'on veut, du mot *sofi*, etc. les mots grecs σοφος, σοφια.

Albertoniae
mariti gentili
Ignatius EPS. S. Angeli
Lumbardorum
Ioseph eps. Marsicanus
Ex ord . praed - assumpti
Et Laurentius Ciantes
germani fratres
parentibus indulgentissimis
In D . Mariae ad Mineruam
quiescentibus
M . AE. M . P . P.
Anno dom. M . DC . XLVII .

Au-dessous sont les armoiries.

Sur la paroi de gauche on lit cet autre éloge funèbre:

D . O . M .
Portiae Mutae de Papazurris
Marchionis Io . Baptistae equitis S . Iacobi
et Laurae Montoriae filiae
matronae vere romanae
quam pietas virtutum basis
honestatis apicem modestiae signum
prudentiae simulacrum reddidit
In dirigenda domo providam
in quinis educandis liberis vigilem
et in consiliis suggerendis sexu maiorem
uxori dulcissimae optimae
amoris pacisq. coniugalis
inextinguibili nubentibus luminari
Marius Ciantes
incessabiles cordis sui lachyrmas
memoriamq. indelebilem
perennitate marmoris
testatas voluit
V|ixit annos XXXV et foeta masculo
inopino morbi impetu decessit
die XI maii MDCLXXVI

Au-dessous se voient les armoiries de la famille.

Si cet éloge est complètement sincère, la défunte fut effectivement une grande femme, dans le sens véritable du mot, un modèle de mère de famille, « inextinguibile nubentibus luminare ».

21. — Si nous entrons dans l'abside, nous trouvons en face de l'autel, du côté de l'Evangile, un grand marbre avec un bas-relief qui représente couché un noble laïque et ses armoiries près de sa tête. On lit sur les bords:

— ✠ In Dei . nomine . in hoc tumulo
— reqiescunt . ossa . nobilis . et . egregii Romani . Dominici . Petri . Leonis . de . P(anta)leonibus
— qui obiit . relig(iosi) ter in
— XPO . anno Domini M . CCC . LXXV . mense . octvbirs die . X
— Requiescat . in . pace . amn .

22. — Devant l'autel, au milieu, une tombe est indiquée par un cadre de marbre, mais n'a pas d'inscription. C'est probablement celle du cardinal Hugues de Billom, couverte jadis d'une dalle de bronze, avec portrait. Elle a disparu il y a un siècle à peu près. Nous citerons l'épitaphe dans les *Appendices*.

23. — En face de l'autel, et du côté de l'Epître, est une vaste pierre où l'on voit dessiné en graphite le portrait d'un docteur originaire de Verdun. Ces mots se lisent sur l'encadrement:

— Beunoleto . Hugonis . f. decano
— Virdunensi . Guilermi . cardinalis . Metensis . nepoti apud . auunculi . pientissimi . ossa
— Georgius . Guilermi . agnatus .
— ex testamento fecit . Objit kl Martii M . CCCC LX VII.

Cette inscription indique une double sépulture et regarde l'histoire de l'église de France.

24. — Sur le seuil de la porte de la petite sacristie, on lit ce fragment d'inscription ancienne et de caractère peu formé et barbare:

Sauo primo donau
Sebibueecii

Cette inscription qui devait être placée ailleurs, provient sans doute des catacombes.

No. 91. Tombe de Dom. Pierleoni.   No. 92. Tombe de Bennolet de Verdun.

25. — Enfin sur la pierre du maître-autel, du côté de la nef on lisait naguères encore:

... sis
... ogmata plura
... iqrum

Cette inscription a disparu durant le barbarisme de la récente démolition de l'autel.

§ 2. Nef orientale.

Nous avons à recueillir maintenant les inscriptions funèbres qui sont dispersées dans la nef orientale.

1. — A droite de la porte latérale, contre le mur, s'élève un grand et riche monument de marbres précieux et variés. Sur un grand socle est porté un cénotaphe en marbre noir d'Afrique: de chaque côté, se dressent deux colonnes de « breccia di Francia » qui soutiennent un fronton élevé. Dans le fronton sont encadrés deux bustes en marbre blanc, de grandeur naturelle. Une plaque de marbre noir placée entre les colonnes, au-dessus du cénotaphe porte cette inscription:

R. S. L. | Alexandro Bichio Senensi tit. S^{tae} Sabinae . S. R. E. Presbo Cardinali | Coelioq . fratri sac . Rot . rom . auditori | Metelli cardinalis e Vincentio fratre nepotibus | vicaria A . C . iurisdiction . perfunctis | unde | Alexander Urbani VIII Pont . Max . delecti | in regno Neapolitano insulanus in gallicano Carpentoratensis antistes | utrobique nuntius | aequanimi magnitudine per assidua rarae pietatis ac prudentiae documenta | extinto simul Francorum regis auspiciis | intra Italiam exardentiam bellorum incendio | et pactis in Gallia provinciis | totius regni Galliae apud sanctam Sedem comprotector | gloriam nunquam quaesitam semper promeritus | Coelius vero pari laudum tenore sanctiorib . pontificae | Molis curis adhibitus | archigymnasii almae Urbis praefectus | ac demum | Alexdri VII . Pont . Max . oraculo | sanctae Inquisitionis ac sacrae Poenitentiariae consultor | iustissime in sapientissimo rotali consessu annos XIX emensus | Galganus arcis Albeniae marchio | fratribus mortalitate exutis | anno salutis MDCLVII | Coelio die IX martii aetatis anno LVII | Alexandro die XXV maii aetatis anno LXI | posuit |

En face de ce monument, et sur le sol, se remarquent deux pierres tombales en marbre blanc, portant chacune une tête de mort en graphite, et une inscription.

Sur celle de droite on lit écrit en grandes lettres :
>Ossa Coelii Bichi sacrae Rotae
>Romanae auditoris;

Et sur celle de gauche :
>Ossa Alexandri Bichi S. R. E.
>cardinalis tit. S^{tae} Sabinae.

Ce monument ne manque pas de mérite, sans doute : mais combien nous préférons celui que la famille Bichi-Ruspoli a construit au Campo Santo de Sienne, et où se trouve la Pietà de Dupré ! Comme tout y est plus grand et à moins de frais !

2. — Devant la chapelle de saint Thomas, et dans le pavé est une planche de marbre qui porte de chaque côté un génie fort bien dessiné en graphite, tenant d'une main une torche renversée, et de l'autre un écusson. Ces dessins sont sur le point de disparaître sous les pas des fidèles : on ferait sagement de les dresser dans la muraille.

On y lit cette inscription :
>Hieronymo Odescalco Comensi
>integer . fidei mercatori
>in ipso aetat. flore praerepto
>Io . Antonius . moestiss . bene
>merent . fratri . posuit
>M . D . XVIII . cal . aug.
>Vixit . ann.
>XXXII

Entre le marbre précédent et la colonnade est une pierre tombale ornée au bord d'un splendide dessin.

En haut on voit des armoiries, dans une couronne d'olivier ; au bas, l'inscription suivante :
>D . O . M .
>Bertolomaeo Odescalcha
>Petri Mariae . f . Novocomensi
>fide integerrima mercat .
>qui ex Germania Romam relig

ergo profectus ut ibi resid.
vitae sanctae perageret
tandem cum Christo nobis
relinq. exempl. moestitia
magna. propinq. annum
agens quadragesimum kal
april. MDLXVI e vita
migravit. Caesar Odescalchus
fratri cariss. moerens
posuit

Ces inscriptions ne sont pas les moins précieux titres de noblesse de la famille princière des Odescalchi.

Celle-ci d'ailleurs, ne les a jamais oubliés, et se montra toujours bienfaisante pour Sainte-Sabine. Les dernières pages de l'histoire du cher couvent pourraient en offrir des preuves nombreuses et touchantes.

3. — En face de la chapelle de saint Hyacinthe, mais dans la nef, est enterré le chambellan du cardinal Bernerio, qui a son tombeau dans la chapelle elle-même, construite par lui. La tombe est couverte d'une grande planche de marbre, qui porte en haut un écusson de chevalier, et au-dessous cette inscription:

O. D. M.
Ioanni Bonae Astensi
viro nobili
qui cum per annos XXV
Hieronymo Bernerio ord. praed.
S. R. E. episc. card. Portuensi
Asculano nuncupato praesuli
virtutum omnium laudibus
cumalatissimo deque christiana rep.
egregie merito
a cubiculo fuisset
eo deinde ex humanis erepto
inq. hoc sacello condito
sepulchrum hic locari iussit
ut quem singulari observandia
fide affectu

prosecutus fuerat viventem
ab eo post obitum non divelleret
Objit XXVI iuni
Vixit X . LXVI
men . X . dies VI.

Plus bas une tête de mort et la date suivante:

MDCXXX

Le lecteur aura remarqué, dans les deux inscriptions précédentes, l'expression de la plus pure et de la plus sincère affection fraternelle; il remarquera ici la fidélité et la gratitude pleine de respect et de vénération d'un serviteur pour son maître. C'est le christianisme qui harmonise ainsi et embellit la société et les rapports des hommes entre eux. A mesure que le christianisme diminue, cette beauté et cette harmonie s'en vont.

4. — Le cardinal Bernerio fut l'un des plus illustres bienfaiteurs de Sainte-Sabine. Pour ses mérites, il fut très aimé de ses contemporains. Il avait occupé diverses charges, il avait été spécialement Prieur de Sainte-Sabine, Inquisiteur à Gênes, lorsque Sixte V le fit cardinal en 1586, et lui donna le titre de San Tommaso-in-Parione, qui fut échangé plus tard contre celui de Santa Maria sopra-Minervam. Il mourut en 1611.

Entre autres munificences pour Sainte-Sabine, il fit construire et dota la chapelle de saint Hyacinthe, où il choisit sa sépulture[1] dès l'an 1600. Il fit graver au-dessus ces inscriptions, qui témoignent de son humilité et de sa foi:

D . O . M .
F . Hier . Bernerius Corrigien
ex ord . Praedic . TT . S . Mariae
sup . Miner . S . R . E . presb .
card . Asculanus
de morte et corpor . resurrect .
pie et religiose cogitans
hoc sibi sepulchr . in quo
cum universae carnis viam ingressus
fuerit mortale suum conderetur

---

[1] Cf. Ciacconius, *Vit. Pont. C. II.*

vivens P .
sacell . ubi quotid . pro eius anima
sacrum fieret extruxit
D . Hiacinto . D .
An . Iubilei MMC . aetat . suae . LX

Lorsque Dieu l'eut appelé à lui, pour le récompenser de ses vertus, on ajouta au-dessous des lignes précédentes:

Vix . annos LXX . m . VII . d . XI
Obiit eps Portuen . VI . Id . aug . MDCXI

L'encadrement si humble en « breccia » qui entoure la pierre tombale, n'y fut ajouté qu'en 1820.

Sur un marbre carré, placé à gauche, du côté de l'Evangile on lit ces paroles de Job:

Credo quod
Redemptor meus
vivit

et du côté de l'Epitre, sur un marbre semblable:

Et in novissimo die
de terra
resurrecturus sum .

Cette tombe est vraiment digne d'un religieux et du grand cœur dont elle renferme la cendre. Elle nous rappelle que « le bruit ne fait pas de bien, et le bien ne fait pas de bruit, » selon le mot de Martin de Noirlieu.

5. — En face de la chapelle de Saint-Dominique-in-Suriano, est l'entrée d'un caveau, dont l'inscription est non moins grande dans sa simplicité et son humilité et sa foi chrétiennes. Elle est gravée sur une petite pierre carrée. La voici:

Ut
viventes protege
resurgentes

Puis se voit un écusson, avec ces indications:

C . H . C . P .
Anno dni . MDCLV

6. — A l'entrée de la Chapelle du Rosaire, à gauche, sur une pierre carrée:

D . O . M .
F . Hyacinthus Iustinianus . de
Recanellis . Chius . episcopus
Syrae . sacri . ord . Praedicatorum
Obiit kal . ianuarii MDCCXCX
aetatis LXXXI

L'illustre famille Giustiniani est l'une de celles qui ont donné le plus de leur sang à la famille dominicaine. Celui donc nous venons de transcrire l'inscription funèbre, est peut-être le vingtième de ce grand nom, qui ait revêtu les livrées de l'Ordre; et tous ont été, ou par leur science ou par leurs vertus, le plus souvent par les deux à la fois, dignes du sang qui coulait dans leurs veines.[1]

7. — En face de la chapelle du Rosaire, au-dessus de l'escalier qui y conduit, sur une planche carrée de marbre blanc, est rappelée une sainte mémoire en ces termes:

D . O . M .
F. Dominicus Mª Salvini
archiepiscopus Naxivanensis
sacri ordinis FF. Praedicatorum
Obiit die X decembris MDCCLXV
aetatis suae LXXVII

Les armoiries du défunt sont au-dessous de l'épitaphe.

L'évêque missionnaire était allé évangéliser des régions particulièrement arrosées des sueurs et du sang dominicain, ainsi que nous le rappellerons ailleurs.

8. — Un peu plus haut, vers l'autel, à droite, près de la muraille, se lisent ces mots sur une humble pierre carrée:

Servus Dei
Fr. Bartholomaeus Concordia
ord . Praed
die IX mart. MDCCCLXIX

Cette pierre couvre les reliques d'un saint religieux, dont nous donnerons ailleurs la biographie. Nous n'ajoutons ici aucun détail.

---

[1] Cf. Echard, *Index per Agnomina*.

9. — Sur une simple pierre carrée, à l'entrée de la chapelle du Rosaire, se rappelle ce souvenir en ces termes:

D . O . M .
Cineres
Gasparis advocati Gagnetti
in romano archigymnasio
Lectoris emeriti
Fratres orate pro eo
Obiit die XXVI octobris MDCCLXII
aetatis suae annor . LXXX
Caietanus canonicus Gambirasi
Haeres fiduciarius P. C.

10. — A l'entrée de la chapelle du Rosaire, dans la muraille à droite, se remarque un cadre en jaune antique, renfermant une inscription sur marbre blanc, et surmonté d'un médaillon en marbre, où se voit peint le buste d'un dominicain, capuchon en tête et chapelet en main. L'inscription nous en donne le sens:

D . O . M .
V . P . F . Micheli Archangelo
Nannio Calliensi Ord . Praed .
sac . theol . magistro
charitate in Deum . et proximos
humilitate patientia
caeterisque virtutibus claro
ac SS . Rosarii Deiparae Virginis
In hoc templo restitutori
qui Callii pie obiit
die IX augusti MDCLXXI
aetatis vero anno LXXVIII
Hyacinthus Franciscus Bona
ventura et Petrus Paulus
fratres de Parraccianis
posuerunt
anno Domini MDCLXXXII

Le nom du P. Nanni reviendra plus tard sous notre plume.

11. — Dans la chapelle du Rosaire et appuyé contre la muraille, du côté de l'Epitre, se voit le tombeau du cardinal d'Aussia.

Il est très beau et intéressant. Déjà nous en avons dit un mot en parlant de la chapelle. On y remarque surtout une admirable simplicité jointe à une grande richesse de goût et de travail. Il est de l'école de Mino da Fiesole.

Sur un soubassement en marbre blanc, est placé un cénotaphe, supporté par quatre pieds de lion, et orné de guirlandes d'une exécution et d'une harmonie parfaites. Sur le cénotaphe est couché dans la mort, le cardinal, mitre en tête; et derrière le défunt se voient à mi-corps trois belles statues en bas-relief, et au-dessus une frise ornée d'anges et de fruits et une sorte de fronton. Sur les piliers sont représentées en petites statues les quatre Vertus Cardinales, avec leurs attributs ordinaires. Près de la tête du défunt et à gauche du spectateur, se voit en haut, la Force qui tient une puissante colonne; en bas, la Justice qui a les deux bras nus, et porte de la gauche, le livre de la loi, et de la droite, la glaive vengeur.

A droite du spectateur, près des pieds du défunt, se voient en haut, la Tempérance, en tunique retenue par une double ceinture, et versant d'une urne élégante qu'elle élève de la main droite, de l'eau dans une autre urne, celle du vin, qu'elle abaisse de la main gauche.

Plus bas, est la Prudence. Elle tient de la main gauche le livre de la sagesse, et de la droite, le serpent symbolique qui lui mord le sein nu.

Au-bas des piliers, et des deux côtés sont les armes du cardinal.

Tout le tombeau est en marbre blanc.

Sur le cénotaphe, on lit cette inscription sublime qui s'harmonise si bien pour le style avec tout le monument:

Ut moriens viveret
Vixit ut moriturus

Ces paroles ont frappé souvent le voyageur attentif. MM. Veuillot, Gerbet et d'autres les ont remarquées et commentées, si notre mémoire ne nous trompe. Ils ont eu raison, car elles renferment toute une morale, celle qui découle de la foi à la vie future. Dès que la vie présente doit préparer la vie à venir, la première n'est plus une fin, mais un moyen qu'il faut adapter à la fin.

Sur le soubassement on lit:

Ausie Valentino : patria setaben : card. Montis regalis : nobili Po | diorum familia orto : vite sanctimonia : sacrarum litter : cogni | tione : et omni virtutum

No. 92. Le tombeau du cardinal d'Aussia.

genere exornato : qui variis Hispanor . re | gum legationibus functus : urbem prudenter gubernavit : Exinde a Xysto IIII. Pont. Max. in sacrum collegium ascriptus : Thusco: fer | vente bello in Germaniam legatus Apost. Sedis profectus est . Ce | sarem alloquio demulxit : nationem in Turcos animavit : rediens | dive Sabine tituli sui aedem : sacerdotibus et aedificio auxit. | compositis postremo rebus familiaribus : mortalitatem exuit. | anno etatis. LX. salutis christianae . MCCCCLXXXIII. VII. idus sep. | tembr. par vitae religiosus exitus. pecuniam egenis alimentum: | amici testamentarii : integra fide : distribui curarunt.

Nous avons parlé déjà des munificences du Cardinal Aussia pour Sainte-Sabine; nous devons y revenir plus tard encore, et expliquer comment il y augmenta le nombre des prêtres ou des religieux.

Pour les détails historiques, nous renverrons à Ciacconio et aux autres historiens connus, le lecteur à qui l'inscription que nous venons de copier ne suffirait pas.

12. — Devant l'autel du Rosaire, à quelque distance, on lit sur une grande planche de marbre:

   Claudia . de Angelis
   virgo . Anagnina
   Ter . Or . S. Dominici
   Vix . A . XL . M . II . D . XX
   Ob . an . MDCCXV
   Hic . in . p . q .

C'est une pieuse Tertiaire que l'on songe à placer sur les autels.

13. — A droite de la précédente, on trouve la tombe d'une autre tertiaire, une étroite plaque de marbre, avec ces mots:

   Ma . Catarina . Portoghesi
    virgo Romana
   Ter . Ord . s . Dominici
   Vix . an . LVII . men XI . di . XXIV
   Obit . anno MDC|CXXXXIV
   XIX iul . Hic in p . q .

14. — A gauche de l'avant-dernière inscription, et faisant pendant à la dernière, on lit celle-ci, sur une plaque de marbre:

Hic req. in pace
corp. R. D. Caroli
    Teste
Farnesiani
archip. S. Pancratii
    Anagniae
Ob. IX. maii.
    MDCCXLVIII
aet. LXXI

15. — Devant l'autel du Rosaire, et près du marche-pied, du côté de l'Evangile, se remarque une grande pierre tombale, sur laquelle est sculpté en relief, un évêque de grandeur naturelle. Il porte la mître en tête, et l'on voit ses armoiries au-dessus de chaque épaule. Il est comme encadré dans une sorte de niche. Ce monument appartient à l'histoire ecclésiastique de la France. On lit en effet gravés sur les bords de la pierre sépulcrale, ces vers, qui sont peut-être l'œuvre du défunt:

No. 93. Tombe de Guillaume de l'Estany.

— Ugonis Guilermus
— eram consultus utroque ǁ iure sed e Stagno Virduni's
    natus in oris ǁ presbiter
— intactae titulo praestante Sabinae ǁ

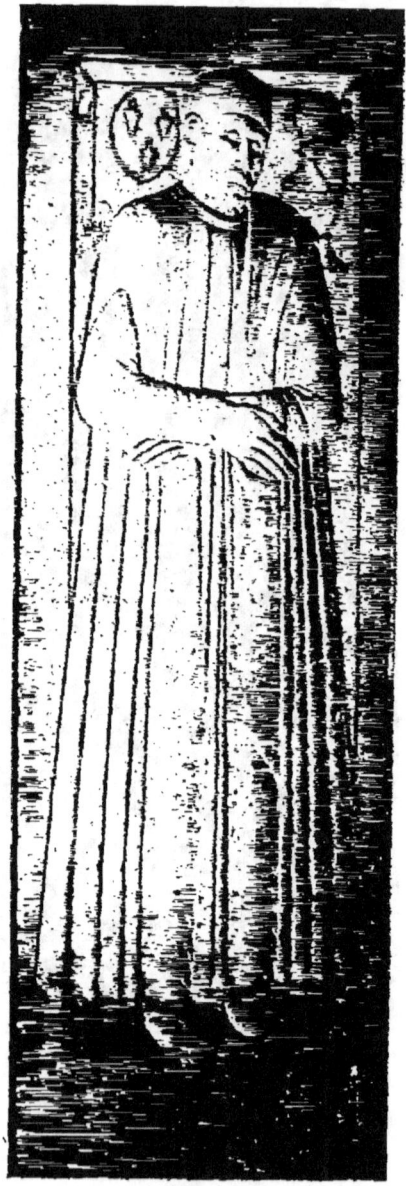

No. 94. Tombe d'Antonio Ferraguti.

— inter cardineos donatu denique patres . obii an . X(sti) MCCCCLV Die XXVIII octobris .

Guillaume de l'Etang étai un Bénédictin de Verdun. I avait été évêque de Metz; i fut créé cardinal per l'anti pape Félix V, et réélu par Nicolas V.

16. — En face et tout près de l'autel du Rosaire, s'ouvre le tombeau de la famille Pa racciani. Cette famille s'était montrée toujours bienfaisante pour les frères de Sainte-Sa bine; c'est elle qui avait con struit le petit monument du P. Nanni, décrit plus haut. Les Frères ne furent pas sans reconnaissance et concédèrent gratuitement cette sépulture, en 1677. Sur le couvercle en marbre blanc qui en ferme l'entrée, nous lisons ces pieu ses paroles:

Deiparae
Sanctissimi Rosarii
vivi et vita functi
protectione fruantur
fratres de Parraccianis
monument . construi
fecerunt
Anno Dom . incarn .
M . D . CLXXX

17. — En face de l'autel du Rosaire, du côté de l'Epître,

une grande pierre représente en bas-relief, un docteur coiffé de son bonnet, et vêtu de son manteau. Il appuie sa tête sur un coussin, où l'on voit d'un côté ses armoiries, de l'autre un calice. A ses pieds on lit:

> Hic . iacet Antonius Ferracuti
> Maioricen . Decretorum doc .
> ac cotradictar . procurat
> tor . Q . obiit . an . MCCCC
> XCVII . d . XVIII . Iulii .

Nous pouvons passer maintenant à la nef occidentale.

§ 3. Nef occidentale.

1. — Tout près du clocher, se voit dans le pavé une pierre tombale en marbre blanc, et sans inscription. Sur la pierre est représenté en bas-relief un évêque mîtré. La sculpture est restée inachevée. Le style est du XVme siècle. Ce défunt est peut-être l'un des anonymes que nous indiquerons bientôt. Comme les vivants oublient vite les trépassés, puisqu'ils n'ont pas eu la force d'achever cet humble monument à la gloire d'un évêque qu'ils avaient peut-être flatté durant sa vie, et dépouillé à sa mort!

2. — Un peu plus loin est une longue pierre portant un écusson dans le haut, et plus bas cette inscription:

> ✠ Anno . domini millesimo . CCCXII
> die . XVII . mensis . iunii
> obiit . nobilis . armiger
> Cozo . de Hüsb'cn
> De . Theotonia . cuius .
> aia . requiescat . in . pa
> ce . Amen .

A la grandeur et à la simplicité de la tombe, on reconnaît un rude et austère guerrier.

Nous avons trouvé dans la nef centrale, les tombes de Egidius de Villica et celle de Egidius de Varnsperch, morts également en 1312.

Ces trois inscriptions rappellent un fait important dans l'histoire ecclésiastique.

En 1312, l'Empereur Henri VII s'était rendu à Rome pour recevoir la couronne impériale au Vatican. Il était soutenu par les Gibelins, qui sous la conduite des Colonna, s'étaient fortifiés sur l'Aventin, sur le Palatin et sur la rive gauche du Tibre. Les Guelfes voulaient au contraire que le couronnement se fit au Latran. Ils avaient à leur tête les Orsini, et s'étaient fortifiés dans le Château Saint-Ange et le Trastevere. On en vint aux mains à plusieurs reprises, dans les rues de Rome; mais surtout on se livra une bataille acharnée et meurtrière, le 26 mai, de la même année près du Château Saint-Ange. Les Guelfes l'emportèrent, et le couronnement se fit au Latran.

Beaucoup d'Allemands restèrent sur le champ de bataille, et puisque la guerre était à moitié religieuse, il n'est pas étrange que des trois morts ensevelis à Sainte-Sabine, il y ait un chevalier et deux ecclésiastiques.

3. — Plus loin dans le pavé, on trouve successivement les ouvertures de trois caveaux, mais sans inscription qui les désigne. Qu'importe, puisque l'obscurité pèse si peu sur la tombe de ceux qui ne sont plus ici-bas? C'est à peine s'il y a une question de curiosité pour les survivants.

4. — Revenons un peu sur nos pas, afin d'étudier les tombes que nous avons laissées sur la muraille de la nef. Nous trouvons d'abord un souvenir nouveau pour un saint religieux, dont nous avons déjà rencontré le nom dans la nef centrale.

Dans un cadre en marbre blanc, que surmontent les armoiries du défunt, on lit ces mots, qui seraient parfaitement dans le style et le génie de celui qui en est l'objet, s'il fallait mettre en doute qu'ils ont été dictés par lui, lorsque, malade à Rome, il songeait à son tombeau:

D . O . M .
Quem humilioris fortunae
parentes genuere aluit
edocuitq . dnicana
paupertas Pii . V . Pont . Max .
munificentia evexit
dum in urbe Gnalem S^{ti}

Officii Commissm͟m ageret
desideratiss͟a morte
solutus hic humari
voluit Vmbertus Locatus
Placen͟s epus
Balneoregien

5. — Le monument suivant rappelle une grande mémoire. Non loin de l'inscription précédente, on remarque une belle plaque en marbre noir, entourée d'une guirlande de fleurs, et surmontée d'un médaillon en « breccia », qui renferme en une forte peinture sur métal le buste d'un austère dominicain. Ce dernier a la tête couverte de son capuchon et appuie la droite sur un volume. C'est le canoniste Passerini. Voici l'inscription qui est placée au-dessous du portrait.

D . O . M .

F . Petrum M^{am} Passerinum de Sextula
Ord^{is} Praedic . prov . Lombardiae
quem in Italiae cathedris magistrum
in Sapientia Romana iubilat . Decanum
in librorum mole immortalem
et adhuc viventem sententias firmantem
doctorem
per omnem sciam manus Thomae deduxit
in Bonon . Inquisitionis sede
Petri Martyris pectus firmavit
in pontifi^{cio} concionantem sacello
lingua Pauli edocuit
per annos XXVI Procuratorem
et pluries Vicarium gnalem
ad grandia spus animavit Dominici
in prud^{ae} acumine probitatis culmine
Pontif^{us} charum urbi orbi praeclarum
pacata morte aet an . LXXX
oculis non cordibus ereptum
luget provincia gemit religio
Ob . die XXI iun . MDCLXXVII

Cet éloge et la gloire de Passerini dans le monde théologique, nous dispense d'ajouter des commentaires.[1]

No. 95. Monument du P. P. Passerini.

6. — Un peu plus loin, dans un petit cippe en marbre, de forme antique:

[1] Cf. Echard, *Scriptores O. P.*, vol. II.

D . O . M .
Caesari Delphino
Parmen medico philo
sopho in oi scientia
peritissimo Ferdinan
di . imp . et postmodum
Pii . V . Pont . opt . max
familiari . ann . agenti
LXXI
Iason et Tiberinus
filii etia . medici
patri B . M . Rome de
functo faciun cura
runt IX kal
augusti
MDLXI

Plus bas sont les armoiries du défunt. Si nous ne tenions à garder le genre sérieux, et par conséquent à ne pas poser des questions risibles, nous demanderions si les enfants de ce médecin ne font pas un peu de réclame, en se disant médecins à leur tour.

7. — Vers le milieu de la nef, contre la muraille, nous trouvons un très noble monument. C'est un cadre en « porta santa » surmonté d'un fronton avec un écusson au milieu, et soutenu par deux riches colonnes de « verde antico », qui appuient elles-mêmes sur un superbe soubassement de marbres variés. Le tout est de grand style.

Dans le cadre est peint le buste du défunt, et on lit au-dessous:

D . O . M .
Philippo . Spinulae . Genuensi
ex . episc . Nolano . tituli . huius . sac . aedis
S . R . E . presbytero . cardinali
summae . integritatis . atq . innocentiae viro
Perusiae ac . Umbriae legatione Sixti V
Pont . Max . autoritate perfuncto
De sacri Imperii
Germanor . rebus semper
optime . merito
M . Antonius . Fabricius . Hector

ex . testamento . haeredes
fratri . optatissimo
moerentes . posuere
Vixit . ann . LVII . men . VIII . d . XXVIII
Obiit . XIII . kal . sept . CIƆ . IC . XCIII .

8. Nous avons dit déjà que la chapelle de Sainte Catherine de Sienne est pour ainsi dire un monument élevé sur les tombes de quelques personnages illustres de la famille d'Elci. On y trouve en effet de solennelles épitaphes que nous devons transcrire.

Dans un grand cadre de marbres précieux qui se voit dans la paroi de gauche en entrant, on lit:

D . O . M .
Scipioni S . R . E . cardinali
tit . S . Sabinae
ex comitibus Ilcy Ursi fil . Senensi
paternae eximiae prudentiae
aliarumque virtutum haeredi
quibus primo romana in luce
adeo refulsit
ut Pientinae urbis infula
mox Pisana archipiscopali
meruerit insigniri
Qui deinde Apostolicae Sedis nomine
apud remp . Venetam
et apud Ferdinandum III
Romanorum Imperatorem
legati munere egregie
perfunctus
ab Alexandro VII p . m .
in amplissimum cardinalium collegium
cooptatus
Urbini decoratus legatione
pietate sapientia doctrina rerumque usu
ac suavissimis moribus
in Urbe et in Sacro Senatu
conspicuus

dum comitia pontificia ferverent
sancte quievit
anno salutis MDCLXX prid. id. apr.
Franciscus archiepiscopus Pisanlus
qui coempto solo
sacellum hoc a fundamentis erexit
absolvitque
amatissimo patruo
quo decentius mortalitatis exuviae
in spem resurrectionis jacerent
monumentum posuit.

9. Sur la paroi de droite se lit cette autre inscription funèbre:

D. O. M.
Raynerio S. R. E. cardinali Ilcio
patritio Senensi
post plurium ecclesiarum regimem
aliosque magistratus
magna religionis prudentiae et liberalitatis in pauperes
laude gestos
episcopo Ostiensi et Veliterno
Ac Sacri Collegii Decano
qui
mira ad ultimam usque senectutem
in recte agendo firmitate et constantia
perpetua virtutum omnium exercitatione
praesertim charitatis erga Deum et proximos
pro qua
in Venusinae provinciae peste laborantis
administratione
nullum vitae periculum subterfugerat
obiit plenus dierum ac meritorum XXII Junii
anno aet. XC. mens. III. die XV
reparatae salutis MDCCLXI
fratres filii de Ilcio
patruo optimo
p. p.

10. Enfin, au milieu du pavé, mais entourée de très-riches marbres, se lit cette troisième épitaphe:

Francisco ex comit. de Ilcio S. R. E. diacono
cardinali S. Angeli in Foro piscium
religione in Deum morum suavitate
vitae moderatione spectatissimo
Qui vix. an. LXXIX. mens. V. dies XXIX. ob. prid. non
april.
Ursus ex comit. de Ilcio fra. f. ex asse haeres
patruo benemerenti m. p,
anno sal. CICICCCLXXXVII.

11. Nous avons ici un monument double, appliqué contre la muraille de la nef, à peu près aux deux tiers de sa longueur, à partir du campanile, et dédié à Ignazio et à Giuseppe Ciantes. C'est un soubassement surmonté de deux cippes funèbres, qui portent chacun dans le haut un buste en marbre blanc, dans un clypeus, et au-dessous des inscriptions. Les deux cippes sont réunis dans le haut par les armes des Ciantes, et dans le bas par le soubassement commun, où on lit: Laurentius Ciantes | germanis fratribus desideratissimis | pos. a. D. MDLXIX. Tout le monument est en marbres précieux et variés. Sur le cippe de gauche on lit:

Uni Trino sacrum
Ignatio Cianti Rom
episc. S. Angeli Lomb.
Iosephi episc. Marsic. fr. germ.
in ordine Dominicano collegae
in arena sapientiae commilitoni
cuius
extat Ceremoniale Ord. Praedic.
aliis vero scriptis doctiss.
saevitia dolor. articularium
quibuscum perpetuo conflixit
lucem invidit
sed compensavit expressis
summae patientiae exemplis
prudentiae quoque singularis

Reliquit campum in praefectura
diutina provinciae Neapolit.
Post in episcopatu eximia
cum tranquillitate scopulis
arte mira declinatis in pelago
quaestionibus iurisdictionalib.
  aestuosissimo
Decessit an. aetat. suae LXXII
  Christi MDCLXVII

———

  Hactenus. O.
   curaeque
   catenatique
   labores.

13. Dans le cippe de droite se lit cette autre épitaphe:

Trinuni sacrum.
Josepho Cianti Rom,
episc. Marcicen. qui
gentilitium splendorem
collatis de suo fulgoribus
  cumulavit
in sacro Ordine Dominic
publi. philos. ac theol. intepres
praedicator christianae fidei
Romae ad Hebraeos quos
immortalibus singulari invento
 scriptis impugnavit
  In episcopatu
aedem cathedra. fund. amplificans
jurisdictionemque in Saponarios
 admirabiliore constantia
 nescias an prudentia
 in pristinum vindicans
  in aula
Philip. IV Reg. Cath. non semel
res difficillimas et graviss

> facilitate pari ac felicitate
> pertractans
> decessit an. aet. suae LXVIII.
> Christi MDCLXX.

> Habuit labores vivens
> quietem moriens
> Legavit labores famae
> irrequietae immortali.

14. Dans la muraille, un peu plus loin à environ trois mètres de hauteur, on trouve l'épitaphe suivante gravée en caractères élégants sur une petite plaque carrée de marbre blanc:

> D. O. M.
> Fabio Blasiolo Faventino
> I. C. probitatis et justitiae
> cultori magnis laboribus
> patria procul commodis
> illius posthabitis qui-
> bus affluebat honorifice
> perfuncto Vixit annos
> XLII mens. I. dies XXVI
> Obiit anno M.D.XC. idib.
> septemb. Blasius moer
> fri chariss. pos.

15. Contre le même mur, à l'entrée de l'abside, devant la chapelle du Crucifix, apparait le monument du comte Stainlein-Saalstein. C'est un énorme coffre oblong, serré contre le mur, et chargé de toute une littérature mêlée de larmes et d'espérances. Nous avons connu la mère du défunt: c'était une sainte âme s'il en fut: mais le tombeau de son fils est d'un goût lamentable.

Elle a surchargé ce monument d'instruments et de notes de musique, parce que son fils était musicien amateur. Nous transcrivons cette littérature, notre but étant de donner toutes les épitaphes.

Pour agrandir l'espace à écrire, on a mis d'abord contre la muraille une longue plaque de marbre où on lit:

Ego sum resurrectio et vita. | Orate pro Aloysio comite de Stainlein | Saalstein ab errore ad catholicam religionem reverso anno MDCCCLVIII. | vita functo an. MDCCCLXVII. | festo die r. Caeciliae virginis et martyris | Domine dilexi decorem domus tuae et locum habitationis gloriae tuae. Ps. 25, 8.

Puis sur le couvercle elle ajoute:

Deus probat quos diligit: tamquam aurum in fornace probatus est | Defecit in dolore vita ejus: in maximis doloribus siluit nec aperuit os suum | Extremum spiritum ducens animo reputabat Christi Dei morientis dolores.

Non in fidei suae merito nec operum suorum neque in eleemosynis | neque in suis hymnis et canticis nec in constanti et forti patientia spem posuit | sed in meritis Jesu Christi spem posuit et in vestris precibus quas implorat.

Nescivit sinistra ejus quid donavit dextera ejus.
Dilexit inimicos oravit pro calumniantibus se.
Beati qui lugent. Beati qui esuriunt et sitiunt justitiam.
Beati misericordes.

Et enfin sur la face antérieure:

Eum homines parum angeli probe eum noverunt. | Domine tu omnia nosti tu scis illam dilexisse Ecclesiam tuam | et oculis lacrymantibus aspexisse successorem Petri tuas in terris vices gerentem. | Tu sci quanta passus est in qua humilitate laboribus assumptus est. | Tu nosti illius spem sitam fuisse in nostris precibus et in te uno | Domine omnia nosti tu scis quia ille amat te.

Quotquot eum novistis ejus apud Deum memoriam servabitis | Vos germani vos artium liberalium cultores | Quotquot ab errore ad catholicam religionem reversi estis | vos qui in dolore vitam trahitis | vos qui Jesum Christum crucifixum amatis | vos fratres ejus estis. Vos orate pro eo.

16. Au-dessus des deux escaliers qui conduisent à l'autel du Crucifix, on remarque par terre une simple pierre tombale avec une inscription ainsi conçue :

D. O. M.
Pulvis et ossa Thomae Emaldi
miserrimi peccatoris
expectant hic resurrectionem.
Orate pro eo
Ob. an.... men.... die.... aetatis....

Cette épitaphe est manifestement l'œuvre du défunt lui-même, qui l'avait fait graver de son vivant, en laissant en blanc la place pour ajouter les dates, le moment venu. On a négligé son intention, et l'on a préféré lui dédier une seconde inscription plus explicite, qui se lit sur une plaque de marbre contre la muraille à gauche. La voici :

Thomas Emaldius Lugiensis
ecclesiae Lateranensis canonicus
Benedicti XIV ab epistolis latinis
Clementis XIII ab epistolis apostolicis ad Principes
et in Roman. Curia inter votantes Signaturae gr. adlectus
ob honores integre et sapienter administratos
obiit desideratissimus an. aet. suae LVI
kal. Julii an. sal. MDCCLXII.
fratri optimo
religione prudentia doctrina spectatissimo
de patria in exemplum benemerito
in hac aede sine specioso titulo, ut voluit, deposito
ne ejus memoria excideret
Joannes Emaldius
m. p.

17. Dans la paroi gauche de la chapelle du Crucifix s'élève un monument à fronton par enroulement, portant au centre en très bas-relief et en petites dimensions un profil de cardinal, et immédiatement au-dessous de ce dernier, dans un cartouche la date MDLXVII.[1]

---

[1] Cette date ne combine pas avec celle que nous donne l'épitaphe et n'est sans doute que la date du monument.

Voici l'épitaphe :

D. O. M.

Petri . Bertani . Mutinen . card . corpus
heic . situm . est . Qui cum adulescens . in . D
Dominici . familiam . nomen . dedisset . doc
trinae . et . virtutis . ergo . factus . est . episc.
Fanen . tum . a . Paulo . III . nuntius . missus . ad
Karolum . V. duobus . memoriae . nostrae . pruden
tiss . principibus . incredibiliter . satisfecit

a . Julio . III . in cardinalium . collegium . adiectus
sub . Paulo . IV . mortalitatem . in . immortalitate
mutavit . Bene . precare . quisquis . es . ita . tibi
quoque . alii . beneprecentur . Vix . an . LVI . M . II .
dies IV.
Obiit . anno . Salutis . MDLVIII
Guronus . frater . fratri . vita . cariori . p.

18. Derrière l'autel du Crucifix, dans la sacristie, qui, il n'y a pas longtemps faisait partie de l'église, existe un tombeau absolument semblable à celui que nous venons de décrire. C'est celui d'une femme et de son mari, la belle sœur et le frère du précédent. Voici l'épitaphe :

MDLXVII
Orate pro me.
D. O. M.

Luciae . ab . Auro . omnib . corporis . et . animae . bonis
ornatissimae . et . supra . sexum . et . supra . saeculum
ingeniosae . atque . eruditae . Guronus . Bertanus
maritus . contra . votum . superstes . p.

Vixit . a . XLVI . Obiit . kal . Jan . M . D . LXVII.

Guronum . Bertanum . virum . integerrimum . sommor.
Pont . jussu . multis . ad . potentiss . principes . lega
tion . summa . cum . laude . perfunctum . hoc . tumulo
Hercules . Octavius . et . Julius . filii . condidere
  ut . cum . qua . congiunctissime . vixit
  cum . eadem . mortuus . conquiescat

Vixit . a . LXXIII . Obiit . IV . Kl . decemb . MDLXXII.

Le visiteur intelligent ne manquera pas de remarquer, dans les deux derniers monuments, la beauté et du cardinal Bertani et de sa belle-sœur Lucia d'Oro.

19. Afin de terminer avec plus d'intérêt cette série funèbre, nous rapporterons encore une épitaphe bien connue: celle de Requédat par Lacordaire.

Requédat avait été enseveli près de la chapelle du Crucifix Ses cendres ont été reportées en France, mais on nous a laissé la pierre tombale à Sainte-Sabine. Elle n'est plus à sa place première: on l'a retirée dans le réduit qui se trouve au fond de l'église. En voici le texte magnifique:

> Hic Dominum expectat
> Fr. Petrus Requédat
> Ordinis Praedicatorum
> piissimae memoriae juvenis
> quem mors
> anno salutis MDCCCXL
> instaurationi S. Dominici in Gallia
> immature rapuit
> ut nuntius operis ascenderet
> et primitiae
> et numem.

Celui qui a visité l'église de Sainte-Sabine aimera à donner un coup d'œil à quelques curiosités pieuses et intéressantes du voisinage: l'Oranger de saint Dominique, la Chambre ou oratoire du grand patriarche, et la Chambre de saint Pie V.

Nous nous faisons volontiers son « cicerone ».

CHAPITRE XIII.

Autour de l'église de Sainte-Sabine.

§ 1. L'oranger de saint Dominique.

l a sa page à lui dans l'histoire des orangers illustres. L'arbre merveilleux qu'est l'oranger fut connu de tout temps: les Grecs et les Romains l'ont chanté.[1] Il existe à sa louange d'innombrables légendes et poèmes. Son élégance, ses feuilles toujours vertes, ses fruits dorés et rafraichissants, comme dit Virgile, l'harmonie entre le vert intense de son feuillage et l'or de ses fruits, son exquis parfum, le firent surnommer l'arbre de Paradis, et l'imagination en fit la gloire du Jardin des Hespérides.

Dans les pays d'Occident, où on laissa souvent le fruit deux ans sur l'arbre pour lui donner plus de suavité, les fleurs purent se croiser avec les fruits, et à ce titre saint François de Sales le donnait comme emblème à son Académie Florimontane, avec la jolie devise: « Flores fructusque perennes », Fleurs et fruits toujours!

C'est l'oranger acre qui fit le premier son apparition parmi nous. Lorsqu'au XIme siècle le prince de Salerne en offre des fruits aux Seigneurs normands, on les appelle « poma citrina: » c'est en effet fort probablement d'oranges et non pas de citrons qu'il s'agit.

---

[1] Cf. Poiteau, *Hist. nat. des orangers*. On croit l'oranger originaire de l'Inde, d'où il aurait été apporté en Arabie, puis en Occident.

Les Croisés propagèrent l'oranger en Italie et dans le midi de la France, spécialement à Hyères.

A cette époque les Arabes l'avaient déjà importé ou plutôt vulgarisé en Espagne.

L'oranger fameux de Pampelune, acheté plus tard par le connétable de Bourbon, d'où son nom de Grand Connétable, transporté à Chantelles en Bourbonnais, plus tard à Fontainebleau, enfin à Versailles,[1] était également d'espèce amère. Ce fut l'unique oranger connu dans le nord de la France, jusqu'au commencement du XVIme siècle.

C'est seulement au XVme siècle, lorsque les Portugais eurent ouvert la Chine, le Japon, les Indes au commerce, que l'oranger d'espèce douce, spécialement l'orange rouge, fit son apparition en Europe, et, c'est à raison de cette importation, que ces sortes d'oranges, s'appellent encore « portogalli » en Italie.

Dès cette époque les écrivains parlent de l'orange comme d'un fruit merveilleusement agréable : jusques là on ne connait que l'orange amère.

Ces détails étaient nécessaires pour expliquer la tradition qui se rattache à l'oranger dit « de saint Dominique ».

Cet oranger est d'espèce amère, ce qui dénote une origine antérieure à la vulgarisation de l'espèce douce.[2]

Il vient d'Espagne, d'où ils arrivaient en France et en Italie, et c'est l'espagnol Dominique de Guzman, qui, croit-on, l'importa comme curiosité, peut-être aussi à raison de ses propriétés médicales et de sa beauté.

Mais il est temps d'aborder l'arbre lui-même.

Il s'élève dans une grande urne en maçonnerie, mesurant 2 m. 50 de diamètre, et 1 m. 30 de hauteur, qui sert à exhausser le sol à l'entour du tronc, et à lui faire pousser des racines nouvelles, quand les anciennes commencent à ne plus remplir leur rôle.

---

[1] En raison de cette dernière translation, on l'appela « le François I ».

[2] Le jardin de Sainte-Sabine produit beaucoup d'oranges et de mandarines. Ses citrons surtout y étaient appréciés des gourmets, avant que la facilité des communications en eut amené de Naples et d'autres régions plus chaudes sur le marché de Rome.

Elle est ornée, au nord, d'un bas-relief qui reproduit le tableau de Bozzani, conservé dans la Chambre de saint Dominique, et apparait ainsi postérieure à 1650, date du tableau.

L'oranger a un double tronc: l'un est vieux et à moitié vermoulu, protégé d'ailleurs dans les échancrures par une couche de goudron; l'autre est plus jeune, et Lacordaire va nous en raconter l'histoire: »Nous vivions, dit-il dans son *Testament*, avec d'illustres souvenirs de notre Ordre .... On montrait dans le jardin, entre des parois de briques un vieux tronc d'oranger que la tradition disait y avoir été planté par saint Domini que lui-même. Pendant notre séjour il poussa du pied une jeune et forte tige, qui donna bientôt des fleurs et des fruits. On remarqua ce phénomène comme une sorte de présage d'un rajeunissement de l'Ordre et de l'esprit du saint Patriarche, et notre foi accueillit volontiers cet encouragement. »

Ceci se passait en 1840. Aujourd'hui l'arbre est vigoureux, et mesure environ 6 m. de hauteur, sur 6 m. de largeur en ramure. La feuillée en est fort riche.

95. L'oranger de saint Dominique à l'arrivée du P. Lacordaire. — Dessin du P. Besson.

96. L'oranger de saint Dominique dans l'état actuel.

La vieille tradition qui l'attribue à saint Dominique a été consignée depuis des siècles, et a été fort répandue. Un missionnaire venu de la Louisiane nous racontait un jour que là-bas une certaine légende veut que les orangers du pays viennent des graines de celui de saint Dominique.

De ces récits naquit une grande dévotion pour les fruits de notre oranger.

Jadis on les réservait généralement pour le pape et les cardinaux, à qui on les offrait le mercredi des Cendres, quand ils arrivaient pour célébrer la station à Sainte-Sabine.

Lorsqu'en 1648 Clément IX vint faire sa retraite habituelle au couvent, le P. Maurizio de Bosco, prieur, lui offrit deux rosaires et deux chapelets des oranges de saint Dominique, car avec les petites oranges qui tombent en grand nombre après la défloraison, et que l'on fait sécher, on fabrique des chapelets pleins de parfum et de souvenirs.[1]

Pie IX aimait aussi à recevoir de ces oranges, et il les distribuait ensuite à ses amis, qu'il savait amis des Frères-Prêcheurs. C'est ainsi qu'un jour il donna un fort beau chapelet fait avec ces oranges au vénérable Mgr. Caverot, archevêque de Lyon.

Malvenda, qui écrivait en 1625, nous assure que cette dévotion était populaire à son époque.

« On n'imagine pas, dit-il, avec quel empressement et quelle piété le peuple, hommes et femmes, accourt, le jour des Cendres, pour obtenir un fruit ou une feuille de cet arbre, que leur offrent es religieux. On se les dispute.

« On les fait servir à différents usages, spécialement à des remèdes contre certaines maladies, et l'on croit en avoir éprouvé une merveilleuse efficacité en plus d'une circonstance. Voilà 400 ans environ (il dirait aujourd'hui 700 ans bientôt) que l'oranger es debout et survit. C'est pour ainsi dire un prodige de résurrection opéré chaque année, puisque chaque année à peu près ou le dépouille et de ses feuilles et de ses branches ».[2]

Saint François de Sales est plus gracieux encore:

« J'ai vu, écrit-il à sainte Chantal, un arbre planté par le Bienheureux Dominique à Rome; chacun le va voir et chérit pour l'amour du planteur; c'est pourquoi ayant vu en vous l'arbre du désir de sainteté que notre Seigneur a planté en votre âme, je le chéris tendrement, et prends plaisir à le considérer. ... Je vous exhorte d'en faire de même, et de dire avec moi: Dieu vous

---

[1] Le pape reçut en même temps du P. Marini, Général de l'Ordre, un crucifix d'ivoire, très précieux comme sculpture.
[2] *Annal.* O. P. p. 228. Cf. Ugonio, *Staz.*, etc.

croisse, ô bel arbre planté! Divine semence céleste, Dieu vous veuille faire produire votre fruit à maturité! ».[1]

97. Un rameau de l'oranger de saint Dominique.

On avait construit jadis près de l'arbre béni une chapelle, qu'on appelait « l'autel de l'arbre de saint Dominique. » Elle était dans l'angle même formé par le couvent et le mur du vestibule de l'église, là où se trouve maintenant encore une sorte d'édicule en maçonnerie, soutenu par deux piliers. C'est le P. Ancarani qui l'a

[1] *Lettres*, 1.

fait détruire avec bien d'autres souvenirs, lorsque malheureusement il vint fixer son séjour à Sainte-Sabine.

Cette chapelle avait été ornée de peintures, que l'on restaura encore en 1625.[1]

§ 2. La cellule de saint Dominique.

Elle se trouve dans l'ancien couvent, au sommet d'un escalier qui part de l'atrium de l'église, sur le côté gauche, puis, fléchissant à gauche, y conduit directement.

Une petite porte, ouverte à droite de celui qui monte, et ornée de peintures baroques, est l'entrée. On lit au-dessus: «Aditus ad sacram D. Patriarchae Dominici cellulam:»Entrée de la cellule du patriarche Dominique.

On arrive dans un premier vestibule, assez étroit,[2] et voûté; le pavé est en marbre, et au milieu le lys des Bourbons nous apprend à quelle générosité l'on en est redevable.[3] C'est le roi Charles IV d'Espagne qui racheta, en 1815, le couvent tout entier, restaura la petite chapelle, et rendit le tout aux propriétaires anciens et légitimes.

---

[1] A deux pas de l'oranger on remarquera un grand palmier, l'un des plus beaux de Rome. Il fut apporté là, dit-on, par les missionnaires dominicains revenus d'Orient.

[2] Il mesure 2 m. 36 de large, sur 2 m. 80 de long.

[3] Il n'y a pas de très nombreuses années, on lisait encore dans le mur de gauche en entrant l'inscription suivante, gravée sur marbre:

<pre>
            Domus isthaec
      sacrae Praedicatorum familiae
        sex abhinc saeculis juris facta
     s. Dominici in Urbe praecipua sedes
              Caroli IIII
            Hispaniarum regis
             jussu et impensis
     ex direptione imminenti vindicata
            B. Fundatoris sacello
         operibus marmoreis exculto
       et commodiori accessu donato
     Fratribus Praedicatoribus obviantibus
              regiae majestati
       IIII id. septemb. a. r. s. MDCCCXV
                 restituta
        in pristinum jus iterato rediit
           ejusdem ordinis Fratres
           Kal. Quintil. MDCCCXVI
              Hoc grati animi
                  m. p. c.
</pre>

Après le petit vestibule, vient l'antichambre richement ornée, et enfin la cellule transformée en chapelle.

Parlons d'abord de cette dernière.

Une vieille tradition voulait que saint Dominique eût habité cette cellule: c'est en 1645 seulement que sous l'impulsion du P. Arcangelo Nanni de Cagli, on la transforma en oratoire.[1]

Le local ne comprenait alors que deux chambres: l'une plus grande, l'autre moindre. On les avait respectées et laissées dans l'état primitif en 1547, lorsqu'on modifia si profondément l'ancien « dormitorium » et qu'on le suréleva presque de toute la hauteur des antiques cellules.

On commença par organiser humblement toutes choses: la grande cellule devint sacristie, et est aujourd'hui le riche vestibule orné par Borromini; la plus petite, qui donnait sur le cloître intérieur, fut organisée en chapelle: c'est encore la chapelle de nos jours. On trouva que cette cellule avait juste la dimension des anciennes cellules de saint Romain de Toulouse.

Ces réparations sommaires coûtèrent 40 écus. Elles se continuèrent l'année suivante.

Jusqu'alors un petit escalier en « peperino », qui avait coûté 40 écus, donnait accès, non point à l'oratoire, mais directement à la sacristie: on le supprima et on le remplaça en 1646 par un escalier nouveau et plus large qui conduisait à la chapelle même. On ouvrit ainsi une brèche dans le mur septentrional de la chère cellule, et ce fut un attentat regrettable.

On éleva un autel dans l'oratoire, et la sacristie fut embellie d'un carrelage en briques.

On fit faire des armoires pour conserver ce qui appartiendrait au service de l'oratoire, et ainsi l'on dépensa 26 écus; on construisit des bancs et des banquettes pour l'usage des visiteurs, et Donna Laura Aglani offrit un paliotto de velours rouge, tout étoilé d'or et d'argent, de la valeur de 60 écus.

Lorsque ces travaux furent achevés, Mons. Vitucci, «Vice Gerente», vint visiter le nouveau sanctuaire, et accorda la permis-

---

[1] *Cronaca di S. Sabina*, an. 1645.

sion d'y célébrer la messe. De cette autorisation on a bénéficié jusqu'à nos jours.

98. La chambre de saint Dominique.

En 1648, on voyait dans l'oratoire de saint Dominique un ornement en bois avec des peintures encadrées représentant six saints de l'Ordre des Prêcheurs.

Les choses, restèrent en cet état jusqu'au pontificat de Clément IX, en 1672.

Clément IX fut un grand ami et bienfaiteur de Sainte-Sabine, où il venait faire sa retraite chaque année.

99. Le saint Dominique de Bozzani.

Il entreprit donc d'embellir le petit sanctuaire avec une piété et une munificence toutes pontificales, et chargea le célèbre Borromini de préparer les travaux.[1]

[1] Cf. Nibby, *Roma nel 1838*.

On commença par décider avec un goût d'autant plus louable qu'il est plus rare, qu'on ne toucherait point à la simplicité de l'oratoire lui-même, sous prétexte d'ornementation. Dans cette même pensée, on supprima le petit escalier construit par le P. Nanni et on ferma la porte qui avait été ouverte dans la cellule, afin de rendre à celle-ci ses dimensions et son caractère primitifs.

On ne toucha pas au plafond que l'on croyait ancien, et l'on se contenta de dorer les arêtes des poutrelles qui supportent le le plancher.

On fit un pavé en marbre, et les murs furent blanchis à la chaux.

On respecta les dimensions anciennes, à moins que peut-être on n'ait allongé un peu la cellule. Celle-ci mesure aujourd'hui 3 m. 50 de longueur; 2 m. 37 de largeur, et 2 m. 47 de hauteur jusqu'aux poutrelles, ce qui ne donne pas un grand cube d'air.

Ces dimensions restreintes ne doivent pas surprendre, parce qu'alors la cellule du religieux ne servait guères que pour le repos, tout le travail intellectuel se faisant forcément dans la bibliothèque commune, à raison de la rareté des manuscrits.

Parfois aussi le plafond n'existait pas, et l'air circulait au-dessous du toit et au-dessus des cellules ouvertes.

Une petite fenêtre ouvrait sur le toit du cloître. L'embrasure se trouvait ici à l'emplacement du tableau de saint Dominique, et c'est tout récemment qu'on l'a fermée, sans soupçonner qu'on faisait disparaître un monument de l'archéologie dominicaine. Par cette fenêtre saint Dominique avait reçu la lumière et l'air du ciel; par elle aussi nous avions une idée de l'austérité des premiers jours. Elle est à rouvrir un jour.

Au fond de la cellule on érigea un autel qu'on ornait de broderies parfois très riches

La princesse de Rossano, après avoir dépensé 140 écus pour commencer, en dépensa 108 pour faire achever les stucs de la voûte, dans le vestibule, et le couvent 18 scudi pour faire encadrer des peintures représentant des saints de l'Ordre des Prêcheurs.

Plus tard, en 1701, un spécialiste du nom de Manelli exécuta un paliotto pour l'autel de l'oratoire, où il se montra en son genre artiste excellent, plein d'imagination et de goût. L'ornementation de son paliotto faite de fleurs, de feuilles, de fruits, d'oiseaux est ravissante.[1]

Au-dessus de l'autel, et contre l'embrasure de l'ancienne fenêtre, déjà fermée du côté du cloître par la construction des voûtes de ce dernier, on plaça un tableau du peintre Bozzani, représentant saint Dominique de profil, tourné de gauche à droite, à mi-corps, debout, les mains jointes, les yeux fixés attentivement sur le crucifix.

Ce tableau mesure 1 m. 12 en hauteur, et 0,85 en largeur.

Il fut exécuté vers 1650, non point immédiatement pour la chapelle qui nous occupe, mais pour être placé au-dessus de la pierre qui avait couvert les reliques des martyrs vénérés dans l'église, et sur laquelle avait tant prié saint Dominique. Cette peinture rappelait et précisait le souvenir. La pierre était alors fixée contre le mur oriental de l'église, entre la chapelle de saint Dominique et celle de saint Hyacinthe. En 1733 elle fut placée près de la porte latérale, contre le mur de la succursale de la sacristie, où elle se voit aujourd'hui: alors sans doute, c'est-à-dire à l'époque où entre autres réparations, le Maître Général Tommaso Ripoll dépensa 140 écus, sans compter le salaire des ouvriers et la mise en œuvre des matériaux, pour construire dans le petit oratoire un pavé en marbres de diverses couleurs, la peinture de Bozzani fut transférée dans la chambre de saint Dominique, où on l'entoura d'abord de quelques décorations à la détrempe.

Le P. Général Monroy le fit entourer de lys en bois doré; Mademoiselle Descemet, qui était peintre, y avait ajouté, hélas! deux images des Sacrés Cœurs de Jésus et Marie. Toutes ces superfétations viennent enfin de disparaître, et la cellule de saint Dominique réapparait avec la simplicité qui en fait de beaucoup le plus bel ornement.

Revenons au tableau de saint Dominique. L'artiste s'est étudié à nous donner l'illustre patriarche, tel que nous le dépeint la tradition. Il porte la barbe courte, car s'il s'interdit et interdit à ses disciples de porter la barbe longue et « nourrie » en espalier, il

---

[1] On lit au centre du paliotto cette inscription: « Manelli f. an. 1701. »

porta et permit de porter la barbe courte. Les cheveux sont bruns foncés. La figure est robuste, mais le cou trop fort et trop lourd.

Quelques retouches dont les dernières ont été commises par le peintre Capparoni, quelques couches de vernis ont un peu détérioré l'original: ce tableau reste toutefois une peinture sérieuse et religieuse. Le saint prie de façon à faire prier.

Dès 1690 il était l'un des tableaux le plus souvent reproduits dans Rome.[1]

Notre chapelle n'a pas cessé d'être pour les fidèles, et même pour les simples curieux, un but de pélerinage. Les prêtres et les religieux y viennent volontiers célébrer la messe. Par deux Brefs donnés le 25 juin et le 14 juillet 1863, Pie IX encourageait ces pélerinages par la concession de nombreuses faveurs spirituelles, que savent apprécier les chrétiens.

Mais il est temps de revenir un peu sur nos pas et de jeter un coup-d'œil sur l'antichambre.

C'est une petite salle carrée oblongue, avec pavé en marbre' voûte en plein cintre, ornée de stucs et de peintures; les parois sont richement couvertes de marbres.

Elle mesure 4 m. 10 de longueur, 2 m. 36 de largeur, 5 mètres jusqu'au cintre.

Si on a eu soin de respecter dans l'oratoire de saint Dominique la nudité qui fait la gloire de ses murailles, on voulut par piété une belle décoration pour l'antichambre.

Par ordre du pape, c'est Borromini lui-même qui dirigea l'œuvre d'embellissement.

Ici le milieu ne comportait pas l'ostentation; et l'artiste fit réellement une œuvre très remarquable, une véritable miniature d'église, pleine de grandeur de calme et de sincérité.

L'architecte porta l'escalier latéral jusqu'à la hauteur du premier vestibule, qui sert aujourd'hui de sacristie, et ouvrit dans le mur qui fermait l'antichambre une grande et noble porte, surmontée d'une fenêtre basse et cintrée.

---

[1] *Bartol. di S. Giacinto, Storia della Cong. di S. Sabina.* Ms. dell'Archivio O. P.

La porte se ferme habituellement par une belle « cortina » ornée de broderies: œuvre de personnes dévotes à saint Dominique.

Les montants de la porte et les deux parois de murs furent recouverts de marbres riches et variés, choisis et donnés par Clément IX lui-même.

L'ensemble est plutôt de style corinthien. Les piliers en marbre blanc, plats et cannelés, sont de ce style: les chapiteaux sont plutôt ioniques. Sur les piliers reposent une architrave et une corniche, et au-dessus la voûte ornée de stucs. Les panneaux et les montants sont en « breccie » diverses, violacées, rougeâtres, verdâtres, etc.

Au-dessus de la porte de l'oratoire, on a peint une fresque assez sympathique et belle, quoique retouchée il y a peu d'années, où l'on voit les saints Dominique de Guzman, François d'Assise et Ange du Carmel devisant ensemble des choses de Dieu et de leurs ordres, et représentés chacun avec son caractère individuel.

Une légende raconte en effet que plus d'une fois les trois patriarches se réunirent dans cette cellule pour s'entretenir des choses qui les touchaient de plus près au cœur. Un jour en particulier saint Dominique et saint François allèrent ensemble entendre un sermon de saint Ange qui prêchait dans la basilique du Latran. L'orateur connut aussitôt, dit le vieux récit, la sainteté de ses illustres et humbles auditeurs. Après la prédication, il s'achemina avec eux du côté de Sainte-Sabine. Chemin faisant, ils rencontrèrent un noble personnage atteint de la lèpre: ils le guérirent, en lui disant: « Vade in pace », Va en paix ! La conversation reprit très sérieuse et se continua jusque dans la cellule de saint Dominique avec tant d'intérêt que les trois saints passèrent la nuit à causer. Ils s'étaient prophétisé mutuellement les destinées futures des trois ordres.[1] Une inscription placée au-dessous de la peinture rappelle cette conversation illustre.[2]

---

[1] Henoch, patriarch. Hierosol., *Vita S. Angeli*, cap. XII.

[2] Attende advena | hic olim sanctissimi viri | Dominicus Franciscus Angelus Carmelita | in divinis colloquiis vigiles pernoctarunt.
Un poète dont nous avons oublié le nom, a résumé dans ces deux vers le sens de l'entrevue hypothétique:
Unus martirium praenuntiat, alter amoris
Stigmata divini: vox tertia firmat utrumque.

Dans le milieu de la voûte une autre fresque, pareillement et facheusement retouchée, nous montre la Vierge protégeant sous son manteau les fils de saint Dominique. L'artiste a su composer excellemment son sujet, et éviter les difficultés de monotonie et de prosaïsme inhérentes à un tel tableau.

Telle fut l'œuvre de Clément IX. Les religieux, pour en perpétuer le souvenir et celui de leur reconnaissance, firent graver dans un cartouche en marbre blanc, sur la porte d'entrée de l'antichambre, à l'intérieur, cette inscription: « Clément IX, pape, a fait adapter et orner pour la dévotion publique des fidèles, ce lieu où se recueillit saint Dominique, l'an II de son pontificat, et du salut l'an MDCLXIX ».[1]

§ 3. La chambre ou oratoire de saint Pie V.

En sortant de l'oratoire de saint Dominique, le visiteur tourne sur sa gauche et gravit un escalier de quelques marches qui aboutissent à un palier; et là, sur la droite, s'ouvrent deux portes dont l'une est indiquée par cette inscription: « Cubiculum S. Pii V. P. Maximi, » Chambre du pape Pie V.

Pie V, comme tous les saints et grands hommes de l'Ordre de saint Dominique, fut un grand ami du couvent de Sainte-Sabine. N'étant encore que Commissaire du Saint-Office, en 1553, il comptait déjà parmi les bienfaiteurs des Frères. Devenu cardinal, il fit preuve d'une générosité plus assidue encore, et obtint du Pape ce qu'il ne pouvait donner lui-même,[2] un don de 100 écus sur une somme de 300 écus que les Olivétains de Pérouse devaient au Pape. Dès 1553, la *Cronaca* le nomme parmi les bienfaiteurs, en même temps que le cardinal du Bellay et l'ardente comtesse dell' Anguillara.

Enfin, monté sur le trône pontifical, il n'oublia point son couvent de prédilection. Il lui donna plus de 700 écus d'aumônes. Pour les voûtes et autres travaux de maçonnerie, il donna 400 écus. Souvent il venait à Sainte-Sabine et aimait à s'y reposer.

---

[1] Clemens IX Pont. Max.
arcanum hunc S. Dominici recollectionis locum
publicae fidelium devotioni
aptari et exornari fecit an. II pontif.
et sal. M.DC.LXIX.

[2] Cf. Bart. di S. Giacinto, *Hist. della congr. di S. Sabina;* et *Cronaca di Santa Sabina*, an. 1561.

Le 30 juillet 1566, il y visita les malades, et leur laissa une aumône importante.

Le 1ᵉʳ août 1568, Il y vint passer la journée entière chez ses frères, et y conversa familièrement avec tout le monde.

Lorsque lui arriva de France la nouvelle de la défaite des hérétiques, il témoigna sa gratitude à Dieu en envoyant une aumône de 33 écus au couvent de Sainte-Sabine. Les Frères avaient prié beaucoup à son intention, durant les jours d'attente.

C'est encore ce grand pape qui, le 20 mars 1567, unit le couvent de Sainte-Sabine, qui d'ailleurs le demandait, à la province de Lombardie, plus fidèle dans l'intelligence et la pratique des lois dominicaines, et il lui donna l'église de San Nicolò dei Prefetti.

Enfin c'est grâce à lui que fut commencée la construction de deux dortoirs, l'un en bas l'autre en haut, du côté qui regarde au nord, dans la partie papale du couvent. Deux chambres, au rez-de-chaussée et à l'étage, portent effectivement cette inscription sur les linteaux :

« Pius V Pont. Max an. II M.D.LXVII, » Pie V, Souverain Pontife, deuxième année, 1567.

Les deux chambres inférieures sont transformées en sacristie, et l'une de celles d'en haut est devenue la chapelle que nous allons visiter.

Cet oratoire n'est que l'antichambre de la demeure papale, qui était la chambre suivante, installée pour l'habitation.

Dès 1590, on les fait blanchir soigneusement par dévotion pour le saint Pontife; un peu plus tard, on y installa l'infirmerie, et l'on y célébra la messe pour les malades.

Mais c'est au cardinal Ferrari, dominicain, que l'on doit la transformation de la première chambre en chapelle, comme on la voit aujourd'hui.

Les réparations et embellissements furent exécutés en 1790.

Elle mesure 5 m. 30 de long, du sud au nord, et 4 m. 16 de large, avec 5 m. 35 de hauteur, jusqu'à la voûte. Sur douze piliers plats cannelés et aux arêtes dorées, règne le long des quatre parois, à la hauteur de 4 m. 08, une corniche où appuient les quatre pans de la voûte.

Le pavé est en marbre et date de cette époque.[1]

La voûte est embellie de guirlandes de fleurs dans les angles, de têtes d'anges dans les chapiteaux, et d'anges en pied soutenant des médaillons, mais sans dorure ni couleurs.

Tous ces travaux sont en stuc, et sont dus au spécialiste Rusconi. Déjà en 1744, Ficoroni recommandait de visiter cette chapelle pour les admirer, et déclarait que jusques-là on n'avait rien fait de mieux en ce genre.[1]

Les anges en effet sont fort jolis, bien qu'ils ne soient que jolis; et nous avouons qu'il serait fort difficile de reproduire avec plus d'adresse et d'opulence des guirlandes de fleurs, avec leurs vivants pétales, leurs formes exactes, la délicatesse de leurs tissus: et tout cela avec de l'humble plâtre.

L'autel s'élève en face de la porte d'entrée. Il est carré, lourd, pesamment orné. C'est de la maçonnerie. Il ne date guères que du commencement du XIXme siècle.

L'autel précédent était en bois sculpté, d'une architecture « nouvelle et bizarre », dit Crescimbeni, mais, ajoute-t-il, d'un fort beau travail.[2]

Il ne faudrait pas s'y fier à tous les points de vue.

Au-dessus de l'autel, et fixé dans le mur se voit un tableau qui représente Pie V priant à genoux, et prosterné sur son crucifix, et, au-dessus, un ange qui montre le saint en prière et arrête les messagers de la colère céleste prets à frapper.

Il était renfermé jadis dans un superbe cadre sculpté, et de chaque côté se voyaient deux statues en bois doré, de grandeur naturelle, que Crescimbeni déclare d'un goût excellent: toutes ces sculptures ont été ou détruites par les révolutionnaires du commencement du XIXme siècle, ou plutôt vendues par d'autres, qui peut-être s'appelaient ironiquement conservateurs.

Cette peinture qui s'élève jusques dans le van de voûte supérieur, ne manque pas de mérite et fut gravée en son temps, est l'œuvre de Domenico Muratori de Bologne.[4] Elle rappelle une autre peinture

---

[1] Cf. Crescimbeni, *Storia di Santa Maria in Cosmedin*, p. 376.
[2] *Vestigi di Roma antica*, p. 77.
[3] *Storia di Santa Maria in Cosmedin*, p. 376.
[4] Nibby, *Roma nel 1838*.

du même artiste représentant un sujet analogue, c'est-à-dire le fameux miracle relaté au Procès de canonisation de saint Pie V, du crucifix qui refuse aux baisers du saint son pied empoisonné.

100. Saint Pie V en prière.

Les autres peintures sont au nombre de quatre, l'une carrée, dans la paroi vis-à-vis de la fenêtre, deux autres en médaillons ovales, dans les vans latéraux de la voûte; la quatrième dans un arc, au-dessus de la porte d'entrée.

Elles sont de Marliani et lui font honneur. La figure du saint y est austère, pieuse, vivante, et la composition n'offre pas trop de rhétorique.

La première se voit à gauche en entrant et représente le cardinal Ghisleri, assis en costume de religieux, avec le « zucchetto » rouge, et devant lui saint Philippe Néri qui lui prophétise le pontificat; un ange apporte en effet la tiare dans le lointain du ciel.

Au-dessus, dans le pan de voûte, deux anges en pied soutiennent un grand médaillon où apparaît Pie V, en vêtements pontificaux, qui expulse une jeune femme effrontément parée, et se tordant à terre comme une obsédée, entre les bras d'une vieille toute ébahie. La figure du Pontife est très expressive d'indignation. L'artiste a réalisé un véritable tour de force, en reproduisant d'une façon décente le geste du pied qui atteint un ennemi en déroute.

Ce tableau rappelle une mesure énergique du grand pontife, cherchant à diminuer le scandale le plus enraciné et le plus criant de Rome: l'impudence des femmes de mauvaise vie. S'il dut tolérer quelque mal pour en éviter un plus considérable, il prit des mesures sévères pour en diminuer la propagation.

Il ne toléra qu'un petit nombre de ces femmes, leur assigna un quartier à part et leur défendit d'en sortir, sous peine du fouet et de l'exil. Il leur assigna deux ou trois églises, où il leur serait permis d'entendre la messe et un sermon; mais en même temps il décréta que celles qui mourraient dans le péché ne seraient pas ensevelies en terre sainte.[1]

En face, un médaillon semblable et faisant pendant au premier, nous montre Pie V debout, vêtu des ornements sacrés, et devant lui un personnage important qui agenouillé tient déployée une nappe blanche, mais ensanglantée au milieu. Ce dernier est l'ambassadeur de Pologne qui est venu demander des reliques, et à qui le Pape répond que tout le sol romain est relique, et à qui il donne dans sa nappe une poignée de poussière romaine, d'où l'on voit suinter le sang. Tel est le récit de la légende.

Enfin, sur le porte d'entrée, dans un grand demi-cercle une dernière peinture nous montre le Pontife à genoux, le chapelet en

---

[1] Maffei, *Vita di S. Pio V*, lib. II, cap. IV.

main, et le regard fixé à travers la fenêtre, sur l'horizon lointain, où lui est montrée prophétiquement la victoire fameuse de Lépante, gagnée par les Chrétiens sur les Turcs.

Un ange écarte le voile de la fenêtre et de la distance, et l'on aperçoit les étendards chrétiens qui flottent au sommet des mâts, tandis que les navires turcs sont brisés et à moitié engloutis dans les flots.

L'attitude et la physionomie du Pontife exprime fort bien la joie qui succède subitement à une grande inquiétude.

La fenêtre qui donne la lumière a vue sur Rome et sur l'emplacement du palais de Savelli. Le panorama resté dans sa simplicité primitive, tel que le vit et le voulut Pie V, sauf quelques cheminées de fabriques et la coupole de la synagogue insolemment argentée qui gâtent le profil de Rome.

Les papes eurent toujours une dévotion spéciale pour la cellule où pria et médita Pie V.

Pie VII, au milieu de ses épreuves s'était rappelé son patron, et avait accordé des faveurs spirituelles à ceux qui récitaient l'hymne de Pie V: « Belli tumultus ingruit », Le tumulte de la guerre nous entoure.

Pie IX à son tour, se montrait non moins généreux envers ceux qui célébraient la messe dans cet oratoire, ou qui réciteraient la prière de Pie V: « Signor mio Gesù », Jésus, mon Seigneur.

En 1872, il apportait lui-même au couvent un crucifix qu'il remit au Prieur, le P. Amanton, de sainte mémoire. Ce crucifix fut retiré plus tard pour entrer dans une sorte de musée de souvenirs de Pie V, organisé par les soins de Pie IX. Le pape fit donner alors pour le remplacer un petit crucifix de cuivre, qu'il enrichit de plusieurs indulgences.

C'est que par son énergie indomptable et triomphante, Pie V reste le modèle du prêtre qui doit lutter pour sa cause, celle du Christ, contre la violence brutale.

Ici se termine notre Histoire de l'église de Sainte-Sabine.

Appendices.

N° I.

Passio ss. Seraphiae virg. mart. et Sabinae mart.

Cum dies[1] itaque metuendus persecutionis innotuisset christianis, multi etiam per orbem terrarum subirent in nomine Christi martyria, erat sancta virgo Serapia[2] apud oppidum Vendinensium, civis antiochena, in domo Sabinae, quae fuit uxor Valentini et filia Herodis quondam Metallarii, qui sub Vespasiano Augusto ter in urbe Roma candidam dedit Romanis.

Cum igitur christiana esset ejus filia, memorata sancta Serapia, secum morabatur, suadens etiam illam ut Jesu Christi Domini notitiam gereret. Credens itaque sancta Sabina in Domino Jesu, crescebat in fide et bona conversatione; ad quam misit tunc Berillus praeses ut sanctam Dei virginem raperet ad tribunal.

Primum quidem illustrissima femina sancta Sabina, adhibitis pueris seu puellis, restitit illis.

Et post paullulum dixit ad eam sancta Serapia: Domina mea mater, permitte mihi ut eam, tu tantummodo ora, et fidens esto in Dominum Jesum Christum; credo enim ego, et si indigna et peccatrix sum, quod dignam me faciat Dominus meus Jesus Christus sanctis suis ancillam suam.

Dicit ad eam Sabina: Filia mea et domina mea, virgo Serapia, aut vivere tecum aut mori tecum debeo: non te dimittam.

Et cum eis satis imminerent, jussit sibi parari basternam, et perrexit ad praetorium. Cumque nuntiatum fuisset praesidi Sabinam illustrissimam ante fores praetorii stare, habentem etiam secum christianam illam Serapiam, Praeses surrexit, et egressus est in porticum praetorii, honorans eam et dicens: Quid tibi ipsa derogas? Aut quare temetipsam vilem reddis? Aut quare non consideras quae es, aut cujus filia es? Conjunxisti enim te christianis, et oblita es natales tuos, et memoriam tanti viri cujus fuisti uxor, et Deorum, quorum iram vereor ne incurras. Revertere magis in domum tuam, et dimitte illam nefandam, quae maleficiis te et plures demutavit a deorum cultura.

Sabina respondit: Illius sanctae puellae maleficiis utinam et tu suadereris, sicut et ego ab ea juste suasa sum ut ab immundis recederem idolis, et verum et certissimum agnoscerem Deum, qui bonos ad aeternam vocat vitam, et malos in poenam relinquit perpetuam.

Praeses tunc quidem reveritus illam recepit se in praetorium. Illa autem cum sancta Dei virgine reversa est in domum suam.

Praeses vero post tertium diem paravit lusorium trans pontem super arcum Bini, ubi solebat fieri themela, et jussit Officio ut adduceretur Serapia. Quam cum rapuisset Officium, sancta Sabina secuta est eam pedibus, et venit ad lusorium.

---

[1] Nous empruntons le texte aux Bollandistes ou plutôt à Baluze.

[2] Nous nous dispensons d'indiquer les raisons philologiques pour lesquelles on peut écrire et prononcer « Seraphia » ou « Serapia ».

Et cum vidisset se non posse illam adjuvare, exclamavit dicens Praesidi: Canis rabide, asiatice, noli contra salutem tuam sanctam Dei virginem et dominam tuam contristare injuriis. Prope est enim, imo adest Christus Dominus noster, qui te et Imperatores tuos torquebit sempiternis tormentis, qui tanta mala excogitaverunt servientibus Deo vivo. Et recepit se in domum suam cum magno fletu.

Praeses vero jussit coram se sisti sanctam Serapiam, dicens illi: Sacrifica Diis immortalibus, quibus sacrificant domini Imperatores.

Serapia dixit: Timeo et colo omnipotentem Deum, qui fecit coelum et terram, et quae sunt in eis. Nam Deos quos jubes me adorare, non adoro. Non sunt dii, sed sunt daemonia, et ideo non licet mihi adorare eos, quia christiana sum.

Praeses dixit: Accede igitur, et sacrifica Christo tuo.

Serapia respondit: Ego quotidie illi offero sacrificia adorans illum et deprecans die ac nocte.

Praeses dixit: Et ubi est templum Christi tui? Vel quod sacrificium illi offers?

Serapia respondit: Ut meipsam mundam exhibeam per castam conversationem, et ut alios adducam ad illam professionem per ipsius misericordiam.

Praeses dixit: Hoc est templum Dei et sacrificium Christi tui?

Serapia dixit: Majus nihil est quam verum Deum cognoscere, et pie vivere, et illi servire.

Praeses dixit: Ergo tu es ipsa templum Dei tui, ut dicis?

Serapia respondit: Si ipso juvante munda permansero, illius sum templum. Sic enim dicit divina Scriptura: Vos estis templum Dei vivi, et Spiritus Dei habitat in vobis.

Praeses dixit: Si ergo violata fueris, desinis esse templum Dei tui?

Serapia respondit: Dicit Scriptura divina: Si quis templum Dei violaverit, disperdet illum Deus.

Praeses autem peccatum ignorans, jussit duobus juvenibus lascivis Aegyptiis eam tradi, ut ea per integram noctem uterentur.

Quam suscipientes horridi juvenes, perduxerunt eam in locum secretum, ubi erat cubiculum valde obscurissimum,

Tunc sancta Serapia in memorato cubiculo orabat dicens: Sancte! Sancte! Sancte! Te invoco, Domine Jesu Christe, qui es verus custos et conservator. Te invoco, Domine Jesu Christe, qui es lumen et gaudium sempiternum. Te invoco Domine Jesu Christe, qui sanctos apostolos in carceris custodia detentos clausis januis visitasti et confortasti.

Adesto nunc, precor, et mihi miserere peregrinae ancillae tuae Serapiae, et libera me a sordida cogitatione juvenum istorum. Obscurentur oculi eorum, ut non valeant me contingere ancillam tuam, in te confidentem; et non contaminent sigillum tuum tua consecratione signatum.

Confunde impudentiam eorum, et munda me a coinquinatione carnis, et ad te jube me transire. Et adesto, Domine Jesu Christe, cum ancilla tua Sabina.

Corrobora eam in tua magnitudine, Domine Jesu Christe, ut non inimicus diabolus exultet super eam, quae multa sustinuit propter nomen sanctum tuum circa me ancillam tuam.

Domine Jesu Christe, exaudi me, qui es benedictus et gloriosus, et superlaudabilis Filius cum Patre et Spiritu sancto in saecula saeculorum. Amen.

Et cum memorati juvenes circa horam primam noctis coepissent contra propositum virginis Christi accedere, subito sonus magnus factus est, et terrae motus horribilis, ita ut per totum oppidum sentiretur.

Juvenes autem illi tremefacti caeci cadunt exanimes in terram, membris omnibus resoluti. Sancta vero Dei ancilla immaculata videns adesse coeleste auxilium, extensis ad coelum puris manibus, pernoctavit deprecans Dominum.

Diluculo autem properaverunt missi a profanissimo praeside, ut vocarent juvenes, et si praecepta implessent maligni interrogarentur. Ingressi autem invenerunt sanctam Dei virginem orantem, juvenes vero dejectos in terram, velut mortuos, penitus non habentes potestatem erigendi se: sed neque loqui poterant; tantummodo oculi eorum erant aperti corporaliter.

Concursus autem factus est non modicus. Praeses autem, cum audisset, jussit praeparari tribunal et perduci sanctam Dei ancillam. Et cum ducta fuisset, Praeses dixit: Quid est puella? Fecerunt juvenes illi satis desiderio tuo? An delectaris adhuc?

Sancta Serapia respondit: Tu quidem secundum perversam mentem tuam, quam pervertit et possedit inimicus diabolus, irridens loqueris. Ego autem juvenes quos dicis nec sensi, nec fuerunt mecum.

Praeses dixit: Quid ergo? Hac nocte tecum non fuerunt?

Serapia respondit: Mecum fuit cujus sum et ad quem pertineo.

Praeses dixit: Quis est ille?

Serapia respondit: Custos et conservator meus Dominus Jesus Christus.

Praeses dixit: Quid tantam multitudinem tricas? Dic mihi quomodo vel quibus maleficiis juvenes enervasti.

Serapia respondit: Nobis christianis non licet esse maleficos, nam quos per maleficia vestra interfecistis noster et omnium Dominus Jesus Christus invocatus vivificat eos.

Praeses dixit: Si ergo superat Christus tuus omnem maleficiae artem, invoca eum propter juvenes illos, ut reddatur illis sanitas pristina, et dicent si luserunt tecum per noctem aut non. Ego certissime scio quia ideo illos quibusdam maleficiis dementes fecisti, ne te de turpitudine tua detegerent.

Serapia dixit: Deus, cujus ego ancilla sum, omnipotens est, et apud illum nihil impossibile est.

Praeses dixit: Igitur si apud illum Deum tuum nihil est impossibile, fac ut juvenes illi ad se redeant et loquantur.

Serapia respondit: Ut tu suspicaris, maleficia ego ignoro: sed oratio mihi est ad Deum meum, per quam praestat non mihi tantum, sed omnibus invocantibus cum ex toto corde.

Praeses dixit: Quomodo vis, fac tantum ut loquantur juvenes, et tunc videbimus integritatem tuam.

Serapia respondit: Jam tibi dixi quia maleficia facere nescio, sed orare et exorare Deum ut annuat.

Praeses dixit: Perge igitur ad locum ubi sunt juvenes, et precare super eos Deum tuum.

Serapia respondit: Ut non alii fraudentur miraculo, aut male sentiant, sicut et tu, quid opus est ut ego illuc vadam? Jube eos huc perduci in conspectum horum omnium.

Et jussit Praeses perduci juvenes, quos portantes manibus perduxerunt ad tribunal. Et erant quasi nunquam habuissent linguam, nec pedes ad ambulandum, neque manus ad palpandum; omnibus enim membris erant omnino resoluti.

Igitur omnibus mirantibus praeses dixit: Serapia, precare nunc Christum uum super istorum sanitatem.

Sancta vero Serapia extendens ad coelum manus, dixit: Domine omnipotens Deus, qui fecisti coelum et terram, mare et omnia quae in eis sunt; qui per sanctos apostolos tuos mortuos ressuscitasti, leprosos mundasti, daemones fugasti, mutis linguam donasti, surdis auditum praestitisti, nunc, precor, exaudi me ancillam tuam confidentem in te, et ne dissimules propter infelicem et incredulum: sed releva juvenes istos in conspectu omnium expectantium te per meam orationem, ad confusionem istius stulti, qui insanit adversus credentes in te. Accelera, Domine, ut cognoscant quia tu es Deus solus, qui facis mirabilia, et non est alius praeter te.

Et accedens tetigit juvenes illos, dicens: In nomine Domini nostri Jesu Christi, erigite vos in statu vestro. Qui mox ut audierunt, exsiluerunt, et steterunt in pedibus suis, et coeperunt loqui.

Et cum haec vidisset populus et miraretur, Praeses dixit: Videtis quia non adimplebat artem maleficii sui, nisi eos manibus palpasset.

Et ait Praeses juvenibus: Quid faciendo haec mulier dementes vos fecit et resolutos.

Juvenes dixerunt: Domine Praeses, nos secundum praeceptum sublimitatis tuae, mox cum ad illam accederemus, ingressus est quidam juvenis decorus mirae magnitudinis valde; et totus splendebat sicut sol, et stetit inter nos et puellam hanc: et prae claritate illius tremor et caligo et defectio nos comprehendit, et exinde jam non habuimus sensum usque modo. Cognosce autem, Domine Praeses, quia haec puella aut malefica est, aut vere Deus ejus magnus est.

Praeses ad puellam dixit: Dic mihi, Serapia, genus maleficiorum, quibus artibus haec facis: et mox te dimittam.

Serapia respondit: Ego maleficia odi, et omnes qui christiani sunt, Christum nominantes, maleficia ad nihilum redigent, et non valebunt nocere eis.

Praeses dixit: Ecce jam nunc videam si valebit ars tua. Et, si non sacrificaveris, caput tuum faciam incidi.

Serapia respondit: Fac quod vis. Non sacrifico daemoniis, nec facio voluntatem patris tui Satanae, quia christiana sum.

Et jussit ei Praeses apponi duas lampades ardentes, et cum applicatae fuissent lampades, mox extinctae sunt, et qui lampades tenebant ceciderunt retrorsum.

Sancta autem Serapia elevans oculos suos ad coelum dicebat: Domine Jesu Christe, erubescant et conturbentur nimis omnes inimici mei; avertantur retrorsum, et confundantur valde velociter.

Praeses dixit: Sacrifica diis, ne moriaris.

Serapia respondit: Ideo autem non sacrifico daemoniis vestris, ne moriar morte vestra.

Praeses dixit: Biothanata[1] et malefica, audi imperiale praeceptum, et sacrifica diis immortalibus, et libera te de cruciatibus et morte.

Serapia respondit: Biothanati et malefici vos estis, qui negatis Deum vivum et verum, et daemonia adorando cum ipsis pariter estis morituri. Deo autem immortali ego meipsam offero sacrificium, si me dignatur suscipere, licet peccatricem, tamen christianam.

Praeses autem jussit eam fustibus caedi. Et cum caederetur, subito terrae motus factus est magnus, et quasi hastula de fustibus, unde caedebatur sancta Dei virgo, tetigit dextrum oculum Praesidis: quem oculum post triduum amisit.

Tunc repletus furore Praeses dedit sanctae Dei puellae capitalem sententiam dicens: Serapiam non solum imperialium praeceptorum contemptricem, verum etiam tantis deprehensam maleficiis, gladio jussi percuti.

Et incisum est caput sanctae virginis Christi Serapiae, trans arcum Faustini, juxta aream Vindiciani ducis ducum.

Passa est autem sancta Serapia IV Kalendas Augustas, regnante Domino nostro Jesu Christo qui vivit et regnat cum Deo Patre in unitate Spiritus Sancti per immortalia saecula saeculorum. Amen.

Illustrissima itaque femina Sabina, colligens reliquias sanctae et intactae virginis Christi Serapiae, et ex more aromatibus condito corpore, celebratis venerabilibus exequiis, ut thesaurum sempiternum, vel margaritam pretiosam, reposuit in monumento suo, quod ipsa sibi cum summo studio et ornatu fecerat.

Et non cessabat ex eo die facere eleemosynas multas, confidens in nomine Christi Jesu et permanens in fide quam ei tradiderat sancta virgo Serapia.

Studebat autem quotidie visitare infirmos et in carceribus inclusos, praestans eis omnia quae necessaria erant abunde.

Veniente igitur Praefecto Helpidio rabidissimo cane, coecus animo et corporeis oculis Praeses indicavit ei de religiosissima femina Sabina omnia quae gesta fuerant.

Quam cum exhibuisset, introduxerunt in praetorium et videns eam Praefectus, interrogavit eam dicens: Tu es Sabina uxor quondam Valentini illustrissimae memoriae, et filia Herodis?

Sabina respondit: Ego sum.

Praefectus dixit: Quare oblita es tui, et sociasti te christianis, quorum vita mors est, et non adoras magis Deos, quos adorant domini Imperatores et Augusti nostri?

Sabina respondit: Ego gratias ago Jesu Christo Domino nostro, qui me peccatricem per sanctam famulam suam Serapiam de multis sordibus et potestate daemonum liberavit, ut non amplius errem, sicuti vos video errare, adorando daemones.

Praefectus dixit: Ut tu dicis, ergo non solum nos, sed et Domini nostri et Augusti daemones adorant, et non deos.

Sabina respondit: Utinam Deum adoretis qui fecit omnia, cujus nutu omnia reguntur, et gubernantur visibilia et invisibilia, et non stulta aut insensata simulacra daemonum adoraretis, quia cum ipsis pariter in gehenna ignis arsuri estis vos et Imperatores vestri.

Praefectus dixit: Per deos omnes juro quod si non sacrificaveris, non elongabo te capitalem subire sententiam; sed mox te faciam gladio vita privari.

---

[1] Ce mot signifie « ennemie de la vie ».

Sabina respondit: Non sacrificabo, diabole insane, daemoniis tuis, quia christiana sum, et Christum habeo Deum, et ipsius sum ancilla et cultrix, et illi soli oportet me sacrificare.

Tunc diaboli minister Praefectus protulit in eam sententiam, dicens: Sabinam inobedientem Diis, Dominos quoque et Augustos nostros blasphemantem, gladio percuti decrevimus, atque omnes facultates ejus publicis titulis praesignari.

Amputato igitur capite sanctae et venerabilis famulae Christi Sabinae, christiani cum gaudio magno corpus ejus sustulerunt et posuerunt in monumento ipsius, in oppido Vendinensium, ad arcum Faustini, ubi ipsa venerabiliter reposuerat magistram fidei suae virginem Christi Serapiam.

Passa est autem sancta Sabina IV Kalendas septembris, et coronata est una cum fortissima Christi virgine Serapia, qui omnibus in se credentibus virtutem dat et praemia sempiterna, ipsi honor et gloria una cum Deo Patre in unitate Spiritus Sancti per immortalia saecula saeculorum. Amen.

Ces actes sont clairement divisés en deux parties: l'une qui contient le martyre de sainte Seraphia, l'autre celui de sainte Sabine.

Il semble qu'ils sont faits sur des actes anciens, mais postérieurement arrangés et interpolés de quelques détails, surtout en ce qui concerne le martyre et la mort de sainte Seraphia.

Qu'il nous soit permis d'ajouter un mot au sujet des interpolations.

On les dédaigne absolument, et on a tort. L'interpolation peut être à côté ou à l'encontre des faits particuliers, mais elle n'est pas contre la pensée de l'interpolateur, et la pensée de ce dernier est le plus souvent de faire saillir un idéal qui le préoccupe, et il est bon de se rappeler cet idéal. Dans nos Actes, l'interpolation met en un relief extraordinaire la noblesse de la force morale et chrétienne, la bassesse et l'iniquité de la force brutale et païenne.

N° II.

En quel lieu moururent les deux martyrs et où furent conservées leurs reliques.

A cette question, on a donné deux réponses. Le plus grand nombre des historiens, s'appuyant sur l'autorité unanime des martyrologes, les Bollandistes en particulier, ont affirmé que le martyre avait eu lieu à Rome, sur l'Aventin. Il faut observer cependant que les Bollandistes ne défendent cette thèse que comme une conjecture plausible, contre laquelle on ne peut apporter d'objections convaincantes.

A cette difficulté sérieuse que l'«oppidum Vindennensium» ne peut se trouver que dans le pays des Vindenates, en Ombrie, ils répondent qu'on peut regarder comme possible l'établissement d'une colonie de Vindenates sur l'Aventin, lorsque Rome ouvrit ses remparts à ses voisins pour les admettre aux droits de cité, et même nous savons que la célèbre colline fut toujours accessible aux étrangers.[1]

S'ils apportent cette possibilité dans leur thèse, ce n'est point comme une preuve, mais comme une réponse suffisante à une objection. Comme preuve,

---

[1] Nous avons vu, par exemple, que l'Aventin s'appelle les «Blachernes» à cause de l'établissement des Grecs sur cette colline, et le bord du Tibre, au pied de l'Aventin, «Quartier des Grecs».

ils citent l'autorité des documents primitifs, et ce fait que de temps immémorial les reliques de sainte Sabine sont dans l'église qui porte son nom sur l'Aventin. Ils invoquent en outre la tradition d'après laquelle cette église aurait été construite sur l'emplacement même de la maison de sainte Sabine.[1]

Cependant d'autres érudits ont soutenu depuis longtemps que le martyre avait eu lieu Ombrie. Le dominicain Gotti disait que les Saintes moururent « in Umbria secundum aliquos, Romae tamen secundum plures ».[2]

Tillemont, De' Rossi sont de la seconde opinion.

Voici les paroles et la discussion de l'illustre M. De' Rossi, suivie du compte rendu de quelques découvertes archéologiques relatives à notre sujet:[3]

« ... Senza dubbio, essa (la narrazione degl'Atti di SS. Sabina e Serafia) spetta ai fasti dell'Umbria cristiana. Sabina e Serapia convissero in *Oppido Vindenensi*; quivi furono uccise, quivi nobilmente sepolte dai fratelli nella fede, *ad Arcum Faustini*.

L'autore del Martirologio appellato Romano Piccolo attribuì in Roma cotesto Arco di Faustino, e con esso il primitivo sepolcro di Sabina, scrivendo sotto il dì 29 agosto: « *Romae ad Arcum Faustini Sabinae martyris* ». Adone meglio dichiarò queste parole così: « *Romae in Aventino, in Oppido Vindenensi ad Arcum Faustini* ».[4]

Per quanto si sieno studiati i Bollandisti di mantenere e diffondere l'esattezza di cotesta indicazione, essi hanno, a mio giudizio, manifestamente perduto, come suol dirsi, *oleum et operam*.

Non solo paradossale è l'assunto che l'*Oppidum Vindennense*, additato negli Atti di santa Sabina sia da assegnare a Roma ed all'Aventino, non solo quell'*oppidum* fu certamente, come tosto dirò, presso Terni, nell'Umbria; ma il precipuo cardine dell'argomentazione de' Bollandisti, oggi noi possiamo ragionevolmente scuotere e rifiutare. Essi supposero che il sepolcro delle sante Sabina e Serapia sia stato da immemorabile età nella loro chiesa, sull'Aventino, o almeno in alcun cimitero suburbano, prossimo a Roma.

Le antiche Notizie però che noi possediamo su i sepolcri primitivi dei martiri illustri dentro ed attorno a Roma, alto silenzio mantengono intorno alle tombe di sì celeberrime sante. Anzi l'Itinerario appellato Malmesburiense (scritto nel secolo settimo), registra sull'Aventino, il solo corpo di S. Bonifacio, nella chiesa contigua a quella di S. Sabina (V. Roma Sotterr. T. I, p. 175). Il quale argomento, benchè negativo, nel presente caso è gravissimo, basta ad elidere il supposto della contraria sentenza, e conferma la spontanea e naturale significazione dell'« oppidum Vindennense », o « Vindinnense », nominato nell'Antica Scrittura.

Imperocchè Plinio annovera i *Vindenates* tra i popoli Umbri (Hist. Nat. III, 14); una notissima epigrafe del 210, tuttora superstite in Terni ci insegna che al municipio degl'*Interamnates, Nartes* (Interamna sulla Nera, oggi Terni)

---

[1] Nous renvoyons aux Bollandistes ou à Baronius, pour les vieilles autorités. M. De Rossi va en citer quelques unes; nous en avons rapporté nous-même un certain nombre dans notre ouvrage.

[2] *De verit. Relig.* T. IV.

[3] Nous ne mentionnons pas ici l'opinion peu claire de Baluze. Il soutient d'une part que l'«oppidum» en question est en Ombrie, et d'autre part que l'«Arcus Albinis» est au-delà du Tibre.

[4] M. Urlichs, dans son *Codex Urbis Romae topographicus*, cite, p. 135, une description manuscrite de Rome, conservée au Vatican, où on lit « Arcus Faustini, in Aventino, juxta S. Sabinam. »

erano stati aggregati gli oppidi « *Casuentum* » e « *Vindena* » ; e perciò quel comune era appellato *Interamnatium, Nartium, Casuentinorum, Vindenatum* (Cf. Megalotti, Terni, p. 5; Claveri, Ital. Antiqua, Lib. II, Cap. VIII): infine *Vindenenses*, rispetto a *Vindenates* è precisamente ciò che sono gl' *Interamnenses* agl' *Interamnates;* i *Gabinenses* ai *Gabinates;* i *Casinenses* ai *Casinates*, e via dicendo, cioè sinonimi. Egli è dunque manifesto che *Vindena* dell'Umbria dee a sè rivendicare, con ogni diritto, il monumento nel quale furono nobilmente tumulate le due martiri predette.

Caduto in rovina quell' *oppidum*, e non prima del secolo settimo, volgendo il quale l'Itinerario Malmesburiense ci addita nell'Aventino il solo corpo di San Bonifacio, le reliquie delle Sante Sabina e Serapia dall'Umbria furono trasferite a Roma, ed al titolo dedicato sul colle famoso. Donde venne l'errore di chi compilò da documenti molti e diversi, il martirologio appellato Romano Piccolo, che fuse in uno Roma e l' *Arcus Faustini* spettante a Vindena; nè questa è la sola colpa di quel martirologio, primo autore di molti equivoci, appiccatisi poi ad Adone, ed alla numerosa sua scuola. (Roma Sotterr. T. II, p. XXX et segg.).

Ho stretto in brevi parole un'argomentazione che potrei non solo svolgere, ma anche corredare d'altre ragioni. Parmi che quanto ho detto basti all'uopo presente. Gli atti dunque delle due celebri martiri, con l'autorità dallo stesso Tillemont loro consentita, testificano che circa gl'inizî del secolo secondo, nelle minori città dell'Umbria, quale era Vindena, il cristiano seme aveva già messo radici.

Ma un'altra testimonianza che dal superiore mio discorso prende luce e gliela rende, io traggo dalla prelodata scrittura. Sabina nobile e ricca matrona si preparò in vita un monumento sopra terra, nel quale compose il corpo della vergine Serapia, ed essa medesima fu poi dai cristiani tumulata.

Il monumento era costrutto *ad arcum Faustini*, **juxta aream Vindiciani, in oppido Vindenensi**.

Ponendo mente alle denominazioni proprie dei sepolcreti cristiani sopra terra, che furono appellati *horti*, ed *areæ*, coll'aggiunta del nome del possessore o donatore (Bull. 1864, p. 27-28), e considerando che nell'Umbria i cimiteri furono appunto non *cryptæ*, ma *areæ*, potremo noi stimare fortuita la posizione del monumento di Sabina *justa aream Vindiciani*, e la cura presa dallo scrittore degli Atti di registrare la menzione? Parmi che tutto induca a credere, come già il Baronio senza gli odierni argomenti opinò (Ad Martyr. Rom. 3 Sept.), cotesta *Arca Vindiciani* essere stata un cimitero cristiano; e poi che essa spetta ad una umbra città, siffatta scritta testimonianza sarà suggello delle osservazioni sopra svolte e suggerite dall'esame attento dei monumenti.

Nel chiudere questo capo del mio discorso, invito gli studiosi delle umbre antichità a determinare il sito di *Vindena* o *Vindina*, nell'antico territorio degli Interamnati, ed a cercare se rimane vestigio dell' *Arcus Faustini*, dell' *Arca Vindiciani*, coi sepolcri dei fedeli prossimi all'apostolica età, del nobile monumento infine della martire Sabina costruito ai tempi dell'Augusto Adriano. E sarà guida alle opportune ricerche il sapere che quella città fu quasi divisa in due da un ponte, una parte essendone stata chiamata *trans pontem*, ove solevano essere dati teatrali spettacoli, *super Arcum Bini*. La proposta impresa è degna di allettare qualche dotto esploratore ».[1]

[1] *Bullett.* II Serie, anno II, fascic. III, p. 91.

Cinq ans après l'invitation du savant antiquaire, M. Leone Nardoni lui envoya la réponse suivante, qui fut insérée dans le *Bollettino...*[1]: « Sono già trascorsi cinque anni, e niuno finora, per quanto io sappia, corrispose a tale invito.

Da qualche anno, essendomi occupato a rintracciare, se fosse possibile, i vestigi di un teatro o di un anfiteatro, nelle vicinanze di Terni, per poter stabilire da questi superstiti monumenti, con qualche probabilità, il luogo di *Vindena*, l'*Arcus Faustini* e l'*Area Vindiciani*, mi credo in dovere partecipare alla S. V. Ch.ma, l'esito delle mie lunghe e fastidiose ricerche, che qui appresso ho l'onore di trascriverle.

Il punto principale delle mie ricerche fu di trovare un nome di qualche villa od altro luogo, nel territorio dell'Interamnati, che conservasse una traccia del nome antico di Vindiciano. In fatto ho potuto rinvenire nel territorio di Cesi *Villa d'Izano*. Molti erano i castelli e molte le ville che nel 1276 costituivano le terre Arnolfe, che erano soggette a Cesi, come capo di esse le quali vengono nominate dal Conteleri, nella sua « Storia di Cesi », alle pagine 76 e 80. Questa *Villa d'Izano* conserverebbe ancora una traccia italianizzata del nome antico, e per corruzione di lingua, di Vindiciano, coll'andare del tempo, sarebbesi denominata *Villa d'Izano?*

È da sapersi ancora che questa villa trovasi vicinissima e di rimpetto all'antica Carsula, oggi Carsoli, della quale dista circa 10 chilometri, e precisamente trovasi sulla destra della ferrovia Roma-Foligno, a due chilometri del tunnel dei Balduini. Al presente questa villa è composta di poche case, ed in prossimità dell'attuale chiesa, si osservano antiche rovine, che fanno supporre esservi stato un antico cimitero cristiano. La vicinanza di détta villa all'antica Carsula, posta nella pianura, presso la Via Flaminia, ove veggonsi tuttora avanzi di notabili e rare antichità, cioè di un magnifico mausoleo, di un anfiteatro o teatro, di terme, e di un grand'arco, detto l'arco di S. Damiano, e la denominazione (come si è detto) ha questa Villa d'Izano, l'*Area Vindiciani*, e che l'arco oggi di S. Damiano sia l'antico *Arcus Faustini*.

Inoltre, occorre che io lo dichiari, Cesi essere distante da Terni circa miglia cinque ».

Si l'on voulait compléter cette géographie au point de vue ecclésiastique, et trouver des probabilités nouvelles en faveur de la thèse précédente, dans le fait que le culte de sainte Sabine fut spécialement populaire en Ombrie, on pourrait consulter Paul Diacre,[2] Ughelli,[3] Corsignani.[4]

On nous permettra de dire humblement notre avis sur la thèse précédente.

Elle renferme deux affirmations principales: la première, que le martyre et la sépulture de nos saintes eurent lieu en Ombrie, et non à Rome; la seconde que leurs reliques ne furent certainement point transportées sur l'Aventin avant le VIIme siècle.

La première affirmation nous paraît suffisamment établie par les considérations de M. De Rossi sauf celle dont nous allons parler, et par les découvertes de M. Nardoni, quoique ces dernières, de l'aveu même de leur auteur,

---

[1] Serie III, Anno 1, p. 71.
[2] *Hist. Longob.* L. II, Cap. XX.
[3] T. I, col. 882 (edit. 2ª).
[4] *Acta SS. Simplicii, Constantii*, etc. pp. 847, 254, 255.

conservent je ne sais quoi d'hypothétique. A ces raisons nous donnons volontiers notre adhésion.

Cependant parmi ces preuves, il en est une que nous n'admettons qu'avec réserves, et qui nous semble insuffisante : c'est la preuve tirée du silence de l'*Itinerarium Malmesburgense* relativement à la présence des reliques de sainte Sabine et de sa compagne sur l'Aventin. L'*Itinerarium* ne parle pas de ces reliques au VIIme siècle : donc elles n'y étaient pas !

Pour nous, la conséquence dépasse les prémisses.

Elle ne sera rigoureuse et ne pourra être affirmée d'une manière si absolue, que lorsqu'on aura démontré que l'auteur de l'*Itinerarium* a voulu faire un catalogue complet des corps saints vénérés dans Rome, à son époque ; qu'il aurait su faire ce catalogue complet, et que les vieux documents d'après lesquels furent composés les premiers martyrologes, et d'autres documents encore, se trompent sur ce fait.

Il ne s'agit pas ici d'un fait très lointain pour les auteurs de ces documents, mais bien d'un fait qu'ils pouvaient constater de leurs yeux, et leur affirmation est ici d'une valeur toute particulière, mais non pas leur silence.

Jusqu'ici nous ne voyons pas que l'autorité de l'*Itinerarium* soit suffisamment établie dans ce sens. Il dit bien ce qu'il dit ; mais il n'est pas prouvé qu'il doive, veuille ou puisse tout dire.

Nous admettons par conséquent comme suffisamment établi en histoire que sainte Sabine et sainte Seraphia furent martyrisées et ensevelies en Ombrie, dans le pays des *Vindenates*, et peut-être à *Villa d'Izano ;* mais nous ne savons pas suffisamment pour l'affirmer que la translation de leurs reliques à Rome n'eut point lieu avant le VIIme siècle, et, malgré le silence de l'*Itinerarium*, nous regardons comme très-vraisemblable qu'elles furent transportées à Rome lors de l'invasion des Goths, vers 410, et que pour ce motif Pierre d'Illyrie songea à leur créer le magnifique sanctuaire dont nous écrivons l'histoire.

A l'approche des barbares en effet, on apporta dans Rome, pour les abriter derrière ses remparts de nombreux trésors et profanes et sacrés : est-il probable, est-il vraisemblable qu'on n'ait point songé à sauver les reliques des deux illustres saintes ?

Quant à la signification du silence de l'*Itinerarium Malmesburgense*, elle sera considérablement diminuée, si l'on se rappelle que des sept précieux documents réimprimés par M. De Rossi dans sa « Roma Sotterranea », pas un seul ne nomme l'église de sainte Sabine, que si une indication s'en trouve dans le *Salisburgense*, elle est en marge du ms., et l'on doit la regarder comme postérieure et supplémentaire ; que l'*Itinerarium Malmesburgense* en particulier, ne la nomme même pas ; que s'il signale le corps de saint Boniface, il ne dit pas un mot de saint Alexis, dont le culte était pourtant populaire, etc. Faudrait-il en conclure que l'église même de sainte Sabine n'existait pas, non plus que les reliques de saint Alexis ?

Le preuves négatives doivent être admises avec précaution, surtout quand elles sont tirées des notes d'un pélerin étranger, qui ne connait pas sa Rome, qui peut consulter dans ses visites ses goûts particuliers, qui peut oublier bien des faits, etc.

Nous sommes disposé sans doute à accepter la thèse que nous regardons comme non démontrée, dès qu'on nous aura donné des preuves ou des probabilités vraiment suffisantes. Mais jusques-là nous regarderons comme plus vrai-semblable qu'une basilique comme celle de sainte Sabine a dû posséder dès le principe autre chose que le nom de sa Patronne et, à nos yeux, le silence des Itinéraires ne démontre pas plus l'absence des reliques à l'époque où ils furent écrits, qu'il ne prouve l'absence de l'église elle-même.

Au surplus, notre opinion s'harmonise on ne peut mieux avec les habitudes de l'Eglise et les circonstances de l'époque.

Conformément aux antiques décrets, la messe fut célébrée sur l'autel antérieurement consacré et enrichi des saintes reliques.[1]

L'autel en effet n'avait pu être consacré sans des reliques et pour ce motif on l'appela encore sépulcre. L'Apotre saint Jean avait vu « sous l'autel les âmes de ceux qu'on avait tués pour la justice »,[2] le Pape Felix I avait « établi qu'on célébrerait la messe sur le tombeau des martyrs »;[3] on s'était scrupuleusement conformé à cette belle tradition, dans les oratoires des catacombes;[4] et on ne l'abandonna point lorsque la paix ayant été conquise par les chrétiens, il fut permis de célébrer les saints mystères dans de splendides basiliques.[5] Et en effet disait Prudence:

« Que l'autel donne la paix méritée aux ossements bienheureux. Ils sont dans leur urne, déposés au fond de l'autel, et répandus ici bas ils attirent le souffle de la grâce céleste ».[6]

Il était défendu sévèrement de consacrer un autel, si l'on n'y avait précédemment renfermé des reliques de martyrs;[7] et quand on ne possédait pas des reliques, on les apportait de très-loin.[8]

A l'époque où nous sommes, cette loi était en pleine vigueur, non moins que l'ancienne tradition qui ne permettait d'élever des basiliques, des églises ou des mémoires qu'au-dessus des tombes des martyrs, d'où vient que les anciennes églises ont des cryptes, ou dans l'endroit qu'ils avaient habité pendant leur vie.[9] Cette défense venait d'être renouvelée dans le Vme Concile de Carthage en 398.

Nous demandons maintenant quelles furent les reliques placées dans l'autel et la basilique par le Pontife consécrateur.

Il semble qu'à cette époque surtout on n'y dut placer que les reliques des saintes titulaires, dont l'une donna dès lors son nom à l'église nouvelle. Toutes les vraisemblances nous amènent à cette conclusion.

---

1 Le Pape Evariste avait décrété: « Omnes basilicae cum missa semper debent celebrari ». (*Apud Ivon*. III p.). — Cf. Euseb. *Vita Const*. L. IV, c. 45 et Vigilius PP., *Epist. II an*.

2 *Apoc*. VI, 9.

3 Anast. *In Fel*. I.

4 Cf. Martigny art. *Autel*, et Kraus art. *Altar*.

5 Cf. S. Grég. *Sacram cum notis P. Maynardi*. — Cf. Macri, art. *altare*.

6 Voici le latin :
Altar quietem debitam
Praestat beatis ossibus;
Subjecta nam sacrario,
Imamque ad aram condita,
Coelestis auram muneris
Perfusa subtus hauriunt.
Perist. Hymn. V. v. 515.

7 Cf. Ambros. ad *Marcellin*.; Paulin ad *Sev. Epist*. 11.

8 Hieron. *Adut. Vigil*. — Cf. la belle *Dissertation* de Noel Alexandre, *Hist. Eccl. Sacc*. V. *Diss*. XXV.

9 *Conc. Carth*. V. *Can*. 14. — Cf. Natal. Alex. *Hist. Eccl. Sacc*. IV, cap. IV, art. XII. Il résume ainsi la défense: « Statuendum est nullam memoriam martyrum, sive nullum templum aut altare, in martirum honorem probandum esse ab episcopis, nisi ibi corpus aut certae aliquae reliquiae martyris conditae sint; aut ibi origo alicujus habitationis vel possessionis, vel passionis martyrum fidelissime traditur ».

On peut objecter que d'après une ancienne tradition, la basilique fut élevée en partie sur l'emplacement d'une maison de sainte Sabine : de là son nom et son existence. On peut répondre que d'après la même tradition les reliques de nos saintes étaient conservées dès le principe sur l'Aventin ; et que d'ailleurs ce motif de construire une église en l'honneur de sainte Sabine n'exclut nullement l'autre motif.

Tous les documents anciens confirment la présence primitive des reliques sur l'Aventin.

Une inscription lapidaire conservée encore dans l'église de Sainte-Sabine, et que nulle raison suffisante ne nous empêche de considérer comme appartenant au Pontificat d'Eugène II (824-827), comme nous le disons ailleurs, confirme cette tradition, en nous rappelant qu'Eugène II plaça les reliques des saints Alexandre, Théodule et Eventius « à côté » des reliques des saintes Sabine et Séraphia.[1]

Et puisqu'on a invoqué contre la tradition le silence d'un *Itinéraire* du VIIme siècle sur les reliques de sainte Sabine, pourquoi n'invoquerions-nous pas à notre tour le silence bien plus significatif des anciens historiens, surtout d'Anastase le Bibliothécaire, relativement au fait de la translation postérieure, pour nier cette dernière ?

Les reliques étaient certainement dans l'église qui leur est consacrée, dès le pontificat d'Eugène II : si donc elles n'ont été transportées dans notre église qu'après l'époque où fut rédigé l'*Itinerarium Malmesburgense*, qui est du VIIme siècle, il faudrait admettre que la translation eut lieu durant cette période d'un siècle et demi, ou à peu près, qui sépare les deux faits.

Or l'histoire de notre église pendant cette période nous est très connue. Nous savons en détail ce que firent pour elle Léon III et Eugène II, ainsi que nous le raconterons plus loin. Est-il possible que les historiens, nous énumérant les lustres, les voiles, etc. donnés à notre église, n'eussent rien dit des reliques ? Et si l'on veut à toute force soutenir que la translation eut lieu de l'Ombrie à Rome après même le pontificat d'Eugène II, l'argumentation n'en subsistera pas moins dans toute sa valeur : il restera toujours à expliquer le silence des chroniques, d'ailleurs, si pleines de détails, relativement à des faits de bien moindre importance.

Ajoutons que les plus anciens martyrologes, en transportant à Rome sur l'Aventin le théatre du martyre et le tombeau de nos deux saintes, confirment solennellement notre thèse. Leurs auteurs se sont trompés sur le lieu du martyre : soit! Mais leur erreur ne peut venir que d'un fait constaté par eux : le fait de la présence immémoriale des reliques sur l'Aventin à l'époque où ils écrivaient, c'est-à-dire avant le IXme siècle.

---

[1] Nous ajouterons ici pour l'usage de ceux qui auront à restaurer Sainte-Sabine, que, vers 1556, Laur. Schrader vit cette inscription «sub cancello ad sepul- chrum» Monum. etc. fol. 142. Il la lisait encore plus ou moins modifiée «supra portam», ou au-dessus de la grande porte. La voici : «Alexandri pont. Eventii et Theoduli martyrum corpora cum Sabina Seraphiaque Eugenius secundus qui salutis anno DCCCXXII sedit hic pie collocavit. Omnes Hadriani temporibus martyrio coronati anno Christi CXXXIII» ibid. fol. 173.

Nous devons ajouter ici un mot relatif au culte de nos deux martyres laissant d'ailleurs à leur historien futur et espéré le soin de compléter, et, s'il y a lieu, de corriger.

Les actes du martyre de nos deux saintes affirment que leur culte commença le jour même de leur mort. Ce concours de peuple, cette grande joie, le triomphe que l'on décerne à leur dépouille mortelle, nous sont une preuve de ces hommages rendus dès la première heure à leur sainteté victorieuse.

Ce culte s'est perpétué à travers les siècles, comme il n'est point difficile de le démontrer par les documents figurés ou écrits.

Le premier monument où elles furent vénérées fut le splendide et glorieux tombeau des deux saintes. Adon nous dit: « Compositum vero et ornatum est venerabile sarcophagum ambarum ». Ces ornements prodigués aux deux cercueils réunis signifient gratitude, piété, admiration chez les fidèles; sainteté et gloire, chez celles qui en sont l'objet. Espérons qu'un jour la science nous retrouvera avec une certitude complète les vestiges de ce précieux monument.

Si jamais on découvre le tombeau, on retrouvera aussi le « lieu de prière » ou « oratoire » dédié en l'honneur de nos martyrs. Adon s'appuyant sur l'autorité d'anciens documents, en affirme l'existence et nous assure qu'il était digne de celles qu'on y honorait: « Et locus orationis condigne dicatur ». Ce lieu de prière fut consacré le III des nones de Septembre, le jour même des funérailles de sainte Sabine, lorsque les deux tombes furent placées ensemble.

Dans le principe, on distinguait deux espèces « d'oratoria » élevés en l'honneur des martyrs. Les uns étaient gardés par un prêtre chargé d'honorer le souvenir des saints et d'y servir les âmes. D'autres, moins importants, n'avaient pas de prêtres résidants.

Nous ignorons dans quelle catégorie il faut ranger l'oratoire primitif dont dont nous parlons.

On exigeait en général qu'il n'y eût pas d'autres corps ensevelis dans l'oratoire, pour qu'il pût être réellement dédié. Au temps de saint Grégoire, il fallait qu'il y eût en outre des revenus suffisants, et, s'il s'agissait d'un oratoire de second rang, il était défendu d'y établir un baptistère et d'y célébrer la messe.

Quoi qu'il en ait été de la première période, nous ne doutons point qu'après les persécutions au moins l'« oratorium » des saintes Sabine et Séraphia ne soit devenu le lieu d'un pélerinage considérable, et n'ait eu des prêtres « mansionaires ».

Non loin de l'oratoire primitif s'éleva, plus tard une église en l'honneur de nos saintes: nous voulons parler de l'église de Sainte-Sabine que le pape Adrien dut réparer dans le territoire de Ferentillo, selon le témoignage d'Anastase.[1]

Les érudits sont d'accord qu'il s'agit ici d'une église dédiée à sainte Sabine Veuve.

Parfois ces temples furent d'une remarquable magnificence, comme celui

---

[1] Anast. *In Adr.*: « Ecclesiam B. Sabinae sitam in territorio Ferentinello reparavit ».

dont nous venons d'écrire l'histoire ou celui qui s'élévait près de l'antique Valeria.[1]

Le culte de nos deux saintes martyres, spécialement de sainte Sabine, ne fut point confiné en Italie. Il franchit les Alpes et devint populaire en France. Dès le commencement du VIIIme siècle, Périgueux reçoit de Rome des reliques de sainte Sabine. On trouve plusieurs bourgs et villages qui portent le nom de sainte Sabine, par exemple près de Pouilly-en-Auxois, Côte-d'or, et dans les départements de la Dordogne, du Tarn-et-Garonne, de la Sarthe,[2] etc. Il nous serait facile de multiplier ces indications, si nous avions à écrire une histoire complète.

Nous aurions à citer encore les documents écrits: le témoignage des *Actes* de nos martyrs qu'on lisait dans les réunions chrétiennes; et les Calendriers, ou *Fastes de l'Eglise*;[3] le calendrier ancien de l'église de Valeria;[4] le martyrologe d'Adon, composé au IXme siècle, sur des documents antérieurs;[5] les leçons particulières que l'on récitait dans certaines églises de l'Ombrie; les prières de la liturgie, surtout de la liturgie grégorienne, et d'autres témoignages encore; nous aurions à parler avec détail de la diffusion des reliques de nos saintes, dans un grand nombre de sanctuaires, en Italie, en France, en Allemagne: mais nous laissons cette tache à l'historien des deux illustres saintes.[2]

On nous permettra seulement de reproduire ici, comme document plutôt que comme chef-d'œuvre, une hymne composée par Alphanus, évêque de Salerne, sur la demande d'un certain Pandulphe, dont l'église était consacrée à sainte Sabine.

> Praebe, Christe, canentibus
> Munus laetitiae martyris ut tuae
> Sabinae sacra praemia
> Promantur pariter vocibus et lyra.
> Claris orta parentibus
> Pollens eximii conjugio viri

---

[1] « Post Valeriae urbis excidium in viciniori loco Piscinae, constructa erat ecclesia, quae prisco latoque successit templo apud ipsam Vateriam sanctae Sabinae olim dicato ». *Acta SS. Matt., Simplicii, Constantii et Victoriani*, illustrante P. A. Corsignani, p. 255. — Cf. les autorités indiquées par l'auteur.

[2] D'après une communication de M. Denizot, curé de Morcy. — Cf. Blavignac: *Etudes sur Genève*, pp. 230-231. — Cf. Les Bollandistes et le P. Sollier.

Tertull. *De Corona militum*; Martigny et Kraus, Art. *Calendarium*.

[3] Corsignani: *Op. cit.* pp. 246, 255.

[4] Voici les paroles qu'Adon ajoute aux détails qu'il a puisés dans les Actes de nos saintes: « Passa ut autem (Seraphia) IV Kal. Augusti, et sepulta est juxta arcum Vindiciani, in monumento illustris martyrs Sabinae II Kal. Augusti. Compositum vero et ornatum est venerabile sarcophagum ambarum, et locus orationis condigne dedicatus III Nonas septembris, quando et memoria passionis ejus celebrior agitur ». On remarquera qu'Adon distingue entre la sépulture et l'érection d'un oratoire: détail qui a dû lui être fourni par d'antiques documents.

Il nous dit de sainte Sabine: « Romae, in Aventino, in oppido Vindinensi, ad Arcum Faustini, natale beatissimae et illustrissimae Sabinae martyris.... Passa ut autem beata famula Christi IV kal. Sept., et a christianis sublatum corpus ejus, sepultum est in monumento, ubi ipsa venerabiliter reposuerat magistram fidei suae virginem Seraphiam, ad Arcum Faustini, juxta arcam Vindiciani, in oppido Vindinensi ».

Notre récit, et les documents sur lesquels il s'appuie indique suffisamment ce qui est à corriger dans ces paroles d'Adon.

[5] Dans les Litanies des Saints indiquées par le ms. de l'Abbé Ratold, pour l'administration de l'Extrême-Onction, se trouve invoquée « Sancta Savina », sans doute la nôtre. — Cf. P. Ménard, in *Sacramentar. S. Greg.* nota 923.

Praestanti facie nimis,
Morum plena satis, dives opum fuit,
Hanc virgo monitis suis
Seraphim probè fecerat idola
Toto corde relinquere,
Factorique suo credere concitè.
Sprevit jura potentium,
Durum non timuit supplicii genus:
Sed praebens gladio caput
Centenae merito frugis adit gradum.
Sic in morte semel suos
Abscondens oculos semper orans videt
Solis perpetui jubar
Nunquam deficiens hujus erit dies.
Felix orbe potentior
Quaee coelum recipit sanguine pro suo;
Cui merces paradisus est,
Vitae deliciis moribus affluens
Illic purpureus rosae
Flos et nardus inest, vernat amaranthus,
Floret cum violis crocus,
Spirant thura, thymus, lilia, balsamum;
Hymnum angelici chori
Condignum resonant carmen apostoli;
Psallunt quam benè martyres!
Et plectro feriunt tympana virgines.
Salve, Sancta, perenniter
Horum quae medio psallis in agmine,
De quo jam specialiter
Marsorum, petimus, munera respice.
Laus aeterna, salus, honor
Virtus, imperium, lux sine termino,
Rex regum, tibi, Christe, sit,
Et cum Patre Deo Spiritui Sacro! Amen!

Cette hymne a été imprimée à la fin du Xme volume d'Ughelli, et dans l'ouvrage déjà cité de Corsignani. Ughelli imprime une autre hymne en l'honneur de sainte Sabine. Mais nous ne pensons par qu'elle soit en l'honneur de sainte Sabine veuve, puisqu'il y est dit que

« ... Regis sibi Filium
Junxit foedere virginum ».

Elle dut être composée en l'honneur de sainte Sabine vierge et martyr, et peut-être de sainte Seraphia, si par hasard on avait remplacé son nom par celui de Sabine dans le troisième vers.[1]

Citons plutôt pour finir une oraison que l'on trouve écrite à la main, dans le dernier feuillet d'un vieux missel du couvent de Sainte-Sabine imprimé

---

[1] Nous ferons la même observation au sujet du poème publié par Ozanam, parmi les *Documents inédits pour servir à l'histoire littéraire de l'Italie*, pp. 268-271. Il est compté également parmi les « Carmina Alphani ».

en 1496: « Deus qui Beatae Sabinae in agone martyrii coronam victoriae contulisti, da nobis tuis famulis, ut ejus precibus et merito triumphemus in terris, et proemio coronemnr in coelis ».

Cette oraison est indiquée pour la Messe.

N° III.
Cardinaux titulaires de Sainte-Sabine.

Nous ne prétendons pas donner la liste complète des cardinaux de Sainte-Sabine, mais simplement indiquer ceux dont les noms ont été recueillis çà et là par les historiens, en particulier par Ciaconio, Mas Latrie, Cristofori, Eubel, etc. Nous y avons ajouté quelques détails, fruit de nos propres lectures.

On a prétendu que le titre existait avant même la basilique de Sainte-Sabine: c'est possible, ce n'est pas démontré.

Sansovino, dans son *Histoire de la Maison des Savelli*, prétend qu'il y eut comme titulaire préhistorique un Pietro Savelli, créé par le pape saint Silvestre († 335). Ce n'est qu'une flatterie de généalogiste.

Nous commençons notre liste par le fondateur même de notre église.

La date assignée pour chacun n'est pas toujours celle de leur nomination: c'est souvent celle où le nom du titulaire apparaît dans un document qui le rappelle.

Assez souvent ces dates reposent sur des conjectures simplement plausibles.

425 environ. *Pierre d'Illyrie*. — Il mérite la première place dans notre liste, non seulement comme fondateur de l'église de Sainte-Sabine, mais encore parceque Sixte III, dans l'inscription qu'il lui consacre, l'appelle « prêtre de la ville », et qu'Anastase-le-Bibliothécaire lui donne le titre d' « évêque »: deux dénominations qui ne conviennent qu'à un titulaire.

Il mourut vers l'an 430, et dut être enseveli dans le voisinage de son église.

492 environ. *Valens*. — Il occupe le titre de Sainte-Sabine sous Gélase I, entre l'an 492 et 496.

499 environ. *Abundantius*. — Avec deux autre prêtres, Victorius et Victorinus, si tant est que ces deux noms désignent deux personnages différents, il signe les actes du concile célébré à Rome l'an 499, par le pape Symmaque.

Un titre était en général occupé par plusieurs prêtres. Le vrai titulaire était appelé le « Praefectus », les autres « Socii ».

590 environ. *Basilius*. — Une inscription trouvée, dit-on, au cimetière de Lucine, et lue aussi dans le pavé de San Paolo, nous atteste l'existence de ce titulaire. Voici l'inscription:

Locus presbyteri Basili tituli Sabine.[1]

Il mourut vers 590, et fut inhumé dans le cimetière de Lucine.

C'est tout ce que nous savons de lui.

Il existe, dit-on, au Musée du Latran une inscription, fragmentaire, ritmée en distiques, et provenant de Sainte-Sabine, où l'on a cru trouver un éloge du prêtre Basile. Elle est ainsi conçue:

.....qualia dictat amor.
....nus Pb. çID novembris
....it pc. Basili.

---
[1] Margarini, *Inscript. Basil.* S. Pauli, p. XII, n. 265. Marat., *Thes.*, p. 1848, n. 4.

On a supposé qu'il s'agit ici du titulaire Basile. Si l'on s'est basé sur la présence de son nom dans ce fragment, on s'est trompé.

Les deux derniers mots doivent se lire, croyons-nous, « post consulatum Basili ». Cette manière de compter les années « après le consulat de Basile » fut très-fréquente de l'an 541 à l'an 566, et ne fut pas inouïe même plus tard.

C'est que Basile-le-Jeune fut le dernier sujet de l'empereur reconnu consul: après lui, les empereurs se réservent ce titre. Mais entre le consulat de Basile et celui de l'empereur Justin-le-Jeune, il y eut une interruption de 541 à 566, et pendant cet intervalle on continua de compter les années par le consulat de Basile.

Le personnage regretté à qui appartient le fragment d'inscription a dû mourir durant cet intervalle.

495 environ. *Felix*. — Avec son « socius » il assiste vers 595 à un concile célébré à Rome sous le pontificat de Saint Grégoire, et il avait pris part aux fameuses processions organisées par l'illustre pontife.[1]

710. *Thomas Savelli*. — Nous le nommons ici et avec toutes réserves, parceque son existence n'est affirmée que par l'adulateur généalogiste qui fut Sansovino, dans son *Histoire de la Maison Savelli*. C'est sous le pape Constantin, 708-714, qu'il aurait vécu.

731 environ. *Marinus*. — On le nomme sous le pontificat de Grégoire III, vers l'an 731.[2]

735 environ. *Jordanes*. — Son nom, sous cette forme, ou encore sous la forme de «Isidore» ou même de «Tordon», suivant les manuscrits, apparait sous le pontificat de Zacharie, vers l'an 735.

757 environ. *Theophilus*. — Il fut nommé vers 757, et vécut sous les pontificats de Paul I et d'Etienne III.

796 environ. *Guillaume*. — Il fut créé cardinal en 796 par Léon III, mais on ne sait au sûr s'il occupa le titre de Sainte-Sabine avant ou après Eugène Bohémond.

820 environ. *Eugène Bohémond*. — Il était romain, né sur l'Aventin même. Il fut créé cardinal de Sainte-Sabine par Léon III, puis devint pape l'an 824 et mourut l'an 827, le 12 décembre.

Il fut l'un des plus intelligents et des plus généreux bienfaiteurs de Sainte Sabine. Il continua et acheva les restaurations entreprises pour réparer les dégats qu'avait causés le tremblement de terre.

853 environ. *Jovinien*. — Il prend part au synode tenu par Léon IV, l'an 853 Il avait été promu par ce pape au cardinalat en 847.

960 environ. *Benoît*. — Il apparaît sous le pontificat de Jean XII, vers l'an 960.

964 environ. *Etienne*. — Il est nommé dans le synode tenu à Rome, en 964, sous le pape Jean XII.

1037 environ. *Martin*. — C'est en 1037 qu'il est signalé comme titulaire de Sainte-Sabine.

1058 environ. *Bruno* ou *Béno* ou *Benno*. — Il était allemand d'origine, fut nommé cardinal-prêtre par Etienne IX, en mars 1058, puis prit fait et cause pour l'antipape Clément III, qu'avaient élu les partisans de l'empereur Henri IV. Il mourut en 1092.

---

[1] Ciaconius, I, 331, 408.
[2] Panvinio, *Chron.*, p. 36.

1100, 11 avril. *Albert* ou *Hubert* ou *Robert*. — Il fut créé cardinal de Sainte-Sabine le 11 avril, l'an 1100, par Pascal II.

1110. *Vital*. — Son nom se lit dans une bulle de l'an 1110. Quelques uns l'identifient avec Robert, sans doute parce qu'il passa très-vite à Sainte-Balbine.

1110. *Albert* ou *Albéric*. — Il fut fait cardinal de Sainte-Sabine en 1110, et prit part au concile de Latran en 1112.

Il ne faut pas le confondre avec un autre Albéric, son contemporain, titulaire de Saint-Pierre-aux-liens. On l'a confondu également avec le cardinal Robert, dont nous allons parler.

1115. *Guillaume* ou *Pierre Guillaume*. — Il fut élu vers 1115 et mourut en 1120. Il fut enseveli à Sainte-Sabine.

1120, 24 septembre. *Robert*. — Il fut titulaire de Sainte-Sabine depuis le 24 septembre 1120.

1123, 15 avril. *Comes* ou *Conti*. — Il était milanais d'origine. On le trouve titulaire de Sainte-Sabine le 15 avril 1123. Il avait été précédemment titulaire de Santa-Maria-in-Aquiro.

1124. *Fr....* — Comme cardinal de Sainte-Sabine, il participe à l'élection d'Honorius II, en 1124.

1126, 21 juillet. *Grégoire*. — Il est titulaire de Sainte-Sabine le 21 juillet 1126.

1128, 7 mai. *Comes*. — C'est encore un Comes ou Conti qui est indiqué comme titulaire le 7 mai 1128. Nous ne savons si c'est une personnalité différente du Comes signalé plus haut. La difficulté provient de ce que le titulaire Grégoire s'interpose en 1126.

Peut-être est-ce le même personnage qui porte encore le nom du titre ancien, bien qu'en réalité il ne lui appartienne plus.

Ce fait serait loin d'être unique en son genre.

1130. *R....* — Il est titulaire en 1130.

1130, 12 avril. *Santius* ou *Sanctius*. Il occupe le titre depuis le 12 avril 1138, jusqu'au 30 septembre 1142, sous Innocent II.

1143. *Gratien*. — Il est cardinal de Sainte-Sabine en 1143.

1141, 28 septembre. — *Manfred* ou *Mainfroy*. — Il est cardinal de Sainte-Sabine depuis 1151 jusqu'en 1157, 28 septembre.

Quelques uns veulent qu'il y ait deux personnages différents du même nom qui se succèdent immédiatement comme titulaires de Sainte-Sabine. Le second aurait été cardinal de ce titre du 1er janvier 1144 au 28 septembre 1157.

1166, 11 novembre. *Galdinus de Sala* ou *Valvassi della Sala San Galdino*. — Il était archevêque de Milan, célèbre par sa sainteté. Il fut titulaire de Sainte Sabine depuis le 11 novembre 1166 au 5 janvier 1167.

Il a été placé sur les autels.[1]

1171 ou 1173. *Pierre*. — Il fut titulaire de Sainte-Sabine en 1171 ou 1173. Il fut légat en France contre les Albigeois.

1179. *Guillaume*, comte de Flandre. — Il fut légat pontifical en Allemagne et en France, et devint archevêque de Reims.

Il devint cardinal en 1179, sous Alexandre III, et mourut en 1202. Il fut enseveli à Reims.

---

[1] Cf. Ciaconio-Oldoino. *Vitae Pont.* ad an. 1159; Bolland., *Acta SS.*, 18 avril.

Il avait consacré Roger évêque de Cambrai dans l'église de Sainte-Sabine.[1]

1212. *Thomas de Episcopis*, de Capoue. — Il était de Capoue. Il devint légat et patriarche de Jérusalem. Innocent III le fit cardinal de Sainte-Sabine en 1212. Il mourut en 1243, le 22 août.

Il avait écrit un poème sur l'*Œuvre de six jours*, et Malvenda dans ses *Annales* exprime le vif regret qu'on ne l'eût pas encore édité de son temps. Nous ignorons si depuis lors on a songé à cette édition: nous en doutons beaucoup.

1213. *Siegfried* ou *Sigefroy*. — Il état baron d'Eppenstein, et devint archevêque de Mayence. C'est en 1213 qu'Innocent III lui donna le titre de Sainte-Sabine.

1216. *Thomas*. — Un titulaire de ce nom apparaît de 1216 à 1239. S'il faut l'identifier avec le Thomas de Episcopis rencontré plus haut, comme le voudraient quelques historiens, en particulier Mas Latrie, nous n'avons que des hypothèses pour justifier la tentative.

Jusqu'à nouvel ordre, il semble plus sûr de maintenir la distinction, d'autant plus que la nomination de Siegfried en 1213, est affirmée en des documents authentiques.

1218. *Giovanni*. — Il fut titulaire vers 1218.

C'est le P. Fontana qui affirme que ce personnage était le titulaire de Sainte-Sabine, lorsqu'Honorius III donna cette église à l'Ordre des Frères-Prêcheurs, et qu'il appuya vivement l'idée de la donation.[2]

1244, décembre. *Hugues de Saint-Cher* ou *de Saint-Thierry*. — Il fut le premier cardinal de l'Ordre de Saint-Dominique.

Les services qu'il rendit successivement comme chef de son Ordre, comme légat, comme exégète, comme auteur des *Concordances Bibliques*, comme promoteur de la Fête du Saint-Sacrement, lui valurent cet honneur.

C'est en 1244 qu'Innocent IV le créa cardinal de Saint-Sabine. Il mourut à Orvieto en décembre 1261 ou 1264.

On lui dédia l'épitaphe suivante:

Eclipsim patitur sapientia, sol sepellitur
Felici fine sanctae quoque cardo Sabinae
Iste fuit per quem patuit doctrina Sophiae,
Praeco Dei, doctor fidei, cittarista Mariae.
Hugo sibi nomen et Charo presbiter omen.
Patria natalis Burgundia, Roma localis.
Solvitur in cineres Hugo: cui si foret haeres
In terris unus, minus esset flebile funus.

1287. *Pierre de Baieil*. — Il appartenait à l'ordre de la Merci, et fut cardinal vers 1287.

Quelques uns introduisent ici le cardinal Théobald d'Estampes. C'est une erreur, ou du moins une affirmation sans preuves suffisantes.

1288, juin. *Hugues Aiscelin* ou *Séguin de Billom*. — Il fut dominicain, et en son temps célèbre comme professeur à Sainte-Sabine même.

Il était devenu Maître du Sacré Palais, et fut promu au cardinalat le 3 septembre 1288.

---

[1] M. Cristofori l'appelle « Albimano di Scinmpagna Guglielmo ». Albimano est la traduction de « Blanchemain ».

[2] *Monum. Dom.* Cf. Martène, *Novus Thesaurus*, tom. IV, col. 190.

Il mourut en 1297, 28 décembre et fut enseveli à Sainte-Sabine, près de l'ancien maître-autel, sur l'avant. On couvrit sa tombe d'une grande plaque de bronze, qui s'y voyait encore en 1775.

On y remarquait son portrait avec ses armoiries portant trois têtes de lion, et son épitaphe.

Le bronze, hélas! a disparu. La tombe est probablement celle qui aujourd'hui encore est indiquée par un encadrement en marbre blanc, mais vide, à l'entrée de l'abside.

L'épitaphe était ainsi conçue:

    Hugo vocatus homo fuit hic de Biliomo
    Per Montem Clarum dedit hunc Alvernia carum;
    Ordinis hic frates qui praedicat, hunc bona mater
    Edidit ad studia doctorem Theologia;
    Ostia Velletrum titulum dant cardinis isti
    Cui socios Petrum Paulum det gratia Christi.
                                                    Amen.

1298, 4 décembre. *Nicolò Boccasini*. — Il était également de l'Ordre des Frères-Prêcheurs.

Il devint Maître Général de son Ordre, puis cardinal de Sainte-Sabine en 1298, et enfin Souverain Pontife.

L'Eglise l'a placé sur les autels.

Voici l'épitaphe qu'on écrivit sur son magnifique tombeau à Pérouse:

    O quam laudandus quam dulciter et venerandus
    Inclitus iste pater! Pius estitit in Ordine fratre
    Sancti Dominici, Christi vigilantis amici.
    Lector honoratus prior estitit ipse vocatus
    Effectus talis fit Fratrum Dux Generalis.
    Sic homo doctrinae post haec fit cardo Sabinae,
    Ostia Velletrii titulum sibi dant duo letum.
    Prefuit Ungarie legatus, gemma Sophiae:
    Fit pater ipse patrum, caput orbis, gloria Fratrum :
    Et merito dictus re, nomine, vir benedictus.
    Trevisii natus hic, primo pontificatus
    Anno decessit; sibi recte subdita rexit,
    In nono mense mortis prosternitur ense;
    Hunc hominem tantum reddunt miracula sanctum.
    Innumeris signis dans grata juvamina dignis.
    Lector, habe menti: currebant mille trecenti
    Quatuor appositis, dum transit hic homo mitis.
    Mense, die sexta, sunt Julii talia gesta.

1300. *Martin*. — Un personnage de ce nom était le titulaire de Sainte-Sabine vers 1300.

Nous manquons de renseignements à son sujet.

1303. *Nicolò degl'Alberti*. — Dominicain, fameux en son temps comme théologien et pacificateur. Il était titulaire de Sainte-Sabine en 1303.[1] Il mourut à Avignon en 1321. Voici son épitaphe, dont les deux derniers vers sont copiés de celle de Hugues de Saint-Cher:

---

[1] A raison des discussions possibles, nous citons notre autorité, qui est le P. Masetti, *Mom. Prov. Rom.*, vol. I, p. 343.

> Eloquium, doctrina vigens, discretio multa,
> Consilium, bona vita virens, prudentia fultus;
> Ista silent hic, illa docent: sunt cuncta sepulta.
> Virginis a partu numeratis mille trecentis
> Annis bis denis uno quartisque kalendis.
> Quem genuit Pratum, Spoletum pontificatum
> Ostia quemque dedit romano cardine gratum :
> Nicolae, jaces hic: vere si foret unus
> In patria similis, minus esset flebile funus.

1304, 18 décembre. *Guillaume de Marlesfeld*, de Salisbury. — C'était un dominicain anglais, célèbre en son temps comme professeur à Oxford. Il était mort depuis plusieurs jours, lorsqu'il fut nommé cardinal le 18 déc. 1303.

1304, 19 février. *Gauthier Vinkterburn*. — Dominicain anglais, confesseur d'Edouard II d'Angleterre. Il était cardinal de Sainte-Sabine dès 1304, et il fut enseveli à Londres.

1305, 15 décembre. *Thomas Joyce* ou *Jorz*. — Il avait été Provincial des Dominicains en Angleterre, et confesseur d'Edouard II. Il remplaça comme titulaire de Sainte-Sabine Gauthier Vinkterburn, qui venait de mourir.

1319. *Simone*. — En cette année moururent neuf cardinaux, parmi lesquels on compte un cardinal Simon, titulaire de Saint-Sabine.[1]

1342, 20 décembre. *Gérard de la Garde de Daumars*. — Il était dominicain, avait été Maître Général de son Ordre, légat en France. Il fut promu au titre de Sainte-Sabine en 1342.

1350, 8 décembre. *Jean du Moulin*, ou *Molendinus*. — Il était lui aussi Dominicain, et avait gouverné son Ordre comme Maître Général.

Il fut promu au cardinalat en 1350.

Durant le premier siècle de son existence, l'Ordre de Saint Dominique avait donné huit cardinaux titulaires de Sainte-Sabine.

1368, septembre. *François Tebaldeschi*. — Il était romain, et avait exercé les fonctions d'archiprêtre de Saint-Pierre. Il devint cardinal de Sainte-Sabine en 1367.

Il mourut en 1378, et fut enseveli à Saint-Pierre, où on lit, dans les Grottes, cette inscription sur sa tombe: Hic requiescit R.mus P. D. Franciscus de Tebaldeschis, tit. S. Sabinae. Obiit A. D. MCCCLXXVIII. die VII septembris.

1378, 28 septembre. *Joannes de Aurelia*, O. P. évêque de Corfou. — Il fut jeté en prison, comme d'autres cardinaux, par le pape Urbain VI, et il y mourut au bout de peu de temps.[2]

1379, septembre. *Valentin*. — C'était un hongrois, et il avait été évêque de Funfkirchen.

Il fut nommé cardinal en 1379, par Urbain VI, et ne mourut qu'en 1410. On voyait jadis ses armoiries dans l'abside de Sainte-Sabine, comme nous l'apprend Ciaconio.

1382, environ. *François*. — Quelques auteurs nous indiquent un titulaire de ce nom sous Urbain VI, vers 1382 et 1385.

---

[1] Cf. Arch. Vat. ms. lat. 9167, fol. 312.
[2] Eubel.

Ils ne donnent d'ailleurs ni détails ni preuves de leurs dires. C'est probablement le cardinal Francesco Tebaldeschi, qu'ils vieillissent un peu.

1382, 30 mai. *Thomas de Cassac (Clausse)* ou *de Cherasco*. — Dominicain piémontais, selon quelques uns bénédictin, promu au cardinalat par Clément VII, l'antipape, en 1382. Il mourut en 1390.

Il règne d'ailleurs beaucoup d'obscurité sur son nom.

C'est de lui peut-être que nous parle Echard, sous la dénomination de Thomas de Cassano.[1]

Il avait été confesseur d'Amédée de Savoie.

1430, novembre. *Cesarini Julien*. — Cet homme si remarquable par ses vertus et sa générosité, devint cardinal de Sainte-Sabine en 1440, et s'en fit de suite le bienfaiteur. Dès 1441, il fait réparer le toit de l'abside, et ouvrir la porte latérale où des vestiges de ses armoiries se voient encore de nos jours. On lisait autrefois cette inscription près de l'arc de la tribune ou abside: An. Dom. 1441 reparata est ecclesia per Rev. Dom. Julanum de Caesarinis. card. hujus ecclesiae.

Il fut légat au concile de Bâle, et travailla beaucoup au concile de Florence pour l'union des deux églises. C'est lui qui, le 6 juillet 1439, à Florence, après la messe célébrée par Eugène IV, promulgua en latin le Décret d'union, tandis que Bessarion le promulgua en grec.

Il mourut à la bataille de Varna, percé de trois javelots.[2]

1446, 17 décembre. *Jean de Messine* ou *de Primis*. — Il était Bénédictin et fut promu cardinal de Sainte-Sabine en 1444, après s'être grandement distingué comme abbé de Saint-Paul de Padoue.

Il mourut en 1449.

1450, 12 janvier. *Hugues Guillaume de l'Estang*. — Bénédictin de Verdun, fait cardinal en 1455, et enterré à Sainte-Sabine dans la chapelle du Rosaire, à gauche.

Sur sa pierre tombale, ornée de son portrait, on lit l'épitaphe que nous avons rapportée dans le texte.

1456, 18 décembre. *Eneas Silvius Piccolomini*. — Célèbre comme lettré et comme pape. Il devint cardinal de Sainte-Sabine en 1456. Sur le trône pontifical, il prit le nom de Pie II.[b]

1460, 19 mars. *Berard Eroli*. — Il fut d'abord auditeur de Rote, puis évêque de Spolète. Il devint cardinal de sainte-sabine en 1458. Il est inhumé à Saint-Pierre dans un splendide tombeau en marbre.

C'est par erreur assurément que certains auteurs lui donnent comme successeur immédiat le cardinal Nicolò Forteguerra. Celui-ci ne fut jamais, semble-t-il, titulaire de Sainte-Sabine.

1474, 23 mai. *Auxias de Podio*. — Il était espagnol d'origine, avait géré plusieurs légations, et charges importantes. Il devint cardinal titulaire de Sainte Sabine. Il avait été d'abord titulaire de San Vitale.

---

[1] *Scriptores*, I, p. 701.
[2] Cf. Ciaconio, II, 863; Natal. Alex. *Hist. Eccl.*, sacc. XVI, dist. X, n. 2.
[3] Eneas ne pouvait être que « Pius ». Il fit l'épigramme si fine:

    Quand'io era Enea
    Nessun mi conoscea;
    Ora che son Pio
    Ciascun mi chiama zio.

A sa mort, il fut enseveli à Sainte-Sabine, dans la chapelle du Rosaire, où nous nous avons déjà vu son tombeau et lu son épitaphe.

1483, 7 septembre. *Jean d'Aragon.* — Il était fils de Ferdinand roi de Naples. C'est toute sa gloire.

Il fut naturellement cardinal, et non moins naturellement il occupait trois titres successivement. C'est vers 1483 qu'il devint titulaire de Sainte-Sabine. Il en fut commandataire du 20 septembre 1484 au 16 octobre 1486.

Les spécialistes cherchent partout son tombeau ; il se trouve à la Minerve, dans le couloir absidal, au-dessous de la pierre tombale de Fra Angelico, dont on a bousculé les cendres pour faire place au remuant et insignifiant personnage. Son épitaphe, fort digne de lui, commence ainsi : « Tu oses donc tout, ô Lachésis, puisque tu nous prends aussi celui-là ! ».[1]

En mourant, il laissa 100 écus à Sainte-Sabine.

1493, 20 septembre. *Jean de la Grolaye de Villiers.* — Il fut d'abord abbé de Saint-Denis, puis évêque de Lombez.

L'une de ses meilleures gloires est d'avoir demandé à Michelange de lui sculpter la Pietà qui s'admire aujourd'hui dans Saint-Pierre.

C'est en 1493, le 21 août, qu'il devint cardinal titulaire de Sainte-Sabine, par la volonté d'Alexandre VI.

A sa mort il fut enseveli à Saint-Pierre et on lui fit cette épitaphe D. O. M. Joanni Lagrolasio. S. Dionysii Abbati. episcopo Lumbariensi. presb. card. S. Sabinae.

1500, 28 septembre. *Diego Hurtado de Mendosa.* — Il était archevêque de Séville, et fut créé cardinal par Alexandre VI, l'an 1500.

1505, 12 décembre. *Fazio Santori.* — Il fut d'abord évêque de Cesena, puis en 1505, cardinal de Sainte-Sabine, et administrateur de Pampelune. Il mourut en 1510.

Il fut enseveli à Saint-Pierre avec cette épitaphe : Depositum Fazii Santorii. Card. S. Sabinae.

1511, 17 mars. *René de Brie.* — On a parfois intercalé ici le nom du cardinal René de Brie, un cistercien ; d'autres au contraire l'omettent simplement. Peut-être faut-il expliquer la contradiction par le fait que le titre aurait été d'abord conféré, puis immédiatement après enlevé, ou plutôt échangé contre contre celui de Santa Lucia.

1507. *François Ximenès de Cisneros.* — Le célèbre cardinal Franciscain est trop connu pour que nous ayons le courage de le présenter à notre lecteur.

Rappelons seulement qu'il devint titulaire de Sainte-Sabine en 1507 et mourut en 1517. Entr'autres grandes œuvres, il avait fondé l'université d'Alcala et imprimé une Bible Polyglotte fameuse.

Il manque pourtant dans la liste de Cristofori.

1511, 24 octobre. *Bandinelli Sauli.* — Il fut créé cardinal par Jules II en 1508, puis privé de la pourpre, emprisonné et réintégré dans sa dignité en 1518. Dégoûté des choses et des gens d'ici-bas, il fit la solitude autour de lui et se retira à Sainte-Sabine, dont il devint l'un des plus insignes bienfaiteurs, et où il fut inhumé, comme nous avons dit plus haut.

Uberto Folietta lui fit l'inscription suivante, aujourd'hui disparue :

---

[1] Voir notre *Église de la Minerve* p. 271.

Invida virtuti mala sors cum cerneret in Te
Ingenium et dotes eximias animi,
Non tulit atque tuis successibus obstititausa
Ad decus intentum continuisse gradum.
Felix si quo coepisti dare vela per altum
Hoc ires cursu tuque tuumque decus!
Nam virtus cum purpureo te ornaret amictu,
Promisit triplex tum diadema tibi.
At sors quae meritos olim subtraxit honores
Non potuit superis te prohibere choris.
Hic tu Cœlestes inter sanctumque Senatum
Spernis opes, auri pondera, regna, decus.

1517, 8 novembre. *Gouffier de Boissy Adrien.* — Mr. Cristofori intercale ici le cardinal de ce nom.

1517, 6 juillet. *Piccolomini Giovanni.* — Mr. Cristofori place ici un cardinal ainsi nommé. Celui-ci avait sans doute choisi ce titre en souvenir de Pie II Piccolomini.

1518, 8 février. *Louis de Bourbon.* — Le cardinal Louis de Bourbon est compté justement par quelques-uns comme titulaire de Sainte-Sabine. Il l'était en 1517. Mais il commua bientôt ce titre contre celui de San Silvestro. Il mourut à Paris en 1557.

1521. *Louis Villiers de l'Ile Adam.* — Il convient de faire une observation analogue au sujet du cardinal de Beauvais, Louis de Villiers l'Ile Adam, qui fut élu cardinal titulaire de Sainte-Sabine en 1521, peu de jours avant sa mort.

1550, 28 février. *Othon Truchses de Valdebourg.* — Il fut d'abord évêque d'Augsbourg, puis cardinal. Il occupa plusieurs titres successivement: c'est après 1544 qu'il passa de Sainte-Balbine à Sainte-Sabine. Il mourut à Rome en 1573, et fut enterré dans l'église de l'Anima.[1])

Nous avons raconté plus haut tout le souci qu'il eut de réparer l'église de Sainte-Sabine.

1561, 15 avril. *Michel Ghisleri.* — Celui qui devait être le grand pape Pie V devint en 1557 titulaire de la Minerve, puis passa au titre de Sainte-Sabine. Durant une grave maladie, croyant mourir, il dicta son épitaphe ainsi conçue: Ad laudem D. O. M. | Fr. Michael Ghislerius ex opido Boschi Agri Alexandrini | Ord. Praed Dei servus tit. S. Sabinae presb. card., etc.

---

[1]) Son ami Laur. Schrader lui composa une épitaphe provisoire, dont les « fle, fle » produisent sur le lecteur un effet d'hilarité semblable à celui que provoquent certains éternuments de cymbales dans la grande musique moderne, introduits d'ailleurs pour faire du dramatique. La voici dans son héroïque latin faisant parler l'âme du défunt:

    Si benedicta fui bene dicis et undique si me
        Inter et electos sum benedicta Deo.
    Cur mei fles, fili? Morimur non denique cuncti.
        Non moribunda fui, non moriturus ades.
    Fle, fle te miserum! fle, fle tua crimina, fle, fle
        Quod procul a patria sumque sepulta mea.
    Improba sed si mors nos corpore falce dirimit,
        Nos animo nunquam dissociabit amor. *Monumentorum*, fol. 146.

On peut lire la suite dans notre livre *L'église de la Minerve à Rome.*

1561. *Stanislas Hosius.* — Il était polonais, devint évêque de Kulm, puis de Varmie. Il fut promu au titre de Sainte-Sabine en 1561.

Pie IV l'envoya comme légat à Trente, pour y ouvrir le concile. Il écrivit un grand nombre d'ouvrages, et mourut à Caprarola, en 1579.

Il est l'une des gloires de la Pologne.

Il manque dans Cristofori.

1565, 18 mai. *Simone Pasqua dei Negri.* — Il était génois. Il devint cardinal de Sainte-Sabine, où nous l'avons déjà rencontré.

Il avait pris part au concile de Trente.

1565, en septembre. *Benedetto Lomellini.* — Après plusieurs épiscopats, il devint cardinal et, dit-on, titulaire de Sainte-Sabine.

C'est pourtant à San Gregorio qu'il fut enseveli.

1579, 3 août. *Vincenzo Giustiniani.* — Il était génois et Dominicain, et fut élu Maître Général de son Ordre.

A sa mort, survenue en 1582, il fut enseveli à la Minerve dans le tombeau de sa famille.

Il fut l'un des grands bienfaiteurs de Sainte-Sabine.

1584, le 20 février. *Filippo Spinola.* — Il était lui encore un génois. Il fut évêque de Bissignano, puis de Nola, enfin cardinal de Sainte-Sabine en 1583.

Il mourut à Rome en 1593, et fut enterré à Sainte-Sabine.

Nous y avons rencontré son tombeau.

1596, 21 juin. *Ottavio Bandini.* — Il fut en son temps un personnage considérable, ou du moins il s'y fit une large place. Il occupa successivement plusieurs évêchés et plusieurs titres cardinalices. C'est en 1596, qu'il devint titulaire de Sainte-Sabine.

A sa mort, arrivée en 1629, il fut enterré à San Silvestro di Monte Cavallo, où l'on voit son tombeau.

1616, 1er février. *Giulio Savelli.* — Il avait été évêque de Frascati, avant d'être fait cardinal de Sainte-Sabine, en 1615.

Le nom qu'il portait devait lui rendre ce titre particulièrement cher.

1637, 17 août. *Alessandro Bicchi.* — Il était siennois. Après avoir exercé des fonctions très importantes, il devint cardinal titulaire de Sainte-Sabine, sous Urbain VIII.

Il fut enseveli à Sainte-Sabine, où nous avons rencontré son tombeau, avec les épitaphes qui contiennent son éloge.

1658, 6 mai. *Scipione d'Elci.* — Il était pareillement siennois.

Il avait été archevêque de Pise. Devenu cardinal de Sainte-Sabine en 1658, il y fit construire la magnifique chapelle de Sainte-Catherine de Sienne, et y fut enterré.

Nous avons déjà vu sa tombe et lu son éloge funèbre.

On a supposé parfois que le cardinal Pascal d'Aragon avait été titulaire de Sainte-Sabine en 1660. La preuve fait défaut, et il reste plus probable qu'on a confondu Sainte-Sabine avec Sainte-Balbine, dont il fut titulaire.

1670, 19 mai. *Louis Emmanuel Hernandez de Porto Carrero.* — Après avoir occupé les sièges de Tolède, de Palestrina, ecc., il devint cardinal titulaire de Sainte-Sabine.

1672, environ. *Jacobo Franzoni*. — D'après Guarnacci, le continuateur de Ciaconius, il faut compter ici comme titulaire de Sainte-Sabine Jacopo Franzoni. Il faudrait des preuves plus complètes pour l'affirmer absolument.
Il n'est pas indiqué dans Cristofori.

1682, environ. *Giovan Battista da Lucca*. — Il fut d'abord titulaire de San Girolamo degli Schiavoni, puis, d'après Guarnacci, de Sainte-Sabine, vers 1682. Il meurt en 1683.
Cristofori ne le mentionne pas.

1700, 3 février. *Del Giudice di Cellamare Francesco*. — Il est signalé ici par Mr. Cristofori.

1700, environ. *Noris Francesco*. — Le ms. lat. 9167, du Vatican, fol. 315, le fait titulaire de Sainte-Sabine vers cette époque.

1706. *Francesco Acquaviva*. — Il fut d'abord titulaire de San Bartolomeo, puis de Sainte-Sabine, en 1706.
Mr. Cristofori n'en parle pas.

1720, 16 septembre. *Michele Federico d'Althan*. — Il fut d'abord évêque de Vaccia en Hongrie, puis il fut promu au cardinalat avec le titre de Sainte-Sabine, en 1719. Il était né en Bohème, de la noble famille des comtes d'Althan.
Durant sa vie, il donna régulièrement chaque année 40 écus pour son église de Sainte-Sabine.

1738, 22 juillet. *Riniero d'Elci*. — Il était de Sienne. Il occupa successivement plusieurs sièges épiscopaux, devint cardinal de Sainte-Sabine en 1737.
Il y fut enseveli dans la chapelle de Sainte-Catherine de Sienne, comme son parent le cardinal Scipione d'Elci.
Nous y avons lu déjà son éloge funèbre.
Il est d'après Cristofori commendataire de Sainte-Sabine du 10 avril 1747 au 21 juin 1761.

1775, 29 mai. *Antonelli Leonardo*. — Nous le nommons d'après Mr. Cristofori.

1795, 22 septembre. *Della Somaglia Capece Anguillara Giulio Maria*. — Nous l'insérons ici d'après Mr. Cristofori.

1818, 29 mai. *Hoefelin Casimir*. — Il est indiqué par Mr. Cristofori.

1823, 16 mai. *Pandolfi Luigi*. — Il est indiqué d'après Mr. Cristofori.

1829, 18 mai. *De Croy Dulmen Gustavo*. — D'après Mr. Cristofori.

1846, 16 avril. *Riario Sforza Sisto*. — D'après Mr. Cristofori.

1877, 31 décembre. *Vincenzo Moretti*. — Il est cardinal de Sainte-Sabine en 1877.

1882, 30 mai. *Edouard Mac-Cabe*. — Il était archevêque de Dublin, quand il fut promu comme cardinal au titre de Sainte-Sabine, en 1882.

1887, 26 mai. *Serafino Vannutelli*. — Il est promu au titre de Sainte-Sabine en 1887, 26 mai.

1889. *Bausa*. — Dominicain, archevêque de Florence, d'abord titulaire de Santa Maria in Navicella, puis de Sainte-Sabine, le 11 février 1889.

1899, 19 juin. — *Mathieu*. Il avait été archevêque de Toulouse. Il fut nommé cardinal de Sainte-Sabine, le 19 juin, 1899; il est mort le 26 octobre 1908.
C'est le dernier titulaire.

... *Divers titulaires*. — Moroni dans son *Dictionnaire* et d'autres encore indiquent des noms à ajouter aux précédents, mais sans signaler les sources ni les dates.
Ces noms sont les suivants: Albinianus, Amadeus, Anastasius IV de Suburra, Angiphilus, L. Antonelli, Costanzo, Stefani, Valvassio, Vera G.

No IV.

Les " Memorie „ sur Sainte-Sabine.

Nous imprimons intégralement ce document précieux pour l'histoire de Sainte-Sabine. Il est bon de le sauver ainsi contre tout péril de destruction définitive. Ce n'est d'ailleurs, sauf quelques additions, qu'un résumé de la *Cronaca di Santa Sabina* publiée et doctement annotée par Mr. Rodocanachi, d'après un ms. conservé à la Bibliothèque municipale de Macerata.

Les dates qui s'y rencontrent prouvent qu'il fut écrit au dixseptième siècle; mais les indications de monuments plus anciens nous démontrent que l'auteur se servit des archives aujourd'hui anéanties.

Ce que nous imprimerons entre parenthèses a été ajouté postérieurement et l'écriture est d'une autre main.

MEMORIE RIGUARDANTI IL NOSTRO CONVENTO DI S. SABINA
DAL 1412 AL 1678.

1412. — Fu venduta la vigna che sta avanti la Chiesa, e si riservò al convento otto barili di vino. Pag. 71.

1483. — Sisto IV concede al card. d'Auxia il Palazzo e giardino contiguo alla chiesa, ad uso suo e de' suoi famigliari, solo vita durante, col peso di quattro boti di vino ogn'anno.

Poco dopo fu trovato un ripertiglio di molt'oro ed argento, come sta scritto: « In palatio horti iste cardinalis invenit in pariete proximo tribunae majori, cujus adhuc est patens ruptura et foramen, magnam summam pecuniarum in argento et auro, et aliqui de familia sua, tam in vita quam in morte dicti cardinalis, qui non supervixit sex mensibus ab inventione, fecerunt seipsos multum[1] divites, et praecipuè quidam D. Joannes Baptista de Almandianibus Viterbiensis, Secretarius D. Cardinalis Neapolitani, et Scriptor Apostolicus, qui ut ex aliquo posset exonerare conscientiam aedificavit conventum Viterbii, et tradidit Fratribus Carmelitis, sub nomine sancti Joannis Baptistae ».[2]

1484. — Il detto cardinale dota la capella della Madonna detta del Rosario.

1486. — Il cardinale d'Aragona titolare di Santa Sabina, nella sua morte, fece un legato di scudi 100, ed il suo cadavere fù sepolto in chiesa. (Ne più vi resta vestigio del suo sepolcro).[3]

Si fa memoria delle suore del Terz'Ordine della Penitenza, abitanti a Monte Magnanapoli, che facevano molte lemosine a' frati di Santa Sabina.

1490. — Si affitta il fenile vicino alla porta del convento, con altre cose dentro, ad un Monsignore.

1499. — Si affittano due granari del convento: il maggiore verso il palazzo del titolare, ed il minore verso il Tevere: e di questo non vi è vestigio. (Che non può essere che quello che dieci anni doppo restò casualmente abbruggiato).

1504. — Il cardinale titolare di quel tempo (Fazio Santorio) gode il palazzo e giardino, ma da le quattro boti di vino.

[1] Le ms. porte porte « multus ».
[2] Nous avons donné des détails plus nombreux dans notre texte.
[3] On l'a transporté à la Minerve, dans le couloir absidal, près de la tombe de Fra Angelico.
[4] Ces Tertiaires étaient installées depuis 1225, où furent transportées, en 1575, les Dominicaines des SS. Domenico e Sisto. Celles-ci payèrent 2000 écus aux Tertiaires, quand elles prirent leur place. Les Tertiaires, après diverses péripéties, sont devenues les sœurs de Santa Caterina da Siena.

1505. — ... contus frater de Albiziis Florentinus. Questi fu fatto vescovo di Cagli.

1510. — Un cardinale legato teneva in affitto il nostro granaro per il fieno, ed essendosi questo casualmente abbruggiato, il suddetto lasciò scudi 200, acciò si rifacesse dopo la sua morte, et fù rifatto.

(1512. — La volta del chiostro si comincia dal cardinale Sauli nel 1512 in circa, come dimostra la sua arma).

1516. — Il cardinale Fiesco commette ai frati di Santa Sabina di celebrare ogni domenica in Santa Prisca, con provvisione di scudi 10.

1519 e 1520. — Fra Tommaso Gaetano, procuratore dell'Ordine, tassa il monastero di San Sisto per la messa quotidiana e per le confessioni scudi 30.

1521. — Il cardinale Santorio e Belvacense sono titolari.

1524. — Fra Silvestro Prierio Maestro del Sacro Palazzo tiene un'orticello del convento, ed era quello avanti la chiesa, oggi dietro le cappelle, e paga scudi 2.

1525. — Si affittano il palazzo e giardino per scudi 30.

1527. — In quest'anno fù il sacco di Roma, e per le sue ruine cagionateci, ordinò il Vicario del Papa che le risposte de' canoni fossero per la quarta parte.

1528-29-30. — Non v'è cosa notabile se non che mentre si vendevano le amandole, se ne riservava una pianta bella, ch'era nel chiostro, e de' frutti di quella se ne presentavano al Papa.

1533-34-35-36. — Nihil.

1537. — In questo tempo erano tre granari in convento e si affitavano: il primo contiguo alla cantina d'inverno, il secondo al refettorio, il terzo (alla rasura).

1538-39 e 40-41-42. — Sotto Paolo terzo, i Frati di Santa Sabina erano penitenzieri di San Pietro, e nell'archivio si conserva la Bolla.

1543. — Si nota che dove era la cantina d'inverno era il refettorio, e vi si fanno fenestre e tavole. Confessano ancora i Padri a San Pietro per ordine del cardinale Santi Quattro.

1544. — In questi tempi erano benefattori del convento i cardinali di Burgos, Alvarez, di San Silvestro Teatino, e le contesse di Pittiliano, di Minera e di Predessa, ed una Signora spagnola Ambasciatrice Cesarea.

1545. — Si fa una fabbrica in convento colla spesa di 70 scudi.

1546. — Si fa il mattonato alla libreria, e si rinfrescano le pitture in refettorio.

1547. — Si fabbrica il dormitorio colle camere, e si fanno i tavolati sopra le camere. (Questo dormitorio è quello che guarda a Castelli, che è sopra il capitolo, e refettorio, ed atrio, etc.).

1548. — Si continua ad uffiziare a Santa Prisca.

Monsignore Maria Ruffini ottiene da Paolo III in perpetuo, il palazzo e giardino contiguo alla chiesa di Santa Sabina, e risponde al convento 36 scudi, in vece delle quattro boti di vino.

1552. — Nell'orticello dietro alla capella di San Michele[1] vi sono molti alberi di frutti, e in particolare una noce grande, e si affitta 3 scudi. Di più si affittano quattro luoghi del convento per granari: cioè il granaro grande vicino

---

[1] C'était la chapelle des saints Anges, aujourd'hui de saint Dominique.

alla cantina, il capitolo, il refettorio sotto il dormitorio, e quello vicino al lavatorio.

1553. — I benefattori di questo tempo sono il cardinale di Parigi, di San Gaietano, la contessa di Anguillara, ed il Commissario del Sant'Uffizio che fù poi Pio V.

1556 e 57. — I benefattori sono il card. Alessandrino, poi Pio V, e i vescovi di Teano e di Monreale.

1558. — Il P. Generale da 25 scudi, e il card. di San Giacomo fa un legato di 50

1560. — Si accomoda il tetto della chiesa, e si fa il volto alla cappella maggiore (volto della tribuna), e si spendono 200 scudi, e nella pittura del nicchio altri 100, e tutto questo spende il cardinale d'Augusta. Si fa la volta al chiostro (volto del chiostro), e si accomoda il tetto del dormitorio, e si fa un fenestrone al chiostro novo, e spende il Generale (Giustiniani) 210. (Si prosegue dal Generale Giustiniani, e si spende 210).

1561. — Ad instanza del cardinale Alessandrino, il Papa (Pio IV) concede a Santa Sabina scudi 100. Abita in convento monsignore de Vico e paga l'ospizio (mensile) 10.

1562. — Fanno grandi limosine al convento i cardinali Alessandrino, Borromeo, ed il Padre Commissario (Bianchi).

1563. Tre Cardinali furono a pranzo insieme a Santa Sabina, e si rinfrescano le pitture sopra la porta del campanello.

Fu cavato in chiesa, e furono trovati vasi di metallo, pezzi di colonne, e furono venduti, e in particolare una statua venduta 18 scudi.

1565. — Per affitto de' granari si pagano 40.

1566. — Fu creato Papa il cardinale Alessandrino, col nome di Pio V, e subito diede di lemosina 57 scudi, e poi successivamente più di 700. Adì 30 agosto venne il Papa a Santa Sabina a visitare gli infermi e lasciò di limosina 115. Nella fabbrica del chiostro (dei volti del chiostro) si è speso 400.

1567. — Si ottiene un Breve del Papa per l'unione di Santa Sabina alla Provincia di Lombardia. Si spedisce la Bolla della concessione di San Nicola.[1] Si fanno le camere del dormitorio sopra un'ala del chiostro (destinato per gli ospiti) e si spende 250.

1568. — Il Generale Giustiniani fa lastricare la loggia verso il Tevere. Il primo giorno d'agosto, Pio V fù a Santa Sabina dalla mattina a sera, conversando famigliarmente co' frati, cui dona 56 scudi, e nella nova della vittoria avuta contro gli eretici in Francia, da per limosina 33 scudi.

1570. — Un Predicatore di Santa Sabina fa la lezione alla Sapienza. Si cava in diversi luoghi del Convento, in particolare nell'orto della cantina, e si trova gran quantità di piombo, travertini e statue.

1571. — Seguita ancora la Confessione di San Giovanni Laterano, e sono già scorsi anni 10.

(Si fanno altre spese per le suddette camere).[2]

1572. — Il cardinale Alessandrino da al convento 4 scudi al mese, per l'uffiziatura del Priorato, che cominciò quest'anno. Il granaro grande si affitta 25.

1574. — Si fabbrica la libraria e si accomodano i libri della libraria. Si vende una fontana antica e due colonne ch'erano nel giardino, scudi 48, a Monsignore del Giglio. Un Padre di Santa Sabina confessa a Santa Maria Maggiore.

---
[1] San Nicolò de' Prefetti.
[2] C'est à dire celles des hôtes, dans le dortoir pontifical, ou de Pie V.

1576. — Seguita la suddetta confessione. S'incatenano i libri della libraria. Partono le monache di San Sisto pel convento novo di Magnanapoli, e nel giorno della Stazione vanno i Frati ad uffiziarvi.

1577. — Si leva la parrochia di San Lorenzo in Lucina, e si restituisce a San Nicola da Gregorio XIII, ad istanza de' parrochiani.

1578. — Si fa la loggia verso la vestiaria per ora scoperta.

1580. — ai paga il volto del dormitorio scudi 115, fatto (a canne) sotto il priorato del M. Angelo da Brescia.

1581. — Seguita la lite del giardino. Il refettorio vecchio si affitta 15 scudi per la mortella.

1583. — Si litiga più che mai per il giardino. Si fanno le vetriate alle fenestre del medesimo dormitorio.

1584. — In questo tempo confessavano, i Frati di Santa Sabina tre monasteri: cioè di Magnanapoli, di Santa Cecilia e di un altro monastero non nominato, per ordine del cardinale Sirleto.

1585. — Sisto V da in due volte 100 scudi. Si accomoda il tetto della Chiesa.

1586. — In quest'anno si levò il muro (divisorio) traversale della chiesa. Si trasportò l'altare e i corpi santi sotto la tribuna, dove stanno presentemente. Il priore passato, cioè Girolamo Berneri, è fatto vescovo d'Ascoli. Il cardinale Spinola è titolare della chiesa. Il suddetto vescovo è fatto cardinale. S'imbiancano i chiostri; si fa il lavatorio, si vendono sei colonne scudi 81; ferri e piombo, 47; marmi in quantità, 94; bronzo vecchio, 29. Tutte queste cose erano nel presbiterio di Eugenio II.

1588. — Si compisce la fabbrica del chiostro (del volto del chiostro) col porv anche le catene, e vi si è speso 600 scudi. Si vendono alcuni trofei e tre tavole di porfido, e si riceve 180.

1589. — Si fa il coro novo, e si spende 300, di cui 50 da il cardinale d'Ascoli; Monsignore Vincenzo Lauriano, 25; e Sisto V ne da prima 20 e poi 80. Si fa il tabernacolo novo, per il quale l'Ascoli da 80.

1590. — Si fa la fenestra del choro corrispondente alla chiesa, coll'impannata di tela. Si fanno l'invetriate alli tre occhi della chiesa (sopra l'inscrizione) e si pagano 17, dati dal cardinale d'Ascoli; s'imbiancano le due stanze di Pio V.

1591. — Si continua la lite del giardino, e la signora Ruffini paga il canone.

1592. — Si vendono sette colonette scudi 13. Si cava la cantina sotto le stanze di Pio V, ed il cardinale d'Ascoli paga 55.

1593. — Nel orto del chiostro si seminano molti semplici.

1594. — Clemente VIII da 100 scudi per la chiesa. Siegue l'uffiziatura di San Sisto, del Priorato e di Santa Prisca. More il R.mo Sisto Fabri, ed è sepolto in chiesa. (Si fabbricano le camere del cardinale Bernerio).

1597. — Si levano alcune colonne vicino all'albero di S. Domenico.

1598. — Clemente VIII, nel giorno della Stazione, da scudi 30. More il maestro del Sacro Palazzo Lanci, ed è sepolto in chiesa. Si fanno i condotti del chiostro, una ventarola pel refettorio; si fa la pergola di belvedere.

1599. — Il Generale Beccaria da per la chiesa 50, e poi 30 per limosina. Si fa la scala che dall'atrio della chiesa va nel chiostro; e per i cordoni si da allo scarpellino scudi 8; e si finiscono gli utensili delle camere del cardinale (Bernerio).

1600. — Si ricomincia l'uffiziatura del Priorato, pel cardinale Aldobrandino, e da 25 scudi. Clemente VIII una volta da scudi 31, un'altra 18. Il cardinale d'Ascoli da per gli ospiti 33, e per accomodare il tetto della chiesa, 37; e per lo stesso fine il cardinale Bandini, 15.

Il P. M. Ciaccone e sepellito in chiesa nostra.

1601. — Le due colonne che sostentano il coro furono comprate per scudi 50, e le basi scudi 8. S'imbiancano le celle del dormitorio.

1602. — (Si netta il refettorio).

1603. — Si fanno le porte alla sacrestia e del dormitorio d'abbasso; si mutano la porta ed il bancone della sacrestia; si accomoda il dormitorio degl'ospiti, e si fa la loggia; si fa la scala (di scalini 14) che dalla chiesa va alla sacrestia, ed il cardinale Bandino da 25 scudi (ai quali scalini nel 1604, si aggiunge un altro scalino).

1604. — Nella loggia superiore, verso la parte del cardinale, si spende 310, e si ricevono da diversi.

1605. — Paolo V da 10 scudi, il cardinale Bandino 80, l'ambasciatore di Spagna 20, il vescovo di Caserta da 12, acciò si faccia il camino in refettorio, il quale era dove oggi è l'atrio, e la porta dell'orto, il quale poi fù trasportato nell'ospizio o camere del fuoco.

Si vendono due colonnette torchiate e due lisce; si fa una tavola al refettorio, e si fa il mattonato sotto il portico della chiesa.

1606. — Si pinge la cornice in refettorio; si seguita la pittura, e si fanno molte fabbriche in convento.

1607. — Il generale Xavierre è fatto cardinale. Si fa la cornice al quadro del Rosario e s'indora; e la pittura era di Raffaello d'Urbino. Si fanno le invetriate alle finestre del coro e dormitorio.

1608. — Si fa una scala di legno nel campanile, per andare in sacrestia.

1609. — Il cardinal d'Ascoli dona la vigna d'Albano al convento.

Diede la saetta in un muro del convento, e si rifece.

1611. — Muore il cardinale d'Ascoli, e finiscono le delizie del convento.

1613. — Si vendono quattro colonne di graniti, delle quali due erano spezzate, e due compagne. Si cava nel orto del refettorio, e si trovano marmi, porfidi ed altre cose. Le colonne si vendono scudi 50, e le altre cose 20 per nostra parte.

1614. — Si cava nella piazza avanti la chiesa, e si spese scudi 58, e si trovano molte cose, e si vendono del valore di scudi 60. La detta piazza era chiusa di muri, e fu aperta per ordine de' superiori, e li mastri di strada per il danno fatto in ricompensa danno scudi 30. Si cava nel orto del refettorio, e si trovano statue rotte, marmi, tavolozze, e si cava 75 scudi.

1615. — Si fa la ferrata alla fenestra della sacrestia. Si fa il refettorio nuovo (con volte) che è quello di presente, e si spende scudi 357. Si vendono due pezzi di colonne d'alabastro per il prezzo di scudi 5, baj. 50. Item pezzi di colonne travertini e peperini.

1616. — Il cardinale Ginnasio, di consenso de' Frati, compra il giardino e palazzo dai Capizucchi, ed assegna per il canone certi luoghi di monti corrispondenti al fruttato di scudi 36 annui.

1617. — Cadde la muraglia dell'orto della cantina, che guarda il Tevere.

1620. — In quest'anno furono presi i novizi che stavano nel dormitorio de' conversi, e vi stettero sino all'anno 1630. (Indi furono posti nel dormitorio de' padri). Nell'atrio (o portico) della porta principale della chiesa si fanno quattro finestroni, e si spende scudi 32 (ed una di queste fù turata nel 1730, bastando il lume delle tre rimaste). Si fa la scala di pietra dentro al campanile, come oggi sta, che prima cominciava dal chiostro, dove è la porta della cantina, e terminava il dormitorio a dirittura della figura della Madonna.

1622. — Si uffizia la chiesa di San Saba. Si fa la scala della cantina. Il fenile frutta scudi 15.

1623. — i Sspende per la chiesa scudi 30. Si cava dai naranzi[1]) scudi 25.

1624. — Si fa l'imagine di S: Sabina sopra la porta (laterale) della chiesa (che corrisponde alla piazza).

1625. — Si lavano le colonne della chiesa, e si spende 2 scudi e 50 baj. Si copre il tetto della chiesa, e si spendono scudi 37. Si ristorano le pitture sopra le colonne della chiesa e li archi, e quella dell'altarino dell'albero di S. Domenico. Si fa il mattonato al capitolo.

1626. — Si ristorano le pitture del capitolo consistenti in un grande Crocifisso pinto sul muro, contornato da un freggio, nel quale erano dipinti diversi profeti ognuno col motto corelativo (alusivo) alla passione e due angioli collaterali al Crocifisso (e altri due che piangevano) che con un calice raccoglievano il sangue di G. C. Ed intorno al capitolo, vi erano li sedili di pietra, con due fenestre arcuate, divise con due colonnette, a somiglianza degl'archetti e colonnette del chiostro, e che al medesimo aveano l'aspetto. (E sotto al soffitto vi erano due colonne di granito ordinario, che sostenevano tre archi di breccia per assicurare il medesimo soffitto). Si accomoda il noviziato.

1627. — Per compimento alla fabrica del refettorio (vecchio), si pongono (sotto Urbano VIII) in mezzo tre colonne per sostegno del soffitto; e tre fenestre erano aperte dalla parte del chiostro; e nella parte opposta, in mezzo al muro laterale, verso l'orto, vi era un pulpitino di pietra (per leggere[2] alle due, che aveva la scala fuori del refettorio. Il fenile minacciava ruina: si getta a terra e si vende il materiale 166 scudi, colla perdita del fruttato di scudi 15 annui.

1629. — Si vendono sei colonne cavate dal fenile, per scudi 34. Si fanno grandi scavi nell'orto.

1632. — Si propone in consilio di vendere il quadro del Rosario di Rafaello d'Urbino (già avuto in dono dal signor cardinale Bernerio), perchè il marchese Giustiniani esibiva 400 scudi, e di fare per la capella un altro quadro conveniente; e lo stesso offeriva il cardinale di Lione Richelieu. Perciò se ne fece supplica alla S. Congregazione, la quale mandò a vederlo il cardinale Ginetti, dandone in seguito la licenza, colle condizioni sudette, e non altrimenti. Contuttocio, nell'anno 1636, senza osservare alcuna delle dette condizioni, si dona il predetto quadro prezioso al signore cardinale Antonio Barberini. Nel quadro sudetto erano dipinti la B. V., il Bambino e S. Giuseppe;

---

1) Ce mot populaire est pour « aranci », oranges.

2) « Lire » dans la vieille terminologie veut dire « donner une leçon » ou faire la classe.

e nella stessa occasione gli fu mandato un altro quadro in tavola bellissimo di S. Girolamo (parimente di Rafaello, donato dal suddetto cardinale Bernerio). Per tal dono, si sperava molto, e niente si è mai avuto.

1633. — Nel orto grande fu trovata una bella colonna che di nostra parte fu venduta per scudi 9.

1635. — Si taglia un bel pino ed un cipresso, e si segano per far tavoloni, tre de' quali si vendono scudi 6.

1636. — Si accomoda il tetto e la porta laterale della chiesa, e si rinfresca la pittura dell'altare maggiore.

1638. — Del cipresso sudetto si fanno tavole venti due, e sei travicelli (che molto tempo doppo servono a fare il banchone ed armarii della sagrestia nova, e le tavole del refettorio).

1642. — Si fa l'altare di san Domenico, con il solo quadro appoggiato al muro, sopra l'altare di santa Lucia (che stava vicino al sito dove ora e fabricata la capella di santa Catarina).

1643. — Si fabrica la capella di san Domenico dove prima vi era la capella degli Angeli, e si è speso scudi 300. Nello stesso anno, nell'altare del Rosario, dove prima eravi il quadro di Raffaello d'Urbino, fu fatto un bel quadro rappresentante l'Imagine della B. V., san Domenico e santa Catarina, da un eccellente pittore (Sassoferrato), e da un altro le pitture in fresco dei misterii, dato per limosina dalla signora principessa di Rosano, che spese scudi 100. La signora principessa Borghese fece il pagliotto. Indi nel 1647 fu finito l'ornamento di stucco alla Capella di san Domenico, per ordine della principessa di Rosano, che vi spese scudi 140.

1644. — Monsignore Ignazio Ciantes, vescovo di Sant'Angelo, stando per le sue tribolazioni in Santa Sabina, fece molti regali al convento; e prima fece la capella sotterranea tutta vestita di marmi bianchi, e pietre, colonnate colli balaustri e scalinata, e fece anche la sotterranea sepoltura, colla suppellettile dell'altare, e consegnò in deposito del Monte della Pietà 200 scudi, per dottare la suddetta cappella: donò anche quell'ostensorio di cristallo, che serve pel SS. Sacramento.

1645. — Una stanza avanti il campanile, nella quale v'era tradizione antica esservi stato il Padre san Domenico, fu accomodata e distinta in due camere, conforme al disegno antico. La piccola che rispondeva alla misura data (prescritta) da san Domenico alle camere di san Romano di Tolosa, fu fatta oratorio, e l'altra, sagrestia, alla quale si ascendeva per una scaletta di peperino fatta di nuovo. In tutto si spese 40 scudi.

1646. — In questo anno fu mutata la scala di san Domenico (che prima era di peperino), e di piccola fu fatta ampia e ascendente direttamente all'oratorio, in cui fu fatto l'altare con tutti gli ornamenti fatti intagliare dal P. generale Monroy. Indi fu visitata da monsignor Vitucci, vicegerente, il quale concesse la facoltà di celebrarvi la messa. In questa occasione della sudetta scala, fu aggiustato e mattonato l'atrio della capella, ed anche aggiustata la scala della cantina.

1647. — Quella lapide di marmo, sopra la quale san Domenico prostrato facea orazione, per incuria si era smarrita; è ritrovata e riconosciuta per d'essa, fu posta nella muraglia tra l'altare di san Domenico e quello di san Giacinto, che finalmente nel 1733, fu trasferita e posta vicino alla porta laterale della chiesa, dove si vede coll'iscrizione: « Summa papatus »...

1648. — Si è fatta una camera nova l'anno passato e finita al presente, nella estrema parte del dormitorio de' conversi, col farvi solaro, soffitto e fenestre, porte e tetto, colla spesa di 100 scudi. È intitolata « Cella charitatis ».

Dove si deve notare che il dormitorio de' conversi occupava la parte superiore dell'atrio interiore della chiesa.

Nell'istess'anno, come è registrato nel libro de' Consigli del 1661 fino al 92, al 12 febraro, domenica di Quinquagesima, circa l'ora 23, Clemente IX, ad esempio di Clemente VIII, che per alcuni giorni precedenti alla Quaresima, soggiornava e pernottava in questo convento sino al giorno delle Ceneri inclusive, venne anch'egli in questa nostra chiesa, e dopo la visita della medesima, entrò in convento già a tal fine preparato, e salì nel dormitorio Bernerio, tutto tapezzato, e prese alloggio nelle quattro ultime stanze, anch'esse ornate di tapezzerie, come anche tutta la loggia che guarda il Tevere, ornata in simil guisa. La prima stanza verso il Tevere, serviva di anticamera, la seconda a dare udienza, la terza per il letto e la quarta per la capella. Per abitazioni de' suoi famigliari, furono assegnate le stanze dell'inferiore corridore, sotto quelle del Papa.

Quell'istessa sera fece somministrare alla communità le vivande. Così nel lunedì, martedì e mercordì, a sue spese: ma dispensò dall'astinenza e del digiuno prescritto dalla Costituzione i due giorni precedenti la Quaresima.

In questi giorni spedì in convento la Bolla della Beatificazione di santa Rosa da Lima, e nella mattina del lunedì, dopo celebrata la messa, uscì dal convento ed entrò nel giardino contiguo e nel palazzo vicino a quello. Indi passò a visitare la chiesa di Sant'Alessio; indi passò a quella di Santa Prisca. In questi giorni della sua dimora, ricevette benignamente dal R.mo P. Generale Marini, che si trovava presente, un crocifisso d'avorio d'ottima scultura, e dal P. Priore, Maurizio del Bosco, due rosarii e due corone di merangoli di san Domenico. E in quei giorni, più volte si trattenne in colloqui famigliari coi suddetti P. Generale e Priore; ed al primo mandò in dono due cassette d'Agnus benedetti, e varie medaglie d'argento arricchite d'indulgenze; il quale in seguito ne fece distribuzione a tutti i religiosi, dandone ad ognuno 24 Agnus ed una medaglia. Il compagno del P. Generale, Maestro Bernardino (Mazzella) da Venezia presentò un Agnus di san Pio, ed un piccolo salterio del medesimo santo, in cui vi erano scritte diverse orazioni di mano del santo. Vi era anche presente il P. Procuratore Generale, Pietro Passerini. Nel giorno poi delle Ceneri, assistè alla Capella Papale, e dispensò le Ceneri ai cardinali assistenti, celebrando la messa solenne il cardinale d'Albici.

Dopo il pranzo volle entrare nell'orticello dell'albero di merangoli, piantato dal P. san Domenico; e, rientrato in chiesa, visitò il SS.mo, esposto nella capella di santa Lucia; ed in seguito ammise al baccio de' piedi tutti i religiosi (e novizi, fra quali eravi Fr. Vincenzo Orsini fatto venire da san Domenico di Venezia a Santa Sabina per farvi padre), concedendo loro più Indulgenze, secondo la domanda di ciascuno; e tutto lieto e soddisfatto dei religiosi, si partì verso il Palazzo Quirinale, lasciando colmi di allegrezza tutti i religiosi.

1670. — Fu fatto consilio per concedere un luogo della nostra chiesa di rimpetto al deposito del cardinale Bicchi, per il sepolcre dell'E.mo D'Elci, arcivescovo di Pisa e titolare della chiesa; e gli fu accordato a pieni voti senza alcuna ricognizione per la chiesa, rimettendola all'arbitrio del suddetto E.mo

1671. — Alli 25 di febbraro fu per consilio accordato alli esecutori testamentari del suddetto un altro luogo diverso da quello di soprà disegnato, per fabbricarvi non già solo il sepolcro, ma una capella in onore di santa Catarina, di rimpetto alla capella di san Giacinto; ma perchè quel luogo era in parte occupato dalla capella di santa Lucia, in qualche modo spettante alla famiglia Bertani, insorse qualche difficoltà. Questa però si spianò coll'allegare non essere mai stata dotata di alcuna annua pensione in 70 anni già decorsi, onde i religiosi cedettero tutti i loro diritti al sudetto E.mo; e in caso di qualche richiamo de' signori Bertani, e che i medesimi assegnassero la congrua dote per la capella di santa Lucia, promettevano di dare ai medesimi un'altra capella migliore: ma fin' al presente anno 1675, non si è mai fatto verun reclamo.

Nell'istess'anno fu accordato in consilio di accomodare un sito della chiesa, a lato della tribuna, nella parte opposta all'altare del Rosario, affinchè servisse di coro, specialmente nell'inverno, per ripararsi dall'inclemenza dell'aria rigida, intolerabile e troppo nociva alla sanità. (Ma non durò molto l'uso di questo coro, essendo ora ripostiglio di legnami usuali della chiesa).

1672. — (Ritornò per le Ceneri il sudetto Pontefice Clemente IX; e fece ornare di marmi preziosi, e di pitture e stucchi dorati l'anticamera della capelletta superiore di san Domenico, come ne fa fede l'inscrizione incisa su marmo, sopra la porta della medesima, nella parte interiore).

1674. — (Si fanno due muri che dividono in due parti una loggia coperta, posta sopra un'ala del chiostro verso mezzogiorno; una da servire di vestiaria, l'altra di libreria provisionale).

Col Beneplacito apostolico fu stipolato istromento sotto il 5 aprile dal Lucarelli, oggi Ferrarglia notaro capitolino, tra li monaci di Sant'Alessio e i padri di Santa Sabina che i primi davano un orto contiguo a quello dei padri di Santa Sabina, che da una parte confinava colla chiesa e atrio e cortile di Sant'Alessio, e dall'altra la strada commune, e si stendeva verso l'orto di Santa Sabina, sino quasi alle scansie del dormitorio ed atrio del refettorio del convento di Santa Sabina, per il prezzo di 399 scudi, in compenso di che i padri di Santa Sabina davano una vigna posta in Albano, stimata dai periti 903, ed un sito di canne 3 riquadrate, pel prezzo di scudi 40, per fabbricarvi la capella della Madonna miracolosa, alla destra della crociata della chiesa di Sant'Alessio. E il di più, per arrivare alla somma di 903, prezzo tassato della vigna suddetta d'Albano, fu rimborsato dai monaci di Sant'Alessio ai padri di Santa Sabina, in danaro contante.

1676. — (Si compra la vigna di Frascati di Rubbî quattro dall'Ecc.ma Duchessa di Bazanello).

1677. — Si concedette gratis il sito per la sepoltura de' signori Paracciani avanti la capella della B. V. del Rosario.

1678. — Si compra la vigna ed orto del Priorato dalla signora Vittoria Amadei.

Additions.

Il existe au Vatican, Mss. Lat. 9167, une notice sur Sainte-Sabine, intitulée *Notizie storiche della chiesa e convento di santa Sabina martire, in Roma*.

L'auteur, un homme âgé, comme l'indique son écriture tremblottante, composait sa *Notice* en 1755. Il nous donne lui-même cette date, quand il nous dit au fol. 258: « Come presentemente si vide, correndo l'anno 1755 ».

Il était religieux de Sainte-Sabine. Il connait la *Cronaca* du couvent publiée par Mr. Rodocanachi, et résumée dans les *Memorie*.

Il a dû composer son écrit pour Cancellieri, qui songeait à faire l'histoire de quelques églises anciennes de Rome, et en réunissait les matériaux. La *Notice* en tout cas se trouve parmi les documents recueillis par Cancellieri.

L'auteur fait preuve d'intelligence et d'étude, et il nous parait utile d'ajouter aux *Memorie* quelque extraits de sa *Notice*, en particulier pour la partie descriptive.

Bien que l'auteur ne démontre pas un esprit critique fort développé, cependant il a bon jugement.

Par exemple sur la question de l'emplacement du temple de Diane, il pose clairement le problème, et indique la voie sûre pour le résoudre: la preuve par e document archéologique, les autres nous faisant défaut.

Puis, quand il s'agit de choses qu'il voit ou qu'il sait avec preuves, il est très-précis.

De même il analyse parfois à merveille ce que contient un document, par exemple ce que nous apprend l'inscription en mosaïque de Sainte-Sabine sur Pierre d'Illyrie.

Ces extraits complèteront un peu les *Memorie* et la *Cronaca* pour une période où elles sont silencieuses.

Pierre d'Illyrie.

L'inscription de la façade intérieure « è tutta in lode dell'insigne basilica e del suo benemerito fondatore, che viene commendato nel nome singolare di Pietro, nella nobiltà de' natali, nella santità dell'educazione e della vita ecclesiastica, nella magnificenza delle opere, nel disprezzo del terreno e temporale, e nel desiderio e merito del celeste ed eterno ». Fol. 256.

Les dimensions de Sainte-Sabine.

« (La Chiesa) si stende nella lunghezza al semicircolo della tribuna palmi 220, e nella larghezza palmi 60. La tribuna poi ha di larghezza palmi 50, e di sfondo palmi 35. L'altezza de due mura principali che la fiancheggiano sino alla travatura è di palmi 85 ».

Les colonnes mesurent « poco meno di palmi 30 ». Fol. 258.

Les dimensions de Sainte-Sabine comparées à celles d'autres églises.

« Questa basilica non solamente è delle più antiche, ma fra le antiche è delle più ampie e le più adorne.

« Nella sua ampiezza eccede non tanto quelle altre che sono sull'Aventino, cioè quella di Sant'Alessio, del Priorato di Malta, di Santa Prisca, di San Saba, di Santa Balbina, quanto quelle che stanno intorno al Palatino, cioè di Santa Maria in Cosmedin, di Sant'Anastasia, di San Giorgio in Velabro, come anche di quelle che stanno sul monte Celio, cioè di Sant'Andrea, ove anche di San Gregorio, de Santi Giovanni e Paolo, de Santi Quattro Martiri, di San Clemente, di Santa Maria Nuova, de Santi Cosma e Damiano, di Sant'Adriano, che s'incontrano nel Foro, volgarmente detto Campo Vaccino; e parimenti di quelle esistenti sul monte Esquilino, vale a dire di San Pietro in Vincoli, di San Martino a' Monti, di Sant'Eusebio, di Santa Prassede, di San Vito, de Santi Pietro e Marcellino, e perfino di quelle di Santa Croce in Gerusalemme, di Santa Biana. E di poco lo cede nella grandezza a quella di Santa Maria Maggiore, potendo stare in competenza a quella di Santa Maria in Ara Cœli in Campidoglio, a Santa Maria in Trastevere, a Santa Maria dello Traspontino, trapassando di longa mano quella di San Grisogono, di Santa Cecilia, di San Bartolomeo all'Isola, di Sant'Angelo in Pescaria, di Santa Maria in Portico, di San Niccolò in Carcere, e di tante altre che sarebbe troppo longo l'annoverarle ». Fol. 257.

La mosaïque au-dessus de la colonnade.

Un « bel freggio intrecciato di vaghi preziosi porfidi verdi e sanguigni, di varie figure rotonde, quadrate e bislonghe, sottoposto ad una fascia di tavole di marmo vetrato in giro in giro di tutta medesima nave di mezzo, come pure sotto gli archi vi sono ben congegnate e connesse lastre di marmo bianco venato, che formano il concavo; sopra di quest' ornato, come osservò Pompeo Ugonio due secoli addietro, ancora rimanevano gli avanzi del figurato mosaico che adornava ambedue le pareti della navata di mezzo, comprendendo la tribuna e la facciata interiore della chiesa. « Si può pensare, dice egli, che la « chiesa di Santa Sabina già dalla prima sua edificazione fosse molto adornata, « poichè cosi nel portico maggiore come per i muri della nave di mezzo, sopra « le colonne, si veggono incrostature di varie pietre artificiosamente conteste. « Di quel lavoro abbiamo visto rovinosi vestigi nella tribuna, anche prima che « fusse rinnovata... Si vedeano nell'arco della tribuna in due fogi che en « sono rimasti, il segno del mosaico antico, sicome il mosaico che è di rincontro « sopra la porta maggiore, dove quel verso: « Haec quae miraris » dinota che « vi fossero ornamenti degni de maraviglia ».[1] Ora il mosaico al capo ed al piè della chiesa, secondo l' arte, richiamava ornato simile di tutto il corpo ». Fol. 258.

Les fenêtres de la nef centrale.

« Le finestre per dar lume a questo edificio, come scrive mons. Ciampini che fu oculato testimonio, erano tredici arcuate e tramezzate da capo a piedi da una gentile colonna. Tre delle quali erano nella tribuna, dieci nella muraglia della nave di mezzo, cinque per parte.[2]

« In facciata però della chiesa, di rimpetto alla tribuna ve n' erano altre cinque, tutte di eguale altezza di palmi venti e di larghezza di palmi dieci.[3] Ma nel decorso dei tempi sono state mutate nel numero, nella figura e misura.

« Delle tre finestre della tribuna due ne sono state murate, rimanendo aperta quella sola di mezzo.[4]

« Le dieci de' muri laterali della nave di mezzo, nel 1683, a spese dell'Eminentissimo Howard, furono ridotte a dodici di maggior altezza e larghezza, per accrescervi il lume.[5]

---

[1] Pompeo Ugonio, *Stationi prima di Santa Sabina*.
[2] On voit qu'à cette époque huit fenêtres avaient été déjà fermées de chaque côté.
[3] Nous retrouvons ici l'erreur dont il a été parlé plus haut.
[4] Elle fut fermée plus tard. Du dehors on voit encore les embrasures des fenêtres.
[5] On supprima simplement la colonne médiane et les montants latéraux, avec les chancels de fermeture.

« Finalmente nel 1729 queste dodici furono ridotte a sei, distribuite tre per parte.

« Cosi pure le cinque finestre in facciata della chiesa furono in processo di tempo ora ridotte a tre, ora a due di figura rotonda, ed ultimamente, nel 1729, se n'è fatto un sol fenestrone rotondo come presentemente si vede, correndo l'anno 1755.

« Questa gran mutazione di finestre nell'ambito della chiesa è stata la cagione principale del guasto totale del mosaico, che lo copriva ed ornava, come si è detto ». Fol. 258.

Les murs des nefs latérales et leurs fenêtres.

« Le loro mura erano tutte seguite, senza alcuno sfondo di cappelle (che molto dopo sono state fabbricate) come quella della basilica di San Paolo, ed avevano le loro proporzionate finestre, di altezza circa palmi dieci, e di larghezza cinque, come si può vedere in una murata che è rimasta visibile nella parte esteriore, che corrisponde alla cappella del Rosario ». Fol. 258.

La porte latérale.

La porte principale servit pour l'entrée commune jusqu'en 1441, « nel quale il cardinale Giuliano Cesarini, titolare della chiesa, fece aprire una nuova porta laterale, alta palmi venti, larga palmi dodici, spalleggiata da due stipiti di marmo ed architrave di marmo, nel quale si vede inciso suo stemma gentilizio dell'Orso incatenato alla colonna;[1] e ciò fu fatto per maggior commodo de' secolari concorrenti alla chiesa e minor soggezione de' religiosi, cui è restata più libera e sicura la porta del convento, che unicamente serve a lor uso. Vi fece anche edificare un piccolo porticale di tre archi, sostenuto da due belle colonne di granito orientale nero,[2] e d'altre due finte, che serve di ornato e di riparo ai due ingressi della chiesa e del convento, come ora si vede ». Fol. 259.

L'autel primitif.

La description qui va suivre est presque toute empruntée à Ugonio.

« Venendo ora all'antico altare che era l'unico nella chiesa, ce lo descrive Ugonio.[3]

« L'altare antico, dice, noi l'abbiamo veduto. Aveva egli negli angoli quattro
« colonnette di pietra mischia alquanto oscura, ma era scoperto e spogliato
« dell'antico suo ciborio (a dire vogliasi cuppolino), che per esser stato d'ar-
« gento, considerati i vari accidenti della città di Roma, non è maraviglia.[4] Era
« quivi intorno all'altare il presbiterio, loco dove sedevano i sacerdoti et car-
« dinali assistenti al pontefice, et era cinto con tavole di marmo, et appresso

---

[1] Aujourd'hui l'écusson est difficilement lisible.
[2] Elles n'y sont plus; on les a transportées au Vatican.
[3] Stat. Prima di Santa Sabina.
[4] On raconte que le baldaquin d'argent fut emporté par les soldats de l'empereur Henri VII, lorsqu'il vint déjeûner à Sainte-Sabine.

« drizzate sei colonne, che scompartite a suoi luoghi sostenevano un freggio
« alto di pietra.¹

« Quivi, nel mezzo per entrare dentro al presbiterio era aperto il passo,
« che si poteva chiudere con un cancelletto di metallo, nel quale in grosse
« lettere erano intagliate queste parole: « Eugenius secundus Papa Romanus ».

« Ebbe anche questo ricinto due pulpiti di marmo per cantarvi l'Epistola
« et l'Evangelio, usati dai nostri maggiori, e dai medesimi chiamati « amboni »,
« perchè ambiscono e circondano chi vi è dentro. Questi trasposti dal suo an-
« tico luogo abbiamo visti noi appoggiati al muro che appresso diremo, il quale
« divideva la chiesa ».² Fol. 258.

Le campanile.

« Bisogna dire che non vi fosse la terza (porta),³ ma turata dal campanile
che saliva all'altezza di quello di Sant'Alessio, cogl'istessi quattro ordini di
colonnette, che sostengono l'archetti delle finestre; ora però tutta questa gran
parte del campanile che sormontava la sommità del tetto della chiesa, nella
forma e figura suddetta, venne in due diversi tempi smozzata, per avere in-
debolite le gran muraglie fondamentali della suddetta torre, col farvi degl'e-
normi tagli per l'apertura d'una scala che dal piano della sagrestia vecchia
scende al piano della chiesa, oltre al taglio di due palmi di muro per dilatare
un'altra scala che dal medesimo piano scende all'atrio e portico della chiesa ».
Fol. 259.

L'œuvre de Sixte V à Sainte-Sabine.

« Sisto V riconoscendosi creatura del prelodato pontefice Pio V, e bra-
moso d'effettuare le di lui pie intenzioni, a sè ben note, intraprese la grande
opera di riformare e rinnovare tutto l'interno della chiesa, per renderla più
commoda e capace alle funzioni della Cappella Pontificia, che premeditava di
stabilirvi in perpetuo, nel primo giorno di Quaresima, e renderla più spaziosa,
vaga e maestevole agl'occhi de concorrenti.

« A tal fine prima di tutto somministrati scudi mille per risarcimento del
tetto in più luoghi guasto e rovinoso, indi demolito il muro divisorio che traver-
sava per il largo tutta la chiesa, tolto di mezzo l'ambone di marmo e le ri-
spettive sue colonne, che lo fiancheggiavano, con due pulpiti che la sormon-
tavano, tolte ancora le quattro colonne che sostenevano il ciborio o cuppolino
dell'antico altare, questo pure rimosso dal primo sito vicino alla porta maggiore, riempito lo scavo del sotterraneo oratorio ed uguagliato a pari del pa-
vimento⁴, ove era il sacro deposito de' SS. martiri, e le loro reliquie furono da

---

1 Nous avons supposé que de ces six colonnes quatre se conservent dans le vestibule de la basilique: toutes du même marbre, toutes cannelées « a vite », mais trois de gauche à droite, et une de droite à gauche, ce qui indique qu'il en manque deux cannelées comme la dernière. Depuis que nous avons écrit cette observation, nous avons retrouvé, pensons-nous, l'une de celles qui manquent: elle existe dans le réfectoire des Dominicaines des SS. Domenico, e Sisto, à Rome. C'est le même marbre, ce sont les mêmes dimensions, à vue d'œil, elle est cannelée de la même manière de droite à gauche.

2 Ce mur est celui qui avait été construit au XIII.me siècle.

3 Si elle avait existé dès le début, ce qui n'est pas démontré, elle fut fermée par la construction du clocher. S'il n'y avait pas une troisième porte à l'origine, il n'y en eut pas non plus une seconde.

4 Dans le mémoire il y a ici deux rédactions, auxquelles nous empruntons les textes cités. L'auteur était embarrassé, parcequ'il confondait l'autel de « l'église des fidèles », érigé au XIII.me siècle vers la porte de l'église, et celui de « l'église des Frères », le seul vraiment antique. Son récit offre surtout de l'intérêt en ce qu'il affirme que les chapelles souterraines furent comblées. Ce sont ces souterrains qu'il faudra déblayer un jour.

lui trasportate sotto il novo altare di marmo verso la tribuna ivi eretta, sopra un piano più alto di tre gradini dal pavimento della chiesa, e sollevata la mensa sopra la platea di quattro altri scalini, in faccia alla cattedra pontificia del pari eminente, situato in tal distanza da essa, che desse largo campo al consesso de' cardinali e prelati assistenti alla Capella Pontificia, di modo che formasse un amplissimo presbiterio, che oltre l'occupare tutto il semicircolo della tribuna, si stendesse quasi alla terza colonna della navata di mezzo.

« Et affinche la tribuna che fin dall'anno 1560[1] era stata nel solo volto ornata con pitture del Zuccari a spese del cardinale Ottone (Truchses) non rimanesse dal cornicione in giù sconcia e scrostata, come vedevasi, il prelodato Pontefice la fece tutta riattare e riabbellire, con eleganti pitture, rappresentanti i cinque SS. martiri e diversi fatti di S. Domenico. E a tutto questo vi aggiunse un novo oratorio sotterraneo dedicato a S. Domenico, all'intorno cinto d'una cancellata di marmi, che corrisponde alla porta maggiore della chiesa. Finalmente fece lastricare di bellissime tavole di marmo non tanto il presbiterio quanto tutto il pavimento della chiesa ». Fol. 258-259.

L'œuvre de Fra Vincenzo Giustiniani O. P. à Sainte-Sabine.

N'étant encore que Maître général de son Ordre il fit construire à Sainte Sabine la voûte du cloître, du côté du chapitre. On y voit ses armes sans les insignes cardinalices.

« Fatto poi cardinale proseguì il rimanente del volto nelle altre parti del chiostro, che prima era coperto d'un tetto che veniva a cadere poco più sopra gli archetti e colonnette che lo circondano, e per maggior sicurezza de' volti, fece tutti incatenare con grosse chiavi di ferro, in maniera che vi si potesse fabbricare di sopra e stanze e loggie, come in successo di tempo si fece dal cardinal Bernerio... Nella suddetta fabbrica il prelodato cardinale Giustiniani vi spese più di 600 scudi, come si trova notato ne' libri economici del convento » Fol. 260.

L'œuvre du cardinal Bandinelli Sauli.

Le cardinal Bandinelli Sauli, ayant éprouvé assez de déboires pour être degoûté des hommes, s'était retiré dans la solitude de Sainte-Sabine; il l'aima et y introduisit des améliorations.

« Questo gran cardinale fece dipingere all'intorno del chiostro de' religiosi i principali fatti storici della vita di San Domenico:[2] del che non vi rimane altro vestigio che l'imagine della Beata Vergine con quella di Santa Sabina da un lato, e dall'altro il ritratto del cardinale stesso. Oltre di che fece fare ad un'ala del chiostro medesimo a diritura della suddetta imagine, in segno di che nel mezzo del volto si vede lo stemma gentilizio della sua stirpe scolpito in pietra ». Fol. 274

L'œuvre de Bernerio à Sainte-Sabine.

Il avait été prieur de Sainte-Sabine, mais n'en fut pas titulaire comme cardinal. Il se fit le grand bienfaiteur de notre couvent. « Nella chiesa vi eresse una sontuosa capella ed altare in onore di San Giacinto, ornata di preziosissimi marmi e di eccellenti pitture, dotandola d'un pingue legato, col peso d'una messa quotidiana, e provvedendola di sacri vasi e suppellettili. Nel pavimento della quale ha prescelta la sua sepoltura, col seguente epitafio: « D. O. M. Fr.

---

[1] Le ms. porte 136. C'est une faute de copiste assurément.
[2] Cf. Pompeo Ugonio, *Stat. Prima*.

Hieronymus, etc. ».[1] ... Nel convento poi proseguì e terminò la fabbrica del dormitório inferiore e superiore, già cominciata da San Pio V, coll'aggiungervi nove stanze a volto, col suo corridore tanto sotto quanto sopra, meritamente perciò denominato il « dormitorio Bernerio ». Oltre di che ha fatto formare il coro sopra l'atrio della chiesa, riattare l'antico dormitorio de' religiosi sopra il capitolo, refettorio ed atrio del medesimo, e costruire di novo sopra le quattro ale del chiostro nove stanze e loggie coperte per commodo e passeggio de' religiosi; ed oltre le lemosine manuali di denari e di robba somministrate a larga mano sua vita durante, ha lasciato al convento una vigna di molte pezze, nel territorio d'Albano, e del valore d'un migliaio di scudi, che poi, nel 1674, fu venduta ai PP. Gerolimini di Sant'Alessio, in occasione d'una permuta fatta qui in Roma, coll'aggiunta di luoghi di monti a favor del convento, corrispondenti al prezzo della suddetta vigna ». Fol. 275-276.

L'œuvre du cardinal Ferrari à Sainte-Sabine.

Malgré toutes ses occupations d'intérêt général au service de l'Eglise, le cardinal Ferrari n'oublia aucune de ses sympathies pour Sainte-Sabine. Il fit exécuter « la nuova sagrestia aperta nelle due stanze già edificate da Pio V, nel piano inferiore, e fatta da lui ornare da un arco ben corniciato e lavorato a stucchi; la sontuosa capella dedicata a San Pio medesimo, in una delle sue stanze edificate nel dormitorio superiore, dove s'ammira il volto tutto ornato di finissimi stucchi; l'altare di nobilissimi intagli di legno indorato, con due statue laterali pur messe ad oro, opera di valente scultore, con candeglieri, vasi di fiori, cartelle parimente indorate, colla mensa sostenuta da un fusto nobilmente intagliato, e da due angeli imbruniti ad oro,[2] con un quadro rappresentante san Pio orante ai piedi del crocifisso, opera di un valente pittore, oltre altre pitture a fresco rappresentanti prodigiosi fatti del santo pontefice, nelle tre parti che formano il quadretto della capella, tutta all'intorno cinta da una graziosa cornice dorata, sostenuta da pilastri scannellati, coi loro capitelli e basi, col pavimento lastricato di tavolette di marmo bianco e nero, fatto a scacchi, colla porta della capella di finissimo marmo bianco, oltre di due ginochiatori e due burrò per riposarvi le tovaglie, camici, pianete e calice per la celebrazione della messa, cose tutte che sormontano la spesa di più migliaia di scudi.

« L'ampia libreria poi eretta da fondamenti, arrichita da copiosissimi e scelti libri, dotata d'annuo censo, per semprepiù accrescerla, ella è un'opera cosi magnifica che ben meritò che i religiosi beneficativi ponessero alla porta di essa un monumento perpetuo in una tavola di marmo, dove scolpita si legge la seguente iscrizione: « Fr. Thomae M. Ferrari Manduriensi Ord. Praed. S. R. E. cardinali | s. Clementis | doctrina, pietate caeterisque virtutibus absolutae sanctitatis | argumenta commendato | PP. Coenobii S. Sabinae eximiis locupletati beneficiis | ob bibliothecam a fundamentis erectam libris refertam | annuoque censu auctam | B. M. PP. anno MDCCXIX ».

---

[1] Nous l'avons reproduite dans notre texte.

[2] Tout cela a disparu en divers gaspillages.

No V.

Trouvailles archéologiques à Sainte-Sabine.

Le notes qui suivent peuvent avoir leur importance au point de vue de l'histoire et de l'archéologie.

Les restes magnifiques que nous allons signaler nous rappelleront les splendeurs du passé, et pourront être utiles à ceux qui un jour tenteront de nouvelles recherches dans ce sol si riche et si bouleversé.

Lorsqu'en 1855-57 on se mit à fouiller ce sol, on ignorait sans doute que bien souvent déjà il avait été exploré. Il n'est pas possible d'expliquer autrement certains travaux mal dirigés, ni certaines déceptions qui se produisirent et devaient se produire.

Il est vrai que les premières fouilles ont été faites généralement au point de vue d'un utilitarisme vulgaire: il n'en est pas moins certain qu'elles ont dépouillé l'Aventin d'une part de ses richesses, et il est bon de le savoir.

Voici sur ce fait des indications intéressantes, que nous extrayons en grande partie des *Memorie*, mais qu'il est opportun de signaler à part.

1441. — Le cardinal Giuliano Cesarini construit la porte latérale de Sainte-Sabine, et le portique qui la couvre, où il fit mettre « due belle colonne di granito orientale nero ». Cod. Vat. Lat. 9167, fol. 259. Elles furent transportées plus tard à l'entrée du nouveau bras du Musée Chiaramonti. Elles furent remplacées par des colonnes en maçonnerie. Leurs chapiteaux toutefois furent laissés en place; ils sont anciens et très beaux, style corinthien. Les chapiteaux extrêmes qui accompagnaient les pseudo-colonnes sont de l'époque de Cesarini, et se voient encore encastrés dans le mur.

1534-1549. — On découvre dans la vigna de Sainte-Sabine les restes d'un petit temple rond, « ornato di cose di mare ». Cf. Merlin, l'*Aventin*, Append. p. 447.

1556-1559. — A cette époque Laur. Schrader voit devant la porte de Sainte-Sabine une urne en pierre plus grande que tout ce qu'il avait vu jusqu'alors.[1]

1563. — On exécute des fouilles dans l'église, et l'on trouve des vases de métal et des tronçons de colonnes, des tuyaux de plomb, qui furent vendus. On trouve en particulier une statue qui est estimée 18 écus.

1570. — On creuse en divers endroits du couvent, en particulier dans le jardin de la cave, aujourd'hui le jardin de Sainte-Catherine, et l'on trouve une grande quantité de plomb, de travertin, de statues, etc.

1574. — Vendues à Mgr. del Giglio une fontaine antique et deux colonnes qui étaient dans le jardin, pour le prix de 48 écus. Cette fontaine était peut-être une relique de l'église ou du Baptistère!...

1579. — On vend des pierres pour la somme de 6 écus.

1581. — On donne « una bella pila » au cardinal de Medicis.

1587. — On vend les débris du « Presbiterio » d'Eugène II, c'est-à-dire 6 colonnes, pour 81 écus, plomb et fer pour 47 écus, marbres pour 44 écus, vieux bronzes pour 20 écus.

1588. — Vendu certains trophées, et trois planches de porphyre qui sont payées 180 écus.

---

[1] « (S. Sabina)... Ante portam urna lapidea tantae magnitudinis quantae alias nullibi reperiatur ». *Monument. Italiae*, etc. L'auteur visitait Rome vers 1556, à peu près. Cette urne est peut-être celle des Fonts baptismaux.

1591. — On vend des blocs de porphyre.

1592. — On pratique des fouilles dans la cave. On vend au prix de 13 écus, sept petites colonnes.

1597. — On retire quelques colonnes du sol, non loin de l'arbre de Saint Dominique.

1601. — On achète au prix de 51 écus les deux colonnes qui soutiennent le chœur; les bases coûtent 8 écus. Ce sont peut-être celles dont parle Ficoroni.

1603. — On vend un marbre pour le prix de 3 écus.

1605. — Vendu deux colonnes torses et deux lisses pour écus 6,20. peut-être celles de l'ancien ciborium.

1613. — Vendu quatre colonnes de granit, dont trois étaient brisées, et deux seulement étaient compagnes, 50 écus.

On vend 86 charretées de pierres pour 10,64 écus.

On fait des fouilles dans les jardin du réfectoire et l'on trouve du marbre, du porphyre et autres objets. Le reste donna 21 écus, pour la part du couvent.

1614. — On creuse dans la place qui précède l'église, et l'on dépense 58 écus 172 baiocchi. On y fait de grandes trouvailles, et l'on retire 70 écus de la vente.

On fouille le jardin du réfectoire, et l'on y découvre des statues brisées, des marbres, des dalles, que l'on vend pour 75 écus.

1615. — On vend deux morceaux de colonnes d'albatre, pour 5 écus 50 baïoques. Cette même année, on fait encore une vente de colonnes en travertin et en pépérin.

1617. — On vend 400 livres de fer.

1618. — On vend d'autres objets trouvés sur la place de l'église.

1629. — On fait de grandes fouilles dans le jardin.

On vend pour 24 écus six colonnes, qui se trouvaient précédemment dans un vieux « fenile ».

1633. — On trouve dans le grand jardin une belle colonne qui fut vendue 9 écus, pour la part du couvent.

1710, à peu près. — On trouve dans le jardin, en face de l'église, les superbes mosaïques qui embellissent maintenant le Belvédère du Vatican, où Clément XI les fit transporter. Elles sont aujourd'hui au Vatican, ou du moins on y en retrouve trois. Les autres...

1722. — On trouve à peu près au même endroit la statue de Diane d'Ephèse, dont nous avons parlé plus haut.

1755. — On fait des fouilles dans l'église de Sainte-Sabine, et on trouve « un quadrello di marmo bianco di palmi due d'ogni lato con in fronte la seguente iscrizione: « Junoni Reginae » (ms. Vat. Lat. 9167, fol. 256.

1820, ou à peu près. — On creuse dans le clocher et dans l'église, à droite en entrant. L'ouvrier qui travaillait sous le clocher s'enfuit emportant des objets qu'il est impossible d'indiquer, mais qui ont dû être suffisamment importants pour motiver laf uite du malfaiteur. On ferma alors le puits creusé dans l'église.

1855-1857. — Alors pour la première fois on fit des fouilles en se plaçant au point de vue historique et artistique. Elles furent ouvertes dans les bases même de l'Aventin, et en face de l'église. Les résultats nous sont ainsi résumés par M. Descemet. On découvrit : « 1º Une suite constructions appartenant à plusieurs époques, depuis le temps de rois, jusqu'au XIIIme siècle après J. C.; 2º Beaucoup d'objets divers, recueillis parmi les ruines: des poteries et terres cuites; des marbres et pierres; des métaux, verres, etc.; 3º Deux systèmes de conduits souterrains, percés dans la masse même de l'Aventin, s'y ramifiant profondément et y plongeant jusqu'à 30 mètres au dessous du niveau du sol actuel ».[1]

1892. — Entre Sant'Alessio et Sainte-Sabine, on decouvre les bases d'un édifice en tuf jaune, restauré sous l'Empire, et au-dessous un égoût.

On pourrait sans peine ajouter d'autres indications sur l'archéologie de l'Aventin, Carlo Fea, pourrait nous en suggérer.[2] Nous croyons avoir signalé les découvertes archéologiques les plus importantes relatives à l'emplacement même de Sainte-Sabine. Quel regret que l'insouciance des hommes n'ait pas même donné le détail précis des découvertes!

A cette liste lugubre, nous voulons ajouter deux détails.

Et d'abord il existe encore à Sainte-Sabine quelques objets qui font venir l'eau à la bouche aux brocanteurs: nous en signalons quatre à l'attention de qui doit en surveiller la conservation. Ce sont le petit tabernacle en marbre avec mosaïques, dit des Saintes Huiles dans l'abside de l'église; le siège episcopal en bois sculpté par ordre de Sixte V; les marbres d'un tombeau, ornés de trophées en relief, à l'entrée de la grande sacristie; une tête de lion en marbre blanc, d'un fort beau style, enserrée dans un pilier en maçonnerie du jardin potager, du côté du Tibre.

D'autres objets sont incrustés dans l'atrium de l'église: nous les avons indiqués dans notre texte.

Nous n'ajouterons qu'un mot au sujet du fragment de siège antique, que nous avons désigné comme la moitié du siège réservé au célébrant de Sainte-Sabine. Saint Grégoire, lorsqu'il pontifiait dans notre basilique a dû utiliser ce siège. Or, dans la soi disant *Disputa* de Raphael, saint Grégoire est assis dans un siège de marbre, qui est la reproduction on ne peut plus exacte de celui dont nous parlons. Raphael l'aurait vu?... La conïcidence est curieuse.

En second lieu nous devons indiquer une trouvaille faite par nous, il y a peu de jours. Au milieu de débris jetés dans un coin de l'église et provenant des malheureuses restaurations de 1906, nous avons découvert une plaque de « paonazetto » portant un superbe monogramme cruciforme, accosté de la feuille symbole du « refrigerium », et de la première moitié de la lettre A. Le marbre mesure m. 0,57 de large sur m. 0,58 de hauteur; le monogramme et la lettre m. 0,30 de hauteur. Ce fragment a été trouvé dans une niche à l'intérieur du petit autel érigé par ordre de Sixte V en l'honneur de saint Dominique, dans la crypte au-dessous du maître-autel.

On trouva à côté un plateau précieux en terre cuite aujourd'hui disparu, avec des débris d'ossements. Tout fut bouleversé, quand on érigea l'autel nouveau. On ne devina pas qu'on touchait à des documents précieux. L'entaille du monogramme et de la lettre, dans notre marbre, était remplie primitivement d'un enduit en poussière de brique rouge, qu'on a eu le tort de faire disparaitre. Nous opinons que ce marbre a fait partie jadis de la tombe du pape Alexandre, dont les reliques sont conservées à Sainte-Sabine. La plaque entière, en supposant qu'il n'y eut pas d'abréviation dans le nom du pape, était au moins de 2 m. 60.

---

[1] Deszemet: *Mémoires sur les fouilles exécutées à Sainte Sabine.* Cf. De Rossi: *Scavi nell'orto di Santa Sabina.*

[2] *Miscell.* 1. Il nous apprend en particulier que l'on découvrit beaucoup de pièces de monnaie, à l'éfigie de Constantin et d'Hélène, non loin du Priorato; qu'il existe dans la Vigna des Jésuites près S:nte-Sabine, des grandes chambres ornées de peintures, etc.

N° VI.

Procès verbal
de la révision des reliques des SS. Sabine, Seraphia, Alexandre, etc. en Juin 1906.

Au nom de Dieu. Amen.

L'an du Seigneur 1906, le 4ᵐᵉ jour du mois de juin, lundi de la Pentecôte, sur l'invitation du R. P. Bernard Zeno, des Frères Prêcheurs, Recteur de l'église de S. Sabine, Nous, François Désiré Mathieu, Cardinal Prêtre de la sainte Eglise Romaine, du titre de S. Sabine, Nous sommes transporté dans la dite Eglise de notre titre cardinalice, pour y procéder à l'ouverture et à l'inspection du contenu de deux caisses trouvées dans une petite voûte, sous la table de l'autel majeur, par les ouvriers Maçons occupés à démolir cet autel, qui doit être remplacé par un autre plus digne des grands souvenirs de cette église.

Après les travaux nécessaires pour extraire commodément ces deux caisses du lieu qu'elles occupaient, Nous avons donné ordre d'amener la première. C'était une caisse de bois, de 1 m. 13 de long, sur 0,31 de large et 0,28 de haut. Elle est évidemment très ancienne, rongée par les vers, et notablement endommagée. Le couvercle qui primitivement devait glisser dans une rainure encore très visible, était simplement posé sur la caisse, aux bords de laquelle se voyaient des traces de sceaux de cire rouge. Dans l'intérieur de cette caisse nous avons trouvé deux ossements d'environ 8 à 10 centim. de longueur, une petite boite en bois, contenant un peu de poussière d'ossements : et une sorte d'ampoule de verre, dont le couvercle est endommagé. Il y avait enfin des fragments de bois, manifestement détachés de la partie supérieure de la caisse. Il nous a paru vraisemblable que cette caisse était celle dont fait mention l'inscription rapportée plus bas.

Nous avons ensuite donné l'ordre d'amener la seconde caisse. Nous l'avons trouvée en bois de chataignier, hermétiquement fermée par des clous très solides, sans aucune trace de sceaux à l'extérieur. Sur notre ordre, un ouvrier a ouvert cette caisse, et nous avons constaté qu'elle contenait une châsse de plomb, de 1 m. 13 de longuenr, sur 0,27 de hauteur, et 0,30 de largeur, autour de laquelle était croisé un cordon de fil blanc, qui avait été fixé par des sceaux de cire rouge ; l'empreinte de ces sceaux n'était pas reconnaissable.

Au milieu du couvercle de plomb, une grande empreinte du blason de Sixte V, avec la date de 1586, et aux quatre extrémités supérieures de la longueur, quatre sceaux identiques entre eux, portant cette inscription : Benedictus Fenaia. Archiep. Phi. Almae Urbis Vices-Gerens. Nous avons constaté l'intégrité absolue de ces sceaux.

Sur le même couvercle, à droite et à gauche des armes de Sixte V, on lit très facilement l'inscription suivante :

Reliquiae SS. Martyrum Alexandri Papae, Eventii, Theodoli, Sabinae et Seraphiae, antea ab Eugenio II in theca lignea inclusae, plumbea ac decentius recondi jussit Sixtus V Pont. Max. die IIII Februarii MDLXXXVII. Pont. II.

Avec Notre permission, un Père Bénédictin, D. Bernard Joliet, qui était présent, après une épreuve photographique du couvercle, et du blason de Sixte V; on a essayé de relever, avec de la cire vierge, l'empreinte des sceaux des angles. Après quoi un ouvrier a procédé avec habileté à détacher le couvercle, après l'avoir soigneusement taillé autour des quatre sceaux. Cette opération délicate terminée, Nous avons trouvé dans la caisse un nombre considérable d'ossements mélangés au milieu d'une grande quantité de poussière d'os humains, le tout enveloppé dans une étoffe de soie, partie rouge et partie jaune, qui tombait en lambeaux à mesure qu'on la touchait.

Avec tous les assistants, nous nous sommes agenouillé et avons invoqué en silence les saints Martyrs dont nous contemplions les restes précieux. Puis nous avons cherché s'il y avait dans la chasse quelque document écrit; mais nous n'avons rien trouvé. Nous avons alors refermé la châsse de plomb, l'avons entourée, dans la longueur et la largeur, d'un cordon de soie rouge, dont notre secrétaire a fixé le nœud et les extrémités avec notre sceau, empreint sur de la cire d'Espagne, de couleur rouge. Les deux caisses de bois et la châsse ont ensuite été déposées dans une armoire fermant à clef, qui se trouve dans l'église, à côté de la porte de la sacristie. Nous avons donné rendez-vous aux témoins pour le jour suivant, à trois heures de l'après-midi, afin de procéder, si possible, avec l'aide d'un médecin, à l'identification de quelques ossements, et aux autres actes que Nous croirions devoir faire.

Le lendemain, mardi, 5 juin, Nous avons fait transporter la châsse de plomb dans la sacristie, et fait briser les sceaux apposés la veille sur cette chasse, d'où le Dr. François Orioli, convoqué par Nous, a extrait les ossements qui pouvaient être reconnus, les déposant sur une table recouverte d'un linge blanc. Vu la grande quantité de poussière d'ossements humains qui se trouvait dans la chasse, cette séparation des os a pris un temps si considérable, que nous avons dû interrompre l'opération. Mais en Nous retirant, Nous avons fait apposer notre sceau cardinalice sur les deux portes de la sacristie, et Nous avons donné rendez-vous au médecin pour le lendemain, afin de constater la nature des ossements reconnus, et de prendre les dispositions provisoires nécessaires, en attendant que Nous puissions renfermer de nouveau et définitivement les saintes reliques dans la châsse de plomb de Sixte V.

En effet, le jour suivant, mercredi, 6 juin, le Dr. Orioli a devant Nous, énuméré et identifié, autant qu'il était possible, une grande partie des ossements trouvés dans la châsse de plomb; en même temps la liste en était dressée, sous sa dictée; elle est jointe en copie authentique au procès-verbal.

Au fur et à mesure, les ossements ont été provisoirement enveloppés avec grand respect, par Notre Secrétaire, dans des feuilles de papier de soie, chaque paquet portant un numéro, qui se retrouve aussi sur l'inventaire dressé par le Dr. Orioli.

Ces onze paquets on été ensuite déposés en deux cartons blancs, que nous avons scellés de notre sceau. Deux autres cartons semblables ont reçu la poussière d'ossements trouvée dans la châsse de plomb, et ont été pareillement scellés.

Les quatre cartons transportés sous nos yeux et par nos ordres, dans la cellule du R. P. Bernard Zeno, ont été enfermés dans la partie inférieure d'une armoire, sur la serrure de laquelle nous avons apposé Notre sceau.

En foi de quoi Nous avons rédigé et signé le présent procès-verbal, pour servir à tout ce que de droit. Le Dr. Orioli et les religieux et prêtres qui ont assisté avec Nous à tout ce qui est rapporté ci-dessus, l'ont signé également, et attestent la vérité du récit.

Rome, le 7 juin 1906.

Loc † Sig.

† François Désiré Mathieu,
Cardinal prêtre du titre de Sainte-Sabine.

Fr. M.ª Bernardus Zeno,
Prior, s. O. P.
Dr. Orioli
Médecin, expert.
Fr. Maurus Kaiser
des FFr. Prêch.
Postulateur Gen.

Fr. Hyacinthe M.ª Cormier
M. G. O. P.
Fr. Henri Desqueyrous, O. P.
Proc. Gen.
Frater Maria Franciscus Alessandroni,
O. P.

Petrus Ercole,
sacerdos.

Elenco delle reliquie
ritrovate nell'urna di piombo di Sisto V, a S. Sabina.

I.

2 tibie mancanti della epifisi superiore.
1 epifisi di tibia destra.
2 frammenti di epifisi superiore di tibia.
2 . . . . più piccoli.

II.

1 rotula.
1 perone mancante dell'epifisi superiore.
2 . . . . più piccole.
2 diafisi di femore.
2 epifisi di femore destro e sinistro.
2 epifisi superiore di femore.
1 epifisi inferiore di femore.
2 epifisi più frammentarie.
3 frammenti di epifisi superiore.

III.

12 frammenti de perone.
1 calcagno.
16 tarsi.
14 metatarsi e falangi.

IV.

21 frammenti di bacino.

V.

4 frammenti di omoplata.

2 omeri mancanti del terzo superiore.
4 epifisi inferiori di omero.
1 epifisi superiore di omer, con parte di diafis.
4 radii mancanti ognuno dei due terzi inferiori.
4 estremità superiori di ulne.
1 pezzo di diafisi di radio.
1 pezzo di radio p. i.
1 pezzo di ulna p. i.
8 carpi.
43 metacarpi e falangi.

VI.
10 vertebre mancanti delle apofisi.
19 frammenti di vertebra.

VII.
2 parietali sodati nella loro sutura longitudinale.
1 frammento di parietale.
1 . . . . . più piccolo.
1 . . . di occipitale.
1 . . . di calotta cranica.
1 . . . frontale.
1 . . . di sopra orbitale.
4 apofisi di vertebre cervicali.
100 frammenti di ossa craniche.

VIII.
13 pezzi di ossa malari.
5 frammenti di mascelle inferiori.
50 denti assortiti.

IX.
50 frammenti di costole virili.
60 . . . muliebri.

X e XI.
Numerosissimi frammenti di scheletro non classificati.

F.° *Dr. Orioli.*

Un miniaturiste romain du XIIIme siècle.
N° VII.

Aux époques de Foi, on apportait le plus grand soin à posséder pour le chant choral les manuscrits les plus fidèlement corrigés, les plus richement **enluminés**.

Il en fut de la sorte dans l'Ordre de saint Dominique.
Ses lois sont formelles sur ce point.
Et aux lois répondaient les actes.

Le manuscrit officiel de sa liturgie est de toute beauté pour la correction.
Les religieux eux-mêmes ne dédaignaient point de les transcrire de leur propre main. C'est ainsi que dans les pittoresques peintures de Tommaso da Modena qui ornent l'ancien chapitre des Dominicains à Trévise, on voit le B. Gio-

vanni da Treviso soufflant très fort sur sa plume, pour continuer sans bavures sa transcription de plain-chant « in campo libero ».

Il n'en fut pas autrement à Sainte-Sabine.

Aux faits rappelés dans notre texte, nous voulons ajouter en preuve quelques détails.

Au moment de mourir, en 1297, à Rome, Hugues de Billom voulut que sa dépouille mortelle fût partagée entre son couvent de Clermont-Ferrand, et le couvent de Sainte Sabine. Selon l'usage de l'époque, les entrailles et les chairs furent laissées à Sainte-Sabine, et ensevelies dans le tombeau dont nous avons parlé. Le squelette fut transporté à Clermont, et placé dans un magnifique monument que l'on peut voir encore dans un bras de l'ancienne église des Dominicains, devenu la chapelle des Visitandines, et dont les bonnes soeurs, ont pieusement fait barbouiller, les vieilles sculptures.

Le cardinal laissa ses livres à son couvent d'origine, et il s'en conserve encore quelques volumes, des volumes liturgiques, du plus haut intérêt dans la Bibliothèque municipale de Clermont. Il s'y trouve en particulier un missel grand in 4°, en parchemin orné de miniatures qui méritent une vive attention

On lit à la première page ces mots importants :

« Istud Missale est Fratris Hugonis de Billiomo, Ordinis Fratrum Praedicatorum : quondam cardinalis Hostiensis, anno Domini MCCLII, et dedit conventui Fratrum Praedicatorum Claromontensium ».

Cette note est fort précise, et bien qu'écrite un peu après la mort du cardinal, on peut la considérer comme remontant à cette époque. Sa précision même, non moins que les fêtes omises dans le texte, et aussi l'écriture nous reportent à cette date.

Ceux qui voudront savoir comment on pratiquait en ce moment là, à Rome l'art de la miniature, devront consulter ce manuscrit.

Les lettres initiales y sont fréquemment ornées de vignettes et de sujets dogmatiques et historiques.

Le style en est sobre et simple, les ors splendides.

Les sujets représentés sont fort nombreux, et appartiennent en général à la vie du Sauveur et de sa Mère : la Nativité, le Christ au Jardin des aliviers, la trahison de Judas, les disciples d'Emmaüs, l'Ascension, la Pentecôte, le Père Eternel tenant devant lui le Crucifix ; puis saint Pierre et saint Paul, saint Grégoire, la mort de saint Pierre Martyr, les Anges apportant le pain miraculeux à saint Dominique et à ses Frères, etc., etc.

Les vignettes ont également leur importance liturgique.

Le célébrant à l'autel porte souvent une chasuble de couleur bleue ; le calice sur l'autel n'est qu'à moitié couvert, au-dessus de l'autel est suspendu un baldaquin ; l'autel ne porte ni fleurs, ni ornementation bruyante.

Il est regrettable qu'on n'ait pas reproduit encore ces enluminures dans quelque histoire des Beaux-Arts à Rome.

Espérons qu'un jour y songera.

101. Fragment présumé du tombeau du Pape Alexandre, retrouvé à Sainte-Sabine.

TABLE.

	Page
Préface	5
Chapitre I. L'Aventin	7
1. La colline	7
2. Les habitants du vieil aventin	9
3. Les cultes païens sur le sommet du Grand-Aventin	11
4. Le culte chrétien sur le sommet du Grand-Aventin	29
Chapitre II. — Construction de l'église de Sainte-Sabine	39
1. Pierre d'Illyrie	39
2. Sainte Sabine et sainte Séraphia	42
3. Fondation de l'église de Sainte-Sabine	45
4. Sainte-Sabine, Titre Presbytéral	49
5. Sainte-Sabine, Station Romaine	51
6. L'orientation de l'église de Sainte-Sabine	58
Chapitre III. — L'église de Sainte-Sabine à travers les siècles	60
1. Le premier siècle de son existence	60
2. Le pape Sylvère à Sainte-Sabine	62
3. Sainte-Sabine embellie par les papes Léon III et Eugène II	68
4. Sainte-Sabine cédée aux Dominicains	77
5. Sixte V à Sainte-Sabine	87
Chapitre IV. — L'entrée de Sainte-Sabine	97
1. La place de Sainte-Sabine	97
2. La porte latérale de Sainte-Sabine	100
3. L'entrée du couvent	103
4. Le portier idéal	104
Chapitre V. — Le vestibule de l'église	107
1. L'atrium lui-même	107
2. Les inscriptions et fragments anciens du vestibule	110
Chapitre VI. — La porte de Sainte-Sabine	127
1. Importance du monument	127
2. Description générale du monument	131
3. Signification générale et systématique du monument	137
4. L'antiquité du monument	140
5. Le bas-reliefs de la porte de Sainte-Sabine sont une œuvre grecque	148
6. L'encadrement de la porte	151
Chapitre VII. — Description des bas-reliefs	157
1er bas-relief	157
2e bas-relief	164
3e bas-relief	174
4e bas-relief	178
5e bas-relief	182
6e bas-relief	186
7e bas-relief	188
8e bas-relief	195

		Page
9ᵉ bas-relief		197
10ᵉ bas-relief		200
11ᵉ bas-relief		205
12ᵉ bas-relief		208
13ᵉ bas-relief		211
14ᵉ bas-relief		217
15ᵉ bas-relief		220
16ᵉ bas-relief		229
17ᵉ bas-relief		232
18ᵉ bas-relief		235

Chapitre VIII. — La nef centrale de Sainte-Sabine . . . 243
  1. Aspect général de l'église . . . 243
  2. La mosaïque de la façade intérieure . . . 247
  3. Fenêtres et mosaïques aujourd'hui détruites . . . 258
  4. Les colonnes de la grande nef . . . 264
  5. Les entrecolonnements . . . 266
  6. Les arcs sur les colonnes de l'église . . . 267
  7. Les « tessellature » ou mosaïques au-dessus des colonnes . . . 267
  8. Les fenêtres . . . 272
  9. Le toit . . . 273
  10. Le pavé de l'église . . . 274
  11. Le bloc de marbre noir . . . 277
  12. Un mur intermédiaire dans l'église . . . 281
  13. Le narthex . . . 283

Chapitre IX. — La nef orientale . . . 285
  1. Aspect général . . . 285
  2. L'édicule au-bas de la nef orientale . . . 286
  3. Un oratoire votif . . . 293
  4. Chapelle de saint Thomas d'Aquin . . . 294
  5. Colonne encadrée dans la muraille . . . 299
  6. Chapelle de saint Hyacinthe . . . 300
  7. Chapelle de saint Dominique . . . 311
  8. La chapelle du Rosaire . . . 313

Chapitre X. — L'abside de Sainte-Sabine . . . 321
  1. Le sol de l'abside . . . 321
  2. La Chapelle souterraine . . . 322
  3. La Schola Cantorum . . . 324
  4. Les reliques des saints titulaires . . . 329
  5. Le maître-autel . . . 336
  6. Les chancels . . . 341
  7. L'iconostase . . . 344
  8. Le ciborium . . . 346
  9. Le presbytérium . . . 349
  10. Les murs de l'abside . . . 353
  11. La voûte de l'abside . . . 356
  12. L'arc de l'abside . . . 360
  13. Inscriptions et peintures dans l'abside . . . 365
  14. L'office monastique à Sainte-Sabine . . . 376
  15. La liturgie chorale à Sainte-Sabine . . . 379

	Page
16 Les livres choraux des Sainte-Sabine	387
17. Un petit tabernacle	395
Chapitre XI. — La nef de gauche	397
1. La chapelle du Crucifix et la petite sacristie	397
2. La chapelle de sainte Catherine de Sienne	398
3. Fragments de l'ancien presbyterium	404
4. Le campanile ou clocher. Conclusion	409
Chapitre XII. — Tombes et tombeaux à Sainte-Sabine	423
1. Dans la nef centrale	423
2. Dans la nef orientale	451
3. Dans la nef occidentale	463
Chapitre XIII. — Autour de l'église de Sainte-Sabine	477
1. L'oranger de saint Dominique	477
2. La cellule de saint Dominique	483
3. La chambre ou oratoire de saint Pie V	491

Appendices.

I. Passio sanctae Seraphiae virg. Mart., et sanctae Sabinae mart.	497
II. En quel lieu moururent les deux martyrs et où furent conservées leurs reliques	502
III. Cardinaux titulaires de Sainte-Sabine	510
IV. Les « Memorie » sur Sainte-Sabine	522
V. Trouvailles archéologiques à Sainte-Sabine	536
VI. Procès verbal de la révision des reliques, etc.	538
VII. Un miniaturiste romain du XIIIme siècle :	541

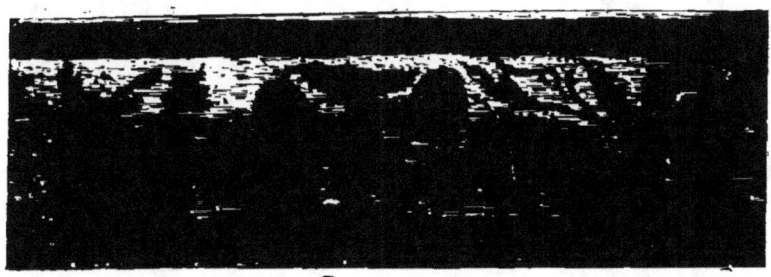

¹) Fig. 102. Cet ornement faisai partie de la mosaïque exécutée par ordre de l'empereur Philippe dans l'„area subdialis" du temple de Diane, pour le Millénaire de Rome. — On y remarquerera l'oiseau „avis" qui a donné, dit-on, son nom à l'Aventin.

Corrections et additions.

1. On trouverà un certain nombre de fautes d'impression, inévitables quand les compositeurs connaissent peu la langue de l'auteur. Le lecteur saura le corriger de lui-même.
2. Nous avvertissons pourtant qu'a la p. 92, ligne 21, au lieu de « nos intelligences, qu'il ne s'écarte » il faut lire « nos intelligeuces qu'elles ne s'écartent ».
3. Page 34. Le pillage officiel de Rome ne dura que trois jours.
4. Page 35. Il va de soi que nous citons les *Mirabilia Urbis*, sans les critiquer, et simplement parceque l'enthousiasme de leurs énumérations indique étonnement en face du simple et gigantesque cadavre de la Rome tombée.
5. A propos de l'inscription « Culmen Apostolicum, etc. », nous croyons devoir ajouter que cette inscription avait frappé le monde barbare lui-même. Nous trouvons en effet dans la belle *Histoire de l'Art* de M. André Michel, vol. I, p. 327, que le moine Bruun qui peignait à Fulda, entre 817 et 822, nous parle de ses peintures en des termes partiellement empruntés à l'inscription de Sainte-Sabine:

« Quamque egomet, quondam hac Christi nutritus in aula ».

C'est le P. Girardin O. P. qui nous signale amicalement cette référence.

www.ingramcontent.com/pod-product-compliance
Lightning Source LLC
Chambersburg PA
CBHW070827230426
43667CB00011B/1706